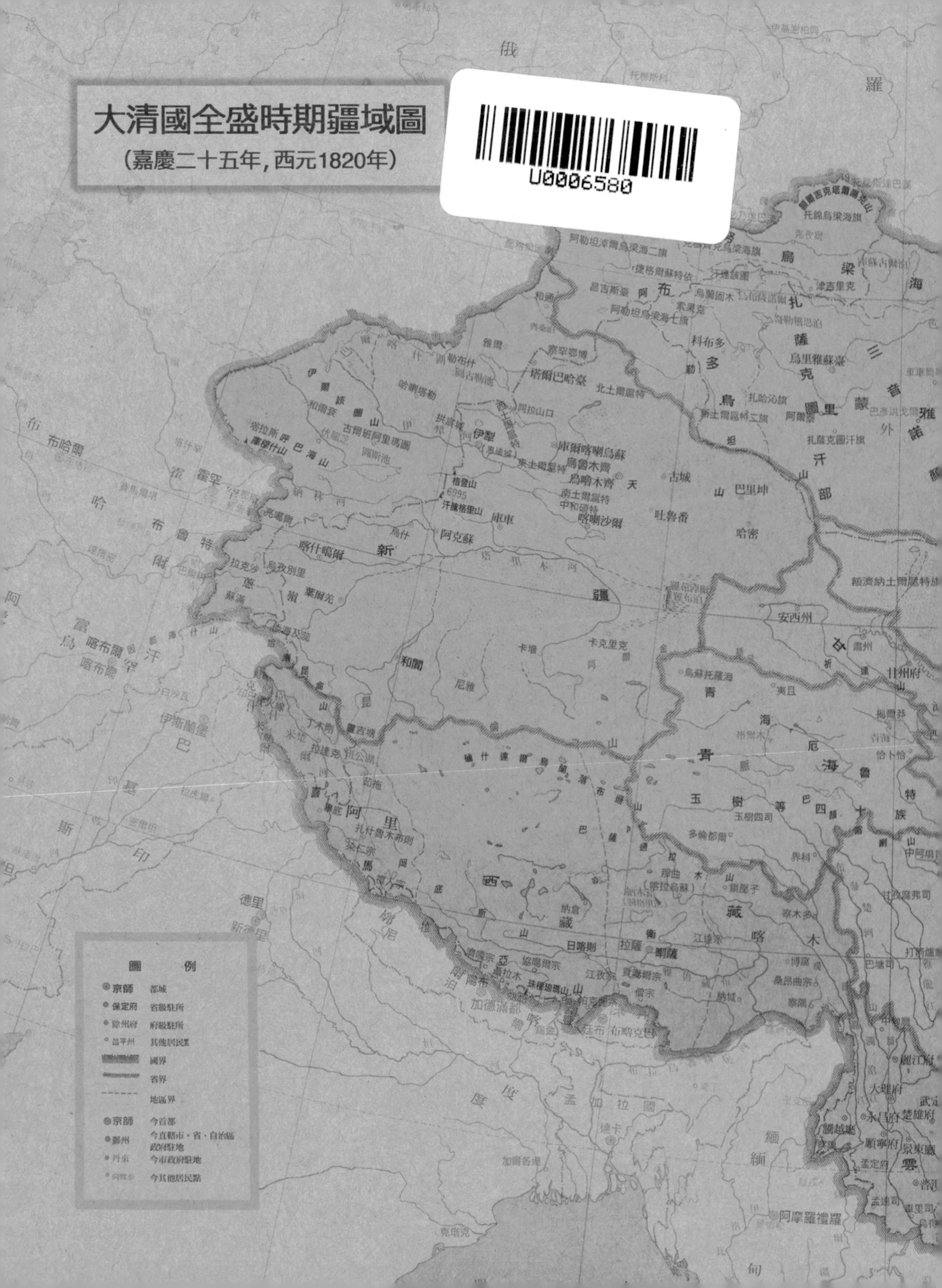

大清國全盛時期疆域圖

（嘉慶二十五年，西元1820年）

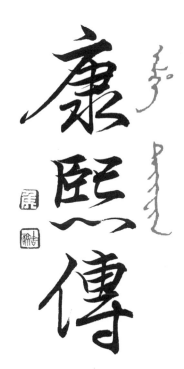

康熙傳

蔣兆成
王日根 著

導讀　開創盛運——《康熙傳》

莊吉發

清朝入關前的歷史，稱為清前史。在清太祖努爾哈齊、清太宗皇太極的努力經營下，建立政權，國號大金。滿洲由小變大，由弱轉強。天聰十年（一六三六），改國號為大清。順治元年（一六四四），清朝勢力由盛京進入關內，定都北京，確立統治政權。宣統三年（一九一一）辛亥革命，清朝政權終結，共計二百六十八年，稱為清代史。在清代史的前期中，清聖祖康熙帝在位六十一年（一六六二—一七二二），清世宗雍正帝在位十三年（一七二三—一七三五），清高宗乾隆帝在位六十年（一七三六—一七九五），三朝皇帝在位長達一百三十四年，正好佔了清代史的一半，這段時期的文治武功，遠邁漢唐，稱為盛清時期，康熙、雍正、乾隆這三朝皇帝，就是所謂的盛清諸帝。

康熙帝幼承孝莊太皇太后慈訓，深悉得眾得國的治道，施政寬仁，孜孜求治，為清初政局的安定及盛運的開創，奠定了穩固的基礎。蔣兆成先生、王日根先生合著《康熙傳》詳述康熙帝的一生經歷及其偉蹟，生動地體現了這位英明仁君的謀略與膽識。康熙帝在位期間，勤政愛民，崇儒重道，澄清吏治，鞏固了清朝的統治政權，實現了多民族國家的統一。本書共十二章，蔣兆成先生撰寫第一、二、三、四、五、十二章，王日根先生撰寫第六、七、八、九、十、十一章，最後由蔣兆成先生總纂修改定稿。

康熙帝玄燁，是順治帝的第三個兒子。玄燁六歲時向父親請安，就有了效法皇父的抱負，得到順治帝的賞識。玄燁八歲踐祚，原書分析玄燁能繼承帝位，是滿族君主的傳統繼位制與漢族嫡長子世襲制相結合的產物，是清朝以皇權爲核心的傳統專制政體進一步強化的結果，也是順治帝對滿族繼位制歷史發展的總結；同時，這同玄燁取得祖母孝莊太皇太后的全力支持、自身的優勢與機遇是分不開的。

爲了削弱諸王貝勒的權力，避免宗室結黨專權，順治帝遺詔改變了幼主由宗室輔佐的傳統，特命內大臣索尼、蘇克薩哈、遏必隆、鰲拜等四位異姓勳舊重臣爲輔佐。在四輔臣中，鰲拜欺君專權，結黨亂政。康熙帝少年顯英才，智除鰲拜。原書指出，康熙帝依恃太皇太后的全力支持，通過實踐，逐步熟悉國家的政務活動以及各類代表人物之間的矛盾和鬥爭。從中增長自己的知識和才幹，爲由輔政過渡到親政積極創造條件。在智鬥和處理鰲拜專權案中，年輕的康熙帝已開始顯示出機智、沉著、勇敢與正直的本色。在他締造未來的偉業中，終於跨出了成功的第一步。

康熙六年（一六六七），玄燁十四歲，開始親政。康熙帝除掉了鰲拜集團，消滅了朝廷內部侵奪皇權的勢力後，國內仍然存在著不安定的因素。平南王尙可喜、靖南王耿精忠、平西王吳三桂，稱爲三藩。在清朝統一戰爭的過程中，三藩逐步發展成爲割據一方的軍閥勢力，對朝廷構成了嚴重的威脅。康熙帝目睹三藩勢焰日熾，已逐步形成尾大不掉的態勢。鑒於歷代因藩鎭勢力強大，以致危及國家存亡的嚴重歷史教訓，康熙帝親政以後，他就一直把解決三藩問題當作頭等重要的大事，他決定撤藩。三藩之亂，歷經八年。康熙帝智勇兼備，運籌帷幄，戰略部署，全面周密，終於消滅了三藩，年輕的康熙帝又經歷了一次嚴峻的考驗。

順治十八年（一六六一），鄭成功率軍攻佔臺灣，結束了荷蘭在臺灣三十八年的統治。從此，鄭氏政權以臺灣爲根據地，以金門、廈門兩島爲支點，繼續堅持著反清運動。康熙帝根據不同時期的形勢變化，交替運用軍事征剿與和平談判的兩手策略，同鄭氏政權進行了長期複雜的鬥爭。原書指出，臺灣遠隔大洋，孤懸海外，清軍三次出征，都爲風浪所阻，不果而返，這無疑地引起了清廷對繼續征剿臺灣的疑慮；長期的國內戰爭，導致瘡痍滿目，民生凋蔽，財經困乏，爲了醫治戰爭創傷，清廷也需要獲得喘息時機，休養生息；而統治集團內部因鰲拜專權與激烈的派系鬥爭，更需大力整頓，以穩定統治。由此，清政府對統一臺灣的策略，就由軍事征剿轉變爲和平談判。在鄭氏一方，由於臺灣正處在新開發時期，百業待興，亟需贏得時間，從事和平建設，增強實力，以待東山再起。這樣，清朝與鄭氏之間就出現了和平共處的短暫時期。清、鄭之間的和平局面，一直維持到三藩之亂，才被打破。康熙二十年（一六八一），鄭經逝世。馮錫範串通劉國軒，勾結鄭經諸弟，發動政變，殺害鄭克，十二歲的鄭克塽繼位，內部混亂，自相殘殺。康熙帝慎選帥才征臺，經過澎湖海戰，臺灣的基本軍事力量已被摧毀。康熙二十二年（一六八三）八月，施琅統率舟師到達臺灣，鄭克塽等納土歸降，和平就撫，臺灣正式隸屬清中央政權的行政管轄之下。

在清朝政府平定三藩之亂和統一臺灣的前後，俄羅斯的侵略勢力正在步步深入清朝黑龍江流域，嚴重地破壞著清朝的主權和領土完整。康熙帝面對俄羅斯的侵略，一方面謀求和平解決，力圖通過外交途徑同俄羅斯進行耐心的交涉；一方面周密備戰反擊，經過兩次雅克薩之戰，清軍擊潰俄軍。康熙二十八年（一六八九），中俄雙方正式簽訂《中俄尼布楚條約》。條約中規定中俄東段邊界以外興安嶺至海，格爾必齊河和額爾古納河爲界。通過條約，清朝收回了被俄羅斯侵佔的一部分領土，制止了俄羅斯對黑龍江地區的進一步侵略，並打破了俄羅斯同厄魯特蒙古的準噶爾部噶爾丹之間的聯盟，這爲後來清朝政府得以集中力量平定噶爾丹的叛亂創造了條件。

康熙初期，準噶爾部的首領噶爾丹力圖擴張自己的勢力範圍，肆意掠奪蒙古各部，不斷製造民族矛盾和民族分裂，使清朝與準噶爾部的矛盾更加尖銳。康熙二十九年（一六九〇），康熙帝首次親征，擊潰噶爾丹於烏蘭布通。康熙三十五年（一六九六），康熙帝調集十萬大軍，分東、西、中三路進兵，深入瀚海，昭莫多之戰，盡殲噶爾丹精銳。康熙三十六年（一六九七），康熙帝親赴寧夏，第三次親征，深入沙漠，終於平定了噶爾丹。原書指出，康熙帝平定了噶爾丹分裂勢力後，同時以和睦親善的民族政策，妥善地處理清廷同蒙古諸部的關係，實現了統一漠北蒙古的目的。又在科布多、烏里雅蘇台等地派駐將軍和參贊大臣，進一步加強了對蒙古的統轄。

康熙帝面對西藏問題，實質上已不只是單純西藏一地的問題，它涉及到西藏內部教派間的矛盾鬥爭以及對西藏產生過較深影響的蒙古各部之間的矛盾鬥爭。康熙帝對西藏地方事務的直接干預，是出於對西北準噶爾部覬覦西藏的客觀形勢而作出的。康熙五十七年（一七一八），康熙帝增派京營滿兵，發往甘肅等地駐紮，以備調遣，任命皇十四子胤禎（胤禵）為撫遠大將軍，帶兵駐紮莊浪、甘州。康熙五十九年（一七二〇）九月，清軍進入西藏拉薩，平定西藏。康熙六十年（一七二一），清朝政府組建了新的西藏地方政府，廢除了西藏地方政府中獨攬大權的第巴一職，而設置噶布倫，共同負責西藏地方行政工作，克服了自桑結嘉措和拉藏汗以來西藏行政權力過分集中的弊病，從而更有利於對西藏實行統治。原書指出，康熙帝平定西藏，清朝便徹底結束了自順治二年（一六四五）固始汗入藏以來蒙古諸部對西藏的佔領和統治，建立了由清朝中央政府直接控制西藏地方的政權。

康熙帝在位期間（一六六二—一七二二），重視民生經濟問題。原書指出，康熙帝雖然是清朝入關後的第二個皇帝，實際上他面對的是開國皇帝必須解決的許多問題。康熙帝意識到安定民生是施政的首務，在清初土地大量拋荒、流民成群的情況下，為迅速地實現土地與勞動力的合理結合，他採取了幾項重要措施，包括：將國家掌握的荒熟土地分歸臣民所有；禁止侵犯民人所有的土地與釋奴爲民；鼓勵軍墾。康熙帝重視推行輕徭薄賦的政策，以減輕農民負擔。在國力增強之後，就致力於愛養民力的工作，實施蠲賑，在安商恤民方面，也做了大量的工作。他竭力倡導節儉的社會風氣，移風易俗，不遺餘力。正因爲康熙帝竭力把保民、安民、恤民、重民等思想付諸實施，使清初的政治局面、社會經濟狀況有了很大的改觀，從而爲清初盛世奠定了堅實的物質基礎與社會基礎。

康熙帝爲整飭吏治、釐剔積弊，首先充實和嚴格官吏的考核制度。他考察鞭策官員的辦法，包括：引見、陛辭、出巡、密奏等，取得了許多積極的效果。在他整飭吏治中，費力最多且最具特色的，當數他表彰扶植清官的措施。他認爲貪官宜懲，清官宜扶。原書指出，由於康熙帝堅持長期不懈，並採取制度建設、親自巡察與扶植清官、打擊貪官等多管齊下的辦法，及時準確地掌握了下情，並能明辨是非功過，施以獎懲，以正抑邪，使官吏受到激勵與約束，遏制了吏治的腐化趨勢。由於吏治相對澄清，正氣得以抬頭，社會相對安定，經濟日見復蘇，可以說康熙朝整飭吏治的成效爲清初盛世的出現奠定了良好的基礎。

治河是貫穿康熙帝執政始終的一件大事，而漕運與治河密切相連，他在實踐中不斷總結治理淮黃的經驗，終於在治河方面取得了顯著成績。原書指出，康熙帝治河，功蓋前世。首先是他樹立了正確的、積極的戰略思想，不但要求制止水患，而且要變害爲利，既安定漕運，又保證民生。康熙帝把治水當作立國之本，在戎馬倥偬之際，仍心繫河務。在國家統一之後，更親自指揮，具體指導，直至成效大顯。爲了確保治河有方，他矢志鑽研治河古籍；南巡閱河過程中，曾親登堤岸，以水平儀測量水位，顯得十分內行。他深信治河上策，惟以深浚河身爲要。他還形成了一整套的治河方略。他認爲治水不僅在避害，同時亦可興利。可以說，康熙帝治河的成功，是膽識、毅力與勤政等多種因素共同作用的結果。

在康熙帝的執政生涯中，理學是他念念不忘的思想根基和決策指南。他諳服朱熹對儒學的注釋和闡發。他尊孔重儒，推崇程朱，可以說是理學治國。原書指出，康熙帝竭力宣揚孔孟之道所提倡的三綱五常等倫理道德教條。朱熹強調君臣父子之矩，君仁、臣忠、父慈、子孝，朋友有信，各有定矩。康熙帝深愛讀書，自然爲朱熹之學所吸引。在他當政的六十一年中，精心培植了一批心腹官僚，除了李光地、湯斌、熊賜履等理學大師外，還有「力崇程朱爲己任」的張伯行，「篤守程朱」的陸隴其，還有魏象樞、張廷玉、蔡世遠等，都是顯赫一時的理學名臣，是理學化解了滿漢統治者之間的芥蒂，推崇理學成爲滿漢統治者的共同語言。自朱熹之後，理學經歷了五個世紀的發展，已經衰落下來。康熙帝推崇理學，同時也挽救了理學，他發揚了「經世致用」的學說，給理學注入新的生機，爲理學重整旗鼓創造了條件。

晚明時期，是中西文化交流的高峰期之一，西方傳教士在其中扮演了重要的角色。中國一批儒家知識份子漸漸熱衷於在科技方面有所建樹，傳教士具有的近代科技知識，恰好成了他們渴望學到的東西。他們把這種文化交流看成是縮短中西科技差距的好途徑，並積極地把學來的科技知識運用於制定曆法，用於軍事，用於災異治理，用於安定國家。順治、康熙交替之際，反教勢力極猖獗。從平反湯若望事件中，康熙帝確立了「唯是是從」的思想。康熙帝接受西洋科學很大程度上是在於它可服務於自己的統治。原書指出，由於康熙帝在與西洋傳教士的接觸已漸漸形成了吸收其西洋文化卻不包括宗教的思想，用其所長，爲了清朝的維持和發展服務，就構成了康熙帝尊教徒政策的一個重要方面。南懷仁在科學技術方面的學識優勢，很爲康熙帝所賞識。南懷仁爲清政府製造各種類型的新礮，在征討三藩、抗擊俄羅斯侵略以及平定噶爾丹的叛亂中發揮了很大的作用。原書指出，康熙帝排除守舊勢力的阻撓和傳統觀念的干擾，吸收西方先進的科學文化，促進了中西文化交流和中國科學文化的發展。他既不盲目排外，也不盲目崇外，在學習西方先進科學文化的同時，對西方荒誕不經的哲學和宗教理論棄而不取，一方面與西方人進行文化友好往來，一方面保持自己國家的政治獨立不受干擾，以維護國家和民族的尊嚴。

康熙帝重視騎射，康熙二十年（一六八一），在承德開闢木蘭圍場，頻歲舉行。在木蘭圍獵的準備、行獵、宴賞過程中，訓練八旗官兵長途跋涉、吃苦耐勞、嫻習弓馬、嚴守紀律的素質，培養八旗官兵行軍野戰、摧鋒挫銳、協同配合、攻擊取勝的能力。經過嚴格訓練的八旗官兵，在雅克薩、烏蘭布通與昭莫多等戰役中長途遠擊，克敵制勝。在訓練過程中，康熙帝也練就了一手好武藝，培養了堅韌不拔的毅力。康熙帝重視皇子教育，他積極地讓諸皇子學習各種技藝和知識，學習的課程包括滿文、漢文、蒙文和經史等文化課，還有騎射訓練等，可謂煞費苦心。康熙帝皇子衆多，晚年，他一直被皇太子的廢立問題困擾著，諸子爭奪嗣位的激烈鬥爭，使他心情抑鬱，精力耗盡。有關康熙帝駕崩和雍正帝篡位的歷史疑案，原書做了有史實依據的分析與辨證。原書指出，康熙帝早已多病在身，康熙帝之死，並不存在暴亡的現象。康熙帝的遺詔不能懷疑是胤禛篡改的，從康熙雍正兩朝的實錄記載看來，雍正帝繼位是合法的。胤禛自幼貼近康熙帝，對康熙帝的性格、心理及其旨意都有較深的瞭解，使康熙帝對他有個「孝誠」和「性量過人」的印象。他又能在處理國家事務的實際工作中，顯示出較強的政治魄力和膽識，獲得康熙帝的信任。因此，康熙帝把他留在身邊，讓他執行本該由康熙帝自己執行的事務。所以，胤禛在儲位鬥爭中實際上已佔據有利的地位，爲他取得皇位鋪平了道路。由此看來，胤禛被康熙帝定爲自己的繼位人，是比較符合實際的。

蔣兆成先生、王日根先生合著《康熙傳》，徵引康熙朝奏摺、起居注冊、實錄等檔案官書，文獻足徵。原書以十二章的篇幅詳述康熙帝的一生經歷及其豐功偉業，生動地體現了這位傑出帝王的求實精神和出色的謀略與膽識。爲人君，止於仁，康熙帝是一位仁君，他勤政愛民，崇儒重道，幾暇格物，經文緯武，統一寰宇，雖曰守成，實同開創，他開創了清初的盛運，本書作了詳盡的分析與辨證，是一本學術價值極高的歷史名著。

導讀者簡介

莊吉發，民國二十五年（一九三六）生，臺灣苗栗人。民國四十五年（一九五六），省立臺北師範，民國五十二年（一九六三），國立臺灣師範大學史地學系，民國五十八年（一九六九），國立臺灣大學歷史研究所畢業，曾任國立故宮博物院研究員，國立臺灣師範大學歷史研究所兼任教授，現為國立臺灣大學中文學系、國立政治大學圖書資訊與檔案學研究所、民族學系兼任教授，講授清史專題研究、故宮檔案專題研究、中國秘密社會史、中國邊疆文化史、滿洲語文等課程。著有專書五十餘本，撰寫論文三百餘篇。

目次

第一章　幼童登帝位　少年顯英才

幼兒生活

順治十一年（一六五四年）三月十八日巳刻，從北京紫禁城景仁宮內傳出了一陣呱呱的啼聲，一個新生皇子降臨人間。喜訊傳來，宮內頓時洋溢著熱烈而歡樂的氣氛。誰能料到，這位皇子後來成爲中國歷史上赫赫有名的清朝皇帝，他就是康熙。

康熙姓愛新覺羅，名玄燁，是順治帝（即福臨）的第三個兒子。母親佟氏係少保固山額真佟圖賴的女兒。佟氏先世本是漢人，原居佟佳，世代經商。後佟家因經商多次遷居，最後定居撫順。天命元年（一六一六年），佟氏叔祖父養性因暗通後金，被明朝官吏察覺，逮捕入獄。越獄後，養性就投奔後金，受到努爾哈赤的青睞。努爾哈赤將宗女嫁給他，養性一時身價倍增，被人們尊呼爲「施吾理額駙」。隨後，佟氏的祖父養真攜全族男女老幼歸附後金。天聰年間，皇太極創設漢軍，號稱「烏真超哈」，提拔養性充任「昂邦章京」（即總兵、子爵），總理漢人軍民諸政，命所有漢官一律受養性節制。同時，佟氏的祖父佟養真也因進擊遼陽有功，被授予世職游擊。後來，養真在鎮守鎮江（今遼寧丹東市東北）時，爲叛將張良策所害，佟氏的父親佟圖賴因此承襲了世職游擊。崇德七年（一六四二年）皇太極分漢軍爲八旗，佟圖賴升任正黃旗固山額真。順治間，佟圖賴督師南征，戰績卓著。後被調充正藍旗固山額真（都統），進爵至三等精奇尼哈番（即三等昂邦章京，爲三等子）。順治十三年（一六五六年）清廷又榮加佟圖賴爲太子太保。佟氏的祖、父兩代與愛新覺羅氏這種密切的政治歷史關係及其特殊的政治地位，使得佟氏有機會被應選入宮爲妃。佟氏十五歲生下玄燁。玄燁即位後，佟氏被尊爲皇太后，同時，玄燁爲了推恩生母，令佟圖賴子佟國綱一支從漢軍抬入滿洲鑲黃旗，《清史稿》記載：「后家佟氏本漢軍，上命改佟佳氏，后族抬旗自此始。」[1]所以，玄燁這位滿族小皇子身上不僅流淌著漢族人的血液，而且生動地體現著當時滿漢兩族的結合，佟氏的家族史也正是滿漢兩族結合的產物。

玄燁作爲皇子自然無限榮耀與尊貴。然而他卻失去了一般幼兒理應享受的天賦母愛。按照清朝規矩，皇家子女不論嫡庶，一生下來，就由保姆抱走，交給乳母撫養。一個皇家子女，通常有四十個人服侍，除保姆八人、乳母八人外，還有針線上人、漿洗上人、燈火上人、鍋灶上人等。所以玄燁出生後，就長期與生母分離，每隔累月，母子方得一見，見面時，生母不得任意逗孩子歡笑，待孩子稍長學話，母子見面也照例不許多談。當時，兒童往往因感染流行性天花而夭折。爲了避免天花感染，幼年的玄燁曾由乳母帶領離開紫禁城，久居在北京西郊的一座寺廟中，並且依照古老的辦法，接種疫苗，即用天花病人的膿液或用膿瘡痂製成的粉末，吹進他的左鼻孔（女孩的右鼻孔）。如果反應正常，接種疫苗後，孩子就開始發燒，並伴發出輕微的水痘。但這種疫苗在玄燁身上卻沒有生效，玄燁仍然未能逃脫天花的侵襲，幸而，玄燁憑藉頑強生命力，終於從死神中掙脫出來，僥倖地活下來了，只是在臉上留下了一些麻點。這期間，玄燁度過了與父母長期分離的孤獨時光。日後，玄燁曾回憶與生母的關係時十分感慨地歎曰：「朕幼年時，未經出痘，令保姆護視於紫禁城外，父母膝下，未得一日承歡，此朕六十年來抱歉之處。」[2]

這樣，在玄燁幼小的心靈中，乳母是他最親愛、而且又是最早的啟蒙老師。清朝規定，乳母是由大太監指令內務府包衣旗人的頭子和監督人從包衣旗人的妻子中篩選出來的。包衣旗人的妻子一旦被選爲皇家乳母，內務府照例要用不超過八十兩白銀的佣金另雇奶媽來餵養皇家乳母的親生嬰兒。乳母入宮，對皇家子女既要盡心護持，又要悉心教導。凡進食必饑飽適宜，穿衣必寒溫應候；啼笑之間，曲意調和；至於言語行動，更須相機善導，務必適合皇家規矩。諸凡襁褓殷勤，無不周詳。所以皇家乳母自然很受敬重。清朝承襲明代遺制，皇子一旦稱帝，以前扶養他的乳母往往受封。玄燁曾照明熹宗之例，封世祖順治的乳母朴氏爲奉聖夫人，頂帽服飾全照公夫人樣色。朴氏逝世時，玄燁還褒揚她說：「保育先皇，恭勤素著，護朕沖幼，淑惠彌昭，提抱之殷，靡問於夙夜，恩勤之篤久，歷夫歲時。」[3]他又諭令禮部對朴氏應得恩恤，「宜從優厚」，並要禮部「詳察定例以聞」[4]。與玄燁相處最久的乳母是正白旗漢軍包衣曹璽之妻孫氏。玄燁很懷念她，即位後，特授曹璽任江寧織造，封孫氏爲一品誥命夫人。之後，又讓她的長子曹寅接替乃父之職。玄燁南巡時，居住在江寧織造府內。有一天，他同乳母孫氏會見，十分熟悉而親熱地指著孫氏說：「此吾家老人也！」說畢，當面給孫氏豐厚賞賜。這時，巧遇庭中萱花盛開，玄燁興致勃勃地揮筆御書「萱瑞堂」三字，賜給曹家，以爲留念。

玄燁離乳母之後，又增內監若干人服侍他，內監教他飲食、言語、行步和禮節，並伴同玄燁一起戲耍。

玄燁的成長主要依恃其祖母孝莊文皇后的鍾愛與教育。孝莊文皇后姓博爾濟吉特氏，是科爾沁蒙古貝勒寨桑的女兒，太宗皇太極孝端文皇后的侄女。她十四歲時，就嫁給皇太極，後被封爲永福宮莊妃。皇太極病逝後，她以皇太后的身分輔佐六歲的兒子福臨（順治）治理國政，在清廷中很有權威。順治十一年（一六五四年），佟氏到太后宮內問安，太后察知佟氏已懷孕在身，還聽說佟氏有同自己懷孕時相類似的吉祥徵兆，異常喜悅地對近侍說：「生子必膺大福。」玄燁出生後，孝莊就十分關注孫兒的成長。玄燁剛學步能言時，孝莊就照帝王的標準嚴格訓練他，凡玄燁的「飲食、動履、言語，皆有矩度。雖平居獨處，亦教以罔敢越軼；少不然，即加督過」5。玄燁不到五歲，孝莊就派侍女蘇麻喇姑專門教他學習滿語。蘇麻喇姑敏慧靈巧，凡宮中后妃衣冠式樣都由她手製，深得宮人們推重。她又知書達理，頗有學識，玄燁賴她啟迪。平時，蘇麻喇姑總是手把手盡心地教育玄燁，一絲不苟。玄燁八歲即位後，孝莊又以太皇太后的身分嘔心瀝血地輔佐和培育他。玄燁十一歲時，生母死去，孝莊就將他收養在慈寧宮，朝夕教誨。玄燁後來回憶說：「念朕甫八歲，世祖章皇帝即賓天，十一歲慈和皇太后又崩逝……仰賴聖祖母太皇太后鞠養教誨以至成立」，「設無祖母太皇太后，斷不能致有今日成立」6。所以祖孫二人的感情特別深厚。

玄燁從五歲開始上學讀書。清朝前期的幾代皇帝，家法很嚴，他們深深明白，把皇子們培育成深通學問、明達治理的英才，直接關係著清朝宗廟社稷的興亡。皇帝們認爲「皇子年齡雖幼，而陶淑涵養的功夫，必自幼年開始學習」。所以從幼齡伊始，清朝皇帝就嚴格要求皇子們刻苦讀書，練習武事。五歲後，皇子們都要上書房讀書。宮中聘請的師傅，都是很有名望、學識淵博的飽學之士。師傅們受皇帝的重託，本著「嚴有益，而寬多誤」的要旨，殫心竭力，諄諄教育皇子。

每當欽天監擇日開學之後，皇子們必須遵時上學。清代紫禁城的神武門內城樓上設有更鼓，一夜五更，每更約兩小時。每到一更，就有報更人敲鼓報時，五鼓打更，皇子們就得上書房。這時，天還沒有亮，宮內只有幾個供役的人，往來黑暗中，有的殘睡未醒，伏在椅柱上假寐。在宮內一片寂靜中，供役的人早就隱隱望見點點白紗燈慢慢移入隆宗門，在太監衛護下，年幼的皇子們進入書房。這時，師傅卻早已正襟危坐，等候在宮內了。皇子們每日都按照規定課程誦讀、寫字、熟背詩文。至午時，侍衛給皇子們進午膳。膳後，他們沒有休息，繼續攻讀。到了未時，約三時左右，侍衛端進點心。食畢，由侍衛教習騎射等武事。練習武藝，鍛鍊身體，以保持滿族刻苦慓悍的尚武風格。至薄暮方散。

玄燁不論讀書、騎射，都挺認真，又十分敏慧。他「日所讀書，必使字字成誦，從來不肯自欺」[7]，而且「凡事留意，纖悉無遺」[8]。如有不明白的地方就「詢之左右」，並經過自己「反覆探索，必心與理會，不使纖毫扞格，實覺義理悅心」[9]，方肯罷休。《清實錄》說他「讀書十行俱下，略不遺忘，自五齡後，好學不倦，丙夜披閱，每至宵分」。「凡帝王政治、聖賢心學、六經要旨，無不融會貫通，洞徹原委」[10]。他又善於騎射，虛心求教。玄燁在晚年時，曾回憶小時候跟一個叫默爾根的侍衛學習過騎馬射箭，默爾根要求十分嚴格，凡是姿勢、方法上有一點差錯，就直言不諱地教正，從不馬虎，這使玄燁受益匪淺。默爾根的忠實教練，深深銘刻在玄燁的記憶中，玄燁在回憶時，十分感慨地說：「朕於諸事諳練者，皆默爾根之功，迄今猶念其誠實忠誠未嘗忘也。」

八歲踐祚

順治十七年（一六六〇年）年底，正值新年即將來臨之際，紫禁城內早已張燈結彩，宮女、太監穿梭往來，洋溢著迎接新春佳節的熱烈氣氛。這時，清朝皇帝順治（福臨）突然染上了天花。天花病在當時被視爲不治之症，這在宮內引起了極大震動。頓時，節日的氣氛一掃而光。宮中才掛上的全部門神、對聯、彩燈、彩帶被撤去了，禮部奉旨宣布免去一年一度的元旦大朝慶賀禮，早已做好準備進宮參加元旦盛宴的大臣們聞訊忐忑不安。正月初四日，朝廷正式向文武大臣宣布皇帝患病，傳諭全國「毋炒豆、毋點燈、毋潑水」，下令京城內除十惡死罪外，其餘死罪及各類罪犯悉行釋放，以祈求皇帝康復。

順治病臥養心殿，自知危在旦夕，思慮萬千，憂心忡忡，自己才二十四歲，膝下的幾個兒子，都還年幼，究竟選擇誰來繼任？又選誰來輔佐？妥善處理好這兩個重大問題，對於幼帝和平而穩定地渡過輔政到親政的交替時期，無疑是有決定作用的，而且這直接關係著清朝統治的安危。

鑒於漢族嫡長子繼位已被太祖努爾哈赤所否定，由是順治吸取了漢族皇位傳子制與滿族君主推選制的特點，憑藉自己所處的至尊地位，創立了由皇帝從衆皇子中選擇繼承人的建儲制度，這一建儲制度後來成爲有清一代的定制。玄燁繼位就是這一建儲制度的首次實踐。

選定皇位繼承人同皇子生母在皇帝心目中占有的地位有著十分重要的關係。順治第一個配偶博爾濟吉特氏，是蒙古科爾沁卓禮克圖親王吳克善的女兒，孝莊文皇后的侄女。順治八年，博爾濟吉特氏被冊爲皇后。博氏容貌佳麗，又極巧慧，可生活極其奢侈，而且妒嫉心極重，「見貌少妍者即憎惡，欲置之死」[11]。凡順治帝的舉動，無不猜防，以致結怨順治，最後兩人分居，不再相見。於是順治特以「無能」爲名，藉口秉承孝莊皇太后的「慈命」，毅然廢了皇后，將博氏降爲靜妃，改居側室。順治十一年（一六五四年）順治娶孝莊的侄孫女、科爾沁貝勒卓爾濟之女博爾濟吉特氏爲第二后，博氏雖「秉性淳樸」，但「又乏長才」。順治同她很疏遠。至於玄燁的生母佟佳氏，也不能得到順治的寵愛。當時最受順治寵愛的是滿洲世族內大臣董鄂碩的女兒董鄂妃。董氏十八歲就嫁給順治，深得福臨歡心，寵冠後宮，先後被立爲賢妃、皇貴妃。之後，順治還企圖再行廢后，冊立董妃爲皇后，此舉雖未實現，但凡宮中庶務，順治都令董妃經理。董妃「雖未經后名，實后職也」[12]。順治十七年（一六六〇年）董妃不幸逝世。順治痛不欲生，立即追封董妃爲皇后，加謚「孝獻」，輟朝五日，「喪葬典禮，過從優厚」[13]，又自撰《董妃行狀》數千言，以寄哀思，甚至還鬧著要去五臺山出家爲僧。和尚雖沒有當成，可順治曾經削髮，別取了「行癡」的法名[14]。所以湯若望說順治帝對董鄂氏「起了一種火熱愛戀」[15]。董妃只生一子，排行第四，很得順治的寵愛，據說順治要指定董妃之子爲未來的皇太子[16]，不料董妃子僅三個月就夭折了。順治還特封他爲榮親王，並按親王禮儀埋葬。如果此子尚在，皇位也就輪不到玄燁繼承。

董氏的兒子夭亡後，玄燁在順治心目中方取得了突出地位。順治的長子牛紐二歲時就死了。玄燁是順治的第三子，他以下的四個弟弟皆幼。這時只有寧妃所生的二子福全和玄燁年齡較大，他倆都是庶出。他們的生母都沒有受到順治的寵愛。但玄燁較福全有著更多的優勢。他比福全靈敏。六歲時，有一次，他同福全和皇五子常寧去向父親請安。順治逐個面問三人的志向。皇五子常寧剛三歲，還不懂事，默默無言。福全表示「願以賢王對」[17]。玄燁卻機靈而大膽地答道：「待長而效法皇父，黽勉盡力。」[18]一個六歲的幼童就有了效法皇父的遠大抱負，而且表示將竭盡全力去實現這個目標。順治帝聽了十分賞識，心底有了個譜。《實錄》載：「世祖皇帝於是遂屬意焉。」[19]所以，在臥床之時，順治帝特地派人去徵詢平時很受自己尊敬而信賴的欽天監監正、德國傳教士湯若望的意見。湯若望認爲玄燁比福全略小，不過已出過天花，有免疫能力，福全卻未曾出過天花，很有可能發生類似眼下順治這樣的悲劇。順治鑒於自己的病狀，覺得湯若望說得很有道理。尤其是玄燁一直受到祖母孝莊文皇后的深愛，在孝莊文皇后的全力支持下，順治帝經過深思熟慮，最後決定立玄燁爲嗣。

順治十八年（一六六一年）正月初六日夜半，順治預感生命垂危，急命太監傳呼原任學士麻勒吉與學士王熙兩人趕赴養心殿。順治對王熙說：「朕出痘，勢將不起，爾可詳聽朕言，速撰詔書。」於是順治帝就口授遺囑。這時，王熙卻跪伏榻前，泣不成聲，只是呆呆地握著筆桿發抖，久久不能下筆。順治又無限深情地安慰王熙道：「今事已至此，皆有定數，君臣遇合，緣盡即離，爾不必如此悲痛，此何時？尚可遷延從事，致誤大事。」[20]王熙強抑悲痛，立即在御前先草擬好第一條，奉交順治，順治支撐著病體，閱畢時，已癱在床上，動彈不得。麻勒吉與王熙立即奔到乾清宮西朝房遵照順治帝的意旨，連夜起草了遺詔，然後由侍衛賈卜嘉迅速送到養心殿，交皇帝過目。順治掙扎著將遺詔反覆修改，「進呈者三，皆報可」[21]。於是，順治叫麻勒吉懷收遺詔，同賈卜嘉一起去奉知皇太后。據《王熙自訂年譜》所述，他當時深明遺詔有秘密，不敢直言。這透露出遺詔是經過皇太后改定的。次日半夜順治帝死於養心殿。初八日頒布遺詔，明確指定玄燁爲自己的繼位人。遺詔說：「太宗創垂基業，所關至重，元良儲嗣，不可久虛，朕子佟氏妃所生，年八歲，岐嶷穎聰，克承宗祧，茲立爲皇太子，即遵典制，待服二十七日，釋服即皇帝位。」[22]

正月初九日，八齡幼童玄燁即皇帝位。清廷分別遣官員告天、地、宗廟、社稷。玄燁穿上孝服在順治帝靈位前，敬讀告文，行三跪九叩禮，接受詔命。然後，他換上禮服，到皇太后宮行禮畢，走向太和殿，登上皇帝寶座，君臨天下，做了清朝第二個皇帝。王以下文武百官穿上各式朝服，整齊肅穆，一排排序立在八齡幼皇面前。當玄燁令免去宣讀賀表之後，各官一齊叩頭行禮。而後布告天下，頒詔大赦，以明年爲康熙元年。

玄燁能繼承帝位，是滿族君主的傳統繼位制與漢族嫡長子世襲制相結合的產物，是清朝以皇權爲核心的封建專制政體進一步強化的結果，也是順治帝對滿族繼位制歷史發展的總結；同時，這同玄燁取得祖母孝莊文皇后的全力支持、自身的優勢與機遇是分不開的。

四臣輔佐

爲了進一步削弱諸王貝勒的權力，避免宗室結黨專權，順治遺詔改變了幼主由宗室輔佐的傳統，特命內大臣索尼、蘇克薩哈、遏必隆、鰲拜等四位異姓「勳舊重臣」爲輔佐，以「保翊沖主，佐理政務」[23]。

索尼姓舍里氏，隸滿洲正黃旗，爲清朝開國功臣。早在努爾哈赤時，索尼因通曉滿、蒙、漢文字，被安置在文館內理事，賜號「巴克什」。後索尼被授予一等侍衛，「出入扈從，隨軍征討」。皇太極天聰五年（一六三一年），索尼任吏部啟心郎。天聰八年（一六三四年）授騎都尉（正四品）世職，並且日值內院，宣示諭旨，察審功罪，從此，索尼深得皇太極信任，參與機要。崇德八年（一六四三年），索尼因功提升三等甲喇章京。據傳皇太極臨死前，曾將幼子福臨（順治）託付給他。皇太極死後，索尼堅定擁立福臨（順治）。順治五年（一六四八年）多爾袞以索尼先前曾謀立肅親王豪格之罪，將索尼處以免死贖身，革職爲民，徙置昭陵。順治親政後，索尼方被召還，恢復世職。後累進一等伯世襲，擢內大臣兼議政大臣，總管內務府。因索尼爲「四朝元老」，又係「兩朝顧命之臣」，所以他在四輔臣中列於首位。

蘇克薩哈姓納喇氏，滿洲正白旗人。父蘇納早年隨努爾哈赤創業，深得努爾哈赤喜愛，被招爲第六駙馬。蘇克薩哈依靠駙馬之子的貴戚身分與自己的才幹，仕途一帆風順。他初授牛錄額真（即備禦），崇德六年（一六四一年）因功授牛錄章京世職（即備禦世職），晉升三等甲喇章京（即游擊）。順治七年（一六五〇年）升爲三等阿思哈尼哈番（即梅勒章京，爲副都統，從二品），並「以材辯」得到多爾袞的賞識，不久授議政大臣，進一等，加拖沙喇哈番（一等公）。多爾袞逝世後，蘇克薩哈因率先告發多爾袞「陰謀篡逆」的罪行而得到順治的重用，被提升鑲白旗護軍統領。後團剿農民軍屢立戰功，又被晉升領侍衛內大臣加太子太保。在順治彌留之際，蘇克薩哈跪於御床前，向順治表示願以身殉。順治寄予厚望，語重心長地說：「爾不知死事易，守主事重。」24儘管遏必隆、鰲拜都以公爵比蘇克薩哈先列為內大臣，但蘇克薩哈以駙馬子入侍禁廷，與清皇室有著更密切的裙帶關係，因此，他的班行列於遏必隆、鰲拜之前，而僅次於索尼。

遏必隆姓鈕祜祿氏，滿洲鑲黃旗人。他是清朝開國勳臣額亦都第十六子，其生母係和碩公主。天聰六年（一六三二年），遏必隆以軍功承襲其父總兵官世職。天聰八年（一六三四年），又襲一等昂邦章京（一等總兵，子爵），授侍衛管牛錄事。順治五年（一六四八年）四月，因親侄誣告他在皇太極死時有「變亂」之舉，被多爾袞革除官爵及籍沒一半家產。順治親政後，遏必隆冤案得伸，官復原職，還並襲其兄圖爾格的二等公爵，提升為一等公。不久，遏必隆進授議政大臣，擢領侍衛內大臣，累加太傅兼太子太傅，在輔臣中名列第三。

鰲拜姓瓜爾佳氏，滿洲鑲黃旗人，勇謀有餘，戰功卓著。初以巴牙喇壯達從征，屢次立功。天聰八年（一六三四年）授牛錄章京世職（即備禦世職），任甲喇額真（參將）。崇德二年（一六三七年）授三等梅勒章京（即三等副將，爵為三等男），賜號「巴圖魯」（意為勇士）。崇德六年（一六四一年），封一等梅勒章京（一等男），提升護軍統領，位列大臣。崇德八年（一六四三年），封三等昂邦章京（三等子）。順治初，隨大軍攻滅農民軍，進封一等昂邦章京（一等子）。順治五年（一六四八年），被多爾袞以前此謀立肅親王豪格之罪，奪取世職，免死贖身。順治親政後，鰲拜得到重用。授議政大臣，累進二等公，予世襲，擢領侍衛內大臣，累加太傅兼太子太傅。在輔臣中，位列第四。

四輔臣在開創清王朝的基業中，都立下了汗馬功勞。其中索尼、遏必隆、鰲拜等三人都屬於黃旗人，在皇太極逝世時，因擁立皇子繼位，曾遭到多爾袞的壓抑，受過免死、解職的懲罰。蘇克薩哈屬於正白旗人，於多爾袞死後，反戈一擊，從擁護多爾袞轉到支持順治的立場上來，因此，他們都得到順治的信賴。

順治一反傳統，破除舊習，沒有經過同諸王、貝勒和文武大臣商量，就決定讓異姓四大臣輔政，這不能不引起四輔臣的憂慮。當麻勒吉向諸王、貝勒、貝子、公、大臣、侍衛等宣讀遺詔之後，四輔臣首先跪告諸王、貝勒等說：「今主上遺詔，命我四人輔佐沖主，從來國家政務，惟宗室協理，索尼等皆異姓臣子，何能綜理，今宜與諸王貝勒等共任之。」[25]以此來探測宗室諸王貝勒的態度。諸王貝勒等急忙答覆道：「大行皇帝深知汝四大臣之心，故委以國家重務，詔旨甚明，誰敢干預，四大臣其勿讓。」[26]索尼等人就將諸王貝勒擁護遺詔的態度奏知皇太后。於是四輔臣與王以下文武大臣先後分別在順治靈位前和大光殿各立誓言。四輔臣宣誓說：「尼等誓協忠誠，共生死，輔佐政務，不私親戚，不計怨仇，不聽旁人及兄弟子侄教唆之言，不求無義之富貴，不私往來諸王貝勒等府受其饋遺，不結黨羽，不受賄賂，惟以忠心仰報先帝大恩。若復各爲身謀，有違斯誓，上天殛罰，奪其凶誅。」[27]王以下文武大臣發誓說：「沖主踐阼，臣等若不竭忠效力，萌起逆心，妄作非爲，互相結黨，及亂政之人，知而不舉，私自隱匿，挾仇誣陷，徇庇親族者，皇天明鑒，奪算加誅。」[28]誓言明顯地針對以往君主逝世後，宗室諸王貝勒爲爭奪君權，各自同朝廷大臣結成黨羽，私挾怨仇，彼此進行生死搏鬥的嚴酷歷史教訓，強調四輔臣、諸王貝勒和文武大臣，不得利用親戚、親族關係，從個人恩怨出發，互結黨羽，以致「亂政」，尤其是四輔臣應共同執政，不受諸王貝勒干預，不得單獨同諸王貝勒等府私相往來，以竭盡全力穩定幼主的統治地位。

四輔臣在一定程度上代行皇帝職權。凡一切軍政命令，均以「輔臣稱旨」名義諭諸王貝勒大臣遵行。但真正把持政權的是孝莊博爾濟吉特氏。以前孝莊曾扶持順治渡過輔政時期，在朝廷諸王大臣中享有一定威望。玄燁即位後，她以太皇太后身分扶植皇孫。從順治逝世到玄燁即位的一切措施和安排，諸如順治在遺詔中以自責形式，列舉「自親政以來，紀綱法度，用人行政，不能仰法太祖、太宗謨烈」等十四款過失，引爲己罪；遺詔草成即諭令奏知皇太后，經皇太后改定，並同四輔臣商定後宣詔；諸王貝勒對遺詔指定四大臣輔政表示擁護的明朗態度，四輔臣當即向皇太后上奏；隨後，孝莊召諸王、貝勒、貝子、公、內大臣、侍衛、大學士、都統、尙書及文武官員等，諭令他們務必偕四大臣「同心協力，以輔幼主」，等等，無疑地都出自孝莊的授意和決定。同年三月，有個漢族人安徽桐城縣秀才周南特地趕到北京，「詣闕條奏十款」，其中一款爲「請垂簾，以勸盛治之隆」[29]。而孝莊卻不願「垂簾聽政」，甘願輔助孫兒，讓玄燁在實踐中增長治理國家的才幹。

康熙一直在孝莊的直接教誨與勉勵下治理國政的。他即位不久，孝莊問玄燁有什麼欲望，玄燁答道：「惟願天下乂安，生民樂業，共用太平之福而已。」[30]孝莊則親筆書寫條幅告誡康熙：「古稱爲君難，蒼生至眾，天子以一生臨其上，生養撫育，莫不引領，必深思得國得眾之道，使四海咸登康阜，綿歷數於無疆，惟休。」[31]康熙的初願與孝莊的爲君「必深思得國得眾之道」的教誨，成爲玄燁後來治國的出發點和歸宿。至於軍國大事，康熙總要向孝莊稟報，直至康熙親政後，孝莊仍繼續過問國事。如筆帖式出身的圖海，在順治時曾獲罪免死削職。三藩變亂時，蒙古察哈爾部布爾尼乘機作亂，孝莊向康熙推薦說：「圖海才能出眾，盍任之。」[32]康熙立召圖海「授以將印」[33]，領兵前往，最終平定布爾尼叛亂。所以《清史稿》說：「太后不預政，朝廷有黜陟，上多告而後行。」[34]後來康熙一直懷念著祖母對他的關注與培育，說了一番發自肺腑的真誠感人的話：「憶自弱齡，早失怙恃，趨承祖母膝下三十餘年，鞠養教誨，以致有成」，「設無祖母太皇太后，斷不能有今日成立」[35]。

同四大臣輔佐政務同時並存的，還有議政王大臣會議。這是清初特設的權力機構。清初，軍國大政都要交議政王大臣會議討論決定，它的權力很大。「諸王大臣會議既定，雖至尊無如之何」。議政王大臣會議亦稱「國議」，其成員都由滿洲貴族組成，「半皆貴胄世爵」[36]，即多係宗室親王貝勒。所以不論孝莊文皇后和四輔臣的權力也都要受到議政王大臣會議的限制。

就這樣，康熙八歲幼齡登位，以孝莊文皇后爲中心，四異姓大臣爲輔佐，在諸王貝勒的監督下，行使著封建中央集權制的統治權。康熙依恃太皇太后的全力支持與培育，通過實踐，逐步瞭解和熟悉國家的政務活動以及各類代表人物之間的矛盾和鬥爭，從中增長自己的知識和才幹，爲由輔政過渡到親政積極創造條件。

智除鰲拜

四大臣號稱輔佐政務，實際上他們代行著皇帝的權力。凡是由四輔臣已定的或未定的國家要事，都以「輔臣稱旨」名義，或是諭令諸王、貝勒、大臣會議與各部院和地方督撫定議奏上，或是命他們執行，因此「輔臣稱旨」如同詔令，不得違抗。不過任何國事必須由四輔臣集體討論決定後，共同向皇帝上奏，個人是不能上疏或朝見皇帝的。當時年幼的康熙帝還沒有能力處理國家事務，孝莊不行垂簾聽政，平時自然由四輔臣行使國家最高權力。在形式上，四輔臣的班行有先後之別，都又以共同輔政、集體制約的方式，保持權力平衡。但是，隨著四輔臣各自的權勢、能量和地位的變動，以及彼此之間利害關係不同，而形成的相互結合或對立，不可避免地會出現個人操縱政局，從而形成擅權的局面。

蘇克薩哈原隸屬於多爾袞率領的正白旗，後來，憑藉首告多爾袞謀篡帝位的反戈一擊，受到順治重用。與此同時，多爾袞統率的正白旗也同正、鑲兩黃旗一起，都歸之於「上三旗」。但是，黃、白兩旗之間在歷史上形成的積怨並沒有消除。多爾袞執政期間，索尼、遏必隆、鰲拜等兩黃旗大臣，曾先後遭到貶斥，順治親政後，鰲拜等三人備受寵信，他們很自然地結合在一起，而同正白旗出身的蘇克薩哈相對立。

在四輔臣中，索尼資望最高，位列班首。但他年老多病，精力不足。遏必隆闇弱，缺乏主見。蘇克薩哈班行第二，才器開敏，能力超出三輔臣之上。他善於廣泛結交，凡有傑出才幹的漢官，他都虛心結納，收為門下，並把結納的漢官，一一記述於文札，收藏起來，「積之盈箱」。鰲拜為三朝重臣，戰功顯赫，他自恃功高，「意氣凌轢」，朝中大臣「多憚之」[37]。他有強烈的權欲，然而班行卻排在最末位，心裏很不平。他與蘇克薩哈雖有姻婭之誼，但議論政事，兩人往往牴牾，終於結成怨仇。康熙四年（一六六五年）九月，孝莊皇太后想冊立內大臣噶布喇的女兒、索尼的孫女赫舍氏為康熙皇后，「蘇克薩哈嗔怨年庚不對，曾經掣肘」[38]，同索尼又添仇隙。更何況三輔臣原來把蘇克薩哈視為異己。鰲拜十分清楚，在四輔臣中，唯有蘇克薩哈是橫在政途上阻擋他爬上更高權位的絆腳石。他要利用自己在輔臣中所處的絕對優勢，打擊以蘇克薩哈為代表的白旗勢力，達到扳倒蘇克薩哈，逐步實現個人擅權的目的。

於是，鰲拜抓住以往多爾袞在關內分定圈地一意偏袒正白旗、竭力壓制御前黃旗這件不平事為突破口，煽風點火，千方百計蓄意重新挑起黃白兩旗之間的矛盾和鬥爭，來制裁白旗勢力和蘇克薩哈。

清兵入關後，曾在京畿五百里內圈地，分配給東來的諸王勳臣兵丁人等，原定八旗地土，各照左、右翼次序分給。當時，睿親王多爾袞打算駐在永平，下令留下永平的地土未圈。同時又將鑲黃旗應得左翼而靠近河北省永平的薊、遵化、遷安等州縣較好土地，分配給隸屬自己的正白旗；而把原該屬於白旗的右翼之末的保定府（治所在今保定市）、河間府（治所在今河間縣）、涿州府（治所在今涿縣）所屬雄縣、大城、新安、河間、任丘、肅寧、容城等縣的較差土地，分給御前鑲黃旗。這件事曾經引起黃旗上下官兵的不滿。多爾袞一死，在鑲黃旗中，就有人議論他分地偏袒不均。出身於白旗的蘇克薩哈聽到一些黃旗人的議論，默不作聲。鰲拜卻認定有機可乘，立意將早已分定的黃、白兩旗的土地，再行調換分配。索尼與遏必隆兩人順水推舟，一同附和鰲拜的主張。於是鰲拜暗中唆使旗人向戶部呈文訴請將薊、遵化、遷安的正白旗諸屯莊改撥鑲黃旗，把保定府、河間府、涿州府的鑲黃旗諸屯莊換給正白旗。如所換的地土不足，別圈民地補充。大學士兼管戶部尚書蘇納海閱覽旗人的訴訟後，立刻上奏說：圈地分定已歷二十餘年，旗人安業已久，且康熙三年，又奉旨不許再圈民地，請將八旗移文駁回，立罷換地之議。

蘇納海是正白旗人，他的奏疏立時激起了鰲拜的怨憤。鰲拜決意憑藉自己的權勢和有利地位，用合法形式，挑起更大規模的旗地糾紛，造成巨大聲勢，步步緊逼，以構陷蘇納海抗旨罪行，圖謀先將蘇納海置於死地。

於是，輔臣鰲拜等將換地的主張與蘇納海的奏疏一併諭令議政王、貝勒、大臣、九卿、科道會議議定奏聞。康親王傑書等議覆，旗地有沙壓水淹地十五萬四千晌餘，先前佐領尚未踏勘明白，待踏勘後造冊再議。

接著，輔臣鰲拜等遣八旗滿洲、蒙古、漢軍都統、戶部滿漢尚書，及滿侍郎一員，都察院左都御史及滿左副都御史一員、文科給事中或滿或漢每科各一員，一同前往實地踏勘。之後，鰲拜根據都統固山貝子溫齊等踏勘奏聞的情況，以「輔臣稱旨」名義諭令戶部說：今各旗以地土不堪具控。據都統踏勘復奏，鑲黃旗不堪尤甚。如換給地畝，別旗分已立界截圈，不便更易。惟永平府周圍地畝未經圈出，應令鑲黃旗移住。且世祖章皇帝遺詔，凡事俱遵太祖、太宗例行。今思莊田房屋應照翼給與，將鑲黃旗移於左翼，仍從頭挨次配給。至各旗不堪地畝，作何分別，圈占土地，作何補還，鑲黃旗移出舊地，作何料理，著戶部一併酌議[39]。戶部只得遵照「輔臣稱旨」的指令，議定了八旗圈換地土的兩條建議。一議：鑲黃旗近圈順義、密雲、懷柔、平谷四縣之地毋庸撥完外，其在左翼之涿州、雄縣、大城、新安、河間、任丘、肅寧、容城等處地，應照舊例，從此挨次撥換；將正白旗通州、三河迤東大路北邊至豐潤縣地、永平府周圍留剩地撥給鑲黃旗，如不敷，將遵化至永平路北夾空民地圈給。其正白旗所撤通州迤東之地，亦應以永平周圍地內撥補，不敷，將北夾空地、灤州、永定縣民地圈給。一議：鑲黃旗既有順義等四縣地，應將所移涿州壯丁，即於順義等處民地圈給，其河間等七縣所移壯丁，應將正白旗、薊州、遵化等地撥給，不敷，將夾空民地撥給。其通州、三河、玉田、豐潤等處地仍留正白旗。奏入，輔臣鰲拜等稱旨：鑲黃旗涿州壯丁移於順義等縣，依後議。其前議將正白旗通州迤東大路北邊給與鑲黃旗，南邊留與正白旗之處，俟秋收後，差員將正白旗滿洲地、投充人地、皇莊地丈量明白，取具實數，酌議分撥，餘俱俟鑲黃旗遷移事竣具題請旨[40]。

換地圈地的條款一經確定，鰲拜立即遣蘇納海、侍郎雷虎，會同直隸、山東、河南總督朱昌祚和巡撫王登聯酌議圈換。蘇等四人受命之後，立刻前往薊州等處，履畝圈丈。他們露處帳房，每日督率屬僚，會同戶部官員及旗下章京，在野外忙碌圈丈將近一月，仍然「茫無頭緒」。當時，不論旗人、漢民一聞圈地換地，「人心惶惶，旗下原來得到好地的，更害怕遷移」，撥換以後的地畝，「或因新圈地土瘠薄，反不如舊得原地肥美者；或因本旗舊地不堪，今圈得新地，仍最不堪者」41。各旗官丁視擇肥薄，「皆呶呶有詞」，終日相持不絕。當時已屆隆冬，各旗官員率領所屬沿鄉繞村，棲止廟宇草舍，守候行圈，窮苦百姓則被迫離棄廬井草舍，在冰天雪地中流涕轉徙，「號泣之聲，聞於數里」42。更爲嚴重的，是撥換令頒布之日，正值秋耕季節，薊州、遵化等地方圓四、五百里內的旗民百姓，風聞即將撥換土地，就把待耕土地「盡拋棄不耕」43，史載：「圈地議起，旗民失業者數十萬人。」44一時，「勘地之擾」甚囂塵上。流言傳到禁中太皇太后那裏，太皇太后嚴責四輔臣勘地擾民。這時，直隸、山東、河南總督朱昌祚、巡撫王登聯相繼奏請皇上停止圈換地土。朱昌祚聲稱：「臣等履畝圈丈，將近一月，而兩旗官兵，較量肥瘠，相持不決，且舊撥房地，垂二十年，今換給新地，未必盡勝於舊，口雖不言，實不無安土重遷之意。至被圈夾空民地，百姓環愬失業，尤有不忍見聞者。」45他在奏疏中，還特地指出：「若果出自廟謨，臣何敢越職陳奏，但目睹旗民交困之狀，不敢不據實上聞。仰祈斷自宸衷，即諭停止。」46顯而易見，奏疏矛頭直指鰲拜。直隸巡撫王登聯亦奏稱：「旗民皆不願圈換。自聞命後，旗地待換，民地待圈，皆拋棄不耕，荒涼極目，亟請停止。」47

鰲拜得疏大驚，又目睹差去換地的鑲黃旗戶部官員與旗下官員都已歸來，戶部尚書蘇納海下去一月有餘，也沒有著手調換地土，尤其疑慮蘇克薩哈同蘇納海等結黨直通宮掖，深怕自己的謀劃受挫。他暗下思忖，蘇納海是滿洲正白旗人，朱昌祚是鑲白旗人，兩人「與蘇克薩哈係一體之人」。若先將他倆「滅戳」，壞去蘇克薩哈一手一足[48]，然後向蘇開刀，事必有成。鰲拜主意一定，就急忙以「輔臣稱旨」的名義，諭令：總督、巡撫俱各有專任職掌，這地土之事，但應照所委料理，將已定之事，越行干預，紛更具奏，事屬重大，著吏、兵二部會同議處。緊接著，他又迫不及待地著吏部、兵部速差人將尚書蘇納海、總督朱昌祚和巡撫王登聯等三人逮治。同時，另派侍郎巴格前去辦理圈換地土這件大事。吏部、兵部秉承鰲拜的旨意，將蘇納海等三人逮捕，並立即作出以下決定：大學士兼戶部尚書蘇納海專差撥換地土之大臣，一再觀望延誤，總督朱昌祚、巡撫王登聯將奉旨已定之事，不欽遵辦理，委行紛更，應將三人一併革職，並交刑部議處。鰲拜等即刻同意，就將三人提交刑部判罪。刑部判處蘇納海、朱昌祚、王登聯俱不准折贖，鞭一百，除妾以外，家產籍沒，照兵丁留給財產。

自換地議起，康熙眼看前前後後發生的情狀，閱畢了刑部的判決，心裏已明白蘇納海、朱昌祚、王登聯等始終堅持不圈換地土，極力阻止推行鰲拜的意圖，引起了鰲拜的憤懣，鰲拜必欲置三人於死地而後快。爲此康熙特地召見四輔臣，賜坐問詢。鰲拜堅奏蘇納海應置重典，索尼和遏必隆附和，蘇克薩哈深知鰲拜挑起黃、白兩旗換地事端，嚴懲蘇納海等人，鎭壓白旗勢力，而矛頭是直指自己的。他默坐在康熙面前，始終不發一言。最後，康熙終於「未允所請」[49]。

鰲拜煞費苦心，掀起換地這場軒然大波，朝廷內外，沸沸揚揚，盡人皆知。他絕不能順從這黃毛幼帝的決定，使懲辦政敵和換地之議終止，讓個人權勢受挫。他不顧康熙的反對，竟然強姦帝意，加蘇納海等三人「遷延藐旨」、「妄行具奏」等罪名，矯詔將三人「俱著即處絞，其家產籍沒」[50]。矯詔下來，蘇納海正係在刑部，他一眼見二披甲，兇神惡煞地停立在身旁，虎視眈眈地逼視著自己。蘇納海輕蔑地朝二披甲瞟了瞟說：我是大臣，本有禮儀，快取酒來！他痛飲飽餐後，呼喚家僕把布墊在地上，自己脫下衣服躺下，蓋上被單。兩披甲掀掉衣服、被單。蘇納海拿起弓弦自勒而死。朱昌祚和王登聯兩人同時處絞。

與此同時，鰲拜關於調換旗地的意圖也由撥地侍郎巴格貫徹執行了。鑲黃旗遷移壯丁共四萬六百名，該地二十萬三千晌，將薊州、遵化、遷安三處的正白旗壯丁分內地、民地、開墾地、多出地、投充漢人地派給；不敷，將延慶州民地撥補。其正白旗遷移壯丁二萬二千三百六十一名，該地十一萬一千八百另五晌，將玉田、豐潤二處民地、多出地、開墾地、投充漢人地和永平等處投充漢人地派給；不敷，將永平、灤州、樂亭、開平民地，酌量取撥[51]。

鰲拜打著遺詔所示「紀綱法度、用人行政」，「應仰太祖太宗謨烈」的旗號，依恃黃旗在統治權力上占有絕對優勢的地位，利用「輔臣稱旨」這把利劍，既不理睬孝莊文皇后停換土地的旨意，也無視康熙對嚴懲蘇納海等人所持的反對態度，肆無忌憚地指令諸王、貝勒、大臣以及吏、兵、刑、戶各部執行自己的既定方針，將二十年前業已分定的黃、白兩旗的圈地，進行重新調換，擅自誅戮逆己而行的蘇納海、朱昌祚和王登聯三大臣，真可謂專權橫行，氣焰囂張，不可一世。

索尼眼看鰲拜權勢日張，又與蘇克薩哈水火不容，而自己卻年老多病，心中十分憂慮。當康熙屆臨十四歲的親政年齡時，他就策動三輔臣與他一起於康熙六年（一六六七年）三月共同奏請皇上親政。康熙自思「年尚幼沖，天下事務殷繁，未能料理」，要四大臣繼續輔政數年。索尼等人仍屢行陳奏，康熙只將奏疏「留中未發」。六月，索尼病逝。七月，康熙才把索尼等多次呈請皇上親政的奏疏向臣下宣布，並上奏太皇太后。經過太皇太后允諾「擇吉親政」之後，康熙於是月至太和殿接受王以下文武官員的慶賀禮，同時「布告天下，咸使聞知」[52]。從此，十四歲的康熙就定期親臨乾清門聽政，令鰲拜等人仍以輔政大臣身分處理國家軍政事務。

康熙親政後，經過一段時期的磨練，在觀察問題或處理政務方面，都有了一定的主見與能力。如當時，朝廷已明令馮溥調任左都御史，這在內閣有皇上批示的紅本，而且調令的文件也已抄發。鰲拜仗著自己的權勢，力圖取回改批，馮溥堅持不同意，且理直氣壯地阻止說：「本章既批發，不便更改。」鰲拜聽了大怒，欲加罪於馮溥。這時，康熙連忙出來支持馮溥，嚴肅地告誡鰲拜：輔臣待人處事理應「詳慎」。盛京缺一兵部侍郎，朝廷一再更換人選，不到十日，奉旨三易其人。馮溥上疏說：「朝廷處理國事，當慎重於未旨之先，不當更易於已奉旨之後。」大學士班布爾善把馮溥的奏章壓下不發，康熙知道了，隨即要了馮溥的奏章，閱覽後，「稱善，飭部施行」[53]。

但是，鰲拜權重勢大，康熙的旨意大都無法遵行。蘇克薩哈重大冤案的不可阻止與發生，即其一例。

蘇克薩哈深感自己同鰲拜結怨日深，爲了保全自己，他乘康熙「躬親大政」之際，上疏懇請解職，並一吐心中積鬱說：「令臣往守先皇帝陵寢，如線餘息，得以生全，則臣仰報皇上豢育之微忱，亦可以稍盡矣！」[54]鰲拜覽畢奏疏，立刻以「輔臣稱旨」名義，斥問蘇克薩哈有何逼迫之處？在此何以不得生？守陵何以得生？並藉康熙的權威，「著議政王大臣會議具奏」[55]。接著，鰲拜與他的同黨班布爾善等，在遏必隆家的馬圈內密謀，羅列蘇克薩哈「懷抱奸詐、存蓄異心、欺藐主上」、「不願歸政」等二十四條罪狀，將蘇克薩哈與其子查克旦凌遲處死；餘子一人、孫一人、兄弟子十一人，無論已到歲數或未到歲數，皆處斬；家產籍沒；族人、前鋒統領白爾赫圖、侍衛額爾德、烏爾巴皆斬；其他一等侍衛穗黑塞黑里、二等侍衛台布柱等三十七人，郎中那賽、候補賽克精額、佐圖爾泰等俱革職。

康熙清楚地意識到，蘇克薩哈罪案純然是鰲拜與蘇克薩哈「數與爭是非，結以成仇」[56]，而與其黨班布爾善等羅織罪名，必欲置之極刑的一樁冤獄。因此，當鰲拜上奏蘇案與判決書時，康熙果斷地「堅執不允所請」[57]。然而鰲拜要除掉蘇克薩哈蓄謀已久，他自恃大權在握，勢傾朝廷，竟然氣勢洶洶地「攘臂上前，強奏累日」[58]，最後，不顧康熙反對，將蘇克薩哈處絞，蘇子查克旦及其他涉及的人犯，一律照原議處置[59]。甚至連當時因懷孕免死而被繫在獄中的蘇克薩哈之兒媳分娩後的胎兒，也沒有倖免，仍被斬首於市。

從此，鰲拜愈益囂張。平時，起坐班行，鰲拜原居遏必隆之左，遏必隆則居鰲拜之右，兩人位列照舊。遏必隆對此不免心驚膽戰。一天，上朝時，遏必隆特意後退數步，低頭哈腰地向鰲拜卑讓說：「我怎好上座！」[60]鰲拜聞言，不禁粲然而笑，隨即昂首上前而坐。鰲拜的黨羽於列名啟奏時，索性將鰲拜放在遏必隆前面。趨炎附勢的人也愈來愈多。有人上奏，一再肉麻地吹捧「鰲拜為聖人」，鰲拜的爵位也一加再加。康熙六年（一六六七年）八月，授鰲拜一等公，原所有二等公命其子那摩佛襲替。康熙七年（一六六八年）正月，加鰲拜太師。

鰲拜同親弟都統穆里瑪、侄塞本得、領侍衛內大臣、秘書院大學士班布爾善、吏部尚書阿思哈、兵部尚書噶褚哈、兵部侍郎泰壁圖等結成死黨，把持了議政王大臣會議和各部實權，濫用康熙皇帝的權威，專橫跋扈。朝廷的文武官員，多出鰲拜門下。「一切政事，先於私家議定，然後施行」，甚至各部院衙門上朝啟奏的官吏，鰲拜也常帶往私門商酌[61]。對於下屬，「所喜者薦舉，所惡者陷害」[62]。如戶部尚書職位缺員，鰲拜立意讓他的親侄瑪爾賽補任，康熙卻委任了瑪希納，鰲拜就引順治間曾經設過滿尚書二名的舊例，將瑪爾賽安插在戶部，又通過大學士、內大臣班布爾善把精明練達熟悉部務的戶部尚書王弘祚票擬革職，令瑪爾賽充任戶部尚書，獨攬大權。內院缺滿學士一人，康熙主張提拔禮賢下士、在朝廷內外很有些名氣的奉天國子公來院任職，鰲拜力持不可，結果只得讓內院滿學士的一個職位長期空著，無人頂替。相反，蒙古都統俄吶、喇哈達、宜理布等在議政時，不肯隨流附和，鰲拜立即撤掉他們的都統職務與議政資格。內大臣費揚古與鰲拜有積怨，鰲拜就誣陷他怨望，將他處死，還殺了費揚古的兩個兒子，並把費家籍沒的財產賜給親弟都統穆里瑪。這樣，康熙幾乎成了傀儡。

鰲拜欺君專權，堵塞言路，威懾群臣，而且舉止粗暴，從不遵守朝儀。康熙親政後，下詔諭令臣下陳述時政得失，而鰲拜卻明令禁止科道陳言，杜絕官員揭發情弊，甚至攔截奏章，堵塞下情上達。平時，他視康熙爲幼兒，動不動就在康熙面前呵叱部員大臣。康熙曾在諭旨中十分憤慨地指出：「鰲拜於朕前辦事，不求當理，稍有拂意之處，即將部臣叱喝。又引進時，鰲拜在朕前理宜聲氣和平，乃施畏震眾，高聲喝問……又凡用人行政，鰲拜欺朕專權，恣意妄爲。」[63]

這一切，確是年輕有爲的康熙皇帝無法忍受的。康熙從切身體驗中已清楚地認識到不除掉鰲拜，他就不能整肅朝綱，也不可能按照自己的旨意推行政務。

康熙八年（一六六九年），康熙剛到十六歲，他親政還不滿二年，資力尚淺。可是，他的對手鰲拜是三朝元老，經過多年培植，私黨盤根錯節，他們已嚴密地控制著中央各個要害部門，針插不入，水潑不進，無怪康熙暗下深歎「其力難制」！康熙感到要從鰲拜手裏奪回權力，這絕不是輕而易舉的，而是需要經過周密考慮和巧妙安排的。他經過反覆思慮，決意力避打草驚蛇，採用特殊的鬥爭方式來清除鰲拜。

於是，康熙智擒鰲拜這一富有戲劇性的一幕出現了。

爲了麻痹鰲拜，康熙用了古人的韜晦之計。他竭力裝作酷愛戲耍，無意於政事的樣子，精心選出一批年輕力壯的侍衛，天天和他們一起耍弄練習摜跤的一種布庫戲。即使鰲拜上朝奏事，康熙也照常同小侍衛們戲耍，從不迴避。鰲拜屢見這般情景，真以爲康熙年少幼稚，好耍武藝，還沒有把心思用在政務上。從此鰲拜「心益坦然」，他常在宮中進進出出，從不戒備。

康熙親督侍衛們練習摜跤，既提高小伙子們的擒拿技能，又麻痹了鰲拜。眼看時機成熟，一天，康熙面對小侍衛們問道：「汝等皆朕股肱眷舊，然則畏朕歟，抑畏鰲拜也？」眾曰：「獨畏皇上。」[64]康熙心中大喜，含笑點了點頭。

一天，鰲拜旁若無人，大搖大擺地獨個兒入朝上奏，康熙來了個冷不防，急用眼神暗示，驀地小侍衛們一擁而上，擒住鰲拜。一時鰲拜被弄得昏頭昏腦，當他還沒有明白過來時，小侍衛們早已七手八腳迅速地把他捆綁起來了。之後，康熙立即命議政王大臣等勘審鰲拜罪行。

其實，這頗有戲劇性的一幕，是事先經過精心策劃的。參與策劃的是康熙最信得過的人即索尼的第二個兒子、皇后的叔父索額圖。當時，索額圖已做了吏部侍郎。就在捉鰲拜的這年月，即康熙八年（一六六九年）五月，索額圖自請解任，效力左右，復爲一等侍衛。昭槤《嘯亭雜錄》卷一也記載，康熙爲鰲拜故，以弈棋召索相國額圖入謀，同時委派親信控制了京師的衛戍權。數日後，鰲拜入見，召羽林士卒立擒之。八月，索額圖便升任大學士。

康熙對鰲拜結黨專權一案的處理，是通情達理、很有策略的。經議政王大臣康親王傑書等勘問議定：鰲拜罪行三十款，遏必隆罪行十二款，班布爾善罪行二十二款，那摩佛罪行十二款，塞本得罪行六款，均處死刑。隨後康熙特召鰲拜親自審問，鰲拜承認情罪俱實。雖然鰲拜自知罪行深重，但他仍企望能免去一死。他面對康熙，突然揭開衣服，袒露身體，暴出以往爲救康熙的祖父皇太極而留下的累累傷痕。康熙一瞥，油然萌生憐憫之情。他深情地望了望鰲拜，下筆批示說：

「鰲拜理應依議處死，但念效力年久，雖結黨作惡，朕不忍加誅，著革職，籍沒拘禁。」65這樣，鰲拜總算保住了性命，死刑改爲終身監禁。最後他死在獄中。其子那摩佛亦免死，著革職，籍沒拘禁。

內大臣大學士班布爾善、鰲拜弟都統穆里瑪、侄塞本得、吏部尚書阿思哈、兵部尚書噶褚哈、戶部尚書瑪邇賽、吏部侍郎泰璧圖等人，「皆依附權勢，結黨行私，表裏爲奸，擅作威福，罪在不赦」66，依議處死。

遏必隆雖知鰲拜結黨亂政，不預行糾劾，但他未曾結黨，「其咎止於因循瞻顧」67，特著免罪，革去太師和後加公爵。其原有一等公爵仍留給他的兒子。

一時苟圖進用，同該案稍有牽連的那些「微末之人」，一律予以免死，從輕治罪。至於內外文武官員或有「畏其權勢」、或有「身圖幸進」，而依附鰲拜的，一律寬免，「自後務須洗心滌慮，痛改前非，遵守法度」68。

鰲拜的親戚沒有重大罪行的，康熙一律根據實情給予寬大處理。如鰲拜胞弟、內大臣巴哈、姻親理藩院左侍郎綽克托、親侄侍衛蘇爾馬等人，經康親王傑書等議政王大臣議定處死，並籍沒家產。康熙都予免去死刑，寬其籍沒，判處革職。

鰲拜一手造成的一批冤案也得到平反昭雪。康熙親自批示：恢復故輔政大臣蘇克薩哈原有二等精奇哈番（即昂邦章京，子爵）世職，由他的兒子蘇常淑承襲，又給還籍沒家產。蘇克薩哈族人、故前鋒統領白爾黑圖原有一等阿思哈尼哈番（即梅勒章京，一等男）世職，命他的兒子白爾肯承襲。原任太子太保、戶部尚書蘇納海、直隸總督朱昌祚和直隸巡撫王登聯等並無大罪，純係鰲拜「誣陷」，而被無辜處死，其冤案理應昭雪。故特賜蘇納海謚襄湣、朱昌祚謚勤湣、王登聯謚愨湣，並且各按照法定的禮儀祭葬，又送三大臣的兒子入監讀書，並分別以通政使司左右通政、大理寺少卿、督捕左右理事官等缺用。至於受人妒嫉或因誣陷而被鰲拜撤職的官員，查實後，也一概予以復職。如正白旗二等精奇尼哈番（即昂邦章京，二等男）碩塔於撥地案內，無辜革職，命復還原職，鑲黃旗奉國將軍巴爾堪，於康熙七年（一六六八年）六月，因被博博爾代倚仗親家鰲拜權勢，橫遭誣陷，受到降爵處分，康熙給還巴爾堪原爵，博博爾代則因誣告罪而被革去議政大臣和罰俸一年的處分。

在智鬥和處理鰲拜專權案中，年輕的康熙皇帝已開始顯示出機智、沉著、勇敢與正直的本色。在他締造未來的偉業中，終於跨出了成功的第一步。

註釋

1 《清史稿》卷二百四十，〈孝康章皇后〉。

2 《清聖祖實錄》卷二百九十，康熙五十九年十二月癸卯條。

3、4《清聖祖實錄》卷九十六，康熙二十年六月丙申條。

5 《聖祖仁皇帝御製文》第二集，卷四十，〈雜著・庭訓〉。

6 《聖祖仁皇帝聖訓》卷一，〈聖孝〉。

7 《聖祖仁皇帝聖訓》卷五，〈聖學〉。

8 《聖祖仁皇帝聖訓》卷三，〈聖德〉。

9 《聖祖仁皇帝聖訓》卷五，〈聖學〉。

10 《清聖祖實錄》卷一，順治十八年正月。

11、12、13《清稗類鈔》第一冊，〈宮闈類・世祖自撰董妃行狀〉。

14 耿先：《續指月錄・玉林琇》。

15、16（德國）魏特：《湯若望傳》，楊丙辰譯。
17、18、19《清聖祖實錄》卷一，順治十八年正月。
20《王熙自訂年譜》。
21《國朝先正事略》卷四，〈王文靖公事略〉。
22、23《清聖祖實錄》卷一百四十四，順治十八年正月丁巳條。
24《清聖祖實錄》卷五十三，順治八年二月癸巳條。
25、26《清聖祖實錄》卷一，順治十八年正月辛亥條。
27《清聖祖實錄》卷一，順治十八年正月丁巳條。
28《清聖祖實錄》卷一，順治十八年正月甲子條。
29《清聖祖實錄》卷二，順治十八年三月甲子條。
30《清聖祖實錄》卷一，順治十八年正月。
31《清史稿》卷二百十四，〈孝莊文皇后〉。
32、33《清人逸事》卷五，〈圖文襄用兵〉，見《清朝野史大觀》。
34《清史稿》卷二百十四，〈孝莊文皇后〉。
35《聖祖仁皇帝聖訓》卷一，〈聖孝〉。
36 昭槤：《嘯亭雜錄》卷二，〈軍機大臣〉。
37《清史列傳》卷六，〈蘇克薩哈傳〉。
38《明清史料丁編》，第八本，第七一三頁。
39《清聖祖實錄》卷十八，康熙五年三月辛丑條。
40《清聖祖實錄》卷十八，康熙五年四月己未條。
41《八旗通志初集》卷一百八十九，〈人物・宋昌祚傳〉。
42 光緒《高唐州志》卷五，〈朱昌祚傳〉。
43《清史列傳》卷六，〈朱昌祚傳〉。
44《清史稿》卷二百四十九，〈蘇克薩哈傳〉。
45、46、47《清聖祖實錄》卷二十，康熙五年十一月丙申條。
48《明清史料丁編》，第八本，第七一三頁。
49、50《清聖祖實錄》卷二十，康熙五年十二月丙寅條。
51《清聖祖實錄》卷二十，康熙五年十二月己巳條。
52《清聖祖實錄》卷二十三，康熙六年七月己酉條。
53《清史稿》卷二百五十，〈馮溥傳〉。
54、55《清聖祖實錄》卷二十三，康熙六年七月乙卯條。
56、57、58、59《清聖祖實錄》卷二十三，康熙六年七月己未條。
60《明清史料丁編》，第八本，第七一五頁。
61、62《清聖祖實錄》卷二十九，康熙八年五月庚申條。
63《清聖祖實錄》卷二十九，康熙八年五月戊申條。
64 昭槤：《嘯亭雜錄》卷一，〈聖祖拿鰲拜〉。
65、66、67、68《清聖祖實錄》卷二十九，康熙八年五月庚申條。

第二章　運籌帷幄滅三藩

藩地似王國　尾大不掉勢難制

康熙除掉了鰲拜集團，消滅了朝廷內部侵奪皇權的勢力，自己雖已親自執政，但是國內仍然存在著不安定因素。尚可喜（子尚之信）、耿仲明（子耿繼茂、孫耿精忠）、吳三桂等「三藩」，在國內統一戰爭的過程中，逐步發展成割據一方的封建軍閥勢力，對清朝構成了嚴重威脅。

尚可喜，遼東人。父學禮，明東江游擊，後戰歿於樓子山。崇禎初，可喜爲明廣鹿島副將，在率兵平定皮島的兵亂後，因皮島總兵沈世魁的疑忌和傾軋，於天聰八年（一六三四年）正月率領所部攜帶大量軍器、輜重，渡海歸降後金。皇太極召他至盛京（今瀋陽市），親授總兵，其軍營旗纛用皂鑲白，號「天助兵」。崇德元年（一六三六年）四月，封智順王。崇德七年（一六四二年）從征錦州，其所率部眾被編入漢軍鑲黃旗。順治元年（一六四四年）四月，可喜隨睿親王多爾袞入山海關，追剿李自成起義軍，經山西、陝西、湖南直至九江，後聞李自成死於九宮山，才班師回京，還鎮舊地海城（今遼寧鞍山市南面）。順治三年（一六四六年），大順、大西農民軍餘部突起，並聯合桂王政權，掀起了反清高潮。可喜奉命隨清軍平定湖南。順治六年（一六四九年）五月，因功進封平南王，賜金冊金印。隨後，他統率將士擊走桂王部隊於廣東，繼而，又打敗大西餘部與桂王聯軍於廣西。順治十六年（一六五九年）三月，清廷令他分鎮廣東。康熙十年

（一六七一年）十一月，可喜因年老多病，奏請入侍在京的長子尙之信回粵，代理軍事。

耿仲明，遼東人，初與孔有德同爲明總兵毛文龍部屬。毛文龍被袁崇煥所殺。耿仲明隨有德投奔登州巡撫孫元化，任步兵左營參將。崇禎四年（一六三一年），孔有德自稱都元帥，耿仲明爲總兵，竊據登州，四出攻掠。明廷遣軍合圍登州（今蓬萊），仲明與有德不能守，遂率舟數百，載將士、槍炮、輜重，投降後金。之後，耿仲明同有德一起，其軍營纛旗亦以皀鑲白，號「天祐兵」，隨軍出征，屢敗明軍。崇德元年（一六三六年）四月，封懷順王。崇德七年（一六四二年）八月，所部編入八旗漢軍，隸正黃旗。順治元年（一六四四年），耿仲明隨睿親王多爾衮入山海關，擊敗李自成起義軍。接著，緊跟大軍由河南征陝西，破李自成於潼關，進取西安，直至李自成敗死，才班師回京，還鎭遼陽。順治三年（一六四六年），清廷又命仲明隨同孔有德征湖南，至長沙，擊敗桂王總兵楊國棟於牛皮灘，攻克衡州（今湖南衡陽）、祁陽（今湖南祁東縣）及武岡。順治六年（一六四九年）清廷賜以金冊金印，改封靖南王，並命他攜帶家屬同平南王尙可喜帥兵二萬征廣東。後因部屬犯隱匿逃人罪，法司議削王爵、罰白金五千兩。耿仲明畏罪自縊。部衆在其子耿繼茂率領下，與尙可喜協力，攻下廣州。順治八年（一六五一年）清廷令耿繼茂承襲靖南王爵。耿繼茂同尙可喜繼續合作屢敗桂王與大西聯軍於廣西諸郡。順治十七年（一六六〇年）七月，耿繼茂移鎭福建。子耿精忠授一等子爵，又同肅親王豪格女結爲夫婦，封和碩親王。康熙十年（一六七一年），耿繼茂因病，乞以長子耿精忠代治藩政。不久，耿繼茂死，耿精忠承襲爲靖南王。

吳三桂先祖原籍徽州，後遷江蘇高郵，再定居遼東。父吳襄，天啟二年（一六二二年）中武舉進士，歷任都指使、總兵、都督同知、中軍府都督等官。母親是遼西望族、征遼前鋒祖大壽的妹妹。吳三桂在這個世將家門的薰陶下，在十六、七歲時，就考取武舉人，承父蔭，初授都督指揮。依靠父親與舅父的提攜，吳三桂在實戰中逐步鍛鍊成爲一位很有指揮軍事才能的戰將。到了崇禎十七年（一六四四年），他已是征守寧遠（今遼寧興城）一方的總兵官，開始躋身於封疆大吏、朝廷顯官的行列了。爲了隨時應付農民起義軍進攻北京，並監視關外清兵，明廷令吳三桂撤出寧遠，駐守山海關，又進封他爲平西伯。由此，吳三桂成了明朝舉足輕重的一員鎮將。其時，李自成起義軍正以秋風掃落葉般地摧毀明軍，迅速攻入北京，崇禎帝自縊於煤山，明政權宣告崩潰。吳三桂就乘勢接受了李自成招降之後，立即率領部隊向北京進發。當他抵達永平時，獲悉在北京的大批勳戚與文武大臣，悉被農民軍抓捕，慘遭拷掠追銀，他的父親吳襄亦不能倖免。階級的本能使他不由地對起義軍憎恨起來，他決意拋棄投靠李自成以圖飛黃騰達的打算；尤其是當他聽說愛妾陳圓圓被李自成部將劉宗敏所掠時，勃然怒目圓睜，吼叫起來：「大丈夫不能保一女子，何面目見人耶！」他像發了瘋似地立刻旋轉身去，揮眾返回山海關，真是「慟哭六軍俱縞素，衝冠一怒爲紅顏」。他憑藉手下一支勁旅，馬上派副將楊坤、游擊郭雲龍拿著信，去翁後向清廷「泣血求助」，並許諾「將地以酎」。攝政王多爾袞得信後，喜不自勝，立刻覆信給吳三桂：「伯若率眾來歸，必封以故土，晉爵藩王。」[1]於是吳三桂潛入清營，由早先降清的洪承疇、祖大壽引見，同多爾袞密約，讓清兵「直入山海，首尾夾攻」，如此「逆賊可擒，京東西可傳檄而定」[2]。這時，起義軍正同吳軍激戰，清兵出其不意從吳軍陣右突然衝出，襲擊起義軍。起義軍「首尾不相顧，遁走燕京」。多爾袞即令關內軍民一律剃髮，封吳三桂爲平西王。清軍進入燕京（今北京），吳三桂隨清軍緊追李自成至望都，才班師返京。順治帝親臨皇極門，授予平西王敕印。隨後，吳三桂又尾追農民軍，直至李自成敗死，清廷命吳三桂還鎮錦州。後來，清軍大舉南下。由於滿洲本身兵力不足分配，又兼八旗大都是馬兵，不慣山林沼澤地區作戰，因而明降軍便成為清廷依靠的武裝力量。順治五年（一六四八年）吳三桂奉命攜家西征，他隨大軍連續攻克山、陝兩省五十八城，戰功顯著。順治八年（一六五一年），清廷授給他金冊金印，命他征四川。他揮師進占成都、嘉定（今樂山市）、敘州（今四川宜賓市）、重慶等地，擊退孫可望與猓玀眾五萬於保寧。因功歲增俸千兩，子應熊同公主聯姻，榮稱和碩額駙，授爵三等子。不久，加少保兼太子太保。順治十四年（一六五七年），李定國隨桂王朱由榔（永曆）入雲南，清廷授吳三桂為平西大將軍，同定西大將軍國翰進征貴州。次年，敗李定國於石壺關諸險，下遵義，克開州。國翰死，三桂遷駐遵義。順治十六年（一六五九年），吳三桂同征南將軍卓布泰、安遠大將軍信郡王多尼分兵三路攻取雲南城。桂王朱由榔奔永昌。三桂率軍下永昌（今雲南保山）、占南寧（今雲南曲靖）。朱由榔逃至緬甸。清廷命三桂駐鎮雲南。吳三桂上疏屢請發兵入緬，指出：「渠魁不殄，有三患二難……唯及時進剿，淨盡根除，乃一勞永逸計。」[3]清廷即命內大臣公愛星阿為定西將軍，率領禁旅隨同吳三桂進征。順治十八年（一六六一年）十二月，大兵進至離緬甸六十里的舊晚坡。吳三桂等逼令緬甸擒獲朱由榔，緬人震懼，就誆騙朱由榔說：晉王李定國來人，請送帝到他那裏去。朱由榔滿心喜悅，毫不疑遲，坐上竹椅，任人抬入舟中，渡到對岸，水淺擱船，船上的人過來揹朱由榔登岸。朱由榔詢問他的姓名，他回答說：「平西王前鋒高得捷也！」朱由榔嚇得出了一身冷汗，說：「平西王吳三桂今來此乎！」遂默然。到了舊晚坡，吳三桂就擁朱由榔急速班師，返回雲南城。朱由榔儀觀甚偉，頭戴馬鬃瓦楞帽，身穿純絹大袖袍，腰束黃絲帶，舉止有度。有位甲士前去觀看，見朱由榔端坐不動，亦不問其姓名，甲士不禁讚歎道：「此真皇帝也！」[4]朱由榔在雲南居了四十日，內大臣愛星阿提議送他到北京去處置。吳三桂怕道遠恐有不虞，力主當地

「駢首」。愛星阿以爲不可，安南將軍卓羅厲聲道：「一死而已，彼亦曾爲君主，全其首領可也。」吳三桂默然。隨後，就命令部將楊坤、夏國相給永曆送去一條絲帶，讓他自縊於滇城篦子坡。李定國轉到廣東，聽說永曆身亡，「遂哀憤成疾死」[5]。

吳三桂爲清廷最終埋葬南明政權與鎮壓農民軍餘部，立下了汗馬功勞，受到清廷的高度讚賞。清廷破例加封他爲親王。康熙元年（一六六二年），輔政大臣爲加封吳三桂爲親王向禮部下了一道諭旨說：「平西王吳三桂，鎮守秦、蜀，綏輯滇、黔，撫順剿逆，茂著勳勞……並於順治十八年十二月內，直抵緬甸，擒僞永曆及其眷屬，此皆王殫忠奮力，運籌謀略，調度有方，遂使國威遠播，逆孽蕩平，功莫大焉。……著進封爲親王。」[6]

另外，定南王孔有德在廣西桂林被李定國包圍時，自殺，因無子襲爵，所部由其婿孫延齡統率。

這樣，平南王尚可喜王廣東（後由子尚之信承襲）、靖南王耿繼茂（子耿精忠）王福建、平西王吳三桂王雲南，稱爲「三藩」。

按照清制，不論同姓王或異姓王，都是一種爵位。他們既沒有被分封土地，也無管理政事的權力，只是在諸王奉命率軍出征時，清廷才給予暫時的軍事指揮權。但是，清朝是以滿族作爲統治民族的，又是通過戰爭來實現全國的統一與統治的，因此，清朝在鎮守廣東、福建、雲貴等特殊戰區中，不能不借助「三藩」等漢族地主階級的勢力，給以軍事、政治、經濟等方面特權。

「三藩」各自擁有龐大的軍事力量。

耿、尚二藩所屬各十五佐領，「計五丁出一甲，甲二百設一佐領」，以此計之，十五佐領共有甲兵三千名，其藩下丁口各有一萬五千口。吳三桂的軍力更厚，他共有五十三佐領，計甲兵一萬另六百人，其藩下丁口應有五萬三千。這些都是按照規定編制計算的。實際上，「三藩」都在拚命擴充自己的勢力。許旭《閩中紀略》載：「時王府額兵有萬餘，而旗下畜養甚衆。府中男子年十四歲，悉給弓矢，督騎射，鳴劍之心，已非一日。」7吳三桂的部將吳國貴，「其所部將卒，正甲一名，副甲五、六人不等，皆以年二十以外，四十五以內者充之」8。這類佐領編制下的軍兵，是由藩王直接掌握的「藩屬」軍隊，是構成藩王所統軍隊的核心力量。他們同藩王有著嚴格的封建隸屬關係。吳三桂的父親吳襄在回答崇禎帝詢問其父子的兵力情況時，有這麼一段對話。崇禎帝問：「卿父子之兵幾何？」吳襄說：「臣兵按冊八萬，核其實三萬餘人。」崇禎又問：「此三萬人皆驍勇敢戰乎？」吳襄說：「若三萬人皆戰士，成功何待今日，臣兵不過三千人可用耳！」崇禎很驚訝地究問：「三千人何以當賊百萬？」吳襄急忙回答說：「此三千人非兵也，乃臣襄之子，臣子之兄弟。臣自受國恩以來，臣所食者粗糲，三千人皆細酒肥羊；臣所衣者布褐，三千人皆紈羅紵綺。故臣能得其死力。」而此「三千人皆有數百畝莊田」9。吳襄所述說明，在吳三桂父子的軍隊內，血族關係盤根錯節，並以優厚的經濟待遇爲基礎，從而形成了同自己有著嚴格依附關係的「能得其死力」的一批親屬子弟爲骨幹的子弟兵。在吳三桂投降清朝以後，這批子弟兵按佐領制編制，成爲吳三桂掌握的「藩屬」部隊的核心部分。而隨著國內戰爭的發展，這支「藩屬」部隊也隨之不斷壯大。這樣，這支「藩屬」部隊及其家屬，實際上成爲吳三桂的私人武裝。由佐領制組織編制的其他兩藩的「藩屬」部隊，亦具有同樣的性質。

「三藩」尚有龐大的綠旗兵和投誠兵。耿、尚二藩各有綠旗兵六、七千，而吳三桂兵力雄厚，「綠旗兵丁復屯數萬」10。而且隨著戰爭的發展，兵員亦在逐步擴大中。這類綠旗兵和投誠兵統屬於朝廷，同直接隸屬於「藩下」或「藩屬」軍隊雖有明顯區別，但他們一概聽從「藩王」的指揮。

不但軍隊的編制與部署出自「藩王」的意圖，而且重要將領亦由藩王題名。如順治十七年（一六六○年）十月，吳三桂請在雲南的楚雄、祥雲（大理白族自治州中部）、武定（雲南楚雄彝族自治州中部）、曲靖等四個重要地區設置前、後、左、右援剿四鎮，分別由四川右路總兵官、右都督馬寧、都督同知楊武、四川左路總兵官署都督僉事沈應時和湖廣益陽總兵官署都督同知王輔臣等四人充任鎮地的司令官。每鎮駐三千人，四鎮共兵一萬二千人。在設置四鎮的同時，吳三桂又將明朝與農民軍的投誠官兵，編制爲「忠勇營」與「義勇營」，各自分設中、前、右、左、後五營，總共十營，每營置馬步兵一千二百名，十營共一萬二千名，統領各營的十名總兵官，如馬寶、李如碧、高起隆、劉起復、塔新策、王會、馬惟新、吳子聖、楊威、劉稱等人都是永曆政權屬下孫可望、李定國和白文選等部屬。凡上述諸部隊的編制、部署及軍官的選擇，都由吳三桂決定後，報請朝廷給予承認批准。這樣，經過吳三桂重新編制的此類軍隊，就成了他所統率部隊的重要組成部分。當時有人說：「雲南之兵，皆係孫可望舊人，非隨征員役也，此輩在明朝爲積賊，在逆藩爲叛黨……」[11]後來這類投誠官兵都參加了吳三桂的叛亂活動。

「三藩」對軍隊的編制、駐防地區的部署以及軍官的選擇調任，形式上雖要報清廷和兵部批准，實際上是藩王說了算。尤以吳三桂爲突出。康熙四年（一六六五年），吳三桂征服水西、烏蒙（雲南昭通）等少數民族地區之後，即疏請水西設流官，改水西十一則溪爲三府，建府治於比喇（即平遠，今織金）、大方（今大方）和水西城（今黔西）。他調遣雲南廣羅總兵趙良棟爲貴州比喇總兵官，雲南忠勇右營總兵官劉之復爲貴州大方總兵官，雲南忠勇前營總兵官李如碧爲貴州水西總兵官，又調雲南忠勇後營總兵官塔新策爲貴州定廣總兵官，雲南義勇中營總兵官王會爲廣羅總兵官，貴州思南總兵官王平爲安籠總兵官。即使兵部任命下去的軍官，吳三桂也可以通過自己率先安插，加以抵制。康熙五年（一六六六年）兵部就向朝廷建議：「雲貴兩省，武職員缺，臣部推升之後本官未經到任，隨經平西王吳三桂另題有人，以致部推之官，中途往返，似若苦累，請照吏部例，將此兩省武職員缺，悉聽該藩題補，如無可補之人，該藩題明，臣部再行推升。從之。」12

藩屬將領都是三藩的親信。平西王吳三桂藩下的都統吳應期是他的侄兒，都統夏國相、胡國柱以及後來的雲南留守郭壯圖、右將軍衛樸都是他的女婿。有些將領則是他在遼西的舊部，如都統吳國貴、副都統楊坤等。吳藩就是依靠這批親信來控制其屬下軍隊的。

三藩擁有並操縱著龐大的軍事力量及任其指揮、調動的軍權，這是實現地方割據的重要支柱。

「三藩」具有管理地方的行政權。廣東布政使胡章自山東赴官途中上疏：「臣聞靖南王耿繼茂、平南王尚可喜所部將士掠辱士紳婦女，占據布政使官廨，並擅置官吏。」13尤其是吳三桂管轄的地區和權力最大。康熙三年（一六六四年）十一月朝廷諭令吏部、兵部說：「貴州接壤雲南，皆係嚴疆要地，且苗蠻雜居，與雲南無二，其一切文武官員兵民各項事務，俱照雲南例，著平西王管理。」14康熙二年（一六六三年）吳三桂自向清廷提出雲貴的總督、巡撫聽其節制，經兵部議准：將雲貴二省總督、巡撫敕書撰入「聽王節制」四字。康熙四年（一六六五年），吏部命江南江西總督駐紮江寧府，直隸、山東、河南三省總督駐紮大名府，山西、陝西總督駐紮西安府，「唯獨雲南、貴州總督駐紮之處，令平西王吳三桂確議適中之地，具題到部再議」15。康熙五年（一六六六年）二月，吳三桂提出雲貴總督宜駐貴陽，吏部就照例「應如所請」。

吳三桂不但操縱著雲貴地方官員的調動和升遷大權，而且還任其調遷別省官員來雲貴任職。順治十七年（一六六〇年）十二月，經吳三桂提名，由朝廷同意，從湖南、四川、陝西、北京、山東、安徽、江蘇等地調來胡允等九名官員來雲南充任行政、監察、交通、水利等職，且不論上述文職官員同吳三桂的關係如何，僅此就足以反映出吳三桂在用人方面具有超越吏、兵兩部的權力。魏源《聖武記》說：「其所除授號曰西選，西選之官幾滿天下。」[16]對此，四川道御史楊素蘊曾上奏章批駁說：「臣閱邸報，見平西王恭請升補方面一疏，以副使胡允等十員，俱擬升雲南各道，並奉差部曹亦在其內，臣不勝駭異。夫用人國家之大權，惟朝廷得主之，從古至今未有易也……從未聞以別省不相干之處及現任京官，公然坐缺定銜，如該藩今日者也！……不亦輕名器而褻國體乎！夫古來人臣忠邪之分，其初莫不念一念之敬肆，在該藩歇歷有年，應知大體，即從封疆起見，未必別有深心，然防微杜漸，當慎於機先。伏乞天語申飭，令該藩嗣後……一切威福大權，俱宜稟命朝廷。」[17]吳三桂得悉楊素蘊彈劾他，立即上疏反駁，「請旨詰問」楊素蘊，要楊素蘊對「防微杜漸」等語意，作出解釋。楊素蘊遵旨回奏，指出吳三桂「題補方面官」，「有礙國體，是以具疏駁正」，那「不過據理而陳，非別有意見」[18]。朝廷明知楊素蘊的奏疏是完全從維護中央集權出發的，也是符合實際的，但不僅不敢開罪吳三桂，反而藉楊素蘊回奏「含糊巧飾之名」，予以解職與另調他處的處分。楊一氣之下，回了陝西宜君故鄉，閉門不出十餘年，直到三桂叛清後，才重新起用[19]。可見吳三桂當時權勢之大。

三桂還用「散財結士」來籠絡人心，廣植私人勢力。他不僅以重金贈給士人、同僚、部屬、師友等人，而且還用重金收買官員，使之成爲忠實於自己的僕從。當時，來到雲南蒞任知縣以上的新任官員，必須先到王府拜謁，吳三桂都要親自接見，細問家世履歷。有才望素著及儀表偉岸者，百計羅致，令投身藩下，蓄爲私屬，並且立有賣身契。楚雄府知府馮某的賣身契這樣寫道：「立賣身婚書楚雄府知府馮某，本籍浙江臨海縣人，今同母某氏，賣到平西王藩下，當日受身價銀一萬七千兩。」後署媒人三桂的親信、都統胡國柱[20]。這些投身到平西王藩下的官員，就同吳三桂結成了主僕關係。同時，他們「皆師事胡國柱」。所以說：「滇中有三好，吳三桂好爲人主，士大夫好爲人奴，胡國柱好爲人師。」[21]

吳三桂利用清廷給予獨特的行政權力、以散財結士和封建宗法關係等手段，培植了一大批追隨自己的封建文人與文武官員，人人得其死力，從而把持著雲貴地區的政治局面。耿、尚二藩同樣操縱著其藩屬地區的政治，同吳三桂相比，只是程度不同而已。

在經濟上，三藩更是竭盡搜刮之能事。他們霸占關津，私設商稅，壟斷工貿，放債取利，拚命增殖藩屬財富，以鞏固自身的統治基礎。康熙六年（一六六七年）左都御史王熙，揭露閩廣、江西、湖廣等省各官，「或自貿貨場，售於屬下，或巨舸連檣，裝載他方市易，行同商賈，不顧官箴，甚者指稱藩下，挾勢橫行，假借營兵，放債取利」[22]。儘管清廷對王公以下文武大小各官與家人「強占關津要地，不容商人貿易」等非法行徑，作出按不同等級處以不同刑罰的規定，如縱容家人的藩王，就得罰銀一萬兩[23]，而實際上藩王及其所屬官員家人照樣我行我素，權比法大。福建盛產漁鹽，「其利爲天下最，百姓藉以爲生」。耿藩令其部人私充鹽商，據津口立總店，並橫徵鹽課，壟斷鹽利，遣商「潛行海外，肆行無忌」。他更以「稅斂暴於閩」[24]。其抽稅謂之總牙，凡各處市鎮關隘所在，悉係王人總管。米每擔一分，柴半分，果子、絲、布、紙、竹、木料、棕、油等類，照例科稅。鄉間山縣，挑負一、二擔雜貨，非受稅後不得行。當鋪、牙行、鹽商，諸色店鋪買賣，皆王人共分，或出本，或充夥，以至脊挑背負之類亦無不爲。又有代王作買賣人，或當店、綢店、布店，每人分十餘間。藩下所屬私市私稅，每歲所獲銀兩，不下數百萬[25]。至於牟利子母，單詞陷人，田廬之劫奪，子女之掠賣，不知其幾。另又鑿山、開礦、煮海、鬻鹽，並遣列群之稅吏，通達外洋之賈舶，無不窮極其利，以是藩府之富幾甲天下[26]。

平西王吳三桂的經濟活動範圍更爲廣泛。他藉口雲南地方荒殘，米價騰貴，家口無資，盡括故明國公沐天波莊田七百餘頃爲藩莊，役使壯丁二千人，每丁給地六日（一日土地合六畝，部議給田五日）[27]。康熙六年（一六六七年），在早已停止圈地之後，爲解決平西王藩下兵丁口糧，清廷特允許三桂在雲南圈占土地。於是藩下官兵侵占民田，擅爲己利[28]。當地百姓被逼他徙，生活無著。巡撫袁懋功上疏奏稱：「滇服極薄，百姓極貧，今一旦驅役別境，窮困顛連，不可盡狀，請令其佃種原佃，照業主例納租，免其遷移。」[29]這樣，雲南大批自耕農淪爲藩下官兵的佃戶。吳三桂還廣開鼓鑄。一方面停鑄雲南厘字錢，一方面按康熙錢的式樣，鑄行漢字制錢。當新制樣錢剛頒發，雲南方興鼓鑄時，清廷就傳令停鑄。三桂立即向清廷提出，雲南市肆所信唯錢，一日無錢，即稱不便。於是，鼓鑄新錢，給散行使，以利交易。同耿、尙二藩一樣，吳三桂亦遣「其藩下旗員多領資貿易四方」[30]，或販賣私鹽，大發橫財。他又在西藏與雲南交界處的北勝州，與西藏和蒙古開展茶馬互市，「西蕃、蒙古之馬，由西藏入滇者，歲千萬匹」[31]。吳三桂又利用遼東的老關係，將四川巴蜀所產的黃連、附子等名貴藥材，販往東北，而將遼東的人參販回雲南，此項貿易，均由藩府壟斷著。此外，吳三桂在水陸要衝地區，安插親信，榷斂市貨，僭積硝磺諸禁物。

三藩的俸祿兵餉開支浩大，給清政府帶來沉重負擔。順治末、康熙初，國內戰爭主要集中在雲貴和閩浙地區，軍費開支猛增，尤以雲南爲突出。當時，雲南是桂王政權聯結農民軍餘部抗清的根據地，是清軍進攻的重點地區。這裏聚集著大量清兵，除吳三桂的「藩下」軍隊外，又有滿洲、綠旗兵丁，復屯數萬；尤其是雲南地區偏僻，其間更番往來，經歷數省，各省挽輸，困苦至極，運輸困難，費用昂貴，導致該省米價每石增至二十多兩；而吳三桂「功最高，兵最強，受朝廷恩禮亦最多」，在用財方面，朝廷就對他採取「戶部不得稽遲」的優容態度，「絀則連章入告，既贏不復請稽核」[32]。凡此種種，造成兵餉以千萬計，閩浙兵餉以百萬計。順治十七年（一六六〇年），戶部奏疏中說：「國賦不足，民生困苦，皆由兵馬日增之故……合計天下正賦止八百七十五萬餘兩，而雲南一省需銀九百餘萬，竭天下之正賦，不足供一省之用」[33]，加上福建、廣東二省歲需餉銀二千餘萬兩。正賦不足供應，只得加派，所以康熙即位後，業已免除明末的練餉又重新徵派。順治十八年（一六六一年）七月，戶部遵旨議定：「復查明季加增練餉，並無舊案，止有遺單一紙，每畝派徵一分，直隸、山東、河南、江南、山西、浙江、江西、湖廣、廣東、福建、陝西、廣西、四川等十三省，共計五百七十七萬一千餘頃，每畝一分派徵，計銀五百餘萬兩，請敕該撫於十八年爲始，限三月徵完解部。至雲貴係新闢地方，無舊案可查，敕該撫於見徵田地內，照數徵派，彙冊報部。」[34]直到康熙五年（一六六六年），雲南兵餉的負擔仍然十分沉重，左都御史王熙指出，「直省錢糧，半爲雲、貴、湖廣兵餉所耗。就雲貴言，藩下官兵歲需俸餉三百餘萬，本省賦稅不足供十一」[35]，「致天下財賦，半耗於三藩」[36]，「邊省挽運不給，一切仰給於江南」。所以當時人這樣感歎：「天下財富莫盛於東南，亦莫竭於東南」，「不獨雲南困，而數省俱困矣！」

不但軍餉費用浩繁，而且三藩更藉此橫徵暴斂。康熙五年（一六六六年）七月，廣東巡撫上奏說：「粵東武職各官，藉名軍需，發銀州縣，採買穀米、稻草、牛皮、牛角、弓弰、箭竹、木炭等項，所發之價，十僅四、五，州縣不敢動其分文，照數繳還，穀米等項，俱派里排備完，仍用民夫民船裝運交納。」[37]他們還「濫派民夫，折徵銀兩，又有棍徒，假冒營旗，串同蠹役，私出牌票，勒索銀兩，咨行逼索，稍遲鞭責，小民日見剝削」[38]。清廷爲此曾於前一年特發出密諭指責尚藩說：「近聞廣東人民爲屬下兵丁擾害甚苦，失其生理，此皆所屬將領不體王意，或倚王爲親戚，以小民易欺，唯圖利己，恣行不法之故……後將所屬官兵，嚴加約束……勿仍縱容屬員。」[39]耿繼茂在福建亦肆意掠奪。他從廣東移至福建，帶去家眷與大批僕役、官兵、商人、工匠、戲子、妓女、吹鼓手以至和尚、師尼各色人等，隨藩府安置於福州。爲了運送耿藩及其扈員，沿途強徵夫役，搜盡民船。而耿藩一到福州，就大規模地圈占整片居民住房和田地，分給藩下各色人等居住。其時，「匡城外屋……六千間」，不足，將圈內田園盡填作地起蓋。凡是被圈占的地方，立即驅逐居民離屋別住。藩屬左右兩鎮兵各住城內外。城內住兵名曰「包」，城外駐兵名曰「鎮」。妓女、戲子榜曰「靖藩」，他們和花鼓人統爲王課戶，全都圈占民房，分別住在經巷院、開元寺和龍山巷。王和尚千餘人，師尼四、五百人，各占住寺庵。又有代王作買賣的，每人分店房十餘間。此等人占屋既多，把房轉租給本地人居住開店，每月一堵房租銀三兩。城中房屋被圈占大半，民商不得已，只得高價租來。苛剝夫役也十分沉重。每日用夫一千三百名，只用其半，半令折銀，城中每名一錢，鄉間二錢四分，日日如是，時刻不寬，此項夫役稱爲坐派。所以耿藩到福州後，人民受盡騷擾，真可謂「船取盡，買賣做盡，人夫用盡」。各類貨物也隨之倍貴[40]。至於田賦更是不勝負荷，「正供之外，催課多名，民以田聽兵餉，所收不能什一」[41]，因此，百姓竟以田爲累。福州有兄弟兩人，家富田多，賠糧甚苦。一日，弟死，弟婦要想改嫁，長兄對她說：「嫁由汝，只要將二千銀田帶去，不然嫁不成。」[42]吳三桂在雲南遍設藩莊，管莊員役盡屬豺狼，殺人奪貨，毫無畏忌。訟牒、命盜兩案，甲兵居其大半，更勒平民爲餘丁，不從，就威逼說：「是我逃人也！」誘人稱貸，責其重息，稍有毫髮負欠，亦誣以逃人，平民因此被拘禁的，就有數百人，「有司俱不敢問」[43]。他又恣意搜括少數民族地區的賦稅與財富。順治十七年（一六六〇年），將臨安府屬枯木、八寨、牛羊、新縣四處，編徵糧米本色差役課程，戶口食鹽銀兩，一概編入蒙自縣經制全書[44]。順治十八年（一六六一年）又將元江府土民糧差照以往稅則，連同酋長私莊，應徵錢糧，也一律編入元江賦役全書[45]。對土酋百般勒索。《庭聞錄》載：「滇中土酋多於財，三桂每年勒助餉，金銀以皮盈爲量，又勒助兵，土酋不堪命」，甚至「籍沒諸土酋財物」[46]。他還縱容地方官吏胡作非爲，敲詐勒索，以致那些「秩滿及藩下往來者」，明目張膽地「皆取贏於負販驛卒，不給，輒僉派里民，謂之協夫，徵發無虛日」[47]。因此，雲貴「村落凋零，民苗困憊」[48]。

三藩位尊權重，他們擁有軍事、政治、經濟方面的種種特權，長期專制一方，逐步形成同中央相對抗的封建割據勢力；同時，三藩的倒行逆施，也給社會帶來不安定因素。隨著農民軍餘部和南明政權的覆滅，三藩與中央的對抗性矛盾就開始突現出來，一場國內的動亂是不可避免了。

假戲真做——撤藩

康熙皇帝目睹三藩勢焰日熾，已逐步形成尾大不掉的態勢。鑒於歷代因藩鎮勢力強大，而屢屢出現舉兵作亂，以致危及國家存亡的嚴重歷史教訓，他對此不能不引起高度警惕。因此從少年伊始，尤其是親政以後，康熙就一直把解決三藩問題當作頭等重要的大事，絞盡腦汁。他說：「朕自少時，以三藩勢焰日熾，不可不撤。」[49]又說：「朕聽政以來，以三藩及河務、漕運爲三大事，夙夜廑會，曾書而懸之宮中柱上。」[50]

清廷一些官員早就提出要削除三藩權力。康熙六年（一六六七年）四月，王熙特別指出：「宇內甫平定，而三藩各擁重兵，吳三桂尤強，擅署置官吏，寖驕蹇，萌異志，子應熊以尚主，居京師，多聚奸人，散多錢交通四方。」[51]他認為三藩勢力的日益擴大，必將對清廷構成威脅，請裁兵減餉，「則勢分而餉亦裕」[52]。

其實，在上述王熙奏疏前，御史楊素蘊、郝浴、甘肅慶陽知府傅弘烈等，已先後向朝廷密陳三藩尤其是吳三桂的專擅不法情狀。由於當時清廷尚需利用三藩來維護其所轄地區的統治秩序，又慴於三藩的權勢，擔心解除三藩的職權，會引起動亂。為了安撫三藩，清廷竟將彈劾三藩的官吏，一一治以重罰。楊素蘊被降調，已如上述；御史郝浴一再遭到三桂傾軋，最後被流徙盛京（今瀋陽），但到了鐵嶺，郝浴就「租屋潛居，如是者十有八年」，直到三桂反，才「起補原官」[53]。康熙七年（一六六八年），傅弘烈密告三桂，竟被「逮治、坐誣、論斬」，後來，康熙「特命減死，戍梧州（今梧州市）」[54]，他才得倖免於難。凡此種種，足以反映出三藩勢焰之囂張。

不過，在四輔臣執政時期，清廷已在逐步削弱「三藩」職權。吳三桂受命征雲貴時，順治帝曾授予「大將軍印」，執掌征伐大權。雲貴平定後，按照規定，三桂即應上繳大將軍印，而他卻遲遲不交。康熙二年（一六六三年），有一內大臣對留在京師的駙馬、三桂的長子吳應熊說：以前，永曆在緬甸，邊疆多事，所以才給你父親將軍印，為的是重事權，便於集中號令。如今天下大定，你父親仍據大將軍印不還，這是為什麼？吳應熊心裏明白這番話顯然不是出之於這位內大臣的私見，而是朝廷的意圖。於是他立刻向他的父親通報情況，三桂無可奈何，只得忍痛奏還「大將軍印」，心裏卻悶悶不樂。

康熙五年（一六六六年），朝廷裁除三藩的用人題補之權。凡雲貴、廣東、福建文武官吏的升降、調動，一概歸吏、兵兩部管理。對此吳三桂雖「具疏佯謝，中實怨望」，以至將雲南任職的部選官員一概「指為外人」。

在財政方面，亦給以一定限制，「轉餉雖如故，額不得仍前之多」[55]。

為了牽制三藩的權力，康熙親政後，就委派大吏出任雲、貴、廣東、廣西和福建等省的總督、巡撫。康熙六年（一六六七年）五月，吳三桂為了麻痺清廷對自己的戒備，曾藉「目疾」為名，要求清廷解除其雲、貴兩省事務。康熙立即下旨，表彰他「久鎮岩疆，總理兩省，勳勞茂著」的業績，並表示對他「因事繁過瘁」，以致「兩目昏瞀，精力日銷」之情的深切關懷，特恩准其解除雲貴兩省事務的請求。隨後經部議定該兩省事務按照其他各省規例，由總督、提督和巡撫管理。同年九月，吳三桂的親信雲、貴總督卞三元、雲、貴提督張國柱、貴州提督李本深就聯合上疏說：「苗蠻叵測，非任三桂，恐邊釁日滋」[56]，公開要求清廷收回成命，讓吳三桂仍管理雲貴事務。按照規例，卞三元等的這一違旨罪行，應受到法律的嚴厲制裁。但鑒於吳三桂勢大根深，康熙只得以極大的耐心，委婉地解釋說：「該藩以精力日為銷減奏請，故照所請先行。今地方已平，若令王復理事務，恐其過勞，以致精力大損」。爾後又許諾繼續保持三桂的軍權，「如邊疆地方遇有軍機，王自應料理」[57]。次年十二月，康熙委任甘文焜為雲南、貴州總督。康熙九年（一六七〇年）二月，康熙任命金光祖為廣東、廣西總督，馬雄鎮為廣西巡撫。康熙十年（一六七一年），調原任江寧巡撫朱國治為雲南巡撫。康熙十一年（一六七二年）十月，命范承謨為福建總督。康熙對調往三藩所轄地區任職的這些邊疆大吏，寄以厚望，十分信賴。康熙十一年（一六七二年），甘文焜因母病亡，先後兩次向朝廷疏請解任葬親，康熙以文焜威望素著，能與吳三桂相頡頏，特命「在任守制」，直到甘文焜第三次請假，康熙因愛憐他的孝思之情，方才允諾文焜歸家治喪，但要他一辦完喪葬，急速返回雲南赴任。甘文焜到了京城，康熙立即遣一等侍衛「至其家，慰問之」[58]。康熙十一年（一六七二年），耿繼茂的姻親范承謨被委任福建總督時，他曾上疏婉辭，未獲康熙允准。次年七月，康熙令范承謨進京，面商機宜。當時，范承謨患病未愈，康熙就派御醫前往診視，而且送藥給他。待范承謨的病好轉，康熙就催他去福建上任，又賜給冠服、鞍馬。這樣，康熙把三藩的部分行政、軍政大權收歸到中央。

另一方面，康熙竭力做出信賴三藩的樣子，來籠絡他們。順治間，吳三桂、尚可喜和耿繼茂南下時，三桂把長子吳應熊、尚可喜把三子尚之隆、耿繼茂先後把二子昭忠、三子聚忠，送京師入侍。康熙七年（一六六八年）六月，尚可喜又主動將長子尚之信送京入侍。這些入侍皇帝的三藩親子，實際上是做人質的。但明裏，朝廷卻給予優厚地位，招他們爲駙馬，提升他們的爵位。如康熙七年（一六六八年），吳應熊被提拔爲少傅兼太子太傅，耿聚忠、尚之隆、耿昭忠俱爲太子太傅。在某些場合，康熙還放寬對做人質的三藩親子們的監視。康熙九年（一六七〇年），康熙帝特遣吳應熊往雲南省視他的父親吳三桂；甚至當三藩請求調回入侍的長子承襲代理軍務時，康熙也毫不猶豫地允准。康熙十年（一六七一年）正月，靖南王耿繼茂上疏說：「（臣）舊疾日劇，閩省濱海重地，寇盜蠢動不測，病軀豈能料理。臣長子耿精忠，侍從多年，在臣軍前閱歷又經四載，盡堪報效，伏祈恩賜管理軍務。」[59]康熙當即批覆，准許耿精忠暫管軍務。同年十一月，平南王尚可喜以疾上疏，請其子尚之信回粵暫管軍務，康熙亦從之。此外，康熙還御賜貴重物品給三藩，以示清廷對他們的關懷。康熙十二年（一六七三年）二月，清廷遣一等侍衛吳丹、二等侍衛塞扈立帶御用貂帽、團龍貂裘、青蟒腋袍各一襲，束帶一圍，往雲南賜平西王吳三桂。派一等侍衛古德、二等侍衛米哈納帶御用貂帽、團龍天馬裘、藍蟒狐腋袍各一襲、束帶一團，往廣東賜平南王尚可喜[60]。

但是，在中國歷朝的開國史上，不斷重演的「飛鳥盡，良弓藏，狡兔死，走狗烹」這一幕幕歷史悲劇，不能不在三藩心中投下陰影。爲了保存自己，他們各有各的戒備，並有意識地在一定範圍內，做出交權的種種姿態。

平南王尙可喜曾想趁著自己功成名就的時候，及早引退，爲子女請得良田美宅，以度過安逸閒居的晚年生活。早在順治十年（一六五三年），他就以東西底定、痰疾時作爲理由，向清廷請求解兵還京。順治帝給予婉留，勸他「不必遽以病情」。順治十二年（一六五五年），可喜又以積勞多病和子女眾多爲由，奏請賜給山東故明魯王的虛懸地畝，或在遼東海城舊地築居安插。對於尙可喜的這一請求，清廷雖首先肯定他「圖安根本，情理允協」61，但由於當時廣東時局還沒有安定，清廷未予允准，只許諾他以後再議。不言而喻，尙可喜前後兩次要求解兵歸耕，足以反映出他對清廷的疑慮，生怕自己權重位尊，有朝一日，會惹來不測之禍。吳三桂則在平定雲貴以後，曾向經略洪承疇請教如何鞏固自己的權位。洪承疇教他不要使邊疆一日安事，吳三桂心領神會，就不斷製造邊釁事件，以引起朝廷對邊防的重視。

康熙即位後，雲貴一直處於征剿少數民族的戰爭狀態中。康熙二年（一六六三年），吳三桂遣總兵王會等剿隴納山蠻，搗毀他們的巢穴，擒斬他們的首領。不久，遣總兵劉之復、李世輝，由大方、烏蒙分剿水西土司安坤、烏撒土司安重聖等。事平之後，吳三桂就將安坤、安重聖一一斬首。又在水西地區設立府治，改比喇爲平遠（今織金），大方爲大定（今大方），水西爲黔西（今黔西），烏撒爲威寧（今彝族、回族、苗族自治縣），改土司爲流官。康熙四年（一六六五年），雲南省城以東諸土酋王耀祖、祿昌賢等聯合反清，攻城奪地，滇南大震。吳三桂急遣部屬，同雲南總督卞三元、雲南巡撫袁懋功、提督張國柱等分兵進剿。至康熙五年（一六六六年），這場較大規模的少數民族的反清活動方被鎮壓下去，首領悉被擒戮。只有王伯、王龍、李六天、李柏年等，或竄匿深箐，或逃奔交趾。三桂遣左都統吳國貴、總兵官馬寧等，分路搜剿，俱就誅擒。康熙六年（一六六七年），吳國貴、馬寧等又率兵進剿烏撒，生擒女酋隴氏及其黨萬餘。雲貴的局勢安定下來。

　　但吳三桂同他的部屬仍然不斷謊報邊釁，製造緊張局勢。康熙六年六月，三桂向朝廷謊報蒙古干都台吉進兵麗江（府治在今麗江納西族自治縣）中甸地（今中甸），聲稱敵人闌入邊境，不惟省城動搖，全滇土司未免各懷幸亂之心，一旦變從中起，內外受敵，兼辦殊難，計宜先發制人。於是吳三桂要求親自率軍前往，相機堵剿。其實當時蒙古只要求同雲南通商互市，並無入侵之事，吳三桂卻虛張其事。之後誆騙清廷，奏稱蒙古已撤兵，隆冬冰刀已深，敵人料不能至，已分布各營官兵分守門戶，自己暫時回師洱海（在雲南大理與洱源間）。在此次騙局中，吳三桂一面極力渲染事態的嚴重性，做出親征姿態；一面私割舊隸麗江府之中甸，與番眾屯牧，通商互市，可謂一箭雙鵰。康熙七年（一六六八年），甘文焜出任雲貴總督，駐地貴陽。三桂忌恨甘文焜不依附自己，詭稱土番康東入寇，哄騙文焜移師進剿，而在暗地裏，卻唆使覬里等苗族首領乘文焜出師不備時，準備從背後襲殺他。甘文焜接到三桂的通知，估量土番康東不會有多大作爲，倒是覬里近在肘腋，如果不予制服，他的勢力會蔓延開來。於是先督兵搗毀了覬里的老巢。隨後，文焜約三桂發雲南兵共同剿滅康東。三桂恐怕他的欺詐行爲被洩，連忙制止文焜，騙說康東已遠遁，不必進兵征剿[62]。三桂的部屬也十分明白他的意圖，常常妄報邊警。康熙十年（一六七一年），巡撫都御史朱國治巡邊北州，鎮將趙某就向朱國治謊報西番人入寇。關於三桂屢次挑起邊釁事端的這些詭行，《庭聞錄》作了如下評述：「雲南自土酋平後，內地寧謐。諸番部落治兵構怨，不過自相仇殺，初無有犯中國心，邊將生事挑釁，番人游騎間至邊外，亦未嘗大舉深入也。趙某輩阿三桂意，妄報邊警。三桂挾封疆以重張皇邊事，自負萬里長城。鎮將欺督撫，三桂欺朝廷，懷藏弓烹狗之慮深，市權固位之念重，勞王師傷財所不顧矣！」63

為了迎合清廷的心意，吳三桂還向清廷做出交還權力的種種姿態，希圖解除清廷對他的疑慮。如交還大將軍印，辭去雲貴總督事務等，已如上述。在平定水西、烏蒙之後，康熙四年（一六六五年）五月，吳三桂又提出裁汰雲南額兵，兵部立即表示同意，並經康熙批覆准行。由是各營鎮共裁去兵七千二百名。其中有一千八百名作為廣羅、蒙景二鎮，雲州、馬龍二營的添設兵額，實際裁去兵五千四百名。除總兵以下官另行改補外，被裁官員計副將一員、參將一員、游擊一員、千總二員和把總四員。此外，忠勇等五營亦被全部裁去。自然，這次裁兵不會根本損害到吳三桂的軍事實力。

儘管清廷在逐步削弱三藩的權力，三藩也在不損害自己根本利益前提下，做出了讓步，但核心問題即軍權卻沒有受到真正觸動，因此藩區依然是個獨立王國，這對清朝的統一構成了嚴重的威脅。尤其是在康熙前期，國內尚存在著諸多不安定因素的情況下，徹底解決三藩的兵權問題，已是十分必要的了。

平南王尚可喜上疏歸老遼東的請求，正符合康熙亟需解決三藩問題的宿願。

可喜的長子尚之信返粵署理軍務之後，肆無忌憚，益加驕橫，連自己的父親也不放在眼裏。平時，他父親的部屬同他有宿怨的，「小則鞭，大則殺」。每逢親自向他父親上報重要事務時，他總是表露出很不耐煩甚至討厭的樣子。對此，可喜十分惱怒，憂悶不樂，「然以嫡長子故，又愛其才，終不忍有他意」64。可喜有個幕僚叫金光，富有謀略，甚得可喜器重，倚為股肱心膂，凡有計議，必先向他諮詢。然而金光很自負，不願久屈人下。一天，金光乘間潛逃，可喜獲悉後，立即遣健卒將金光追回，命人當場挑出金光的腳筋，使他成爲跛足，從此人們呼金光爲「跛金」。此後可喜待「跛金」益加敬愛，益加尊重。「跛金」目睹之信的專橫，異常擔心之信日後會鬧出害及全家的禍事來，於是向可喜獻計，說：「朝廷方嫌尾大，計莫若率諸少子及左右親信歸耕遼東，避俺答去，朝廷必大喜，則君臣父子之好，可兩全無禍。」65可喜聽從了「跛金」的勸告，於康熙十二年（一六七三年）三月上疏說：「臣年七十，精力已衰，願歸老遼東，有舊賜地畝房舍，乞仍賜給，臣量帶兩佐領軍兵，並藩下閑丁孤寡老弱共四千三百九十四家，計男婦二萬四千三百七十五名，其歸途夫役口糧，請敕部撥給」66；又提出了長子之信可承襲藩王爵位，留鎮廣東。

康熙接讀可喜奏疏，自然大快心意。他立即批覆，除表彰尚可喜「自航海歸誠，效力累朝，鎮守粵東，宣勞歲久」的汗馬功勞外，特別讚揚他歸老遼東的奏疏「情詞懇切，具見恭謹，能知大體，朕心深爲喜悅」67。但廣東業已底定，藩下的官兵家口究竟作何遷移安插，還須經議政王大臣會同戶、兵二部「確議後再定」68。著吏部以「藩王見存，子無承襲」的律例，否定了尚可喜疏請長子尚之信承襲王爵的要求。議政王大臣等則以之信置鎮廣東，會造成該藩及藩下官兵父子兄弟宗族分離爲藉口，議定「粵省已經底定，似應將該藩家屬兵丁，均應議遷。惟廣東左右兩營綠旗官兵，仍留該省，作何歸倂之處，交兵部另議」69。隨後，兵部決定平南王父子遷移後，藩下向有綠旗官兵，仍駐紮廣州府，歸廣東提督管轄，其官員升轉亦照各省綠旗官員規則辦理。以上各議完全符合康熙的旨意，康熙欣然同意。他隨即命令尚可喜率諸子、家口及藩下十五佐領官兵，遷移遼東海城。至於沿途所用錢糧具有戶部支給。康熙又特遣兩位侍衛專程前往廣東宣讀諭旨，並賜給可喜貂皮帽、天馬裘、四團龍掛腰帶。

藩王一撤，尚可喜的軍權被剝奪了，藩王的根基被拔掉了，原圖個人引退而把藩地和王爵留給長子之信的打算統統成了泡影。這是尚可喜未曾想到的。但事已至此，尚可喜也無可奈何。

尚可喜歸老遼東和康熙撤藩的決定迅速地在朝廷內外傳開，吳三桂和耿精忠得到這個消息後，惶惶不可終日。他倆從來沒有像尚可喜那樣萌發過功成引退的想法。然而，嚴酷的問題已擺在他們面前，要不要像尚可喜那樣上疏自請撤藩？倘不，清廷是不會允許兩藩繼續存在的，待清廷逼令撤藩，自己反而會陷於被動；如自請撤藩，一旦清廷同意，權力喪盡，這又非所自願，但也無可奈何。最後靖南王耿精忠只好走一步看一步。先上疏奏請撤藩，說：「臣襲爵二載，心戀帝闕，祗以海氛叵測，未敢遽議罷兵。近見平南王尚可喜乞歸一疏，已奉諭旨，伏念臣部下官兵，南征二十餘年，仰懇皇仁，撤回安插。」70

吳三桂的兒子吳應熊在得悉平南王尚可喜上書請解職東歸時，早就派人送信告訴他的父親，現在又獲悉耿藩自請撤藩，趕忙疾書催促說：朝廷對王已久存疑慮，現尚、耿二藩都上了辭職疏，而王獨無，這使朝廷之疑愈深，請王急速拜疏使人來京，或許可以消除朝廷對你的疑慮。吳三桂斟酌再三，他自恃是雲貴邊防的「長城」，勢力強大，估計清廷還不敢動他。如自請撤藩或許會像兒子吳應熊所言，可以消除朝廷對他的疑慮。但他一心希望自己能「世守藩封」，如明朝沐氏故事，「永踞滇中」71。原先雲、貴是明朝黔國公沐氏世守的故地。早在洪武十五年（一三八五年），沐氏始祖沐英授命鎮守雲南。雲貴在沐英的統治下，局勢很穩定，朱元璋對沐英十分信賴。洪武二十五年（一三九五年），沐英逝世後，明廷追封他爲黔寧王，並由他的兒子沐春、沐晟相繼襲爵，永樂三年（一四〇五年）沐晟始封爲黔國公，此後，沐氏子孫都世代承襲公爵，鎮守雲南，直到永曆時的沐天波，前後經過十二代。隨著南明滅亡，沐氏的爵位與世鎮雲南的歷史才告結束。清軍平定雲貴之後，經略洪承疇亦向清廷建議：「岩疆難靖，援明黔國公沐英世鎮例，請（吳三桂）移藩久鎮」[72]，獲得清廷准許。自此，吳三桂夢寐以求想做個清代的「黔國公」，寄希望於「朝廷挽留，如明沐英世守雲南故事」[73]。他請幕僚劉玄初具疏撤藩時有過一段生動的對話。劉玄初說：「上思調王，特難啟口，王疏朝上而夕調矣。彼二王辭者自辭，王永鎮雲南，胡爲效之耶！不可。」吳三桂聽了，十分惱怒地說：「予疏即上，上必不敢調予，具疏所以釋其疑也。」[74]於是吳三桂抱著試探和僥倖的心理，於同年七月三日，無可奈何地向康熙上了一道自請撤藩的奏疏，他說：「臣駐鎮滇省，臣下官兵家口，於康熙元年遷移，至康熙三年（一六六四年）遷完。雖家口到滇九歲，而臣身在岩疆，已十六年，念臣世受天恩，捐糜難保，惟期盡瘁藩籬，安敢遽請息肩。今聞平南王尚可喜有陳情之疏，已蒙恩鑒，准撤全藩，仰恃鴻慈，冒干天聽，請撤安插」。此外，他還提出增賜土地「較世祖時所給錦州、寧遠諸處倍廣，俾安輯得所」[75]。

吳、耿二藩的奏疏如出一轍。一個說：「臣身在岩疆，已十六年」，爲報答「天恩」，只期望「盡瘁藩籬」，那裏敢「遽請息肩」呢！一個說：「臣襲爵二載，心戀帝闕」，而「臣部官兵，南征二十多年」，只因「海氛叵測」，所以也不敢「遽議罷兵」。他們之所以上疏請撤安插，都是出於平南王尚可喜乞歸一疏，已獲康熙准撤全藩的緣故。很清楚，二藩的奏疏共同表述了自己一心爲國，護衛邊疆的「一片忠心」，既委婉曲折地表達了疏請撤藩非所自願的心情，又解釋了自己何以沒有及早引退的緣由，用心亦可謂良苦。

吳、耿二藩請撤安插的奏疏，給康熙提供了一攬子解決三藩問題的途徑。康熙欲用最大的人力物力，迅速而妥善地安插三藩，換取三藩手中的兵權，以達到撤藩的目的。

但是，當康熙將吳三桂自請撤藩的奏疏交給大臣討論時，在朝廷內部立即掀起了一場激烈爭議。以圖海爲代表的多數大臣認爲，「滇、黔苗蠻反側，若徙藩必遣禁旅駐防，勞費，不如勿徙」[76]。惟戶部尚書米思翰、兵部尚書明珠、刑部尚書莫洛以及蘇拜及塞克德等少數大臣則認爲，苗蠻既平，三桂不宜仍鎮雲南，應如所請，「力主徙藩」[77]。康熙又命議政王、貝勒、大臣討論，議政王大臣等會議仍持二議：一種意見認爲平西王吳三桂具題請撤安插，應將王本身並所屬官兵家口，均行遷移在山海關外，酌量安插；雲南地方有土司苗蠻雜處，不得稍疏防禦，應暫遷滿洲官兵戍守，俟戍守官兵到日，該藩方可啟程；另一種意見認爲吳三桂鎮守雲南以來，地方平定，總無亂萌，倘若將他遷移，不得不遣兵鎮守，兵丁往返與王之遷移，沿途地方民驛苦累，且戍守之兵，係暫居住，騷擾地方，亦未可定。應仍令吳三桂鎮守雲南[78]。康熙早有撤藩打算，他認爲「三藩俱握兵柄，日久滋蔓，馴致不測」[79]，況且「三桂子、精忠諸弟皆宿衛京師，諒無能爲變」[80]。這才斷然下令撤藩。他對王大臣會議作了如下批覆：「吳三桂請撤安插，所奏情詞懇切。著王率領所屬官兵家口，俱行搬移前來，其滿洲官兵不必遣發，如有用滿兵之處，該藩於起行時，另行奏請，然後遣發。俟官兵到後，王來亦不至遲誤。餘依議。」[81]

接著康熙就著手部署遷藩事宜。他連續向兵部、吏部、戶部發出指令，命令他們做好遷藩的善後工作。他諭兵部說：凡有關三藩搬移的地方應行事務及兵馬機宜，「必籌劃周詳」。另外，「應各遣大臣一員前往，會同該藩及總督、巡撫、提督商榷，究竟作何佈置官兵防守地方，如何照管該藩等起行，以及應差官員職名等，均應一一開列具奏」[82]。又諭吏部、兵部說：雲南地屬遠疆，撤藩後，應專設雲南總督一員，添設提督一員，責成專管料理，吏、兵二部應「速議具奏」[83]。他指令戶部說：凡三藩及各官兵家口，安插地方，「所需房屋田地等項，應預爲料理，務令到日，即有寧居，以副朕體恤遷移至意」[84]。之後，康熙遣戶部侍郎達都前往，會同盛京戶部侍郎和奉天府府尹等實地查看安插三藩的地方，且作了如下指示：凡屬貧民勞苦開荒的田地及其所建房屋和當地駐守官兵分內的土地與房屋一概不許察看。除此以外，凡有開墾田地、皇莊、馬廠、王與大臣和侍衛等莊田房屋以及空閑之地，務必盡行勘查。在上述範圍內，經查勘後，倘安插三藩的土地還不夠，可在就近地區，直至山海關九門邊牆內，酌量查看，又不足，應於他處邊牆外察看。勘察的結果，應立即向他奏報。

與此同時，康熙特差禮部左侍郎管右侍郎事折爾肯、翰林院學士兼禮部侍郎傅達禮往雲南；戶部尚書梁清標往廣東；吏部右侍郎陳一炳往福建，經辦各藩撤兵起行事宜。他派侍衛傳諭福建總督范承謨：「福建邊疆重地，海氛未靖，爾其益加勉勵，副朕委任。」[85]並於常例賞賜外，加賜衣帽及內廄鞍馬一匹，以表示對范承謨的信賴和對福建的重視。另外特遣侍衛將自己所佩刀一口與良馬各一匹送給前往雲南料理遷移事務的折爾肯和傅達禮，表示對他們寄以厚望，讓他倆帶著親筆手詔，去向吳三桂傳諭。

詔諭稱頌吳三桂「夙篤忠貞，克攄猷略，宣勞戮力，鎮守岩疆，釋朕南顧之憂，其功懋焉！」高度評價了吳三桂的功績和一片忠心。詔諭也表達了康熙撤藩的思想和政策，明確指出：自古帝王平定天下，無不依靠軍隊和武臣的效力，一旦海內安定，「必振旅班師，休息士卒」，使封疆重臣，得以「優游頤養，賞延奕世，寵固山河」，這是歷代王朝的「盛典」。而今平西王「年齒已高，師徒暴露，久駐遐荒，眷懷良切」，加以雲貴業已底定，王又上疏懇請「搬移安插」，故特開皇恩，「允王所請」。最後詔諭平西王率其所屬官兵，「趣裝北來」。這樣，既可以「慰朕眷注，庶幾旦夕覲止，君臣偕樂」，又能保持王的榮譽和王爵世世代代承襲下去，「永保無疆之休」。

至於一應安插事宜，已督令地方政府周詳安排，務必使王到日，「必有寧宇」[86]。隨後，康熙又特遣戶部郎中席蘭泰、兵部郎中党務禮、戶部員外郎薩穆哈，前往貴州料理有關搬移所需的夫役、船隻、人馬和糧草。通令各地，凡藩王搬移所經過的水路，務必立即供應船隻，不得延誤。並告誡有關方面，在搬移中，慎勿騷擾。

康熙佈置撤藩工作可謂具體而細緻。他確實準備付出最大的人力和物力來搬移三藩，盡力滿足三藩在生活上的要求。當吳三桂提出「賜撥安插地方」，要比順治帝「所撥關外至錦州一帶區處更加增廓」的要求時，康熙毫不猶豫地立即批覆允准：「王所屬官兵家口，遷移遠來，自應安插得所，俾有寧居，以副朕懷，此所請增償地方，著速議具奏。」[87]至於遷藩所需的人力、物力是十分浩大的。以福建總督范承謨安排搬移耿藩的計劃爲例，據《閩中紀略》記載，靖南王奏報移家人口約計十三萬五千，隨經核減，去掉虛冒與閩人不願北遷的，還有十一萬餘。搬移所需的裝載船隻，過嶺兜橋，以及扛抬夫役，需至四、五十萬。這樣巨大的人力、物力和龐大的費用，不唯一時地方無措，而所經地區，要想歇腳，也沒有寬廣之地可容。可以想見，當時僅僅藩王的搬運工作就十分艱巨而繁重。所以范承謨自從上任福建總督後，就忙於辦理遷藩事宜。他無日不在咨報鄰省，檄行各屬，想方設法籌措水陸搬運經費，公函之外，又有私函。而吳三桂所遷的官員兵丁和家口的數額遠遠超過耿藩，其所花的人力物力更加浩大。

暗地裏，有關督撫還擔心著遷藩會引起變故。湖廣總督蔡毓榮早先就有公文給范承謨，告知他平西王藩旅計劃春初起行，晝夜籌劃，估計三藩之眾，會集當在儀揚之間，其時地方必有變動[88]。

正當清廷積極進行遷藩之時，吳、耿二藩特別是吳三桂正在策劃著武裝反叛清廷的活動，一場曠日持久的三藩之亂終於不可避免了。

吳藩倡亂

康熙撤藩令一下，「全藩震動」，吳三桂「愕然氣阻」，頓時癱軟下來，呆若木雞。他自恃憑著自己的汗馬功勞和強大的軍事實力，只要自請「撤藩安插」的奏疏一上，擺弄一下忠於清廷、並無異志的樣子，就可以消釋清廷對自己的疑慮，取得康熙信任，讓他永鎮雲貴，世襲藩封。他沒有料到，康熙竟同意他的請求，結果弄假成真。

吳三桂在極度悲憤和慌亂中慢慢地緩過氣來，他深感自己已處在生死攸關的時刻，嚴酷的事實逼他亟須作出回答：要麼順從康熙意旨，撤藩安插；要麼抗旨謀反，孤注一擲。他明白，軍權與軍隊是他擁有權位、榮譽和財富的支柱。他戎馬一生，浴血疆場，憑藉牢握軍權和統率勁旅，剷除農民軍與桂王政權，方得爬上藩王這個尊位與占有雲貴這塊藩地。爲了避免重蹈「藏弓烹狗」的歷史覆轍，他費盡心機，採取種種手段，保護自己，並從政治、軍事、經濟、文化等各方面，鞏固自己的獨立王國，維護自己的既得利益。撤藩意味著解除他的兵權，剝奪了他爲之苦苦經營的雲貴這塊藩地上所擁有的一切。他更怕一旦權力全失，他只得順從清廷擺佈，前途難以預料。這條路是吳三桂萬萬不願走的。舉兵反叛雖有顧慮，但他「自負才武不世出」；況且滇中形勢，「南扼黔粵，西控秦隴，財用富饒，兵革堅利」[89]；其所屬親軍與西迤諸鎮將健卒，都是從孫可望、李定國和張獻忠所部投順過來的身經百戰的勁旅，他們一心追隨自己，且「素得其死力」[90]；平時，自己「治軍整嚴，號令肅然，屯守攻戰之宜，無不畢具」[91]。他的黨羽遍佈各省，如雲南十鎮大帥、貴州提督李本深、四川總兵吳之茂、陝西提督王輔臣等，全是他的心腹，一旦舉兵反清，部下無不從命。清廷呢？開國老將大都先後死亡，康熙年輕，乳臭未乾，本不足慮。他的兒子吳應熊雖在北京，但是他「自恃角距已成」，應熊又剛娶公主，「朝廷必不殺，以爲之招」[92]。他愈想愈覺得自操必勝之劵，於是選擇了謀反的道路。

三桂周圍如左都統吳應麒、右都統吳國貴、副都統高得捷、婿夏國相和胡國柱等核心人物，也都憤憤不平。他們追隨吳三桂，個人爭得了權位，有了土地、房屋、奴僕，有一大群妻子兒女，今一旦撤藩，離開了雲南這個安樂窩，到遼東那個偏僻的地方，去重新建立家園，談何容易！他們紛紛向三桂進言：「王威望兵勢舉世第一，戎衣一舉，天下震動。」只要把世子（指吳應熊）、世孫（指吳世霖）設法從北京弄回來，可與清朝「劃地講和」，這就是「漢高祖（劉邦）分羹之計也」。如果就遷於遼東，「它日朝廷吹毛求疵」，我們只能「引頸受戮！不如舉兵，父子可保全」[93]。這番話說到了三桂的心坎。

雖然如此，但吳三桂還有些疑惑不決。他求教於謀士方光琛。方光琛善弈能詩，多游談，又很有謀略，他自比管仲、諸葛，和吳三桂是世交。他的父親在總督薊遼時，曾是吳三桂的老上司，眼前在吳三桂幕下充任其孫兒吳世璠的老師。平時兩人常常議文講武，評論世務，彼此有很深的交情。吳三桂十分器重他。吳三桂第一日上門去見方光琛時，向方稍透露準備謀反的心意，方不言。次日吳三桂上門向方明示了謀反的意向，徵求方的意見，方又不說。第三日，天色朦朧，吳三桂就去拜訪他，方還沒有起床，吳三桂就坐在他的床沿，低聲細語而又十分焦慮地問及謀反的事，方窺視三桂的反意已決，就起身縱論形勢，申述意見，指出「閩、粵、楚、豫、秦、蜀，傳諭可定狀，余戰勝攻取，如指之掌」。「三桂躍然」94。於是吳三桂拜方為學士中書，專主運籌帷幄。

隨後三桂派親信扼守雲南各關口。凡來往車馬行人，只許進，不准出，嚴密封鎖消息。他明裏裝作聽命詔旨，派人帶著二迤動莊莊民在歸化寺前迎接欽差大臣折爾肯等人，還向折爾肯等人佯示起行日期，又令雲南知府高顯辰到交水備辦遷移所需夫馬、芻糧。暗地裏卻唆使部屬令莊民們向折爾肯請願，挽留自己繼續駐鎮，並以種種藉口一再拖延遷移行期。

為了順利策動謀反，吳三桂多方挑動部下將士。他特意設宴，大會諸將。酒過三巡，三桂慢慢地立起身來，掃視一周，長長歎了口氣，然後悲聲地說：「老夫與諸君共事將近三十年，今日四海安寧，我輩已沒有用武之地了。現聖上立意要將我們遷移遠方，今天當與諸君盡情暢飲，敘敘舊情，不知異日還能相見麼！」說畢，老淚縱橫。在座的這批都統、佐領官員長期追隨吳三桂，都是吳三桂依為心膂的親信。他們同吳三桂一起，已紮根在雲南這塊藩地上，他們的切身利益同吳三桂的權位緊密相連，一榮俱榮，一損俱損。自撤藩令下，他們也終日惶惶不安，不知所措。眼下瞥見此情此景，不禁黯然淚下，場內靜寂，只聽得一片泣聲。一時將領們滿腔激憤，大家霍然站立起來，向三桂宣稱：願聽吳王旨令，約期待變。吳三桂暗暗心喜。

以什麼名義舉兵反清呢？三桂的謀士劉茂暇建議：明亡沒有多久，人心思舊，宜立明朝後裔，奉以東征，如此老臣宿將，無不願當前驅。可是老謀深算的方光琛卻認為以前吳三桂因兵力不足，出關乞師，人們尚可諒解，後來明永曆逃往緬甸，吳三桂奮力窮追，擒而殺之，這已不能釋疑於天下，讓人原諒了。眼前從吳三桂的兵勢而論，恢復明朝的舊土易於反掌，但不知事成之後，吳三桂果能像赤松子那樣，超脫凡俗，遨遊於四方麼？或為事勢所逼，吳三桂不能終守臣節，蓖子坡殺永曆的事，只可行一次，難道還想再行一次麼？三桂聽後，不寒而慄。他接受了方光琛的意見，決定自立名號。

不過吳三桂很明白，他要舉兵反清，就得借用復明這面旗幟，去激發潛在於漢族官兵和廣大漢族人民中間的民族感情，吸引他們到反對滿洲貴族統治的浪潮中來。在會宴諸將之後，吳三桂親臨教場，面對諸將，以極其憤懣的口吻，煽動性的語言，對諸將道：「行期緊迫，朝廷的嚴譴是不可避免了。近來使臣屢屢催逼，令諸君馬上遷移，不然，諸君定會遭受使臣的侮辱。」[95]話音剛落，諸將激憤地答道：「走就走吧！何必交相逼迫呢？」三桂進而挑動說：「朝廷的命令，確是不可延緩的，諸君在雲南已經立了家，有了安享富貴的立足地，請諸君細細地想一想，這一切是從哪裏來的？」諸將都叩頭異口同聲說：「這是靠殿下的洪福！」三桂急忙揮手一搖，斷然回答說：「不是！」諸將應聲改正道：「那是靠君上的恩賜。」三桂十分嚴峻而狡詐地答道：「是呀！可又不完全是這樣。以前我受先朝（明朝）厚恩，待罪東陲，正值李闖構亂，爲保衛京城，不能兩全，只得乞師清朝，以復君父之仇，繼而平滇屬，方得棲息於雲南。今日之富貴都是明朝的餘蔭啊！故君（永曆）的陵墓尚在，一旦我們撤走，難道可以不向故君告別麼？」[96]於是卜日謁陵，預先約期復集諸將，並囑咐他們於啟行前，在永曆墓前舉行告別儀禮。最後他面對諸將，裝著明朝遺臣的一副忠心不二的姿態，指著自己的頭問道：我先朝曾有這樣的帽麼？指著自身的衣服問道：我先朝曾有這樣的衣服麼？他當即宣布，老臣必將穿戴先朝的衣帽，以祭故君，諸君也一定要準備改裝，當以穿戴先朝的衣帽相見[97]。諸將齊聲應諾。接著下令三軍，擇定十一月十八日啟行，並通知使臣領先出發。

到了行期的這一天，諸將各具漢官威儀，會集於永曆的陵墓前。三桂改換方巾素服，酹酒三呼，再拜，一時悲潮湧起。他私自暗忖，自投奔清廷後戡除內亂，追擒永曆於緬甸，戎馬一生，戰功累累，一心冀求永鎮雲南，到頭來卻落得個撤藩搬遷，利權喪失，而且自己陷入漢奸的污泥而不能拔，一家三、四十口又被農民軍殺死。撤藩令下，使臣巡撫藉詔諭之威，三日一催，逼令自己離滇起行，巡撫朱國治甚至當面呵責，說什麼「無意遷移，三大人自去回旨」，言詞咄咄逼人。眼前，他吳三桂還手握藩權，尚且受盡屬下如此侮辱，一旦失去權力，進了京城，落入廷尉手中，難道還會有生路麼？他越想越氣憤，越悲痛，不禁放聲痛哭，伏地不能起。三軍皆哭，聲震如雷[98]。這樣，在官兵之間，不由地煽起了一股反對清廷統治的情緒。

將行，三桂下令屬下將吏，在郊外舉行閱兵典禮。霎時，鳴鼓角，整隊伍，軍容肅然。三桂披甲上馬，揚鞭疾馳軍中，連發三箭，箭箭中靶。長槍、大劍、畫戟、雕戈，羅列左右。三桂每馳馬一回，即於馬上接一器，連續揮舞，風馳雨驟，顯示出自己老當益壯，武藝體魄猶不減當年的氣概，藉以鼓舞士氣。

十一月二十一日，三桂命前隊起程先行，自擁大軍殿後。這天日色慘澹，凜冽的寒風吹起了層層塵土。三桂婿吳國柱率領藩府兵弁，「裹甲露刀，矢在弦，馬塞道」[99]，整個雲南省城瀰漫著殺氣騰騰的恐怖氣氛。突然，吳國柱緊急命令藩兵飛速包圍巡撫官署，巡撫朱國治猝不及防，當場被藩兵擒獲。吳國柱立即將他碎剮於市，割下他的頭顱去見吳三桂。三桂佯作頓足失聲，以頭碰地，異常焦急地說：「爾輩殺我！爾輩殺我！我三百口死不旋踵！即爾輩也必遭滅族之罪！」[100]諸將聽罷大聲呼喊：「反了！反了！」至此三桂暗喜。三桂妻張氏聞變，邊哭邊罵婿、侄等說：「朝廷有什麼地方虧待你們？你們竟敢做出這等反叛逆舉來！」[101]三桂趕快命郭壯圖將張氏扶進帳內。

其實，早在吳三桂舉兵反叛前，雲南府同知劉昆就從清軍廳吏畢某的兒子鑄工那裏，獲悉吳三桂已在鑄造「天下都討兵馬大元帥」印鑑的信息。劉昆立刻將這個秘密轉告朱國治，建議朱國治說：「事急了，速同折宗伯（折爾肯）商議，立刻上疏請寬限行期，以緩衝吳藩謀反；並趕快遣重兵扼川西、鎮遠、常德等處，將吳兵壓擠在山中，使其不得出谷。押猛虎縱有不測之禍，不過亦容易制服。」但朱國治不能用其謀[102]，終遭慘殺。

於是，吳三桂一面遣人將折爾肯和薩達禮兩位欽差大臣軟禁起來，同時，急遣飛騎趕往交水，以迅雷不及掩耳之勢，執獲正在負責置辦遷移藩下所需物資的高顯辰。一面命官兵蓄發，改換衣冠，旗幟全用白色，步騎一律以白氈爲帽，又將朱國治的頭祭旗纛，他自稱「天下都討兵馬大元帥」。下設金吾前、後、左、右四將軍，以下依次置左右、兩翼將軍、驍騎前、後、左、右將軍，又有奮威、從威、親威、建威、廣武、勇略等將軍，以及各路總管征朔、討朔、復朔、滅朔、殄朔、破朔、剿朔、靖朔等八大將軍。封郭壯圖爲留守雲南路總管將軍，料檢雲南府屬印信，催徵銀兩充餉，以胡國柱爲金吾左將軍，夏國相爲金吾右將軍，吳國貴爲金吾前將軍，吳應麒爲金吾後將軍，馬寶爲鐵騎總管將軍。其餘四鎮十營總兵高起隆、劉之復、張足法、王會、王屏藩等俱令掛將軍印隨征。此外，以方光琛爲吏曹、來度爲戶曹、錢點爲禮曹、韓大任爲兵曹、馮甦爲刑曹、呂黍子爲工曹，郭昌爲雲南巡撫。同時，遣人持信札赴黔、蜀、楚、秦等處，秘密聯結同黨與舊部，並致信給耿、尚二藩和臺灣鄭經，策動他們舉兵伐清。隨後，發布了一道討伐清朝的檄文，號召天下各方起兵回應，檄文是這樣寫的：

原鎮守山海關總兵官，今奉旨總統天下水陸大師興明討虜大將軍吳，檄告天下文武官吏軍民人等知悉：

本鎮叨明朝世爵，統鎮山海關。一時李逆倡亂，聚賊百萬，橫行天下。旋寇京師，痛哉毅皇烈后之崩摧，慘矣！東宮定藩之顛踣，文武瓦解，六宮恣亂，宗廟瞬息丘墟，生靈流離塗炭，臣民側目，莫可誰何。普天之下，竟無仗義興師，勤王討賊，傷哉！國運夫曷可言？

本鎮獨居關外，矢盡兵窮，淚乾有血，心痛無聲，不得已歃血訂盟，許虜藩封，暫借夷兵十萬，身為前驅，斬將入關，李賊逃遁，痛心君父，重仇冤不共戴，誓必親擒賊帥，斬首太廟，以謝先帝之靈。幸而賊遁兵消，渠魁授首，政（正）欲擇立嗣君，更承宗社封藩，割地以謝夷人，不意狡虜遂再逆天背盟，乘我內虛雄踞燕都，竊我先朝神器，變我中國冠裳，方知拒虎進狼之非，莫挽抱薪救火之悞（誤），本鎮刺心嘔血，追悔無及。將欲反戈北逐，掃蕩腥氣，適值周、田二皇親，密令太監王奉抱先皇三太子，年甫三歲，刺股為記，寄命托孤，宗社是賴。故飲泣隱忍，未敢輕舉，以故避居窮壤，養晦待時，選將練兵，密圖恢復，枕戈聽漏，束馬瞻星，磨礪競惕者，蓋三十年矣！

茲彼夷君無道，奸邪高漲，道義之儒，悉處下遼（僚），斗筲之輩，咸居顯職。君昏臣暗，吏酷官貪，水慘山悲婦號子泣。以至彗星流隕，天怨於上；山崩土震，地怨於下；官賣爵，仕怨於朝；苛政橫徵，民怨於鄉；關稅重徵，商怨於塗；傜役頻興，工怨於肆。

本鎮仰觀俯察，正當伐暴救民，順天應人之日也。爰率文武臣工，共勷義舉，卜取甲寅年正月元旦寅刻，推奉三太子，郊天祭地，恭登大寶，建元周啟，檄示布聞，告廟興師，刻期進發，移會總統兵馬上將耿（精忠）、招討大將軍總統世子鄭（經），調集水陸官兵三百六十萬員直搗燕山。長驅潞水，出銅駝於荊棘，奠玉灼於金湯。義旗一舉，響應萬方，大快臣民之心，共雪天人之憤。振我神武、剪彼羶氛，宏啟中興之略，踴躍風雷，建劃萬全之策、嘯歌雨露。倘能洞悉時宜，望風歸順，則草木不損，雞犬無驚；敢有背順從逆，戀目前之私恩，忘中原之故主，據險扼隘，抗我王師，即督鐵騎，親征蹈巢覆穴，老稚不留，男女皆誅；若有生儒精諳兵法，奮拔岩谷，不妨獻策軍前，以佐股肱，自當量材優擢，無靳高爵厚封；其各省官員，果有潔己愛民、清廉素著者，仍單仕；所催徵糧穀，封貯倉庫，印信冊籍，賫解軍前。其有未盡事，宜另須條約，各宜凜遵告誡，毋致血染刀頭，本鎮幸甚！天下幸甚！103

很清楚，檄文力圖解脫吳三桂勾引清兵入關的罪責，極力渲染他在「李逆倡亂」，明朝業已崩摧，「普天之下，竟無仗義興師、勤王討『賊』」，而自己又處於「矢盡兵窮」的逆境下，不得已乞師於清，終於取得「『賊』遁兵消」、「渠魁授首」，爲明君雪了不共戴天之仇的業績。以此說明吳三桂勾引清兵入關是不得已的。

檄文強調清軍雄踞燕都，入主中原，乃是清廷「逆天背盟」的結果。原來吳三桂曾以獲許藩封爲條件與清軍歃血爲盟，共同對付李「逆」。在剪除李「逆」之後，吳三桂正欲割地以謝清軍，清軍卻乘內虛，竊取明朝政權。由此說明清帝是竊國大盜，而吳三桂自己只不過是犯了「拒虎迎狼，抱薪救火」的失誤而已。

爲了挑動人民的反清情緒，檄文極力誇大清朝統治無道，以致天怨、地怨、仕怨、民怨、商怨、工怨，從而宣稱他的反清乃是「伐暴救民」、「順天應人」的正義之舉。檄文更胡謅「推奉先皇三太子恭登大位」，建元周啟，決心以「剪彼羶氛」，「宏啟中興」爲宗旨，藉此騙取廣大漢族人民的信任。

儘管檄文用盡委婉曲折、慷慨激昂的言詞，極力宣稱吳三桂深藏著一片對明朝忠貞不二的丹心，但是，「留髮不留頭」或是「留頭不留髮」，是當時反清或降清的明顯標記。吳三桂允諾剃髮易服，充當了清軍的馬前卒，在最終剿滅農民軍和掃除南方反清復明的勢力中，竭盡全力，因此在他平西王這頂貴冠上，不是閃耀著民族志士的光輝，而是沾滿了農民起義軍和漢族人民斑斑血跡。毫無疑問，吳三桂叛明反清的一系列活動，已在廣大漢族人民中間刻下了很深的烙印，這是任何謊言磨滅不了的。雖然，檄文杜撰吳三桂躬奉烏有的「先皇三太子」作爲號召興明反清的招牌，但他圖謀實現個人君臨天下的努力，最終是徒勞的。從本質上說，檄文顯得蒼白無力。

不過，檄文對挑起滿漢之間民族矛盾仍然具有一定影響。尤其是國內局面尚不安定、清廷又沒有防備的情勢下，吳三桂一舉反清，「天下騷動，僞檄一傳，在在響應」[104]。

雲貴是吳三桂多年經營的根據地，這裏密布著他的黨羽。在他反清後，雲南提督張國柱、永北總兵杜輝、鶴慶總兵柯鐸、布政司霍之英、提學道國昌等人，都紛紛降附，吳三桂一一授予官職。對於異己勢力，吳三桂給予制裁或予以消滅。雲南按察使白興元、知府高顯辰和同知劉昆等抗詈不屈，三桂就將他們充軍騰越衛，高顯辰最後服毒自盡。

雲貴總督甘文焜是康熙安插在雲貴地區的釘子，吳三桂處心積慮地想拔掉他。早在甘文焜請假回京葬母時，三桂就乘機向清廷請准將雲貴總督印信兵符暫交雲南巡撫署理，又藉訓練爲名，把督標五營兵丁盡調雲南，唆使藩下將官，以卑詞厚幣結納督標兵丁，並親加賞賚，從中離間督標兵丁同甘文焜的關係。文焜返回貴陽不久，得悉吳三桂起兵謀反，他立即調集本標兵符，但官兵前受吳三桂煽惑，不聽調遣，紛紛逃散。他又急速部署抵禦吳軍。他致書川湖總督蔡毓榮，通知他有關吳三桂的反叛情狀，敦促他趕緊集兵沅州（今湖南芷江）聲援；傳檄貴州提督李本深進兵普安，扼守盤江上游，堵住吳軍由滇入黔之道；又傳檄威寧、大定（貴州大方）、黔西、平遠（今貴州織金）、安龍（今貴州黔西南布衣族自治州安龍縣）等各鎮總兵，「同心同德、共勤王事」。他催促經管移藩的郎中党務禮、員外郎薩穆哈、主事辛珠、筆帖式薩爾圖等去北京告變，自己與貴州巡撫曹申吉熟籌堅守。貴州提督李本深早已陰附吳三桂，他接到甘文焜的檄令，反而寫信勸文焜投降。文焜則希望與李本深「聯鑣並轡，剿滅妖氛」，並嚴辭答覆：「即復寇孽猖獗，孤城受困，本部院任兩省封疆，惟有效張巡，南霽雲以身殉國，即身無馬革裹還，斷不稍存攜二也。」[105]李本深知文焜志不可奪，便發兵占據安順府，隨即率軍長驅直入，襲擊貴陽。

這時，文焜眼看貴陽已成爲一座空城，唯有鎮遠一營尚有阻險可據，那裏外可號召荊楚之兵，內可撫扼滇黔之隘，近可繫黔中各郡之人心，遠可通川粵二省之聲勢。於是令妻室七人各個自縊，自己帶著第四子國城及兩筆帖式與從騎十餘人，星夜馳赴鎮遠。鎮遠守將江義已歸順三桂，正在反戈以待。文焜自度不免於死，遂揮鞭渡河，到了吉祥寺前下馬。江義隨即派兵包圍。文焜等皆自盡。

其時，吳三桂統率二十萬大軍，遣馬寶爲先鋒，直指貴陽。途中聽說甘文焜已死，三桂大喜。巡撫曹申吉等出郭迎接，三桂兵不血刃地進入貴陽。

之後，吳三桂率軍急趨鎮遠，向湖廣挺進。

全面周密的戰略部署

差往貴州備辦吳三桂搬遷所需夫役糧料和船隻的兵部郎中党務禮、戶部員外郎薩穆哈、席蘭泰、主事辛珠、筆帖式薩爾圖等人，由雲貴總督甘文焜首先告知吳三桂叛亂的消息，他們立即偷偷奔出貴陽，上京告變。行至鎭遠，鎭遠守將已奉三桂密令，嚴禁出入，不給驛馬。薩穆哈、党務禮暗地裏弄到二匹馬，火急馳至沅州，脫離了吳三桂的控制區，進入湖南境內，方得乘驛馬急往京師，經過十一個晝夜連續奔馳，於十二月二十一日到達北京。他倆直奔兵部衙門，下得馬來，一時氣厥，連忙抱著柱子，開口不得。營吏們見狀，急忙奔前把他們扶住，有人端來兩大碗水，撥開他們的嘴巴，將水灌下去。過了好久，兩人緩緩蘇醒過來，竭盡氣力，拚命喊吳三桂反了！緊接著他們便把吳三桂殺雲南巡撫朱國治，以所部官兵叛亂，以及折爾肯等被軟禁等情況，向上奏報。

戶部郎中席蘭泰因沒有馬匹，自鎭遠乘小船到常德換乘驛馬到京。兵部主事辛珠、筆帖式薩爾圖因來不及逃脫，爲叛兵逮住，被殺身死。

十二月二十二日，四川湖廣總督蔡毓榮一面詳細地奏報了有關吳三桂反叛後的情況，一面調遣沅州總兵崔世祿等疾赴貴州守禦，命令彝陵總兵官徐治都、永州總兵官李芝蘭各率兵繼進，檄南汝總兵官周邦寧赴楚應援[106]。

清廷連續接到吳三桂舉兵反叛的奏報之後，「舉朝震動」[107]。大學士索額圖代表多數大臣的意向，奏請誅殺建議撤藩的一些大臣，試圖用謝罪罷兵的方式謀求同吳三桂和解，立即遭到康熙拒絕。康熙認爲撤藩是他親定決策，不能因撤藩誘發出吳藩叛亂，就委罪於建議撤藩的大臣，更何況在王大臣會議上討論有關撤藩問題時，並沒有人提出撤藩會導致吳三桂舉兵反叛的意見。後來，康熙曾對這場風波回憶說：「憶爾時惟有莫洛、米思翰、明珠、蘇拜、塞克德等言應遷移，其時並未言遷移吳三桂必致反叛也，議事之人至今尚多，試問當時曾有言吳三桂必反者否？及吳逆倡叛，四方擾亂，多有退而非毀，謂因遷移所致。若彼時諉過於人，將令議言應撤者，盡行誅戮，則彼等含冤泉壤矣。朕素不肯諉過臣下……豈因吳三桂反叛，遂諉過於人耶！」108吳三桂的猝變，確是康熙與諸大臣未曾料及的。但康熙力圖剷除三藩割據勢力的決心是堅定的，沒有動搖。他面對朝廷諸大臣要求誅戮建議撤藩大臣的偏激情緒及其震懾於吳三桂氣勢洶洶的軍事勢力的恐懼心態，鎮定自若，冷靜思考，既保護了堅持撤藩這一正確主張的少數大臣，又能集思廣益，從容地做出軍事、政治等方面的一系列決策，充分地顯示出年輕皇帝的清醒、堅定、果斷和膽略。

康熙決定調派八旗勁旅前往荊州（治所在湖北江陵）阻截吳軍渡江，並把荊州作爲征剿吳軍的大本營和前哨陣地。康熙認爲荊州是長江南北的咽喉之地，關係最大，具有十分重要的戰略地位。他任命多羅順承郡王勒爾錦爲寧南大將軍，統領多羅貝勒察尼、都統覺羅朱滿、覺羅巴爾布、護軍統領伊爾度齊、額爾泰、前鋒統領碩岱等一大批滿洲八旗及部分漢將前往荊州。爲了應付湖廣告警和安定該省的人心，先遣前鋒統領碩岱帶每佐領前鋒一名，兼程前往，保衛荊州。然後，由荊州挺進常德，以逼叛軍。接著，又命都統覺羅巴爾布、護軍統領伊爾度齊、額爾泰等率領護軍驍騎趕赴荊州，同碩岱共同防守。

康熙又調動各方軍力，防守各個戰略要地。

廣西鄰近貴州，原由孫延齡駐守。孫延齡係孔有德女婿，孔有德殉死桂林後，康熙任命延齡爲鎮守廣西將軍，統轄有德舊部，駐軍桂林。三桂叛亂後，康熙特授孫延齡爲撫蠻將軍，以線國安爲都統，令統兵固守廣西。

四川與雲南省接壤，吳軍必然進犯。康熙命西安將軍瓦爾喀率軍星夜馳赴四川，並交代瓦爾喀說：「凡自滇入川險隘之地，俱行堅守，大兵不日進剿雲南，俟我師臨境，賊勢漸分，倘有可乘之機，爾即與提督相繼進討。」109隨後，又命都統赫業爲安西將軍，率兵同將軍瓦爾喀等由漢中入蜀，護軍統領胡禮布爲副將軍，偕署前鋒統領穆占、副都統顏布同往。康熙部署清軍由漢中入蜀的意圖十分明顯，退可以阻抑吳軍由四川向陝西進軍，進可以乘機向雲南征討。

康熙對西北這一戰線是十分重視的。除了重兵防守四川外，還特別重托陝西總督哈占、提督張勇和王輔臣，要他們嚴密防守西北邊陲，切勿給敵人以可乘之機。

康熙也注意江南、江西等江防要塞。康熙說：「江南沿海濱江，甚屬緊要，俱應有備；江西水陸皆與楚閩接壤尤宜固守。」110當江南、江西總督阿席熙疏請調集所屬官兵，以應付楚省告警時，康熙指出兩省官兵不必遣發，命阿席熙飭令鎮將整頓兵馬，於封疆扼要之處，加意偵探嚴防。又安慶爲江南上游要地，指令江寧將軍額楚、鎮海將軍王之鼎，各遣副都統一員領兵千名，由水陸分路先經安慶防守，敕將軍尼雅翰率領精兵六百名速抵安慶，總統諸師。

應該說，清軍固守江南、江西是有戰略意義的。這可以阻止吳軍東犯江、浙，保衛東南財賦地區，使軍需物資的徵集有可靠來源。尤其是在後來耿精忠叛變，吳三桂企圖同耿藩打通一氣、合力夾攻江西時，幸賴清軍早有準備，切斷耿、吳兩軍的聯合，把耿軍限制在浙贛交叉地帶，不得向長江伸展，使吳軍不能東出活動，有利於各個擊破。

康熙又在兗州（今山東境內）、太原（今山西境內）屯駐重兵，作爲調遣軍力應援各方的機動力量。如果進征楚、蜀，若需援兵，自京發遣，難以驟至，且致士馬疲勞。「兗州地近江南、江西、湖廣，太原地近陝西、四川，均屬東西孔道，可發兵駐防秣馬以待，所在有警，便即時調遣」[111]。如「楚急，則調安慶兵赴楚，又調兵屯河南以繼之；蜀警，則調西安兵援蜀，而太原兵移西安，又調兵屯太原以繼之；閩警則調江寧、江西兵赴閩、浙，調兗州兵赴江寧，又調兵屯兗州以繼之」[112]。這樣一來，可以做到兵力源源不斷地支應前方，無鞭長不及之慮，且無遠征勞頓之苦。後來，隨著軍事發展的需要，又增設河南府爲屯兵據點，因「河南乃四達之地，距潼關、鄖、襄皆近，駐師其地，則所在有警，俱可策應」[113]。

此外，康熙還命諸路設筆帖式，馳遞軍情。爲了保證各地軍事情報能迅速無誤地送達京師，隨時掌握各個戰場的形勢，便於提出正確的作戰策略和計劃，更好地指揮戰爭，康熙令兵部於驛遞之外，每四百里，置筆帖式、撥什庫各一，以速郵傳，詰奸宄、防詐僞，更番代遞，晝夜遄行。驛遞每一晝可行千里，每日軍報三、四百疏，康熙手批口諭，「指麾臂使於數千里之外」，「上下暢達，事無稽遲」[114]。

在政治上，康熙始終把倡亂的禍首吳三桂作爲主要敵人，對於倡亂的追隨者、脅從者，或受牽連的無辜者，根據具體情況和當時形勢的變化制定不同的對策，予以分別對待，爭取團結更多的動搖者，分化瓦解敵人，以達到最大限度地孤立吳三桂，加速消滅敵人的目的。

在獲悉吳三桂叛亂以後，康熙立即下令停撤平南、靖南二藩，召回派往廣州、福州履行撤藩的梁清標、陳一炳。又因廣西境鄰貴州，授孫延齡爲抗蠻將軍，以線國安爲都統，令統兵固守[115]。力圖穩定這三股獨霸一方的割據勢力。

考慮到陝甘等是西北地區的重鎮，這裏主要由漢將漢軍駐防，其中有些漢將同吳三桂有著密切關係，爲了防止吳三桂的策反和叛亂勢力的滲透，康熙特諭陝西總督哈占、提督張勇和王輔臣等說：「逆賊吳三桂倘有僞札、僞書潛行煽惑，當曉諭官兵百姓，令其舉首上聞，爾等皆朕擢任股肱之臣，捍禦邊境，綏輯軍民，惟爾等是賴。」[116]諭令既告誡鎮守陝甘等西北邊疆的漢軍統帥，務必警惕吳三桂的策反；又把他們視爲朝廷的心膂，給予充分信任，這對抵制吳三桂反叛勢力的滲透蔓延，鞏固以陝西爲中心的西北邊防，起了重大作用。

對於同吳三桂及其反叛勢力有牽連的官吏與人民，康熙一再發布諭令文告，反覆強調絕不株連。在吳三桂倡亂後，前此曾是吳藩下屬、現在直隸各省任職或退職閑住的文武官員，大都「心懷疑畏，致羅法網」。爲此，康熙命吏、兵兩部通行曉諭，明白宣布：「吳三桂叛逆之事與伊等並無干涉，雖有父子兄弟見在雲南，亦概不株連治罪，自今以後，各宜安心守職，無懷疑慮。」[117]在下詔削除吳三桂王爵的諭令中，康熙宣諭雲貴文武官員軍民人等「各宜安分自保，毋聽誘脅，即或誤從賊黨，但能悔罪歸誠，悉赦已往，不復究治」，並重申「其父兄子弟親族人等，見在直隸各省出仕居住者，俱令各安職業，並不株連」[118]。對於陷落地區的文武官員軍民人等，有「割辮去纓，以圖倖免」的，康熙則從「事起倉卒，情可矜願」出發，「特布寬典，予以自新」，並「一概赦免不究，官俱照舊供職，兵丁各歸原伍，百姓各安生理」[119]。

康熙把鬥爭的主要鋒芒對準倡亂禍首吳三桂及其死硬派。吳三桂叛亂不久，康熙就下詔削除他的爵位，在向雲貴文武官員軍民人等宣諭中，康熙歷數清廷對他的「殊恩」，而叱責吳三桂卻「逕行反叛，逞鴟張之勢，橫行兇逆，塗炭生靈」，可謂「理法難容，神人共憤」。因此，清廷刻意用軍事手段，撲滅吳三桂。康熙宣布：「其有能擒斬吳三桂頭獻軍前者，以爵爵之，有能誅縛其下渠魁……論功從優敘錄。」對吳三桂在京的兒子吳應熊及其隨從，原本康熙沒有按照律例立即懲辦，都給予寬宥。只是在議政王大臣等奏請在京的吳應熊之隨從官員與在外官員不同，「不便從寬，應請拿問」之後，康熙才將他們「暫行拘禁」起來[120]。之後，諸王大臣又提出「吳應熊係反逆子孫，理應誅戮，以彰國法」。但康熙仍然「未忍加誅」。一是，吳應熊係康熙的親姑丈。康熙與他年齡不相上下的親姑母自幼常在一起，彼此較爲親密，因有這層關係，康熙還不能同吳應熊決絕；二是，康熙留下吳應熊讓他「束身待罪」，藉以牽住吳三桂這顆疼兒的心，希望吳三桂有朝一日能「悔禍自新」。但是隨著吳三桂軍事勢力的擴張，促使康熙更進一步地同吳三桂決絕。而吳應熊在京也蠢蠢欲動，《清史稿》記載：「當三桂反，京師聞變，都城內外，一夕火四起，皆應熊黨爲之。」[121]翌年三月，王熙就向康熙密奏，請求把吳應熊正法。他說：「大兵已抵荊南，元憝旦夕授首，逆子應熊，素憑勢位，黨羽眾多，大寇在外，大憝在內，請速正法，傳首湖南四川，以塞逆賊之膽，以絕群奸之望，以激勵三軍之心。」[122]而諸王大臣又都以吳三桂「怙惡不悛，其子孫即宜棄市，義難寬緩」。康熙考慮到「亂臣賊子，孽由自取，刑章俱在，眾論僉同」，終於毅然割斷親屬的一線絲情，將吳應熊及其子吳世霖處絞[123]。這表示出康熙平叛的決心。當吳應熊被誅的消息傳到吳三桂那裏，吳三桂正在進食，聞訊大驚，他始知自己低估了康熙，一時「驚悸發疾，竟以似死人」[124]。

康熙這一系列具有戰略性的措施，對平定三藩動亂起了重大作用。但是，由於事起倉卒，沒有預先進行適當防範，以致吳三桂的反叛勢力，一時得以迅速發展。

吳三桂占領貴陽後，迅速進兵湖南，吳兵逼近沅州，湖廣總督蔡毓榮預先派遣總兵官蔡世祿鎮守。康熙思慮「沅州爲滇、黔門戶」，非蔡世祿一人能守，立即命湖廣提督桑峨率兵疾赴沅州救援，援兵未到，沅州陷落，總兵官蔡世祿被執。巡撫盧震棄長沙，逃奔岳州（今岳陽市）。爲了嚴肅軍紀，康熙立即命吏、兵二部即行拿獲，將盧震處以死刑。

接著，康熙迅速採取應變措施，以爲常德爲水陸要衝之地，令護軍統領碩岱率前鋒兵士移赴常德扼守。同時，考慮到武昌爲省會要地，命都統朱滿等率兵防禦，並於武昌、漢陽一帶的沿江要害之地，多築墩臺，設立江汎戰船，配備火炮，派諸軍更番汎守。如武昌無警，即於岳州以北，水路要地駐防。康熙還慮及長沙乃武昌咽喉之地，更爲武岡（今武岡）、寶慶州（治所在今邵陽市）水陸要地，且與粵西聯結，命朱滿等調兵進駐長沙，既可兼防水陸之衝，更可壯粵西之勢。

但是，都統巴爾布、朱滿、前鋒碩岱等行軍遲緩，他們於康熙十二年（一六七三年）十二月底、十三年初（一六七四年）出發，分別於正月下旬、二月上旬方至荊州、武昌。這時，常德、澧州（澧縣）還在清軍手中，理應稍事休整，速赴常、澧，安輯軍民。但他們「畏賊勢盛不敢進」。吳三桂乘機親至常、澧督戰，吳軍兵鋒所指，清軍即舉城投降。吳總兵楊寶應犯常德，以其父親、原廣東提督楊遇明爲內應，又策動知府翁應兆叛變。清提督桑峨援兵趕到，被翁等拒之城外，桑峨被逼退回澧州。吳軍輕而易舉地拿下常德，接著馬不停蹄進兵澧州。澧州城守官兵亦以城應吳軍。提督桑峨、總兵官周邦彥自常德退至澧州城下，孤軍不敢攻，又不得不退回荊州。

隨後，吳將張國柱攻陷衡州（今衡陽市），迅即向長沙進軍。這時，巡撫盧震早已棄長沙逃跑，城內人心惶惶，官兵也無心守城，長沙副將黃正卿、參將陳式衡就將城獻給吳軍，兵船亦盡爲吳軍所獲。接著吳將吳應麒與張國柱分別率領水陸兩軍乘勢進攻洞庭湖之濱重鎮岳州，該城參將李國棟「私行納款」，吳軍進據岳州。

吳三桂從康熙十二年（一六七三年）底，到康熙十三年（一六七四年）三月，短短三個月時間，連陷沅州、常德、辰州（沅陵）、長沙、衡州、岳州等戰略重鎮，將湖南全境迅速地控制在自己手中，前鋒直抵湖北境內、長江南岸的松滋（今松滋北），沿江與清軍大本營荊州相望。

與此同時，吳三桂到處散布僞札，四出誘煽，「是時三桂蓄力已久，天下皆震其威聲」125，「兵鋒甚銳，是以四方響應」。四川巡撫羅森、提督鄭蛟麟、總兵譚洪、吳之茂等據四川叛附三桂，孫延齡叛於廣西，耿精忠據福建反清，以後陝西提督王輔臣、廣東尚之信等也相繼反叛，形勢岌岌可危。

此時，清軍未集，江北已是風聲鶴唳，吳軍如能乘這一有利形勢，渡江北上，清軍將難以收拾局面。但吳軍進至松滋，屯駐三個多月，頓兵不進。三桂的謀士劉玄初給三桂寫了一封信，促他渡江，同清軍展開決戰，可吳三桂卻置之不理。

戰爭是政治的繼續。長期以來吳三桂就蓄意割據雲貴，並爲之付出不少心血，康熙撤藩令一下，粉碎了他獨霸一方的政治企圖。於是，他試圖通過戰爭來實現他的政治宿願。他的侄兒、女婿等在勸吳三桂帶兵謀反時，就曾提出「漢高祖分羹之計」的謀略，認爲「戎衣一舉，天下震動」，其時可憑藉兵勢，一來可「畫地講和」，二來「可索世子世孫於北方」。吳三桂正是接受了這一謀略而舉兵反清的。現在，他已控制了雲貴和湖南全境，兵勢已達長江南岸的湖北松滋，且四方響應，他自忖憑藉自己的兵威足可同清朝分庭抗禮。他企圖以停止北進爲條件，通過和談，以實現割據長江以南和取回一子四孫的目的。況且，吳三桂又「素悉滿洲騎兵利害，平陽不可敵」，因此不敢渡江，駐兵虎渡口。

吳三桂一方面將兵推進長江南岸，頓兵不進，一方面將原先來雲南辦理遷移藩府家口而被扣留的禮部侍郎折爾肯、翰林院學士傅達禮攜帶自己的奏章，遣返武昌。防守武昌的清將軍尼雅翰立則將折爾肯、傅達禮帶來的吳三桂奏章和兩人抵達武昌的情況，上報朝廷。當吳三桂的奏章還沒有送達北京時，康熙以爲吳三桂的上疏是乞降，他立即上諭寧南靖寇大將軍多羅順承郡王勒爾錦說：「朕思吳三桂素多狡詐，此中疑有詭計，如吳三桂服罪請降，王及將軍仍議招致之，益加警備，毋墮奸謀。即吳三桂束身歸命，王等但以禮受降，其官屬當益加嚴防，不可分散兵力，急於前進，務相機而行。」[126]後來，康熙接讀吳的奏章後，才知三桂並無降意。實錄雖沒有記載奏章的具體內容，但從康熙對刑部、兵部的上諭中提出「近覽吳三桂奏章，詞語乖戾，妄行乞請」的話，再聯繫吳三桂打下湖南、兵抵長江南岸之後頓兵不進，以及遣人與達賴喇嘛通好，並通過達賴喇嘛向康熙提議「三桂窮蹙乞降，可宥其一死，倘竟鴟張，不若裂土罷兵」[127]等情況來看，奏疏的內容很可能涉及到吳三桂圖謀「劃江而國」和要清廷遣還吳應熊等要求。也就是要實施他在舉兵謀反時提出的「漢高祖分羹之計」即「畫地請和」與「索世子世孫於北方」的既定方針。這一切很自然地受到康熙的嚴斥，並絕了康熙對吳三桂歸降的期望。

吳三桂很迷信神靈。據說，吳軍到澧州時，正遇著雷電交作，一聲霹靂，閃電擊中三桂乘坐的那輛車子，連車夫的衣帽鬚眉都燒焦了，三桂心畏天儆，有些膽寒甚至禁止人們談及這樁事。後來，他又聽說衡山有座岳神廟，廟裏藏著像銅錢那樣大小的一隻小白龜，當地人奉牠爲神靈，放置在幃中，人們按時敬祀牠，向牠占卜吉凶禍福，十分靈驗。三桂聽了親自前往衡山岳神廟，虔誠地向龜問卜。他把全國山川地圖鋪放在神座前，將龜置於地圖上，然後，默默祝禱，全神貫注地注視著龜的走向。小龜在地圖上蹣跚而行，始終不出長沙、岳州、常州之間，最後回轉到雲南停止。如此占卜了三次，都是一樣，三桂更相信自己以雲貴爲根據地，實現割據長江南端的設想是符合天意的。

就這樣，吳三桂失去了戰機，康熙則憑藉占據全國統治的優勢地位，積極部署兵力向岳州、長沙發動了強大的攻勢。

平息耿藩反叛

在福建總督范承謨秉承詔旨進行遷藩工作的同時，靖南王耿精忠於康熙十二年（一六七三年）八月，就密與麾下諸將計謀，差黃鏞到臺灣，策動鄭經共同反清。信中說：「（王）孤忠海外奉正朔而存繼述，奮威中原舉大義以應天人，速整征帆，同正今日疆土，仰冀會師，共成萬古勳業。」[128]鄭經得書大喜，十月率舟師到澎湖等待。吳三桂反叛後，清廷停撤平南、靖南二王。康熙十三年（一六七四年）正月，京師賚詔到福建，詔令靖南王「固守地方，不必搬家」。隔了兩天，清廷又派大臣赴閩，令原屬靖南王所轄兩翼官兵仍歸靖南王管理。精忠奉詔後，立刻遣黃鏞再赴澎湖，轉告鄭經，稍緩行動，伺機而行。

與此同時，兵部照詔令所示先後兩次發出密札，轉知福建總督范承謨。范承謨奉命即時中止撤藩，並將業已收歸總督統領的藩府左右兩翼七千官兵的文籍，由原翼總兵曾養性、江元勳領去轉交耿精忠。精忠拒絕接收。范承謨只得憋著悶氣，無可奈何地親自前往藩府，精忠不予理睬。范承謨十分氣憤地據理直言：「我奉兵部密咨，理無不交；而王既奉手詔，亦斷無不受之理。」[129]精忠嘿然，「無言以對，始領其眾」[130]。

之後，形勢越來越緊張，精忠心懷鬼胎，疑慮重重。他私下忖度，范承謨身受皇上「殊恩」，京差又接連兩次來閩，必有密旨暗算自己。他不能坐待。這時，從藩下傳來了福州街頭巷尾竊竊私語著的圖讖，云：「七星再拜真天子，分明火從耳邊起，殺盡三山牛出血，身騎白馬軍中止。」[131]意思是福建省城爲防火災在布政司直街前有七井，這裏是藩府所在地，所謂「七星再拜真天子」是影射福州要出真天子；真天子是誰呢？「分明火從耳邊起」，火耳合併是個耿字，即是姓耿的，也就是耿精忠了；殺盡三山牛出血，「三山，福州別號」132。這圖讖正應著耿精忠要當真命天子，他應該順天起兵。精忠聽了，不意自己日夜圖謀的，竟與天意吻合。他不禁忘乎所以，決心起兵反清了。

其實，耿精忠「鳴劍之心，已非一日」。自從奉詔以後，精忠就命令闔府披甲三日，自己全身武裝。康熙十三年（一六七四年）正月十五日元宵晚上，總督府大開筵宴，幕客畢集，張燈結綵，鶯歌燕舞，鬧至夜半，突然傳聞精忠披甲巡行城中，砍死二名百姓，總督范承謨急速傳令覆掩屍體，罷了筵席，送散賓客。之後，精忠猜疑益深，甚至屢次唆使下屬夾雜在總督府內的匠役中，密察總督府的動靜。城中百姓無不猜度著藩、督兩府必相兼併。

范承謨已預感變亂會隨時發生。爲了緩和矛盾，安定人心，他一面發布安民告示：「朝廷慮海疆多事，靖南王免撤，今方同心共事，爾民毋得驚疑」133；一面乘著藩府周夫人病危，本著舊戚的一點情誼，單騎親往藩府探病。他身邊只帶一人相隨，一人持帖，到了藩府，承謨隨精忠進入府內。這時室內衛士羅列，守衛森嚴，陰冷的氛圍中暗流著一股殺氣。當兩人剛拱手行揖，精忠驀地面露怒容，厲聲責問承謨道：「你打算什麼時候除掉我？我不怕。」承謨卻不以爲意，一如往常，談笑自若，精忠才稍稍放容。從此，精忠又不斷挑起釁端，製造緊張局勢。按照規定，如藩府進行軍事演習，應事先通知督撫，曉諭居民，而精忠卻一反常規。一日，天還沒亮，藩府炮聲轟起，一直響至夜晚，滿城百姓驚駭萬分；范承謨疑有變亂，差人偵問，方知藩府洗炮。又一日五更，城頭突然角聲齊動，巡捕官急去查探，乃是精忠親下教場操演士兵。之後，或一更，或半夜，或晝，或晚，忽操忽止，弄得人心惶惶。

承謨愈來愈覺得耿精忠言行反常，心有異態，蕭牆之禍，變生肘腋。他自度軍力懸殊，省城周圍四十里，總督衙門偏在西隅，與王府相距不及五里，王府額兵萬餘，私下又多有兵員擴充，凡府中男子年十四歲，全給弓矢，練習騎射134；而總督標兵名義上雖有三千，實際不過二千而已，況且標兵渙散頽靡，又與藩下將卒素有勾連，聲氣相通，名具實亡，督標難與藩下匹敵。范承謨經過再三考慮，決意出離虎穴。閩安鎮係閩省門戶，他準備帶數十名兵弁出走，以巡視海口為名，同海澄公、提督以及興、漳、泉三府各鎮官兵，聯絡聲勢。他背地裏已發出郵符，潛約各鎮，會於興化，藉此整飭兵馬，進行防範。

承謨的措施還來不及實行，耿精忠卻已搶先發難了。康熙十三年（一六七四年）三月十五日，耿精忠派人到督署，詐稱海寇來犯，邀請總督前往王府，會商「護內防外」的策略。不一會，巡撫劉秉政也趕來促行。承謨雖已覺察到變起非常，其部下請求武裝衛護，他卻斷然回絕說：「眾寡不敵，備無益焉！」135說畢，就隨同劉秉政啟行。這天，愁雲漫漫，冷霧漠漠，陽光慘澹，天色茫茫。這時的靖南王府正張著血盆大口，準備吞噬即將到來的督府首腦。然而，身負朝廷重託的范承謨早已置生死於度外，他踏著沉著穩健的腳步，跨入靖南王府，頓覺邸內殺氣騰騰，自知陷落虎口，絕無生還。他挺身向前，仰天痛斥耿精忠，霎時，眾兵丁蜂擁而上，迅速擒住承謨，把他捆縛起來。這時有一、二個不知底細的士兵，衝上前去，夾住劉秉政兩臂，耿將馬九玉叱責道：「不干巡撫事！」劉秉政低著頭，連忙乘隙斜趨奔出。精忠命部下將承謨繫上刑具，關進幽室，並派兵士嚴密環守。隨後，精忠遣劉秉政前去勸降，沒等劉秉政開口，承謨奮足將秉政踢倒在地，劉秉政狼狽逃出。承謨冷笑說：「賊就僇當不遠，我先褫其魄！」136

耿精忠幽禁總督范承謨及其家屬五十餘人後，「自言其祖仲明入山海關時與三桂有成約」137，隨即舉兵反清，與三桂相呼應。他自稱「總統兵馬大將軍」，以曾養性、白顯忠、江元動爲將軍，原福建巡撫劉秉政爲兵曹尚書，在籍清御史蕭震爲布政使，掌糧餉事。文武官員各加一級。鑄錢曰「裕民通寶」。又效法吳三桂，令官民一律剪辮蓄髮，「所有官帽、員領、帶綬、儒巾小帽，一切悉照漢人舊制」，毋得混淆[138]。又移檄各府、縣，以「反清復明」，「除暴救民」相號召，檄文聲稱：「共奉大明之文物，悉還中華之乾坤，期與天下豪傑，共定中原，復華夏之冠裳，救生民於水火……務期除殘去苛，省刑薄斂，瘡痍立起，樂利再逢。凡我紳士兵民，宜仰體本藩吊民伐罪之心，率先歸順。自當分別錄用，恩賚有加，毋或逆我顏行，自取誅戮。」[139]

與此同時，曾養性、白顯忠、江元勳諸將率師分陷福建延平（治所在南平）、邵武（治所在邵武）、建寧（治所在建甌）、汀州（治所在長汀）等府，並傳檄遠近，迅速地掌握了福建全省。

爲了擴大占領區域，耿精忠積極策動各方分擊清軍。他主動約請吳三桂進軍江西，與之密切配合作戰；煽動潮州總兵劉進忠，騷擾廣東；遣使渡海，誘引鄭經進攻福建沿海郡邑。從而在東南沿海燃起熊熊戰火，逼使清軍在軍事上陷於被動，疲於應付。

接著耿精忠佈置主力部隊，分兵三路，出擊浙江、江西。東路由左軍都督曾養性率領，連陷福寧諸州縣，進兵平陽。平陽游擊司定猷等發動兵變，逼該地總兵蔡朝佐迎降。隨即潛師飛雲江，攻瑞安不下，轉攻溫州，溫州守城總兵祖弘勳出降。接著分兵略取樂清。之後，台州府的天台、仙居、太平（今溫嶺）、黃岩，寧波的象山、嵊縣、諸暨以及嚴州、處州的縉雲、松陽、遂安與龍遊等地，即被一一占領。又從處州進犯義烏、浦江、東陽、湯溪等州縣。

中路由驍騎將軍馬九玉率領，出仙霞嶺北上，攻陷浙江江山，進兵金華、衢州。耿精忠命都督徐尚朝等率兵五萬在金華府城外列營二十多里，不時出擊。馬九玉則駐兵衢州河西，遣林福等紮營大溪灘，挽運糧餉。副將李廷魁率兵數千，屯駐衢州府北元口山上，斷清軍糧道。在沿河的大埂余村、上路源、峽口、湯溪及周寮等重要路口，紮營駐兵，時時窺測方向，謀奪衢州。浙江總督李之芳聞報立即馳往衢州，當時部下勸阻李之芳說：「會城重地，不宜輕委」。之芳斬釘截鐵地回答：「衢居上游，無衢，是無浙也，今日之事，義無反顧。」[140]

西路由後軍都督白顯忠、副都尉范時榮、開元將軍王縞等率領，進犯江西。廣信城守副將柯昇，率部反叛。耿軍連下廣信（上饒）、玉山、永豐等處[141]。揮師進擊建昌的杉關，占新城，破石城，直犯贛州、寧都。繼而分兵占領吉安府的龍泉（今遂川縣）、萬安，九江府的潮州、彭澤，饒州（今波陽）、南康（星子縣）和吉安亦相繼陷落。隨後，分兵進犯浙西州縣，進攻常山，連陷開化、壽昌、淳安、遂安（今併入淳安縣）等縣，另遣軍攻取徽州（歙縣）、婺源、祁門。勢日猖獗。

耿軍進兵十分順利，兵鋒所指，「守兵或降或遁」[142]。也有裏應外合，攻占城邑的。如康熙十三年（一六七四年）六月，清江西南瑞總兵官楊富「隱匿官方甲冑，私置竹炮器械，暗招閩兵千餘，練習滾牌，與賊潛通爲內應」[143]。尤其是浙江、江西各地「土寇蜂起」，「土寇」幾乎遍及於金、衢、紹、寧、溫、嚴、處等整個浙東地區，更助長了耿軍的氣焰。康熙十三年（一六七四年）五月，衢州一路「閩兵屯聚清湖，海上賊艐出沒，內地山寇復起，各地標兵四應不給」[144]。八月，耿軍「兵連土賊，從處州進逼金華」[145]。九月，耿軍都督陳重「帶領閩賊，招集土寇，僞總兵朱老四等結巢金華之鄭店」[146]。十月，耿軍一萬五千犯遂安，遂安「土賊」王應茂等率兵四千，「沿河傍山，遙爲犄角」[147]。同年八月，黃岩、寧海、象山、新昌、餘姚等縣，「土寇蜂起」[148]。嵊縣、諸暨等「不逞之徒，所在竊發，漫山賊壘，逼於郡南」[149]。其他如嘉興、湖州「土賊猖獗」[150]。江西的廣信、玉山、永豐等處，「叛兵土寇，勾合閩賊，進犯常山、開化」[151]。一時，閩軍所向皆捷[152]。

精忠叛亂給清廷以重大壓力和巨大危害。但康熙始終把鬥爭矛頭主要指向吳三桂。對於精忠，康熙採取征剿與招撫交替使用的兩手策略，以便在政治上分化瓦解敵人，最大限度地孤立吳三桂。在策略上，則採取先剪除側翼，最後集中力量消滅吳三桂。

針對精忠的軍事動向，康熙命令定南將軍希爾根、平南將軍賴塔、平寇將軍根特巴魯，分別由江西、浙江、廣東三面進剿；遣揚威將軍阿密達、鎮西將軍席卜臣、安南將軍華善、鎮東將軍剌哈達等各統領大兵駐紮江南京口等處，以備調度征剿；並敕杭州、鎮江水師分防海疆。爲了充分發揮前線統帥「指揮調遣，無至牽制，守禦征剿，足增威重」153的作用，康熙特遣懿親王、貝勒、公、貝子前往統帥征剿。他授予和碩康親王傑書爲奉命大將軍，固山貝子傅喇塔爲寧海將軍，並調駐守江南的喀喇心、土默特兵征浙江，又命安親王岳樂統帥駐南昌，簡親王喇布駐江寧。

對於敵人營壘中的人，康熙根據不同的具體情況，分別對待。他一面下詔削除精忠王爵，收禁其在京兄弟；一面發布文告，宣布脅從者不問，立功者受賞，不行株連的政策。詔令說：「凡被賊迫脅之官員兵民，有能擒斬精忠投獻軍前者，優加爵賞；或以兵馬城池納款者，論功敘錄；或力有不逮自投來歸者，亦免罪收用；其原係所屬之人、見爲直隸各省文武官員者，概從寬宥；雖有父子兄弟見在福建者，亦不株連。」154

即使耿精忠本人，只要投誠，也給予寬容。康熙向兵部與平南將軍賴塔、浙江將軍圖喇、浙江總督李之芳等反覆指出，耿精忠同吳三桂雖然都是叛逆，但各自具體情況又不盡相同，要分別對待。他認爲耿精忠自其祖父以來，效力清廷，經歷三世，積四十餘年，而吳三桂則是中途投誠，同清廷的歷史關係，沒有耿精忠那麼深厚；其次耿精忠的謀叛「必係一時無知，墮人狡計」，是附從，吳三桂則是首倡變亂，附從不能同「素著逆謀，首倡叛亂者比」；所以，清廷將吳三桂子孫正法，而耿精忠在京諸弟，照舊寬容，其所屬官兵亦未加罪。因此，對吳三桂必須實行堅決征剿，耿精忠如能「革心悔禍，投誠自歸，將侵犯內地海賊，進剿圖功，即赦免前罪，視之如初」155。康熙還特遣工部郎中周襄緒同精忠護衛陳嘉猷一起攜帶敕文，赴福建招撫耿精忠，耿精忠卻將周、陳二人扣留下來，拒絕投降。

六月，康熙再諭兵部和康親王，耿精忠祖父投誠效力，係累世舊勳，不能因精忠之罪牽連他的祖先，一旦大兵平定閩省，「其祖父骸骨仍許收葬」156。七月，康熙又給精忠弟等平反。他指令吏部、兵部說：「昭忠、聚忠及族人等與精忠道路遠隔，實未同謀，一律從寬釋放，官復原職」。八月，康熙又遣聚忠去精忠軍前，傳達諭旨，精忠若能悔罪率眾歸誠，許以恢復王爵，仍舊鎮守福建，所屬人員各守原職，兵民人等照前安插。倘能消除「海寇」，優加爵賞。先前欽差大臣周襄緒等被扣留於閩，亦不追究。但聚忠至衢州，精忠不納，反命部屬江元勳、徐文耀等扼守關隘，肆虐如故。

不過，康熙實行招撫政策，是同軍事征剿結合進行的。應該說，政治是不流血的鬥爭，招撫是征剿的繼續。不論征剿與招撫，其目的都是爲了消滅敵人。爲此，康熙特別提醒將軍督撫，招撫不能脫離軍事征剿，招撫必須結合軍事征剿同時進行，切不可因實施招撫政策，「而誤進剿事宜」157。耿精忠「若仍執迷，肆逆不悛，其藩下官兵有心存忠義者，或擒斬耿精忠，或率眾來降，俱優加賞賚，即隻身自歸者，亦收留撫恤」158。

康熙十三年（一六七四年）七月，曾養性率兵數萬，進攻衢州。浙江總督李之芳、將軍賴塔率總兵官李榮、副都統胡圖直逼敵人營壘。之芳親冒矢石，執刀督陣，部屬請他稍避敵鋒，之芳大聲疾呼：「全軍司令在吾，退即爲賊承，今日勝敗，即吾死生矣！」守備程龍畏怯，之芳立斬軍前，麾眾越壕拔柵。自七月十二日至十八日，前後五次會戰，大敗敵兵，乘勝收復義烏、湯溪、壽昌、淳安。十月，耿軍都督周列、副總兵秦明又率兵二萬，由常山進犯衢州，清副都統喇哈達、胡圖等統兵大敗耿軍於焦園等地。

與此同時，耿軍連續數次組織兵力進犯金華，亦被清軍一一擊退。九月，結巢於金華鄭店之耿軍都督陳重不時派兵攻擊清軍。康親王傑書遣副將陳世凱會同副都統馬哈達等擊潰陳軍，隨即分兵三路，連夜窮追，斬敵五千餘人，焚毀鄭店敵巢與蓬廠二百餘處。十月，清軍在金華城外列營二十餘里，打敗耿軍都督徐尚朝等馬步兵五萬人的進攻，斬敵三萬餘人。緊接著清軍又在積道山、竹園村、馬澗等地，連續擊退耿軍，大破木城，殺敵萬餘人。

康熙十四年（一六七五年），康親王遣都統馬哈達由金華進軍處州。清軍在通向處州的要道桃花嶺上，擊敗耿軍守將總兵沙有群部，占據處州。曾養性率部退守仙居，在城外紮立十三營盤。清副都統穆哈林分兵三路，親率先頭部隊攻入第一營，後續部隊迅速挺進，耿軍節節敗退。清軍兵臨城下，曾養性堅守城池，屢招不降，清兵架上雲梯，三面攻城，耿軍不能抵擋，打開西門遁逃，清軍收復仙居。曾養性退據黃岩。黃岩憑山帶江，耿軍水陸扼險，清兵不能飛渡。貝子傅喇塔令人探得從土木嶺逾茂平山，可達縣境。於是組織兵士悄悄地伐木運石，開通棧道，出敵不意，突然出兵破敵二十五營，飛速圍困黃岩。曾養性驚慌失措，乘夜突圍，從水路逃到溫州。貝子傅喇塔從栴溪沿山至青田渡江抵溫，耿軍赴上塘抵禦。傅喇塔預先在綠嶂的寶勝寺埋伏甲兵，然後遣兵與耿軍交鋒佯敗，誘敵尾追，退至綠嶂，號炮一響，伏兵俱出，耿兵首尾不能相顧，溺死及被殺傷者無算。養性聞報，就在溫州城周圍加強防禦工事，令溫州西南城外房屋盡行拆毀，把屋柱運到西城，從陡門頭至三角門一帶，構築木城；又運粗石牆於陡門頭，隔河一帶築造石城；從陡門頭起至三角河止，離石城掘河數丈，將泥運入笓中，築起泥笓城。這時，傅喇塔已發大兵直至郡西山，屯營於君子峰上。君子峰中有甌浦嶺，其東南角三峰連續，直達溫州護國寺，稱萬丈平山。傅喇塔常常登上頂峰，相度形勢，俯視溫州城，瞭如指掌。他每日令各旗兵丁用大炮轟擊城中，耿兵驚慌。康熙十五年（一六七六年）二月七日夜，曾養性部署兵力在西山鄰近的陽嶴、呂家嶴、淨嶼寺等山下埋伏，於二更時分，潛出三角門，水陸並進，投強火燒清軍各營盤。傅喇塔立命夸蘭達丹母布、總兵陳世凱等迎戰，用大炮打沉不少耿軍船隻。傅登高瞭望，一面用誘敵計，故意讓下營燒毀，移居上營，謹守要隘；一面親督大軍，下山殺敵。一時耿軍潰亂大敗，清軍追至將軍橋及灰橋等處，扼其歸路，耿軍大都墮入水中，被斬首二萬餘，將軍橋、姑娘莊、新橋一帶大河內，積屍填溢。曾養性墮馬，浮水逃入溫州城中，浚壕增陴固守。城之四周皆水，清軍不能陸攻，久圍不下。

駐紮在衢州的耿軍馬九玉部也不斷失利。康熙十四年（一六七五年）二月，賴塔遣總兵王廷梅分路衝殺，打敗屯兵於衢州南山一帶的耿部運糧軍。五月，清兵分路擊敗耿部分紮在衢州的大埂村、上路源、硤口、湯溪、周寮和黃塘等沿河各個據點的駐軍。八月，又在衢州北元口山區擊潰專門破壞清軍糧運的李廷魁部，焚毀他的木城。衢州危急。

耿藩與鄭經的聯盟維持不久，由於鄭經向精忠借漳州、泉州召募軍隊，遭到耿精忠拒絕，鄭、耿關係迅速惡化。康熙十五年（一六七六年）五月耿精忠因鄭經奪取漳州、泉州、汀州諸府，突然撤走江西建昌的耿繼祚部。康熙獲悉，馬上指令康親王傑書說：「耿精忠撤建昌諸賊，其爲海寇所逼無疑，我兵宜乘機前進，其令大將軍傑書……酌量招撫，勿坐失事機。」[159]並命令傑書等撤除溫州圍軍，移師攻取福建。

浙督李之芳向傑書建議：「進取之路，不在溫、處，而在衢。馬九玉死守河西，難猝破。然其南江山，西則常山，皆間道可襲。我兵一進，使彼首尾受敵，即河西之壘，不能獨完。」[160]康親王採納了李的意見，同傅喇塔合軍直搗仙霞。清軍先擊潰駐紮在衢州大溪灘的林福部，切斷耿軍餉道，乘勝收復江山縣之後，康親王密諭隨征福建的左總鎮兵劉顯芳、滿洲副都統胡圖，乘夜出兵，向九龍山挺進。剛巧，馬九玉亦遣軍來劫寨，兩軍相遇江上，彼此莫辨，清軍連發大炮攻擊，耿軍倉皇潰退。原來馬九玉立營在九龍山頂，山下密布梅花樁，用來阻擋清軍，出兵時，僅開一徑，兵士魚貫而行，兵一出，隨即閉關。這時，耿軍兵潰關閉，敗卒散處山下，進不能越江以劫營，退不能歸營以自守。清軍奮力進殺，連發大炮攻擊，耿軍精銳盡被殲滅。次日，清軍火焚九龍山的耿軍營壘，馬九玉僅以三十騎逃遁。清軍收復常山後，長驅奔向仙霞關，分路夾攻，耿軍參將金應虎等獻關迎接清軍。清兵急遽進軍福建。

蒲城石塘係由浙入閩的要隘，耿精忠命都尉連登雲等重兵盤踞，阻扼清軍入閩。傅喇塔令副都統倭申巴圖魯、總兵陳世凱、溫處道姚啟聖等分路進剿，自辰至晚連破九營，直抵石塘，焚毀木城，攻拔蒲城縣。

耿精忠軍事上節節失敗，政治上又陷入內外交困的境地。由於軍餉匱乏，恣意剝削，軍士逃亡，百姓怨讟，部下不聽指揮的事件屢有發生。如張存擁兵八千屯戍順昌，不聽精忠調遣，邵武總兵彭世勳按兵不動[161]。而臺灣鄭經又乘虛逼其後，「閩地半入鄭氏」[162]。

康熙鑒於百姓「遭罹戰亂，困苦已極」，在大兵壓境、敵人內部分崩瓦解的有利條件下，指令康親王傑書，「其以時事曉諭耿精忠速降」，以「安輯生民」[163]。康親王秉承康熙旨意，一面致書耿精忠，敦促其投降，他說：「今大兵屯仙霞嶺，長驅直入，攻拔蒲城，蒲城乃閩省財賦要地，咽喉既失，糧運不通，建寧、延平旦夕可下，如其摯頸受戮，不如率眾歸誠，仍受王爵，保全百萬生靈；況鄭經與爾有不共戴天之仇，攘奪郡邑無異時，爾當助大兵進剿立功，何久事仇人爲？」[164]耿精忠得書，猶豫未決，答書道：「自願歸誠，恐部眾不從，致滋變患，望奏賜明詔，許赦罪立功，以慰眾心，乃可率屬降。」[165]康親王不給耿精忠以喘息機會，迅速進軍延平。耿藩守將耿繼美乞請投降。

這時，耿精忠已瀕臨絕境，他決意歸降。但是，被耿藩幽禁在囚室中的福建總督范承謨尙頑強地活著。范承謨自耿藩叛清之日陷入囚室的二年半以來，備受折磨，他每日作七言絕句，撰成《百苦吟》，對耿精忠百般譏刺。他又以炭畫筆成文，自述生平大概，傾吐孤忠血淚，作就《畫壁遺稿》。因他辮髮已斷，困居隘室，自號「髡翁」，別號「蒙谷」。這些都表示出他對清王朝的忠誠不二和對耿精忠的極度憤懣。耿精忠十分明白，他同范承謨是死不兩立的，又非常擔心投降後，「恐范承謨暴其罪」。爲了殺人滅口，他就對承謨狠下毒手，親自派部下逼承謨自縊，同時將承謨的幕客、從弟和隸卒等五十三人統統殺害，並將他們全部焚屍棄野。看守獄卒許鼎因歷來感佩承謨，乘著夜深人靜時，來到荒野，揀得承謨的一些燼毀剩骨，暗地收藏起來。後來許鼎潛行萬里，奔赴京師，將承謨的死訊上報。康熙得悉，深爲震悼。清廷用隆重的禮儀祭葬，並加贈承謨爲太子太保、兵部尙書，頒賜御書碑文。此外，康熙還特地爲承謨的《畫壁集》親自寫了序言[166]。

耿精忠在處死范承謨後，立遣精奇尼哈番劉蘊祥等赴延平獻總統將軍印，派他的兒子顯祚迎清軍到福州。耿精忠率領文武官員出城投降。康熙即命精忠仍留靖南王爵，隨大軍征剿鄭經，圖功贖罪。另外，授耿昭忠爲鎭平將軍，赴福州駐守。

困守溫州的曾養性獲悉耿精忠投順的消息，隨即率兵歸清。於是景寧、遂昌、慶元、政和、松濱等地和溫、處二府相繼收復。浙江總督李之芳亦乘機攻取江西的玉山、鉛山、德興等縣。

康熙十六年（一六七七年）清、耿聯軍將鄭經逐回廈門，盡復興化、泉州、漳州諸府。劉進忠亦以潮州降清，福建略定。

削除尚藩從亂

康熙十三年（一六七四年），戶部尚書梁清標、郎中何嘉祐奉命到廣東，傳令撤藩。尚可喜等人以為來催他們起行，他們與梁、何見面後，默然相對，不發一言，氣氛十分緊張沉悶。夜晚，藩府甲兵露刃注矢，環守使館四周，如臨大敵。郎中何嘉祐翻來覆去睡不著覺，俟至三更，忽從使館近處不時傳來馬蹄聲，他一躍而起，小聲喚醒梁清標，說有異常情況。梁清標急忙起床，兩人警惕地注視著周圍的動靜。天剛破曉，他們就望見尚可喜帶領之信及諸統領來到使館。尚可喜等人面對兩位使者，齊聲道：「啟行艱難，我們願守廣東，來報效朝廷。」[167]梁清標溫和地答道：「詔令還沒有宣讀，怎麼言及啟行呢！我離京辭別皇上時，皇上私下交代，平南王勞苦功高，與諸藩不同，當永鎮南疆……我向你們奉告，今所撤者，獨平西藩王，王不必啟行。」[168]隨後，梁清標當場宣詔。可喜即命部屬具案鼓樂。頓時，藩部內載歌載舞，熱氣騰騰，洋溢著一片歡樂的景象。可喜忙領著諸將上前拜謝使者。這時，尚之信卻徘徊不前，可喜憤然咬了一下之信的手指，恨恨地說：「幾負聖朝！」[169]

不久，吳三桂派人送信給可喜，勸他舉兵響應，可喜毫不猶豫，拿下來人，將書札呈奏，另築「盡忠樓」以表示對清廷忠心不二。接著耿精忠踞福建反清，廣西將軍孫延齡亦叛。當時，延齡的檄文中有「三藩並變」之語，可喜獲悉，又怕、又恨、又急，連忙上疏向康熙表白道：「臣與耿精忠本係姻婭，今精忠反，不能不踧踖於中，竊臣叨王爵，年已七十有餘，雖至愚極陋，豈肯向逆賊求功名富貴乎！唯知捐軀矢志，極力保固嶺南，以表臣始終之誠。」[170] 康熙覽奏，深為喜悅，讚揚可喜「累朝舊勳，性篤忠貞」，激勵他「殫心料理，相機禦勦」。同時，諭令兵部兩廣一應軍機調遣，及固守地方事宜，「著尚可喜與總督金光祖，同心合力，務酌萬全而行」[171]。其時，潮州總兵劉進忠已歸降耿藩，可喜命次子尚之孝率兵討伐，他還向清廷推薦之孝繼襲己職，康熙馬上同意之孝承襲平南王。特別是軍興之際，急需獨當一面的將才，康熙更予可喜很大信任，委以重任，下令凡是督撫提鎮以下，俱聽王節制，文武官員聽王選補奏聞，一切調遣兵馬及招撫事宜，亦聽王酌行。康熙十四年（一六七五年）正月，康熙又封可喜為平南親王，授之孝為平南大將軍，之信為平寇將軍。

當時，廣東的形勢十分危急。粵東的連州（今連縣）、惠州、博羅、河源、長寧（今新豐）、龍門、增城、從化等地，「土賊蠢動」。可喜發兵征勦，雖屢次奏捷，但劉進忠引臺灣鄭經萬餘人入據潮州，擊敗尚之孝部。耿精忠進犯江西建昌（今南城）、撫州、贛州，同侵占袁州（今宜春）、吉安的吳三桂軍互為犄角，從而切斷清軍在江西和廣東之間的聯繫。同時，吳三桂乘機使廣西軍與高州的叛軍祖澤清勾結起來，連續攻陷廣東的雷州（今海康）、德慶、開建（今封開縣）和電白等縣，迅速進逼肇慶，擊敗尚之孝部後，乘勢向惠州挺進。繼而，廣西軍下東莞，入南海，清水師副將趙天元、總兵孫楷，相繼歸降。可喜接連向清廷告急。康熙屢催簡親王喇布由江西進援廣東，但江西通向廣東的道路已被耿、吳聯軍截斷，清兵不能進粵。這時，「廣東人情洶洶，無有固志」，可喜不勝憂憤，急得老病加重，臥床不起，不得不讓之信代理軍事。

尙之信對他的父親、兄弟懷有一肚子怨憤。他作爲長子，理應承襲父爵。但長期爲可喜贊謀畫策倚爲心膂的謀士金光，卻常常以之信淩虐藩屬阻止他襲封。可喜接受了金光的告誡，奏請自己的職位由之孝接替。因此康熙先後下詔令平南王、親王的爵位讓之孝襲封，並加封之孝爲平南大將軍，而之信僅僅得了個討寇將軍銜。對此，之信憤憤不平，他對金光更是恨之入骨。在兩粵東西交訌、一籌莫展的危急形勢下，吳三桂又千方百計收買尙之信，許諾事成之後，封之信爲王，世守廣東。

於是尙之信於康熙十五年（一六七六年）二月二十一日發動兵變，接管平南王職權，殺了金光，報了私仇，接受了吳三桂的「招討大將軍」印。兩廣總督金光祖、巡撫佟養鉅、陳洪湖等亦跟著降吳。隨後，之信派兵看守王府府第，封鎖內外消息。

尙可喜聞訊，一時愧恨交加，無地自容。他自吳、耿變亂以來，立意忠於清廷，積極剿禦，豈料逆子之信，竟乘他重病臥床之際，利用長子與代理軍事的特殊地位，引導藩下走上叛逆的道路，弄得他身敗名裂。他自知身臨絕境，孤單隻身，已無回天之力。他思慮萬千，痛心疾首，自忖唯有一死，尙可表明自己的清白。於是，他用盡死力，拚命掙扎著起來，投環自盡。這事恰恰被屬下發現，左右忙將他急救過來，自此，可喜病勢日重。臨終前，他強力張視，看著守護在他身旁的幾個兒子說：「吾受皇朝隆恩，時勢至此，不能殺賊，死有餘辜！」他示意衆子給他穿上清帝所賜冠服，扶著他北向叩頭畢，又交代衆子說：「吾死後，必返殯海城，魂魄有加，仍事先帝。」言畢即逝，年七十二。後來尙之孝將骸骨運往京師，康熙遣內大臣、學士、侍衛各一員往奠，賜白金八千兩，用隆重禮儀葬可喜於海城，立碑墓道，表彰可喜的忠誠。

可喜死後，之信執掌了藩府兵權，讓之孝「閒居廣州」。吳三桂趁機授予之信輔德親王。之信又同臺灣鄭經協定和議，減輕了沿海的軍事壓力。他採取坐山觀虎鬥的策略，力圖保存自己的實力，名義上之信已降附吳三桂，實際上他堅持不讓吳軍進入廣州，不聽吳三桂的調動。當清廷從江西調兵遣將，對長沙加強攻勢時，吳三桂屢次催促之信親率所部越過大庾嶺突襲贛南，以達到牽制清軍主力的目的，然而之信卻按兵不動，但又怕得罪吳三桂，最後，不得不「賄以庫金十萬兩乃已」172。

康熙十五年（一六七六年）十二月，之信遣人往楊威大將和碩簡親王喇布軍前乞降。信中聲稱：「父子世受國恩，斷不敢懷異志，願立功贖罪，來迎大帥。」爲了孤立吳三桂，康熙特降旨嘉獎之信說：「以往之罪，概行赦免，果能相繼剿賊，立功自效，仍加恩邀請優敘。」173

康熙十六年（一六七七年），尙之信密邀清軍迅速進粵。康熙急命駐軍江西的鎭南將軍莽依圖率軍向廣東韶州挺進。這時吳三桂正催促踞肇慶總督董重民、定海將軍扶厥合兵抵拒清軍。清軍乘董重民部下缺糧之際，煽動董部內亂，然後乘機擒獲了董重民，擊敗了扶厥，順利地進抵廣東韶州。之信遣都統尙之瑛等赴韶迎接清師。五月初，之信率省城文武官員及兵民人等歸降，康熙令尙之信襲平南親王爵。

之信獲取親王爵位與執掌王爵兵權後，千方百計保存自己的軍隊實力，力圖使廣東成爲自己的世襲領地。他依然我行我素，不聽康熙指揮。康熙十六年（一六七七年）六月，康熙命之信進軍湖南，之信以潮州總兵劉進忠尙未投降爲由，拒不應命。七月初，吳軍數萬攻占湖南永興、郴州（今郴縣）和宜章，準備進犯廣東樂昌、韶州（韶關市）等地，康熙再次催促之信速赴韶州，協剿湖南吳軍，之信仍不予理睬。七月初，吳軍圍攻韶州，康熙連續兩次嚴令之信以其文到日，即親統官兵速赴韶州，與將軍莽依圖等並力剿滅吳軍。但之信先以劉國軒部占據惠州，直逼省城，繼以粵地土寇尚多，潮州人心未定等爲託辭，仍不聽令，堅持宜留鎮省城。十月，廣東略定，十一月，之信爲迷惑清廷，故作姿態，佯奏：「粵東平定，臣請量留標兵守廣東省城，盡率餘兵赴廣西圖賊。」[174]但時過多日，不見行動。康熙十七年（一六七八年）二月，康熙命之信取湖南的宜章、郴州、永興，之信以高州等處報警與海寇突犯，所屬官兵不能分應爲由，軍至清遠，又撤兵返省城。

這時，清鎮南將軍莽依圖在韶州擊敗胡國柱。馬寶等奉命移師梧州。康熙命之信速發船至韶州接應，「之信卻未具舟艦，師行濡滯」。康熙十分惱火，嚴斥之信「不亟發船至韶，致誤軍行，不可謂非王失機也」[175]。之後，廣西巡撫傅弘烈率所部萬餘攻梧州（今梧州市）、潯州（今桂平）和鬱林（今玉林），因新兵缺少戰馬和大炮，向之信求借，之信竟不予理睬。康熙十七年二月，將軍莽依圖率軍深入廣西，康熙諭令之信說：「事機所繫甚重，且廣西早定，則湖南之寇不能自存，王其親往廣西策應，毋誤軍事。」[176]之信則藉口「高、雷、廉三郡初定，人心尚未寧戢，恐復爲逆賊煽惑，不得不留鎮省城」[177]，堅持拒不出兵。後來，梧州勢危，康熙命尚之信不必赴湖南，往梧州與將軍莽依圖等並力剿賊，以靖地方。康熙還委婉地指令說：如王斷不可離省，即速遣精兵馳赴梧州。之信仍置若罔聞，不遣一兵一卒。將軍莽依圖心急如焚，催促之信火速率兵赴援，之信卻謊稱現赴湖南會剿，無兵可遣。

吳三桂死後（見後述），戰局突變，吳軍眾叛親離，清軍全面出擊，誰勝誰負，已經分明。於是，之信一反常態，立即奏請「進定廣西」。康熙馬上允准，並授之信爲奮武大將軍，配合永興大兵並進。康熙十八年（一六七九年）二月，之信率部從封川進入廣西，追敵至橫川（今橫縣）。正當清廷對吳軍進行剿撫並施的關鍵時刻，之信卻因患痔日劇，自作主張，把部隊交給總兵時應運統率，自己就返回廣州醫治。康熙急命之信所部受將軍莽依圖調遣，隨大軍進定廣西。

爲了集中力量消滅吳軍，康熙對之信沒有寄予厚望，只謀求能穩住他，使他不再向反面轉化。因此之信若即若離的行動，康熙沒有追究。但是，隨著吳三桂反叛勢力的接近滅亡，之信立意割據一方的圖謀，必然會受到清廷嚴厲處置。同時，也將促使藩府內部各派之間的矛盾複雜化、表面化，從而爲自己的滅亡準備了條件。

之信心持兩端且越來越加專橫跋扈，他不把康熙放在眼裏，他對總督金光祖說：「上欲我出兵，乃不予我一黃頂帶。」[178]所以他屢次抗旨不從，怒責鹽驛道僉事李毓棟：「爾甫來此，事事與我違拗，我一刀砍爾，上亦無奈何我。」[179]在一次宴會後，他私下嚇唬巡撫金儁說：「非我歸正，爾安得至廣東，凡事當順我，不獨吳三桂能殺巡撫朱國治也！」[180]金儁嚴肅地叱責他，之信即以酒醉自解。之信有三個兒子已成人立家，金儁勸他送子入侍，之信斷然回絕說：「天下未定，豈宜令孩童遠行。」[181]叛將孫楷宗歸降，康熙寬宥他的罪行，之信反而將他杖斃，護衛張存爲之信上京呈送奏疏，因召對稱旨，康熙以總兵擢用，之信故意阻抑，還多次侮辱張存。護衛張士選因言語之間衝撞他，竟被之信射殘雙足，由此引起諸護衛不平。

藩下都統王國棟原係旗下逃人，因受之信寵愛，倚爲心腹，平時國棟與副都統尚之璋、總兵寧天祚談及之信的專橫跋扈時，常常憤形於色。巡撫金儁發覺之信已是眾叛親離，他就勾結王國棟等，圖謀奪取藩府權力。他們乘著莽依圖擊敗吳世琮，準備進征桂林之際，上疏奏請之信率軍西剿，而留國棟、之璋、天祚等守廣州。康熙十九年（一六八〇年）三月，之信奉命率兵西征，再入廣西，駐兵武宣。

這時，藩府護衛張永祥、張士選上京首告尚之信「跋扈怨望，弗顧剿賊，糜兵餉，擅殺人諸狀」[182]。康熙命刑部侍郎宜昌阿、郎中宗俄托等，以巡撫海疆爲名，到廣東調查之信的罪行，又交代他們說：你們攜帶張永祥、張士選同往，暗地裏詢問都統王國棟、副都統尚之璋，倘之信罪跡有據，可傳諭王國棟等如能執獲之信，「許便宜行事，並以罪不株連，宣諭藩屬」[183]。五月都統王國棟以平南王尚可喜妃舒氏、胡氏的名義，上疏說：「逆子尚之信怙惡不悛，酗酒肆暴，殺害良善，凌虐官吏，甚至奉命出師，頓兵不進，私回東省，遲誤軍機，不臣之心久萌，謀逆之變可慮，恐禍延宗祀，不禁飲泣寒心，密令都統王國棟等選員擒之，請旨正法。」[184]接著都統王國棟、廣東、廣西總督金光祖、廣東巡撫金儁，亦相繼揭發之信罪行。八月，康熙帝遣刑部侍郎宜昌阿等調查後，巡撫金儁、都統王國棟、總督金光祖等奉康熙之命派兵包圍武宣，將之信擒獲，押回廣州，拘留在五仙門地方，派兵嚴密防守[185]。之信不服罪，上疏辯，謂永祥、士選「以責懲私怨，捏款誣陷」[186]。康熙命令解京對簿公堂。

這時，在廣西隨大軍征剿的平南王藩下官兵聽說尚之信被捕，清廷將分調他們往雲南安置，藩下八千官兵群起鼓譟，拔營遁歸。康熙即命將軍賴塔、侍郎宜昌阿、總督金光祖等設法安撫逃兵，發回廣西。都統王國棟即遣總兵寧天祚率兵剿撫。但鼓譟逃亡之兵依然聚眾妄行。爲了安定軍心，康熙特諭兵部，並指令將軍賴塔、侍郎宜昌阿親自向尚之信所部官兵宣布上諭，釋解疑慮。上諭說：「前因尚之信屬員張永祥等首告尚之信諸不法事，朕欲明其虛實，故令尚之信來京，非以張永祥所言皆實，必欲治尚之信以法也。平南藩下官兵，本朝豢養四十餘年，世受國恩，最爲深厚，初無欲行解散之心，且諸官兵，尚屬尚之孝，何嫌何疑，以致逃避。嗣後諸官兵宜常念國恩，釋去嫌疑，各保身家妻子，以副朕恩養保全至意，其令將軍賴塔、侍郎宜昌阿等宣布朕意，咸使聞之。」[187]終於把這場風波平息下去。

這時，藩下都統王國棟乘之信羈留之際，奪了藩府職權，收納了藩府庫財。尚氏子弟憤憤不平，總兵李天植密與之信母及其弟副都統之節、之璜、之瑛等商議，認爲「安達公（尚之信）通款僞周，（國棟）曾無一言諫阻，亦授輔翼將之秩。今公已反，襲正封，宵小拘讒，至見羈執，（國棟）不能剖肝瀝膽，力白其誣，反欲賣主以求富貴……而使全家骨肉危如累卵，國棟之肉，其足食乎！不若誘而殺之」[188]。於是伏武士於藩府西廊，傳尚太夫人之命，馳召國棟。國棟奉命方入見，被伏兵執縛殺害。將軍賴塔獲悉，急忙率領禁旅包圍藩府，收捕尚之節等人，凡副都統、參領、佐領至校卒共計百餘人。賴塔立即審問，李天植自認造謀，之信強辯不知，護衛田世雄證明之信欲殺國棟，使告天植[189]。而舒氏、胡氏卻翻案，咬定尚之信無謀叛跡，「前告變亂，皆王國棟爲僞也」[190]。後經王大臣集議，尚之信當依謀反律，母、母弟以及凡同謀的人，一律棄市，家產籍沒，其諸弟尚之孝、尚之璋、尚之隆等雖不同謀，法應革職枷責。康熙最後決斷，尚之信不忠不孝，罪大惡極，法應立斬，姑念曾授親王，從寬賜死；其餘逆黨尚之節、尚之璜、尚之瑛等人革去副都統，並與李天植等人俱即處斬。康熙考慮到平南王尚可喜，航海歸城，效力行間。鎮守粵東，著有勞績，三桂叛亂後，又能堅守臣節，不肯從逆[191]。而且大軍入粵時，打開可喜棺木，官服都遵守國制。所以，可喜其餘家屬都從寬處理。舒氏、胡氏從寬免死，並免籍沒，尚之孝、尚之璋、尚之隆俱免除革職枷責，之信妻不許凌辱，護送來京。其藩下所收私稅、每年所獲銀數百萬兩，盡充國賦。

陝甘兵變　輔臣就撫

吳三桂叛亂不久，四川巡撫羅森、提督鄭蛟麟、總兵官譚弘和吳之茂等相繼叛附吳三桂，並同三桂將王屏藩結合起來，從四川經漢中（今漢中市）謀攻陝西。

陝西具有重要的戰略地位，不僅是「邊陲要地，西控番回，南通巴蜀，幅員遼闊，素號嚴疆」，而且西北地區的重要將領，多係漢族，其中有些人與吳三桂一向串連在一起，「萬一奸徒搖惑，以致人心不寧」，一旦有變，吳三桂就可以把陝西等地的反清勢力滙集起來，從側面進攻北京，這無疑會給清廷造成嚴重威脅。所以康熙十分關注西北邊疆的局勢。

康熙先後多次派遣重臣率領滿漢官兵由漢中或由秦州向四川進軍，征剿吳三桂。康熙十二年（一六七三年）十二月，康熙命西安將軍瓦爾喀領兵星夜馳赴四川，「凡自滇入川險隘之地」，令他「俱行堅守」。接著任命赫業爲安西將軍，護軍統領胡禮布爲副將軍，偕署前鋒統領穆占、副都統額布率兵繼瓦爾喀之後，由漢中入蜀。隨後，又調駐防西安的副都統擴爾坤往漢中，跟將軍瓦爾喀同進四川。指定陝西總督哈占、巡撫杭愛專督糧餉。並命令都統席卜臣爲鎭西將軍，與副都統巴喀、德業同往保守西安，接應進川大兵。

康熙十三年（一六七四年）二月，康熙特諭吏、兵二部，必需專選大臣，假以便宜，相機行事，方可綏靖中外，保固邊疆。他考慮到刑部尙書莫洛，在山西陝西總督任內，深得軍民愛戴，又熟悉當地情況，特選定他爲陝西經略，率領清兵，駐紮西安府，並會同將軍、總督，統一指揮以陝西爲中心的西北邊防軍政。凡「巡撫、提、鎭以下，悉聽節制；兵馬糧餉，悉聽調發；一切應行事宜，不從中制；文武各官，聽便選用，吏、兵兩部不得掣肘；鄰省用兵，當用援者，酌量策應；

如有軍機，將軍總督領兵而行」192。爲了提高經略的地位，吏、兵兩部議定加莫洛爲武英殿大學士，仍以刑部尙書官兵部尙書事，兼都察院右副都御史，經略陝西。康熙十三年（一六七四年）六月，又命陝西道府以下官聽經略莫洛提補，並令莫洛率軍由秦州入川。這樣，作爲山陝總督巡撫之上的陝西經略莫洛，實際上已成爲山陝等地方的皇權代理人。

爲了提高指揮官的權威，康熙傳諭兵部說：「浙江、四川兩路，宜遣王、貝勒、貝子公等前往剿賊。所以遣王等者，非謂諸將才能不足，念諸王貝勒皆朕懿親，指揮調遣無可牽制，守禦徵調足資威重。」193六月，命貝勒董額爲定西大將軍，負責指揮整個西北戰場，另派固山貝子、都統溫齊，輔國公綽克托率貝子準達所屬的驍騎之半，繼莫洛之後，進軍四川。

同時，康熙還指示陝西總督哈占、甘肅提督張勇和陝西提督王輔臣等，要加強西北邊疆的防衛，密切關注吳三桂煽動變亂的逆行。康熙十二年（一六七三年）十二月，上諭說：「逆賊吳三桂倘有僞札、僞書，潛行煽惑，當曉諭官兵百姓令其舉首上聞，爾等皆朕擢任股肱之臣，捍禦邊境，綏輯軍民，惟爾等是賴。」194

於是，清廷與吳三桂在西北戰場上展開了一場軍事、政治的激烈搏鬥。給予這場搏鬥以巨大影響，並直接關係著西北戰局變化的，則是陝西提督王輔臣這股軍事勢力的轉向。

王輔臣，河南人，本姓李，後被王進朝收爲義兒，改姓王。順治五年（一六四八年），輔臣隨大同總兵姜壤降附李自成，任副將。他作戰勇猛，所向不可當，故號「馬鷂子」。順治六年（一六四九年），清兵圍大同，輔臣常騎黃驃馬，突入清兵營中，掠人歸營，清軍無人敢於阻擋。之後，清兵只要遠望黃驃馬馳騁而來，就大聲驚喊：「馬鷂子至！」立即逃退。大同陷落，輔臣降清，隸正白旗漢軍，授御前侍衛一等銜。洪承疇經略河南，輔臣隨從承疇左右，奉侍勤敏謙恭，每遇險阻，必下騎自執其轡，逢山道泥滑難行，則背負承疇而過，深得承疇憐愛。雲南平定後，洪承疇推薦輔臣爲右營總兵，駐曲靖府，隸屬於平西王吳三桂藩下。自此吳三桂亦盡心結納輔臣，凡有絕好的衣食器用等物，他人不得，必賜輔臣。

輔臣個性倔強，很傲氣，然而能憐惜部下。在征烏撒時，有一天，他同吳應麒等諸將在馬一棍營中會餐，眾將喝醉了酒，正要吃飯，有個王總兵發現輔臣飯盂內有一隻死蠅，突然大喊起來：「飯有蠅！飯有蠅！」其實，這隻蠅輔臣早已發覺，他不說，只因馬一棍是個東道主，馬待下屬很酷厲，誰稍有過失，就一棍擊斃，所以號稱「馬一棍」。輔臣一聽王總兵喊叫，生怕廚師會被馬一棍杖斃，連忙遮掩說：「我等身冒矢石，吃飽飯就滿足了，那裏有閒心講究吃食，匆忙之際，吃隻死蠅何足驚奇。」王總兵不明白輔臣說這番話的用意，竟衝著打賭說：「你真把這死蠅吃下去，我願將坐騎輸給你！」輔臣自思一言既出，駟馬難追，只得硬著頭皮，勉強將死蠅吞食下去。旁坐的吳應麒一見此情，就打趣說：「王兄如此貪愛坐騎，今天王某與兄賭食死蠅，兄便吞食死蠅，倘與兄賭食糞，兄亦將食糞麼！」輔臣聽罷此言，十分羞惱，頓時漲紅著臉，指著吳應麒的鼻子怒罵道：「吳應麒，你仗著吳王親侄子的勢位，當場侮辱我，別人懼怕你這個王子，我就不怕什麼王子王孫，我將食王子王孫的腦髓，吃他的心肝！挖他的眼珠！」說畢，舉拳猛擊飯桌，咣啷一聲，桌上十二只磁簋、茶碟、飯盂、酒杯一古腦兒應聲破碎，飯桌的四隻腳也隨聲折斷。眾將驚得呆了，左右侍從都被嚇得不由自主地倒退，吳應麒乘亂連忙溜走。後來，大家勸輔臣回營。第二天，輔臣酒醒氣平，左右批評輔臣說：「昨天吳應麒這番話，實出無心，主帥詈罵太過分了，以致彼此傷了和氣，不如向吳應麒道個歉。」輔臣點了點頭，接受了大家的意見。剛出門，吳應麒已飛騎奔來，見了王輔臣，急忙下騎，親熱地執著王輔臣的手，同輔臣一起進入屋內。吳應麒立即拜伏於地，十分抱歉地說：「昨因酒醉，出語傷兄，望兄見諒。」王輔臣亦拜，雙手扶起吳應麒，慚愧地答道：「我醉後出語罵兄，兄不記罪於我，何必反而自責呢！」於是王輔臣召諸鎮來開筵痛飲，極歡而別。從此王、吳兩人相好如初。

後來，一些播弄是非的人卻將王輔臣痛罵王子王孫的惡言惡語，加油添醋，傳給吳三桂。吳三桂聽了很生氣，他乘曲靖差官來省領取餉銀向他辭行的機會，帶著責備的口吻對差官說：「前征烏撒時，輔臣與應麒酒後爭嚷，少年兄弟，使酒罵座，是常事，但不該牽引老夫，胡說什麼要食王子王孫的心肝腦髓，旁人聽了這話，必揜口嘲笑於我：吳三桂這老子，平日愛惜王輔臣如珍寶，今一旦想食其腦髓，可不令人寒心！你歸去後務必告你統帥，今後再不要講這等使人寒心的話。」差官回到曲靖，就將吳三桂這番話，如實地告訴輔臣。輔臣聽了怏怏不樂，憤憤地說：「我與你吳三桂都是朝臣，豈是你的家人，怎肯受制於你，你袒護自己的侄兒，把我看成外人，天下無不散的筵席，我那能鬱鬱久居此地。」於是，輔臣密遣心腹去京城，託人圖謀調遣，巧逢缺一平涼提督，康熙因邊鎮需材，特點王輔臣應缺。吳三桂獲悉輔臣要離開雲南，如失左右手，歎息不止。輔臣到省裏去辭行，三桂隆重接待他，臨行時，三桂拉著他的手，流著眼淚，動情地說：「你去平涼不要忘了我，你家貧貧乏，吃口又多，萬里迢迢，那能受得起這趟遠行的沉重經濟負擔，這裏二萬兩銀子，給你做路費。」輔臣接過三桂的饋贈，心中十分感激。凡此種種，足見王輔臣與吳三桂之間的情誼是很深的。

康熙對王輔臣亦很器重，曾多次接見他。有一次，康熙懇切地對輔臣說：「我很想留你在朝廷，朝夕相處，但平涼重地，非你不可。」時值歲暮，輔臣將行，康熙又召見輔臣說：「行期接近，我實在捨不得你走，上元節日近在眼前，你陪我看燈後再起行。」於是康熙就命欽天監另擇上元後的一個吉日離京。起行前，輔臣去拜見康熙，康熙若有所思地望著輔臣，並向四周掃視了一下，最後把眼光落在放置在御座前的一對蟠龍豹尾槍上。康熙立起身來，隨手取來一支，親自賜給輔臣，又意味深長地說：「這對槍是先帝送給我的，我每次外出，必列此槍於馬前，表示不忘先帝，你是先帝的臣下，我是先帝的親子，他物不足珍，唯有這支槍你拿著他去鎮守平涼，你見到槍如見到我一樣，我看到留下的這支槍亦像見到你一樣。」輔臣聽了康熙這番肺腑之言，拜伏於地，泣不能起，萬分激動地道：「聖恩深重，臣即肝腦塗地，不能稍報萬一，敢不竭股肱之力，以效涓埃。」輔臣流著眼淚，辭別康熙，滿懷激情去平涼上任。

同康熙看重陝西的重要戰略地位一樣，吳三桂亦視陝西爲天下之脊。而他的老部下王輔臣與張勇都在西北邊境實握兵柄，輔臣尤爲親密，如能策動兩將從平涼、甘肅起兵，控制西北，自己在湖南攻戰，東南沿海則藉耿藩協助，這樣，以自己爲中堅，憑藉東西兩翼夾擊，就可以置清朝於不能自拔的絕境。吳三桂選定輔臣的親信、雲南援剿右營標下聽用官汪士榮，帶著二封信與任命札二道，從間道赴平涼（今甘肅平涼市），送交王輔臣，託輔臣將其中的一封信和一委任札轉交給張勇，圖謀策動他倆隨己叛亂。

輔臣接到吳三桂的書札，曾想到吳三桂的顯赫權勢與對他的深情厚意，不禁有所觸動，但轉念康熙對他的天恩與器重，吳三桂的情意就不能同日而語了，特別是吳三桂要他走上叛逆的道路，這無論從感情上講，還是個人利害得失上權衡，都是不能接受的。他毅然地執行康熙先前的指令，立刻派人拘執汪士榮，特命義子王繼貞將汪士榮連同三桂的逆書逆札一併解送京城，交給清廷處理。輔臣忠於清廷的顯明態度，使康熙不勝喜悅。康熙立令處死汪士榮，又諭兵部說：「陝西提督王輔臣，久歷戎行，勞績素著，近舉首反賊吳三桂所送逆札，遣子奏聞，堅守臣節，益見忠貞，朕心深爲嘉悅，前已有旨，事平之日，從優議敘，今應即行加恩，以彰激勸。」195隨授王輔臣三等精奇尼哈番，授其子王繼貞爲大理寺少卿。

不久，歸附吳三桂的四川總兵吳之茂派人給甘肅提督張勇送去勸降書，張勇把來使同逆書一起解交給康熙處理。康熙命「從優議敘」196。並指令張勇固守甘肅，密切注意陝西方面的情勢。

康熙調王輔臣隨莫洛征四川，王輔臣要求進京，密陳韜略。康熙慮及當時軍事征剿繁重，勸諭輔臣不要上京，如有重要建議，可與經略面談。於是輔臣自平涼飛奔西安，向莫洛陳述了有關征剿的幾點想法。莫洛不但聽不進去，反而認爲「其意忤謬」。從此，輔臣對莫洛產生了怨恨和嫌猜。他再次上奏康熙表達了願去湖南出征的意向，他說：「昔年隨經略洪承疇出師湖南，於土俗民情，頗悉其概，及任雲南總兵，凡地形險要，苗倮種類知之最詳，願往湖南隨征立功。」197康熙答覆輔臣無論到湖南，還是到四川，都可立功。輔臣內心快快，只得隨莫洛調遣。

康熙十三年（一六七四年）五月，安西將軍赫業與西安將軍瓦爾喀等統領大兵克復七盤、朝天等險關，率軍直抵保寧（今四川閬中）。吳三桂將吳屏藩與鄭蛟麟等力拒固守，大量吳軍又在廣元所屬百丈關諸處盤踞著，清、吳兩軍彼此相持不下。六月，康熙命莫洛遣副都統馬一寶、將軍席卜臣赴漢中，副都統擴爾坤赴廣元，因恐擴爾坤兵力單薄，令副都統吳國正在馬一寶到達漢中後，立即率師去廣元協助。

由於清軍與吳軍在保寧相持不下，莫洛恐運饋日久，陝西人民難以支撐，他奏求親赴漢中，酌量分路進發四川，並奏請康熙增添綠旗兵萬餘，以資戰守。康熙同意後，莫洛就於九月十一日統率官兵由秦州（今甘肅天水）進川。接著康熙命四川總督周有德、巡撫張德地及副都統擴爾坤等固守朝天、廣元諸處，並要他們在莫洛未到之前，將廣元所有糧米運送軍前。敕安西將軍赫業等堅守陣地，以待大兵，催促定西將軍董額迅速進兵四川。

這時，王輔臣亦應命隨莫洛出征。王輔臣請求增兵，莫洛給他增添二千騎兵，同時，卻將輔臣所屬的好馬盡行調去，而把疲瘦茶馬撥給輔臣。輔臣十分氣憤，他就在軍中廣泛散布說：「經略盡調我良馬他往，以疲瘠者予我，欲置我於死地。」[198]王輔臣對莫洛怨恨之深已經溢於言表了。

十月，吳軍鄭蛟麟部分兵三路進攻寧羌（今寧強）。寧羌地處陝西，且爲大兵後路，康熙急命莫洛速宜救援，莫洛遣部將陳應套等夜襲立營於寧羌州文廟山的何德成部，吳軍大敗，逃歸南山。康熙命輔臣與副將雷繼忠固守寧羌。

這期間，進川大軍糧餉匱乏。康熙對此十分關注。他早就指令莫洛：「保寧未能即復，則我師益致勞頓，挽運糧餉，實爲要務，其源流接濟，毋令匱乏。」[199]康熙特令戶部發庫銀十五萬兩，擇能員解至西安採辦，接濟大軍。但是，西北地瘠民貧，糧餉難征，四川地險，運糧艱難，而清軍在嘉陵江上的糧艘突遭吳軍鄭蛟麟部的襲擊劫掠，陸運棧道又被吳軍截斷，因此清軍進軍四川的餉道梗塞，以致缺餉二月。總兵王懷忠屬下四千標兵因糧匱逃散，軍心惶惶。

水陸糧運被阻，軍糧難繼，且吳軍又窺伺陽平諸處，清軍進征四川，困難重重。康熙即令大將軍貝勒董額、經略莫洛、四川總督周有德、巡撫張德地等，暫時撤去圍攻保寧大兵，退回廣元，令莫洛等親自殿後，並調廣元兵返回漢中，固守陽平等處，殲除寧羌諸敵，然後「整頓士馬，再圖恢復」[200]。

同時，康熙考慮到莫洛所統軍隊，都是新召募的綠旗兵，戰鬥力不強，而巴蜀山路險惡，滿洲大兵若不相繼進發，一旦遇上吳軍首尾夾攻，就難以策應。於是康熙馬上傳諭董額，催促他「兼程而進，會同經略莫洛，速定昭化，接濟大兵，勿得延緩，貽誤軍機」[201]。但董額行動遲緩，直到十二月初，才率軍從漢中繞道，經由棧道向四川邊境進發，致經略孤軍遇變。

康熙十三年（一六七四年）十二月初，莫洛率兵至寧羌州，駐南教場，與王輔臣營相距二里許。十二月初四日，王輔臣突然發動兵變。他一面暗地裏部署梟悍健卒，截住各處險隘，一面糾集部眾鼓譟「馬贏餉缺」，向莫洛營地進擊。莫洛猝不及防，幸賴他的親隨滿兵奮起抵抗，拚力射退亂兵。不料王輔臣親自督戰，指揮部屬冒矢猛攻，砲矢齊發，莫洛被一顆鳥槍流彈擊中，當即死亡，營地被毀，莫洛所部章京、筆帖式及士兵有的逃走，有的死於亂陣之中，剩下的二千多標兵和運糧兵全被輔臣收降了。但是，這二千餘兵士都不願叛亂，他們趁輔臣率軍從寧羌州撤到沔縣（今陝西勉縣西側）的途中，紛紛逃竄，以致輔臣所部僅存數百人。輔臣深感勢單力薄，急忙率軍北上略陽。這時，董額率軍已到了沔縣，聞悉王輔臣兵變，嚇得不敢領兵進剿，藉口兵阻不能前進，急速退回漢中，並將輔臣變亂的消息向朝廷奏報。此時，大家還不知道莫洛的下落和變亂詳情，直到莫洛標下中軍官吳石柵自棧道逃回，向當局報告目睹情況之後，才由陝西總督哈占上奏朝廷。

輔臣的叛變給康熙以極大震動，問題的嚴重性，不僅在於打亂了康熙原定由四川出擊雲南的戰略部署，而且勢必促成吳三桂與王輔臣兩股勢力的結合，引起西北局勢的大動盪，給北京構成嚴重威脅。康熙想到這裏，憂心如焚，急欲親赴荊州，到前線指揮戰爭，以期儘快消滅吳三桂，從根本上解決問題。他立即上諭大學士等說：「今王輔臣兵叛，人心震動，醜類乘機竊發，亦未可定，前者各將軍大臣，不遵指授，互相觀望，遷延不進，以致逆賊得據大江之南，賊渠未滅，故又有此變。朕欲親至荊州，相機調遣，速滅賊渠吳三桂。若吳三桂既滅，則所在賊黨，不攻自息，生民得安，爾等與議政大臣密議以聞。」[202] 後來，大學士等與內大臣勸奏「皇上不宜輕出」，康熙才暫止親征，並且，對西北局勢立即採取了應變措施。

康熙遣發大兵前赴西安，「保固秦省」。他先後命署副都統鄂克濟哈、將軍坤巴圖魯和駐襄陽的副都統德業立等各率兵奔赴西安駐守。慮及西安兵力不足，又命理藩院員外郎拉篤祜、圖爾哈圖等人往調蒙古兵三千五百和歸化城土默特兵七百，同駐江寧揚威將軍阿密達等一起，率軍赴西安，駐守備征。

康熙又命兵部從駐北京的八旗兵中調出每佐領三名，接應廣元，將保寧大兵，撤回漢中，同時，因陝西興安州「西近漢中，北接潼關，東南直逼鄖、襄，最為要地」[203]，特遣雲貴總督鄂善、副都統希福率兵至興安（今安康），保固漢中諸要隘。

在部署兵力保固陝西的同時，為了避免西北的大動亂，康熙又力謀和平解決王輔臣的叛亂問題。康熙認為清廷與王輔臣之間有較深厚的關係，王輔臣對清廷歷來是忠心的，不久前，輔臣還將吳三桂招降他的書札連來人一併送交朝廷處理。輔臣的猝變，是康熙萬萬沒有想到的。在得到董額疏報王輔臣兵叛的消息之後，康熙感到突然，他認為王輔臣兵變，很可能出於一時迫脅。他諭令兵部對輔臣的妻子「俱善存撫，勿遽加害」，並將此諭轉知總督哈占知之[204]。

隨後，康熙召見輔臣子王繼貞。繼貞一進內庭，康熙就似告似問地道：「你父親反了！」繼貞一時摸不著頭腦，不知所措，隨之應聲說：「我一點也不知道！」康熙把寧羌猝變的奏疏交給繼貞，繼貞邊看邊戰慄，臉色青一陣、白一陣，嚇得話也說不出來。呆了一會，繼貞把莫洛與輔臣之間的私隙、猜嫌告訴康熙，康熙撫慰他說：「不要害怕，我知道你父一向忠貞，決不至於做出謀叛的事，大概由於經略莫洛不善於調解撫慰，才有平涼兵變，以致脅逼你父親不得不從叛，你應迅速前往，向你父親宣告我的命令：你父親無罪，殺經略，罪在眾人。你父必須竭力約束部眾，破賊立功，我可以赦免一切罪行，決不食言。」[205]在這裏，康熙仍然相信輔臣不會背叛他。

他認爲寧羌猝變很可能是叛兵裹挾所致。於是繼貞奉命帶了敕諭立即前去招撫輔臣。

隨後，康熙又派遣科臣蘇拜同陝西總督哈占共同商酌，或親自前往，或選擇能員，招諭王輔臣，並迅速「安撫亂兵」。康熙指示哈占等說：陝西老兵們戍守著勞，新招募的士兵又驟經調遣，要他們隨征四川，而四川道險路遠，糧餉不繼，以致隨征官兵，「畏死情逼，頻生變亂」，由於「倡亂官兵」，「變起倉卒，情非得已」。命哈占等不要馬上加之於罪，應立即速行招撫：「願歸營者，隨便入伍；願歸農者，加意安插，前罪一概不究。其官兵人等，父母妻子見在原籍者，俱行宥釋，並不株連」206。康熙對輔臣所部的倡亂給予任擇出路的寬容政策，可謂體貼備至。

至於招諭王輔臣的專敕既不同於征討吳三桂的檄文，也有別於招降耿精忠的撫諭，通篇敕文無一責備之詞，委婉懇切，體貼入微，處處以情、以理動之。敕文寫道：

> 近據總督哈占奏稱：進剿四川，軍中噪變，爾所屬部伍潰亂，朕聞之，殊為駭異。朕思爾自大同隸於英王，後歸入正白旗，世祖章皇帝知爾斌性忠義，才勇兼優，拔於儔伍之中，置之侍衛之列，命爾隨經略洪承疇進取滇黔，爾果能殫心抒忠，茂建功績，遂進秩總戎，寵任優渥。迨及朕躬，以爾勳舊重臣，岩疆攸賴，特擢秦省提督，來京陛見，面加訊問，益悉爾之忠貞天稟，猷略出群，朕心深為嘉悅，特賜密諭，言猶在耳，想爾猶能記憶也。去冬吳逆叛變，所在人心，懷疑觀望，實繁有徒，爾獨首倡忠義，舉發逆札，擒捕逆差，遣子王繼貞馳奏。朕召見爾子，面詢情形，愈知爾之忠誠純篤，果不負朕，知疾風勁草，於今見之。後爾奏請入覲，面陳方略，朕以爾忠悃夙著，深所倚信，且邊疆要地，正資彈壓，是以未令來京。經略莫洛，奏請率爾入蜀，朕以爾與莫洛和衷共濟，毫無嫌疑，故令爾同往建功。茲

兵變之後，面詢爾子，始知莫洛於爾，心懷私隙，頗為猜嫌，致有今日之事，則朕之知人未明，俾爾變遭意外，忠藎莫伸，咎在朕躬，於爾何罪？朕之於爾，誼則君臣，情同父子，任寄心膂，恩重河山，以朕之惓惓於爾，知爾之必不負朕也。至爾所屬官兵，被調進川，征戍困苦，行役艱辛，朕亦悉知，今變起倉卒，情非得已，朕惟加矜恤，並勿致譴。頃已降諭，令陝西督撫，招徠安插，並遣爾子，往宣朕意，恐爾尚懷猶豫，茲特再頒專敕，爾果不忘累朝恩眷，不負平日忠忱，翻然悔悟，斂戢所屬官兵，各歸隊伍，即令率領，仍還平涼原任，以往之事，概從寬宥；或經略莫洛，別有變故，亦係兵卒一時憤激所致，並不追論。朕推心置腹，決不食言，勿心存疑畏，有負朕篤念舊勳之意207。

在專敕中，康熙一開頭就指出他對輔臣所部譟變，「殊爲駭異」。接著，康熙追述了清廷累朝都很器重和信賴輔臣，輔臣對清廷亦是「忠貞天稟，猷略出群」。至於寧羌猝變，康熙無一言責備輔臣，反而把事件的起因歸咎於自己未能知人善任所致。對於隨從輔臣倡亂官兵，康熙則從其「征戍困苦，行役艱辛，變起倉卒，情非得已」出發，給予充分諒解和寬大處理，即是「惟加矜恤，並勿致譴」。最後康熙殷切期望王輔臣能翻然悔悟，許諾他率領所屬官兵，仍還平涼原任，已往之事，概從寬宥。他表明自己的態度是：「推心置腹，決不食言。」

王輔臣跪聽敕書之後，留下兒子王繼貞，派遣莫洛部屬原任郎中祝表正赴京轉上奏疏，向康熙表述寧羌兵變，皆由莫洛「控馭失宜，軍心不服」所致，自己誓死不從。等到變局既成事實，自己亦無可奈何！但廷臣必將經略莫洛的死因加於自己身上，自己雖死亦不能自明。他懇請朝廷派使臣前來撫慰，宣布聖意，使官兵可得以生全，這樣，即使自己粉骨碎屍，也心甘情願。

其實，關於倡亂官兵與輔臣本人的處理，康熙在敕諭中已有明確指示，實行「往事一概不究」的寬容政策，並作了具體規定。而輔臣不但沒有作出約降的具體行動，反而要康熙再派使臣重申保證寬免其罪。鑒於此，康熙感到輔臣的悔罪是不可靠的。他採取了兩手政策，一方面，諭令定西將軍貝勒董額和陝西總督哈占說：「王輔臣雖具疏悔罪，正恐藉此以緩我師，乘間爲固守計，若王輔臣果聽命待罪，我兵但守疆界，脫或揚言投誠，而仍肆擾害，勢將蔓延，爾等即相機剿禦。」[208]另一方面，復遣祝表正持敕往撫，重申「往事一概不究」的寬容政策。具體確定凡是原來輔臣所部官兵，俱行寬宥，照舊歸伍效用，由輔臣率領，仍回平涼防守；莫洛標下原帶官員，也各免罪，作何委用，令輔臣與總督酌量提補；其餘兵丁願歸農的，由地方官加意安插，原定在輔臣標下充任的，與總督商酌補入，務令得所。最後，康熙希望輔臣盡釋疑慮，以圖後效[209]。

正如康熙所思慮的，輔臣的悔罪書是一種緩兵策略，康熙的敕諭，自然不會使輔臣轉變態度。寧羌兵變不是如輔臣自我表白的那樣，非其本意，而事實是這一兵變恰恰出之於輔臣的同意和謀劃的。莫洛對輔臣等漢族官兵的歧視與壓抑，像輔臣那種具有桀驁不馴和暴烈性格的人，是很難忍受的，因此，輔臣對莫洛早已埋下了積怨。當吳三桂的叛亂戰火迅速燒遍長江以南的半個中國，作爲曾經是吳三桂寵信的老部下、與吳三桂有過深情厚誼的王輔臣，已被吳三桂這種貌似強大的洶洶氣勢迷惑了，由是滋長起投降吳三桂的思想意識，使得長期鬱積在心中的、對莫洛的怨憤情緒很快地轉變爲反清行動，從而誘發了寧羌兵變，釀成莫洛之死。其實輔臣心裏十分明白，莫洛是清廷重臣和西北戰場的主要指揮者之一，莫洛之死，他是逃脫不了罪責的，儘管康熙一再向他解釋和保證說寧羌兵變與莫洛之死，同他無關，以後也決不追究，但誰敢保證這種諾言能如實兌現呢？輔臣思慮及此，就絕了重歸清廷的意念。他留下祝表正，不再奏報。祝表正屢屢責備他，輔臣就把祝表正殺了。

吳三桂得悉輔臣叛亂，喜不自勝，立即派巴山綱送犒師銀二十萬兩給輔臣，封輔臣爲「平遼大將軍陝西東路總兵」，又令王屏藩、吳之茂等由漢中出隴西應援，王輔臣迅速投入吳三桂的懷抱。

與此同時，康熙下令貝勒董額說：「陝西重地，棧道關係尤急，沔縣、秦州乃通漢中要路，棧道如何踞守，沔縣、秦州如何保固，務必作速部署，使叛兵不得侵犯，以保固全陝。」可是董額畏戰，對康熙的指令置若罔聞，使得輔臣在吳三桂的軍事力量配合下，得以從容地展開反清的軍事活動。他策動秦州副將陳善反叛，順利地進兵移據秦州；拆除了陝甘兩省邊界的偏橋；指使所部王好文等領兵守住秦州（今甘肅天水市）棧道，使漢中清軍糧餉不繼。董額在吳、王兩軍配合進攻下，急忙分兵留守漢中，自己從漢中退回西安。隨後，王屏藩等占據漢中、興安，輔臣則留部隊官兵駐守秦州，自己率領舊部回歸平涼。

吳三桂廣泛散佈書札，煽動陝甘各地官兵反叛。固原道陳彭、定邊副將朱龍等率先歸降，隨後甘肅的鞏昌（今隴西）、階州（今武都）、文縣、洮州（今臨潭）、岷州（今岷縣）等地官兵紛紛舉城叛附輔臣。輔臣乘勢進攻蘭州，游擊董存己等獻城投降。蘭州一失，西北震動。許多城鎮或叛或陷，有些地方如陝西的三水（今旬邑）、淳化、白水、蒲城等縣，「土寇蜂起，掠劫鄉村」[210]。同州（今大荔）游擊李師膺踞神道嶺，殺韓城知縣翟世琪，陷洛川、宜川、鄜州（今富縣）之後，延綏鎮屬之響水、魚河、波羅各營，葭州（今佳縣）及吳堡、清澗、米脂等縣，慶陽、綏德、延安、花馬池等地，先後降附。這樣除了甘肅提督張勇、總兵孫思克、西寧總兵官陳福沒有叛變，陝甘絕大多數地方將吏紛紛叛附輔臣。陝西只剩下西安一府，邠（今彬縣）、乾（今乾縣）二州，甘肅僅保有河西走廊，整個西北形勢處在危險之中。

固然，西北戰局的驟變，是由王、吳兩股反清勢力合流所引起的，但是，作爲西北戰場的主要指揮者董額的畏戰退卻，則是促成這種變化的重要因素。爲此，康熙嚴厲指責董額說：「前貝勒董額等至西安，不即隨經略取道秦州，由棧道進，托言馬瘦，竟駐漢中，致寧羌告變；王輔臣回秦州時，又不追躡勦殺，急回漢中；及保寧兵旋，僅留將軍席卜臣等守漢中，親統大兵，輒返回西安；知棧道險要，不多設兵防守，致狡寇阻截，俾廣元、朝天等處復爲賊踞，皆董額等退縮遲延所致。理應解職，但正值臨敵，仍令董額統兵，往定平涼、秦州諸處，勿仍前逗留，有誤軍機。」211康熙還加派貝子溫齊、將軍阿密達前往支助。

董額在西安接到康熙指令，經過商議，決定分兵留守西安、潼關外，另派將軍哈密達率兵攻平涼，自己與固山貝子溫齊統兵往秦州。康熙十四年（一六七五年）二月二十八日，董額統兵至鳳翔府離隴州（今陝西隴縣）四十餘里的關山，遇叛將高鼎等領兵四千在關山河岸立營拒守。董額分八旗兵爲三隊，前後兩隊同敵接戰，相持不下。這時，都統赫業率領就近應援後隊，突入助戰，合力衝擊，叛軍敗遁，清軍奪取了關山。董額立即率兵繼續前進，於三月包圍秦州。康熙認爲圍困秦州所關最重，倘秦州可慮，西安亦且難保。他慎重地部署秦州戰役，除調將軍佛尼勒應援外，又令陝甘總督哈占、四川總督周有德各率所部星夜馳赴秦州，並命都統圖海率兵護送紅衣炮應援，不料，送炮隊伍到了隴州仙逸關受阻，康熙立遣防守棧道的都統德業立往關山，開道送炮。

同年四月，吳三桂與王輔臣合遣軍兵萬餘，分別從四川、平涼出發，救援秦州，兩軍屯兵於城外南山。這時困守在秦州內的八千餘叛兵突然從城內衝出，同城外援兵合力攻擊清軍。董額立刻派遣將士分道迎擊，大敗吳、王聯軍。正當清軍屢戰屢捷之際，清總兵官孫思克又率軍從鞏昌趕來增援，叛兵驚懼萬分，總兵官陳萬策連忙率兵出降，叛將巴三剛等見勢不妙，乘隙逃走，從四川、平涼來援的叛軍亦紛紛潰逃。清軍進入秦州。董額隨即派遣振武將軍佛尼勒、內大臣坤巴圖魯、總兵官孫思克等追剿敗敵，禮縣、清水（今甘肅清水）、伏羌（今甘肅甘谷）、西和等縣相繼收復。

王輔臣集精銳及秦州逃兵於平涼，準備繼續頑抗。康熙迅速向董額下達緊急指令，要乘「大兵克取秦州」，敵人「正在驚擾」之際，各路清軍宜速「乘勝長驅，攻取平涼」。

於是，各路清軍向陝甘發起全面進攻。靖遠將軍、甘肅提督張勇，在攻取洮州、河州兩城之後，迅速進兵圍攻鞏昌。王輔臣遣副將任國治等領兵三千，由鞏昌東門潛入城內應援，叛軍總兵陳科、鄭元經等乘勢率領六千餘兵丁從四門分兵出擊，直撲清營，清將張勇率軍奮勇剿殺，叛軍傷亡嚴重，狼狽退入城內。董額急調安西將軍穆占、總兵孫思克奔赴鞏昌會戰，並乘勝派遣投誠官陳萬策、謝輝等入城曉諭，叛軍總兵陳科等率眾出降，鞏昌收復。

西寧總兵官王進寶率軍用革袋結筏渡過黃河，大破叛兵於新城，隨即揮師圍困蘭州。清軍連營環攻，叛軍拚命死守，相持一月有餘。一天，千餘叛軍從東門突圍，遭到清軍阻擊，叛兵大敗，清軍乘勢進入東門甕城。叛軍糧運斷絕，急忙趕造木筏百餘，企圖偷渡黃河逃遁，不料王進寶早在城外沿河岸邊設置伏兵，叛軍偷渡不成。王進寶乘機向守城叛軍宣諭朝廷招撫政策，總兵趙士升與原任布政使成額率百餘官員、五千餘兵丁獻城投降，蘭州收復。

接著，甘肅的靜寧、陝西的綏德、延安以及陝甘邊界重鎮定邊相繼恢復。

隨秦州、蘭州、鞏昌、延安等相繼平定，清兵雲集，平涼危在旦夕。康熙慮及「克城之日，必多殺戮」，為減少戰爭災難，他對王輔臣繼續採取招撫政策。康熙多次敕諭王輔臣，促他「自新」，以此「洗滌前非，勉圖後效」。而王輔臣仍然採取邊談邊打的策略，妄想通過和談，爭取時間，以進一步擴大戰爭。他藉口敕諭雖「念及兵民，概從赦宥」，但「如何按撫，天語未及，在事兵將未免瞻顧」[212]爲由，要求康熙再頒明諭。康熙窺知王輔臣明係「藉端推諉，希冀緩兵」的伎倆，立即命令張勇前赴秦州，會同大將軍貝勒董額等商酌，留兵防守秦、鞏等處，急速率軍攻取平涼。康熙特別傳諭董額要關心士兵疾苦，尊重漢將漢兵，注意軍內團結，他指出八旗同綠營兵雲屯一處，「須不時存念，恤其勞苦，非緊要必節其勞，無大過則寬其罰」，尤其是對於張勇等漢族將領，「切不可藐忽視之，生彼憤懣」[213]。

但是，董額沒有完全克服畏戰情緒。他統領的八旗兵和綠營兵並未形成對平涼城的嚴密包圍，同時，他仍寄希望於和談來解決平涼問題。王輔臣則利用董額的畏戰情緒，一面伺機出城攻擊，一面繼續使用和談，來麻痺清兵。他派遣親信王起鳳投書於董額軍前，要董額代行上奏，「乞頒敕午門，仍遣威望大臣受降。」康熙立即指示：「彼乞降詐也，特緩我師爲苟延日月計耳，爾等急宜攻取平涼」，「愼毋因其詐言，以誤攻取之機」[214]。不久董額又收到王輔臣的書信，他立刻向康熙上奏說：王輔臣派遣王起鳳赴省已逾兩月，尙未遣還，以致士卒皆懷疑畏，提請皇上再下諭旨，免去輔臣及其所屬官兵之罪，仍令駐守平涼，遣歸王起鳳，這樣一來，「彼無不傾心來歸」，否則，敵兵「勢窮突圍，難保王輔臣不脫去也」[215]。

董額的奏疏一上，就遭到康熙嚴厲斥責。康熙指出：逆賊王輔臣誘我緩兵，其計顯然，貝勒董額不乘勢迅速率兵剿滅，反而奏請寬宥王輔臣的罪行，仍然讓他駐守平涼，如果川敵侵犯秦州，興安敵兵進逼西安，清兵勢必分路進剿，這時，貝勒董額能保證王輔臣不乘隙復叛麼？現大兵雲集，孤城被圍，董額猶恐賊眾突圍，難保王輔臣不逃脫，董額如此疑慮，這恐怕只是預先爲自己設置他日容身之地的遁辭[216]。康熙進一步指明，貝勒董額不與貝子、公、參贊等合詞奏請，這正是董額「一意專主招降」，而「貝子、公、參贊等惟董額退縮之意」是從罷了。最後，康熙嚴肅地申斥說：「至今不攻取城池，尚復何待？」下令「務期速滅逆賊」，並著王起鳳遣還平涼[217]。

王輔臣一面與清軍談判，一面從平涼遣兵萬餘突圍出城，攻陷固原（今寧夏回族自治區南部），清軍副將太必圖陣亡。接著，他又派周養民率軍圍困慶陽。與此同時，興安（今安康）游擊王可成再次叛亂，進犯商州（今陝西商縣），吳三桂也乘機遣王屏藩、吳之茂進犯秦、隴，以便分散清軍兵力，並力圖與平涼兵會合。形勢逆轉。

康熙從容地分析敵情，認爲興安、四川之敵分別進犯，都因王輔臣的勢力未被撲滅，如果攻破平涼，王輔臣的勢力被消滅，那麼「敵人應援之念絕，而窺伺商州之計亦沮」。所以關鍵在於「作速攻取平涼」。但董額一直拖延時日，康熙十分惱火，他嚴厲指責董額既不急速攻取平涼，又沒有乘平涼城內敵兵出擊之際，乘虛攻城，延誤時機。明確指令董額等，「速奪南山，攻取平涼」。

在康熙的嚴令督促下，董額才督兵攻擊平涼，一舉克服第一關廂。於是在離城三里的對面南山屯營，但因城下溝深地險，難以下壘，平涼久攻不下。康熙又指出：逆賊久踞平涼，皆因有糧可恃，倘斷絕其餉道，則賊自窮困。平涼西北通固原，應急速切斷通往固原的餉道，以困斃敵人[218]。十二月二十二日，寧夏提標兵變，提督陳福遇害，康熙又敦促董額與將軍張勇、總督哈占等「速定平涼，斷賊餉道，綏靖地方」[219]。

儘管康熙屢次催促董額速攻平涼，董額卻仍遲遲不進，以致平涼被圍達一年不下，嚴重地影響西北戰局和三藩之亂的平定。康熙十五年（一六七六年）二月，康熙斷然決定，任命才智出眾的大學士圖海爲撫遠大將軍，率每佐領護軍二名，迅速前赴陝西，總轄全省滿漢大兵，貝勒董額以下，悉聽圖海節制[220]。凡一切軍機大事，命董額等一面奏聞，一面報大將軍圖海知之，在圖海到達陝西之前，「宜加警備」[221]。另外特發銀五萬兩，賜給平涼滿漢軍士。這一決定實際取消了董額的大將軍職權。

五月，圖海到達平涼後，「明賞罰，申約束」，諸將勇氣倍增，請乘勢攻城。圖海沒有同意。他說：「仁義之師，先招撫，後攻伐。今奉天威討叛豎，無慮不克。顧城中生靈數十萬，覆巢之下，殺戮必多，當體聖主好生之德，俟其向化。」[222]同時，圖海又遵照康熙的意圖，首先斷絕其餉道。平涼城北有座山岡，叫虎山墩，高數十仞，登臨其上，可俯視全城，這裏是通往西北餉道的咽喉。王輔臣部署萬餘精兵，護守這座山岡，保障糧餉的安全運送，所以圖海說：「此平涼咽喉，得此，則餉道絕，城不攻自下矣。」[223]於是命將士向虎山墩並力仰攻。叛軍前爲步兵，後爲騎兵，布列火器挨牌迎戰。圖海立即指揮清軍分路步步進擊，戰鬥十分激烈，從早上一直到午時，叛軍大敗。敵總兵二人被斬，眾多敵兵被殺傷及墜崖而死，獲馬匹器仗不可勝計。清兵占據了虎山墩。接著清軍運大炮到岡上，向城內發射，城內兵民一片驚慌。

輔臣困守城內，勢窮糧絕，殺馬爲食。圖海乘機要幕客周昌設法勸降。周昌係荊門諸生，善設計謀，他與輔臣標下總兵黃九疇是同鄉人。周昌通過黃九疇勸導輔臣說：「糧絕矣，何不貸糧於敵？」輔臣答道：「彼與我爲對，焉肯貸我？」九疇說：「不然，公昔陛見時，與圖相識，但得與一見則事濟矣！」輔臣沉思良久，頗有動情地說：「得彼來見乃可！」[224]黃九疇立刻將此情況通過周昌，轉告圖海。周昌當場向圖海提出自願冒死進城勸降。圖海特授以恭議道名義前往平涼城內同輔臣聯繫，許以給糧接濟。周昌入城由黃九疇引見輔臣，輔臣聽了周昌的勸告，便遣他的副將謝天恩隨周昌至圖海軍前表示投降。圖海立刻上奏。康熙馬上頒發詔令，赦免輔臣等罪行，又加以撫慰。圖海再遣周昌至平涼城內，當場宣布康熙諭旨，並且給糧數萬斛和餽餉數萬兩，救濟平涼城內軍民。這時，平涼軍民「合城歡忻慶更生」。於是，輔臣遣榮遇率領士民向圖海獻上軍民冊籍，又派他的兒子王繼貞與總兵一人繳上三桂所授敕印。但輔臣還是憂心忡忡，未釋疑慮。圖海再次派他的侄兒前鑾侍衛保定一起入城，極力開導、慰撫輔臣。輔臣爲圖海的真誠所感動，頓解疑懼，親至圖海軍營，圖海「見輔臣顏瘦削，抱持大慟曰：『誠不意君枯瘠至此』」，輔臣亦泣下」[225]。輔臣又愧悔又悲愴地對圖海道：「我負國至此，朝廷決不相恕！」[226]圖海就當場與輔臣「鑽刀設誓，保其無他」[227]。輔臣心悅誠服，回營就剃了髮，率眾來降。圖海命副都統吳丹入城撫定。接著，固原巡撫陳彭、慶陽總兵周揚名、嘉峪關總兵王好問、關山副將孔萌雄及雲南土司總兵陸道清等各率所屬兵丁相繼來降。

平涼歸降的捷音奏報到清廷，康熙不勝喜悅，他大力誇獎圖海能「宣布恩威，剿撫並用，籌畫周詳，布置神速，使平涼一帶旬月綏平」，下令「從優議敘」。王輔臣能悔罪投誠，著恢復原官，加太子太保，授靖海將軍，隨圖海駐漢中，讓他立功贖罪。王繼貞亦恢復原官，不久，升任太僕寺卿。投誠參將黃九疇、臨時委任的恭議道周昌等升爲布政使，發往雲南招撫。雲南總兵陸道清提爲左都督兼太子太保。吳三桂遣發來助戰的受降苗兵，康熙將他們遷回原籍，給予賞錢，與家人團聚。官員各加一級從優陞賞。

康熙平定耿、尙二藩與王輔臣的叛亂，率先解除了西北及東南兩翼的反清勢力，極大地孤立了主要敵人吳三桂，爲最終消滅吳三桂的反叛勢力創造了條件。

荊岳對壘下的拉鋸戰

康熙與諸大臣對吳三桂的反清勢力，原先是估計不足的。他們以爲只要大軍一出，叛亂很快就能平定。前去荊州征剿、阻抑吳軍北上的寧南靖寇大將軍多羅順承郡王勒爾錦曾預計「進取雲貴之期，不過八月」，即是說，清軍可輕而易舉地消滅吳藩動亂。這種速勝論的觀點充分反映出清廷上層統治者對平定這場動亂的長期性和艱巨性缺乏必要的思想準備。

然而，康熙委以重任的一些大將軍、將軍大都是長期過著安逸優裕生活的王公貴冑，他們沒有經過艱苦環境的磨練，更缺乏戰爭的實際考驗。在吳軍迅猛進攻的緊急形勢下，他們的行動十分遲緩。遣往荊州的前鋒統領碩岱、護軍統領伊爾度齊、額司泰、都統覺羅巴爾布等，自康熙十二年（一六七三年）年底、十三年（一六七四年）初分別率師從京出發，直至十三年二月初旬，經過一月左右時間才先後到達荊州（今湖北江陵）。這期間，康熙因湖南告急，曾向他們下達指令：常德爲水陸要衝之區，不可不預加防守。在寧南靖寇大將軍多羅順承郡王勒爾錦還沒有到達荊州前，宜令護軍統領同前鋒統領碩岱帶領前鋒軍兵全部移赴常德；待大將軍到達荊州，都統巴爾布往常德，護軍統領移鎮長沙。對於康熙的這些指令，他們置若罔聞。他們面臨著氣勢洶洶的強敵，竟嚇破了膽，畏縮不前，不敢與之抗爭，致使吳軍乘虛前進，迅速占領了湖南，將勢力推到長江南岸。

康熙嚴厲斥責勒爾錦：你們率領軍隊到達荊州，當時常德、澧州（今湖南澧縣）還沒有失陷，理應稍休馬力，速赴常、澧；而你們卻遲久不前，以致常、澧相繼皆陷[228]；都統朱滿率兵到武昌時，據守岳州和長沙的官兵尚未背叛，而朱滿又沒有率兵急速前往鎮守，卻逍遙武昌，六百里的路程行了一月，岳州（今岳陽市）、長沙又遭陷落。究其原因，皆是你等畏懦不前，坐失險要之故。與此同時，湖廣總督蔡毓榮、雲南、貴州總督鄂善也因「不能安民心，固疆圉」的「地方失守罪」，分別受到革職和降五級的處分，二人被勒令留任，「戴罪圖功」229。由此，康熙才開始意識到要平定吳藩，不是輕而易舉的。他指示勒爾錦：「雲南尙未可輕進，必俟四川全定，方圖進取」；「今惟先取常德、長沙，以寒賊膽，方為制勝」230。

康熙把岳州、長沙作為戰略進攻的重點。他認為岳州乃水陸要衝之地，急需攻取。康熙十六年（一六七七年）三月，他命尼雅翰等率領沙船，水陸兼行，馳赴岳州。接著遷都統覺羅布滿等往岳州防守。五月命勒爾錦於彝陵領兵大臣內選拔有戰鬥經驗的軍官一人率軍，從水路援岳州。六月，又在岳州與武昌之間部署滿兵防守。當時，吳三桂不僅在澧州、岳州等處佈置重兵抗拒清軍，而且施展種種計謀，分散清軍兵力，搖惑軍心民心，致使整個社會動盪不安。為了迅速消滅吳藩，康熙進一步加強對岳州的軍事攻勢。他命議政王大臣亟宜增加荊、岳兵力，令固山貝子準達率領蒙古兵三千與一部分驍騎兵奔赴荊州；另外特命多羅貝勒尙善為安遠靖寇大將軍，同固山貝子章泰、鎭國公蘭布率領蒙古兵四千和一部分驍騎兵趕赴岳州。將軍尼雅翰、都統朱滿、巴布林、護軍統領額司泰仍參贊軍務，歸尙善統一指揮。

七月，貝勒察尼與將軍尼雅翰等率領部分滿漢官兵，水陸進發，攻擊岳州。吳將吳應麒率兵七萬，從陸路抗拒清軍，清軍奮擊，大敗吳軍，斬首萬級。清舟師抵達七里山，炮轟吳軍船隻，擊沉吳艦十餘艘。

這是勒爾錦等出師荊州以來同吳軍進行的第一次激戰。清軍雖在這場戰役中重傷吳軍，但岳州安然不動。勒爾錦等卻從此長期按兵不動。

康熙心急如焚，向勒爾錦等指出：攻取四川一路，清軍已收復朝天關和陽平關，但兵至保寧（今四川閬中），卻遭到吳軍的頑強抵抗，吳軍在保寧的防守比岳州更堅固難攻；康親王進剿福建，雖屢次奏捷，但並未引起自己的真正喜悅。因為吳三桂是挑起這場動亂的禍首，只有攻破岳州和澧州，才是最大的喜事。指責勒爾錦等說：你們初出師時，兵不可謂不足，你們藉口馬未肥或強調天熱多雨難行，一再拖延進軍。敦促勒爾錦立即會同貝勒與諸將，「或取岳州，或渡江取澧州，或宜將軍尼雅翰往江西轉攻長沙」。

十一月，尚善請撥沙唬船五十艘，連同水手發往岳州，以資進剿。議政王大臣等認為先前已發荊州船二百艘與京口沙唬船百艘往岳州，因此，沒有允准尚善的要求。康熙則立即批示：「宜如所請」，並下令撥京口沙唬船速往岳州，不讓尚善等藉口待船，致誤軍機。之後，尚善等仍然沒有發動進攻。

其時，吳三桂正親至松滋（湖北南部，今松滋北）。他調廖、祖兩將率眾七千餘人駐松滋縣北山；集兵船於虎渡口上游，以截住荊、岳咽喉，阻抑駐岳州的清兵援荊，並保證吳軍於此轉運糧餉火器。在明裏，吳軍揚言將決荊州夾堤灌城，在暗裏，偷偷地分遣部分岳州兵士潛往彝陵，竊踞該城東北的鎮荊山。吳軍兵眾舟多，擺出一副水陸進攻荊州、彝陵的態勢，同時，吳三桂還糾合王會、楊來嘉、洪福等掠穀城、均州與南漳（今湖北省西北部）諸處。勒爾錦急向康熙上報說，賊勢甚熾，我兵力單薄，請發滿漢兵速赴援。康熙感到荊州、彝陵等處，關係緊要，即刻令大將軍尚善發岳州戰船四十艘，速赴荊州；催促貝勒察尼酌留清兵守彝陵，自己馬上統率部分軍兵赴荊州防禦；並遷駐防河南汝州署副都統諾敏率所部滿漢兵急趨襄陽（今湖北襄樊市）防守。與此同時，都統宜理布、范逵江等擊敗南漳、均州等地的來犯之敵。

吳軍防守岳州十分堅固。岳州三面皆臨洞庭湖，吳軍依恃寬闊水域的有利地勢，扼守要隘，清軍如沒有足夠力量的水師，是很難從水路攻破的。陸路一面，吳軍浚壕三重，又設陷坑、木樁、竹籤、鹿角、挨牌等各種防禦工事周密環布，使滿洲騎兵無法衝擊。康熙根據勒爾錦的建議，荊、岳一線，增添綠旗兵七千名，分爲援剿兩營，由總督蔡毓榮專轄。另選輕箭簾車二百輛、炮車一百輛、熟練炮一百具，量配兵丁。待發動進攻時，將車炮推向敵營，填實壕塹，拋擲火藥，燒掉鹿角挨牌，用炮攻擊。而後，審視敵情，驅策騎兵挺進荊、岳。

但是岳州一時難下，荊州一帶清軍未能渡江，承擔一方戰局的指揮者勒爾錦、尙善等畏縮不前。如此荊、岳長期對峙的局面不能打破，三藩之亂的禍首吳三桂不除，社會就不得安寧。康熙經過一番深思熟慮，決定調動勁旅，改攻長沙，進取湖南。

早在康熙十三年（一六七四年）六月，將軍尼雅翰從投誠的吳軍守備薛麟兆處獲悉，吳軍營內缺糧，全賴長沙水路運送，以及長沙守兵不多等情況。康熙據此密令尼雅翰率軍沿流赴江西與副都統甘度海會合，並帶領袁、臨總兵趙應堂從袁州（今江西宜春市）進攻長沙，夾攻岳州。

康熙十四年（一六七五年）二月，康熙諭兵部說：吳三桂能據守岳州、澧州諸處，全靠水師源源不斷地將長沙、衡州的糧米由湘水經洞庭湖運往岳州，供給前線軍糧。爲了打破荊、岳長期對峙的局面，必須調動具有較強軍事指揮能力、又有膽略的安親王岳樂，統帥勁旅，由江西袁州攻取長沙，斷絕吳軍糧餉，夾攻岳州。康熙反覆向兵部指出：「今日時勢，先滅吳逆爲要。安親王宜留兵守江西，親統大軍由袁州或由吉安（今江西吉安市）乘便進剿湖廣，攻取長沙。倘未易下，即令此兵擾賊耕種，截其挽運，取資於敵，不但我兵無轉輸之勞，而岳州糧盡，賊可坐困，吳三桂自不能久踞常、澧。」[231]

安親王岳樂接到兵部指令後，一再上疏陳述自己的意見，認爲江西各地叛兵騷擾、人心未定，若帥師前往湖南，江西兵力單薄，實可憂慮，應先平定江西寇亂，絕了後顧之憂，然後分防險要，帥師前往湖南。康熙對此作了十分有力的反駁，指出吳三桂久據湖南，奸宄乘勢竊發，滇、黔、川、閩因而淪陷；廣西、陝西逆賊猖獗；湖南一隅，誠賊根蒂，四方群寇所觀望；只有速滅吳三桂，底定湖南，各地叛附逆寇才會聞風自散。進而康熙明確指示，現在荊州兵未能渡江，岳州兵又難驟進，王抵江西，宜由袁州直取長沙，一以斷賊餉道；一以分賊兵勢；一以扼廣西咽喉；一以固江西門戶，烏合之眾自當瓦解。荊岳大兵即可乘機直進。何況寧羌（今陝西寧強縣）告變竊居四川的吳軍，必逼楊、洪，窺伺鄖（今湖北鄖縣）、襄，騷擾南鄭（今陝西漢中市），侵襲荊州後路。估量大勢，進兵湖南，斷不容緩。且南方卑濕，延遲到夏月，淫雨連綿，大兵坐守日久，不但戰馬多斃，糧餉亦恐不繼。康熙斬釘截鐵地說：「是進取湖南，不再計決矣！」[232]他敦促岳樂宜將江西要地「速行整理，稍有就緒，即進取湖南，勿得坐視，致誤機會」[233]。

九月，康熙又命令岳樂置撥官兵固守江西，乘冬月速取長沙，同時派遣簡親王喇布率江南兵二千赴江西，以內大臣希爾根爲副將軍同簡親王鎮守江西。

十一月，岳樂率軍進征湖南。康熙按照岳樂的要求，命提督趙國祚兼統綠旗兵三千與都督陳平所屬兵二千，隨岳樂征討。另囑南懷仁所造火炮二十具，著官兵送至江西轉運岳樂軍前。

正當岳樂進發湖南長沙之時，屯駐福建順昌的耿藩總兵張存、羅元生、邵武總兵彭世勳等向岳樂表示，清兵若從江西進閩，願爲內應。岳樂覺得這是進攻福建的最好時機，他再次向康熙奏請，希望康熙「睿鑒詳度，無失時機」。康熙立即答覆：「招徠逆賊，克取福建，當有大將軍簡親王、副將軍希爾根等，相機以行。至於進攻長沙，剿滅吳逆，惟王是賴，王務速行之。」[234]

之後，尚可喜奏報鄭經、馬雄分別進入廣東的潮州、高州，廣東危急，他要求岳樂暫停進征湖南，調赴廣東。但康熙看準了的事，一經決定，是不會輕易改變的。他向尚可喜一再強調吳三桂未滅，故各地叛逆得以猖狂，今安親王進征湖南，牽制了吳三桂的主力，這樣，粵東的緊張局勢自然會緩和下來。若由粵東進兵湖南，則道路迂迴，必將稽延時日。隨之，康熙立即催促簡親王喇布速發大軍由副都統一人爲將軍統率，馳援廣東。並提醒簡親王，「毋得仍前滯遲，以誤軍機」[235]。

與此同時，康熙通令荊州的勒爾錦，彝陵的察尼與岳州的尚善等迅速發兵配合岳樂進攻長沙。尚善須擺出攻取岳州發兵長沙的態勢，如有機可乘，立即進攻岳州。康熙告誡勒爾錦等，你們駐荊州將近兩年，止知自守汛地，各保身軀，不能少進尺寸[236]。現安親王進軍長沙，如又不發兵夾剿，吳三桂知荊岳按兵不動，死守長沙，那你們貽誤軍機的罪行就更大了[237]。

這時，三桂以兵七萬據岳州、澧州諸水口，以拒荊州江北之師；以兵十萬據長沙、萍鄉、醴陵，以拒江西之師。康熙十五年（一六七六年）一月，岳樂乘三桂西上時，派出奇兵從間道襲取袁州。二月，大軍進抵湘贛交界的重鎮萍鄉城下。其時，駐守萍鄉的吳軍統帥夏國相與大將韓大任不合。夏國相淫掠酗酒，歌童舞女充牣營中，士氣不振。岳樂將滿漢兵編成四隊，分道進擊，連續攻破十二寨，斬首萬餘級。夏國相棄印遁走，清軍占領萍鄉，迅速進入湖南，直逼長沙城下。湖南震動。康熙立刻敦促尚善分兵配合，並先後命令江西總督董衛國、巡撫佟國楨、江南總督阿席熙和安徽巡撫靳輔等負責採辦造船物料，雇募工匠，一併運送長沙，由安親王岳樂遣兵迎取，副巡撫韓世琦伐木督造戰艦。

爲了集中優勢兵力，戰勝吳三桂，陝西平定後，康熙授陝西前鋒統領穆占爲都統佩征南將軍印，統率陝西、河南滿漢諸軍，奔赴湖廣。穆占抵達荊州，又增兵千餘，趕往岳州、長沙。

吳三桂得知長沙危急，忙遣將軍胡國柱增兵進駐長沙城內，調馬寶、高啟隆等由岳州星馳應援，紮營於長沙城外。又親自領兵自湖北松滋南援，屯兵在城郊嶽鹿山上，並盡調彝陵、南漳諸處軍兵合力拒守。在長沙周圍，掘重壕，布鐵蒺藜，列象陣，同時，集兵船於長沙城下，準備水戰。

吳三桂的軍隊由於多年蓄養，並久經戰爭，戰鬥力頗強，即使在王輔臣、耿精忠、尚之信等相繼降清之後，外援盡失，已陷於孤立，清軍精銳仍然難以戰勝吳軍。

康熙十五年（一六七六年）三月，清、吳兩軍主力在長沙城郊展開一場惡戰。岳樂發兵十九路自城北鐵佛寺後布陣至城西南，長數十里，吳三桂也發兵十九路以應。吳將王緒率先領兵衝鋒陷陣，立即被清軍合圍數重，旗幟盡偃，金鼓無聲，在城上觀戰的人，以爲吳軍全完了。過了一會，忽聽到火槍連發，聲如急鼓，只見得清兵紛紛落馬，王緒軍從重圍中衝突出來，兵鋒所指，清軍無人敢犯。王緒軍全勝而還。與這同時，吳三桂侄、將軍吳國貴爲流矢所中，貫腮墮馬，夏國相力戰將他救回，清將穆占急速追至城下。三桂早在近城外伏兵以防，巨象伏岡下，清軍至，群象奮起，猛衝奔突，清兵遁走，呼聲動天地，血戰至日中，天忽大雨，各斂軍而退。在這次戰役中，彼此殺傷略相當。從此三桂入城而守，清兵亦掘壕包圍，不再攻戰。兩軍成相持之勢[238]。

康熙估計吳三桂集兵守長沙，其洞庭湖口守備必虛，命令安遠靖寇大將軍多羅貝勒尚善等乘機速攻岳州，敦促寧南靖寇大將軍多羅順承郡王勒爾錦、貝勒察尼等或攻彝陵，或整理舟師，張揚渡江之勢；倘有機會可進，即渡江酌量速進；調戍守河南兵每佐領驍騎一名，再發京師每佐領驍騎一名與盛京兵一千三百名，趕赴岳州。

在康熙一再催促下，寧南靖寇大將軍多羅順承郡王勒爾錦親率大軍於康熙十五年（一六七六年）三月十八日自荊州渡江。前鋒參領瓜爾察敗吳軍於南岸之文村與石首縣；蕩寇將軍貝勒察尼敗吳軍於澧州之太平街。安遠靖寇大將軍多羅貝勒尚善命護軍統領司泰、副都統魯西巴圖魯等統率岳州水師於康熙十五年（一六七六年）三月九日進入洞庭，屢敗吳軍，攻取君山，截獲敵舟五十艘。吳軍下游兵丁，望風潰遁。這時清軍如能乘勝長驅挺進，則澧州、常德、湘陰等處，似可解決，進而可以有力地配合岳樂，合力夾攻長沙。但勒爾錦、尚善等未能克服畏敵思想，以致水陸兩軍遷延停滯，躑躅不前，勒爾錦又不力扼虎渡口，讓吳三桂得以調動松滋上游水師，相繼沿江而下，向清軍進行反擊。勒爾錦害怕損兵折將，立即放棄太平街，並藉口暑溽，領兵退回荊州。尚善的舟師也未能斷吳軍餉道，江湖各處險隘復為吳軍所占。

太平街失利後，勒爾錦具疏請罪。康熙指責勒爾錦等：自抵荊州以來，徒勞兵師，虛糜國餉，坐守三年，未獲寸功，本應分別解任其大將軍、參贊等職，嚴加治罪，只是考慮到勒爾錦等身在行間，臨敵對壘，所以暫留原任，令其主動自效，以贖前衍[239]。

為了分散包圍長沙的清軍兵力，斷絕安親王岳樂的後路，切斷清軍在江西與廣東之間的聯繫，吳三桂派遣高大節、韓大任等率軍數萬進軍江西吉安。這時，指揮江西戰局的簡親王喇布頓兵南昌，沒有發兵支援，吉安陷落。康熙又憤又急，屢催喇布、希爾根親統大兵，迅速收復吉安。但喇布、希爾根等拖了很久才遣將軍哈爾哈齊、額楚等率兵前往吉安，而自己則藉口「南昌重地」，逗留不前。哈、額兩將抵達吉安數月，未能收尺寸之功，吳軍卻乘機進陷醴陵。醴陵「前通長沙，係江楚門戶」，更是安親王大軍的後路，「關係非輕」。康熙命簡親王速檄副都統揚古岱及總兵官趙應堂等率領官兵克取醴陵，並催促喇布等親率大兵，攻取吉安。康熙以十分嚴厲的口吻告誡喇布：「恢復長沙，平定湖南，全賴吉安大兵接應，若仍前遷延觀望，安親王大兵脫有疏虞，喇布等當以失機例從重治罪不貸。」[240]之後，喇布等才親自率兵攻圍吉安。

吳將高大節率領四千精兵死守吉安。高大節勇敢善戰，往往出奇制勝，以少勝眾，他曾以百騎擊敗清軍於大覺寺。在螺子山的一次戰役中，又以少數軍兵，直衝清兵大營，大敗清軍，簡親王喇布與副將軍希爾根倉促棄營逃走。但吳將韓大任因心懷妒忌，在吳軍主帥胡國柱面前挑撥離間，使高大節受到壓抑，怏怏不樂，怨憤而死。從此，韓大任深居吉安，不敢出戰，吉安被清兵圍困。

吳三桂估量清荊岳大將軍勒爾錦不敢進兵，就親往常德調集軍隊，命馬寶爲統帥，王緒爲前軍，陶某爲中軍，馬寶自御後軍，各率兵三千救吉安。但吳軍統帥馬寶有畏懼情緒，與王緒屢有分歧。出發前，王緒建議，救兵如救火拯溺，大軍應急趨僅距百里的萍鄉，援兵一到，吉安之圍可以立解。馬寶不同意，認爲清軍圍吉安、萍鄉一帶必有埋伏，吳軍誤入伏中，覆沒無疑。如果由衡州（今衡陽市）渡江，經耒陽、永寧，無敵阻擋，時日雖緩，但萬全無失。王緒勉強服從。後來，經過半個月的行軍，吳軍才進入吉安境內，離吉安府城還有四十里，而且中間又隔著一條江，沒有船，過不去。馬寶說：我援軍到此，清兵必過河前來阻抑，等他們半渡時，我們就發動進擊。不久，清兵果來渡江，馬寶卻悶聲不響。王緒一再催促，馬寶又設計道：等彼軍渡過江，尚未立足紮營時，將軍擊其前，我則抄其後，打他個猝不及防，然後乘勢搶奪船隻，迅速渡江，同城中守兵相呼應，內外夾擊清軍，必能制勝。王緒默默無言。等到清軍剛剛渡畢登岸，王緒率領軍兵飛速地直撲過去，雙方展開激烈的搏鬥。而馬寶卻按兵不動，王緒憤極，隻身趕往營內，馬寶不在，王緒急問兵士，兵們告訴他，馬寶躲在地坎內。王緒又立即奔向地坎，一眼望見馬寶，果真蜷縮在地坎中。王緒即催馬寶起身，馬寶卻顫抖著說：火炮厲害，暫且躲藏。王緒又氣又急，飛身跳下地坎，不管三七二十一，把馬寶搶拖出來。這時，天色已晚，兩軍只好暫且收兵。
馬寶又對王緒計議道：敵我兩營相通，今夜恐有不測。不如乘月明途清，命令部軍退五里下寨。
王緒心知馬寶膽怯，而孤軍又不能留下，只得附和。馬寶所率後軍，退時列為前驅，兵一退十里、
二十里、三十里，不能止。王緒大呼，停止紮營。馬寶沒有理睬，又退了十里，才停退安營。第
二天，王緒催促馬寶出戰，馬寶推說軍兵跋涉身倦，休息兩日再說。隔日，王緒又去促戰，馬寶
又巧飾說：待清兵過來，以逸待勞。於是，王緒軍當大路立營，陶某軍屯左坡，馬寶軍屯右坡以待。
過了十日，清兵獲悉吳軍主帥心力不齊，出動萬人直搗王緒兵營，又另遣二支軍兵抵拒左右坡敵
兵。王緒因眾寡不敵，吳軍被殺傷幾半。王緒差人再三促馬寶救援，馬寶卻按兵不動。馬寶屬下
總兵那與白出於義憤，攘臂大呼：王將軍急逼如此，怎能坐視！請率兵救援。清兵望見右坡旗動，
才慢慢引退。王緒所部傷亡嚴重，而馬、陶兩軍卻無損傷。馬寶自以為打了大勝仗，決意乘此班師。
他對王緒說：我等三人，乘此一捷正好班師，吉安阻江，那能飛渡，待以後再整大軍來援。這時，
吉安城內寂然，韓大任也不知援軍到來，亦無一人一炮接應。於是馬寶等率兵回師湖南。喇布等
獲悉，即遣二萬兵進擊，屢被吳軍擊敗。

這時，吉安被清軍圍困已二百餘日，韓大任糧盡援絕。浙人孫旭改名王懷明，同韓大任交厚，
大任用懷明計，於三月二十一日，撇下一座空城，率領部兵偷偷地逃出南門，步行跨過白鷺洲，
發炮擊鼓，清軍以為劫營，驚憂終夜，不敢出戰。第二天，天剛亮，清軍方知吳軍逃遁，遂進據
吉安。於是韓大任得走寧都、樂安間。喇布隨調滿漢兵分三路進剿，並按康熙指令，行文招撫：
「凡被脅從賊官吏，自拔來歸，赦罪議敘。」[241]其時，閩粵數路告捷，局勢越來越明朗，九月九日，
王懷明與韓大任登高山頂峰，縱論天下形勢。王懷明說：如廣東相連福建，平涼犄角漢中，天下

局勢還不能確定，現聽說王輔臣已倒戈，耿精忠、尚之信亦將相繼歸誠。無廣東，則湖南腹背受敵；無平涼則漢中搖動，四川坐聽待斃。安危存亡的危機，不可不明察啊！韓大任聽了這一席話，頓時醒悟，才拔營去福建至康親王傑書軍前投誠。其部將郭立輔等被董衛國追殺於萬安、泰和諸處，餘眾投降，江西平定。

岳州決戰　收復湖南、廣西

隨著福建、浙江、陝西及江西漸次削平之後，清朝得集中兵力對付吳三桂。

吳三桂統領十萬大軍屯聚長沙。岳樂、穆占兩軍合力圍攻，長久不下，清軍糧餉困乏。康熙特遣刑部郎中色度等到岳州宣諭：「岳州、長沙勢如兩足，此蹶則彼不能獨立。」[242]康熙一面調穆占率軍進取茶陵、攸縣，與簡親王喇布合力進攻衡（今衡陽市）、永（今零陵）；一面調集水陸兩軍向岳州發動總攻擊。

針對岳州三面臨水和吳軍多備鳥船、戰艦等情況，康熙屢次下令兵部選拔賢能大臣、官吏會同督撫克期增造鳥船、沙船等各類戰艦，多設水師營兵，由岳江入洞庭，盡占江湖，斷敵糧道。康熙十六年（一六七七年），先後命令安徽巡撫選送沙船四十艘，並發江南荊州沙船百餘艘，及安徽巡撫靳輔督造船百艘，送至岳州。同時，增強水師力量，任命具有水上作戰經驗與指揮能力的平魯路參將萬正色為岳州水師營總兵官，其下添設游擊守備各二員、千總四員、把總八員。撥撫、提標兵各五百名與岳州城守原額兵七百兵，又另增募兵三百名，合計二千名為經制。再從荊州駐軍中每佐領下選精兵五名，量配船艘，特命都統鄂內佩討逆將軍印，率赴岳州，速行夾剿。之後，康熙允准貝勒尚善的請示，命江蘇巡撫慕天顏造鳥船四十艘；遣戶部尚書伊桑阿赴江南，會同該省巡撫督造鳥船六十艘、沙船二百艘，凡鳥船所配用的精熟諳練的船工水手務必從散處河南、山東、湖廣、江南、江西、浙江、山西等地的福建投誠官兵中遴選。從而建設了一支強大的水師。

岳州從各地運送各類戰船，比吳軍船艦多至數倍。然而尚善統率大兵駐岳數年，並未大創敵軍，康熙對此屢有批評。所以當康熙十七年（一六七八年）五月，大將軍安親王岳樂率軍克復瀏陽與平江，打通了江西和湖廣的通道之後，康熙立即命令岳樂總統官兵，攻取岳州，又派遣將軍鄂內率舟師前進，令滿漢官兵實土蘆圍，排列鹿角，進逼敵營，晝夜火攻，使敵應接不暇。另調尚善所部大臣及每佐領五人赴長沙駐守。尚善接到調守長沙的詔令，急忙上疏懇請，願統率舟師攻取岳州，以贖先前耽誤軍機之罪，同時，提議添造鳥船一百艘，沙船四百三十八艘，命蔡毓榮率標兵三千人與荊州綠旗兵二千人，馳赴岳州。尚善向康熙立下了軍令狀：「臣等是役入湖，務期破賊。」[243]康熙一一允諾了。

這時，吳三桂的親軍水師右翼將軍林興珠自湘潭遣楊廷延等到岳樂軍前致投降書，岳樂派遣副都統甘度海、阿進泰迎降。林興珠向岳樂進獻斷絕吳軍糧道的謀略。林說：清軍船多，宜分其半泊君山，阻斷敵人通向常德的水道，餘船泊香爐峽、扁山、布袋口諸處，並沿九貴山陸路立一營，截斷岳州與長沙、衡州的通道。這樣，駐守岳州的吳軍水陸運道都被阻塞了，糧運斷絕，不戰自斃。林興珠這個致吳軍死命的計策，馳報清廷後，康熙斷然確定了「困取岳州」的戰略。他立刻命令察尼部署清軍於南潯港、高家廟、君山、扁山、九貴山、九馬嘴諸處，聯絡舶舟，並在九貴山再設陸營，使水陸相望。如岳州吳軍出犯，就可並力攻擊，即使長沙、衡州、常德等地的敵兵來援，也可以合勢剿禦。這樣一來，吳軍的水陸運道全被阻斷了。

吳軍望見清兵船泊柳林嘴、君山等處，乘風速來攻擊。討逆將軍鄂內即令各路舟師分頭迎擊開炮，擊沉吳船多艘，擒斬吳官兵多人，截獲鳥船器械不少。在君山看守火藥庫的清水師營總兵官萬正色下屬官兵亦乘機出動迎戰，斬殺吳將游擊及吳軍千餘人，擒獲吳軍守備、千總等軍官二百餘人。

之後，水師總兵官萬正色連續兩次向洞庭湖要口套河峽進兵。套河峽係清軍進攻岳州門戶，吳軍在這裏設置層層樁木，攔阻兵船。清軍奮勇前進，斫倒樁木，終於打開了直進岳州的通道。

安遠靖寇大將軍多羅貝勒尙善於康熙十七年（一六七八年）八月初四日逝世，康熙命多羅貝勒察尼代尙善爲安遠靖寇大將軍，赴岳州統領清兵。

在清軍嚴密部署「困取岳州」的同時，將軍穆占率軍進占永興、茶陵、攸縣、酃縣、安仁、興寧（今資興）、郴州（今郴州市）、宜章、臨武、藍山、嘉禾、桂陽（今汝城）和桂東等湖南所屬十三城。簡親王喇布進守茶陵。

吳三桂既失陝西、閩、粵三大援，又失江西，疆土日蹙，且軍興調發，財用耗竭，川湖賦稅又不足供軍餉。據載：吳軍失茶陵、攸縣等處，糧餉不濟，軍士胥怨，民多遠避，情竭勢絀。三桂唯恐引起各方輕視，內部分解，試圖藉稱帝來提高自己的威望，並藉此凝聚反清勢力，支撐政局。他的部屬亦爭著相勸，慫恿他登上帝座。於是，三桂從長沙遷往衡州，築壇於衡山腳下，暫以衡州府署爲行宮。殿瓦來不及更換黃色，就塗上赤黑色的漆，另外，趕築廬舍萬間作爲朝房。康熙十七年（一六七八年）三月初，吳三桂祭天即位這一天，黎明放晴，彩雲顯現，吳三桂暗忖，這真是應天的好兆頭！他喜不自勝，跨上駿馬，出了宮門，奔向南嶽之麓，戴上皇冠，穿上帝服，登上祭壇。祭告天地的禮儀完畢，即乘帝輦返回宮中，宣告即皇帝位，建國號周，建元昭武，改衡州為定天府，冊妻張氏為后，應熊庶子世藩為太孫，加郭壯圖為大學士，仍守雲南，設雲南五軍府兵馬司，改留守為六曹六部，晉胡國柱、吳應麒、吳國貴、吳世琮、馬寶等為大將軍，封王屏藩為東寧侯，造新曆，舉行雲南鄉試，中武舉人七十二名，用來擴大政治影響。

永興為衡州門戶，距衡州僅百餘里，是吳軍必爭之地，同時，為了緩和清軍對岳州的攻勢，吳三桂召馬寶、王緒和胡國柱等率軍銳逼永興。清軍抵禦失利，都統宜理布、前鋒統領哈克山戰歿。吳軍占據河外營。接著清前鋒統領碩岱、副都統托岱、宜思孝等營又被吳軍衝破，托岱和宜思孝率兵退至郴州，碩岱等入城死守永興。吳軍三面環攻，晝夜不息，城牆被火炮轟壞了，清軍急速用竹簍布囊盛土填補，且築且戰，永興數次瀕危。這時，簡親王喇布屯兵茶陵不敢救，將軍穆占則將應援永興事全推給喇布處理。康熙深知兩將不和，一面傳諭穆占，勿因永興兩次失利而沮喪，應鼓舞軍心，振揚軍威，爭取勝利；一面向穆占嚴肅地指出：永興兩次失利，是其調走大臣、官兵致使防守該地兵力單薄，遂爾失機的緣故，爾今反而企圖輒思巧脫永興失利的誤事之罪，那是背離歷次詔旨的。接著，康熙歷數以往凡是有關防守江西全省及湖南茶陵、永興諸處的敕旨，總是署穆占名於前，簡親王喇布名於後，這顯然是朝廷倚重穆占的用意。作為將領的穆占，不但不以朝廷大事為念，反而徒為身計，獨留精兵自護，「軍機坐失，職此之由」244。最後，康熙委婉地勸諭兩將，「自今以往，毋得互分彼此」，宜協力蕩平敵軍。在康熙的催促下，穆占立遣都統布舒庫會同副都統尼雅翰率領護軍甲兵、綠旗兵並載運火炮赴永興解圍。隨後，穆占又奉命親赴永興，撲滅吳軍。

吳三桂見兵勢日蹙，人心漸變，力實難支。衡州百姓散布民謠說：「橫也是二年，豎也是二年，以昭字橫豎皆兩筆也。」245他每日自歎：何苦！何苦！一日，有犬驀地登上坐案，朝著他狂吠，三桂突然受驚，慮爲不祥之兆。從此，他日夜憂惶，形容憔悴，氣血大損，津液枯涸，氣機鬱結，痰淤凝阻，終成噎膈病。咽下梗塞，食時喉痛，或格拒難下，且又下痢，遂於康熙十七年（一六七八年）八月十七日在惶惶不安中病逝，時年六十七歲。夏國相等秘不發喪，向三桂進食進衣如平時，關閉衡州城門，並潛令逼攻永興的吳軍撤回。隨後吳國柱和馬寶等奉命於八月二十一日焚毀營壘，率領所部退回衡州，衡州始開城門。接著，胡國柱等將三桂屍體偷運至常德，由方光琛送殯到雲南安葬。於是，郭壯圖等擁立吳世藩在雲南即位，世藩任大學士方光琛爲國公，以郭壯圖爲腹心。次年，遷往貴州，以貴陽府貢院爲行在。

三桂的死訊一傳來，康熙立即抓住「渠魁既殞，賊必內變」這一有利時機，指令諸路將軍急速「各統大兵，分路進剿246。又下令兵部宜乘敵軍潰亂之際，急取岳州247。康熙還採納了林興珠的獻策，對岳州作了進一步的軍事部署：待湖水乾涸後，凡在洞庭湖的各要隘，應圍以木栰，豎立木樁，設置火炮，派遣小船時時巡警，嚴密監視敵兵行動。同時在南靖江、君山、高家廟等處，設立營壘，駐紮大隊人馬扼守，要嚴防吳軍突擊此等地區，從陸路往石首、華容、澧州（今澧縣）和常德諸處運糧。

原先，吳軍在岳州曾聚備三年軍糧。在荊岳長期對峙中，彼此不相攻戰，雙方還互通貿易，各自設關抽稅，以佐軍需。其時，荊州米貴，每石價銀一兩，湖南米賤，價銀三錢一石；荊州鹽賤，價銀僅一錢一包，湖南鹽貴，價銀每包三錢。兩邊議定，鹽五包換米一石。駐岳州的吳軍統帥吳應麒認爲用三錢之米換一兩五錢之鹽，大可圖利，於是，停發軍糧，傾倉倒換，以米易鹽，將換得的鹽在湖南出售，然後，把軍糧再折價縮値代以銀兩，發給官兵，所獲暴利，盡入私囊。因此，吳軍貯備糧餉爲之一空。

起初，吳軍盡占水道要隘，從臺灣投誠過來的水師總兵杜輝，又善於水戰。他所造飛船，長十丈，闊二十尺，兩頭尖銳安柁，中分三層，上、中兩層左右各安大小銃炮三十六，下層左右各置槳二十四，出入洪波大浪如平地。吳軍依靠這支強勁的飛船水師往衡州、湘陰等地運載糧米、器械，供應岳州駐兵需要。清水師不敢攔截。有一次杜輝等駕駛飛船二十多艘，自嶽州赴湘陰運取糧米火藥，清都統德業立、提督周卜世等率一百三十艘船在扁山出擊，杜輝急命水兵兩面放炮，清船急忙躲避，任飛船衝出水圍，駛往湘陰。之後，飛船從湘陰等地運回軍糧火藥，駛過扁山時，邊行邊向兩面放炮，清水師又不敢邀殺，目視吳船將糧米火藥運入岳州。這樣，清軍以數百艘戰船，面對敵人數十艘飛船，畏縮怯懦任其出入，未能絕斷吳軍餉道。

後來，清水師用艨艟數十艘，上排鐵釘，船外密布魚網，飛船疾駛過來，劃槳被魚網纏住，不能轉動，飛船終爲清師所破。

爲了加強對岳州的圍困，清廷又發江南子母等炮一千，運至岳州，調荊州水營總兵官張忠並標兵赴南潯江、君山、高家廟諸處，從長沙抽調部分軍兵，以及調江西總督董衛國屬下標兵五千與江西營兵數千，攜帶火器、挨牌、鹿角等軍用器械，馳赴岳州。

康熙十七年（一六七八年）十二月，吳軍統帥吳應麒令將軍江義、巴義元和杜輝等駕巨船二百五十多艘，乘風侵犯清軍駐地柳林嘴，貝勒察尼令水師掉輕舟飛越吳船，發炮攻擊，半數吳船被擊毀，吳軍多溺死湖中。過了片刻，又有五千吳軍突犯高家廟，並急速渡江，進攻陸石口，仍被清討逆將軍鄂內、前鋒統領杭奇等率師擊退。隨後，康熙立即指示：岳州係湖南咽喉，如該地克復，則常德、長沙等地的吳軍，斷難屯踞，蕩平敵寇，指日可期。今湖水漸涸，敵船難出，故由陸路奮死來犯，如敵兵不乏糧餉，豈肯如此拚死衝突，吳軍的窮迫情狀已十分明顯。貝勒察尼等亟須水陸圍逼，並令鎮守諸要路的將軍大臣，嚴緝奸細，使吳軍內外音信不通，斷絕其外援，務期克復岳州。

吳軍糧絕，人心惶惶。民謠傳播：「吳應麒！吳應麒！殺了你獻康熙。」[248] 吳應麒接連遣人四出求援，都沒有結果，內部官兵相繼投降。康熙十七年（一六七八年）十二月，吳將軍杜輝遣參將林寧等奉書請降，安遠靖寇大將軍貝勒察尼等約期接應，事洩，吳總兵陳華、李超率文武官兵潛逃，投誠清軍，杜輝與同謀諸人被吳應麒所殺。康熙十八年（一六七九年）正月，吳總兵王度沖、將軍陳珀等各率領舟師歸降。吳應麒在內外交困中，棄城逃走，清軍進入岳州。清輔國公溫齊等率兵追殺二百餘里，因沒有攜帶炊具而還。

岳州收復後，清軍就以秋風掃落葉之勢，迅猛地清除吳軍在湖南的勢力。

大將軍安親王岳樂命貝子章泰與署前鋒統領杭奇率每佐領滿漢兵十名，同湖南提督桑峨和水師總兵官萬正色等從水陸兩面夾攻長沙。吳將吳應麒、胡國柱等焚毀船艦棄城潛逃，清軍進入長沙。盤踞在彝陵對岸之鎮荊山的吳兵亦盡行潛遁。容華、石首等縣亦相繼恢復。於是康熙命大將軍簡親王率大軍協同安親王岳樂速取衡州，令貝勒察尼遣舟師三千八百名、沙船一百艘、快船八十艘，前赴長沙，聽安親王調遣，水陸齊進。簡親王喇布派前鋒統領希佛等攻取衡州。康熙十八年（一六七九年）二月十三日夜半，署前鋒參領戴屯等奪門入城，吳國貴、馬寶、夏國相棄城遁逃，衡州收復。清軍速下湘陰、湘潭、耒陽。

順承郡王勒爾錦遣署副都統多莫克圖等率師於康熙十八年（一六七九年）正月渡江。駐守太平街、虎渡口的吳軍聞風潰逃。勒爾錦隨即領大軍渡江，分兵連續收復松滋、枝江、宜都與澧州等地。扼守百里洲的吳將洪福等率師來降。二月，勒爾錦遣固山貝子準達率兵進取常德，兵未至，吳將即縱火焚毀房舍、船艦後逃遁。吳按察使陳寶鑰迎降。清軍進踞常德府城。接著，慈利、石門二縣，九溪、永定兩衛的吳總兵官藍志功、巡撫李益陽等率師投降。

三月，吳國貴等逃至永州，將軍穆占遣官兵窮追，於白水市諸處擊敗吳軍，收復永州。隨後，道州、永明、江華與東安等縣所駐吳軍聞風逃竄。

吳應麒、胡國柱等從長沙一口氣逃到辰州（沅陵），他們陸續集結潰軍達一萬三千多人，駐兵辰州，以木石堵塞隘口，跨路立五營，胡國柱扼守辰龍關。辰龍關係辰州門戶，又是「通雲貴的孔道」，這一帶山勢險峻，林木茂密，距關二十里處，止行一方，在陡絕之地，步行亦難上。早在康熙十八年（一六七九年）三月，勒爾錦率兵至辰龍關附近，一望群山林立，路徑險惡，且值雨季，便畏縮不前，急行退還，曾受到康熙嚴斥。隨後，康熙命貝勒察尼攻取此關，察尼仍然畏難，遲滯未攻。

八月，大將軍簡親王喇布派穆占攻取新寧。然後，會合安親王岳樂向武岡、楓木嶺進軍。吳將吳國貴率二萬餘人與清軍在楓木嶺隘口展開激戰。岳樂派建義侯林興珠與提督趙國祚等率軍奮擊，大敗吳軍，吳國貴中炮身亡。吳軍棄武岡慌忙逃跑，貝子章泰等率兵追趕逃敵，在木瓜橋再敗逃軍，清軍進占武岡、楓木嶺。十月岳樂率軍進占寶慶府（今邵陽市）。

正如康熙所預料，武岡、楓木嶺克復，辰龍關後路被截，吳軍再不能踞守。康熙十九年（一六八○年）三月，大將軍察尼率軍以間道襲破辰龍關，清軍抵達辰州，辰州知府傅祖錄獻城投降，吳將楊有祿、周禎、楊寶蔭、祖述舜等各率所部共一萬一千多名兵丁亦來歸降。吳應麒退到沅州，稍稍緩了口氣，準備營造楚王宮殿。吳軍忿懣地說：「刃已在頸，何殿爲？」眾兵一哄而散[249]。接著，穆占同董衛國率軍進兵沅州，吳應麒、胡國柱倉皇逃奔鎮遠，湖南全境克復。

與此同時，廣西亦隨之平定。

自孫延齡帶兵反清之後，吳三桂屢次催他出兵湖南助戰，孫延齡以部眾不從爲由，婉言拒絕，引起吳三桂的異常不滿。孫延齡妻子孔四貞時念清廷對她的隆恩，勸導延齡歸順清廷。康熙十六年（一六七七年），當清軍挺進，延齡正接洽投誠清廷之時，吳三桂獲此信息，立刻密令從孫吳世琮率軍趕赴桂林，誘殺孫延齡，迅速進據桂林。一時吳世琮勢甚猖獗。康熙認爲「平定廣西，掃蕩雲貴，關係緊要」，令廣西巡撫撫蠻滅寇將軍傅弘烈會同征南將軍莽依圖進兵圍攻平樂。康熙十七年（一六七八年）初，吳世琮率吳軍五千，分水陸兩路來援，渡過桂江，先擊敗傅弘烈所部綠旗兵，莽依圖急速率領後續部隊撤退，一直退到廣西梧州和廣東德慶。吳世琮增兵數萬，乘勝追擊，連敗傅弘烈部於賀縣、滕縣，直逼梧州。康熙十八年（一六七九年）正月，傅弘烈與莽依圖率敢死隊出擊，吳軍大敗。清軍乘勝奮進，長驅直入桂林。吳世琮轉而圍攻南寧，清總督金光祖遣總兵官譚昇和楊國泰等往援，吳世琮聞風匆忙渡江越嶺，在新村西山之巔，陣兵列鹿角迎戰。莽依圖與將軍覺羅、舒恕、額楚、都統貝勒和金光祖等，分路撲剿。吳世琮負重傷逃亡，南寧解圍。隨後，太平府、柳州相繼克復，廣西平定。

進軍四川、雲貴　吳藩覆滅

隨著戰爭形勢的發展和戰爭條件的變化，在進攻四川、雲貴之際，康熙作了新的軍事部署。

康熙陸續解除了安親王岳樂、順承郡王勒爾錦、貝勒察尼等的大將軍、將軍之職，命他們解印歸京，對他們的功勳與失職分別給予頌揚與嚴懲。康熙十九年（一六八〇年）一月，岳樂率師行至武昌，康熙特遣使慰勞，兼賜駱駝良馬，並傳諭盛讚岳樂平藩之功。三月八日康熙率在京諸王貝勒及滿漢大臣，出京至蘆溝橋駐蹕。次日，又自蘆溝橋出迎岳樂凱旋大軍於二十里外。康熙親自召見岳樂等至御前賜茶。寧南靖寇大將軍多羅順承郡王勒爾錦等自出征以來屢誤軍機，康熙嚴肅地向大學士等指出：「勒爾錦、察尼統領大兵不能極力底定地方，但斂取督撫、司道等官的財物，希圖肥家，貽誤國事，疲敝兵馬，困苦民生，失機之罪，最爲重大。前屢旨申飭，竟置不聞，安坐軍中，致失大計」。因爲「王與貝勒都是王親，其餘尚可從寬，王、貝勒貽誤國家大事，更不容姑貸也，爾等可傳諭議政王大臣也」250。由此勒爾錦、察尼被削去親王、郡王，並議政及宗人府之職。

康熙對進軍四川、雲、貴的三路統帥進行調整。任命貝子章泰接替岳樂爲定遠平寇大將軍，同將軍穆占和綏遠將軍、湖廣總督蔡毓榮率領湖廣大軍進征貴州；將軍賴塔「勞跡素著」，命他爲征南大將軍接替莽依圖，統領廣西滿漢大軍，選取廣州的清軍精銳與原平南王屬下的部分官兵，由廣西南寧出師，進取雲南；命陝西提督趙良棟、將軍王進寶等率領綠旗兵由陝西進征四川。三軍在雲南會師後，歸章泰統一指揮。

由於四川、雲貴山陵起伏，溝谷縱橫，騎兵馳騁平原戰場的威勢受到限制，剿滅殘敵，收復四川、雲、貴主要依靠綠旗步兵的力量。康熙把來於北方和東北地區的大部分蒙古兵、烏拉兵、寧古塔兵和部分滿洲騎兵，從前線陸續撤回，倚重漢兵漢將。康熙十八年（一六七九年）十月，康熙特遣內閣學士禧佛、郎中倭黑前往陝西，明確指示將軍張勇、王進寶、提督趙良棟和孫思克等說：「今賊既敗遁負險，無容專恃馬兵，若用綠旗步兵之力，於滅賊殊爲有濟。……爾等當各率所屬綠旗兵，平定漢中興安，恢復四川……爾等官兵前進，則滿洲大兵亦即相繼進剿，接運兵餉，不致匱乏。」[251] 康熙還指示議政王大臣等說：「進取四川，以滿洲大兵爲後，應最爲緊要。」他又任命湖廣總督蔡毓榮爲綏遠將軍，統率調遣湖廣全省綠旗兵及總轄常德、武岡等處所有各省調撥官兵；總督董衛國、周有德、提督桑峨、趙賴和周卜世等一律受蔡節制；湖廣現任文職官員也聽從蔡遴選調用；有關雲貴的剿撫事宜，全歸蔡毓榮專門負責。但必須關白平遠大將軍章泰，「商酌行之」。

康熙十八年（一六七九年）八月，康熙命陝西大將軍圖海統帥陝西滿漢大軍進取漢中興安。十月，圖海與將軍佛尼勒、將軍畢力克圖與提督孫思克、將軍王進寶、以及寧夏提督趙良棟等，分別從興安（今陝西安康）、略陽、棧道和徽州（今甘肅徽縣）等四路向漢中挺進。

其時，吳將王屏藩擁眾數萬於興安、漢中等地，吳之茂據守四川松潘地區。十月十日，王進寶收復陝西鳳縣（今寶雞市西南部）和甘肅兩當，於十月下旬，進克武關（今陝西留壩南），乘勝追擊逃敵，直抵漢中。王屏藩率逃軍從青石關撤至四川廣元，清兵收復漢中府。

趙良棟率大軍由密樹關進兵徽州，吳軍棄城遁逃，徽州收復。十一月，趙良棟揮師渡過白水江，兵不血刃，進占略陽。隨即分兵三路，攻下陽平關（在今陝西寧強縣西北），打開了進兵四川的通道。

十月中旬，圖海率大兵至鎭安縣，令署理西安將軍事務佛尼勒等爲頭隊，自己親率護軍統領吳丹爲二隊，分兩路，進軍梁河關。佛尼勒在火神崖打擊吳總兵王遇隆軍，渡過乾玉河，進占梁河關。圖海等乘勝迅趨興安州，吳將謝國、總兵王永世等率文武官員三百八十二人、兵丁一萬四千三百多名至軍前投誠，興安州收復。又連下平利、紫陽、漢陰、洵陽（今旬陽）諸縣，及湖廣竹山、竹溪等縣。

畢力克圖也在十月中旬收復甘肅的成縣、階州、文縣等地。

漢中平定後，康熙授予趙良棟爲勇略將軍，命趙良棟與將軍王進寶分兵兩路迅速進兵四川；又令圖海帥師鎭守漢中，謀劃接濟進蜀諸軍糧餉和調發進川軍兵。康熙還特別鄭重地指令圖海：「不拘陝西通省及各處官兵凡係王進寶、趙良棟所調，速爲發遣，勿致有誤，若漫不經意，調遣遲延，恐誤進定四川重務。」[252]於是，趙良棟從陝西、寧夏、甘肅等所屬各兵營選取標兵一萬一千人，自大安驛同將軍王進寶進取四川。

康熙十八年（一六七九年）十二月，王進寶率軍擊敗朝天關守敵，迅速占領廣元。遂分兵三路，急赴保寧（今四川閬中），在距城二十里之地，占據孔道，安營紮寨。康熙十九年（一六八〇年）正月初，王屏藩等出動二萬人襲擊清軍，王進寶遣官兵迎戰，大敗吳軍，追剿逃敵至錦屏山，連破敵營四座，奮進保寧城內。吳將王屏藩與陳君極自縊身死，擒獲將軍吳之茂、張起龍等將官十七人，保寧收復。又連下昭化（今併入廣元縣）、劍州（今劍閣）與蒼溪等縣。二月，王進寶會同將軍吳丹遣鎭守西安將軍佛尼勒、總兵官王朝海等率兵取順慶（今南充），沿途招撫鹽亭、潼川（今三台）、中江、南部諸州縣。正月中旬，順慶知府彭天壽等率眾投降。於是，蓬州（今蓬安）、廣安、合州（今合川）、西充、岳池、營山、渠縣、鄰水、儀龍、遂寧、蓮溪等十一州縣相繼平定。

康熙十九年（一六八〇年）正月初，趙良棟率兵渡過白水壩，在青川石峽溝擊潰吳軍伏兵，吳龍安府（治所在今平武）總兵姜應熊投降，吳軍退至舊州明月港，斷橋堅守。趙良棟率兵浮水渡江，奮勇擊退守敵，急令總兵官王進才分兵直取成都；他自己率大軍進至綿竹。吳勁武將軍汪文元迎降。十一日，清軍至成都近郊二十里鋪，吳巡撫張文德等率文武官員二百餘人投誠，成都收復。康熙提升趙良棟爲雲南貴州總督，加兵部尚書銜，仍兼管將軍事務。

與此同時，康熙移檄嚴飭湖廣提督徐治都會同川督楊茂勳率舟師溯江而上，直取夔州（今奉節）、重慶。康熙十九年（一六八〇年）正月二十一日，徐、楊分兵四路，擊敗吳將楊來嘉，生擒吳將王鳳歧，二月初吳夔州守將劉之瑋率總兵瞿洪升等出降。十六日，清兵又順利進據重慶。吳將楊來嘉、彭時亨等各遣人繳印歸降。

康熙十九年十月，綏遠將軍蔡毓榮、安遠平寇大將軍章泰等，先後從沅州出發，向貴州鎮遠進軍。吳將張足法、楊應選等在清軍到達鎮遠的前一天夜裏，就悄悄逃走了。清軍輕易地占據鎮遠府城。康熙預料吳軍不守貴陽，必據雞公背鐵索橋，緊急下令大將軍章泰等直下貴陽。在途中，清兵大破吳軍韓天福部，奪取平越州，恢復新添、龍里二衛，進逼貴陽。

這時，在貴陽的吳世璠急召夏國相、高啟隆、王會等速從四川還軍，救援貴陽，令馬寶、胡國柱等繼續在四川作戰。吳軍援兵還沒有到達，清兵已進抵貴陽郊區，世璠慌忙偕同將軍劉國炳、叔父吳應麒等乘夜逃奔昆明，清軍進據貴陽。章泰乘敵慌亂之際，揮師奮進，於十一月初，連下遵義、安順、石阡、都勻、思南諸城。平遠知府鄭開樞等獻府城投降。十日，清軍攻下永寧州（今甘肅永寧鎮），追敵至雞公背，扼守盤江鐵索橋的一萬三千餘吳軍，慌忙焚橋逃竄。這時，向清軍投誠的普安土司龍天祐、永寧土司沙起龍等立刻架設浮橋，幫助清軍渡過盤江。原任貴州提督李本深及大小文武官員相繼投降，清軍長驅直抵昆明城下。

但是仍在貴州頑抗的吳將高啟隆、夏國相、王會、張足法等，擁眾二萬餘人，重新攻占了平遠城，屯兵在平遠山上。清征南將軍都統穆占與提督趙賴率滿漢兵於康熙二十年（一六八一年）正月，向平遠山上進兵，高啟隆等敗遁，王會率部投降，清軍又復平遠府。隨後相繼收復普安（今盤縣）、黔西、大定（今大方）等。

與此同時，吳將線域率眾萬餘，踞守江西坡。江西坡崇隆險峻，曲折盤旋，繞山而上，婉似螺紋，在這裏吳、清兩軍展開了一場惡戰。二月初五日，吳軍先以三、四十頭雲南戰象，作爲前驅，突向山下清軍衝擊，其勢如暴風驟雨。一時，清軍戰馬士兵驚懼戰慄，潰亂躲避，清綏遠將軍總督蔡毓榮速遣正紅旗兵督戰，戰象奔突不可阻擋，正紅旗兵亦紛亂逃避，清兵死屍山積，戰死者約十之二、三，被大象踩死、爭著逃命互相殘踏而死的約占十之六、七。直到康熙末年，在這坡下鋤犁，尚見白骨成堆[253]，足證這場戰役清軍損失之慘重。後來吳軍終因兵力懸殊，不能堅守，遂棄險西上。

於是章泰與蔡毓榮率軍進兵雲南。

在清軍步步進逼的形勢下，吳軍內部分崩離析。吳應麒隨世璠從貴陽逃歸雲南，一路又招集逃亡散兵一、二千人，到了交水（曲靖附近）就駐紮下來，沒有再跟世璠去昆明。他打算在交水繼續集結散兵，壯大軍力，帶兵進入雲南，伺機廢棄吳世璠，自襲帝位。這一篡位的謀劃，被掌握實權的郭壯圖偵知，郭壯圖就密令大將線域以支援吳應麒爲名，率軍至交水，誘惑吳應麒出城慰勞援軍，線域乘其不備，唆使部屬當場用繩索將吳應麒勒死，吳應麒在昆明的兩個兒子也同時被殺。吳藩內部骨肉相殘，人心渙散，殘敗的局面已不可收拾了。

康熙十九年（一六八〇年）十月下旬，廣西大軍在賴塔的率領下，從廣西南寧出發，往田州、泗城（今廣西凌雲）抵達西隆州（今廣西隆林各族自治縣）。康熙二十年（一六八一年）正月，在雲南邊境距安龍所十里的石門坎，清軍與吳軍展開了一場激烈的攻堅戰。石門坎羊腸石徑，易守難攻，吳將何繼祖憑險堅守隘口。賴塔令都統貝勒、希福等率前隊官兵進剿，沿著大道前進，先向關前發動猛攻；自己與金光祖等分兵兩路，自關後攀險而上，乘敵不備，從後面突擊，奪取了關隘，吳軍潰敗，清兵乘勝收復了安龍所。吳將何繼祖等敗遁至新城，會同吳將詹養等聚兵二萬，退守黃草壩（今貴州興義）。二月初二日，賴塔率軍進至黃草壩，同吳軍從早晨五、六時激戰到下午二、三時，連續摧毀敵營二十幾座，俘獲詹養等將士千餘。隨後，迅速地向雲南挺進，連下曲靖、沾益、馬龍、嵩明、尋甸（今尋甸回族彝族自治縣）及楊林（在嵩明南）等城。賴塔部進兵神速，康熙獲悉後，大加讚揚說：「賴塔自閩廣深入雲南，獨先諸路，大敗逆賊，調度有方，將士奮勇，殊屬可嘉。」[254]

章泰與蔡毓榮等也由貴州進入雲南，與賴塔會師後，即向昆明進軍。二月中旬，章泰等在離昆明三、四十里外的歸化寺立營。吳世璠急召胡國柱、夏國相與馬寶等將領從四川率師歸援。康熙命將軍佛尼勒、趙良棟等各率官兵分路躡擊，阻抑援兵來滇。世璠又遣密使往西藏，乞師於達賴喇嘛，密使和信都被清軍截獲。二月下旬，郭壯圖遣李設牙、胡國炳率精兵萬餘人，出城過河進犯清營，列象陣挑戰。章泰和賴塔揮軍分隊進擊，左右夾攻，自辰至午，吳軍五退五進，不料吳軍退到金汁河時，象陣驀地大亂，反向吳軍猛衝，吳軍紛紛跌入金汁河，被象踐踏而死。清兵乘機衝殺，直追到城門下，陣斬吳將吳國炳、劉起龍等，吳軍自相踐踏，死者枕藉，郭壯圖匆忙收兵，關閉城門。於是清軍東西布營數十里，進一步圍困昆明城。世璠移諸將家口於五華山宮城，誓必嬰城死守。

昆明倚山臨湖，利於防守。而清軍駐營離城較遠，包圍很不嚴密。尤其是昆明池，南北相距百里，池面廣闊，池四周的安寧、晉寧、昆陽、呈貢四縣的駐軍，大都沒有撤換，仍由吳三桂舊部防守著。自然，四縣駐軍不會坐視自己的親屬、戚友困死城內，因此吳軍舟楫，任其往來，從不查問。這樣，城內軍民所需糧食衣物靠水路運輸，從鄰湖四州縣源源不斷地得到供應。更何況清軍將領數次建議攻城，都沒有得到大將軍章泰允諾。章泰執意待敵自行解體。他認爲滿洲軍兵冒矢石，犯鋒刃，血戰萬里，終於到達昆明，而殘敵已是奄奄一息，清軍只要向城內軍民申明大義，必將有人應變，豈能忍心再讓滿兵葬身於堅城之下。凡此種種，使昆城吳軍得以負固抗拒數月不下。

昆明圍困日久，康熙十分焦急。八月，他面諭議政大臣說：「雲南省城圍困已久，吳軍株守孤城窮迫已極，若不急速克取，一再遷延時日，待賊食盡，恐糧餉漸至於虛糜，兵丁亦苦於疾病，應移檄大將軍章泰、賴塔等均派待罪官兵及投誠綠旗兵速行攻取。」[255]但章泰仍按兵不動。

九月，趙良棟率師趕到昆明，與章泰、賴塔兩路大軍會師。趙良棟目睹清軍遠離昆城，且圍攻鬆弛，如此怎能破城。趙良棟不顧自己與部屬遠路跋涉的疲憊困乏，立即親率所部投入戰鬥，跨越重重溝壕，奪取土橋、新橋與得勝橋，兵臨昆明城下。章泰也隨之下令各路軍兵進抵城下，圍困數重。同時，章泰又接受趙良棟的建議，在昆明池內，橫列巨筏，筏上構築用來偵察、防禦和攻城的高臺，設置水軍，往來巡邏，嚴密監視，防備城內敵軍圖謀潛出昆湖，封鎖了昆明與外界的水陸通道，切斷了城內的糧餉來源。

十月，昆明城內糧絕，一酒杯米價高達一兩白銀，人都餓死了，軍民一片慌亂。章泰等乘勢督率各路大軍向昆明城發起四面猛攻，用炮晝夜轟擊。同時，向城內連續射出一封封勸降書，並密派吳三桂部屬張起龍持敕潛入城內招撫，加速敵軍瓦解。十月二十八日夜，吳將線域、吳世吉、黃用與都統何進忠、巡撫林天擎等密謀擒拿世璠與郭壯圖獻給清軍。吳世璠聞變自殺，郭壯圖及其子郭宗汾亦都自刎而死。二十九日，線域等率眾出城投降，並獻上「首謀獻計」的大學士方光琛和他的兒子方學潛、侄兒方學范。章泰等入城安撫官民，接著，沒收了吳世璠的家產，割下世璠的頭，將方光琛連同他的兒子、侄兒一起於軍前凌遲處死。助逆肆惡、勢迫始降之高起隆、張國柱、巴養元、鄭旺、李繼業等皆棄市，妻女財產籍入官。夏國相、李本深、王永清、江義磔死，親屬坐斬256。

清軍到處搜尋挖掘吳三桂的墳墓屍骨，甚至一天內有挖得十三具屍骨，全被下令焚燒成灰，其實都不是三桂的屍骨。三桂的屍骨所在，除世璠與郭壯圖等少數人外，其他無人知曉。後來，吳三桂的一個侄兒出首，供出三桂的屍骨已焚化，骨灰匣藏在安福園石橋水底，清軍戽水掘骨，果然找到一骨灰匣。然後章泰等將世璠的頭與三桂屍骨一併送到京師257。清廷將吳世璠的首級交給刑部，把吳三桂的屍骨銼斷，分發各省，一律懸掛通衢示眾。

吳將馬寶、巴養元等率軍從貴州遵義退到雲南尋甸後，攜妻子奔往楚雄，屯踞烏木山，憑險抗拒清軍。康熙二十年（一六八一年）七月，清都統希福、提督桑峨等率師分路入山進剿，大敗吳軍。馬寶、巴養元等倉皇越山逃遁，潛入姚安山中，這時，部眾散亡殆盡，剩下不到百人。桑峨遣人說降，馬寶欣然應諾。出山時，馬寶用絹束著頭髮，穿著諸侯、士大夫平常閑時所穿的上下相連的衣裳，坐上八人扛抬的大轎，特意擺出一副瀟灑儒雅的氣派，招搖過市，沿途他向圍觀的大眾宣稱：「我不出，爲我受牽連的人太多，爲拯救一方百姓，我不惜一死！」到了楚雄，桑峨假意出城迎接，裝出恭敬的樣子，馬寶喜不自勝。閒居數日，一天，桑峨特邀馬寶夜飲，兩人對酌，昏黃的燈光像鬼火似的，一閃一閃，映著桑峨不陽不陰的臉，一股陰冷的氣氛，壓得馬寶透不過氣來。酒過三巡，馬寶心裏抖動了一下，忽然思緒萬千，湧上心頭，自恃戎馬一生，出生入死，同清軍捨命拚搏，攻城掠殺，逞雄一時，卻結怨於清廷，今身落敵手，罪孽深重，終究難逃一死，不禁黯然泣下，悲不自勝，老淚縱橫。至此，馬寶別無他求，他只哀求桑峨設法庇護他的親兒，延續其一脈宗親。不久康熙下旨：馬寶力窮勢逼，始來投誠，所犯情罪重大，斷不能宥，命大將章泰將馬寶、巴養元等押解京師。馬寶被處以凌遲酷刑，受刑之時，馬寶緊閉嘴唇，不發一聲，直到一刀直捅心胸，才大叫一聲而死。

夏國相敗遁廣南。大將軍章泰命土司儂朋及防守臨安總兵官李國梁率師進剿。康熙二十年（一六八一年）十一月初，清軍直抵西板橋，將吳軍緊緊包圍，堵絕逃路。夏國相與王永清、李攀龍等諸將率部屬繳印札乞降。章泰等立斬李攀龍等於軍前，押送夏國相去京師正法。

胡國柱等於康熙二十年（一六八一年）三月率師二萬餘人，進犯賨壩、大溪口諸處，被清將軍佛尼勒、趙良棟等挫敗之後，遁走敘州（今四川宜賓市）、建昌（今四川西昌市），隨後，再流竄到雲南姚安山中，這時，部卒已潰散過半。清都統希福等率軍進剿，胡國柱、王敘（王緒）等由麗江（今麗江納西族自治縣）、鶴慶竄入雲龍州之青里屋，已是窮荒乏食，面臨絕境。國柱問幕僚王敘（王緒）、李匡，如何了結？王敘（緒）、李匡答道：君侯不見落花乎！或繽紛裀席之上，或狼藉泥塗之中。話還沒有說完，國柱已會意，就連連點頭說：是！是！次日，國柱當眾明告家人，引帛自縊。王敘（王緒）、李匡等舉奠盡哀後，也自焚而亡。

在吳藩即將滅亡之際，康熙對耿精忠亦處以死刑。

早在康熙十六年（一六七七年）十一月，藩下參領徐鴻弼等遣人赴刑部，「首精忠歸順後尚蓄逆謀，凡五款：一、違康熙之令，不悉舉出奸黨；一、潛結海賊通音問；一、與劉進忠執手耳語，謂乞降非所願；一、密令腹心藏鉛藥，約俟異日取用；一、散遣舊兵歸農，令分攜兵器，勿留供大軍」258。昭忠在福州同參贊大臣介山等亦以鴻弼首詞具疏入告。康熙都留下不發。

康熙十七年（一六七八年）三桂死，吳軍遁入雲貴，鄭經退守海澄廈門。康熙顧慮耿精忠留在福建，恐其變生意外，如果要精忠來京，又怕他疑懼，所以密諭康親王讓精忠「奏請陛見」259。康親王沒有理解康熙的意圖，反而上疏揭發精忠之罪，請求清廷逮繫正法。康熙又明確指出：「今廣西、湖南、漢中、興安俱已底定，逆賊餘黨引頸以冀歸正者不止百千。耿精忠若即正法，餘黨或致寒心；如能自請來京，庶事皆寧貼。」260康熙十九年（一六八〇年）四月，精忠疏請入覲。康熙即令馬九玉爲福州將軍，管轄藩下軍兵。八月，昭忠、聚忠相繼上疏，歷數精忠罪狀。精忠到了京城，康熙就允准王大臣等所請，將精忠下法司勘問，並將先前參劾精忠的密奏一併交給法司。精忠力辯歸順後絕無叛意。王大臣等議定革去精忠王爵，並將精忠父子及曾養性、白顯忠等一律磔死籍沒。康熙命暫繫精忠於獄，將家屬、部屬歸入正黃旗、漢軍旗下。

康熙二十年（一六八一年）十月，康熙徵求廷臣意見，擬對精忠予以寬減處刑，大學士明珠奏言：「精忠罪較之信尤爲重大，之信不過縱酒行兇，口出妄言，精忠負恩謀反，且與安親王書多狂悖語，情無可貸，當敕法司明正典刑」。於是精忠與曾養性、江元勳、劉進忠……等九人「並磔於市，懸首示衆」。顯祚及祖弘勳、司定猷等十五人「咸伏誅，籍其家」261。

三藩之亂歷經八年，至此終告平定，年輕的康熙經受了一次嚴峻的考驗。

註釋

1《清世祖實錄》卷四，順治元年四月癸酉條。

2《清世祖實錄》卷四，順治元年丁丑條。

3《清史列傳》卷八十，〈逆臣傳・吳三桂〉。

4，5 劉健：《庭聞錄》卷三。

6《清聖祖實錄》卷六，康熙元年四月癸未條。

7 許旭：《閩中紀略》，見魏源《聖武記》卷二。

8 劉健：《庭聞錄》卷六，〈雜錄備遺〉。

9 吳偉業：《魏寇紀略》，〈補遺〉卷上。

10《清世祖實錄》卷一百三十六，順治十七年六月上，甲申條。

11 劉昆：《南中雜說・兵制》，見《叢書集成》初編。

12《清聖祖實錄》卷二十，康熙五年九月辛未條。

13《清史稿》卷二百三十四，〈耿仲明傳〉。

14《清聖祖實錄》卷七，康熙三年十二月辛酉條。

15《清聖祖實錄》卷十五，康熙四年五月己巳條。

16 魏源：《聖武記》卷二，〈康熙戡定三藩記〉上。

17《清世祖實錄》卷一百四十二，順治十七年十一月壬申條。

18《清聖祖實錄》卷五，順治十八年十一月己丑條。

19《清朝先正事略・郝雪海中丞事略》，〈附楊素蘊傳〉。

20，21 劉健：《庭聞錄》卷四，〈開藩專制〉。

22《清聖祖實錄》卷二十二，康熙六年五月乙酉條。

23《清聖祖實錄》卷二十三，康熙六年七月甲辰條。

24 魏源：《聖武記》卷二，〈康熙戡定三藩記〉上。

25《清聖祖實錄》卷九十一，康熙十九年八月丙戌條。

26《清人逸事》卷五，〈跛金〉，見《清朝野史大觀》。

27《清世祖實錄》卷一百三十五，順治十七年五月己巳條。

28《清聖祖實錄》卷九十四，康熙二十年二月癸巳條。

29 劉健：《庭聞錄》卷四，〈開藩專制〉。

30 劉健：《庭聞錄》卷六，〈雜錄備遺〉。

31，32 魏源：《聖武記》卷二，〈康熙戡定三藩記〉上。

33《清聖祖實錄》卷一百三十六，順治十七年六月乙未條。

34《清聖祖實錄》卷四，順治十八年七月甲寅條。

35《清史稿》卷二百五十，〈王熙傳〉。

36 魏源：《聖武記》卷二，〈康熙戡定三藩記〉上。

37，38《清聖祖實錄》卷十九，康熙五年秋七月甲申條。

39《清聖祖實錄》卷十四，康熙四年三月乙未條。
40 海外散人：《榕城紀聞》，見《清史資料》第一輯。
41 乾隆《福建通志》卷七十，〈藝文〉。
42 海外散人：《榕城紀聞》，見《清史資料》第一輯。
43 劉健：《庭聞錄》卷四，〈開藩專制〉。
44《清聖祖實錄》卷四，順治十八年十一月辛巳條。
45《清聖祖實錄》卷四，順治十八年七月壬子條。
46 劉健：《庭聞錄》卷六，〈雜錄備遺〉。
47 錢儀吉輯：《碑傳集》卷一百十八，王熙〈甘文焜神道碑〉。
48 乾隆《貴州通志》卷三十五，〈藝文〉。
49《清聖祖實錄》卷九十九，康熙二十年十二月癸巳條。
50《清聖祖實錄》卷一百五十四，康熙三十一年二月辛巳。
51, 52《國朝耆獻類徵初編》卷四，宰輔四，〈王熙傳〉或《清史稿》卷二百五十，〈王熙傳〉。
53《清人逸事》卷五，〈郝浴出處之恢奇〉，見《清朝野史大觀》。
54《清史稿》卷二百五十二，〈傅弘烈傳〉。
55 劉健：《庭聞錄》卷四，〈開藩專制〉。
56《清史列傳》卷八十，〈逆臣傳・吳三桂〉。
57《清聖祖實錄》卷二十四，康熙六年九月己巳條。
58《清聖祖實錄》卷四十，康熙十一年十二月丁巳條。
59《清聖祖實錄》卷三十五，康熙十年正月戊辰條。
60《清聖祖實錄》卷四十一，康熙十二年二月甲辰條。
61《元功垂範》卷上，順治十二年。
62《清史稿》卷二百五十二，〈甘文焜傳〉。
63 劉健：《庭聞錄》卷四，〈開藩專制〉。
64, 65 王鉞：《世德堂文集》，附《水西記略》。
66, 67, 68《清聖祖實錄》卷四十一，康熙十二年三月壬午條。
69《清聖祖實錄》卷四十一，康熙十二年三月丁酉條。
70《清聖祖實錄》卷四十二，康熙十二年七月丙子條。
71 劉健：《庭聞錄》卷四，〈開藩專制〉。
72《清史列傳》卷八十，〈逆臣傳・吳三桂〉。
73 魏源：《聖武記》卷二，〈康熙戡定三藩記〉上。
74《清史逸事》卷五，〈劉玄初〉，見《清朝野史大觀》。
75《清史列傳》卷八十，〈逆臣傳・吳三桂〉。
76, 77 魏源：《聖武記》卷二，〈康熙戡定三藩記〉上。
78《清聖祖實錄》卷四十三，康熙十二年八月癸卯條。
79《清聖祖實錄》卷九十九，康熙二十年十二月癸巳條。
80 魏源：《聖武記》卷二，〈康熙戡定三藩記〉上。

81《清聖祖實錄》卷四十三，康熙十二年八月癸卯條。
82《清聖祖實錄》卷四十三，康熙十二年八月丙午條。
83,84《清聖祖實錄》卷四十三，康熙十二年八月乙卯條。
85《清聖祖實錄》卷四十三，康熙十二年八月乙卯條。
86《清聖祖實錄》卷四十三，康熙十二年八月辛酉條。
87《清聖祖實錄》卷四十四，康熙十二年十一月己巳條。
88 許旭：《閩中紀略》，見魏源《聖武記》卷二。
89《四王合傳》，見《荊駝逸史》。
90 劉健：《庭聞錄》卷四，〈開藩專制〉。
91《四王合傳》，見《荊駝逸史》。
92《畿輔通志》卷二百二十七，〈王熙傳〉。
93,94《辛巳叢編・平滇始末》。
95,96,97,98,99,100,101,102 劉健：《庭聞錄》卷四，〈開藩專制〉。
103《華夷變態》卷二。
104《康熙起居注》，康熙二十年十二月辛酉條。
105 劉健：《庭聞錄》卷四，〈開藩專制〉。
106《清聖祖實錄》卷四十四，康熙十二年十二月丁巳。
107 魏源：《聖武記》卷二，〈康熙戡定三藩記〉。
108《清聖祖實錄》卷九十九，康熙二十年十二月癸巳條。
109《清聖祖實錄》卷四十四，康熙十二年十一月丁巳條。
110《清聖祖實錄》卷四十五，康熙十三年正月壬申條。
111《清聖祖實錄》卷四十四，康熙十二年十一月庚申條。
112 魏源：《聖武記》卷二，〈康熙戡定三藩記〉上。
113《清聖祖實錄》卷五十，康熙十三年十一月庚申朔條。
114《平定三逆方略》卷四。
115《清聖祖實錄》卷四十四，康熙十二年十二月丁巳條。
116《清聖祖實錄》卷四十四，康熙十二年十二月壬戌條。
117《清聖祖實錄》卷四十四，康熙十二年十一月丁巳條。
118《清聖祖實錄》卷四十四，康熙十二年十一月庚申條。
119《清聖祖實錄》卷五十三，康熙十四年二月壬寅條。
120《清聖祖實錄》卷四十四，康熙十二年十二月己未條。
121《清史稿》卷二百五十，〈王熙傳〉。
122《畿輔通志》卷二十二，〈王熙傳〉。
123《清聖祖實錄》卷四十七，康熙十三年四月丁未條。
124 錢儀吉：《碑傳集》卷十二，〈王文靖公墓志銘〉。
125《皇朝武功記盛》卷一，〈平定三逆述略〉。
126《清聖祖實錄》卷四十七，康熙十三年四月丙申條。
127 魏源：《聖武記》卷二，〈康熙戡定三藩記〉上。
128 江日昇：《臺灣外紀》卷十五。
129,130 許旭：《閩中紀略》，見魏源《聖武記》卷二。
131,132 江日昇：《臺灣外紀》卷十五。

133,134 許旭：《閩中紀略》，見魏源《聖武記》卷二。
135,136 《清史稿》卷二百五十二，〈范承謨傳〉。
137 魏源：《聖武記》卷二，〈康熙戡定三藩記〉下。
138,139 陳鴻：《清初莆變小乘》，見《清史資料》第一輯。
140 《清史稿》卷二百五十一，〈李之芳傳〉。
141 《清聖祖實錄》卷四十八，康熙十三年六月辛亥條。
142 《四王合傳》，見《荊駝逸史》。
143 《清聖祖實錄》卷四十八，康熙十三年六月癸酉條。
144 《清聖祖實錄》卷四十七，康熙十三年五月壬午條。
145 《清聖祖實錄》卷四十五，康熙十三年八月癸巳條。
146 《清聖祖實錄》卷四十五，康熙十三年九月甲申條。
147 《清聖祖實錄》卷五十，康熙十三年十月壬辰條。
148 《清聖祖實錄》卷四十九，康熙十三年八月己酉條。
149 乾隆《紹興府志》卷二十四，〈武備志〉。
150 《清聖祖實錄》卷四十八，康熙十三年六月辛巳條。
151 《清聖祖實錄》卷四十八，康熙十三年六月辛亥條。
152 《四王合傳》，見《荊駝逸史》。
153 《清聖祖實錄》卷四十八，康熙十三年六月戊午條。
154 《清聖祖實錄》卷四十七，康熙十三年四月辛酉條。
155 《清聖祖實錄》卷四十八，康熙十三年六月甲午朔條。
156 《清聖祖實錄》卷四十八，康熙十三年七月辛卯條。
157,158 《清聖祖實錄》卷四十八，康熙十三年六月甲午條。
159 《清聖祖實錄》卷六十一，康熙十五年六月己卯條。
160 《清史稿》卷二百五十一，〈李之芳傳〉。
161 《清聖祖實錄》卷五十八，康熙十四年十二月壬戌條。
162 魏源：《聖武記》卷二，〈康熙戡定三藩記〉下。
163 《清聖祖實錄》卷六十三，康熙十五年九月丁酉條。
164,165 《清史列傳》卷八十，〈逆臣傳・耿精忠〉。
166 《清史稿》卷二百五十三，〈范承謨傳〉。
167,168,169 《四王合傳》，見《荊駝逸史》。
170,171 《清聖祖實錄》卷四十七，康熙十三年四月癸卯條。
172,173 《清史列傳》卷八十，〈逆臣傳・尚之信〉。
174 《清聖祖實錄》卷七十，康熙十六年十一月甲申條。
175 《清聖祖實錄》卷七十一，康熙十七年二月甲辰條。
176 《清史列傳》卷八十，〈逆臣傳・尚之信〉。
177 《清聖祖實錄》卷七十二，康熙十七年三月壬午條。
178,179,180,181,182,183 《清史列傳》卷八十，〈逆臣傳・尚之信〉。
184 《清聖祖實錄》卷九十，康熙十九年五月丁丑條。
185 《四王合傳》，見《荊駝逸史》。
186 《清史列傳》卷八十，〈逆臣傳・尚之信〉。

187《清聖祖實錄》卷九十一，康熙十九年八月戊辰條。
188《四王合傳》，見《荊駝逸史》。
189《清史列傳》卷八十，〈逆臣傳・尚之信〉。
190，191《清聖祖實錄》卷九十一，康熙十九年八月甲申條。
192《清聖祖實錄》卷四十六，康熙十三年三月辛酉條。
193《清聖祖實錄》卷四十八，康熙十三年六月戊午條。
194《清聖祖實錄》卷四十四，康熙十二年十二月丁巳條。
195《清聖祖實錄》卷四十六，康熙十三年二月戊戌條。
196《清聖祖實錄》卷四十六，康熙十三年三月己巳條。
197，198《清史列傳》卷八十，〈逆臣傳・王輔臣〉。
199《清聖祖實錄》卷四十八，康熙十三年六月壬子條。
200《清聖祖實錄》卷五十，康熙十三年十一月庚申朔條。
201《清聖祖實錄》卷五十一，康熙十三年十二月丙申條。
202《清聖祖實錄》卷五十一，康熙十三年十二月庚子條。
203《清聖祖實錄》卷五十一，康熙十三年十二月戊申條。
204《清聖祖實錄》卷五十一，康熙十三年十二月庚子條。
205《清人逸事》卷五，〈記馬鷂子六則〉，見《清朝野史大觀》。
206《清聖祖實錄》卷五十二，康熙十四年正月癸酉條。
207《清聖祖實錄》卷五十一，康熙十三年十二月壬子條。
208《清聖祖實錄》卷五十二，康熙十四年正月乙亥條。
209《清聖祖實錄》卷五十二，康熙十四年正月癸酉條。
210《清聖祖實錄》卷五十三，康熙十四年二月戊午條。
211《清聖祖實錄》卷五十三，康熙十四年二月辛卯條。
212《清聖祖實錄》卷五十六，康熙十四年六月丙午條。
213《清聖祖實錄》卷五十六，康熙十四年六月甲辰條。
214《清聖祖實錄》卷五十七，康熙十四年九月戊子條。
215，216，217《清聖祖實錄》卷五十七，康熙十四年九月壬寅條。
218《清聖祖實錄》卷五十八，康熙十四年十二月戊午條。
219《清聖祖實錄》卷五十九，康熙十五年二月辛卯條。
220《清聖祖實錄》卷五十九，康熙十五年二月壬戌條。
221《清聖祖實錄》卷五十九，康熙十五年二月辛巳條。
222《清史稿》卷二百五十一，〈圖海傳〉。
223《清朝先正事略》卷二，〈圖海傳〉。
224，225，226《辛巳叢編・平吳錄》。
227《清人逸事》卷五，見《清朝野史大觀》。
228《清聖祖實錄》卷四十六，康熙十三年二月甲寅條。
229《清聖祖實錄》卷四十七，康熙十三年四月己亥條。
230《清聖祖實錄》卷四十六，康熙十三年三月壬申條。

231《清聖祖實錄》卷五十二，康熙十四年正月辛酉條。
232、233《清聖祖實錄》卷五十二，康熙十四年正月戊子條。
234《清聖祖實錄》卷五十八，康熙十四年十二月壬戌條。
235《清聖祖實錄》卷五十八，康熙十四年十二月癸酉條。
236《清聖祖實錄》卷五十九，康熙十五年二月甲戌條。
237《清聖祖實錄》卷五十八，康熙十四年十二月壬戌條。
238 劉獻庭：《廣陽雜紀》卷二，中華書局一九五七年版。
239《清聖祖實錄》卷六十，康熙十五年三月戊辰條。
240《清聖祖實錄》卷六十四，康熙十五年十一月壬寅條。
241《清聖祖實錄》卷六十八，康熙十六年七月甲申條。
242《清聖祖實錄》卷六十五，康熙十六年二月丁卯條。
243《清聖祖實錄》卷七十二，康熙十七年三月庚子條。
244《清聖祖實錄》卷五十七，康熙十七年七月甲子條。
245《辛巳叢編・平吳錄》。
246《清聖祖實錄》卷七十六，康熙十七年八月乙未條。
247《清聖祖實錄》卷七十七，康熙十七年九月乙酉條。
248《辛巳叢編・平吳錄》。
249《辛巳叢編・平滇始末》。
250《清聖祖實錄》卷九十二，康熙十九年十月辛亥條。
251《清聖祖實錄》卷八十五，康熙十八年十月辛未條。
252《清聖祖實錄》卷八十七，康熙十八年十二月壬午條。
253 劉健：《庭聞錄》卷五；《清聖祖實錄》卷九十四，康熙二十年二月乙巳條。
254《清聖祖實錄》卷九十二，康熙二十年四月甲子條。
255《清聖祖實錄》卷九十七，康熙二十年八月辛未條。
256《清史列傳》卷八十，〈逆臣傳・吳三桂〉。
257《辛巳叢編・平滇始末》。
258、259、260、261《清史列傳》卷八十，〈逆臣傳・耿精忠〉。

第三章　清鄭之間時戰時和　勦撫兼施終統臺灣

鄭經被驅守臺　清廷持和談判

順治十八年（一六六一年）十二月，鄭成功率軍攻占臺灣，結束了荷蘭侵略者在臺灣三十八年的統治。從此，鄭氏政權以臺灣爲根據地，以金門、廈門兩島爲支點，繼續堅持著抗清鬥爭，使清政府在東南沿海地區的政局很不穩定。

康熙自即位伊始，爲繼續完成順治帝遺留下來的統一臺灣的未竟大業，根據不同時期的形勢變化，交替運用軍事征勦與和平談判的兩手策略，同鄭氏政權進行了長期複雜的鬥爭。

康熙元年（一六六二年）五月，鄭成功逝世，他的兒子鄭經駐守在廈門，其弟鄭襲在黃昭、肅拱宸的策動下，假借成功遺言，陰謀襲取藩主位置。鄭經獲悉這一消息後，立刻偕同周全斌、陳永華與馮錫範等準備率軍赴臺灣正位。

乘鄭氏集團內部發生內哄之際，清福建總督李率泰、靖南王耿繼茂等派遣都司王惟明、李振華同總兵林忠前往廈門，以「遵制削髮登岸，自當厚爵加封」[1]爲條件，招撫鄭經。於是鄭經暫停臺灣之行，召集伯鄭泰、洪旭、黃廷等軍事首腦會議議定，「欲效朝鮮事例，不削髮，稱臣納貢」，以此作爲和談條件，讓來使通知清方。八月，李率泰、耿繼茂又差林忠等到廈門勸諭，要鄭經將前此所占各州縣的印信交還給清，並派員去漳州酌議，爾後帶上奏章往北京請旨。鄭經在內外交困的逆境下，不得不暫藉清廷招撫之名，陽奉陰違，贏得時間，欲待平息內患後再作籌算。由是，鄭經遣楊來嘉、吳蔭爲使，攜帶前此所得各州縣之印共二十五顆，隨林忠到漳州和談。

茂、泰一面厚待嘉、蔭二人，並差員同楊來嘉等一起入京上奏待命；一面乘鄭氏叔侄爭權之機，隨檄水師提督施琅、提督馬得功、海澄公黃梧及諸路總兵等，暫且按兵，要他們趁機密布間諜，挑動鄭氏集團內部矛盾，使其互相猜疑，以亂人心。

鄭經亦抓住招撫的空隙，將金、廈各島事務交伯鄭泰、洪旭和黃廷等調度。十月，他同周全斌率領舟師疾赴臺灣。師至澎湖，先差禮官鄭斌往臺灣向當地官兵宣告：世藩親統六師抵臺奔喪，各鎮官兵應分屯駐守原地。隨後，鄭經率軍除滅了黃昭、蕭拱宸等倡亂首惡，以禮寬待其叔鄭襲，這樣使臺灣局勢很快穩定下來。於是，鄭經命鄭省英爲承天知府，顏望忠鎮守安平鎮，黃安提調承天府暨南北兩路兵馬地方軍務。

十二月，楊來嘉從京返廈，報稱清廷必欲鄭氏剃髮登岸。招撫不成。

康熙二年（一六六三年）正月，鄭經偕同周全斌、陳永華與馮錫範等率親軍五總旗下兵丁共四千餘人，戰船九十餘艘，自臺灣返回廈門。諸將都來迎接，惟有伯鄭泰在金門稱疾不至。原來，鄭經曾於黃昭營中搜出鄭泰勾結黃昭圖謀篡權的親筆密信數封，鄭經雖將密信暗藏起來，不露風聲，但鄭泰心中有鬼。這時，周全斌向鄭經獻計說：「彼船隻倍多，未可輕舉，急則變矣！不如用香餌法餌之。」鄭經忙問：「何謂香餌？」全斌不慌不忙答道：「藩主可假言向泰宣稱臺灣新創，地方無人約束，恐怕發生意外，決意將眷屬搬往臺灣安插，然後西向，金、廈兩島只好暫交伯總制，這樣，泰必安心。」鄭經點頭稱好。六月，鄭經特派禮官鄭斌、戶官吳慎兩人趕赴金門，將金廈總制印交付鄭泰，並向鄭泰轉達鄭經的命令說：「經將東行臺灣，金、廈諸島，煩伯總制。」

鄭泰受印後，十分歡欣，厚待鄭、吳兩人。但鄭泰心懷疑懼，總不敢過廈稱謝。初四日，鄭經將劉國軒、黃安等眷口第一批載往臺灣，鄭泰稍稍釋疑，方於初六日親往廈門謁見鄭經。鄭經待鄭泰禮意倍厚，又囑託鄭泰要一心擔當起固守金、廈的重任，鄭泰對經的這一番「深情厚意」怦然心動，疑慮頓釋。翌日鄭經置酒邀泰議事，鄭泰坦然從命。不意鄭經早已布置甲兵暗伏於內。等到酒過半席，鄭經突然擲杯於地，甲兵立刻奔出，鄭泰猝不及防，被當場擒住。鄭泰大聲疾呼：「我有何罪？」鄭經立時沉下臉來，出示鄭泰與黃昭圖謀篡位的密信，鄭泰一時語塞，無言以對。鄭經立命鄭泰自縊。並遣周全斌率舟師飛速進踞金門。

鄭泰弟鄭鳴駿聞變，連忙偕同楊來嘉、楊富等帶領所部官兵船艦向清提督馬得功投降，接著鄭泰子鄭鑽緒與其弟都督鄭庸、鄭經叔、伯平國公鄭世襲、定國公鄭耀吉等鄭氏親族以及慶都伯王秀奇、忠靖伯陳輝、左都督陳舜穆、副都統何義等一批重要將領也陸續投向清廷。

由爭權引發出鄭氏家族內部的火併內耗了鄭氏政權的自身力量，驅走了一批諳熟水戰的將軍、都督、總兵、參領、游擊、守備、千、把總等將弁與兵丁，帶走了大量船艦器械等裝備，僅鄭泰子鄭鑽緒就帶走所部文武官員四百名，水陸兵丁七千三百名，舟艦一百八十艘。這批投誠官兵都受到清政府的優待和重用。清廷授予原同安伯鄭鳴駿爲遵義侯、原永誠伯鄭鑽緒爲慕恩伯、原都督何義、陳舜穆爲左都督等，後來他們成了清水師的骨幹力量，爲瓦解和消滅鄭氏政權起了很大作用。而鄭氏集團也就是在相繼爭權的內耗中不斷削弱自己。

清政府在招撫未成之後，轉入武力征剿。

康熙二年（一六六三年）四月下旬，海澄公黃梧在向清廷密謀進攻廈門的奏疏中指出，鄭成功病故，鄭經繼起，當此「逆焰方熾之際，斷不宜行招撫」，應當乘其「眾心未定，又未糾合完備」的慌亂猶豫之際，神速「進兵剿滅之」。施琅也上疏具體分析了形勢：認爲鄭氏以前所倚靠的乃鄭泰所屬官兵，鄭泰被害，泰弟鳴駿攜帶其兄鄭泰家口妻孥及官兵已前來投誠，廈門實無良將精兵；又鄭氏集團內部「相互猜疑，心懷芥蒂，貌合神離，多年負固之賊，眼見漸見瓦解」；從嚴敕邊民內遷立界以來，沿海居民與鄭氏「私通接濟者日少」，廈門米價一擔貴至三兩五錢，草料一擔增至三錢五分，糧餉匱乏；況且清軍占踞同安、海澄兩地，先已扼踞廈門咽喉，每晝夜派船襲擾敵巢，弄得鄭方力竭窮蹙，以致每聞風聲，慌亂不堪，驚魂不定。據此，施琅向清廷提出，若不趁此良機進擊，必將貽誤戰機[2]。清廷採納了黃梧和施琅的意見，一面派人四出打探信息，並將清廷招降之意，遍行散布；一面降敕靖南王、總督、提督整飭水陸各軍相機進剿。於是福建水師提督施琅籌建快船一百六十艘，新募官兵三千名，日夜操練，準備進兵廈門。

鄭經獲悉清軍將大舉進兵，於七月二十九日將家口遷往金門。三十日頒發告示，限令廈門民戶自八月初三日至初十日內，移往他處躲避，將所有船隻集於金門、圍頭，抵禦清軍。

這時，荷蘭侵略者應清政府約請，率領二千五百六十三名兵士，裝備四百四十門大炮，駕駛十七艘巨艦，於七月底抵達福州港。荷蘭從「擇地常久貿易」出發，一則欲取臺灣，二則以圖通商，他們爲實現這一侵略意圖，自願力助清廷攻取金門、廈門二島，然後進兵奪取臺灣，要清廷將臺灣島以及該島一切城堡物件交與荷人，以供荷人居住。爲此，荷蘭船隊於九月十六日駛入泉州灣。清軍在荷蘭船隊的協助下，於十月向鄭軍發起大規模的軍事進攻。

十月十九日，荷蘭夾板船領前，後面鄭軍投誠將領鄭鳴駿、陳輝、楊富及清鎮營將弁等率領所屬船隊依次緊跟著，提督馬得功駕船守後。鳴駿坐一號大熕船，尾樓後大書「寧海」二大金字，楊富坐一號大鳥船，尾樓後大書「海晏河清」四大金字，提督自坐一號大坐駕，尾樓後大書「澄清海寧」四大金字，舟師出泉州港向金門進發。漳州、海澄水陸清軍由總督李率泰、海澄公黃梧與水師提督施琅率領，進攻廈門。

鄭經令周全斌率熕船二十隻，同來之於泉州的清水師和荷蘭船隊在金門沙港展開一場惡戰。荷蘭船隊依恃它的巨艦、大炮、洋槍向鄭師猛烈射擊，並堵住金門口，不讓鄭船駛入。周全斌察覺荷蘭船大，必在深港，他立刻督令船隊從邊沿挺進，並連續向荷船發炮還擊。清提督馬得功恐荷船著火，吹角搖旗，命後面全部船艦從左翼馳援。這時，南風突發，鄭船揚帆，順風順流，從右翼迂迴，向清師戰船的後方逼進，正遇上楊富船隊，周全斌率先衝入，霎時五、六隻鄭船緊跟著圍襲上來，火罐連擲，矢石如雨，楊富船上兵士傷死殆盡，楊富急忙從舵後板肚帶下水。提督馬得功見楊富船被奪，飛速轉舵來援，全斌當即揮船合攻，得功四面受敵，火罐藥矢都用盡了，船上兵士傷亡僅存二、三，而清方各船又聚集一處，相互阻擋，各船船頭不能掉轉，馬得功眼見無援，自度不能倖免，遂投海自盡。全斌又帶領船隊，反過來敵住荷蘭夾板船，從上午九時直戰鬥到日斜，二十隻船一無所失。

另一支清軍在總督李率泰、靖南王耿繼茂率領下向廈門發動進攻。施琅率戰船百隻領先，黃梧繼後。泊禦在南山邊的鄭將黃廷，見施琅船開出雞嶼，急命二十隻戰船速起椗帆，發斗頭熕迎戰。頓時，煙焰蔽天，鄭軍因處於逆水逆風，形勢不利，鄭將黃廷急忙率師撤退。耿、李乘勝率領大隊人馬向廈門挺進，守衛高琦的鄭軍將領陳昇率隊來降。正在高琦一帶迎敵的鄭將林順聽說陳昇投降，廈門失守，也無心戀戰，飛駛退到金門，同全斌合綜。這時全斌亦因寡不敵眾，敗退下來，時正日暮，又因廈門失守，只得率師退泊浯嶼（在廈門港）。林順則帶領船隊寄泊鎮海（浯嶼西南）。清軍乘勢進踞金門。鄭經見金、廈已失，就偕同洪旭與王秀奇撤離大擔、列嶼（金門西），率舟師下銅山。耿、李邀荷蘭軍共剿銅山，荷軍反而要清方派船兵同它一起共同進取臺灣。耿、李沒有應允。後來，銅山平定，荷軍察覺清方一時無意渡海攻臺，只得悻悻地離去。

耿、李乘鄭軍失守金、廈之際，差官到銅山、鎮海等地，四處招降，以惑亂瓦解鄭軍。清使者到銅山招撫鄭經，鄭經仍執「高麗事例，若欲削髮登岸，雖死不允」。使者還密通忠振伯洪旭，策動洪旭生擒鄭經，許諾他上奏清廷封爲同安侯，世守泉州。旭笑而拒絕。但是，逼於清軍壓境，鄭軍內部又互相傾軋，鄭軍軍內煽起了一股降風。洪旭目睹諸將陸續叛去，就向鄭經建議說：「金、廈新破，人心不一，銅山必難保守，靖藩、總督頻頻派人前來，非爲招撫，實窺探以散人心。今各鎮紛紛離叛日報，不如撤離銅山，速赴臺灣，如若遷延時日，恐變起肘腋。」[3]鄭經接受了洪旭的意見，準備率師赴臺。

康熙三年（一六六四年）三月初六日，耿、李率舟師至八尺門，鄭威遠將軍翁求多率兵民六萬餘人投降。十四日夜半，清軍渡海進拔銅山，鄭方永安侯黃廷、都督余寬等率所部及家屬三萬二千四百名出降。鄭經率數十艘戰船乘風遁走臺灣。周全斌因與洪旭有宿嫌，怕到臺灣後，恐遭傾軋，就乘機帶領部屬從漳浦鎮海衛投降清軍。

同年七月，清廷任命施琅爲靖海將軍，以承恩伯周全斌爲太子少師，都督楊富爲副，左都督林順、何義等爲佐，率領水師征剿臺灣。十二月，施琅統率兵船向臺灣進發，師至洋面，驟起颶風，兵船難於逆進而還。

康熙四年（一六六五年）三月二十六日，施琅再率舟師征臺，中途又因南風阻滯，不能前行，於海上稽留三晝二夜，暫返料羅（金門島上）。之後，一直風勢不順，驟起東南風，施琅一直在金門躲避風浪。

四月十六日，天時晴霽，施琅再次進師臺灣。次日船隊駛入澎湖口，突遇狂風大作，驟雨傾注，怒濤山高，雲霧迷漫，施琅速令放炮，收兵返航。但船隊在汪洋大海中，遭受巨浪凌空拍擊，相距咫尺，亦難辨認，人仰船傾，船中官兵的呼喚之聲猶如水中發出，大小各船或有船舷、船首、船尾、船面、船底等被狂瀾拍擊而散裂進水的；或有舢板等用具被水沖失的；或有桅檣、船尾、船貝、纜繩等斷裂的；甚至有小艍船兩隻於風浪中被沉沒。一瞬間，偌大船艅任憑風浪四處飄流，直飄至大擔、浯嶼、廈門、鎮海、靖衛、漳浦、潮州等地。施琅所乘戰船飄流到廣東潮州府表尾後，急速駛抵南澳，於銅山、陸鰲等處沿海，收攏飄散各船，直至二十六日才返回廈門。

臺灣遠隔大洋，孤懸海外，清軍三次出征，都爲風浪所阻，不果而返，這無疑地引起了清廷對繼續征剿臺灣的疑慮；長期的國內戰爭又導致瘡痍滿目，民生凋敝，財經困乏，爲了醫治戰爭創傷，清廷也需要獲得喘息時機，休養生息；而統治集團內部因鰲拜專權與激烈的派系鬥爭，更需大力整頓，以穩定統治。由此，清政府對統一臺灣的策略就由軍事征剿轉變爲和平談判。在鄭氏一方，由於臺灣正處在新開發時期，百業待興，急需贏得時間，從事和平建設，增強實力，以待東山再起。這樣，清、鄭之間就出現了和平共處的短暫時期。

康熙六年（一六六七年）六月，福建招撫道官劉爾貢、知州馬星持福建招撫總兵官孔元章的信，赴臺灣招撫鄭經未果後，九月，清廷派孔元章親詣臺灣勸降。鄭經提出若照朝鮮事例，「則可允從」[4]。孔元章帶了鄭經這個就撫條件，離開臺灣。爲了表示友好，鄭經還饋送清方檀香二十一擔四十斤、降香四百斤、鹿筋二百斤、鹿脯二千六百另十斤、鱇魚乾一百五十斤。此外，又賞隨從人等共銀三百六十兩。

福建水師提督施琅鑒於使命兩次到臺，臺灣方面都沒有重要官員前來輸誠，就於是年十一月、次年四月，先後兩次上疏，陳述「臺灣剿撫可平」、「寓剿於撫」的策略[5]。疏上留中。之後，施琅奉命進京，清廷授施琅爲內大臣，並裁去水師和水師提督，另設總兵一員，鎮守海澄。這充分表明清廷對臺灣的持和態度。

康熙親政後，於康熙八年（一六六九年）七月，又遣刑部尚書明珠、兵部侍郎蔡毓榮，召集耿藩繼茂與都督祖澤清到泉州商議撫臺事宜。他們遴選興化知府慕天顏加卿銜，與都督僉事季佺赴臺招撫。鄭經依然堅持「照朝鮮事例，不削髮，稱臣納貢」。慕天顏等許以「削髮歸順，自當藩封」。彼此爭論旬日，各執議未定。於是，鄭經派刑官柯平、禮官葉亨隨同慕天顏等到泉州談判。柯平等總執「朝鮮事例，不肯剃髮，世守臺灣，稱臣納貢而已」。明珠等遵照康熙關於「果遵制剃髮歸順，高爵厚祿朕不惜封賞，即臺灣之地，亦從彼意，允其居住。至於比朝鮮不剃髮，願進貢投誠之說，不便允從」的指示[6]，「許其藩封，世守臺灣，但既受封稱臣，自然不能異其制，別其服」。談判陷於僵局。爲了爭取和平解決臺灣問題，明珠等讓慕、季兩人隨同柯、葉再赴臺灣勸導鄭經，遵制削髮，而鄭經則堅定地答覆：「若欲削髮，至死不易。」天顏等見鄭經言辭嚴切，只得辭回。明珠等亦照康熙旨意，「如不削髮投誠……即回京」。招撫不成。

以往清朝依靠滿洲鐵騎，馳騁疆埸，取得天下。如今臺灣遠隔大洋，鐵騎無能爲力，清廷又未能建立起訓練有素、足以使鄭軍喪膽的龐大水師，鄭經得以憑藉海洋波濤之險與舟師熟悉水戰的優勢，同清朝分庭抗禮；同時，鄭經對清朝的所謂「寬仁無比」的招撫政策，也是顧慮重重，心有餘悸。他想到降將如方國安、孫可望總算竭誠於清朝，但只落得個身首異處，往事可鑒，足爲寒心。如今他在臺灣，尚可稱孤道寡，並且還有力量同清廷對抗，清廷的「重爵厚祿永世襲封」的許諾，怎能觸動他這一「海外孤臣之心哉」[7]！

特別是臺灣經過鄭氏三代的開發，經濟日漸繁榮，這爲鄭氏繼續抗清提供了物質基礎。

鄭經退踞臺灣後，悉心開發，臺灣日見興旺。他繼承父輩耕戰結合的遺策，兵士閑時耕作，戰時荷戈，農忙從事生產，農隙訓練武事。他委派勇衛陳永華親歷南北二路各社勸導諸鎮開墾，栽種五穀，蓄積糧食，插蔗煮糖，尤其重視吸引泉、漳、惠、潮等地大批流離失所的無業窮民，到臺灣從事開荒造田，南至瑯璚，北及雞籠皆有漢人足跡[8]。一批新的村鎮如瑯璚、彰化、雲林、新竹等陸續出現，農業年年豐熟，百姓殷足。另外，又設立圍柵，嚴禁賭博，教匠取土燒瓦，往深山伐木斬竹，起蓋廬舍，因煎鹽苦澀，就在瀨口地方修築坵埕，潑海水爲鹵，曝曬作鹽，教民種植棉花，從事紡織等等。

各鎮營凡農隙時，教習武藝弓矢，春秋操演陣法，又令南北路各鎮入深山窮谷中，採伐木材或遣商船前往各港購買船料，教工匠修葺朽爛的熕船或成造諸種戰艦和船隻，裝載白鹿皮、蔗糖等物運往日本，購買物料，製造銅熕、倭刀、盔甲，強化軍事力量。

爲了打破清朝的經濟封鎖，鄭經採納了勇衛陳永華的建議，收降鎮海太武山江勝及其數百健兒，派駐廈門，建立據點，開展海上貿易，接濟臺灣。江勝聯合踞廣東達濠、專事海上搶掠的潮陽人丘輝，合師打敗了盤踞在廈門的無業遊民陳白骨、水牛忠等，在廈門站穩了腳跟。從此，江勝一面輯和邊界，同駐守在廈門的當地官兵搞好關係，一面廣泛展開商業活動，斬矛爲市，禁止擄掠，平價交易，凡沿海內地百姓，乘夜竊負貨物入界，雖兒童無欺。自是內外相安，邊疆無釁。清守將亦以寧靜是安，雖汛地謹防，透越不時可通；有「佩鞍命甲追趕者，明是護送；而巡哨屢行，有耀武揚威才出者，明使迴避」。所以，臺灣貨物船料不乏於用。後來，丘輝也率眾向臺灣投誠。於是廣東、福建等沿海地區的貨物源源不斷地運往臺灣。由此「臺灣日盛，物價平穩，洋販愈興，田疇市肆不讓內地」[9]。

鄭經繼承了祖、父兩代早先開拓的海外貿易，不斷擴展外貿活動。鄭氏在海上每隔六十里設一站，自漳州府南行海路，共設有十二站，從臺灣到呂宋設二十四站，其間都與澎湖相連。鄭經以澎湖爲門戶，同日本、呂宋（菲律賓）、大泥、交趾（越南）、暹羅（泰國）、六昆、柬埔寨、噶喇巴、東西洋等通商貿易。除販運日本的金銀、藥材、珍珠、翠羽和呂宋等的蘇木、胡椒、檀香、降香、蘇合香、象牙、丁香、翠羽等奇珍異物外，日本、呂宋和西洋各國更是臺灣所需糧食的主要來源。在貿易中，鄭氏每年貿利不可勝數，「其所以得資者，皆係由此而來」，因而「得以富國」[10]。

這樣，清廷想專用招撫來統一臺灣是不可能實現的。曾爲鄭氏管過海外貿易的清候補都司僉書史偉琦說：「鄭經依恃海島爲王、依賴外國致富……糧食豐足，地形險阻，雖有聖詔，亦未必傾心降服。」[11]鄭經覆明珠的信也明白聲稱：「衣冠吾之所有，爵祿亦吾之所有，而重爵厚祿，永世襲封之語，其可以動海外孤臣之心哉！」[12]看來沒有軍事力量作後盾，鄭經是不會拱手將臺灣送給清朝的。

鄭經乘亂再攻閩粵　康熙擇將復逐澎臺

清鄭之間的和平局面一直維持到三藩之亂才被打破。

康熙撤藩令一下，康熙十二年（一六七三年）八月，靖南王耿精忠即遣黃鏞到臺灣，策動鄭經「速征帆同正今日疆土，仰冀會師共成萬古勳業」[13]。鄭經得書大喜，立刻整頓船隻，調撥各屯屯佃歸伍分配。十月，鄭經率舟師到澎湖伺機進軍。吳三桂倡亂後，康熙停撤耿、尚兩藩，精忠馬上派黃鏞至澎湖，通知鄭經暫時按兵不動。

康熙十三年（一六七四年）三月，耿精忠響應吳三桂舉兵反清，又遣黃鏞赴臺，約請鄭經統率福建沿海戰艦，配合耿藩出師，從水陸兩路合力進攻江浙。鄭經當即部署陳永華留守臺灣，命馮錫範督諸鎮船隻先行，隨後，自己統率大隊舟師繼至廈門。

四月，吳三桂派祝治國與劉定先送信到廈門，也請鄭經「速整貔貅，大引舟師，徑取金陵，或抵天津，斷其糧道，絕其咽喉」，並提醒鄭經這是「奇兵承虛，捷奏萬全」[14]的策略。鄭經即遷副將陳文煥隨同祝治國、劉定先往湖廣聯絡吳三桂。表面上耿、吳與鄭有著共同反清的目標，但骨子裏，他們都要擴張自己的地盤與勢力，由此引發出相互之間的矛盾和衝突，那是不可避免也是不可調和的。

原來，耿精忠起兵時，怕漳、泉文武官員不服，不料起兵不數日僅馳數騎片檄，而得全閩和漳、泉，他很後悔約請鄭經渡海。同時，赴廈門去聯絡鄭經的定遠將軍劉炎的胞弟劉煜，目睹「廈門瓦爍滿地，茅草盈野，船隻散處停泊，寥居始創淒涼」，不由得頓生輕視鄭經的意念。劉返回後，向精忠報告說：「海上兵不滿二千，船不過百隻，安能濟事。」[15]於是，精忠立刻通飭沿海邊界，照前禁例，寸板不許下海，禁絕與鄭經往來。

鄭經見精忠突然變卦，速差協理禮官柯平趕到福州，面責精忠背約。精忠直截了當地答覆柯平：你回去告訴你的主人，各地分守，毋作妄想。柯平如實回報鄭經。鄭經勃然大怒，急令侍衛馮錫範、左武王劉國軒等率兵攻取同安、海澄，連下泉州、漳州。精忠即遣馮國銓到廈門見鄭經，索地請和，以沿海島嶼屬經，彼此不禁往來通商貿易。鄭經呵斥精忠墨跡未乾，遂而背約。雙方關係十分緊張。

這時，康熙正集中力量進剿吳三桂，對耿精忠採用剿撫兼施的策略，對鄭經則著重於撫。八月，康熙在給新任總督郎廷相的諭旨中明確指出：「入閩之日，海寇宜用撫，耿精忠宜用剿或用間，相機便宜行事。」[16]這樣，鄭經乘清軍同耿、吳交戰之際，從耿精忠手中奪取了漳、泉所屬各縣及汀州（長汀）、興化（治所在莆田）等府，並且，收降潮州劉進忠，進而占據潮、惠兩府。

康熙十五年（一六七六年），耿精忠、尚之信先後降清。康熙即令他們隨大兵立功自效。這時，鄭經已成爲東南地區清軍的主攻對象。康熙十六年（一六七七年），鄭經連失漳、泉、惠、潮等七府之地，退遁金門、廈門。七月，康親王兩次遣使至廈門勸降，令經「讓回各島」，「擁兵東歸」。康親王還許諾向清廷題請「以朝鮮事例，稱臣納貢，通商貿易」。但馮錫範等一再執意「照先藩之四府裕餉例」，要清方「資給糧餉，各守島嶼」，方可以「罷兵息民」[17]。和議未成。

之後，康熙遂以黃梧子黃芳世襲海澄公，隨同福建總督郎廷相、副都統胡兗等鎮守漳州，提拔諳熟水務的黃藍爲都督僉事，充任總兵官駐守海澄。清軍又分兵駐守於玉洲、三叉河、福河、陳州、馬州、灣腰樹、壁湖、石碼、江東橋等據點。

鄭經授劉國軒爲總督，吳淑爲副都督，並賜國軒以上方劍，令他專任征伐，自副將以下，聽他處決。於是一場激烈的拉鋸戰在清、鄭之間展開了。

國軒統兵數萬，先發制人，向防守海澄各據點的清軍發起進攻。鄭軍連下玉洲、三叉河、福河、石碼，燒斷江東橋，隔截了漳、泉通道，進逼海澄。海澄爲漳、泉門戶，康熙即令康親王亟發援師。康親王立即調遣清副都統孟安、提督段應舉、寧海將軍喇哈達等分別從潮州、泉州和福州來援。隨後，平南將軍賴塔也率領騎兵從潮州而來。劉國軒針對清軍缺乏水軍的弱點，遴選健勇，駛八槳快哨，乘潮水漲落，聲東擊西。忽乘潮揚帆直入江東，攻打敵營；忽隨潮退取海澄；忽又以潮漲突入鎮內，鼓譟取漳；忽又隨潮落，旋泊鎮門之東，上岸搶關，弄得滿漢清兵疲於應付。國軒從中窺測方向，捕捉戰機。其時，清海澄公黃芳世率騎、步兵紮營於水頭山，堵塞石碼鄭軍。國軒使用奇兵之計，於黎明時，令鄭兵自焚在東獄的所有軍寨，後各下快哨八槳撤離。黃芳世從水頭山頂望見鄭兵遁走，就懈怠下來。這時恰逢潮漲八、九分，鄭舟師各自揚帆乘風直抵水頭山。國軒急令部分鄭兵從正面跡嶺逼戰，另部分從山背後登嶺偷襲，清軍大意無備，突遭鄭兵夾擊，腹背受敵，陣亂四潰，心無鬥志，盡棄輜重營柵，各自逃命，鄭兵尾追。黃芳世急忙上馬，馬驚慌失足，虧得左右疾扶換馬，黃奔入漳城，倖免於難。國軒方收兵踞水頭山。接著，鄭兵又擊敗清提督段應舉於祖山頭，截斷了清軍退向漳州的後路，清軍自相殘踏，死傷甚多，段應舉走投無路，倉皇奔入海澄。鄭軍進踞祖山頭。

海澄三面臨海，通向漳州的一端陸路，已被鄭軍截斷。鄭軍挖壕築寨，連營把守，海澄被重重圍困。

漳州方面的清軍，屯聚於筆架山上。山南有個小寨，懸崖如掛燈，俗名為「燈火寨」。寨下有一條大溪，順流可通海澄。海澄總兵官黃藍向提督段應舉建議：燈火寨係海澄咽喉，宜出兵踞寨，不但可作犄角之勢，且可接應漳州援師，倘為鄭軍所占，水路切斷，內外隔絕，糧餉困乏，海澄勢不可守。段應舉卻認為將軍、總督雲集漳郡，自當來援，內外夾擊，鄭軍必遁，所以固執不聽。他只在城內築炮臺、修壕柵，一心等待外援。劉國軒則乘敵不備，命副總督吳淑於深夜搶占燈火寨，連夜構築柵壘壕溝，扼守通向海澄的這條水道。

清將領賴塔、韓大任等率滿漢騎兵數萬，齊力猛攻祖山頭，被鄭軍打得大敗。段應舉幾次試圖突圍，無奈溝渠重重，馬陷兵墜，屢遭鄭軍阻擊，突圍未成，而鄭軍愈圍愈緊。劉國軒又傳諭各營，嚴密封鎖，不得透漏一粒糧食。從此，清軍外援斷絕，城內糧匱，殺戰馬，羅雀掘鼠，浸皮煮紙，以致城內官兵「有餓斃者、赴水者、投順者」，「而綠旗官兵又逃亡殆盡」[18]。最後，城被攻破，清署前鋒統領希佛陣亡，提督段應舉和副都統穆哈林自縊，海澄陷落。一時，「民情風鶴」，「處處望風投順」[19]，平和、長泰、漳平、同安、南安、安溪、惠安、永春、德化各縣相繼陷落。鄭軍乘勢圍攻泉州。

康熙一面調遣江南、京口的漢兵急援福建；一面激勵康親王等將軍大臣，勿以失援海澄而自沮，務必「時加鼓勵，果能滅賊復疆，則前罪自釋」[20]。同時，康熙撤換了福建總督郎廷相，巡撫楊熙亦以年老原官歸里。五月，擢升屢立戰功的福建布政司姚啟聖爲福建總督，按察司吳興祚爲福建巡撫，江寧提督楊捷爲福建水陸提督，爲消滅鄭氏政權做了組織上的準備。

表象上，鄭軍一時得勢，實際上卻是虛弱的。鄭方兵力有限，戰線卻拉得很長，以致軍力分散，無形中減弱了自身力量。這一點，清總督姚啟聖曾向將軍喇哈達指出來了，他說：「賊兵不過三萬，慮其聚而勢雄。今得諸邑，必當分眾把守，眾分則勢弱，勢弱則破之易也。此兵法所謂兵多貴分，兵少貴合者。」[21]其時，鄭將劉國軒也已深感兵力不足，不得不強拉當地鄉勇充伍，強制遣送充伍的鄉勇家口到臺灣當做人質，一時，引起安土重遷的百姓怨憤。況且，泉州久困不下，軍需缺乏，只得重科民間。正供之外，又有大餉、大米、雜餉、月米、櫓、槳、棕麻、油、鐵釘、灰、鵝毛、草束等項。稅吏又層層催逼，「府縣之外，設有督糧；督糧之外，設有餉司；餉司之外，設有宣尉內差；又加之以內鎮義將。科斂無度，民力已竭」[22]。鄭軍在占領區是站不穩腳跟的。

這時康熙遣三路大軍分別由將軍喇哈達、巡撫吳興祚與提督楊捷率軍赴援泉州，並調潮州靖南王耿精忠、侍郎達都等馳赴漳州。劉國軒以滿漢騎步兵三路齊至，又報聞永春、安溪、德化、惠安等縣盡被清兵所占，急令二十八鎮全師撤離泉州，退至長泰，同清軍在漳州展開了一場激烈的戰鬥。

康熙十七年（一六七八年）九月，劉國軒、吳淑率大軍進兵漳州。吳淑等領十一鎮兵眾萬餘紮營於松洲、埔南等處，離漳州僅十餘里，聯營七座。國軒率領十七鎮一萬三千餘名軍兵，安營龍虎山、蜈蚣嶺，直逼漳州之北門，其鋒甚銳。當時，聚集泉州的綠旗兵有二萬餘名，總督姚啟聖屢發調令請泉州官兵赴漳會剿，卻無一呼應。他向康熙提出：「若軍隊調動，必俟大將、王令，不免坐失時機。」康熙立即批示：嗣後，總督可一面調遣綠旗官兵；一面啟知王等，以免遷延誤事。於是，姚啟聖不待泉州援兵，就調靖南王耿精忠、將軍賴塔等率滿漢官兵出漳州城，離鄭營五里下營。次日黎明，分兵七股殺出。鄭軍安排木馬、銃炮、火箭、噴筒，喊聲震天，飛出迎戰；另外，設伏兵於蔗林各處，伺機截擊。姚啟聖與耿、賴等親自督戰，自寅至午，激戰不息。最後，清軍方衝破木馬，砍開戰陣，連破鄭營十六座，鄭軍潰敗，遁逃至雲英渡，無舟可渡，溺死者萬餘人，旗幟、盔甲、布幔、輜重，棄滿山野。「是役也，乃『海賊』二月登犯以來，從未有此大敗」[23]。清軍乘勝攻取長泰、同安，連下江東橋，隨即修復燒斷的橋梁，溝通漳、泉道途。劉國軒率鄭軍敗歸石碼。這時，漳、泉所屬諸縣已陸續被清軍占領，只有海澄與石碼尚在鄭軍手中。國軒扼踞澳頭、三叉口、玉洲、鎮門、象鼻、獅山、石尾一帶，深溝固壘，首尾連環，堅守陣地，清軍一時難以攻破。

姚啟聖先後遣漳州進士張雄、泉州士紳蘇志美往廈門招撫，要鄭經撤走沿海島嶼，退守臺灣。

鄭經以海澄爲廈門門戶，不肯讓還[24]。

招撫不就，姚啟聖取得康熙同意後，於康熙十八年（一六七九年）正月，再行遷界。上自福寧，下至詔安，趕逐百姓，重入內地，仍築界牆守望。或十里、或二十里，凡近水險要，添設炮臺，星羅棋布，稽查防範，嚴密封鎖，千方百計斷絕鄭軍糧餉來源。

清鄭之間，相持不下。康親王傑書派蘇埕赴廈門和談。蘇埕遵照康親王的旨意，向鄭方破例提出：「果能釋甲東歸，照依朝鮮事例，代爲題請，永爲世好，作屏藩重臣」。鄭經即表示贊同說：「既親王能照朝鮮事例，不削髮，即當相從息兵安民。」但馮錫範卻從中作梗道：「海澄爲廈門之門戶，決不可棄……可將海澄爲往來公所。」蘇埕立即反駁：「欲照朝鮮事例，貴藩當退守臺灣，凡海島歸之朝廷，以澎湖爲界，通商貿易，海澄乃版圖之內，豈可以爲公所。」錫範說：「息兵安民，地方相守，豈有棄現成土地之理乎！照先王所請，年納東西兩洋餉六萬兩。」蘇埕不敢作主。鄭經派賓客傅爲霖隨同蘇埕一起去福州請示康親王。康親王以地方重務，責任全在總督，未可輕爲定議，令爲霖抵漳見總督姚啟聖，姚啟聖果斷地說：「寸土屬王，誰敢將版圖封疆議作公所。」遂阻其議。和談又破裂了。

這時，吳三桂已死，清軍席捲湖南，消滅吳氏，指日可待。於是清廷得集結更大的軍事力量，對付鄭氏集團。

康熙決意厚集舟師，規取廈門、金門二島，以圖澎湖、臺灣。因爲先前清軍征服金、廈，曾用荷蘭夾板船，這次清廷也想請荷蘭派夾板船二十艘，載勁兵協力攻取二島。康親王傑書等就乘機上疏說：「戰艦水師未備，荷蘭國舟師又不能預定來會時日，『海賊』見據海澄、廈門之固，勢難急圖。」[25]之後，福建總督姚啟聖等建議，進取廈門、金門，須發江浙巨船二百艘；增閩省兵二萬，迅調荷蘭舟師來會，方可大舉；進剿之期，必候入秋北風起後，彼時戰艦師旅一切不誤，自能奏功。康熙立即同意，馬上著京口將軍發江浙戰船各百艘，於進剿期內送至福建，允許福建增兵二萬，並令康親王等要荷蘭國迅調舟師，務令如期而至[26]。康親王奉命遣送荷蘭國人持敕諭往荷蘭調遣舟師，後因使者在出洋途中爲海寇所阻，不果而返。康熙感到與荷蘭音問既未能通，舟師必不能如期而至，他果斷地指令規取廈門、金門，「速靖海氛，不必專候荷蘭舟師」[27]。

但要戰勝「以水爲家，以船爲命」的鄭氏集團，沒有建立一支獨立的、訓練有素的水師，是不可能的。原先慣於陸戰的滿洲騎兵及其將領，已不能勝任新的戰鬥任務，這一點已於康熙十七年（一六七八年）清軍在海澄戰役的慘敗中充分暴露出來了。

實際上，早在康熙十六年（一六七七年）正月，原福建總督郎廷相已提出必須照舊設立水師提督，建立一支獨立的水師勁旅。當時，康熙沒有完全採納，只令海澄總兵黃芳世兼管水師。黃芳世逝世後，康熙調江南提督楊捷充任福建全省水陸提督總兵官。康熙十七年（一六七八年），楊捷和總督姚啟聖又先後提出「水陸萬難兼顧」，要求「另設水師提督」，「令其專練水兵，熟習慣戰」，「以便水陸夾攻廈門」[28]。康熙遂於同年十一月，授福建提督楊捷爲昭武將軍，仍管福建陸路提督事務，調京口將軍王之鼎佩定海將軍印、提督福建水師。不久，因滇、黔餘逆進逼川西，清廷改授王爲四川提督。康熙十八年（一六七九年），清軍攻取岳州、長沙諸處以後，無煩水師，鑒於岳州水師總兵官萬正色「剿寇洞庭，著有勞績」，又是閩人，稔知水性；尤其是萬正色上疏條陳閩海水陸戰守機宜，深得康熙嘉許。於是康熙就於同年四月，加萬正色太子太保，調任福建水師總兵官，令率所部官兵赴閩。不久，又升萬正色爲福建水師提督，統轄全閩水師，以專職掌。

康熙一面部署進攻金、廈，他批覆由總督姚啟聖精選的一萬四千名水兵撥給萬正色統領，並按照萬正色的意圖，增置援剿左、右、前、後四鎮，任命從鄭方投誠過來的林賢等爲總兵官，遣吏部郎中薩爾圖協同巡撫吳興祚速行修治戰艦二百五十艘，又上諭江南總督阿席熙選拔熟練炮手二千名，一概送提督軍前應用，不能耽誤萬正色師期。

另一面康熙卻帶著憂慮的情緒，指令議政王大臣等說：「進取廈門、金門，事關重大。當日破賊，克金、廈二島，曾用荷蘭夾板船，今入海征剿，既乏堅固巨艦，荷蘭舟師又不時至，戰艦無多，遽以入海，恐變出萬一，未能得志，爾等其集議以聞。」[29]

然而，一向馳騁在陸地戰場上的清軍統帥們，面對著關係到全局的這場重大戰役，仍然疑慮重重。在他們看來，要攻取金、廈必須取得荷蘭夾板船的支助，否則僅僅依靠自身新近建立起來的舟師，是不可能取勝的。奉命大將和碩康親王等給康熙的奏疏中就說到：「荷蘭國船若到，八月內進攻『海寇』，若荷蘭國船衍期，當內遷邊海人民，堅壁清野，以待其困。」[30]議政王大臣等認爲前取金門、廈門既用荷蘭國兵船破「賊」，今亦應用荷蘭國船兵合力舉行，則有濟大事，實爲顯然，請敕總督姚、將軍楊、巡撫吳、提督萬等商議，倘若他們以爲自己所備兵力能破敵人舟師，斷無疏虞，真有灼見，可聽從他們酌量而行；「如少有疑慮，不可以前經具題，憚於更改，勉強從事」[31]。康熙立即同意，敕令總督、巡撫、提督等會商定議奏聞。

總督姚啟聖和提督楊捷主張待荷蘭船到，一同進兵；巡撫吳興祚、提督萬正色力主不候荷蘭船到，即行進兵，雙方各執己見，反覆爭論。最後，巡撫吳興祚上疏向康熙陳述了他與萬正色的決意進兵的意見，他們具體地分析了雙方形勢，提出了作戰的具體方案，表達了依靠自身力量，斷可取勝的信心。他倆認爲：(1)清軍新舊大小戰艦有二百四十艘，配坐官兵、炮手共二萬八千五百八十名，業已齊集定海，逐日操練，另外，聯絡大小船五十隻，也將報竣出洋。鄭方雖有船三百多艘，但不如清方新造鳥船長大堅固，駕駛便利，清方新船與舊船連䑸衝擊，操勝可持。(2)軍隊士氣高昂。巡撫吳興祚於正月十二日到定海水師閱視訪問，親見自提督而下各鎮營將弁莫不鼓舞踴躍，求早殺「賊」建功，下至官兵，人人思奮，剿「賊」報效。(3)正月應乘風汛順利，刻期征進，若必待荷蘭船到，最早亦在五、六月間，而時過二月，風汛轉南，清船即在下風，鄭船反占上風，勢難取勝，且清軍坐待半年之久，師老財殫，民生愈瘁。(4)鄭船齊集海壇，距定海清師駐地近在咫尺，若至三、四月，鄭船一得順風，知清軍不能逆風征戰，必將肆出侵犯，那時，清軍抽回內港，以避其鋒，則人情漸餒，敵勢益張，沿海各汛更滋擾害。(5)水陸夾攻，分散敵人兵力，使敵不能兼顧，方可取勝。具體部署是：提督萬正色率水師攻取海壇，先破敵方門戶，致敵人軍心崩沮，然後由巡撫吳興祚統兵赴同安，會同總督、將軍、提督調度陸兵，配駕新造八槳船由海滄、松嶼、潯尾、石潯分路進取廈門。

閱覽了吳、萬奏章，康熙滿懷信心和喜悅，立即下令進兵。

康熙十九年（一六八〇年）二月初四日，萬正色統率水師由定海進發，初六日抵海壇。萬正色即將前鋒分爲六隊直向前衝，自己親率舟艦繼後，並出動全部輕舟，從左右兩面，並力夾攻，炮火齊發，擊沉鄭船十六艘，鄭兵溺水而死的三千餘人，鄭軍潰敗。清師進占海壇後，隨即乘勝追剿敵兵至平海嶼，同巡撫吳興祚會師，繼續南下。二十日，鄭將朱天貴、林陞率三百餘艘船艦速踞崇武，同清師激戰，被清師擊沉戰船二十餘艘，倉促逃遁，萬正色率水師進占崇武。

康親王傑書調駐防杭州的副都統倭申巴圖魯率滿洲、綠旗官兵逼近廈門及爲鄭軍屯糧之所的大定、小定諸島後，立即率領水陸大軍分進，規取玉洲。鄭將劉國軒向石碼、海澄奔竄，清水師緊緊尾追，劉國軒復走廈門。鄭總兵蘇堪開海澄西門投降。石碼、海澄等地收復。

總督姚啟聖與平南將軍賴塔率水陸官兵分七路進剿，攻占陳州、馬州、灣腰山、觀音山等十九寨，巡撫吳興祚同寧國將軍喇哈達由同安進剿，攻占汭洲、潯尾後，隨即分兵三路直渡廈門，鄭軍潰敗。二十八日，清師入廈門城。繼而，攻占金門。

時鄭總兵馬興龍往來銅山、南澳等處，繼續頑抗。總督姚啟聖密遣總兵朱光祖招撫逃往銅山的鄭將朱天貴，朱天貴乘諸鎮將集議軍機時，設計擒獲馬興龍父子及其弟五人，將他們沉死海中。康熙十九年（一六八〇年）五月，朱天貴率領諸鎮將及二萬官兵和船三百餘艘，向清投降。

鄭軍全部撤至臺灣。

鄭氏內爭自相殘殺　康熙慎選帥才征臺

鄭氏集團再次退守臺灣後，就走上崩潰的道路。

這時的鄭經，已喪失了昔日雄風，生活愈來愈腐化。他於洲仔尾擇地築造園亭，將愛妾移居於內，縱情花酒，且日與文士武將騎射酣樂，任長子克𡒉秉政。

克𡒉是鄭經嬖妾所生，剛斷果決，很有乃祖鄭成功的遺風。他既承父命，代理政事之後，上至國太、諸叔和鄭經的親信權幸，下至鎮將兵民，一律繩以禮法，不肯阿容狗縱。鄭經擔心他處事不穩妥，背地裏叫人將克𡒉平日所處理的啟章政事等文件拿來詳加審閱，覺得一件件、一樁樁條晰明確，處理妥當。鄭經十分喜歡，對克𡒉益加信賴，索性把所有政事統統交給克𡒉決斷，自己竟日夜花天酒地。然而，克𡒉的剛斷果決作風，卻遭到鄭經的親屬、親信與權幸們的妒恨。

原來，鄭經西征時，把留守臺灣的任務交給總制陳永華。永華是克𡒉的岳父，克𡒉的權威與才幹正是在永華的支援和培育下形成的。馮錫範等返臺後，眼見永華把握重權，且處事公正，敢作敢爲，把臺灣治理得有條不紊，而鄭經又委政於克𡒉，這嚴重地威脅著馮錫範等既得的權力和地位，這是權欲薰心的馮錫範等不能容忍的，更何況馮錫範蓄意謀立鄭經的少子、他的女婿鄭克𡒉。爲此，馮錫範就同握有兵權的劉國軒勾結起來，合力爭奪核心權力。這樣，鄭氏集團內部一場你死我活的爭權鬥爭就不可避免了。

劉、馮密謀解除永華的職權，架空鄭克𡒉。馮錫範依照劉國軒的策劃，去拜訪陳永華，他裝著一副異常自愧的樣子，以低沉的語調對陳永華說，「我扈駕西征，寸功俱無」，準備「辭職解權，杜門優遊，以終餘歲」[32]。永華信以爲真，他暗自思忖，馮係武臣，尚且懂得謙退，自己是文臣，豈可久戀重權！況且鄭經已退居臺灣，自己理應退位下來。於是，他呈請鄭經解除自己的職權。鄭經同馮錫範商量，馮心中暗喜，大加讚許。鄭經就輕率地將永華執掌的軍政大權及其所部將士統統交給劉國軒掌管。從此，陳永華退居無事。然而馮錫範卻仍任侍衛如故，寸權未交，陳永華方知自己中了奸計，懊悔不及，抑鬱而死。擔任監國的鄭克𡒉一旦失去了陳永華這一強力的依靠，也就無所作爲了，馮錫範等由此實現了謀奪最高權力的關鍵性的一步。

鄭經病危，他在臨終前傳掌管兵權的劉國軒到床前，將王印授給克𡒉，並且指著克𡒉對劉國軒說：「此子頗有才幹，望君善輔之。」劉國軒答道：「翼贊公子，自當竭力以佐，豈有二心。」[33]馮錫範剛進來，鄭經又拜託錫範，殷切希望他與國軒協力輔佐。鄭經那能想到眼前這兩位自己推心置腹倚爲心膂的重臣如像打扮成美女的毒蛇，正張著血盆大口準備吞噬即將繼位的嗣君呢！

康熙二十年（一六八一年）正月二十八日夜，鄭經逝世。馮錫範串通劉國軒，勾結鄭經諸弟聰、明、智、柔等發動政變，殺害了鄭克𡒉，立鄭經次子十二歲的鄭克塽繼位。命鄭經弟鄭聰爲輔國公，劉國軒爲武平侯，「專主征伐」，馮錫範爲忠誠伯，仍管侍衛兼參贊軍機，其餘文武各加一級。從此，克塽「凡事皆決之國軒等」[34]。

由馮、劉發動的政變，加劇了鄭氏集團內部矛盾，大大地削弱了自身力量。當時，鄭氏政權內部，「主幼國疑，權門樹黨，部下爭權，互相猜忌，各懷異心」，由是「政出多門，人心已渙」[35]。而劉國軒操持兵權，竟以「殺戮立威」，以致「人心不安」，鄭「軍內多思叛」。鄭氏政權確已處於搖搖欲墜的危機之中。

康熙二十年（一六八一年）四月，清總督姚啟聖獲悉鄭經已死，克𡒉被殺，十二歲的克塽繼位，其叔鄭聰攝政，內部混亂，認定這正是「天亡海逆之時也」。但事關重大，他立即與喇哈達及水陸各鎮總兵官會商後，聯銜向康熙建議：「會合水陸官兵，審機乘便，直搗巢穴。」但「臺灣孤懸海外，處處皆險，統師遠剿，時地難測，非臣等所敢擅定也」。康熙接讀姚啟聖等奏疏後，於六月下了一道詔旨：令姚啟聖等「宜乘機規定澎湖、臺灣」，並訓諭總督、巡撫、提督、將軍等福建前線指揮員務必「同心合志，將綠旗舟師分領前進，務期剿撫並用，底定海疆，毋誤事機」。

然而，原水師提督萬正色自克復金、廈後，就竭力主張防守海疆，反對出兵臺灣。早在康熙十九年（一六八〇年）四月，萬正色就提出「沿海設戍，以固疆隅」的主張，即在「孤懸海上」或「濱海要衝」之地，如海澄、廈門、浯嶼、金門、圍頭等十四處遣兵三萬，設鎮分防，不時巡緝，使「『賊』不能肆犯」，這樣邊海可安。所以他主張「臺灣斷不可取」。康熙深知水師提督是直接指揮並決勝海戰的關鍵性人物，如今讓持反對攻取臺灣的萬正色繼續擔任水師提督去指揮這場艱巨的海戰，那是萬萬不能濟事的。當務之急，他亟須遴選確能敢當重任、才略優長、諳熟軍事、善於海戰的傑出人才去替換萬正色。經過詳細調查、慎重考慮之後，康熙決定再次擢用施琅。

早在康熙十七年（一六七八年）、十八年（一六七九年）時，姚啟聖曾先後兩次推薦過施琅「堪任水師提督」，受過康熙的駁斥。這倒不是康熙不識施琅的才幹，只因施琅的長子施齊和侄兒施亥在鄭軍任職，不便使用。直到康熙十九年（一六八〇年）二月，姚啟聖弄清了施齊、施亥密圖擒拿鄭經因事機不密，兩家七十三口全被鄭氏磔殺，屍首沉入海中的真相之後，康熙才打消了對施琅的疑慮。

爲了起用施琅，康熙還做了過細的調查。康熙二十年（一六八一年）二月，康熙問李光地說：「施琅果有什麼本事？」李答：「琅自幼在行間經歷得多，又海上路熟，海上事他也知得詳細，海賊甚畏之。」[36]康熙點點頭。後來康熙又派大學士明珠去問李光地，李光地列舉了施琅的長處：一則施琅是「海上世仇，其心可保」；二則施琅「熟悉海上情形」；三則施琅「還有謀略」，「海上所畏唯此一人」[37]。李光地推薦施琅時，康熙還問他：你能「保其無他乎？」李光地奏稱：「若論才略實無其比，至成功之後，在皇上善於處置耳。」[38]

在姚啟聖與李光地的一再推薦下，康熙二十年（一六八一年）七月二十八日，康熙任命施琅爲水師提督，並下達指令給議政王大臣等：「原任右都督施琅，係海上投誠，且曾任福建水師提督，熟悉彼處地理，海寇情形，可仍以右都督充福建水師提督總兵官，加太子太保，前往福建，到日即與將軍、總督、巡撫、提督商酌，剋期統領舟師，進取澎湖、臺灣，其萬正色改爲陸路提督。」[39]

康熙既決定任用施琅，就深信不疑，給予全面支持。當時，舉朝大臣多以爲施琅「不可遣，去必叛」。康熙卻堅信施琅不去，「臺灣斷不能定」40。施琅上任離京時，康熙賜食，並給他鞍馬一匹，還語重心長地對他說：「爾至地方，當與文武各官同心協力，以靖海疆，海氛一日不靖，則民生一日不寧，當相機進取，以副朕委任之意。」41施琅赴任後，題請侍衛吳啟爵隨征臺灣，兵部沒有批准，康熙認爲吳啟爵在京不過一侍衛，也沒有多大作爲，若發往福建或許更有作用，「著依施琅所請行」42。施琅要求授予陳威等人官職，吏部不准，康熙卻指出：「目前進取臺灣正在用人之際，福建總督、提督、巡撫凡有所請，俱著允行。」43

施琅熟悉海，又長於海戰。他本是鄭氏部下，順治初年，鄭成功殺了他的父親與弟弟，他才棄鄭投清，後因功升任清水師提督。由於他「生長濱海，總角從戎，風波險阻，素所履歷」，因此，對於海面形勢、風俗、水性，無不暢熟胸中。康熙初年，他在指揮舟師，克復金、廈之後，向清廷表述過率師進克臺灣的決心與謀略。這次康熙復任他爲福建水師提督，正好迎合他早先立下的宏圖與夙願。康熙二十年（一六八一年）十月，施琅滿懷喜悅與必勝的信念，奔赴廈門。

施琅一到廈門，立即投入備戰中，整船練兵，製備軍器。他深慮總督、巡撫並不熟悉海戰，生怕在指揮戰事的過程中，處處受到掣肘，以致影響作戰意圖的貫徹。爲此，他力爭執掌「專征臺灣」的指揮權。他上任不久，便向康熙上了題本，明確提出自己「職領水師，征剿事宜，理當獨任」的請求；並指出督撫姚啟聖、吳興祚擔負著封疆重寄，他倆都決意進兵，詞意懇切，不是他所能禁止的，且至今未奉有督撫同進的詔旨，故一併「相應奏聞」44。

然而，姚啟聖早有征剿臺灣的素志。康熙十八年（一六七九年）九月，他在請定一統規模疏中，就提出直搗臺灣的建議。次年三月，在克服金、廈後的備陳平海事宜一疏中，他又提出臺灣斷須次第攻取，永使海波不揚，並表示「臣必欲親率舟師剿滅臺灣，永除後患，以報國恩」[45]。康熙二十年（一六八一年），他聞悉鄭經去世，立即疏請康熙審機乘便，直搗巢穴。爲此，他一再推薦施琅復任福建水師提督，率師征剿。所以，當他接讀施琅的密題疏稿後，不禁心中「如焚如溺」，不能自已，他隨即於十月十六日上疏，聲稱爲了實現混一區宇，統一臺灣，即使「肝腦塗地，臣之願也」。

康熙沒有同意施琅獨任征剿臺灣的請求，只是將總督、巡撫分了工，諭令說：「總督姚啟聖統轄全省兵馬，同提督施琅進取澎湖、臺灣，巡撫吳興祚有刑名錢穀諸務，不必進剿。」[46]

康熙二十一年（一六八二年）三月，施琅鑒於練兵整船業已就緒，再次上疏懇請出征臺灣，由他「專征前進」。在這次奏疏中，他竭力稱頌姚啟聖「調兵製器，獎勵士卒，精敏整暇，咄嗟立辦，捐造船隻，無所不備」[47]的精敏幹練的作風。同時，他更明確指出姚啟聖「惟是生長北方，雖有經緯全才，汪洋巨浪之中，恐非所長」[48]。建議總督「應駐廈門，居中節制」，「後趲糧運策應」，如此則軍隊「糧無匱乏之患，兵有爭先之勇」。他殷切期望康熙迅即給他頒發征剿臺灣之敕諭，並將總督題定功罪賞格也一併賜予他[49]。

姚啟聖在寧海將軍喇哈達處看到施琅的奏疏，十分氣憤。他馬上於三月二十九日上疏反駁說：「臣雖生長北方，然今出海數日……亦安然無恙，不嘔不吐，何以知臣毫無所長？」重申「剿滅臺灣」，是他的「素志」，爲了籌辦征臺的兵餉、糧米、各項器械和木料，他費盡心機，往往是朝呼而夕至。他堅決表示：「寧願戰死於海，而斷不肯回廈門偷生者也。」[50]這足以反映出督、提對「專征」的爭執已是十分尖銳了。

康熙又沒有允准施琅的請求，仍然堅持督、提「協謀合慮，酌行剿撫」。

這期間，施、姚在出征的風向、時間以及對待剿撫等方面，也都發生了爭論。

清廷原定於康熙二十年（一六八一年）十月出征澎、臺。施琅上任時，鑒於「點驗船兵，全無頭緒」，又需派遣間諜去臺灣溝通舊時部曲，使爲內應；他更考慮「冬春之際，颶風時發，舟驟難過洋」，因此，不敢於十月妄舉進剿。於是，他疏請推遲至次年三、四月間進兵。這時，姚啟聖卻提出要十、十一、十二月利用北風，儘快出兵；並主張由澎湖、淡水（今臺北市）兩路進兵。爲了在出征前做好充分的準備工作，康熙允諾施琅的請求。

康熙二十一年（一六八二年）三月，施琅改變了主意：認爲春夏之交，東北風爲多，前議輕北風進兵，猶恐未難萬全。又上疏請求展期至夏至時，利用南風出征澎湖，十月攻取臺灣。

四月，經議政王大臣集議決定：應檄總督姚啟聖、提督施琅，克期於夏至後進取臺灣。康熙慮及海上變幻莫測，難以遙度，有關戰事的具體決策與行動，需要根據實際情況和前線指揮將領的意見來決定，沒有採納議政王大臣關於限期出征臺灣的決議，而是十分慎重地指令應抓住時機，協力攻取臺灣。諭旨說：「進剿『海寇』，關係重大，總督姚啟聖、提督施琅身在地方，務將海面形勢，『賊』中情形，審察備實，如有可破可剿之機，著協謀合慮，酌行剿撫，毋失機會。」51

五月初一，施琅會同姚啟聖統率舟師開船到銅山，準備出兵攻取澎湖。這時，兩人對出征的風向與時間，展開了激烈的爭辯，致使征期又被拖延下來了。

施琅採納了從臺灣來投誠的同安商人陳昂的意見，認爲澎湖坐向東北，夏至南風成信，連旬盛發，舟師從銅山出發，順風坐浪，船得連䑸齊行，將士又無暈眩之患。交戰時，自居上風上流，敵反居下風下流，敵進不得戰，退不得守，可操勝劵。如若冬春進兵，北風驟發，敵居上風上流，而自己則居頂風頂流，其勢難以衝擊取勝。

姚啟聖一直堅持冬春利用北風進兵。他說澎湖、臺灣北風澳多，如北風進兵，可以分艅攻擊，南風只娘媽宮一處可以灣泊，敵方牢踞娘媽宮，倘一時未能攻克，舟師船多無澳停泊，這是乘南風進兵可憂慮之一；澎湖在臺灣之北，而臺灣在澎湖之南，如乘南風取澎湖，即得澎湖，也不能逆風取臺灣，必待十月小陽，再圖進取，如乘北風取臺灣，一得澎湖，即可長驅直取臺灣。這是乘南風進兵可憂慮之二；如乘南風取澎湖，不能取臺灣，則澎湖必用重兵鎮守，六、七、八月颱風不時發生，從金門運送柴米的船隻被風阻絕，澎湖守兵的糧餉難以接濟，如乘北風取澎湖，即可以迅取臺灣，就沒有阻糧的憂慮。這是乘南風進兵可憂慮之三。

雙方爭論十餘天，互不相讓。各總兵、海道承姚啟聖的囑咐，天天勸導施琅權依督臣之議。五月十六日，寧海將軍喇哈達、侍郎吳努，到達銅山，聞悉督、提意見分歧，他們立即作出「平海事關重大，奉旨督提同心，豈可各執己見，當請展期」的決定。施琅因不便違抗，不得不聽從姚啟聖等，這實非他的本意[52]。尤其是喇哈達等不據實況上報，竟以總督、提督稱南風不如北風，五月內停其進兵，十月內進兵入奏[53]。事後，施琅得悉深為駭異。

為了進一步瞭解敵情和選定出征日期，施琅即遣趕繒快船二十三隻，令隨征總兵董義等率領船隊前往澎湖偵察。船隊於六月初四日黎明從古雷出發，初五日下午到達澎湖，在花嶼前灣泊，初六日黎明船隊開至獅嶼頭，瞭見劉國軒等的船隻統統布列在娘媽宮前。鄭軍一發現清軍，立刻從西嶼頭、八罩山分別發出大小戰船三十餘隻追擊。董義忙命各船歸艅返回，初七日入境，初八日順利到達廈門。這次，施琅遣發哨船偵探，來去無阻，既摸清了敵情，又證實乘南風進取顯見成效，這更增強了他的信心。

其實，姚、施的分歧，關鍵還在於兩人對形勢的不同估計及對待剿撫有別的深層矛盾上。

姚啟聖十分重視招撫工作，他出任總督後，便頒發招撫賞格十款，凡不同形式的投誠官兵與出面招撫人員，以其貢獻大小，一一給予不等的獎勵。對投誠官兵的安置工作，也做了具體規定。爲了使招撫活動經常化，還特地建立修來館，派員專門負責收納投誠將士。此外他又不時派間諜潛入澎、臺，在鄭軍內部進行策反。他曾給鄭賓客司傅爲霖、續順公沈瑞送去綾札重賞，策動傅爲霖等糾聯十一鎮兵力協謀內應。在傅爲霖等謀叛失敗後，姚啟聖還上疏請求給謀反將士於常格之外，量加憂恤，以感召更多的鄭軍官兵起來反叛。

姚啟聖的招撫活動，對分化瓦解鄭軍無疑地起了重要作用。

但是姚啟聖對軍事征剿與自身的舟師力量卻缺乏足夠的信心，特別是在鄭方整兵嚴守澎湖之後，他總是強調用招撫與間諜活動來促使敵人的解體，爾後等待時機，再行征剿。

康熙二十一年（一六八二年）五月，姚啟聖在奏疏中，就一再強調澎湖的戰守之具業已具備，實在是無機可乘了。他明確指出，施琅密疏五月進兵，僅僅出之於「報國心急，滅『賊』心堅」，「冀血戰破『賊』」而已，「原非有機可乘、果有可破可剿者也」[54]。

所以當五月初一日，接到兵部關於奉有「酌行剿撫之旨」的密咨後，姚啟聖立即指令舊與劉國軒交好的原任福州副將黃朝用寫信給劉，派員持信前往澎湖招撫。接著鄭克塽、劉國軒等遣黃學等到福州談判，黃等向姚啟聖提出「請照琉球、高麗外國之例稱臣奉貢，舉朝廷正朔，受朝廷封爵，接詔者，削髮過海，在臺灣者求免削髮登岸，請何處通商，並請道府正員過海訂議」。姚啟聖即於九月十九日，上題本疏請康熙決定。康熙答覆說：「臺灣『賊』皆閩人，不得與琉球、高麗比，如果悔罪，剃髮歸誠，該督撫等遴選賢能官前往招撫。」[55]同時，康熙又明確指示：

「或『賊』聞大兵進剿，計圖緩兵，亦未可料，其審察確實，倘機有可乘，可令提督遵前旨進兵。」[56]姚啟聖得旨後，立即派黃朝用過海談判，但馮錫範、陳繩武等總恃波濤天險，無意投誠。之後鄭克塽又遣天興知州林良瑞（改名林衍）、黃學，隨同黃朝用往福州。林、黃仍堅持「照琉球、朝鮮例，稱臣納貢，不削髮登岸」。和談終無結果。

康熙二十二年（一六八三年）正月，姚啟聖又上疏說：「臺灣之『寇』，議撫，則狼心未必即馴；議剿，即機會未必即得。」他認為「臺灣非不可剿，而亦非專用兵威可以必得也」[57]。提出「惟禁三省之接濟，阻臺灣之洋販，擾『海賊』之耕種，而並用間用謀，使之餉絕糧草，計窮力困，而且兵將離心，則剿之必破，撫之必來」。為此，他請求在現有戰船內挑出牢固輕便趕繒船六十隻，不論南風北風，時時頓居上風，如遇北風時，將船全灣泊於平海；如係東風時，則將此船灣泊於將軍澳、林景嶼，伺敵耕種之時，出其不意，一連數次出擊，使其驚疑不定。這樣，可逼使鄭方不敢將炮船改為洋船，「則洋販無資，耕獲不能及時，而糗糧不給。一、二年間，自然困疲，而我師因利乘便，剿撫皆宜矣」[58]。無庸置疑，從康熙二十一年（一六八二年）鄭方萬餘軍兵據守澎湖以來，姚啟聖一直受「無可破可剿之機」的思想指導，圖謀運用「撫」與「策反」或經濟上困死敵人的和平方法，來取得澎、臺。

施琅一直主張「寓撫於剿」，把撲滅鄭氏政權的立足點放在剿上。

康熙二十一年（一六八二年）三月，施琅在奏疏中就提出：「先取澎湖，扼其吭，拊其背，逼其巢穴，使其不戰自潰，內謀自應；不然，候至十月，乘小陽春時，發動大軍進剿，立時蕩平。」

施琅反對按兵不動，認為沒有摧毀敵人的軍事力量前，企圖通過善言撫諭的方法，期望鄭氏就撫，這是辦不到的。他明確指出：「劉國軒沐猴鴟張，操縱自如，志得意滿，斷無輸誠向化之念。」[59]當施琅進兵澎湖前夕，鄭方致書遣黃學、林衍要去廈門見他，施琅卻之不見。隨後果斷地指出：「是遣撫既不敢逆料懸揣，則進剿所當決計而行者也。」[60]

施琅越來越感到出征臺灣，如由總督等互相牽制，卒難成功。康熙二十一年（一六八二年）七月，他再次上疏申述：「總督生長北方，水性海務非其所長」，尤其是「中有一、二視此畏途，未免低徊，以致督臣，疑惑不決」。堅決懇請由他「獨任」，征伐臺灣，令督撫「催趲糧餉接應」，並「勿限時日」，「風利可行」，即「督發進取」。他滿有把握地表示：只須挑選精兵二萬有奇，大小戰船三百號，盡堪破滅敵軍，「事若不效，治臣之罪」[61]。

康熙接讀施琅的密奏後，十分生氣。原來康熙對施琅「屢奏進兵」，常以風不順為由，「延遲日月，踟躕不進」的情狀，早就不滿了。而施琅又一再題請勿讓總督進征臺灣，這使康熙更加惱怒。康熙當即用嚴厲的口吻斥責說：做爲臣子，凡事都應「據實自奏」，爲此「苟且妄奏，是何道理？」然而，康熙處事畢竟是很沉著而慎重的。他想：進剿臺灣，事關重大，必須度勢乘機，以圖進取，尤其是處於舉足輕重地位、負有重大責任的水師提督施琅一再提出自行進征臺灣的請求，已引起督、提之間的嚴重分歧，需要儘快妥善處理。於是康熙照例先讓議政王大臣會議討論，議政王大臣等同意提督施琅的請求。之後，康熙又徵求大學士們的意見，明珠回答說：「若以一人領兵進剿，可得行其志，兩人同往，則未免彼此掣肘，不便於行事，照議政王所請，不必令姚啟聖同往，著施琅一人進兵，似乎可行。」[62]這樣，康熙改變了主意，由施琅相機自行征剿。十月二十日，諭旨說：「進剿『海寇』，關係緊要，著該督撫同心協力，催趲糧餉，勿致延誤，前姚啟聖具題功罪定例，交與施琅遵行」。並提出：「『海寇』固無能爲……鄭經死，首『寇』既除，餘黨彼此稽疑，各不相下，眾皆離心，乘此撲滅甚易。施琅相機自行征剿，極爲合宜。」[63]

施琅奉旨專征。他立即統率官兵二萬一千餘名，配置大鳥船七十隻，趕繒船一百另三隻，浩浩蕩蕩進兵澎湖。

康熙二十二年（一六八三年），臺灣內部危機加深。從澎臺前來歸降的官兵越來越多。正月初二日有副將劉秉等坐雙帆艍船一隻，帶家眷八十二口，從澎湖前來投誠。二十六日，總理李瑞等奪民船一隻，帶兵二十一名亦自澎湖來投誠。三月十八日，有士兵許福等十四名駕小船一隻，自臺灣猴樹港過來投誠。四月初有海賊鄭才等十八名，從淡水港奪柴民船一隻前來投誠。六月十六日有許六、吳阿三等奪漁船一隻，在澎湖帶家眷十九名前來投誠。

爲了防守雞籠山，鄭氏政權強征沿途土番，不論老幼男婦，多被抓來搬運糧食。土番一向不能肩挑，全靠背負頭頂，搬運十分勞累，他們稍一懈怠，就會慘遭督運軍士的鞭撻。尤其是勞力全被征來供役，弄得耕稼失時，稻糧無收，米價每擔貴至價銀五、六兩，以致土番受饑挨餓。由是各社土番相率殺害通事，搶奪糧餉，鄭氏政權派軍鎮壓，各社各黨一聞鄭軍進剿，白天逃入深山躲藏起來，夜裏卻人不知鬼不覺出來偷襲官軍各營，弄得鄭氏手足無措。

康熙二十二年（一六八三年）四月，施琅上疏指出：「海逆有日蹙之勢，航剿有可破之機。」[64]康熙抓住了這一有利形勢，贊同並指令施琅向澎湖進軍。

澎湖決戰告捷　臺灣和平就撫

康熙二十二年（一六八三年）四、五月間，臺灣鄭氏獲悉施琅將乘南風進征澎湖，就從各方面加緊強化澎湖的軍事防禦。他們選拔精壯士兵做骨幹，抽調草地佃丁、民兵參加軍伍，將洋船改為炮船，要文武官員所有私船盡行修整，先後吊集大小炮船、鳥船、趕繒船、洋船、雙帆艍船共二百艘，軍兵二萬餘眾，由劉國軒統率奔赴澎湖。同時在澎湖的娘媽宮嶼頭上下、鳳櫃尾、四角山和雞籠山等地，添築炮城，又在東西蒔內、西面內外塹、西嶼頭以及牛心灣山頭頂各處，構築炮臺。凡是小船可以登岸的沿海二十餘里的地方，盡築短牆，安置腰銃，分遣兵丁死守。鄭氏決心在澎湖同清師決一死戰。

六月，施琅率領大隊舟師齊集銅山，大會各鎮協營守備千把等隨征諸官，部署出征澎湖。十四日早上，施琅統率舟師從銅山開駕東征，次日下午，到達澎湖的貓嶼、花嶼。時有守汛的鄭軍哨船數十多隻，急忙返回娘媽宮，飛報國軒。時已天曉，施琅即令船隊灣泊八罩、水垵澳。

劉國軒聞報，忙差部下持令箭與右先鋒鎮陳諒，著其嚴督陸路諸將謹守，並遍傳獅嶼頭、鳳櫃尾、雞籠山、四角山、內塹、外塹、東蒔等各鎮將，速移火炮火熕羅列海岸，橫截攻打，勿使清師灣泊寄椗。同時，傳集水師總提調右武衛林陞率各鎮營速駕大熕船、鳥船、趕繒船環泊娘媽宮前口子與內外塹東西蒔各要口守候。當時鄭將邱輝向劉國軒建議，待晚上潮落，請速遣船隊襲擊，清師必定自然潰散。劉國軒帶著輕蔑的口氣笑著說：「施琅徒有虛名耳！今當此日日颶報之期，敢統舟師越海征戰，如夜風起，彼無焦類矣！此乃以逸待勞，不戰而可收功也，諸公勿慮。」65

十六日，施琅率舟師進攻澎湖。國軒坐快哨如飛，於娘媽宮前澳內督率諸鎮領著熕船、戰船、趕繒船排列迎戰。清師署右營游擊藍理、曾成，副鋒右營千總鄧高等，擊沉敵船七、八隻。時值南潮正發，前鋒數船被激流衝擊，逼近鄭方炮城，鄭水師乘機結成大隊合圍攻打。施琅被流炮餘炎燒著面部，右眼受傷跌倒，強起指揮。藍理在酣戰中被流炮擊中，腹部破裂仍繼續戰鬥。裨將等忙捨戰急救，時清興化鎮總兵吳英繼後夾攻，施琅冒死指揮，鄭水師總督林陞連中三箭，左腿被大炮打折，鄭楊威將軍援剿左鎮沈誠、統轄前鋒鎮姚朝玉、戎旗鎮陳時等均被焚殺。鄭將江勝、邱輝等復督熕船合攻，清師撤退，江勝、邱輝等揮船尾追，劉國軒恐二將會遭清師暗算，連忙鳴金，打招旗收兵。邱輝等回師，立即向劉國軒提出自願領兵夜襲，劉國軒說：「彼舟師所寄泊垵嶼都是沒有遮攔的海澳，又係石淺礁線，早晚風起，定不戰而自潰。俗語說六月三十日有三十六暴，今日乃十六，明日十七、十八、十九，就是觀音暴、洗蒸籠暴，那裏會沒有暴風呢？我們暫且養精蓄銳，拒險守險，以觀其敗。」

之後，施琅乘船親往前哨實地偵察澎湖各處設置炮臺和戰船灣泊要所，以及地形地勢等情況。

二十二日，清舟師分股向澎湖發起總攻，清鄭之間展開了一場大決戰。

施琅命隨征都督陳蟒、魏明等領趕繒船、雙帆艍船共五十隻爲一股，從東畔峙內直入雞籠嶼、四角山爲奇兵夾攻；命隨征董義、康玉等領趕繒、雙帆艍船五十艘爲一股，從西畔內塹直入牛心灣作疑兵牽制；又將大鳥船五十六隻居中，分爲八隊，每隊駕船七隻，各作三疊，施琅自率一隊居中，以便調度，其他七隊，分列左右，各由總兵官率領；此外，尚有八十艘船分爲兩大隊，以爲後援。分撥已定，施琅親率舟師浩浩蕩蕩直進娘媽宮。

劉國軒聽到外塹山頂瞭望炮連發，立即掌號命各處炮船、趕繒船、大小各船齊起帆椗，發炮吶喊，從娘媽宮前疾出迎戰，西嶼兩岸銃炮齊發，兩軍對陣，炮火矢石交攻，如雨點般地落下來，煙焰蔽天，咫尺莫辨。清總兵朱天貴冒險衝入，被炮擊中，穿腸死亡。清將林賢遙見天貴死亡船潰，忙指揮船隊衝䑸入援，劉國軒急督邱輝、江勝等率十餘隻船，環圍攻擊，一時火箭、藥罐、矢石、炮火渾如雨點，林賢率眾環敵力戰，不料左臂貫甲，連傷三箭，其他將士死的死、傷的傷，矢石藥炮都用盡了。在這危急之際，清中營游擊許英等六船從外圍攻入，林賢奮起督擊，內外夾攻，接連擊沉鄭船二艘，鄭師潰散，林賢立命船隊奮力進殺。

劉國軒見清師攻勢逼人，不得不拚一死戰。於是重新組織各鎮戰船、熕船、趕繒船、鳥船、雙帆船和艍船一齊出擊。清總兵吳英立即令領旗黃登、副領旗湯明在船頭，自己在尾樓督戰。不料湯明身中數箭，吳英的右耳也被鹿銃的火氣傷裂，戰船忽被水流衝擊擱淺，總領旗黃登飛速躍前，在慌亂之際，連櫓數櫓，船方乘著微風，逐浪移流。這時，鄭將邱輝、江勝等率眾船襲擊，鋒勢甚銳。施琅窺測情勢，暗自忖度，最後決戰的時刻已經來臨。他馬上揮令左右各股戰船，一齊拚上，頓時，炮如雨下，煙焰蔽天，鄭將江勝被清師團團圍住，部屬死傷過半。往常水軍擊發斗頭熕，或發左邊炮，或發右邊炮，不然，兩邊齊發，船即沉沒。江勝眼見勢危，難以脫遁，恐遭擒辱，一時情急，毅然將斗頭熕兩邊齊發，船隻隨著炮聲，立時沉入海中。鄭兵節節敗退。施琅立刻利用其優勢兵力，命令舟師以五船合圍敵方一船的辦法，把鄭船各個分割。鄭船全被陷入挨打的困境，有的被火罐所燒，有的被炮擊沉，鄭師傷亡慘重。在一片慌亂中，鄭將邱輝冒死往來接應，放炮亂擊，並督率左右拋擲火桶、火箭、矢石，拚死抵抗。邱輝的左右足被擊傷了，卻毫不退縮，忍痛拚搏，終因勢窮力竭，自己毅然將火拋向官艙，藥桶齊發，被火焚死。這時，施琅督促大軍飛速追敵。

劉國軒眼見鄭舟師已傷亡七、八，如繼續死拚，將會全部覆滅，他目視四周，力圖乘隙突圍。無奈清師船集如葉，各條海港幾乎被清軍塞滿了，鄭兵真是插翅難飛。在這危亡的緊急關頭，劉國軒忽然瞥見吼門一港，無船堵截，他急令黃良驥、洪邦柱等率殘存戰船，飛速向吼門駛去，順流撤退。將至吼門，劉國軒要舵公楊福繼續往前直駛，楊福說：「吼門是死地，這裏礁線甚多，從來沒有船隻駛過。」劉國軒自度已臨絕境，再無別路可行，他下意識地脫下頭盔，雙膝跪在戰棚下，虔誠地向天禱告。祝畢，便喝令舵公從吼門行退，倒也湊巧，這時浪潮突然湧漲，風順無礙，劉國軒坐船領先，餘船尾隨，順著風潮，飛速地向臺灣脫逃。施琅見國軒逃遁，傳令快哨追擒。清軍因港路不熟，追趕不上，只得回師。

這時，天已將晚，施琅只好一面鳴金收軍，並撥小哨將沿海跳水未曾溺死的鄭兵撈救起來；一面打旗招降殘存鄭兵。這時，守在娘媽宮炮城的鄭軍將士，因孤立無援，各個卸軍投戈，出埏請降，施琅即放杉板下海，差官收降。另外分遣官員各持令箭往諸島受撫，於是澎湖三十六島一一歸順，施琅悉令剃髮。凡歸降鎮將賞以袍帽，兵士給以銀米，出示安民。

澎湖決戰，基本上摧毀了鄭氏政權的軍事力量。鄭軍將領死亡四十七員，其餘協營以下大小頭目焚殺溺死三百餘員，兵士焚殺、自焚、跳水溺死的計一萬二千餘人，屍浮滿海。鄭鎮將、游擊、守備及下屬各官共一百六十五員，率士兵四千八百五十三名，倒戈投降，擊沉、焚毀、收降各類大小戰船一百九十四隻，鄭軍只剩下小炮船、小鳥船、趕繒船與雙帆、艍船等各類船共三十一隻脫走，以致「扼守澎湖的巨魁、巨鎮精銳以及巨艦，不數日而全軍覆沒」。

澎湖戰後，總督姚啟聖即奏請立刻攻取臺灣。他說：「澎湖一戰，鄭軍慘敗，所有精銳，盡行斬溺，所有船隻，盡行焚毀，鄭軍幾成全軍覆沒，故應乘勝直搗臺灣，似不宜遲，倘若讓『海賊』將臺灣隘口收拾堅固，使後日驟難攻克也。」66

施琅仍堅持出征前提出的作戰方案。他認為臺灣本應乘勝進剿，但攻克澎湖後，大小戰艦被炮打損破壞甚多，須要修理製造，新附投誠兵眾未便遽用，而徵兵名額不足，也須移咨總督選調精壯陸師官兵前來補用，尤其是「臺灣港道迂迴，南風狂湧，深淺莫辨」，似應少待八月或十月乘順北風進剿，方爲萬全。同時，施琅更考慮到澎湖爲臺灣咽喉，既得澎湖，他當即分撥船兵在八罩、將軍澳、南大嶼、龍門港、吼門與吉貝嶼等島，倍加巡瞭，以抑其吭。這樣，「殘孽敗遁之餘」，眼見清軍「逼臨門庭」，就會「不戰自潰，內謀自應」，乘敵危亡之際，「急令招徠」，實現和平方式解決臺灣問題。不成，繼之以軍事征剿。

康熙接到姚、施的澎湖捷報之後，就諭令戶部、兵部：「不拘何項錢糧，盡見在者，准其動用，毋致貽誤。」[67]爲了鼓勵將士，憂恤兵丁，康熙還給進征臺灣的官員兵丁按照進剿雲貴事例，「從優加級賞賚」。但康熙考慮到以兵力攻取臺灣，「則將士勞瘁，人民傷殘」，他同意施琅的意見，特發詔令招降鄭克塽。

經過澎湖海戰，臺灣的基本軍事力量已被摧毀。繼而施琅又實行優待俘虜與恤民政策，他嚴禁亂殺戰俘，下令戮一降卒抵死[68]，對受傷的降卒，給以米粥酒肉，另派醫生爲他們敷藥包紮，遣送部分戰俘回歸臺灣，讓他們去同自己的父母妻子團聚，施琅還特地召見遣返的戰俘說：朝廷是不得已用兵的，你們既已投誠，所有罪行就統統赦免了。你們回去後，要告訴臺灣人民，務必速速來降，少緩，「則爲澎湖之續矣！」[69]由於施琅妥善地「安插投誠，撫綏地方，人民樂業，雞犬不驚，臺灣兵民聞風俱各解體」[70]。

於是，鄭氏集團內部就降與守展開了一場激烈的論爭。作爲臺灣的最高軍事指揮員並左右著臺灣政局的關鍵人物劉國軒，「自澎湖敗衄，心膽俱裂」[71]，更鑒於清師「逼臨門庭」，臺灣兵民「群情洶洶，魂魄俱奪」，「眾心搖動」，處此危亡之際，他認爲臺灣惟有投降才是唯一出路，由是，他力排異論，「首創降議」[72]。

建威中鎮黃良驥認為澎湖失守，臺灣勢危，主張取呂宋為基業。中書舍人鄭德瀟當即呈上呂宋地圖，也陳述呂宋可取事宜，他們的建議很得鄭克塽、馮錫範兩人的贊同。劉國軒則竭力反對說：「今澎湖已失，人心懷疑，苟輜重在船，一旦兵弁利其所有而反目，後果不堪設想。」73鄭、馮只好放棄前議。接著馮錫範提出「分兵死守」。劉國軒給予駁斥，他明確指出：「眾志瓦解，守亦實難，不如舉全地版圖以降，量清朝恩寬，必先赦宥。」74他又竭誠勸導克塽說：「人心風鶴，守則有變，士卒瘡痍，戰則難料，當請降。」75

議未定，施琅已派遣原劉國軒部屬曾蜚前來招撫。劉國軒要克塽命禮官鄭平英等到澎湖軍前請降，「（馮錫）範撓其事者再」，軒再予嚴厲抨擊：「昔者張、卞二使至島議撫，則議不稱臣，以致兩島流離；今春黃朝用至臺再撫，則議不削髮，又致澎湖喪師；皆係公之操持不定。當此之際，尚且狐疑，倘一朝變起蕭牆，將奈何？從來識事務者為豪傑，大事已去，速當順天。」馮錫範默然，無言以對。鄭克塽思慮「民心已散，誰與死守？浮海而逃，又無生路」，唯有投降了。劉國軒就教克塽立刻調鄭明等登岸，撥兵監守鄭氏子孫，嚴防他們漏脫遺禍。

閏六月初八日，鄭克塽差協理禮官鄭平英、賓客司林維榮帶了降表和給施琅的信，劉國軒派朱紹熙、曾蜚同行，他們一起到澎湖見施琅。鄭方要求「剃髮稱臣，仍居臺灣，永為朝廷屏翰」。施琅果斷地拒絕。他使曾蜚、朱紹熙返回臺灣傳話：「若果真心投誠，必須劉國軒、馮錫範親來澎湖軍前面降，將人民土地悉入版圖」，所有投誠官兵，「遵旨削髮移入內地，一概尊聽朝廷安輯」。若不從，「立即督師進征」76。總督姚啟聖也立即轉奏請頒赦招撫。

康熙得到臺灣願意歸降的奏報，馬上下了一道詔諭給鄭克塽、劉國軒和馮錫範等。詔諭說：「爾等傾心投誠，率所屬軍民官兵悉行登岸，從前抗違之罪，盡行赦免，仍從優敘錄，加恩安插，務令得所。倘仍懷疑，猶豫遷延，大兵一至，難免鋒鏑之危，傾滅身家，噬臍莫及。」[77]又上諭差往料理臺灣兵餉的工部侍郎蘇拜、郎中明格里說：「若鄭氏來歸，即令登岸，善爲安插，務俾得所，勿使餘眾仍留原地，此事甚有關係。」[78]

七月十五日，鄭克塽差兵官馮錫珪、工官陳夢煒，劉國軒遣胞弟劉國昌，馮錫範遣胞弟馮錫韓，同曾蜚、朱紹熙賚送降表文稿再到澎湖施琅軍前繳納。他們懇請施琅「發給告示，張諭削髮，俾得遵依」。次日，施琅遣侍衛吳啟爵、筆帖式常在同馮錫珪、陳夢煒、曾蜚、朱紹熙帶安插告示往臺灣曉諭。吳啟爵等一到達臺灣，鄭克塽率劉國軒、馮錫範等文武官員齊集海埏迎接。之後立即將安民告示在各處張掛。告示向臺灣地方官兵士庶宣稱：「示到，各兵民立即剃髮，本提督刻日親臨安插，軍紀素嚴，秋毫無犯，今既革心歸誠，官則不失爵秩之畀，民則皆獲綏輯之安，兵丁入伍歸農，聽從其便，各自安生樂業，無事彷徨驚心。」[79]克塽令全體兵民遵旨剃髮。

然而，劉國軒卻擔心臺灣新附，人懷危疑，萬一有一些人從中鼓煽，出現動亂，這個重大責任誰來承擔呢？他一面差紅旗官巡緝密布提防；一面遣曾蜚等去澎湖催促施琅速來臺灣彈壓。隨後，施琅就部署部分兵船留守澎湖，自己於八月十一日統率舟師向臺灣進發，十三日到達臺灣。這時，鄭克塽遣禮官鄭斌率領父老，乘坐小船，出鹿耳門迎接，自己親率國軒、錫範等一批文武官員齊集海埏恭迎。清師隨著鄭船徐徐進入鹿耳門。鄭克塽、劉國軒、馮錫範等文武官員於十八日全都剃髮，清方按清制逐一分發給他們不同等級的袍、褂、外套、靴帽等。隨後，施琅命廣貼〈諭臺灣安民告示〉，勸諭臺灣地方官員、百姓、土番人等，「各宜樂業，無事驚心，收成在邇，務農毋荒，貿易如常，壟登有禁，官兵違犯，法在必行，人民安生，事勿自緩」[80]。之後，施琅親至延平王鄭成功廟告祭，歷數鄭氏開發臺灣功績。

臺灣回歸，施琅遣吳啟爵馳京奏報。康熙授施琅爲靖海將軍，晉封靖海侯，世襲罔替，其所屬官員再各加一級，兵丁再賞一次，以示特加優渥至意。

康熙二十二年（一六八三年）鄭克塽、劉國軒、馮錫範等奉命至京，康熙授鄭克塽公銜，劉國軒、馮錫範伯銜，俱隸上三旗，並令工部撥給房屋土地。其餘鄭氏文武官員並明裔等一律於附近各省安插墾荒。兵四萬餘人願入伍歸農聽便。

施琅特別保薦劉國軒在和平統一臺灣中的重要作用，他上疏說：自己親率舟師進入臺灣後，「細閱港道紆回，地勢窄狹，波濤湍急，可謂至險至固」[81]，如此險惡的地理形勢，他深感臺灣「似未易可以力鬥取勝之地」[82]。然而，在臺灣各文武官員都懷疑畏的情勢下，國軒毅然決定「以生死聽命於朝廷，免貽生靈塗炭」，「力主歸命」，遂使清師「不用戰功而得全國，其功不少」[83]。康熙二十三年（一六八四年）三月，康熙特授劉國軒爲直隸天津總兵官，後來劉國軒上任，向康熙辭別時，康熙親自召見，並對他說：「臺灣地方阻聲教者六十餘年，爾素懷忠誠，因施琅督兵征剿，首先歸命，是以特授爲總兵官，以示優眷。但天津地方，在畿輔與遠省不同，爾宜加意撫輯，使兵民相安，盜賊屏跡。」[84]話畢，康熙特賜國軒白金二百兩，表裏各十匹，又內廄鞍馬一乘[85]。康熙二十四年（一六八五年），康熙傳諭劉國軒云：「爾劉國軒身爲渠黨，仍能仰識天時，勸令鄭克塽納土來歸，朕心嘉悅……今特賜爾第宅，俾有寧居。」[86]此外，康熙還賜給國軒「丁壯地畝」，「誥封三代如其官」[87]。

臺灣歸清後，擺在康熙面前的一個突出問題，是臺灣或棄或留，亟須作出決斷。

當時，不少朝廷官員、封疆大吏認爲臺灣「孤懸海外，易藪賊，欲棄之，專守澎湖」[88]，主張「遷其人、棄其地」。

在這關鍵時刻，福建總督姚啟聖、靖海將軍施琅、都察院左都禦史趙士麟、侍郎蘇拜、大學士李霨等挺身而出，堅決反對棄臺的荒謬主張，尤其是施琅的真知灼見，給予康熙的決策以重大影響。

施琅經過親自調查後，對臺灣的棄留問題，很有遠見。他於同年十二月二十二日上疏，具體深入地剖析了臺灣的情勢，闡明了「棄之必釀成大禍，留之誠永固邊圉」的富有遠見卓識的意見。在奏疏中，施琅以親身所見敘述臺灣實係「肥饒之區，險阻之域」。這裏「野沃土膏，物產利博，耕桑並耦，魚鹽滋生，滿山皆屬茂樹，遍處俱植修竹，硫磺、水藤、糖蔗、鹿皮以及一切日用之需，無所不有，向之所少者布帛耳！茲則木棉盛出，經織不乏」，且「舟帆四達，絲縷踵至」。他嚴正地指出：若將臺灣棄為荒陬，復置度外，勢必帶來嚴重禍害：其一，臺灣人居稠密，戶口繁息，農工商賈，各遂其生，一行徙棄，安土重遷，失業流離，實非長策。其二，該地之深山窮谷，竄伏潛匿者，實繁有徒，和同土番，從而嘯聚，假以內地之逃軍閃民，急則走險，糾黨為祟，造船製器，剽掠濱海，「此所謂借寇兵而賚盜糧固昭然皎著者」。其三，他強調臺灣在東南海防上的重要地位，他指出中國東南形勢「在海不在陸，臺灣雖海上一島，實關四省之要害」，它「北連吳會，南接粵嶠，延袤數千里，山川峻峭，港道紆迴，乃江、浙、閩、粵四省之左護」。其四，他特別指出荷蘭垂涎圖占該地是一個嚴重後患，他說：紅毛無時不在涎貪，亦必乘隙以圖，「一為紅毛所有」，「必合黨夥，竊窺邊場，迫近門庭。此乃種禍後來，沿海諸省，斷難晏然無虞」[89]。最後，他還批駁了「棄臺灣、守澎湖」的錯誤論調，認為臺灣和澎湖是一體的，無臺灣，澎湖亦不能守，「是守臺灣則所以固澎湖，臺灣、澎湖一守兼之」[90]。

趙士麟、蘇拜、李霨等奏稱：「據施琅奏內稱，臺灣有地數千里，人民十萬，則其地甚要。

棄之，必爲外國所踞，奸宄之徒，竄匿其中，亦未可料。臣等以爲守之便。」91

康熙聽取了各方面的意見，最後明確諭示：「臺灣棄取所關甚大，鎮守之官三年一易，亦非至當之策，若徙人民，又恐失所，棄而不守，尤爲不可。」他要大學士會同議政王大臣、九卿、科道等「再行確議具奏」92。之後，大學士明珠回奏：「議政王大臣等認爲上諭極當。提臣施琅目擊彼處情形，請守已得之地，則設兵守之爲宜。」93

於是，臺灣設立一府三縣，置巡道一員分轄，隸福建省，府曰臺灣，附郭爲臺灣縣，南爲鳳山縣，北爲諸羅縣，由臺廈兵備道分轄。同時臺灣設總兵官一員，副將二員，兵八千，分爲水陸八營。澎湖設副將一員，兵二千，分爲二營，每營各設游守千把等官。康熙任命參領楊文魁爲第一任福建臺灣總兵官，在楊文魁上任陛辭時，康熙特地面諭：臺灣遠在海隅，新經底定，彼處新附兵丁，以及土人黑人種類不一，你到任之後，務期撫輯有方，「宜用威者懾之以威，宜用恩者懷之以恩，總在兵民兩便，使海外晏安」。康熙還告誡楊文魁：「臺灣以海洋爲利藪，海舶商販必多，爾須嚴飭，不得因以爲利，致生事端。」94之後，文武各官陸續就任，編戶籍，定賦稅，通商賈，興學校，臺灣正式隸屬於清朝中央政權的行政管轄之下。

註釋

1 江日昇：《臺灣外紀》卷十二。
2 以上均見廈門大學臺灣研究所等編：《康熙統一臺灣檔案史料選輯》一九八三年版，第八～一〇頁。
3 江日昇：《臺灣外紀》卷十三。
4 江日昇：《臺灣外紀》卷十四。
5 施琅：《靖海紀事》中，卷上第六～九頁。
6 《明清史料丁編》第三本第二七二頁。
7 江日昇：《臺灣外紀》卷十三。
8 連橫：《臺灣通史》卷十五，〈撫懇志〉。
9 江日昇：《臺灣外紀》卷十三。
10 廈門大學臺灣研究所等編：《康熙統一臺灣檔案史料選輯》第八二～八四頁。
11 廈門大學臺灣研究所等編：《康熙統一臺灣檔案史料選輯》第八二～八四頁。
12 江日昇：《臺灣外紀》卷十三。
13 江日昇：《臺灣外紀》卷十五。
14, 15 江日昇：《臺灣外紀》卷十六。
16 《清聖祖實錄》康熙十三年八月丙申條。
17 江日昇：《臺灣外紀》卷二十。
18 廈門大學臺灣研究所等編：《康熙統一臺灣檔案史料選輯》第一五六頁。
19 姚啟聖：《憂畏軒奏疏》卷四，〈恢復平和縣城〉。
20 《清聖祖實錄》卷七十五，康熙十七年七月己亥條。
21, 22 江日昇：《臺灣外紀》卷二十二。
23 廈門大學臺灣研究所等編：《康熙統一臺灣檔案史料選輯》第一六七～一六八頁。
24 江日昇：《臺灣外紀》卷二十二。
25 《清聖祖實錄》卷七十九，康熙十八年二月甲戌條。
26 《清聖祖實錄》卷七十九，康熙十八年二月乙亥條。
27 《清聖祖實錄》卷八十，康熙十八年三月庚戌條。
28 廈門大學臺灣研究所等編：《康熙統一臺灣檔案史料選輯》第一七一～一七二頁。
29 《清聖祖實錄》卷八十七，康熙十八年十二月庚辰條。
30 《清聖祖實錄》卷八十五，康熙十八年十月癸未條。
31 《清聖祖實錄》卷八十七，康熙十八年十二月庚辰條。
32 江日昇：《臺灣外紀》卷二十四。
33 江日昇：《臺灣外紀》卷二十五。
34 《清史稿》卷二百六十，〈姚啟聖傳〉。

35 周文元、陳琮：《臺灣府志》卷一。
36,37 李光地：《榕村語錄續集》卷十一。
38 李光地：《榕村語錄續集》卷九。
39 《清聖祖實錄》卷九十六，康熙二十年七月丙子條。
40 《清聖庭訓格言》。
41 《康熙起居注》，康熙二十年八月十四日。
42 《康熙起居注》，康熙二十年十一月八日。
43 《康熙起居注》，康熙二十二年七月七日。
44 《清聖祖實錄》卷九十八，康熙二十年十月丙午條。
45 廈門大學臺灣研究所等編：《康熙統一臺灣檔案史料選輯》第二一八～二二二頁。
46 《清聖祖實錄》卷九十八，康熙二十年十月丙午條。
47,48,49 施琅：《靖海紀事》中，卷上，第一一～一四頁。
50 廈門大學臺灣研究所等編：《康熙統一臺灣檔案史料選輯》第二四四頁。
51 《清聖祖實錄》卷一百零二，康熙二十一年四月甲午條。
52 施琅：《靖海紀事》中，卷上，第一五～一九頁。
53,54 廈門大學臺灣研究所等編：《康熙統一臺灣檔案史料選輯》第二四五～二四六頁。
55,56 《清聖祖實錄》卷一百一十，康熙二十二年閏六月甲子條。
57 廈門大學臺灣研究所等編：《康熙統一臺灣檔案史料選輯》第二五六～二五七頁。
58 廈門大學臺灣研究所等編：《康熙統一臺灣檔案史料選輯》第二五七～二五九頁；江日昇：《臺灣外紀》。
59 施琅：《靖海紀事》中，卷上第一五～一九頁。
60 施琅：《靖海紀事》中，卷上第二一～二三頁。
61 施琅：《靖海紀事》中，卷上第一五～一九頁。
62 《康熙起居注》，康熙二十一年十月初六日。
63 《清聖祖實錄》卷一百零五，康熙二十一年十月己卯條。
64 施琅：《靖海紀事》中，卷上第二九～三〇頁。
65 江日昇：《臺灣外紀》卷二十七。
66 廈門大學臺灣研究所等編：《康熙統一臺灣檔案史料選輯》第二八一頁。
67 《清聖祖實錄》卷一百一十，康熙二十二年七月癸未條。
68 彭孫貽：《靖海志》卷四。
69 杜臻：《閩粵巡海記略》卷六。

70 施琅：《靖海紀事》下卷下。
71《康熙起居注》，康熙二十四年二月二十八日。
72 夏琳：《閩海紀要》。
73，74，75 江日昇：《臺灣外紀》卷二十九。
76 施琅：《靖海紀事》下，卷下第一一頁。
77《清聖祖實錄》卷一百十一，康熙二十二年七月丙申條。
78《清聖祖實錄》卷一百十一，康熙二十二年七月丁酉條。
79 江日昇：《臺灣外紀》卷九。
80 施琅：《靖海紀事》下，卷下第一七頁。
81，82，83 施琅：《靖海紀事》下，卷下第一四～一五頁。
84，85《清聖祖實錄》卷一百十五，康熙二十三年四月丙申條。
86《康熙起居注》，康熙二十四年二月二十八日。
87《長汀縣志》卷二十五，〈劉國軒傳〉。
88 魏源：《聖武記》卷八，〈康熙戡定臺灣記〉。
89，90 施琅：《靖海紀事》下，卷下，第二六～二九頁。
91，92《清聖祖實錄》卷一百十四，康熙二十三年正月丁亥條。
93《康熙起居注》，康熙二十三年正月二十七日。
94《清聖祖實錄》卷一百十五，康熙二十三年五月癸未條。

第四章　黑龍江上下之一河一溪　不可少棄之於俄羅斯

哥薩克匪幫步步深入侵掠黑龍江

在清廷平定三藩之亂和統一臺灣的前後，沙俄殖民主義的侵略勢力正在步步深入我黑龍江流域，嚴重地破壞著我國的主權和領土完整，殘害著我國人民的生命財產。

沙俄原是一個歐洲國家。在十六世紀以前，它還沒有在亞洲占有一塊土地。沙俄本身也僅僅是在十五世紀末、十六世紀初，才形成以莫斯科爲中心的統一國家。至十六世紀下半葉，沙俄積極向東擴張，僅僅幾十年時間，就把勢力一直延伸到鄂霍茨克海，霸占了西伯利亞。明崇禎五年（一六三二年），沙俄在勒拿河建雅庫茨克城，逐漸地將侵略魔爪伸向我黑龍江地區。

明崇禎十六年（一六四三年，清崇德八年）雅庫茨克的頭目戈洛文派遣以波雅科夫爲首的一夥哥薩克兵共一百三十多人闖入我黑龍江達斡爾族、女真人聚居地區，進行野蠻的燒殺搶掠，俘獲當地居民作爲人質，給他們戴上枷鎖，強逼他們繳納糧食、毛皮等貢賦，甚至殺土人而食。波雅科夫這種慘無人道的行徑，給黑龍江居民留下了極其可怕可猙的形象，以至只要提到哥薩克來了，就足以使黑龍江人民的腦海中立時浮現出拷問、誘騙、死亡和吃人的種種情景，從而激起當地各族人民的反抗。有一次七十個哥薩克士兵前往達斡爾村屯搶奪糧食，遭到達斡爾人的突然襲擊，五十名哥薩克兵受重傷，十名被打死。在精奇里江的結雅河口，杜切爾（女真人轉音）人偷襲了沙俄偵察隊的駐地，殺死了二十四人，二人逃走。到了順治二年（一六四五年），波雅科夫一夥僅剩下五十餘人，被迫經黑龍江口，越海北逃。次年七月，才返回雅庫茨克。

順治六年（一六四九年），在沙皇的允准和雅庫茨克新任統領弗蘭茨別科的支持下，以哈巴羅夫爲頭子的七十名哥薩克人組成遠征隊，侵入黑龍江地區，在遭到達斡爾人的抵禦之後，哈巴羅夫意識到靠幾十個人去征服幅員廣大、人口稠密的達斡爾土地是不能想像的。於是他匆匆返回雅庫茨克奏請以六千人征服黑龍江，最後沙俄增派了二百多人，又發給哈巴羅夫一道沙皇關於「遠征達斡爾地方」的新指令與一封轉交「博克達汗」即清朝皇帝的信件。指令與信件都妄狂地宣稱：要中國皇帝「歸順」沙皇，永爲「臣僕」，如拒絕歸順，「沙俄就要動武」，將中國男女老幼「斬盡殺絕」[1]。次年，哈巴羅夫率領侵略軍並攜帶這兩份文件，再次竄到黑龍江，攻取雅克薩。雅克薩爲女真語，意思是刷塌了的河灣子[2]，它位於黑龍江上游左岸，與額穆爾河河口隔江相對，即今黑龍江省呼瑪縣古城島對面，地當貝加爾湖和雅庫茨克兩方進入黑龍江地區的水陸咽喉。這裏原是我國達斡爾酋長阿爾巴西的住地。沙俄侵略者占據後，就在此構築工事，加固設防，作爲進一步侵略黑龍江流域的重要據點，並根據達斡爾酋長阿爾巴西的名字，將雅克薩定名爲阿爾巴津。

俄國侵略者以雅克薩爲據點，四出襲擊，他們用大炮對付手無寸鐵的居民，抓捕俘虜和人質，用極其殘酷的手段，對待被俘的人群。在桂古達爾的一個村莊裏，沙俄侵略者以密集的炮火打敗了用竹箭頑強地抵禦的達斡爾人之後，製造了慘絕人寰的血案，他們共殺死居民六百六十一人，搶走婦女二百四十三人和兒童一百十八人，僅十五個達斡爾人倖免於難。更令人髮指的，這批滅絕人性的匪幫竟大發獸性，用父母的屍體搭成烤架來燒烤孩子們！但是沙俄侵略者的暴行，並沒有嚇倒我國人民，相反更激起了我國各族人民的反抗。當侵略者進入烏蘇里江一帶我國朱舍里和赫哲人居住的地方時，當地居民一面用簡陋的武器抵抗，一面向駐守寧古塔（今寧安縣）的清軍報警。順治九年（一六五二年）四月，清政府命令寧古塔昂邦章京海色率兵前往，狙擊沙俄侵略者於烏蘇里江口的烏扎拉村，當時達斡爾女真、赫哲、費雅喀等族人民紛紛前來協助作戰。正當清軍和各族人民突破敵人堡牆，準備衝入敵營時，海色卻犯了嚴重錯誤，他麻痹輕敵，沒有乘勝狠狠打擊敵人，竟然荒謬地命令大兵不許殺死哥薩克，要捉活的，這給敵人以喘息機會，敵人乘機拉回大炮，向密集的清軍猛轟，使清軍受到重大傷亡，最後清軍被迫撤圍。

烏扎拉村之戰是中國正規軍對沙俄入侵者的第一次作戰，這次戰爭給侵略者以沉重打擊，逼使敵人惶恐不安地向黑龍江上游撤走。之後，沙俄任命斯捷潘諾夫爲新達斡爾地方長官。順治十二年（一六五五年）四月，清朝都統明安達禮重創斯捷潘諾夫於呼瑪爾，當時由於清軍前線缺乏給養基地，後方又沒有源源不斷的軍糧供應，士兵口糧和軍需物資靠隨軍攜帶，極其有限，明安達禮終因「餉饋班師」，使侵略者得以繼續在黑龍江橫行。

順治十三年（一六五六年），另一支沙俄侵略軍從葉尼塞斯克出發，闖入石勒格河流域，於順治十五年（一六五八年）侵占我國蒙古族茂明安部居地尼布楚，並將尼布楚改稱爲涅爾琴斯克，在此構築城堡，作爲進一步向黑龍江中下游擴張的中心。

其時，斯捷潘諾夫正率領五百名哥薩克人竄犯松花江，清政府令寧古塔昂邦章京沙爾虎達率領一千四百人分乘四十七艘船隻討伐。在松花江與庫爾罕河間，清軍同俄軍展開一場激戰，擊斃了侵略者頭目斯捷潘諾夫及其部眾二百七十人，餘眾向黑龍江下游竄犯。隨後，清軍收復了雅克薩，拆除了俄軍強建的堡壘。順治十七年（一六六〇年）寧古塔總管沙爾虎達子巴海帥師至黑龍江與松花江交滙處，偵悉俄軍在費雅喀部落西岸，立即隨同副都統尼哈里、海塔等領兵前進，到了使犬地方（即黑龍江下游的赫哲、費雅喀等少數民族居地，他們因善使狗而名使犬部）分部舟師，潛伏兩岸，當俄軍船隊駛來時，伏兵突起合擊，大敗俄軍於古法檀村（今伯力北面）。敵人倉皇棄舟，登岸敗遁，「淹死者甚眾」3。於是黑龍江中下游始得稍安。然而清軍因缺乏長期打算，既沒有徹底剪除沙俄侵略軍，又未作防禦，就撤兵「中途而返」4。

康熙四年（一六六五年），從葉尼塞斯克來的另一股由切爾尼科夫斯基率領的沙俄侵略者重新占領了雅克薩。這時，沙皇正式任命切爾尼科夫斯基為雅克薩長官。康熙十四年（一六七五年）沙俄將雅克薩正式劃歸尼布楚管轄。之後，這夥匪幫以雅克薩為巢穴，深入黑龍江中下游的一些地區，設莊建屋，強行殖民屯墾。

沙俄還進一步拉攏煽動少數民族頭人，策劃分裂和顛覆活動。達斡爾族酋長根特木耳原是朝廷的四品官員，清政府把他的部族編為三個佐領，在俄國殖民主義者的引誘下，根特木耳一夥百餘人於康熙六年（一六六七年）背叛祖國逃至尼布楚。康熙十二（一六七三年）、十三年（一六七四年），又有推多果爾、保岱等陸續逃往尼布楚城一帶，這使沙俄與清朝之間的矛盾更加深化了。

謀求和解與周密備戰反擊

面對沙俄的侵略，康熙在解決國內動亂的同時，也在思慮著對付沙俄侵略的方略。為了避免雙方軍事衝突，康熙力圖通過外交途徑同沙俄進行耐心的交涉，謀求和平解決。

沙俄方面，為了配合黑龍江上的武裝侵略活動，裝出一副和平友好的姿態，同清政府交往，從中瞭解清廷，以便窺測方向，更有利於從事侵略活動。

康熙八年（一六六九年）和康熙九年（一六七〇年），清政府令索倫總管孟格德先後兩次派遣其屬下沙蘭載帶著康熙寫給尼布楚總管阿爾申斯基的正式咨文前往尼布楚，要求俄國當局停止對中國的侵略活動；並將叛逃分子根特木耳等人引渡中國。在咨文中，康熙還表示「倘貴國有言詞通知我國，可派使臣前來與朕面談」。但都沒有結果。

康熙九年（一六七〇年）四月，阿爾申斯基派出以米格萬諾夫為首的十人使團來到北京。阿爾申斯基根據沙皇的諭旨，在給米格萬諾夫的訓令裏要求清朝皇帝向沙皇稱臣納貢與自由通商。訓令說：「彼等（即米格萬諾夫等）應向博格德汗（當時俄國對清朝皇帝的稱呼）陳明：『諸多國家之國君和國王已率其臣民歸依我大君主……沙皇陛下最高統治之下……彼博格德汗亦求得我大君主……沙皇陛下恩澤歸依我沙皇陛下最高統治之下……永世不渝，向我大君主納貢，並允許我大君主……沙皇陛下之臣民同彼國臣民在雙方境內自由通商』。」[5]這個文件充分暴露了沙皇企圖吞併中國的野心。米格萬諾夫把這文件交給清廷。由於清廷當時缺乏通曉俄文的譯員，未能瞭解上述十分荒謬的要求與侮辱性的內容，仍然友好地接待了俄使，還送給他們不少禮物。同時，清廷派索倫總管孟格德攜帶康熙帝〈致沙皇國書〉隨同米格萬諾夫使團一起去尼布楚。康熙帝在〈致沙皇國書〉裏明確提出，如沙皇「願求永遠和好」，則必須履行二個條件：其一，「應還我逋逃根特木耳」；其二，「嗣後勿起邊釁，以求安寧」。當時，因阿爾申斯基等不通滿文，孟格德就把康熙〈致沙皇國書〉逐字逐句地翻譯成蒙文，再由阿爾申斯基等當場將蒙文轉譯成俄羅斯文。之後，康熙〈致沙皇國書〉及其譯文由米格萬諾夫一併轉遞至莫斯科沙皇那裏，在這期間，阿爾申斯基當著孟格德的面做了這樣的保證：如沙皇准予遣返根特木耳，自當立即將根特木耳送回；並表示他已飭令雅克薩頭目切爾尼科夫斯基，嗣後不得恣意妄爲。實際上，阿爾申斯基這番諾言純係自欺欺人的謊言，僅僅是爲了向清廷搪塞一下，根本無意兑現。自然孟格德之行也就沒有什麼結果。之後孟格德又多次去尼布楚要求俄國答覆康熙在國書中所提的二條要求，但是俄方卻拒不回答。

康熙十四年（一六七五年）俄方又派出尼古拉（賴）・斯帕法里爲首的百餘人的龐大使團出使中國，清廷派理藩院尚書阿穆瑚琅往索倫（今鄂溫克族自治旗）同俄使相會。經雙方會談以後，阿穆瑚琅等認爲從其來使之言及察罕汗（俄皇）奏書看來，俄方「雖有修好之意，亦不可信」。於是將尼古拉（賴）一夥暫留索倫，請旨定奪。議政王、貝勒大臣等，鑒於俄使聲稱因「無人通曉」中國皇帝所給敕書，爲此前來探詢情形，進獻方物，並向清帝請安，可以允准他們乘驛進京。對此，康熙表示同意。

康熙十五年（一六七六年）五月初，俄使尼古拉到北京，向清政府遞交了一份國書和一份照會，其內容以自由通商爲中心，列舉十二條款，諸如允許兩國互市，通路開放不絕；每年將四萬兩左右銀子及價值數萬兩的生絲熟絲或貴重的寶石等珍物，運往俄國，購買中國需要的貨物；指定來往方便的海河陸路通商路線；釋放被俘獲的俄方人員，若不還給，則請准贖等。對於先前康熙一再向沙俄交涉勿於邊界侵擾、引渡逃犯根特木耳等關鍵問題，照會卻以中國大皇帝所給敕書，因俄國無人通曉，不知情由，而未作覆爲藉口，置之不顧6。

儘管如此，清廷仍以禮相待。康熙曾前後兩次接見俄使，召至御前賜茶賜酒，並分別命令理藩院和議政王大臣等，逐項詳議俄方提出的十二條要求。之後清廷召見沙俄使團，當面宣布：俄國必須歸還我逋逃的根特木耳；嗣後不得在邊界橫生事端；派遣來使，應通情達理，遵守中國的禮法習俗。若能履行這三條，雙方可相互和好，照常遣使貿易，否則可不必遣使前來[7]。同時將康熙九年（一六七〇年），〈致沙皇國書〉譯成拉丁文交俄使帶回。清廷還厚給俄皇來使大小官員、通事、兵丁、跟役等各以不等的賞賜。康熙又命理藩院行文通知索倫總管，有關俄方遣使貿易往來之事待尼古拉（賴）返回沙皇如何答覆後再定，目前俄方若有商旅，不准其貿易，即行遣回。

尼古拉（賴）上北京期間，還同當時充任清政府官職的外國耶穌會傳教士南懷仁等秘密串連，獲取機密情報。南懷仁等曾密告尼古拉（賴）說：「沙皇若不引渡根特木耳，康熙決對俄作戰……擬攻取阿爾巴津（即雅克薩）及尼布楚要塞，以先發制人……但當邊地軍隊無充分準備前，帝決不願有所動作……若邊地之哥薩克兵此時不再進犯，帝將視閣下返俄後，沙皇有無答覆以定應付之策。若拒絕引渡根特木耳，俄廷應以重兵防守諸地。」[8]於此可見，尼古拉（賴）之出使中國，不是爲了尋求和平與友好，而是爲搜集情報，瞭解清廷的意向。

尼古拉（賴）回國後，沙俄依然我行我素，不但對清政府的要求拒不作覆，反而乘三藩之亂清朝邊防空虛之際，加緊武力擴張。沙俄以尼布楚和雅克薩爲據點，兵分兩路向我國境內步步深入，一路向東，在精奇里江上流建立結雅斯克；在西林木迪河地區建立西林穆斯克；在多倫河口建立多倫斯克（中名多倫禪）；一路向南，侵入額爾古納河流域，建立額爾古納堡（今黑龍江奇乾縣附近），進而又深入到黑龍江下游和恒滾河一帶。在恒滾河上，建立杜吉根斯克，在烏弟河上，建烏弟斯克等據點，他們在各個據點，「置板屋，耕畎畝」，強行殖民屯墾。他們以雅克薩爲巢穴，數擾索倫、赫哲、飛牙喀、奇勒爾諸處，「不惶寧處，剽劫人口，搶擄村莊，攘奪貂皮，肆惡多端」[9]。康熙二十一年（一六八二年），這夥強盜竟製造了一起駭人聽聞的屠殺中國人民的血腥事件，他們把索倫、打虎兒、鄂倫春的打貂人額提兒等二十人，騙進一間屋內，活活燒死，爾後，將其馬匹、糧食和器物統統奪走。

沙俄侵略者把康熙與清政府的和平努力，看作軟弱可欺，侵略氣燄越來越囂張。康熙在同沙俄長期交涉中認識到，對待侵略成性的沙俄政府僅靠和平建議根本解決不了問題，得出結論：「若輩非創以兵威，則罔知懲畏，將至蔓延，遂決意征剿。」[10]

所以同沙俄進行和平談判的同時，根據國內形勢的變化和沙俄武裝侵略的不斷深入，康熙也在殫心籌度著反擊沙俄的軍事準備工作。他曾對大臣們說：「羅刹擾我黑龍江、松花江一帶，三十餘年，其所竊據，距我朝發祥之地甚近，不速加剪除，恐邊徼之民，不獲寧息。朕親政之後，即留意於此。」[11]

康熙十年（一六七一年），康熙帝第一次巡視東北，他一面向當時寧古塔總管巴海瞭解該地及瓦爾喀、虎爾哈等少數民族的風俗情形，指示巴海「當迪以教化」，做好團結當地居民的工作；一面強調「俄羅斯尤當慎防」，命令巴海「訓練士馬，整備器械，毋墮其狡謀」[12]。他還語重心長地對巴海說：「爾膺邊方重任，當黽勉報知遇。」其後，由於「三藩之亂」，清政府被迫把寧古塔駐地的清軍調入關內作戰，一時削弱了東北邊防。身負東北邊防重任的巴海，遵奉康熙重託，設法補充兵員，他招撫了松花江下游、諾曼河、烏蘇里江和穆棱河等地的一些部族，將他們編成四十佐領，安置於寧古塔、吉林、烏喇等地，給予房屋、土地、耕牛、種子，令他們「屯田耕種」，並由各部族原來的首長查努喀、布克陶等分領其眾，號曰「新滿洲」，令他們與滿洲官兵一體效力[13]。康熙十三年（一六七四年）十一月，巴海率領「新滿洲」佐領及其下屬入京覲見，受到康熙優待，「上命射，賜茶酒」[14]。後來，這批「新滿洲」在反擊沙俄的鬥爭中，起了不小作用。

因此，巴海和「新滿洲」頭領查努喀、布克陶等亦受到清廷嘉獎。

康熙十五年（一六七六年）清政府將寧古塔將軍治所移到烏拉（今吉林市），在這裏築城駐防。當時木城的建築十分簡陋，只是在四周樹立短木柴柵，環三重，四邊各開一門，闢東、西二門，置茅屋數間，即是將軍行政地，而名之曰衙門。城牆很不堅固，遇雨就坍塌，隨塌隨築。在這裏駐紮新舊滿洲兵二千名，並以直隸各省徙來流人數千戶，修造戰艦四十餘艘，雙帆樓櫓與京口戰船類似，另有江船數十，亦具帆檣，「日習水戰，以備老羌」[15]。「老羌」指羅刹即俄軍，因其「長於鳥槍，世遂謁鳥爲老，謁槍爲羌」[16]。

康熙二十年（一六八一年）三藩之亂平定後，國內局勢基本穩定，康熙便把注意力轉向東北。五月，康熙遣大理寺卿明愛、郎中額爾塞前往雅克薩偵察敵情。行前，康熙交代二人說：「羅刹乃窮邊外邦，鄙猥之徒，難以遽信」，你們到索倫後，在那裏選派有才幹的人，「往說之」。明愛等遵照康熙指令，一到索倫，就遣佐領羅爾本、隋珀率領二十人，前往雅克薩，一面向駐雅克薩的俄軍頭目傳話說：「你們違背不相擾害的諾言，派遣二十人侵占我多倫禪所居之地，不是很荒謬嗎？你們應將你國人速急撤回！」一面觀察雅克薩木城，「其城樹木爲之，廣十五餘丈，長二十餘丈，有四層，施放鳥槍空，城外留四丈餘地，將一丈地釘木樁，外作兩層欄，城中人有三百餘名」[17]。偵察後，明愛等回京向康熙奏報。

康熙二十一年（一六八二年），康熙再次巡視了盛京、吉林、烏喇等地，向寧古塔將軍巴海、副都統薩布素、瓦禮祜詳細詢問了邊防情況。八月，康熙派遣副都統郎談、公彭春等隨帶參領侍衛和護軍外，又令畢力克圖等五台吉率科爾沁兵五百人，寧古塔副都統薩布素等率烏喇、寧古塔兵八十名，隨同郎談等以捕鹿爲名，沿黑龍江行圍，直抵雅克薩城下，勘察俄軍居址、形勢及水陸道路。康熙還特別指示：「萬一俄軍出戰，姑勿交鋒，但率衆引還，朕別有區畫。」[18]郎談等返回北京後，奏稱「俄兵寡少，由水陸進逼，攻取甚易，發兵三千足矣」[19]。康熙亦以爲然。

康熙經過自身和大臣們的幾次實地考察後，對黑龍江的形勢與敵情，包括土地險易、山川形勢、人物情性、道路遠近等，已瞭如指掌。他詳細地分析了敵我情勢，意識到俄軍能在黑龍江「得以盤踞多年者」，有著賴以存在的經濟基礎。因爲俄軍以尼布楚和雅克薩爲基地，並「賴額爾古納河口至雅克薩十餘處，雅克薩至布林馬大河口十餘處，築室散居，耕種自給，因以捕貂。尼布潮（即尼布楚）田畝不登，但取資納米雅爾諸姓貢賦」。另外「喀爾喀巴爾呼人時販牲畜等物至尼布潮（即尼布楚），尼布潮人亦捕貂與之交易，如此俄軍得以生存」[20]。相反，清軍卻在遠離雅克薩的寧古塔爲基地，只是在偵知俄軍較大規模入侵黑龍江中下游地區時，才遣軍奔襲，予以痛擊或殲滅。之後，因缺乏軍需供應，只得立即撤兵。隨後俄軍得以乘機或一、二人，或十多人，陸續聚集於黑龍江、松花江之間，構造木城，盤踞其地。清軍則取之維艱，由是清軍「反爲客兵」，而俄羅斯爲主兵，從而出現了「縱令克取雅克薩，我進則彼退，我退則彼進，用兵不已，邊民不安」的不利情況[21]。這也正是「以往尙書明安達禮輕進至糧餉不繼，將軍沙爾呼達巴海等失計，半途而歸，遂致羅刹驕恣」的歷史教訓[22]。要扭轉這種局面，康熙認爲關鍵在於「多貯糧食，永戍官兵」，則「我兵得逸，而鄂羅斯兵爲勞矣」。這樣，「鄂羅斯輕兵來犯，斷所不能，欲大隊侵入，則彼糧食何能挽運」[23]。於是康熙提出了要擊退和制止沙俄侵略，必須做好充分準備，實行「永戍黑龍江」的戰略措施，若「不行永戍，自松花江、黑龍江外，所居民人，皆非吾有矣」[24]。

康熙二十一年（一六八二年）十二月，康熙做出了「兵非善事，宜暫停攻取」的決策。並初步確定有關「永戍黑龍江」的戰略部署。接著康熙就傳諭巴海等，「兵抵黑龍江，應駐何地其詳議以聞」。巴海等即時上疏建議宜乘俄軍「積儲未備，速行征剿。候造船畢，度七月初旬，能抵雅克薩，即親統大兵，直薄城下」[25]。對此，議政王大臣等表示同意。然而這卻背離康熙確定的長期戍守黑龍江的戰略方針。康熙當即指出：「巴海等所議進征羅刹軍務，殊爲疏略」，「至所議七月兵到，即行攻戰，亦屬未可」[26]。因此，康熙改派巴海留守烏喇，由副都統薩布素、瓦禮祜統兵前往黑龍江，並傳集郎談、彭春等再行確議。之後，議政王大臣奏稱，應遵奉前旨，「暫停攻取，相機舉行」[27]。隨後，根據形勢的發展變化，康熙又不斷地完善與充實反擊沙俄的軍事部署。

康熙二十二年（一六八三年）在黑龍江東岸古城的廢墟上建立黑龍江城（即愛琿），預備炮具船艦，令設斥堠於呼瑪爾（呼瑪縣南）。調派寧古塔副都統薩布素率領寧古塔、吉林官兵一千五百名，水陸奔進，駐防黑龍江。之後，任命薩布素爲黑龍江將軍，下設左右副都統、協領、佐領等官，並不斷調集軍隊，增加軍事力量。康熙二十三年（一六八四年）秋，有烏喇、寧古塔官兵及增派達斡爾官兵一千人，攜帶家屬到黑龍江屯田駐守。康熙二十三年冬，又從北京派出兵士六百人，往黑龍江築城。爲了對付俄軍火炮，康熙二十四年（一六八五年）初，清廷選調安插在山東、山西、河南的福建藤牌兵四百二十人，由鑾儀使林興珠和何祐率領奔赴前線。這樣，前後派往黑龍江前線的軍隊共有三千餘人。此外，製鳥槍、鑄大炮，康熙還特爲紅衣大炮欽定其名爲「神威無敵大將軍」。並在齊齊哈爾設立火器營。

備足軍糧是永戍黑龍江的物質基礎。康熙曾對大學士等說：「苟糧儲不足，則如沙爾呼達、巴海等往征而不能成功矣！此事尚未年遠，朕親所聞知，且亦衆所共悉也。」[28]爲了保證軍糧的充足供給，從科爾沁十旗、錫伯、烏喇等官屯收集糧食一萬二千石，可支三年；派馬喇到索倫等處購買牛羊、糧米，以供軍需；令駐黑龍江兵士實行軍屯。康熙二十一年（一六八二年）十二月，前往黑龍江的部兵一到駐地，「即行耕種，不致匱乏」。康熙二十四年（一六八五年），發盛京兵五百人，代黑龍江兵守城種地，並派戶部大臣一員，專門督理種田事宜。此外，開闢遼河，實行松花江和黑龍江的水陸聯運。即從遼河的巨流河渡口溯流運至等色屯，再由陸路運到伊屯門，經伊屯河入松花江，順松花江而下至黑龍江，再溯江上抵黑龍江城（愛琿）。爲了保障水運安全，康熙分遣內府營造司郎中佛保及戶部侍郎宜昌阿等，從瀛臺、通州船載米試行。又命盛京刑部侍郎噶爾圖、寧古塔副都統瓦禮祜分別實地勘測遼河與伊屯河的河水深淺與水速情況。測試結果，兩河均可行三丈之船。在沿河各口築倉貯糧，並由當地各族居民與官兵組成運輸隊，專門負責水陸聯運。

大造戰船和運輸船隻。康熙二十一年（一六八二年）十二月，康熙命寧古塔將軍巴海重修戰船一百艘。次年一月，特派戶部尙書伊桑阿監督，並從中原調來大批造船工匠和流放在當地的罪犯製造各種類型船隻。吉林是當時著名的造船地，廠濱松花江，在這裏，大規模地伐木造船，所以，吉林又名船廠。征伐俄軍所需的數百艘各類戰船和運輸船，大都是由吉林製造的。

爲溝通黑龍江前線與中央和內地的聯絡，自吉林至愛琿設置驛站。康熙特派戶部郎中色奇、兵部郎中能特、理藩院郎中百塞等實地勘測丈量。郎中色奇等奏稱，自吉林至愛琿計丈量共一千一百九十五里，應設驛站十四驛。康熙即指出：「驛站關係緊要，凡丈量當以五尺爲準。」令色奇等進行復丈後，計一千三百四十里，該設驛站十九驛。每驛設壯丁並撥什庫三十名，馬二十匹，牛三十頭，壯丁自盛京（今遼寧瀋陽）、寧古塔所轄各驛、柳條邊派出，馬牛由盛京戶部照數採買送往。待軍隊北上後，再在雅克薩至愛琿和墨爾根（今嫩江縣）之間增設驛站。

康熙二十二年（一六八三年）七月，薩布素率領烏喇、寧古塔兵一千人向黑龍江挺進。前鋒部隊至精奇里江（結雅河）口，遇到了從雅克薩竄來的六十六名沙俄侵略軍，薩布素令清軍迅速包圍，隨即遣兩名軍官到俄軍船上說降，俄軍自知走投無路，只得繳械投降。

清軍進征沙俄侵略者的軍事行動，激勵了黑龍江地區各族人民的鬥志，他們紛紛起來驅逐沙俄侵略者。牛滿河上的奇勒爾族的奚魯噶奴，精奇里江上的鄂倫春族的朱鏗格，黑龍江下游的飛牙喀人和赫哲族人，都同俄軍展開激烈的鬥爭，他們「擊殺羅剎甚眾」29。後來俄軍從鄂霍茨克海趕來增援，清軍令蘭大鄂羅舜等率官兵三百人，攜紅衣炮四具，用飛牙喀人當嚮導，與俄軍激戰於恒滾河口，俄軍大敗。清軍遣投誠俄兵宜番等「造其居，開諭之」，俄軍二十一人投降。

因懾於清軍威力和各族人民的同仇敵愾，盤踞在黑龍江中下游的俄軍，陸續撤離據點或繳械投降，從而掃除了雅克薩以外、沿黑龍江中下游的一些敵堡。雅克薩已成爲一座孤城。

兩次雅克薩之戰

康熙二十三年（一六八四年）五月，副都統馬喇與薩布素建議：割取俄方田禾，俄軍不久自困，然後「量遣輕騎剿滅似易」。康熙表示贊同。七月，康熙命薩布素等統兵或由陸路、或由水陸兩路向雅克薩挺進，將俄軍所種田禾，盡行踏毀，再「少引精兵往剿」。後來，薩布素以「取禾未及，徒勞士馬」爲由，沒有遵行康熙指令。康熙十分惱火，嚴厲指責薩布素「坐失機會，更藉端題請，殊屬不合」，令議政王大臣等「嚴議申飭」30。薩布素隨即上疏引罪。次年正月，康熙派都統公瓦山、侍郎郭丕等往黑龍江與薩布素詳議攻取雅克薩事，瓦山與薩布素等議定，於該年四月攻取雅克薩，倘「萬難克取，即遵前旨毀其田禾以歸」。奏疏一上，康熙更加惱怒，叱責薩布素「度四月進兵，不過刈取田禾，事必無成」。並指出「用兵所關甚鉅，宜周詳籌畫，期於必克，倘謀事草率，復似明安達禮等退兵，羅刹將益肆披猖。今自京城遣一賢能大臣，總領軍事」31。在關鍵的問題上，康熙是容不得臣屬稍有逆意的。

康熙在準備反侵略戰爭的同時，仍沒有放棄用和平方式解決邊界爭端。他下令要善待投降或被俘的俄方人員，不准殺戮一人，皆以豢養，使各得其所。同時，康熙向俄方反覆申述和平解決邊界爭端的方針。康熙二十二年（一六八三年）九月，康熙令理藩院按諭旨致雅克薩頭目咨文，向俄方嚴重警告說：「今雅克薩、尼布楚羅刹等，若改前過，將根特木耳等逃人送來，速回本地，則兩相無事……倘執迷不悟，留我邊疆，彼時必致天討，難免誅罰。」32

康熙二十四年（一六八五年）三月，康熙帝爲再次敦促俄軍撤出雅克薩事，致沙皇國書，國書由投降收養之羅刹六人從喀爾喀地方送往莫斯科。國書是這樣寫的：

大清國皇帝敕諭俄羅斯察汗：向者，爾國居於爾處，未曾侵擾我界，邊民咸寧。後爾羅刹入侵我境，騷擾地方，搶掠百姓婦孺，滋事不止。為此，朕本應即發大軍征討，惟恐兵革一興，沮壞歷年和好，加害於邊民，故不忍出兵。曾將曉諭此一情由之諭旨，交爾使臣，亦曾派遣專人前往雅克薩、尼布楚，至今未見派人前來，亦無復奏。爾反愈加派羅刹竄入我內地，搶掠滋事，納我逋逃。朕仍不忍即刻征討，只遣官兵，截爾行路，招撫恒、滾等地羅刹，赦而不誅，予以收養……

惟因爾羅剎騷擾滋事不止，朕乃發大兵征討……倘爾憐憫邊民，使之免遭塗炭流離之苦，不致興起兵革之事，即當迅速撤回雅克薩之羅剎，以雅庫等某地為界居住。望明確復文或遣使前來，朕即令征討大軍停止前進，撤至邊界地方。如此，則疆圉帖然，而無侵擾之患，貿易遣使，和睦相處。特諭[33]。

沙俄對清廷的警告仍然置若罔聞。康熙二十四年（一六八五年）四月，康熙命都統公彭春、前都統郎談、班達爾沙和黑龍江將軍薩布素統領由滿、漢、蒙、達斡爾等各族組成的三千大軍，自愛琿出發，分水陸兩路，進取雅克薩。先期，雷雨大作，至二十六日，江水泛濫，狂風逆舟，船艦不得前。二十七日，天晴水落。二十八日晨忽轉順風，清軍揚帆溯流直上，「三日之程，一朝而至，陸路之兵，雖疾行不及也」。這期間，正逢兵士肉食匱乏，忽然有鹿數萬頭，從山上疾奔下來，霎時軍中歡聲雷動，騎兵馳射，步兵挺擊，群鹿亂做一團，慌不擇路，紛紛墮入河裏。水軍駕船筏於江中，截獲者計五千有餘。出征的清軍碰上這兩個好兆頭，個個心花開放、士氣昂揚。

六月初，清軍進抵雅克薩。在雅克薩對面的小島（今古城島）上設立了前線指揮所。二十三日，清軍兵臨城下，當即向俄軍發出用滿、蒙、俄三種文字書寫的二份文件，一份是康熙給沙皇的國書，另一份是彭春給雅克薩頭目的咨文，特遣俄俘送給雅克薩守將托爾布津，敦促俄軍速即撤至雅庫，遣返逃人。咨文是這樣寫的：

統兵都統公彭春、議政大臣護軍統領佟保、副都統班達爾沙、副都統銜馬喇咨行雅克薩城頭目：

> 我聖主前曾多次派人或行文，令爾等撤回本地，送還我逃人，爾君主多年未復一文，不惟不歸還我逃人，反愈加侵入我內地，騷擾地方，搶掠婦孺，滋事不止……因爾等仍不撤出雅克薩，我聖主欽命本都統等率領官兵征討爾等。我官兵之威力，攻無不克，若即刻攻城，定將爾城化為灰燼，然……我聖主……原期各自安居樂業，故再三宣諭，不忍遽加剿除。
>
> 今爾等若撤至雅庫地方，以雅庫為界，予該地捕貂納稅，不入我界，悉行送還我逃人，我亦將爾屬降人送回。……若執迷不悟，仍行頑抗，則大軍進剿，定將毀滅雅克薩城，盡除爾眾，彼時追悔莫及矣。特此咨行[34]。

與此同時，康熙特遣親隨侍衛關保前往軍前，諭諸將說：「兵，兇器；戰，危事，古人不得已用之。朕以仁治天下，素不嗜殺，爾其嚴諭將士，毋違朕旨，以我兵馬精強，器械堅利，羅剎勢不能敵，必獻地歸誠，爾時勿殺一人，俾還故土，宣朕柔遠之意。」[35]

可以說，清廷是仁至義盡，但是俄軍「恃巢穴堅固，不肯遷歸」，甚至「出言不遜」，「反目相視，施放槍炮」。於是清軍不得不水陸列陣，包圍雅克薩。二十五日晨，一支俄軍從上游乘筏趕來增援，清鑾儀使林興珠率領藤牌兵立即攔截。藤牌兵個個赤身裸體跳入水中，頭上頂著藤牌，手裏拿著片刀，飛速向敵船奮進。俄軍一見，大驚失色，高聲驚呼：「大帽撻子！」而藤牌兵在水中，敵人「火器無所施」，「藤牌蔽其首，槍矢不能入」，藤牌兵以長刃砍敵腳脛，敵軍應刃紛紛倒入江中，死傷大半。餘眾乘舟倉皇逃竄，藤牌兵卻無傷亡。清兵阻擊敵人水路增援後，當晚，郎談同關保、班達爾沙等分遣副都統雅欽、營門校尉胡布諾等從城南進兵，在那裏設檔牌、土壟，施放弓弩，擺開進攻態勢，用來牽制敵人兵力；命副都統溫岱、護軍參領博里秋、營門校尉烏沙、綠旗左都督何祐等從東、西兩翼設神威將軍炮猛烈夾攻；又令副都統雅齊納、鎮守打虎兒提督白克率領水師於城東南密布戰船，封鎖江面，防止敵人增援或逃跑[36]。各路清軍互相配合，火力密集，炮彈如雨，城內火光燭天，濃煙滾滾。俄軍傷亡慘重，驚恐萬狀。這時俄方神甫摩爾金手捧十字架祈求上帝救命。隨後，清軍又在城牆下三面堆積乾柴，準備焚毀城堡。雅克薩頭目托爾布津眼見繼續負嵎頑抗，有被全殲的危險，不得不向清軍「稽顙乞降」，並向清軍統帥立下了決不再來雅克薩的誓言。都統公彭春、黑龍江將軍薩布素遵照康熙「勿殺一人，俾還故土」的寬大政策，將俄軍官兵及婦女、童稚六百餘人，並其器物立視遣歸。其中有巴什里等四十五人，懇求留在中國，也准其所請。先前被俄軍掠獲拘留在雅克薩作人質的索倫、打虎兒（達呼兒）等族人一百六十名，一概遣回原地。於是，被俄軍侵占達二十年之久的雅克薩，遂告克復。

恢復雅克薩城的消息，由理藩院尚書阿喇尼奏報到正在古北口巡行的康熙那裏。康熙滿懷喜悅，激動地對阿喇尼說：「征剿羅刹，眾皆以路遠爲難，朕獨斷興師致討，今荷天眷，遂爾克之，朕心喜悅。」[37]不久，彭春等捷報奏至，康熙覽畢隨即要兵部給從征人員，「從優議敘」。兵部議定：彭春等作頭等功。康熙批示：都統公彭春等「以歷年不能剿除之寇，不久奏績，尤屬可嘉」，兵部原議作頭等功尚輕，著爲頭等第一軍功；將軍薩布素「超越眾人，著有勞績，應撤銷其先前逗留不進兵之罪，著議敘具奏」。同時，命進剿官兵暫回。令將軍薩布素及副都統一員駐紮墨爾根，副都統溫岱、納秦駐紮愛琿，副都統博鼎負責築造墨爾根城。康熙還特別指示：「雅克薩城雖已克取，防禦工作決不可疏。」[38]

但是，清軍將沙俄強建的雅克薩城焚毀後，沒有繼續在雅克薩設立駐防，連先前康熙關於設斥堠於雅克薩的指示也沒有遵行，更未割取雅克薩附近田禾，就將全部兵士撤回愛琿等地。這顯然是犯了一個重大的錯誤，給沙俄侵略者留下了可乘之機。

托爾布津率領殘兵敗將回到了尼布楚，剛巧遇上拜頓爲頭子的援軍來到，這給托爾布津打上了一針強心劑。後來，尼布楚督軍符拉索夫派人偵察到清軍已全部撤離雅克薩，就命托爾布津帶領五百名侵略軍，再次占領雅克薩，並收割了田間的莊稼。托爾布津決定在廢墟上重建新的雅克薩城堡，整個冬季都忙於構築要塞，這一工程是在受過訓練、經驗豐富的德國軍事技師拜頓監督下進行的，具有堅強的防禦能力[39]。堡內修建了糧庫、火藥庫和軍需倉庫，貯備了大量糧食彈藥和其他物資。俄軍準備長期固守。

康熙二十五年（一六八六年），薩布素派驍騎校碩格色率軍去雅克薩偵探俄軍動向。在途中，碩格色從奇勒爾人勒定吉爾那裏獲悉俄軍復來雅克薩，築城盤踞，碩格色把這一信息飛速向薩布素報告。薩布素馬上奏報朝廷，並請於冰消時督修船艦，親率官兵，相機進剿。康熙疑慮薩布素所奏係傳聞之言，要薩布素及理藩院郎中滿丕等實地查明情況。滿丕等遷索倫副總管烏木爾代等前往雅克薩偵察，烏木爾代等從俘獲的一名俄軍口裏，證實薩布素上奏的情況屬實。於是康熙下令說：「今羅刹復向雅克薩築城盤踞，若不速行撲剿，勢必積糧堅守，圖之不易。其令將軍薩布素等，姑停遷移家口，如前所請，速修船艦，統領烏喇、寧古塔兵，馳赴黑龍江城。至日，酌留盛京兵鎮守，止率所部二千人，攻取雅克薩城，並量選候補官兵及現在八旗漢軍內福建藤牌兵四百人，令建義侯林興珠率往。」[40]又令副都統郎談、班達爾沙和馬喇等參贊軍務。要副都統博鼎從築城和屯田官兵中挑選二百人，駐紮墨爾根聽候調遣。

薩布素、郎談等率領二千餘名清軍從愛琿出發，水陸並進，於七月十八日進抵雅克薩城下，薩布素再次致書托爾布津，警告俄軍「速回本土」，否則，必用武力消滅。托爾布津卻自恃擁有充足的火炮火器、糧餉彈藥，還有堅固的城防工事；而清軍只有少量大炮火槍，士兵們主要用刀矛弓箭作戰。托爾布津對清軍的警告置若罔聞，相反，他們卻頻繁地從雅克薩出擊，不讓清軍的炮位和攻城器械逼近雅克薩。但清軍士氣高昂，又有當地居民助戰，屢次擊敗俄軍。

嚴冬即將來臨。八月，康熙要薩布素周密籌畫，做好結冰時期的防務。康熙指出俄軍死守雅克薩，必待援兵到來，且期望清軍能在流冰時撤回。目前清兵雖掘壕防禦，但到隆冬冰合後，船艦若何收藏？馬匹若何飼秣？敵兵來援若何抵剿？使之不能入城，都應詳加謀畫，並速上報。薩布素遵照康熙旨意，根據敵我情勢，決定避開攻堅城，停止強攻，周密部署了長期圍困敵人的軍事設施，來扼死俄軍。他於城三面掘壕築壘，壕外設置木樁、鹿角，分汛防禦；在城西對面的古城島上築起指揮所和過冬營塞，炮位對準雅克薩，封鎖江面；東西兩岸駐紮水師，嚴防敵人從江上逃逸；在離城六、七里的上游港灣內，藏伏戰船，以堵扼俄軍從尼布楚方面增援的道路。康熙一一首肯，並指令軍中馬匹有疲羸的，一半發黑龍江，讓黑龍江官兵飼秣，一半發墨爾根，交索倫總管洪吉等飼秣，調令副都統博鼎率領先前精選的二百官兵攜帶二個月軍糧赴薩布素軍前，參贊軍務。

在清兵重重包圍下，俄軍被困在雅克薩城中，不能越雷池一步。俄軍雖屢次突圍，都被清軍擊退，連其頭目托爾布津也在一次突圍中被擊斃，隨後，拜頓接替指揮。但俄軍困守孤城，飲水匱乏，柴薪奇缺，糧盡彈絕，饑寒交迫，城內壞血病流行，大部分俄兵戰死、病死。原有八百餘名的沙俄侵略軍，只存下一百多人，已完全失去了繼續抵抗的能力。而清軍又在雅克薩城北、城南二處，築起高臺，架上大炮，準備攻城，雅克薩城是指日可下了。

這期間，蒙古諸部尤其是準噶爾部酋長噶爾丹野心日熾，且與沙俄勾結起來，對清朝北部邊疆構成嚴重威脅；同時南方的局勢尚不穩定。爲了粉碎沙俄與準噶爾部噶爾丹的勾結，求得邊界的穩定和平，康熙希望及早同俄方達成諒解，儘快結束對俄戰爭。他一再向沙俄表現出和平談判的願望。七月，康熙上諭大學士勒德洪、明珠和尚書伊桑阿等說：「今羅刹復回雅克薩，死守不去……聞荷蘭國貢使聲稱伊國與俄羅斯國接壤，語言亦通，當以屢諭情節，備悉作書用部印，付荷蘭國使臣轉發俄羅斯察罕汗，令其收回雅克薩、尼布楚諸地羅刹，於何處分立疆界，各毋得逾越。則兩界人民均得寧居，不失永相和好之意。著兵部將此情節繕文交荷蘭國使臣，請其轉發俄羅斯察罕汗。」[41]兵部遵循康熙旨意，送給沙皇政府一份咨文，要求沙皇政府撤回屬民，以雅庫等地爲界，「各於界內打牲，彼此和睦相處」[42]。該咨文委託從北京回國去的荷蘭使臣賓顯巴忠帶給沙皇。後來又把同樣內容的信件交葡萄牙傳教士閔明我帶往歐洲轉送沙皇。

沙俄政府鑒於雅克薩俄軍已瀕臨絕境，要繼續使用武力侵占黑龍江地區的圖謀已不能得逞，爲了擺脫雅克薩俄軍覆滅的厄運和避免喪失多年來在黑龍江所掠得的權益，不得不接受清廷一再提出的和平建議。康熙二十五年（一六八六年）九月，沙皇派出信使魏牛高等持國書星馳北京，通知清廷，俄國政府已指派戈洛文爲大使前來與中方舉行邊界談判，「乞撤雅克薩之圍」。康熙接受了俄方的要求，隨即派人向前線將領薩布素宣諭：「撤回雅克薩之兵，收集一所近戰艦立營，並曉諭城內羅刹，聽其出入，毋得妄行攘奪，俟俄羅斯後使至定議。」[43]康熙還致書沙皇說：「朕一面派人傳令停圍雅克薩城，一面將等候來使議定邊界，停止征伐，共修和好。」[44]康熙二十六年（一六八七年）正月在派遣醫生攜帶藥物前往雅克薩爲清軍治病時，康熙又諭令將軍薩布素：「羅刹雖與我對壘，但我兵攻雅克薩城從未誅戮其人，城中有患疾之羅刹，亦聽其就醫。」[45]同年五月，清軍主動後撤二十里，完全停止對雅克薩的封鎖，這都體現了康熙同沙俄和解的誠意。

七月，喀爾喀土謝圖汗奏報俄國談判代表已抵達其境內，康熙就命薩布素撤到愛琿、嫩江一帶，並將撤還大兵的原因通知雅克薩俄軍。清廷倡議和談與主動停火撤軍的行動，不僅充分體現出清朝政府願同沙俄謀求和解的誠意，而且為中俄雙方和平解決邊界爭端創造了良好的氛圍。這樣，歷時兩年多的雅克薩之戰終於結束。

尼布楚條約的簽訂

康熙二十六年（一六八七年）十一月初，康熙諭王大臣等：「據聞俄羅斯大使早已到達色楞格地方，因何至今遲遲不見前來，先前俄羅斯使臣尼基弗爾、文紐科夫等既稱不久即可到達，今因何延誤來遲？和睦相處，勘定邊界，事關緊要，俄羅斯使臣理應速來議定。今應繕寫俄羅斯文文書、拉丁文文書，經喀爾喀地方發往色楞格，命其收見該文即速前來，若因故延誤不得前來，亦因詳明復奏。」[46]理藩院遵照康熙旨意，立即致俄使戈洛文咨文，敦促其迅速前來議定邊界事宜。

在清廷的催促下，戈洛文為首的俄國使團到達色楞格後，就派遣科羅文等於康熙二十六年（一六八七年）十一月底從色楞格出發，於次年三月二十四日抵達北京。科羅文向清廷提出中俄和談代表在色楞格進行談判，得到康熙同意。

康熙二十七年（一六八八年）三月，清廷組成以領侍衛內大臣索額圖、都統、公舅舅佟國綱、尚書阿喇尼、左都御史馬齊、護軍統領馬喇、兵部督捕理事官張鵬翮等人為和談代表團，並命都統郎談、班達爾沙、副都統納泰、扎薩克圖率領八旗前鋒兵二百、護軍四百、火器營兵二百共八百人護行。行前，康熙面諭索額圖說：「羅刹侵我邊境，交戰於黑龍、松花、呼瑪爾諸江，據我所屬尼布潮（尼布楚）、雅克薩地方，收納我逃人根特木耳等，及我兵築城黑龍江，兩次進剿雅克薩，攻圍其城，此從事羅刹之原委也。其黑龍江之地，最爲扼要……環江左右，均係我屬鄂倫春、奇勒爾、畢喇爾等人民、及赫哲、飛牙喀所居之地，若不盡取之，邊民終不獲安。朕以爲尼布潮、雅克薩、黑龍江上下，及通此江之一河一溪，皆我所屬之地，不可少棄之俄羅斯。我之逃人根特木耳等三佐領及續逃一二人，悉應向彼索還。如鄂羅斯遵諭而行，即歸彼逃人，及我大兵所俘獲招撫者，與之畫定疆界，准其通使貿易；否則爾等即還，不便更與彼議和矣！」47 這裏康熙闡明了中俄談判的基本方針，指出沙俄是挑起戰爭的侵略一方，中國是被逼自衛的一方。清廷要收回包括尼布楚在內的被沙俄侵占的中國領土，雙方在平等的基礎上議定邊界，並建立正常的外交和通商關係。

同年五月，以索額圖爲首的和談代表團從北京出發，前往色楞格，至七月下旬，到達克魯倫河。當時，正逢厄魯特蒙古準噶爾部噶爾丹打敗喀爾喀蒙古土謝圖汗後，橫行於喀爾喀全境，清方代表團北上道路被堵塞，索額圖等奉命返回北京。清方指派前鋒參領索羅希等前往色楞格，向俄使戈洛文說明中途受阻情由，建議俄方派出代表前往北京再行商定談判時間和地點。

康熙二十八年（一六八九年）四月，戈洛文派出洛基諾夫來北京，經中俄雙方議定，和談定於當年八月在尼布楚舉行。內大臣索額圖即刻致書戈洛文說：「本大臣等定於尼布楚地方相會，且於本年四月二十六日起程，到六月可抵尼布楚。」他又知照俄方，待勘界事宜完畢，將交付駐防黑龍江將軍薩布素等管理，因此該將軍也循水路由雅克薩至尼布楚，「爾等勿爲疑慮」48。該咨文當即交付洛基諾夫同來的信使，並由清方理事官瑪爾干陪同，乘驛先行，通知戈洛文。

這時，國內和國際形勢都發生了變化。國內噶爾丹占領了喀爾喀全境，正在同沙俄勾結起來，漸露南下的趨勢。爲了平定噶爾丹叛亂，粉碎噶爾丹同沙俄聯盟的陰謀，康熙從領土上，做出重大讓步，來取得中俄談判及早達成協定。所以當索額圖等在臨行前奏稱「尼布楚、雅克薩既係我屬所居地，臣等請仍如前議，以尼布楚爲界，此內諸地均歸於我」時，康熙就改變了原定的分界意向，指示索額圖等說：「今以尼布潮（尼布楚）爲界，則鄂羅斯遣使貿易，無棲托之所，勢難相通。爾等初議時，仍當以尼布潮爲界。彼使者若懇求尼布潮，可即以額爾古納河爲界。」[49]

在沙俄方面，當戈洛文於一六八六年（康熙二十五年）二月離開莫斯科時，沙皇給他的訓令中指示說：首先「應以黑龍江爲界」；若不能以黑龍江爲國界，最後的讓步應將國界定在流入黑龍江的比斯特拉河（即牛滿河）或結雅河（即精奇里江）；「若再不能獲得此項結果，最後的定約即以雅克薩爲界，但須包括黑龍江及上述比斯特拉河與結雅河沿岸全部漁獵場在內」；「如果中國人堅持原有主張，毫不讓步，不願根據上述條件締結和約，大使必須依照沙皇陛下的命令和西伯利亞部的軍事訓令，採取行動（關於作戰的行動）」[50]。

很清楚，沙俄想通過談判使侵占黑龍江至少包括雅克薩在內的中國領土合法化。否則，將繼續進行戰爭來達到目的。

但是，沙俄擴張重心在歐洲。一六八七年春，沙俄政府在國外遠征克里米亞徹底失敗，在國內又遭到貴族和商人普遍反對，迫切希望早日同中國議和，因此不得不改變原來的和談方針。同年六月，俄國政府起草了一道給戈洛文的「上諭」共七條，戈洛文於同年九月收到，這份新的秘密訓令是由杜馬秘書官沙克洛維奇簽署的。訓令指示戈洛文必須撤除雅克薩地方的設防要塞，並撤退其居民，無論是沙俄或是中國，「雙方都不應駐紮軍隊，應拆毀現有防禦工事，撤出軍隊」，

「切勿引起戰爭或發生流血事件」[51]。如果不能達到此專案的，應向中國政府要求在更合適的時機，在雙方同意互派使節會談時，「再圖取得協定」[52]。並且俄國政府必要時，可以撤出「達斡爾地方」[53]。這說明在中俄邊界談判開始以前，俄國已不僅決定退出雅克薩，而且還考慮退出尼布楚等地。

後來，兩國使團就是遵奉中俄雙方各自指令的會談既定方針展開激烈爭辯的。

康熙二十八年（一六八九年）六月，中國談判代表團分兩路赴尼布楚。索額圖、佟國綱一行，從北京動身，出古北口北行，由陸路前往。索額圖等於六月中旬抵達鄂倫諾村時，就派人把中國使團即將到達尼布楚的信息告訴戈洛文。七月三十一日，索額圖等到達目的地，在離尼布楚三里的石勒格河南岸紮營，與尼布楚隔河相望。另一路由郎談、班達爾沙和薩布素等率領水師一千五百人，分乘一百艘船隻，從愛琿起程，溯黑龍江而上經雅克薩，於七月二十六日抵達尼布楚。不料，戈洛文卻遲遲未達。索額圖多次遣人向駐在尼布楚城的俄方催問，俄方搪塞其詞，甚至連戈洛文到達的大致日期也未能告知。索額圖又致書戈洛文，敦促他迅速前來會談。戈洛文來信申述了未達尼布楚的情由，並聲稱有一蔭蔽之處，不可被清軍窺見，要求清軍暫時移駐下游。索額圖等同意戈洛文的要求，將兵船移到下游。隨後，戈洛文等率領船隊駛達尼布楚，紮營完畢，清方水師仍返泊原處。

八月十九日，中俄雙方隨即商議會談的有關事項。雙方決定會議定於八月二十二日舉行，地點在尼布楚與河岸之間，在城外臨時搭蓋帳篷做爲會場，會議務必遵循「在每一件事上平等」，「任何一方不淩駕於對方之上」[54]的原則：關於警衛問題，兩國使臣各自許帶三百名衛士赴會，除刀劍斧鉞外，不得攜帶任何火器，在會場外，雙方各置五百名衛隊，中國衛隊列於河岸，俄國衛隊列於城下，雙方列隊地點到會場的距離應該相等[55]。總之雙方談判應在一切方面體現平等精神。

八月二十二日，中俄談判代表團第一次會議正式開始。中方代表有索額圖、佟國綱、馬喇、薩布素、郎談、班達爾沙和溫達，另外，還有兩位傳教士張誠和徐日昇擔任譯員；俄方代表是戈洛文、符拉索夫和科爾尼茨基。會議一開始，戈洛文首先發言，他把中俄戰爭的起因歸罪於中方，他誣指中國「未經宣布突然派兵侵犯沙皇陛下國界」，因此「沙皇派出無數精兵，攜帶大批彈藥前來「討平敵人」，後來，「接到中國皇帝要求和談的信件，沙皇陛下才下令停止戰爭，派我等全權大使前來赴會」，中方應對「受害者」的俄國所蒙受的「損失」「給予賠償」[56]。中方首席代表索額圖針對戈洛文的顛倒黑白、混淆是非的一派胡言，當場予以駁斥。他歷數沙俄侵略者屢次「偷襲侵入及掠殺搶劫我黑龍江地區，逼使手無器械的該地居民內遷嫩江等地」的種種罪行；指出我清朝政府「屢次行文宣諭」，俄方不僅「不見回音，反而侵犯不息」，清廷忍無可忍，才於黑龍江等地屯兵駐守，並派兵出擊收回雅克薩城，之後又以最大的克制，未殺俄方一人，且給以馬船及盤纏放回；不料，清兵一撤，俄軍接踵而來，再度竊居雅克薩，固修城垣，並重又劫掠我居民，清廷只得復出勁旅，再圍雅克薩城，俄方「勢竭窮蹙」，派出大使前來談判，我方於是即行解圍，「以救窮蹙」；最後索額圖譴責戈洛文說：這一切的前前後後，你戈洛文本來「業已知曉」，並不是不清楚的。這樣，索額圖以無可辯駁的事實，闡明了中俄戰爭完全是由俄國的侵略挑起的，中國政府只是在忍無可忍的情勢下，被逼自衛的嚴正立場。在鐵的事實面前，戈洛文無言以對。

戈洛文一再固執爭辯尼布楚、雅克薩乃是伊等先去開拓居住之地[57]，一口咬定黑龍江流域「自古以來即爲沙皇陛下所領有」[58]，據此，他要求兩國以黑龍江至海爲界，妄圖在談判桌上取得俄方未能用戰爭得到的黑龍江以北的廣大領土。這一蠻橫無理的要求，理所當然地遭到中方代表的斷然拒絕。索額圖明確指出，「敷嫩河、尼布楚皆爲我茂明安等部原來居住之地，雅克薩爲我虞人阿爾巴西等居住之地」[59]，又是「我達斡爾總官倍勒爾故墟」。爲了維護領土完整，清廷接連兩次派兵擊潰俄軍於雅克薩，但始終沒有進軍尼布楚，「我聖主並非不知尼布楚等處被爾國侵占，只是不忍爾民命死於刀下，而以宣諭仁義恩澤爲上，故數年以來，等待爾等醒悟。如今爾國若惟以強占爲本，勢必引起軍旅之爭」[60]。索額圖要求俄國人退到色楞河以西，並將尼布楚和雅克薩一帶地方歸還中國。由於俄方的狂妄要求，第一次會議沒有得到任何結果。

八月二十三日，雙方代表進行第二次會議，繼續討論中俄邊界問題。開始戈洛文仍然堅持以黑龍江爲界，索額圖等表示堅決拒絕。戈洛文見第一個方案不能實現，拋出俄方第二個方案，提出以牛滿河或精奇里江爲界，想「讓」出曾被俄方侵占而已爲清軍收復的精奇里江以東地區，而把精奇里江以西包括雅克薩在內的廣大中國領土劃歸俄國，中方當然不能同意。但是索額圖誤認爲俄方已經讓步，自己又急於同俄方簽訂和談協定，不留任何餘地，竟把康熙指令的最後分界線即以尼布楚和音果達河爲界，即在石勒格河北岸以尼布楚爲界；石勒格河南岸以音果達河爲界的方案一下子攤了出來。根據這一方案，就將貝加爾湖以東至尼布楚一帶原屬中國的大片領土讓給俄國。儘管中國使臣做了如此重大的讓步，俄方代表也明知這一方案足以滿足沙皇訓令所示的要求，然而戈洛文仍然繼續耍弄手腕，力求盡多地保持被其強占的中國領土，拒絕了中方代表的劃界方案。戈洛文這種缺乏談判誠意的惡劣表演，引起了中國代表團的激憤，索額圖針鋒相對地聲明：「除尼布楚外，再無別的邊界可以接受。」[61]會議因而中斷，談判陷入僵局。於是，雙方關係立時緊張起來。二十四日，駐尼布楚俄軍進一步加強戰備，在城周增派了三百名火炮兵，索額圖等也相應地採取措施，準備包圍尼布楚。

但是雙方使臣還是希望能在本國政府既定方針下取得和談協定的。因此從八月二十四日至九月初六日，雙方各自通過譯員在會外繼續商談。作爲中方翻譯的耶穌會傳教士張誠和徐日昇在中俄雙方之間互通信息，張誠告訴索額圖，俄方最後有將雅克薩與尼布楚之間區域讓與中國的可能；張、徐又告戈洛文說：不將雅克薩及其附近「讓」於中國，和談必無結果，清使不達要求，不再復會談判。

中國和談代表團本著和平解決中俄兩國邊界爭端的問題，繼續做出讓步。索額圖等提出：一、協定喀爾喀事宜，以明確界地，即劃分中國喀爾喀蒙古地區和俄國西伯利亞接壤地區的中俄中段邊界問題。戈洛文雖知喀爾喀蒙古屬於中國，但當時已被沙俄支援的厄魯特蒙古族噶爾丹所占領，他蓄意將厄魯特蒙古從中國分裂出去，藉口「喀爾喀尚未平定，我察罕汗又無旨意」，要求「暫且不議，以後再議」62。爲了迅速劃定東段邊界，中方代表只好同意俄方的要求。二、將黑龍江上游北岸的分界線劃在離尼布楚以東的五、六百里流入石勒格河的格爾必齊河；將黑龍江上游南岸的分界線讓到離尼布楚九百里的額爾古納河。但俄方仍頑固地堅持據有雅克薩。

幾經交涉，俄方固執己見，妄圖使其侵占中國的領土合法化。但由於中方堅持鬥爭，軍事上又做了充分準備，並且一再讓步，俄方理虧力窮。其時，尼布楚一帶的布里亞特和溫科特等族人民不堪忍受沙俄的壓迫，多次與中國代表團聯繫，願意回到祖國懷抱，他們正在集結起來，進行反抗俄國的鬥爭。戈洛文深知如果繼續堅持下去，中國軍隊一旦同各族人民的鬥爭結合起來，尼布楚軍力不足，西伯利亞又無援兵可調，將會使貝加爾湖以東的整個殖民地區「動盪起來」，以至喪盡自己在該地區擁有的一切殖民利益；同時他經過調查，雅克薩和格爾必齊河之間可供居住的地方很少，也不產貂皮，而額爾古納河兩岸都發現不少銀礦和鹽湖，並且耕地很多。權衡利害，戈洛文決定撤出雅克薩，並派人給中方送來一份書面條約草案。之後，中俄雙方經過反覆磋商，至九月七日，終於正式簽訂了《中俄尼布楚條約》。條約共有六款：

一、「以流入黑龍江之綽爾納河，即韃靼語所稱烏倫穆河附近之格爾必齊河為兩國之界。格爾必齊河發源處石大興安嶺，此嶺直達於海，亦為兩國之界；凡嶺南一帶土地及流入黑龍江大小諸川，應歸中國管轄。惟界於興安嶺與烏第河之間諸川流及土地應如何分劃，今尚未決，此事須待兩國使臣各歸本國，詳細查明之後，或遣專使，或用文牘，始能定之。又流入黑龍江之額爾古納河亦為兩國之界；河以南諸地，盡屬中國，河以北諸地，盡屬俄國。凡在額爾古納河南岸之墨里勒克河口諸房舍，應悉遷移於北岸」。

二、「俄人在亞（雅）克薩所建城障，應即盡行除毀。俄之居此者，應悉帶其物用，盡數遷入俄境」。

「兩國獵戶人等，不論因何事故，不得擅越已定邊界。若有一、二下賤之人，或因捕獵，或因盜竊，擅自越界者，立即械繫，遣送各該國境內官吏，審知案情，當即依法處罰。若十數人越境相聚，或持械捕獵，或殺人劫略，並須報聞兩國皇帝，依法處以死刑。既不以少數人民犯禁而備戰，更不以是而至流血」。

三、「此約訂定以前所有一切事情，永作罷論。自兩國永好已定之日起，後有逃亡者，各不收納，並應械繫遣還」。

四、「現在俄民之在中國或華民之在俄國者係聽如舊」。

五、「自和約已定之日起，凡兩國人民持有護照者，俱得過界來往，並許其貿易互市」。

六、「和好已定，兩國永敦睦誼，自來邊境一切爭執永予廢除，倘各嚴守約章，爭端無自而起」。

此外《尼布楚條約》還載明：「此約將以華、俄、拉丁諸文刊之於石，而置於兩國邊界，以作永久界碑。」63

尼布楚條約是中俄之間正式締結的第一個條約，該條約規定中俄兩國東段邊界以外興安嶺至海，格爾必齊河和額爾古納河爲界，從法律上肯定黑龍江和烏蘇里江流域的廣大地區都是中國的領土，黑龍江、烏蘇里江都是中國的內河，俄方同意把注入黑龍江地區的沙皇軍隊撤回本國，清朝政府允許將貝加爾湖以東尼布楚一帶原屬中國的土地讓給沙俄，把烏第河流域劃爲待議地區，並給俄國以重大通商利益。很清楚，《尼布楚條約》的簽訂，是中國人民在軍事上、政治上同沙俄的侵略政策進行針鋒相對的鬥爭之後，雙方經過平等協商，中國政府作了重大讓步的結果。通過《尼布楚條約》，中國收回了被沙俄侵占的一部分領土，制止了沙俄對黑龍江地區的進一步侵略，並打破了沙俄同厄魯特蒙古的準噶爾部噶爾丹之間的聯盟，這爲後來清政府得以集中力量平定噶爾丹的叛亂創造了條件，對此，《海國圖志》的作者魏源評論說：「聖祖兩次致書察罕，一寄書荷蘭數萬里，始定疆界，何哉？其時喀爾喀準噶爾未臣服，皆與俄羅斯接壤，苟狼狽犄角，且將合縱以撓我兵力，自俄羅斯盟定，而準夷火器無所借，敗遁無所投。」沙俄則在土地和通商方面都獲得重大利益，其全權代表戈洛文因此得到了沙皇的嘉獎。總之，《尼布楚條約》爲中俄睦鄰關係奠下了基礎。

註釋

1 齊赫文斯基主編：《十七世紀俄中關係文件集》第一卷，第一二六～一三〇頁。

2 《清文鑑》卷五，〈地輿〉。

3 《清世祖實錄》卷一百三十八，順治十七年七月丁丑條。

4 何秋濤：《朔方備乘》卷首五，〈平定羅刹方略〉。

5 《俄尼布楚長官給使華之米格萬諾夫等人的訓令》，見《清代中俄關係檔案史料選編》第一編上冊，一九八一年中華書局版，第二二一～二二三頁。

6 《清代中俄關係檔案史料選編》第一編上冊，第二二五～二三〇頁。

7 《清代中俄關係檔案史料選編》第一編上冊，第四一頁。

8 轉引陳復光：《有清一代之中俄關係》第一章第五節第二〇頁。

9 《清聖祖實錄》卷一百十九，康熙二十四年正月癸未條。

10 何秋濤：《朔方備乘》卷首五，〈平定羅刹方略〉。

11 《清聖祖實錄》卷一百二十一，康熙二十四年六月癸巳條。

12 《清史稿》卷二百四十三，〈沙爾虎達傳〉。

13 《清聖祖實錄》卷七十二，康熙十七年閏三月癸亥條。

14 《清聖祖實錄》卷五十，康熙十三年十一月己丑條。

15 高士奇：《扈從東巡日錄》卷下。

16 徐珂：《清稗類鈔》，第二冊〈地理類・寧古塔〉。

17 《清代中俄關係檔案史料選編》，第一編上冊，第四八頁。

18 《清聖祖實錄》卷一〇四，康熙二十一年八月庚寅條。

19 《清聖祖實錄》卷一〇六，康熙二十一年十二月庚子條。

20 《清聖祖實錄》卷一百十五，康熙二十三年五月甲申條。

21, 22 《清聖祖實錄》卷一百二十一，康熙二十四年六月癸巳條。

23, 24 《清聖祖實錄》卷一百三十一，康熙二十六年十月己巳條。

25，26，27《清聖祖實錄》卷一〇九，康熙二十二年四月庚辰條。
28《清聖祖實錄》卷一百三十一，康熙二十六年十月己巳條。
29《清聖祖實錄》卷一百十三，康熙二十二年十一月癸未條。
30《清聖祖實錄》卷一百十六，康熙二十三年七月丙寅條。
31《清聖祖實錄》卷一百十九，康熙二十四年正月癸未條。
32《清代中俄關係檔案史料選編》第一編上冊，第五〇頁。
33《清代中俄關係檔案史料選編》第一編上冊，第五一～五二頁。
34《清代中俄關係檔案史料選編》第一編上冊，第五〇～五一頁。
35《清聖祖實錄》卷一百二十一，康熙二十四年六月癸巳條。
36《八旗通志》初集卷一百五十三，〈郎坦（談）傳〉。
37《清聖祖實錄》卷一百二十一，康熙二十四年六月癸巳條。
38《清聖祖實錄》卷一百二十一，康熙二十四年六月癸卯條。
39（美）弗・阿戈爾著、陳銘康等譯：《俄國在太平洋的擴張》，商務印書館一九八一年版，第四〇頁。
40《清聖祖實錄》卷一百二十四，康熙二十五年二月丁酉條。
41 何秋濤：《朔方備乘》卷首五，〈平定羅剎方略〉。
42《清代中俄關係檔案史料選編》第一編上冊，第六〇頁。
43《清聖祖實錄》卷一百二十七，康熙二十五年九月己酉條。
44《清代中俄關係檔案史料選編》第一編上冊，第二七頁。
45《清聖祖實錄》卷一百二十七，康熙二十六年正月戊子條。
46《清代中俄關係檔案史料選編》第一編上冊，第八〇頁。
47《清聖祖實錄》卷一百三十五，康熙二十七年五月癸酉條。
48《清代中俄關係檔案史料選編》第一編上冊，第一〇四頁。

49《清聖祖實錄》卷一百四十，康熙二十八年四月壬辰條。
50（法）加斯東・加恩著、江載華等譯：《彼得大帝時期的俄中關係史》，第一七頁，二九七頁。
51，52（法）加斯東・加恩著、江載華等譯：《彼得大帝時期的俄中關係史》，第二九九頁。
53 雅科夫列娃：《一六八九年第一個俄中條約》，第一四八頁。
54 荷爾德：《中國概述》第二卷，一七三八～一七四一年倫敦出版，第三二〇頁。
55，56 齊赫文斯基主編：《十七世紀俄中關係文件集》第二卷，第五〇六～五〇七頁。
57《清代中俄關係檔案史料選編》第一編上冊，第一二二～一二三頁。
58《十七世紀俄中關係文件集》第二卷，第五〇九頁。
59，60《清代中俄關係檔案史料選編》第一編上冊，第一二二～一二三頁。
61 齊赫文斯基主編：《十七世紀俄中關係文件集》第二卷，第五一八頁。
62《清代中俄關係檔案史料選編》第一編上冊，第一三二頁。
63 王鐵崖：《中外舊約章彙編》第一冊，北京一九五七年版，第一～二頁。

第五章　三次親征　平定噶爾丹之亂

親善和睦的民族政策

明末清初，居住在我國西北方的蒙古族分爲漠南蒙古、漠北喀爾喀蒙古和漠西厄魯特蒙古三大部。漠南蒙古稱爲內蒙古；漠北喀爾喀蒙古稱爲外蒙古，它有土謝圖汗部、車臣汗部、札薩克圖汗部和賽因諾顏部等四大部；漠西厄魯特蒙古也分爲準噶爾部、和碩特部、杜爾伯特部和土爾扈特部等四部。各支蒙古族都是我國境內重要的少數民族。

清朝十分重視同蒙古族的親善和睦關係。早在入關前，漠南蒙古已歸附清朝，接受了清朝的各種封號，並同清朝保持著世代的聯姻關係。喀爾喀蒙古和厄魯特蒙古各部，也與清朝維繫著密切關係。喀爾喀三部的封建主，從崇德三年（一六三八年）起，每年向清廷獻白駝一，白馬八，「謂之九白之貢」[1]。順治十二年（一六五五年）土謝圖汗袞布子察琿多爾濟、車臣汗碩壘子巴布、札薩克圖汗諾爾布、賽因諾顏部丹津喇嘛等又遣使乞盟，清廷賜盟於宗人府，設喀爾喀八札薩克，進一步地加強了對喀爾喀的控制。厄魯特蒙古中的顧實汗圖魯拜琥，也在崇德二年（一六三七年）向清太宗「遣使進貢」，順治三年（一六四六年），順治帝「賜甲冑弓矢，俾轄諸厄魯特」[2]。嗣後，顧實汗每隔一年，都要遣使來朝一次，並將厄魯特各部首領「附名以達」。順治十年（一六五三年），順治帝封圖魯拜琥爲「遵文行義敏慧顧實汗」，賜金冊印。順治十三年（一六五六年），顧實汗逝世，清廷「遣官致祭」。

康熙時，準噶爾部的首領噶爾丹拚命擴張自己的勢力範圍，肆意掠奪蒙古各部，不斷製造民族矛盾和民族分裂，使清朝與準噶爾部的矛盾尖銳起來。

原來，漠西厄魯特蒙古族的四部都聚居於天山之北，阿爾泰山以南，過著遊牧生活。其中和碩特部遊牧於烏魯木齊地區；準噶爾部遊牧於伊黎河流域；杜爾伯特部遊牧於額爾齊斯河兩岸；土爾扈特部遊牧於雅爾（即塔爾巴哈台，今新疆塔城西北）一帶。各部分牧而居，不相統屬，部自爲長，號「四衛拉特」。但「四衛拉特」也存在一種鬆散的聯盟，它們有一個共同的盟會，以及由盟會推舉出來的共同盟主，由於和碩特部勢力最強，出身最高貴，所以「四衛拉特」的盟主一直由和碩特部首領擔任，稱爲「衛拉特汗」。

十七世紀初，準噶爾巴圖爾琿台吉時，準部開始強盛起來，「恃強侮諸衛拉特」[3]。清太宗天聰三年（一六二九年），土爾扈特首領和鄂爾勒克受準部威逼，不得不率部五萬餘帳離開雅爾遷往俄羅斯額濟勒河（伏爾加河）流域遊牧；崇德二年（一六三七年），和碩特部首領顧實汗圖魯拜琥也受準部傾軋，率領大部族屬離開烏魯木齊，進據青海；崇德五年（一六四〇年）鄂齊爾圖率領本部和碩特之眾進入河套以西的阿拉善地區。這樣，聚牧於阿爾泰山，伊黎河一帶的，只剩下準噶爾和杜爾伯特部，巴圖爾琿台吉乘勢擴大地盤，並將杜爾伯特部以及和碩特、土爾扈特未曾遷走的支庶部眾，全部置於自己的控制之下。

康熙四年（一六六五年），巴圖爾琿台吉逝世，子僧格嗣位，準噶爾內部爲爭奪屬產發生了激烈的鬥爭。僧格的異母兄車臣和卓特巴巴圖殺死了僧格。這時，在西藏做喇嘛的僧格同母弟噶爾丹趕回準噶爾，執殺車臣，囚禁自己的叔父楚琥爾烏巴什，襲殺堂兄巴哈班第，卓特巴巴圖逃往青海。從此噶爾丹取得了準噶爾的統治權。

噶爾丹乘機擴大自己勢力。康熙十六年（一六七七年）他率兵攻占西套，襲殺繼顧實汗之後的「衛拉特」首領、自己的岳父鄂齊爾圖汗，「自稱博碩克圖汗」，並脅迫「諸衛拉特奉其令」[4]。

爲了鞏固多民族國家的統一和穩定邊疆局勢，康熙一貫堅持民族的親善和睦政策。在處理清朝與蒙古族之間的矛盾，或是處理蒙古族各部之間的矛盾，康熙竭力用和解的辦法來解決。儘管噶爾丹肆意掠奪蒙古各部的暴行會帶來邊疆地區的動盪，也引起了康熙的警惕和戒備，但康熙仍然以極大的耐心來勸諭、優撫噶爾丹，力圖避免噶爾丹與清廷矛盾激化。

噶爾丹一面擴張自己的勢力，一面表示臣服清朝政府。噶爾丹在攻殺鄂齊爾圖汗後，向清廷遣使進貢，康熙諭大學士索額圖說：「鄂齊爾圖與噶爾丹向俱納貢，今噶爾丹侵殺鄂齊爾圖，獻所獲弓矢等物，朕不忍納，其卻之。」[5]至於其進獻的「常貢之物」仍照常收納，並按往年一樣賞賜如例。這裏，康熙的態度十分明朗。康熙十八年（一六七九年），達賴喇嘛授予噶爾丹「博碩克圖汗之號」，噶爾丹因此遣使至京攜來鎖子甲、鳥槍、馬、駝和貂皮等物，奉貢入告。按照以往慣例，凡厄魯特、喀爾喀有奏請敕印來京朝貢的，清廷准其納貢，授以敕印，並加賞賜，卻從來沒有「擅稱汗號者准其納貢之例」[6]。但康熙從穩定邊疆的大局出發，考慮到噶爾丹繼承先世一向「虔修職貢，聘問有年」，所以一反常規，終於收納了噶爾丹使者「奉貢入告」的獻物，實際上承認了噶爾丹「博碩克圖汗」的名號和地位。在平定三藩之亂後，康熙還派內大臣奇塔特等至噶爾丹處大加賞賜，噶爾丹亦跪受敕書及賞賜之物。隨後，噶爾丹又遣使者四人隨同內大臣奇塔特等向清廷貢上馬、駱駝、貂皮、銀鼠、猞猁猻皮、沙狐皮、黃狐皮、活鵰、貽、金、牛皮與厄魯特鳥槍等物，表示謝恩。

然而康熙對噶爾丹的寬容是以不損害清朝的根本利益爲前提的，一旦噶爾丹及其部眾對清朝妄行非爲，康熙就給予嚴厲處置。原來噶爾丹向清廷朝貢的使者人數不多，也能遵紀守法。隨著噶爾丹勢力強盛，噶爾丹的貢使或千餘人或數千人，連綿不絕。這樣龐大的貢使隊伍，給清政府帶來了沉重負擔，更何況他們自恃強悍，沿途搶奪塞外蒙古馬匹牲畜，進邊之後，任意放牧，殘踏田禾，捆縛平民，搶掠財物，爲所欲爲。康熙爲此特下嚴諭，規定凡噶爾丹所遣貢使有印驗的，限二百名以內准入邊關，其餘令在張家口、歸化城等處貿易，貢使頭目必須嚴行約束所屬，「仍前沿途搶掠、殃民作亂，即依本朝律例。傷人者以傷人之罪罪之，盜劫人財物者以盜劫之罪罪之」[7]，一概不得寬容。康熙二十四年（一六八五年）九月噶爾丹下屬沙里巴圖爾台吉的貢使伊特木根在北館中毆死清正白旗西圖佐領下商人，康熙立即命將伊特木根「依法處斬」，同時將此事傳諭厄魯特，並嚴厲警告噶爾丹「謹遵成法，嚴戢從人，毋得肆惡妄行」[8]。

康熙十分關懷備受噶爾丹暴掠之苦的厄魯特各部。西套厄魯特既潰，部眾紛紛離散，鄂齊爾圖侄兒巴圖爾額爾克濟農和羅理率族屬避居大草灘，廬幕萬餘，後來遷牧額濟內河，其孫羅布（卜）藏袞（滾）布阿喇（拉）布坦由達賴喇嘛指授遊牧阿拉克山，鄂齊爾圖汗的其他一些子侄「窮無所歸」，大多竄至沿邊，進入塞內，「本番目馬匹，及居民牲畜」[9]，如土謝圖羅卜藏等掠寧夏及茂明安鄂爾多斯諸部，厄爾德尼和碩齊「掠烏剌特牲畜」。西套潰敗餘部擾亂清朝邊境的這些非法行徑，引起了清廷的震怒。這時，巴圖爾額爾克濟農和羅理立即向清廷獻上馬百匹，並上疏請罪。理藩院議定：「將盜竊鄂爾多斯馬群人等照彼例治罪，缺解馬匹補償完日，將巴圖爾額爾克濟農一併從重議處。」[10]對此，康熙沒有同意，而以十分寬容的態度，對「巴圖爾額爾克濟農等自本地敗奔，來至邊境，因不諳法紀，迫於饑困，盜竊牲畜等物」等苦情，深表同情和理解，最後他批示說：「可將追償缺解馬匹並議處之處，俱行寬免。」[11]另外，厄爾德尼和碩齊等也予以一體赦宥。康熙二十四年（一六八五年），巴圖爾額爾克濟農和羅理向清廷「請敕印以鈐部眾」，廷臣因其「遊牧未定，不允」，康熙則指示廷臣應令和羅理與羅卜藏袞布阿喇（拉）布坦聚合一處，「度可據地歸併安置，封授名號，給賜金印冊書，以示朕興滅繼絕至意」[12]。這年冬天，和羅理率族屬七百多人來朝，詔以二百人入關，餘留歸化城，「給羊及宣府米贍之」。康熙二十五年（一六八六年）正月，和羅理至京賞宴，清廷按照大台吉禮優待，康熙還賜給他御服貂裘，親切地囑咐和羅理說：你祖父顧實汗和你叔父鄂齊爾圖分別在太祖文皇帝與世祖章皇帝時，「每年遣使請安」，「素致恭謹」，如今你們爲噶爾丹擊敗，爲了使你們能「絕者復繼，散者復聚」，故讓「羅卜藏阿喇布坦與爾聚處」，彼此務必「共相輯睦，善自安業」。於是清廷安置和羅理族屬定牧阿拉善[13]，並議定了一些法規，如蒙古殺邊民論死；盜牲畜奪食物者鞭之；私入邊遊牧者台吉、宰桑各罰牲畜有差；所屬犯科一次，罰濟農牲畜以五、九等。

康熙給予受噶爾丹欺壓的厄魯特部屬以道義上、物質上的資助，體現了康熙對邊疆少數民族採取的和解與安撫的政策。後來，康熙同樣以這一策略來妥善處理被噶爾丹擊敗的喀爾喀蒙古族，這對穩定邊疆的統治以及消滅或制服少數民族的分裂勢力起了巨大作用和影響。

噶爾丹既確立了對厄魯特四部的統治，進而控制了回疆，他擴展領土的野心也就隨之膨脹起來。他一意蓄謀北併喀爾喀，於是，從伊犁向東遷帳至阿爾泰山，驅使杜爾伯特部眾屯田，且耕且牧，藉以供給本部糧餉。

早在康熙二十五年（一六八六年），噶爾丹進攻西套和碩特部鄂齊爾圖汗時，喀爾喀土謝圖汗察琿多爾濟曾出兵援助鄂齊爾圖汗，之後，土謝圖汗又把女兒嫁給鄂齊爾圖汗孫羅卜藏滾布阿拉布坦，結怨於噶爾丹。噶爾丹就想進擊土謝圖汗。但當時由於察琿多爾濟同羅卜藏滾布阿拉布坦聯合起來，互爲犄角，噶爾丹不敢貿然動武。後來，土謝圖汗察琿多爾濟藏匿了札薩克圖汗成袞的逃眾，彼此發生糾紛，成袞死，子沙喇繼位，康熙派理藩院尚書阿喇尼等帶領札薩克圖汗沙喇赴庫倫的伯勒齊爾與土謝圖汗察琿多爾濟會盟，由達賴喇嘛的使者噶爾旦西勒圖出面調解，察琿多爾濟派他的弟弟、喀爾喀的宗教領袖哲卜尊丹巴呼圖克圖參加會盟，自己沒有出席。在會盟中，哲卜尊丹巴呼圖克圖堅持要同噶爾旦西勒圖平起平坐，同時又拒不交還札薩克的逃眾，會盟沒有解決任何問題。而噶爾丹卻從中興風作浪，一面以斥責哲卜尊丹巴呼圖克圖不敬重達賴喇嘛爲名，一面挑唆沙喇同他會兵於固爾班赫格爾，向土謝圖汗察琿多爾濟進攻。不料，沙喇兵至中途，被土謝圖汗襲殺，土謝圖汗又聯合女婿羅卜藏滾布阿喇布坦乘勢追斬噶爾丹之弟多爾濟札卜。這樣，噶爾丹就以喀爾喀不敬達賴喇嘛和無辜執殺他的弟弟爲藉口，向漠北喀爾喀大舉進攻。

康熙二十七年（一六八八年），噶爾丹率兵三萬越過杭愛山，在特穆爾擊敗土謝圖汗察琿多爾濟之子噶爾旦台吉，噶爾旦台吉「僅以身免」[14]。接著，噶爾丹派遣其弟罕都阿拉布坦進兵額爾德尼沼，打敗哲卜尊丹巴呼圖克圖。他親自率兵越過土拉河，向東挺進，攻掠克魯倫河的車臣汗牧地，隨後回師土拉河畔。土謝圖汗察琿多爾濟率領喀爾喀三部兵力，悉數出動，在尼列圖至鄂爾會諾爾同噶爾丹展開了一場大決戰，鏖戰三日，喀爾喀全軍崩潰。三部數十萬眾「各棄其廬帳、器物、馬、駝、牛、羊，紛紛南竄，晝夜不絕」[15]，「男婦駝馬絡繹南奔不下數萬」[16]。這時，沙俄侵略者企圖乘喀爾喀潰竄、走投無路之際，進行誘降，有些上層人物亦議論就近投奔俄羅斯，喀爾喀部眾因此取決於哲卜尊丹巴呼圖克圖。在這關鍵時刻，哲卜尊丹巴呼圖克圖堅持愛國立場，他果斷地說：「俄羅斯素不奉佛，俗尚不同我輩，異言異服，殊非久安之計，莫若全部內徙，投誠大皇帝，可邀萬年之福。眾欣然羅拜，議遂決。」[17]於是，土謝圖汗遂請哲卜尊丹巴呼圖克圖率領台吉三十餘人、喇嘛班弟六百餘人、戶二千、口二萬等喀爾喀族眾投漠南內附。康熙命尚書阿喇尼等前往撫慰，發歸化城、張家口、獨石口倉儲「以賑其乏，且足其食」；又敕內大臣費揚古、明珠等送白金、茶布「以給其用」；採買生畜「以資其生」；並把他們妥善地安置在科爾沁水草地遊牧，使喀爾喀部眾「皆安居得所，循法度樂休養」[18]。

與此同時，噶爾丹也上疏向清廷提出：「若哲卜尊丹巴呼圖克圖等來投天朝，或拒而不納，或擒以付之。」[19]議政王大臣等集議「澤（哲）卜尊丹巴以敗奔入我汛界，豈有擒而畀之之理？」[20]康熙隨即遣一等侍衛阿南達等持敕往噶爾丹處傳諭說：「朕統御宇內，胞與爲懷，願率土共享太平，無戰爭離散之苦，彼此協和，各得其所。」要噶爾丹「仍遵朕旨」，同喀爾喀「同歸和睦」[21]，同時責令噶爾丹退回本土，歸還喀爾喀牧地。噶爾丹卻一意孤行，同清政府的民族和解政策相對抗。

鑒於喀爾喀新附數十萬眾散亂無序，各不統一，有必要「訓以法度，俾知禮儀」，康熙命理藩院調集新附喀爾喀兩翼部落，並傳知內蒙古科爾沁部四十九旗之王公、台吉在多倫諾爾舉行盛大會盟。康熙三十年（一六九一年）五月，康熙親率上三旗官兵出張家口，下五旗官兵出獨石口（今河北赤城縣北），會師於多倫諾爾（今內蒙古自治區錫林郭勒盟南部），在這裏布營設哨，各環御營而峙。喀爾喀各部及內蒙古四十九旗，移附御營五十里駐紮，不得擅入哨內。會盟的第一天舉行宴會，康熙召喀爾喀汗、濟農、諾顏、大台吉等近御榻前，親自賜酒，其餘台吉們在各自的座位上由侍衛分別敬酒。次日，八旗滿洲、漢軍火器營及綠旗官兵，排列火炮，康熙躬擐甲冑，乘馬遍閱隊伍，返回原處，下得馬來，拉弓射箭，十發九中，隨後大閱軍容。這時，嗚角鳥槍齊發，兵眾大呼前進，聲動山谷。大閱畢，康熙令人當場宣布訓諭敕書，指出「土謝圖汗以舊怨殺札薩克圖汗沙喇，導致兩翼起釁構兵，造成雙方遊牧廢棄，頓失生計」，鑒於在會盟前土謝圖汗和哲卜尊丹巴呼圖克圖對此業已「具疏請罪」，特頒旨免去土謝圖汗等罪行，並令札薩克圖汗的親弟策妄札卜承襲汗位；還宣布保留喀爾喀三部首領的汗號，取消蒙古貴族原有的濟農、諾顏等名號，按滿洲貴族的封爵賜以親王、郡王、貝勒、貝子、鎮國公、輔國公等不同爵位；喀爾喀的行政體系按照內蒙古四十九旗實行札薩克制，其三部共編爲四十七旗，旗下設參領、佐領，每旗各分左、中、右三路，給地安插。通過多倫會盟，康熙妥善地解決了札薩克圖汗與土謝圖汗之間的矛盾，協調了兩部之間的關係，加強了清廷對喀爾喀蒙古的管理，這對進一步統一漠北蒙古，孤立和戰勝噶爾丹這股分裂割據勢力，提供了極爲有利的條件。

首次親征　擊潰噶爾丹於烏蘭布通

噶爾丹藉口追喀爾喀勢力不斷南侵。康熙屢遣大臣對噶爾丹做了大量的和解工作；他一再向噶爾丹重申清廷收納土謝圖汗和哲卜尊丹巴的情由，並要達賴喇嘛派出一位有名望的大喇嘛同清廷大臣一道，前往噶爾丹處，勸導噶爾丹同喀爾喀「盡釋前怨，仍前協和，各守地方，休兵罷戰」22。

噶爾丹一方面裝著忠順於清廷的樣子，對清廷使臣「待之有加禮，殊爲恭順」23，並反覆聲稱「我並無自外於中華皇帝」[24]。一次在理藩院尚書阿喇尼往噶爾丹處頒布敕書，賞賜禮物時，噶爾丹把阿喇尼請入他的帳內，屏除左右，慎重而謙遜地說：「聖上洪仁，惠育群生，欲使協和，共用昇平，我亦與其中也，聖上指示，願得遵行。」[25]另一方面，卻對待康熙處理他與喀爾喀之間的矛盾所採取的和解政策，始終堅持對抗的態度。他自以爲「控弦之士數十萬」，「既兼有回部、青海、漠北，則益驕蹇不奉命」[26]。喀爾喀及其首領已內附清廷，必欲用武力徹底摧垮喀爾喀，要挾清廷奉送土謝圖汗與澤（哲）卜尊丹巴給他。噶爾丹曾對達賴喇嘛的使人說：「我若與土謝圖汗講和，則吾弟多爾濟札卜之命，其誰償之，我盡力征討五、六年，必滅喀爾喀，必擒澤（哲）卜尊丹巴。」[27]噶爾丹的狂妄野心，是得到西藏第巴支持的。康熙二十八年（一六八九年）十二月，前來清廷的西藏貢使善巴陵堪卜臨行時，第巴囑咐他說：「達賴喇嘛令奏聖上，但擒土謝圖汗、澤（哲）卜尊丹巴胡土克圖畀噶爾丹，則有利於生靈，此兩人身命我當保之。」[28]更何況噶爾丹想乘清廷與沙俄衝突之際，藉沙俄力量同清廷抗衡。從康熙十三年（一六七四年）到康熙二十二年（一六八三年）間，噶爾丹幾乎每年都派人到俄國，企圖同俄國訂立軍事同盟和求得俄國給予軍隊和槍炮的援助[29]。而噶爾丹對喀爾喀蒙古的進攻，就有大批俄國軍隊帶著大量火器火炮協同他作戰[30]。康熙二十九年（一六九〇年）即尼布楚條約簽訂的第二年，噶爾丹密派達爾罕宰桑爲使者，帶著他的信件去見伊爾庫茨克總督吉斯良斯基和戈洛文，信中提到要求戈洛文率領俄軍馳赴約定地點會合，以便並肩作戰[31]，繼續進攻土謝圖汗的軍隊。而戈洛文給噶爾丹的覆信中則保證以俄國軍隊的相應行動支持厄魯特部對土謝圖汗的進攻[32]，並派基比列夫隨達爾罕宰桑返回會見噶爾丹，繼續就可能共同出兵對付土謝圖汗及其支持者一事進行談判[33]。

這樣，由噶爾丹蓄意挑起的、旨在分裂祖國的一場戰爭是不可避免了。

康熙在努力謀求和平解決厄魯特與喀爾喀之間糾紛的同時，對噶爾丹保持著高度警惕。康熙二十七年（一六八八年）七月，康熙要和碩裕親王福全對噶爾丹率軍南下「宜預爲防禦」。八月命侍衛內大臣舅舅佟國維、領侍內大臣伯費揚古、尚書阿喇尼應密切注視噶爾丹的軍事動向，指示他們「境上切宜防守」。爲此，康熙還先後令議政王大臣等派出滿洲、蒙古諸部旗兵奔赴張家口、歸化城以及北部各邊汛地區駐防，聽候隨時調遣。康熙二十九年（一六九〇年）三月，又命都統額赫納、護軍統領馬喇出征，同侍郎文達所率領的鄂齊多斯、歸化城和四子部落蒙古兵二千名會師，馳赴土拉河抵禦噶爾丹南侵。

康熙二十九年（一六九〇年）五月，噶爾丹號稱帶兵四萬沿克魯倫河下游渡過烏爾札河南下，揚言將「借兵俄羅斯，會攻喀爾喀」[34]。康熙一面發滿、漢兵與科爾沁等蒙古兵和火器至尚書阿喇尼軍前備戰，一面傳諭在京的俄使吉里古里、伊法尼齊等說：「（噶爾丹）今乃揚言會汝兵，同侵喀爾喀。喀爾喀已歸順本朝，倘誤信其言，是負信誓而開兵端也，爾等可疾遣善馳者二人，歸告尼布潮（尼布楚）頭目伊凡，遍諭俄羅斯之眾。」[35]在康熙嚴重警告和清軍嚴陣以待面前，沙俄在業已簽訂尼布楚條約之後，終於不敢妄動。

同年六月，噶爾丹沿格爾格河行進，師至烏爾會河。康熙要尚書阿喇尼緊隨噶爾丹，只須監視其軍事行動，切勿與他交鋒，等待額赫納及達爾漢親王、班弟等蒙古兵和盛京、烏喇等滿洲兵齊集，而後「一同夾擊之」[36]。但阿喇尼沒有遵行康熙的指示，在後續部隊還沒有來到前，就貿然向厄魯特發起進攻。他派遣蒙古勇士二百餘人襲擊敵人的前鋒部隊，繼遣喀爾喀五百人從後面去驅逐護送牲畜輜重的敵兵。但是彼此還沒有交鋒，蒙古和喀爾喀眾兵卻爭先恐後地去搶奪敵方的男女、牲畜，一時清軍陣腳大亂，不能制止，阿喇尼連忙下令前隊撤退。噶爾丹隨之迅速分兵二翼，嚴守以待，阿喇尼又遣次隊繼續向前進攻，厄魯特軍兵齊發鳥器猛射，清軍驚恐失措，節節敗退，噶爾丹乘勢增派另一支兵力從山上繞出，向清軍兩側進擊，清軍大敗而歸。康熙因阿喇尼「違命輕戰」，革去他的議政，並降四級調用。

七月，噶爾丹深入烏珠穆沁。康熙命和碩裕親王福全爲撫遠大將軍，皇子允禔爲副，出古北口；和碩恭親王常寧爲安北大將軍，以和碩簡親王雅布、多羅信郡王鄂札爲副，出喜峰口；自統中路，下詔親征。後因病停駐波羅和屯指揮各路大軍。

爲了滙集各路軍隊，集中優勢兵力，擊毀噶爾丹，康熙屢遣大臣前往噶爾丹處，藉和談爲名，麻痹和牽制噶爾丹。康熙指示內大臣舅舅佟國維等說：「倘先遣部隊克期到達前線，如噶爾丹欲逃，即行追剿，無失機會；若彼來迎敵，則我軍切勿急行以待大兵。」[37]並派大臣告訴噶爾丹：「聖上特遣和碩裕親王及皇子來，與汝申明禮法，自茲以往，以定盟好。」如此往返數次，以羈縻噶爾丹。裕親王等亦遵照康熙關於「其遺牛羊，以老其銳氣，疑其士卒」的指示，贈給噶爾丹羊百頭、牛二十頭，並寫信給噶爾丹說：「我與汝協護黃教，和好有年，今汝追我喀爾喀入我汛界，聖上特命我等論決此事，永久和好」。建議「各遣貴顯大臣定議」[38]。噶爾丹亦不斷派人至清軍大營內，一再申述自己「闌入汛界，索吾仇而已，弗秋毫犯」，表示願同清廷「講信修好」[39]。但他又屢次向清廷強索土謝圖汗及其弟澤（哲）卜尊丹巴給他，表示如清廷允諾，他即行班師。這理所當然地遭到福全叱責。

七月底，噶爾丹乘勢深入離北京七百里的烏蘭布通（今內蒙古克什克騰旗境內）。達賴喇嘛的所謂和平使者濟隆，不但不阻止噶爾丹進兵，反而竭力慫恿且爲其擇定戰日，祭旗誦經。清撫遠大將軍和碩裕親王福全整列隊伍，飛速進兵烏蘭布通與厄魯特軍相對壘。福全窺視噶爾丹騎兵數萬「依林沮水」，以萬駝縛足臥地，背加箱垛，箱垛上蓋著濕氈，環列如柵，士卒陰伏在箱垛下面，於垛隙處發射矢銃，又兼用鉤矛搏戰，號稱「駝城」。清軍隔河列陣，以炮火營爲前鋒，對著敵人營壘，猛烈齊發炮火，遙攻中堅，聲震天地，戰鬥激烈，從下午一直延續至掌燈時。噶軍的臥駝全被炮火擊斃，仰臥於地，駝城斷截爲二，清步兵、騎兵乘勢爭先陷城，左翼兵又繞山橫擊，敵壘都被攻破了，噶爾丹乘夜逃遁，但清軍損失也很嚴重，康熙的舅舅佟國綱中槍身死。清軍因昏夜地險收兵。

隨後，濟隆率弟子七十餘人來清營講和，竭力爲噶爾丹開脫罪責說：「博碩克圖汗信伊拉古克三及商南多爾濟之言，深入汛界，部下無知，搶掠人畜，皆大非理……博碩克圖汗不過小頭目，何敢妄行！但因索其仇土謝圖汗及澤（哲）卜尊丹巴，致有此誤，彼今亦無索土謝圖汗之意。」[40]噶爾丹也派人送信到清營前，來信說：「今蒙皇上惠好，自此不敢犯喀爾喀」。來人還申述噶爾丹博碩克圖汗跪於威靈前設誓：「若違此書，惟佛鑒之。」[41]不久，又遣人來報噶爾丹頂佛像再設誓：「佛天以仁恕爲心，聖上即佛天也，乞鑒有我罪，凡有諭旨，謹遵行之。」且「往界外駐候聖旨」[42]。就這樣，由於濟隆的偏袒和噶爾丹以「卑詞乞和」[43]的緩兵之計，騙阻了福全等的追擊，甚至福全還派人通知蘇爾達等，令盛京烏喇諸路兵，不要阻截噶爾丹逃兵。所以當噶爾丹奔竄過盛京、烏喇、科爾沁等的軍營時，清軍不予邀擊，竟放縱他們遁走。當時，如福全不加阻止，讓蘇爾達等領兵阻擊，噶爾丹早被擒獲[44]。福全等誤信噶爾丹、濟隆胡土克圖等「議好之誑詞」[45]，讓噶爾丹倉皇宵遁，偷渡什拉穆楞格河，翻過大磧山逃竄。不過，噶爾丹軍士沿途饑踣死亡，逃到科布多時，只剩殘部幾千人了。後來，福全、常寧因此被罷去議政並罰俸一年，福全還被撤去三佐領。接著，康熙派侍郎額爾圖等誡諭噶爾丹：嗣後不得擅犯歸附清朝的喀爾喀一人一畜，「若再違誓言，妄行劫奪生事」，清廷「必務窮討，斷不終止」[46]。

深入瀚海　盡殲噶爾丹精銳

噶爾丹雖反覆立誓，表示「不犯中華皇帝屬下喀爾喀以及眾民」，但康熙覺得噶爾丹「其人狡詐，不可深信」，對他仍保持著高度警惕。康熙部署兵力於張家口、獨石口、大同和宣府等地，準備隨時出征。同時囑邊防將領不時派人探聽噶爾丹的行蹤，並不失時機地繼續用和談一手，與噶爾丹周旋。

噶爾丹自烏蘭布通慘敗後，「牲畜已盡，無以爲食，極其窮困，人被疾疫，死亡相繼」，而「劫掠無所獲」[47]。爲生計所逼，他不得不向清廷乞賜白銀，以救燃眉之急。清理藩院和議政王大臣等因「無賜白金之例」，一口回絕。爲了羈縻噶爾丹，康熙卻批覆贈予白銀千兩，同時，多次派遣大臣前往噶爾丹處，勸諭歸降，許諾「從優撫養，斷不致失所」[48]。

噶爾丹也使用兩面手法，同清廷對抗。他以「請安進貢」爲幌子，派遣官員率領男女二千餘人來到清軍防地，「陽爲修好，潛留人爲細作，各處窺探」[49]。他還狂妄地要清廷將「喀爾喀七旗發回故土」，並繼續向清廷索取土謝圖汗與澤（哲）卜尊丹巴。這些無理要求，都受到康熙的嚴厲叱責。康熙告誡他：「嗣後仍怙非不悛，蔑視前諭，永勿上疏、遣使貿易。」[50]噶爾丹卻置若罔聞，不斷挑起事端。清員外郎馬迪奉旨往策妄阿拉布坦處通好，到了離哈密城五里的地方，突然遭到噶爾丹部屬襲擊，馬迪及筆帖式和撥什庫等被殺，馬駝行李全被劫去。噶爾丹還派厄爾德尼倬爾濟等唆使科爾沁土謝圖汗親王沙津叛離清朝，阻止班禪胡土克圖赴京。康熙三十四年（一六九五年）秋，噶爾丹親率領三萬騎兵沿克魯倫河，潛入巴顏烏蘭，劫掠喀爾喀部納木札爾陀音。鑒於前次烏蘭布通慘敗的教訓，他不敢貿然再犯漠南，只是揚言「借俄羅斯鳥槍兵六萬，將大舉內犯」[51]。

康熙深知清兵要遠征漠北，困難重重。他說：「朕親歷行間，塞外情形，知之甚悉，自古以來，所謂難以用兵者是也。其地不毛，間或無水，至瀚海等沙磧地方，運糧尤苦，而雨水之際，樵爨頗難，區畫不周，豈可妄動」[52]，但是，噶爾丹「違背誓約，恣行狂逞」，這股分裂勢力「一日不滅，則邊陲一日不寧」[53]。爲此，康熙「詔武臣三品以上，咸陳滅賊方略，會同詳議，舉朝皆以爲難」[54]。康熙力排眾議，堅決主張再次親征，他後來回憶當時的情況時說：「昔朕欲親征噶爾丹，眾皆勸阻，惟伯費揚古言其當討。後兩次出師，皆朕獨斷。」[55]

康熙三十五年（一六九六年）春，康熙下詔親征。他調集士兵十萬，分東、西、中三路，出師剿滅噶爾丹。東路由黑龍江將軍薩布素率領東三省之兵沿克魯倫河進征；西路軍由撫遠大將軍費揚古統帥振武將軍孫思克、揚威將軍舒恕、安西將軍傅霽等領陝甘官兵出寧夏，向土拉（今蒙古人民共和國烏蘭巴托西南）進發；康熙自統禁旅爲中路，出獨石口北進，同費揚古約期會師於土拉。

在行軍途中，事無巨細，康熙都親自過問，做到細心體察，具體指示。出征塞北，尋覓水草，至關重要，這全靠掘井來解決。一次戶部侍郎思格色奉命往口外負責掘井，事畢來向康熙奏報，康熙當面問他：「一井供飲人馬幾何？」」思格色目瞪口呆，回答不上來，康熙叱責思格色「爲人昏憒，居官亦不端」，令議政王大臣等撤了他的職，下放到卒伍中，「從軍效力」。後來，康熙遣副都統阿迪去汛界視察水草情況，阿迪回奏說：「冰雪凝凍，未能掘井」。康熙以爲「用兵之道，以速爲貴，大兵行期，斷不可緩」，如果一旦缺水，勢必拖延行軍速度，他暗自忖度，出師正當春季，地脈將融，即使冰凍也可以疏鑿井水。於是另遣副都統阿毓璽急赴汛界外試掘水井，阿毓璽等趕到巴爾幾烏蘭河朔哨口，「掘井數處，去冰尺許，清泉湧出，疏鑿甚易」[56]，全軍皆大歡喜。爲了方便人馬飲水，康熙還特地交代議政王大臣等，軍隊紮營，井必須居中，大營並鑲黃旗兩營互相犄角，士兵從不同方向取水飲馬，不會擁擠，可以避免因取水發生爭吵。而且每口井都應該派官兵看守，前隊兵拔營，就交付後隊兵接替，嚴防水井汙壞。掘井事務特命前鋒統領碩鼐專門負責。

每天，康熙總在凌晨撤營就道，他起行後，常見軍營炊煙繚繞，軍士們尚在進食，軍隊的帳房行李遲遲不能運載起行。康熙一面勒令領侍內大臣、內務府、武備院總管將嚮導及駱駝頭目等稽遲行李的緣故，查明後，向他奏報。領侍內大臣公舅舅佟國維等請罪說：「此皆臣等庸儒不能管攝之故，乞皇上嚴加處分」。康熙命他「效力贖罪」。在無邊無際的沙漠草原的征途中，康熙寫下了〈瀚海〉一詩：「四月天山路，今朝瀚海行。積沙流絕塞，落日度連營；戰伐因聲罪，馳驅爲息兵，敢云黃屋重？辛苦事親征。」[57]這首詩表達了康熙爲了實現多民族國家的統一與和平，不辭辛苦，跋涉沙漠，聲討破壞民族和睦的罪人的崇高意境、無畏氣概與戰鬥精神。康熙對部分大臣的怯懦退縮思想進行了嚴厲的叱責。當大軍行至科圖時，傳說噶爾丹已逃離遠去，扈從大臣佟國維、索額圖、伊桑阿等力請康熙回還北京，只令西路兵進剿。康熙召集諸大臣面諭，表示以最大的決心，務期剿滅噶爾丹而還，他當眾告誡大臣們，如有「不奮勇前往，逡巡退後，朕必誅之」。他明確指出，「噶爾丹可擒可滅」，豈肯「怯懦退縮乎？」[58]且大軍一退，噶爾丹「必盡銳注西路，西路軍不其殆乎！」59

大軍漸漸逼近噶爾丹駐地。這時，西路軍因進入戈壁沙漠後，人畜相繼死亡，尤其是原有水草的地方已被噶爾丹燒斷，延袤數百里，全是一片灰燼，部隊不得不繞道行進，去另覓水草地，因此行期延誤，不能同中路軍如約會師於土拉。這引起近侍大臣們的意見分歧，有的認為中路軍宜緩進，等待西路兵到來，兩方夾擊，於事有益。有的以為待西路兵至，必將拖延時日，恐噶爾丹聞訊逃竄，即以中路大兵剿滅敵寇未為不足，似應一面移文催西路之兵；一面乘敵不備，前往襲擊。

康熙聽取多方面的意見，經過深思熟慮，遣人傳諭費揚古急速趕赴土拉，同時明諭大臣們說：噶爾丹原係行劫小寇，數無遠識，信人誑言，侵略喀爾喀，以為我軍不能即至，故敢竄伏克魯倫。今我軍已近噶爾丹，西路兵亦將至土喇（拉），俟我軍離彼稍近，遣使邀噶爾丹前來約盟，噶爾丹只要知悉我親自前來，必連夜奔逃，那時，我軍即行追殺。如噶爾丹向土喇（拉）退去，必遇費揚古，如此，噶爾丹必然殄滅，「拒則糜爛，竄則逃亡」60。

隨後，康熙命公主長史多禪、中書阿必達等帶了敕書及暖帽、蟒袍、妝緞褂、純金鉤，並巾纓帶一條、帛十端和銀二百兩等賜物及四個厄魯特人前往噶爾丹駐地巴顏烏蘭。在敕書中，康熙明白告訴噶爾丹：「朕大軍已與爾逼近，西路兵俱已到土拉，東路兵俱已溯克魯倫河而來……朕乃不忍生靈橫被鋒鏑，是以抒誠遣使，朕與爾等靚面定議，指示地界，爾照舊貢獻貿易，則爾國安生，而我邊民亦安。」61

五月初，多禪、阿必達等一行至克魯倫河，遇到厄魯特丹濟拉帶領千餘人來截取馬群，清侍讀學士殷扎納偕同帶來的厄魯特人等迎上前去，殷扎納叱責丹濟拉道：「爾等何得無禮，上率師親至矣！西路大軍費揚古自土拉且來。」厄魯特人俄齊爾也隨即告訴丹濟拉：「聖上親來。」丹濟拉頓時驚駭失色，急忙領了敕書和四個厄魯特人，匆匆收兵，飛快地去轉告噶爾丹。噶爾丹恐懼萬分。其時，大軍已抵克魯倫河，噶爾丹親自到孟納爾山遙望，瞥見御營中掛著龍旗，放著皇帝乘坐的車子，御營四周有帷幕圍起來的皇城，其外又有網城，軍容山立，噶爾丹不禁失聲驚呼：「是兵從天而降耶！」隨即傳令部隊，盡棄其廬帳器械、甲胄及羸病幼小，拔營宵遁。

康熙得悉噶爾丹逃竄，立刻命領侍衛內大臣馬思哈爲平北大將軍，率領輕騎飛速向巴顏烏蘭急進窮追，又密諭費揚古領兵速進，截其歸路，自統大軍直追至拖諾山下，不及而回。

噶爾丹奔馳五晝夜，竄至特勒爾濟口，清撫遠大將軍費揚古所率西路軍也到了昭莫多（今蒙古人民共和國烏蘭巴托東南圖拉河上游南岸）。昭莫多蒙古語「大森林也」，即明成祖破阿魯台的地方，該地處於肯特嶺之南，土拉河之北，汗山之東，這裏有一片廣闊數里的大草原，回望大嶺，千仞如屏，爲自古以來漠北的著名戰場。費揚古在距敵三十里的地方下營，其地有小山，三面臨河，林木茂盛，可設伏兵。他先遣前鋒統領碩岱、副都統阿南達等領兵四百，奔赴敵陣挑戰，且戰且卻，誘敵騎到了昭莫多。費揚古率左右翼步騎先踞小山上，列陣於東，餘軍沿土拉河列陣於西，將軍孫思克帶領綠旗兵捷足登上小山頂峰。這時，噶爾丹率精騎萬餘，奔馳山上，想去搶占頂峰。清軍踞險俯擊。噶爾丹軍被逼退到東崖下，以崖爲蔽，舉銃上擊，清兵弩銃迭發，藤牌兵隨後繼進，並以拒馬木列前，阻擋敵騎衝突。噶爾丹和他的妻子阿努同全部騎兵一齊下馬，冒著炮火向前猛衝，鋒勢甚銳，清師也「遵上所受方略」，以一兵並牽五馬，「各兵皆下馬步戰」[62]。兩軍死拚，傷亡相當，敵軍至暮不退。這時，費揚古遙望敵後人馬不動，估計必是婦女駝畜，他急速指揮沿河伏兵分成兩路出擊，「一橫衝入陣；一襲其輜重」。山上清軍見伏兵分別出動，乘勢呼嘯奮進，上下夾擊，聲震天地，敵兵倉惶潰遁，一時噶爾丹軍兵「其顛墜崖下者，河溝皆滿，所棄仗如蓬麻」63。清軍乘勝跟蹤追擊，遇所棄駝馬輜重、甲械一概勿取，邊射邊逐，戴星月追三十餘里而回。

在這次戰役中，噶爾丹軍被斬殺二千餘人，被生擒男婦三千餘，清軍獲馬駝、牛羊、廬帳、器械不計其數。噶爾丹之妻阿努亦被炮擊死，噶爾丹僅以數十騎逃遁64。昭莫多之戰，全殲噶爾丹精騎，是清廷平定噶爾丹的決定性戰役。

捷報奏至御營，康熙命費揚古留防科圖，保護喀爾喀遊牧地。同時，親自撰文刻石立碑於拖諾山及昭莫多，碑文云：「天心洪佑，剪逆推（摧）凶，困獸西竄，膏我軍鋒，一鼓而殲，漠庭遂空，磨崖刻石，丕振武功。」65

康熙班師回到歸化城，親自犒勞西路凱旋大軍。六月，康熙返回北京。

四處堵截　噶爾丹窮蹙自殺　漠北統一

噶爾丹經過兩次慘敗，精銳喪盡，牲畜財產所剩無幾。他的根據地伊犁早被其侄兒策妄阿拉布坦所占據，阿爾泰山西諸部、天山南路的回部、青海、哈薩克等地都先後擺脫了他的控制。他想西歸伊犁，又怕被策妄阿拉布坦吞沒；欲南投西藏，路途太遠；北赴俄羅斯，又擔心沙俄不敢接納，於是像遊魂一樣在塔米爾河流竄。

噶爾丹遣人收集丹津阿拉布坦、丹濟拉、丹津鄂木多和伊拉克三胡土克圖等各部屬，約有五千餘人，他們馬駝不多，牛羊甚少，又大都沒有廬帳。噶爾丹打算由翁金前往哈密，如果哈密如前和好，得以資助糧食，暫渡困難；倘若哈密與之反臉，「即攻而取之，以為根基」66。當時，丹津阿拉布坦、丹津鄂木多、伊拉克三胡土克圖等從噶爾丹下分離出去，自找遊牧地。丹濟拉則率領部屬赴翁金，去劫奪清軍儲備在那裏的軍糧。其實，康熙早就預料到厄魯特會來翁金劫糧，已預先通知該地駐軍將軍糧燒了。丹濟拉撲了個空，並且遭到清副都統祖良璧部的猛擊，丟棄馬匹衣服，潰敗逃回。噶爾丹十分懊喪地歎道：「我恃汝為命，汝今若此，將何以存！」67這時，噶爾丹部屬「食盡衣單，漸及寒冬，勢在必亡」68，不得已，將往哈密。繼而偵悉清軍在嘉峪關外設有哨所，噶爾丹不敢貿然前往。

噶爾丹的處境越來越困難。其所屬部眾從者「或近千人，或數百人，皆老羸」69。他們十分窮困，除為數不多的馬駝外，並無牛羊，大都依靠捕獸為食，捕不到獸，以殺馬駝為食，甚至掘草根充饑。因為「食用缺乏，天時寒洌，潰散逃亡及凍餓而死者甚多，又火藥軍器遺亡殆盡」70。於是厄魯特諸台吉紛紛離棄，各去自謀生計，尤其是向清軍投降的人也越來越多，不但青海諸台吉俱降，而且追隨噶爾丹的台吉、寨桑等也不斷歸附清朝。康熙三十五年（一六九六年）九月，向噶爾丹納貢的西賴古爾黃番、黑番人等及噶爾丹所遣督催番人貢物之厄魯特達爾罕寨桑卜爾奇等共七千四百餘名，傾心投順清廷71。同年十一月，厄魯特布達里、塞桑諾爾布等也都先後歸附。

在「困窮已極，糗糧廬帳俱無，四面已無去路」72的危亡形勢下，噶爾丹遣格壘沽英等二十人來清廷乞降。康熙命格壘沽英一人入朝相見，康熙向格壘沽英歷數噶爾丹屢次挑起邊釁的罪行，指出噶爾丹窮蹙敗亡，完全是咎由自取，康熙要格壘沽英毫無隱瞞地坦陳奉使而來的意向。

格壘沽英說：「皇上仁育無私，孰不傾心悅服，噶爾丹若迷而不誤，不歸仁化，徒自取滅亡而已。」[73]

康熙深知噶爾丹狡詐莫測，不可輕信，他一面交代廷臣與邊汛各將說：「噶爾丹窮迫已極，宜乘此際，速行剿滅斷不可緩」；一面以最大的耐心繼續採取招撫辦法，用和平方式來解決清廷同噶爾丹之間的矛盾。他對議政王大臣等說：「天下專以仁感，不可徒以威服……仁者無敵，今噶爾丹窮迫已極，遣格壘沽英前來乞降，朕意仍欲撫之。」[74]於是，員外郎博什希和筆帖式闇壽隨格壘沽英持敕書前往告誡噶爾丹：「令其親身來降」，「朕無異視，務令得所，斷不念舊惡」[75]。但僅限以七十日內還報，如過此期，「朕即進兵」[76]。

然而噶爾丹實無降意。清使者博什希和闇壽隨格壘沽英來到距噶爾丹駐地二里的地方停下來。噶爾丹派人先把敕書帶走。第二天噶爾丹至野外獨坐在岩石上，會見博什希，並讓兩位武士將博什希緊緊夾住，在遠離噶爾丹的地方坐定，不使博什希近前。隨後，噶爾丹對博什希冷冷地說：「聞皇上沛此恩綸，不勝欣藉，自今聖上凡有所諭，惟遵旨以行而已，我之言已在疏內，我之意已語我使人，使人到日當口奏。」[77]說畢，就乘馬而去，態度生硬而傲慢。

其時，噶爾丹部屬大都主張歸降清廷。有一天，噶爾丹到諾顏格隆家，丹濟拉、阿巴、吳爾占札卜等人正坐在一起飲酒。吳爾占札卜對噶爾丹說：我等自去年冬以薩克薩特呼里克獸多，所以住在這裏。至今獸多驚駭逃散，生計困難，如往清廷投降，可以靠近邊汛地居住，如不降當另圖一策，怎能首鼠兩端自待死亡呢！[78]噶爾丹默然無言。格壘沽英曾多次勸噶爾丹降清，丹濟拉也勸過，噶爾丹都沒有允諾。則丹濟拉背地裏派部屬常達偷偷地去見清使博什希等，表示自己願意歸降。格壘沽英深知噶爾丹並無降意，卻又要派他出使清廷，他就帶著妻兒投奔清朝了。後來，噶爾丹再遣喇木札卜隨清員外郎博什希和筆帖式閶壽前往清廷求和，喇木札卜向康熙轉達了噶爾丹的口奏說：「我居無廬，出無騎，食無糧」，因「皇上有恤臣之旨，是以臣屬下歸投皇上者甚多，伏乞發還臣所，並乞皇上加恩，賜於失所之人，以活其命。」[79]這裏噶爾丹沒有言及一個「降」字，卻要康熙遣還來投清朝的厄魯特人，康熙自然不會允許，只是向喇木札卜問道：「你想回去麼？」喇木札卜很乾脆地回答：「我有心告請而來，現在我的妻兒都在這裏，我不再他往。」[80]噶爾丹的使者及其一家人都投降了，噶爾丹真的成爲孤家寡人了。

爾後，康熙再派前曾被捕的噶爾丹乳母的親生兒子丹濟札卜送敕書給噶爾丹。在敕書中，康熙揭露了第巴桑結嘉措隱瞞達賴喇嘛逝世一事達十六年之久（詳見本書第六章）及其以達賴喇嘛的名義誘騙噶爾丹同清廷對抗的罪惡行徑，以促使噶爾丹醒悟。康熙明確警告噶爾丹：「爾願歸降，應及早來」，否則，「今歲即不擒汝，來歲當復發兵追討，必不中輟」[81]。可以說康熙對噶爾丹已做到仁至義盡，但噶爾丹依然不肯歸降。

康熙注意妥善安置被俘的、歸降的厄魯特部眾，康熙三十五年（一六九六年）十月，令內大臣等特派一位大臣留駐歸化城主持接收和安插厄魯特俘虜和降人，「完其夫婦，給以衣食」。如丹巴、哈什哈、沙先朱坡等先後率家口、部屬前來投誠，康熙除了給以官職，對來降眾人，內有子女被清軍俘獲的，一一查明，讓他們的父母兄弟夫婦團聚。次年二月，康熙命戶部、理藩院各撥一位官員將吳達禪右衛的厄魯特降人解送張家口曼都地方，降人的馬駝羸疲難行或沿途糧草及衣服等欠缺，要內務府郎中董殿邦負責解決。清副都統阿南達解到來降的厄魯特六台吉，康熙指示：六台吉都是投誠有功之人，著交山西巡撫送至大同，善養之，其父母妻子戶口到日，令其完聚。康熙優待俘虜和降人，對分化瓦解敵人起了很大作用。噶爾丹的親信吳子占札卜之母被俘返歸後，對噶爾丹說：「清朝大兵多，富而且盛，中華皇帝乃活佛也，敵人母子遣使完聚，爾等從前亦曾聞有是否？其餘非常之舉，言之不盡。」[82]因此，噶爾丹屬下大小台吉、寨桑、哈什哈等「相繼來降者不絕」[83]。

爲了根絕噶爾丹這股民族分裂勢力，康熙三十五年（一六九六年）九月，康熙再次前往歸化城，駐蹕鄂爾多斯，召大將軍費揚古密策第三次軍事征剿。同時詔諭策妄阿拉布坦和青海諸台吉要他們協助朝廷擒捕噶爾丹；派遣使者分赴厄魯特各部去做勸降工作；並命令邊汛將領和蒙古諸部密切注視噶爾丹的動向，隨時上報。

經過兩次親征，康熙對漠北蒙古的自然環境和風土人情已很熟悉。正如他自己所說：「塞外荒漠，雖甚寥闊，而蒙古所引之路，所居之地，必依水草資生，是以亦有定所，朕於蒙古等經行路徑一一洞悉，所以遣發官兵數道圍困，皆扼賊之要害。」[84]康熙三十六年（一六九七年），康熙親赴寧夏命費揚古、馬思哈兩路進兵，扼住噶爾丹向外流竄的必經的要害之地，使噶爾丹龜縮在塔米爾河流的薩克薩特里克地方。噶爾丹欲投西藏，聞甘肅有清兵扼守，行至薩哈薩兗呼魯不敢前行，因資用乏絕，派遣他的兒子賽卜騰巴珠去哈密徵集軍糧，不料，賽卜騰巴珠至巴爾思庫地方，被哈密的維吾爾族首領杜拉達爾漢伯克之子郭帕伯克擒住。

這時，噶爾丹已是眾叛親離。一向忠於自己的丹濟拉已同他脫離，兩次相召，丹濟拉不予理睬。派人去召喚另一親信杜哈爾阿拉布坦，杜哈爾阿拉布坦反而奪走來人的馬駝。其他厄魯特喀爾喀各部，或爭先充當嚮導帶領清軍深入平叛；或搜集噶爾丹動向，及時上報；更有出兵配合清軍征剿的，如喀爾喀貝勒戴青向康熙表示「願以擒殺噶爾丹首自效」。噶爾丹的侄兒策妄阿拉布坦與阿玉哥分別發兵會集於阿爾泰山以南駐紮，四面設哨或埋伏，並向清廷保證：「噶爾丹若近逼我土，必竭力擒剿。」[85]正如康熙所預言：「噶爾丹無所逃矣，或降或擒或自盡，否必爲我所擒。」[86]不久，噶爾丹在四面楚歌，「僅餘孑身，率領數人隨處飄遁」的窮迫情勢下，「驚聞清軍到來，寢食俱廢，反覆思維，無計能逃」，被逼於閏三月十三日至阿察阿穆塔台地方飲藥自盡。[87]

丹濟拉等焚毀噶爾丹屍體，率領家屬七十九人，攜帶噶爾丹屍骨及其女兒鍾齊海去清營投降。在途中噶爾丹屍骨和鍾齊海被大策凌敦多卜搶去。丹濟拉和他的家屬馳赴哈密，托維吾爾族首領杜拉達爾漢伯克懇求面見康熙。杜拉達爾漢伯克遣子郭帕伯克送丹濟拉等到康熙駐蹕之地罕特穆爾嶺，立刻由大學士阿蘭泰及郎中阿爾法引入行幄。這時，丹濟拉膽戰心驚，六神無主。康熙見丹濟拉進來，馬上屏去左右，並令阿蘭泰、阿爾法出去，獨留丹濟拉在內，丹濟拉這才鬆了口氣。康熙與丹濟拉交談片刻，授予丹濟拉爲內大臣，授其子多爾濟塞卜騰爲一等侍衛。丹濟拉滿懷喜悅，輕快地離開行幄，出來對諸大臣說：「我乃叛逆罪人，窮困始來歸命，乃皇上略不致疑，盡屏左右召我入見，且蒙恩授我顯爵，乃知聖主至勇至仁如此，令我誠心感戴，永不敢有異心矣！」隨後，康熙召阿蘭泰入內，對阿蘭泰說：「爾等偕丹濟拉入者，蓋以防不測也，爾等所見雖是，朕思凡人無不可以誠感，丹濟拉雖來降，其心不無疑畏，朕推誠如此，伊必感激，喜出望外，斷無妄動之事，倘妄動，數百人朕亦不以爲意，況一人乎！朕令爾等俱出，不留氈內者，欲使丹濟拉之不疑也。」[88]

康熙三次親征，深入沙漠，終於平定了噶爾丹這股分裂勢力，同時以和睦親善的民族政策，妥善地處理清廷同蒙古諸部的關係，實現了統一漠北蒙古的目的，使北方邊境得以寧謐。康熙三十六年（一六九七年），清政府遣送喀爾喀各部重新返回自己原來的牧場，又在科布多、烏里蘇台等地派駐將軍和參贊大臣，進一步加強了對蒙古的統轄。

註釋

1 祁韻士：《皇朝藩部要略》卷三，〈外蒙古喀爾喀要略〉一。
2, 3, 4 祁韻士：《皇朝藩部要略》卷九，〈厄魯特要略〉一。
5 《清聖祖實錄》卷六十七，康熙十六年五月甲午條。
6 《清聖祖實錄》卷八十四，康熙十八年九月戊戌條。
7 《清聖祖實錄》卷一百十二，康熙二十二年九月癸未條。
8 《清聖祖實錄》卷一百二十二，康熙二十四年九月戊戌條。
9 《清聖祖實錄》卷六十九，康熙十六年九月甲寅條。
10, 11 《清聖祖實錄》卷一百零四，康熙二十一年八月壬戌條。
12, 13 祁韻士：《皇朝藩部要略》卷九，〈厄魯特要略〉一。
14 《清聖祖實錄》卷一百三十六，康熙二十七年七月壬申條。
15 《清聖祖實錄》卷一百三十五，康熙二十七年六月庚申條。
16 魏源：《聖武記》卷三，〈康熙親征準噶爾記〉。
17 張穆：《蒙古遊牧記》卷七，〈外蒙古喀爾喀四部總敘〉。
18 張穆：《蒙古遊牧記》卷十四，《額（厄）魯特蒙古新舊土爾扈特總敘》。
19, 20, 21 《清聖祖實錄》卷一百三十六，康熙二十七年七月甲戌條。
22 《清聖祖實錄》卷一百三十九，康熙二十八年正月丁亥條。
23 《清聖祖實錄》卷一百三十七，康熙二十七年九月壬申條。
24 《清聖祖實錄》卷一百三十七，康熙二十七年十一月甲申條。
25 《清聖祖實錄》卷一百四十二，康熙二十八年九月乙酉條。
26 魏源：《聖武記》卷三，〈康熙親征準噶爾記〉。
27 《清聖祖實錄》卷一百三十六，康熙二十七年七月己酉條。
28 《清聖祖實錄》卷一百四十三，康熙二十八年十二月辛未條。

29 沙斯京娜：《十七世紀俄蒙通使關係》，第一六二頁。

30、31 蘇聯科學院遠東研究所等編：《十七世紀俄中關係》第二卷，第三六〇頁。

32、33 茲拉特金：《準噶爾汗國史》。

34、35《清聖祖實錄》卷一百四十六，康熙二十九年五月癸丑條。

36《清聖祖實錄》卷一百四十六，康熙二十九年六月丁亥條。

37《清聖祖實錄》卷一百四十七，康熙二十九年七月戊戌條。

38《清聖祖實錄》卷一百四十七，康熙二十九年七月甲寅條。

39《清聖祖實錄》卷一百四十七，康熙二十九年七月己酉條。

40《清聖祖實錄》卷一百四十八，康熙二十九年八月辛酉條。

41《清聖祖實錄》卷一百四十八，康熙二十九年八月癸酉條。

42《清聖祖實錄》卷一百四十八，康熙二十九年八月丙子條。

43 祁韻士：《皇朝藩部要略》卷九，〈厄魯特要略〉一。

44、45《清聖祖實錄》卷一百四十九，康熙二十九年十一月己酉條。

46《清聖祖實錄》卷一百四十八，康熙二十九年八月丙子條。

47、48《清聖祖實錄》卷一百五十，康熙三十年二月丁卯條。

49《清聖祖實錄》卷一百六十三，康熙三十三年五月戊戌條。

50 祁韻士：《皇朝藩部要略》卷中，〈厄魯特要略〉二。

51 魏源：《聖武記》卷三，〈康熙親征準噶爾記〉。

52《清聖祖實錄》卷一百八十，康熙三十六年二月癸巳條。

53《清聖祖實錄》卷一百七十三，康熙三十五年五月癸酉條。

54《清聖祖實錄》卷一百八十三，康熙三十六年五月癸卯條。

55《清聖祖實錄》卷一百八十三，康熙三十六年五月乙未條。

56《清聖祖實錄》卷一百七十一，康熙三十五年三月丁巳條。

57《聖祖仁皇帝御製文》第二集，卷四十六，〈古今體詩・瀚海〉。

58《清聖祖實錄》卷一百七十二，康熙三十五年四月乙未條。

59 魏源：《聖武記》卷三，〈康熙親征準噶爾記〉。

60《清聖祖實錄》卷一百七十二，康熙三十五年四月己酉條。

61《清聖祖實錄》卷一百七十三，康熙三十五年五月己未條。

62 魏源：《聖武記》卷三，〈康熙親征準噶爾記〉。

63 魏源：《聖武記》卷三，附錄〈提督殷化行西征記略〉。

64 魏源：《聖武記》卷三，〈康熙親征準噶爾記〉。

65 張穆：《蒙古遊牧記》卷七，〈土謝圖汗〉。

66《清聖祖實錄》卷一百七十四，康熙三十五年七月甲戌條。

67 祁韻士：《皇朝藩部要略》卷九，〈厄魯特要略〉二。

68《清聖祖實錄》卷一百七十六，康熙三十五年九月丁丑條。

69 魏源：《聖武記》卷三，〈康熙親征準噶爾記〉。

70《清聖祖實錄》卷一百七十八，康熙三十五年十一月丁巳條。

71《清聖祖實錄》卷一百七十六，康熙三十五年九月戊辰條。

72《清聖祖實錄》卷一百七十六，康熙三十五年九月庚辰條。

73，74《清聖祖實錄》卷一百七十八，康熙三十五年十一月戊寅條。

75 祁韻士：《皇朝藩部要略》卷十，〈厄魯特要略〉二。

76《清聖祖實錄》卷一百七十八，康熙三十五年十一月庚辰條。

77，78《清聖祖實錄》卷一百八十一，康熙三十六年三月庚辰條。

79，80，81《清聖祖實錄》卷一百八十二，康熙三十六年閏三月壬辰條。

82《清聖祖實錄》卷一百八十一，康熙三十六年三月庚辰條。

83《清聖祖實錄》卷一百八十二，康熙三十六年閏三月壬辰條。

84《清聖祖實錄》卷一百八十三，康熙三十六年五月丙申條。

85《清聖祖實錄》卷一百八十二，康熙三十六年閏三月壬辰條。

86《清聖祖實錄》卷一百八十二，康熙三十六年閏三月甲午條。

87《清聖祖實錄》卷一百八十三，康熙三十六年四月甲戌條。「按滿文奏摺，噶爾丹於三月十三日，早晨得病，至晚身故，並因不詳。」參《故宮檔案述要》頁六四—頁六九。

88《清聖祖實錄》卷一百八十五，康熙三十六年九月甲申條。

第六章　扶持達賴、班禪　整治西藏

西藏的基本形勢及對策

元明以來，西藏就在中國封建中央政府直接管轄下，實行政教合一的統治。但在西藏佛教中，除了勢力較大的薩迦派以外，還有噶舉派（俗稱白教）、寧瑪派（俗稱紅教）、和本布派（俗稱黑教）等佛教宗派。

明初，原來信奉噶舉派的僧人宗喀巴創立格魯派，俗稱黃教，實行了宗教改革。到了明中葉，黃教勢力大盛。當時，受明朝冊封的青海蒙古族的順義王淹答汗特邀西藏政教首領格魯派的索南嘉措前往青海，建仰華寺，大會諸部。索南嘉措爲淹答汗受戒傳法，淹答汗贈予索南嘉措「聖識一切瓦齊爾達賴喇嘛」尊號。達賴是個蒙古語，意爲智慧海。之後，淹答汗派兵護送達賴到西藏，藏中紅教的大寶、大乘諸法王也都俯首稱弟子，改從黃教。於是黃教在西藏逐漸取得了支配地位，並且勢力波及到青海、蒙古和新疆等廣大地區。

與此同時，格魯派上層集團將淹答汗贈予索南嘉措的尊號作爲格魯派首領轉世傳承的固定尊號，建立起達賴轉世活佛系統。所謂活佛就是化身的意思。（身死之後，不失本性，自知所往，寄胎轉生。）據說達賴是千手觀音的化身，即達賴是由千手觀音轉世的。這種轉世活佛的說法，起源於黃教。原來，西藏是由紅教派掌權，紅教是准許喇嘛娶妻的，其地位繼承，父子相傳，世代不絕，所以當時還沒有轉世活佛的說法。自宗喀巴創立黃教後，禁喇嘛娶妻，這就產生了衣缽繼承問題。成化十四年（一四七八年）宗喀巴臨死前，曾遺言根敦主巴和覬朱結格雷貝桑兩大弟子，世世以「呼畢勒罕」轉生，繼承衣缽。所謂「呼畢勒罕」就是化身的意思。這樣就產生了轉世活佛的制度。達賴喇嘛是西藏的政教首領和最高活佛，他死後，由他轉世的、被稱爲「靈童」的男性嬰兒替位。「靈童」是按照達賴臨死時所指示的地點、方向以及達賴逝世時同時出生的嬰兒等條件，由達賴的弟子尋找確認的。「靈童」到一定年齡，實行坐床典禮，至十八歲成人後，才正式承襲達賴的職位，這就是達賴轉世活佛的繼世制度。這種轉世繼位制是西藏政教合一的社會制度的發展和需要而產生的。當時，索南嘉措被指定爲第三世達賴喇嘛，同時追認哲蚌寺前任寺主根敦嘉措爲第二世達賴喇嘛，追認宗喀巴弟子、扎什倫布寺的創建者根敦主巴爲第一世達賴喇嘛。

明清易代之際，虔奉喇嘛教的青海厄魯特蒙古和碩特部首領固始汗舉兵入藏，支持五世達賴建立了噶丹頗章（意爲極樂宮）政權，五世達賴成爲政教合一的首領。同時，固始汗又特置班禪活佛系統。他尊奉班禪羅桑卻吉堅贊爲師。羅桑卻吉堅贊是明末格魯派寺院集團中一個主要決策性人物，萬曆四十四年（一六一六年）四世達賴去世後，羅桑卻吉堅贊主持了當時格魯派對內對外的許多重大事務。五世達賴喇嘛就是經羅桑卻吉堅贊認定的。順治二年（一六四五年），固始汗又贈給羅桑卻吉堅贊以「班禪博克多」的尊號。「班禪」意爲「大班智達」（即大學者），它由梵文「班智達」（即通達）和藏文「欽波」（即大）連綴而成，簡稱「班禪」。「博克多」是蒙語對睿智英武者的尊稱。從此，「班禪」開始成爲扎什倫布寺主的專有尊號。羅桑卻吉堅贊被確定爲四世班禪，往前追溯宗喀巴的另一大弟子覬朱結格雷貝桑爲一世班禪，索南濟朗和羅桑敦朱分別爲二、三世班禪。與此同時，固始汗和五世達賴又將後藏部分地區劃歸班禪管理，居日喀則之扎什倫布寺；達賴管理前藏，居拉薩之布達拉宮。由此，固始汗完全控制了西藏的政局，西藏實際成了和碩特蒙古的勢力範圍。

早在清入關前，西藏同清的關係就很密切。從崇德二年（一六三七年）開始，彼此就不斷遣使通信。崇德四年（一六三九年），在固始汗的帶動下，達賴、班禪、藏巴汗丹迥旺布遣伊喇固散胡土克圖等赴清貢方物，獻丹書，稱清太宗皇太極爲「曼殊師利大皇帝」（意爲吉祥之帝），受到皇太極的盛情接待，雙方握手相見，「留八閱月乃還」[1]。順治四年（一六四七年），「達賴、班禪各遣使獻金佛、念珠，表頌功德」[2]。次年，順治帝遣使持書存問達賴，並請他來京。順治九年（一六五二年），達賴抵京朝覲，清廷派和碩承澤青王碩塞等前至代噶迎接。五世達賴到京後，順治帝以「畋獵」爲名，與五世達賴「不期然」相見於城外南苑獵場，這是一個兩全之策，既讓皇帝出城迎接五世達賴，使達賴心生感佩，又不失皇帝之尊嚴。順治帝又先後在太和殿設大宴款待五世達賴，行止無尊卑之分。順治帝還給五世達賴以豐富的賞賜，五世達賴到達的當天，即下令由戶部撥供養白銀九萬兩[3]，五世達賴臨別前，戶部又賜給他黃金一百五十兩、白銀一萬二千兩、大緞一百匹以及其他貴重禮品多種。

順治十年（一六五三年）二月，清政府又在五世達賴返藏途中派以禮部尚書覺羅郎丘和理藩院侍郎席達禮爲首的官員，攜帶刻著滿、蒙、藏、漢四體文字的金冊、金印趕到代噶，正式冊封五世達賴爲「西天大善自在佛所領天下釋教普通瓦赤喇怛喇達賴喇嘛」[4]。同年又正式冊封握有西藏軍政大權的和碩特部領袖固始汗爲「遵行文義敏慧固始汗」[5]。通過這兩次冊封，確定了西藏地區的宗教領袖和政治領袖，而清政府亦由此實現了對西藏的間接統治。

固始汗於接受清朝冊封的次年即順治十一年（一六五四年）病逝於拉薩哲蚌寺6。由於固始汗的後繼者達顏汗（一說爲固始汗之子，一說爲固始汗之孫）生性孱弱，格魯派逐漸取得了蠶食西藏政治權力的機會，到康熙七年（一六六八年）達顏汗和第巴（又稱「第悉」，即西藏最高行政長官）陳列嘉措同年去世後，任命第巴的權力也轉到五世達賴手中，次年八月，五世達賴正式將親己的卻本羅喪圖道（一六六九～一六七五年在位）任命爲第巴，其後接任卻本羅喪圖道爲第巴的亦是五世達賴提名的桑結嘉措。

桑結嘉措力圖與崛起的蒙古準噶爾部噶爾丹勢力拉攏關係，以達到驅逐和碩特蒙古在西藏的勢力的目的。噶爾丹曾於早年前往西藏出家，拜五世達賴爲師，並與桑結嘉措爲同學，這也是二者結盟的基礎。康熙二十一年（一六八二年），五世達賴在拉薩圓寂，爲了獨攬大權，桑結嘉措採取了匿喪的手段，選擇了與五世達賴相貌酷似的帕崩客寺的喇嘛江陽扎巴，穿上達賴服裝，坐在布達拉宮的寶座上，對外宣布五世達賴「入定」，一切事務全由他處理。他一再假傳五世達賴之言，恣意妄爲，爲反對和碩特汗，對抗清廷，他暗中勾結噶爾丹，支持其侵犯喀爾喀蒙古，並派遣所謂達賴喇嘛的使臣濟隆活佛作爲噶爾丹的輔弼。桑結嘉措的倒行逆施，不能不日益引起康熙帝的疑慮。康熙對濟隆曾給予嚴厲指責：「凡奉使人，不悖旨而成事，則賞以勸之；悖旨而敗之，則罰以懲之，國家一定之大法也。如或不然，則善人何以爲勸，惡人何以懲乎？」7

爲了騙取康熙的信任和掩蓋政治野心，康熙三十二年（一六九三年）冬，第巴桑結嘉措藉達賴名義遣使進貢，並上疏爲自己請封，奏稱：西藏之事，「皆第巴爲主，乞皇上給印封之，以爲光寵」。當時康熙尚不知達賴五世已不在人世，出於對達賴的尊重，於次年四月封桑結嘉措爲土伯特國王，授予金印，印文爲「掌瓦赤喇呾喇達賴喇嘛教弘宣佛法王布忒達阿白迪之印」8。其中「瓦赤喇呾喇達賴喇嘛教」即掌管五世達賴之教，也就是掌管黃教事務，「布忒達阿白迪」是「桑結嘉措」的梵文讀音，意爲佛海，即這個封號只給桑結嘉措以宗教事務方面的權力，因爲順治時已將行政權授給固始汗及其子孫。但桑結嘉措繼續勾結噶爾丹，他遣使向康熙奏請勿革噶爾丹汗號，公然要求清朝撤走青海等處戍兵。這都遭到康熙的拒絕和斥責。康熙斷然指出：「（第巴）何敢奏請撤我朝兵戍？此特爲噶爾丹計。」明確宣布：「我朝既不當罷戍亦且當備師。如噶爾丹來，即行剿滅。」[9]

康熙三十五年（一六九六年），清軍大敗噶爾丹於昭莫多。從繳獲物中發現第巴桑結嘉措與噶爾丹的往來文書，又從投降戰俘中得知達賴喇嘛早已圓寂。該年八月，康熙派人持敕諭往告班禪和達顏汗的後繼者達賴汗，向他們揭露第巴桑結嘉措勾結噶爾丹、欺騙朝廷的罪行；同時表彰並策勵他們要與清廷同心同德與違反宗喀巴之道的惡端邪行作堅決的鬥爭。康熙敕諭班禪說：「（朕）尊重佛教，以道法歸一爲要務……爾胡土克圖道法不二，勤修不倦，誦經行善，特往召爾胡土克圖，朕將與爾同化導悖亂，使中外道法歸一」；又對達賴汗說：「自顧實汗以來，同心專尙宗喀巴之道，朕與本朝和協，至爾汗之身，益誠心恪守成規，頃者以噶爾丹陽奉宗喀巴之佛教，陰主悖逆之邪行……夫第巴者，乃達賴喇嘛下司事之人，理應篤敬道法，今反不遵達賴喇嘛而欺凌眾人，……而爾始終不渝，甚堅且篤……是以特遣使以示褒善貶惡之意，並發件敕禮幣八端。」[10]

對於「陽則奉宗喀巴之教，陰則與噶爾丹朋比，欺達賴喇嘛、班禪胡土克圖而壞宗喀巴之教」的第巴桑結嘉措，康熙前後兩次派理藩院主事保住送去詔書，「深加責讓」，並勒令他迅速奏報和處理以下諸事，其要點是：

第一、責問五世達賴早已去世，爲何不向皇帝報告，秘不發喪。命將五世達賴已故始末迅速奏報。

第二、爲何與噶爾丹朋比爲奸，幫助其興兵作亂？爲何派往噶爾丹的濟隆活佛不但不行勸阻，反爲噶爾丹誦經助威，在噶爾丹戰敗時又行緩兵之計幫助噶爾丹逃脫？速將濟隆活佛執送北京處置。

第三、爲何不在五世達賴去世後請五世班禪主持格魯派（黃教）事務，當清朝邀請五世班禪進京時，爲何恐嚇班禪「謂噶爾丹將要而殺之」，以阻擋其進京？速請五世班禪主持格魯派事務，並讓五世班禪進京朝見。

第四、速將嫁給青海和碩特部博碩克圖濟農之子的噶爾丹之女押送北京。

康熙在詔書中警告說：「（如上所列）數者或缺其一，朕必令……發雲南、四川、陝西等處大兵，如破噶爾丹之例，或朕親行討爾，或遣諸王大臣討爾。爾向對朕使言四厄魯特爲爾護法之主，爾其召四厄魯特助爾，朕將觀其如何助爾也。爾其速辦此事，及正月星速來奏，否則後悔無及矣。」11

詔書明顯表達了康熙對西藏分裂勢力的強硬態度。當時由於蒙古各部的歸順清朝，削弱了西藏地方政權的軍事依靠，五世達賴的圓寂和桑結嘉措的倒行逆施，也使西藏本身及其對蒙古的宗教凝聚力遭到削弱，清政府對西藏實施直接統治的時機已經成熟。

桑結嘉措深悉這樣的客觀現實，對康熙詔書迅速作出了答覆，其要點是：

一、五世達賴圓寂已十六年，因當時時運維艱，爲防止西藏地方發生變故，未敢發喪，現六世達賴已十五歲，將在康熙三十六年（一六九七年）舉行坐床典禮，懇請皇帝在六世達賴坐床前對此事保密。

二、濟隆活佛有罪，西藏地方已革去其主持大喇嘛並抄沒其家產，現遵旨將他解送北京，希皇帝開恩，勿將他處死。

三、五世班禪遲遲未赴京是因「來使口出恫嚇過激之言，遂云不往」。今「必諭令班禪約定赴京之年」，定議再奏。

四、噶爾丹之女與博碩克圖濟農之子是在康熙二十六年（一六八七年）噶爾丹攻打喀爾喀之前訂婚，他們結婚也在噶爾丹犯罪之前，故請求皇帝勿將噶爾丹之女押送北京，以免他們夫妻離散[12]。

隨後，桑結嘉措又派尼麻唐胡土克圖進京向康熙密奏五世達賴圓寂經過及六世達賴轉世和即將坐床等詳情，目的自然是爲了進一步求得清朝的諒解與認可。

爲了團結蒙古各部的大多數和穩定西藏局勢，康熙對第巴桑結嘉措作了讓步。他指示議政大臣說：「朕閱經史，塞外蒙古……歷代俱受其害，而克宣威蒙古並令歸心如我朝者未之有也。……自古以來，好勤遠略者，國家元氣罔不虧損，是以朕意惟以不生事爲貴。達賴喇嘛，蒙古等尊之如佛；第巴者，即代達賴喇嘛理事之人。噶爾丹叛逆皆第巴之故，因朕遣主事保住嚴頒諭旨，第巴悚懼，悉遵朕諭，奏詞甚恭，自陳乞憐，畏罪矢誓，此亦敬謹之至矣。……第巴既如此奏懇，事亦可行。即此可以寬宥其罪，允其所請，第巴必感恩，而眾蒙古亦歡悅矣！」[13]

康熙本著「惟以不生事爲貴」的原則，並未要求桑結嘉措踐行全部要求，濟隆活佛被解送京師後，遭軟禁而後病死。康熙三十六年（一六九七年），康熙派遣理藩院主事保住等人進藏「宣問第巴，並將轉生之小達賴喇嘛看明回奏」[14]。這一行動直接標誌著清朝進一步擴大對西藏事務的管理範圍。同年康熙在保和殿接見來朝的固始汗之子青海扎什巴圖爾台吉，充分肯定他對清廷的忠誠。康熙閱兵玉泉山時，亦邀扎什巴圖爾往觀，以使其親睹「天朝兵威」。次年正月，詔封扎什巴圖爾台吉爲親王，分別封隨來的其他台吉爲貝勒、貝子，令他們隨駕巡遊五臺山，遊畢，賞賜馬駝等，派官護送他們返回青海。此後，青海厄魯特台吉戴青和碩齊察罕丹津和土爾扈特台吉阿拉卜朱爾先後率眾歸附，清廷分別封爲貝勒和貝子。以扎什巴圖爾親王爲首的青海眾台吉從此逐步擺脫了對蒙古分裂勢力和達賴喇嘛的依附地位，並爲幫助清廷安定西藏作出了重要貢獻。

這時，蒙古各部愈來愈要擺脫桑結嘉措的控制。康熙三十七年（一六九八年）正月，曾與噶爾丹決裂的噶爾丹之侄策妄阿拉布坦便上疏：「第巴將達賴喇嘛圓寂之事匿而不宣……，詐稱達賴喇嘛之言，以混亂七旗喀爾喀、四厄魯特，好事樂禍，正未有已，祈皇上睿鑒，俾法門之教無玷，使眾生爭自濯磨。」[15]又稱「第巴監禁班禪，不使人見，奉事紅帽兩喇嘛名德爾端、多爾濟扎卜者，詭稱即現世達賴喇嘛化身，亦以是兩喇嘛之言，謂之達賴喇嘛而已，並非班禪之言，是以可疑。第巴壞法門之教，罪不可容」[16]。同年九月，策妄阿拉布坦再次向康熙參奏第巴「凡事越理而行」[17]。策妄阿拉布坦企圖以此討好清政府，謀求對西藏的統治權。

第巴桑結嘉措獨攬西藏大權，同在西藏的蒙古和碩特部汗王之間的矛盾日益尖銳。康熙四十年（一七〇一年）達賴汗（一說爲達顏汗之弟，一說爲達顏汗之子，前文已說達賴汗於康熙七年去世，此時去世的當爲其弟或其子）去世，其子旺扎爾繼位，但兩年後旺扎爾的弟弟拉藏汗卻取而代之，初即位的拉藏汗與同年退位的桑結嘉措互相衝突，並於康熙四十四年（一七〇五年）在拉薩直接交鋒，結果桑結嘉措兵敗被殺，拉藏汗重新奪回了和碩特蒙古在西藏地方政府中的權力地位。

接著，拉藏汗採取了爭取清朝支持與承認的行動，他派人到北京向康熙帝報告了事變經過，從而獲得了康熙帝的信任。

真假達賴喇嘛之爭

康熙面對的西藏問題，實質上已不只是單純的西藏一地的問題，它涉及到西藏內部教派間的矛盾鬥爭以及對西藏產生過較深影響的蒙古各部之間的矛盾鬥爭。首先，長期以來，西藏地方統治集團與和碩特蒙古汗王之間，存在著爭奪西藏統治權的矛盾；其次，固始汗死後，青海眾台吉與西藏的和碩特汗之間為爭奪權位發生著矛盾；再者，青海眾台吉之間亦多有政治分歧。各派政治勢力都力圖挾達賴以自重，於是真假達賴之爭便拉開了序幕。

這場爭論的始發難者是和碩特蒙古的拉藏汗。康熙四十四年（一七〇五年）七月，拉藏汗向康熙帝「陳奏假達賴喇嘛情由」及事件經過[18]，說由桑結嘉措確立的倉央嘉措六世達賴喇嘛不是真的達賴轉世靈童，他耽於酒色，有違清規，請求康熙下令將其廢黜，另尋五世達賴真正的轉世靈童。

拉藏汗積極主動依靠清政府，康熙也覺得有必要以拉藏汗來穩定西藏局勢，於是派遣護軍統領席柱、學士舒蘭赴藏，封拉藏汗為「翊法恭順汗」，賜其金印，同時執行拘押六世達賴倉央嘉措的使命[19]。康熙四十五年（一七〇六年）十月，倉央嘉措在清朝官兵的護送下，啟程赴京，途中「行至西寧口外病故」[20]。拉藏汗由此取得了重新尋訪六世達賴喇嘛的機會，他遵旨選立波克塔山之胡必爾汗（蒙古語自在轉生之義，亦譯作化身）意希嘉措爲六世達賴喇嘛[21]，迎至布達拉宮坐床，但這激起了拉薩市附近的喇嘛教格魯派（黃教）三大寺院即哲蚌寺、色拉寺和甘丹寺等僧侶及青海眾台吉的反對，拉藏汗在西藏的統治從一開始便面臨著很大的危機。康熙分析了當時西藏的實際情況，一方面積極穩住拉藏汗作爲清政府代理人的地位，另方面於康熙四十六年（一七〇七年）派內閣學士拉都渾率青海眾台吉的使者赴西藏，對意希嘉措進行察看和驗證，初步確立起意希嘉措的地位。康熙四十八年（一七〇九年），清政府又以達賴喇嘛尚幼，「青海眾台吉等與拉藏不睦，西藏事務不便令拉藏獨理」爲理由，遂派侍郎赫壽以管理西藏事務，其頭銜爲「前往西藏協同拉藏汗辦理事務」[22]。清廷設置駐藏大臣由此始。第二年三月，由拉藏、班禪、赫壽共同奏請，康熙正式賜給意希嘉措以六世達賴的冊命，並賜以金冊、金印[23]。鑒於西藏的局面比較複雜，康熙五十二年（一七一三年）正月，康熙又派人赴西藏正式冊封五世班禪羅桑意希爲「班禪額爾德尼」[24]，並賜金冊、金印，通過確立班禪的宗教領袖地位暫時緩解了西藏內部的宗教危機。

當時，在意希嘉措之外，拉薩三大寺上層喇嘛在里塘找到一位名叫格桑嘉措的幼童作爲倉央嘉措的轉世靈童，並聯名奏請康熙承認格桑嘉措爲真達賴喇嘛的轉世靈童[25]。康熙爲避免拉藏汗與青海眾台吉之間因爲各自支持意希嘉措或格桑嘉措而發生衝突，於康熙五十四年（一七一五年）下令將格桑嘉措送往北京，同時派人赴藏詢訪格桑嘉措的真假，經班禪確認里塘的格桑嘉措是假，後經青海和碩特部諸台吉的籲請，康熙同意讓格桑嘉措留在青海西寧附近的塔爾寺居住[26]。

康熙頻頻對西藏地方事務直接干預，是出於對西北準噶爾部覬覦西藏的客觀形勢而作出的。義大利藏學家伯戴克在《十八世紀前期的中原和西藏》中就說：「拉藏汗由於軍權有限」，「他需要清朝的最高統治者康熙皇帝（一六六一～一七二二）的支助，康熙皇帝當時的政略主要針對伊黎河谷新興的準噶爾王國。對西藏事務越來越感興趣。這從戰略上考慮不多（西藏過去一直是軍事上的死水），而是因爲拉薩達賴喇嘛的聖職及權威和伊犁喇嘛教王國之間宗教上的關係。前第悉（即第巴——引者注）是親準噶爾的聲名狼藉的人，都知道他和準噶爾從一六七六至一六九七年的統治者噶爾丹訂立了協定，如果準噶爾成功地把達賴喇嘛拉到他們一邊，那麼居於重要戰略地位的爲……防守西部邊境提供相當大一部分軍隊的蒙古王公們的忠誠就會受到嚴重的影響。」因此，康熙皇帝渴望趁早取得對西藏的統一。爲達到這個目的，就必須通過和平方式和軍事行動來實現封建皇帝自元朝以來享有的對西藏至高無上的正當權力。「康熙皇帝採取這行動的主要動機就是爲了宗教和政治上的利益，我們必須從這個角度來看待中國在這時期的活動」[27]。

但是，清政府廢黜倉央嘉措重立意希嘉措，遭到了拉薩眾僧及青海眾台吉的抵制，清政府所扶持的拉藏汗也因而陷入了更深重的政治危機。在西藏內部，又逐漸形成了尋求準噶爾部來取代拉藏汗的強大勢力。

平定西藏

在拉藏汗處於嚴重政治危機之中的時候，準噶爾部的策妄阿拉布坦感到覬覦西藏權力的時機已到，在康熙四十五年（一七〇六年）年初，桑結嘉措被殺不久，他曾試探性地派人去西藏迎請倉央嘉措到準噶爾部講經傳教，遭到拉藏汗拒絕[28]。之後，他便修改政策，從消除拉藏汗的戒心入手，提議與拉藏汗建立兒女親家，康熙五十三年（一七一四年），策妄阿拉布坦將拉藏汗之長子噶爾丹丹衷約至伊犁（今新疆伊寧），與其女博托洛克結親。與此同時，他又秘密聯絡拉薩三大寺與格魯派上層喇嘛，表示要推翻拉藏汗和廢掉其所立「假達賴喇嘛」，迎請格桑嘉措到拉薩坐床，這使三大寺僧人迅速地站到了自己一邊，他們秘密派出一批年輕力壯的僧人到準噶爾去，成為準噶爾進攻西藏的有力嚮導[29]。

康熙五十五年（一七一六年）十一月，策妄阿拉布坦派其堂弟策零敦多布等，假稱護送噶爾丹丹衷夫婦歸藏省親，率一支六千人組成的遠征軍秘密向西藏進發。同時策妄阿拉布坦又派一支三百人組成的小分隊前往青海突襲塔爾寺，計劃搶格桑嘉措帶到那曲，與策零敦多布的軍隊會合，再以護送格桑嘉措到布達拉宮坐床的名義向拉薩挺進。

策零敦多布選擇了一條極為艱難的行軍路線，他們從南疆和闐出發，翻越昆侖山脈，再經阿里，直抵藏北的那曲。這條路線海拔極高，沿途人煙稀少，雖行軍不便，卻頗具隱蔽性，所以，當他們出現於藏北納木湖畔並與拉藏汗的偵察隊伍發生戰鬥時，拉藏汗頓感措手不及，他倉促命令手下年輕幹練的將領頗羅鼐徵集衛藏官員開赴藏北。但一方面由於拉藏汗還抱有和談企圖，貽誤了戰機，另一方面又因為準噶爾軍的宣傳攻勢瓦解了西藏軍隊的鬥志，拉藏汗軍迅速敗散。噶爾丹軍進據拉薩，圍攻布達拉宮，殺死拉藏汗，「虜其妻子，搜各廟重器送伊犁」[30]。

當時由於西藏地方遙遠，交通不便，康熙沒有及時準確地把握到事變的實際情況。康熙五十六年（一七一七年）八月，駐守巴里坤的靖逆將軍富寧安首先向朝廷報告策妄阿拉布坦令策零敦多布等於去年十一月帶兵往西進發，「或前去征拉藏；或幫助拉藏之處」，「不甚明白」；策妄阿拉布坦與拉藏汗又有兒女親家這層關係；況且蒙古諸部在青海有較深的根基等原因，所以康熙從青海和西藏兩方面都做了防備。他說：「若係征取拉藏，其兵於去年十一月前往，今已成仇，我兵欲救援拉藏恐地方遙遠；策妄阿拉布坦之兵若幫助拉藏，同來侵犯青海，則不可不備兵協助迎剿。」[31]於是康熙先將署理西安將軍、湖廣總督額倫特速從巴里坤調回西寧，料理軍務糧餉；命西寧總兵官王以謙、侍讀學士查禮渾在松藩預備。「派荊州滿洲兵二千名發往成都，派太原滿洲兵五百發往西安」[32]。九月初，康熙遣侍衛色楞等赴青海時，又這樣指示：「拉藏若能敗策妄阿拉布坦之兵信到，即可調回爾等，倘拉藏被策妄阿拉布坦所敗，爾等即與青海台吉等一體同心協力征討」，並向青海台吉等明白宣諭「策妄阿拉布坦之兵先侵拉藏，方去圖謀達賴喇嘛」，擬征務使青海台吉與清兵「合而爲一，使伊等絕無猜疑」；假若拉藏汗與策零敦多布之兵會合，擬征戴青和碩齊，「須告知青海眾台吉等云：『策妄阿拉布坦與我大軍爲敵，今拉藏、策妄阿拉布坦合一，是與我顯爲仇敵。聖主始終仁愛，保護固始汗之子孫，直至於今，一則是聖主之恩，二則是爾等祖父所立之教，此時正當發憤報效，與我並力而行』」。[33]康熙考慮到西邊用兵之處與雲南及打箭爐地方道路相通，十月又派都統和禮前往雲南，護軍統領溫齊起往打箭爐，「預爲防備」。至十月下旬，康熙又接到青海親王羅卜藏丹津奏報，得知策零敦多布等侵藏、欲滅拉藏汗的消息。於是，令青海台吉等速行領兵防禦，並令內大臣策妄諾布林、將軍額倫特、侍衛阿齊圖等統兵駐紮青海形勝之地，松藩之兵亦令駐紮形勝之地，以便哨探，「萬一有事，彼此相助，相機而行」[34]。

遲至五十七年（一七一八年）年初，康熙才接到拉藏汗請求朝廷援助的奏疏，命滿族將領額倫特和蒙古族將領色楞率領一支七千人的軍隊由青海向西藏進發，並以色楞率領一支先頭部隊進藏偵察敵情，額倫特率主力緊隨其後。但因進軍前準備不充分，加之兩位將領不和，這支清軍在到達藏北那曲一帶時遭到準噶爾軍的阻擊和圍困，糧草補給被截斷，最後額倫特戰死[35]。

準噶爾部在偶然取勝之後，便志得意滿，他們又繼續向東進犯至喀木地區，欲與清朝爭奪巴塘、里塘，並進犯青海、雲南等地，氣焰十分囂張。青海王公及滿漢大臣亦多被其震懾，「皆言藏地險遠，不決進兵議」[36]。康熙卻敗而不餒，決定充分備戰，以求克敵制勝，對西藏實現由間接控制到直接管理的轉變。

康熙五十七年（一七一八年）十月初，康熙著手總結剛剛失利的戰爭之經驗教訓，決定增派京營滿兵每佐領五名，發往甘肅等地駐紮，以備調遣。接著任命皇十四子固山貝子胤禵為撫遠大將軍，先派出兩批部隊，開赴前線，分別駐紮在莊浪、甘州。同年十二月，胤禵率第三批部隊赴西寧駐紮[37]。此後又增派荊州駐防滿兵一千至成都；調江寧、浙江滿兵由都統武格等率領，開赴雲南中甸一帶駐紮[38]。

為了進一步孤立準噶爾勢力，康熙積極爭取青海蒙古王公。康熙五十七年（一七一八年）九月，曾被清政府奉賜為貝勒的察罕丹津等來朝請安。理藩院議奏：「應照例賞賚鞍馬銀幣。」康熙認為：察罕丹津雖然在擁立里塘所出胡必爾汗時有些過錯，但最終還是服從朝廷決定，如今，準噶爾侵藏，拉藏汗被害，人心浮動，察罕丹津能認清時局，委身效順，亦甚為可嘉。故特降旨晉封為多羅郡王[39]。康熙的出發點當在於為了穩定青海形勢，團結一切可以團結的力量，更大限度地孤立策妄阿拉布坦。康熙五十八年（一七一九年）二月至九月，康熙令都統法喇率滿漢官兵岳鍾琪等先後招撫里塘和巴塘，地方頭人紛紛親遞喇嘛民人戶口清冊以示歸順。巴塘以外屬於喀木地區的察木多（今西藏昌都）、乍雅（今西藏察雅）、嚓哇也相繼聞風歸順[40]。康熙考慮到蒙藏人民「非茶難以度日」，特批准法喇建議，「當視番情之向背，分別通禁」，凡歸順地方，按戶口清冊，「酌量定數，許其買運」41。察木多等三處爲「會兵進藏」必經之地，康熙特派郎中鄂賴、游擊黃喜林等持銀牌、茶、緞、輕騎前往，「曉諭犒賞外，復令詳察三處形勢回報」42。康熙五十八年（一七一九年）四月，康熙又令里塘新出之胡必爾汗擬告示宣諭喀木、里塘、巴塘等處：「現在準噶爾人背叛無道，混亂佛教，貽害土爾扈特生靈。上天聖祖，目不忍睹。掃除噶爾丹人，收復藏地，以興黃教（格魯派），使土爾扈特人眾皆一致順從，妥爲輔助，仍舊安居，斷不致有所騷擾。此舉確爲土爾扈特眾生，爾等尚不知此中情節，茲恐爾等畏懼，以致妄行躲藏天兵，故特遣使速爲曉諭眾生」43。

提撥一批軍官、制定作戰方案是康熙從前次失敗中得到的啟示。康熙五十七年（一七一八年）十月，提升四川巡撫年羹堯爲四川總督，兼管巡撫事，使其由「止理民事」，進而肩負「督兵重任」，這爲開闢由四川進藏的新路線做好了準備44。年羹堯積極出謀劃策，如建議滿兵駐防成都、及時設立進藏驛站、保證軍餉供應等。重用永寧協副將岳鍾琪，使其在招撫里塘、巴塘及進軍西藏時爲前鋒。康熙五十八年（一七一九年）九月，康熙得到派往西藏的胡畢圖的奏疏，其中說：「策零敦多布等及土伯特眾喇嘛民人，俱言在西寧現有新胡必爾汗，實係達賴喇嘛之胡必爾汗。」這使康熙受到啟發，他開始醞釀一個護送達賴兩路進兵的作戰方案，他對議政大臣說：「今將新胡必爾汗封爲達賴喇嘛，給與冊印，於明年青草發時送往藏地，令登達賴喇嘛之座。送往時，著大臣帶滿洲兵一千名、蒙古兵一千名、土番兵兩千名、綠旗馬兵一千名、步兵一千名前去。其行糧牲畜接續之處，令大將軍辦理。再由巴爾喀木（即喀木地區）帶四川滿洲兵一千名、綠旗兵一千名、土番兵酌量派往。其行糧牲畜接續之處，令年羹堯辦理。青海王貝勒貝子公等，亦帶領屬兵或一萬，或五六千送往前去。」

綜上可知清政府派出的兵力：青海一路是六千，四川一路是二千。這一初步方案，不僅傳諭大將軍等前線將領「公同確議」，還要大將軍傳集青海王公，曉諭會盟45。繼而再將都統延信、楚宗、公策旺諾爾布、侍讀學士常授等軍前大臣召至京師，與議政大臣、九卿等一起反覆詳議。第二年年初，康熙對初步方案又做了補充：(1)除青海、四川兩路進兵外，新疆也要配合，出兵襲擊吐魯番、烏魯木齊等地，以分散敵人兵力，使之「首尾不能相顧」。(2)增加兵力，最後確定除青海、蒙古派兵外，清廷出兵二萬二千餘人，其中青海一路一萬二千，四川雲南一路一萬，另加新疆的兵力二萬餘。(3)除青海王公護送之外，「其四十九旗扎薩克（內蒙）、並喀爾喀（外蒙）澤卜尊丹巴胡土克圖等，亦令遣使會送」46。以形成對準噶爾部的強大攻勢。

康熙積極備戰，但在很長一段時間內，都沒能消除滿漢大臣的畏縮情緒。有人繼續聲言藏地遙遠，路途險惡，且有瘴氣，不能急於進兵，康熙則認爲：假若西藏被策零敦多布占據，自青海至四川、雲南一帶皆難以保全，「彼時既難於應援，亦且不能取藏」47。「而我師進藏立定法教之後，……則土伯特之眾即如我兵，縱策妄阿拉布坦、策零敦多布發兵前來，伊系勞苦之兵，我則安逸之兵，即可剿滅」48。康熙五十九年（一七二〇年）正月初五，康熙向議政大臣等介紹太祖、太宗時滿兵征戰英勇無畏、「所向立功」的業績；以自己親政以來取岳州、征雲南、烏蘭布通之戰，驅逐噶爾丹等事例，說明「決於進戰，乃得成功」之道理。但部分滿漢大臣卻始終沒有想通，他們「只爲保身之計，不以國事爲重」，仍然堅持「不必進兵」的主張。康熙乃當機立斷，宣布詔諭：「朕意此時不進兵安藏，賊寇漸至收服番子等，將作何處置耶？故特諭爾等：安藏大兵，決宜前進！」49

康熙五十九年（一七二〇年）正月三十日，康熙命撫遠大將軍胤禵率軍從西寧移駐穆普烏蘇，管理進藏軍務糧餉，居中調度；授親任延信爲平逆將軍，出青海向喀喇烏蘇進兵，爲中路之師；授噶爾弼爲定西將軍，會合雲南都統武格所率部隊，從巴塘進發，爲南路之師；又派將軍富寧安、傅爾丹，分別從巴里坤、阿爾泰出師，爲北路配合出擊之師。二月十六日，冊封新胡必爾汗格桑嘉措爲「弘法覺衆第六世達賴喇嘛」，「派滿漢官兵及青海之兵，送往西藏」[50]。把護送達賴喇嘛和進兵西藏驅逐準噶爾人連在一起，並以「護送」名義進軍，這便頗易爲蒙藏人民所接受。該年春夏之交，由噶爾弼率領的南路清軍從甘孜地區出發，未遇準噶爾的任何抵抗便順利進抵拉薩[51]。由延信統領的北路清軍也於同年進入西藏，在藏北當雄一帶擊敗準噶爾策零敦多布部，於該年九月進入拉薩。

早在這一年的三月，撫遠大將軍胤禵便致書班禪額爾德尼，轉達皇帝諭旨，詳述護送達賴進兵安藏緣由。書中說：「策妄阿拉布坦，無故授給策零敦多布一支兵隊，襲取招地，擾亂佛法，全藏民衆聞之俱不心服。……乃策妄阿拉布坦者，準噶爾一平常台吉耳，與拉藏不合，私行戕害拉藏，並與各寺廟喇嘛等經典教化、熬茶唪經、俱行曠廢，毀滅法源。我皇父不忍漠視土伯特遭受擾害，諭允青海哲布尊丹巴胡土克圖、多爾濟扎薩克、喀爾喀七旗各主官奏請，以胡必爾汗爲真實達賴喇嘛，並頒給金冊、金印，封爲達賴喇嘛，送往招地坐床。班禪等得此，法統攸關，亦當爲一代之大事，著班禪留坐高床，以師禮教訓經典，俾使黃教廣敷，衆生安樂等大事，諭令本爵咨送等因。」[52]因此，清軍入藏便深受西藏僧俗民衆的歡迎，人們「紛紛歡悅，舉掌叩首」[53]。當地反抗準噶爾的起義不斷。在阿里地區，有原噶本康濟鼐（拉藏汗女婿）領導的起義；在後藏地區，有頗羅鼐組織的起義；在二布地區則有貴族阿爾布巴發動的起義。他們的起義有力地支援了清軍的軍事行動。

這一年的九月十五日，拉薩天氣晴朗，滿漢大臣、蒙古各部首領、西藏黃教上層喇嘛、貴族齊集布達拉宮，爲達賴喇嘛格桑嘉措舉行隆重的坐床典禮。《清實錄》記載：「據平逆將軍延信呈報大兵送達賴喇嘛至藏地方……喇嘛人等感激聖主再造弘恩，罔不踴躍歡欣，男女老幼襁負來迎。見我大兵，群擁環繞，鼓奏各種樂器，合掌跪云：『自準噶爾賊兵占據土伯特地方以來，父子分散，夫婦離別，擄掠諸物，以致凍餒，種種擾害，難以盡述，以爲此生不能再見天日，今聖祖遣師擊敗賊兵，拯救土伯特人眾，我等得脫患難，……何以報答！』紛紛叩陳，出於至誠。」54

接著，清政府便開始在西藏重建政治行政機構：

首先，建立了由清軍統帥延信將軍領導和主持的臨時軍政府，並著手進行消除和清算準噶爾部策妄阿拉布坦在西藏影響的工作，公開處決了在策妄阿拉布坦占領期間擔任第巴並與準噶爾部策妄阿拉布坦合作的達敦巴和另兩位噶倫，將策軍占領期間被拘留在拉薩甲波日寺院的拉藏汗所立達賴喇嘛意希嘉措解送北京，同時，還清除了拉薩三大寺和扎什倫布寺中的準噶爾喇嘛，對其中的五名施以斬首，其餘盡行監禁55。

康熙六十年（一七二一年），清朝組建了新的西藏地方政府，廢除了西藏地方政府中獨攬大權的第巴一職，而設置幾名噶倫（意爲政務官員）共同負責西藏地方行政工作，克服了自桑結嘉措和拉藏汗以來西藏行政權力過分集中的弊病，從而更有利於對西藏實行統治。起初任命的三名噶倫，即康濟鼐、阿爾布巴和隆布鼐。隆布鼐是拉薩東北一帶的貴族，原在拉藏政權中任職，清軍入藏後他主動歸順清軍並因當嚮導有功，被清朝封爲「輔國公」。清朝任命康濟鼐爲首席噶倫，並封其爲「貝子」，到雍正十年（一七三二年）清朝又任命兩名噶倫，即頗羅鼐（成爲康濟鼐的主要助手）和扎爾鼐（格魯派寺院集團的代表）。這樣，一個完全由清朝一手組建並由清朝直接控制的西藏地方政府便建立起來。

蒙古王、貝勒、貝子、公、台吉及土伯特酋長等以西藏平定，請於拉薩建立豐碑，昭垂萬世。康熙允其所請，於康熙六十年（一七二一年）九月二十七日御製碑文，回顧自太宗以來，班禪額爾德尼、達賴喇嘛和固始汗及其子孫與清朝的緊密關係，揭露策妄阿拉布坦「名為興法，而實滅之」的罪行，闡明清政府進兵西藏，敕封六世達賴安置禪榻，是為了重新振興法教，撫綏土伯特僧俗人民各安生產，碑文最後說：「朕何功焉，而群衆勤請不已，爰紀斯文，立石西藏，俾中外知達賴喇嘛等三朝恭順之誠，諸部落累世崇奉法教之意，朕之此舉所以除逆撫順，綏衆興教云爾。」[56]

清軍又在拉薩留下一支三千人的軍隊駐守，為了保持與拉薩駐軍的聯繫及通信往來，清軍還在巴塘、里塘、昌都和洛隆宗等處留駐軍隊，並將西藏東南部連同巴塘、里塘及打箭爐置於四川總督的統轄之下[57]。同時，清朝還在西藏通往準噶爾的各要道路隘嚴設卡倫，每年夏季組織藏軍巡邏防範。

這樣，清朝便徹底結束了自順治二年（一六四五年）固始汗入藏以來蒙古諸部對西藏的占領和統治，建立了由清朝中央政府直接控制的西藏地方政權。

註釋

1, 2《清史稿》卷五百二十五，〈藩部〉。

3《蒙藏佛教史》第四篇，第六五、六七頁。

4《清世祖實錄》卷七十四，順治十年四月丁巳條。

5 魏源《聖武記》作「遵文行義」。

6（義）杜齊：《西藏中世紀史》，李有文、鄧銳齡譯，中國社會科學院民族研究所編印本，第二七頁。

7《清聖祖實錄》卷一百五十八，康熙三十二年二月己丑條。

8《清聖祖實錄》卷一百六十三，康熙三十三年四月丙申條。

9《清聖祖實錄》卷一百六十六，康熙三十四年四月庚子條。

10, 11《清聖祖實錄》卷一百七十五，康熙三十五年八月甲午條。

12《清聖祖實錄》卷一百八十，康熙三十六年二月己丑條。

13《清聖祖實錄》卷一百八十，康熙三十六年二月壬寅條。

14《清聖祖實錄》卷一百八十二，康熙三十六年閏三月乙酉條。

15《清聖祖實錄》卷一百八十七，康熙三十七年正月庚寅條。

16《清聖祖實錄》卷一百八十七，康熙三十七年三月戊寅條。

17《清聖祖實錄》卷一百九十，康熙三十七年九月癸未條。

18, 19《清聖祖實錄》卷二百二十七，康熙四十五年十二月丁亥條。

20《清聖祖實錄》卷二百二十七，康熙四十五年十二月庚戌條。

21 魏源：《聖武記》卷五〈國朝撫綏西藏記〉中「波克塔」作「博克達」。

22《清聖祖實錄》卷二百三十六，康熙四十八年正月己亥條。

23《清聖祖實錄》卷二百四十一，康熙四十九年三月戊庚條。

24《清聖祖實錄》卷二百五十三，康熙五十二年正月甲午條。

25、26《清聖祖實錄》卷二百六十三，康熙五十四年四月辛未條。

27（義）伯戴克：《十八世紀前期的中原和西藏》，周有秋譯，西藏人民出版社一九八三年版，第一五頁。

28《皇朝藩部要略》卷十七，〈西藏部要略一〉。

29（義）伯戴克：《十八世紀的中原和西藏》，第四四頁。

30 魏源：《聖武記》卷五，〈國朝撫綏西藏記〉上。

31、32《清聖祖實錄》卷二百七十三，康熙五十六年八月壬午條。

33《聖祖仁皇帝御製文集》第四集，卷十一，《敕諭・諭諾爾布色楞布達禮等》。

34《清聖祖實錄》卷二百七十四，康熙五十六年十月乙巳條。

35《清聖祖實錄》卷二百八十一，康熙五十七年九月甲辰條。

36 魏源：《聖武記》卷五，〈國朝撫綏西藏記〉上。

37《清聖祖實錄》卷二百八十二，康熙五十七年十二月癸丑條。

38《清聖祖實錄》卷二百八十五，康熙五十八年七月癸酉條。

39《清聖祖實錄》卷二百八十一，康熙五十七年九月己丑條。

40《清聖祖實錄》卷二百八十三、二百八十四、二百八十五各條。

41《清聖祖實錄》卷二百八十三，康熙五十八年二月癸酉條。

42《清聖祖實錄》卷二百八十五，康熙五十八年九月甲戌條。

43《撫遠大將軍奏議》，《清史資料》第三輯，第一七四～一七五頁。

44《清聖祖實錄》卷二百八十一，康熙五十七年十月甲子條。

45《清聖祖實錄》卷二百八十五，康熙五十八年九月乙未條。

46《清聖祖實錄》卷二百八十七，康熙五十九年二月癸丑條。

47《聖祖仁皇帝御製文集》第四集，卷十五，〈敕諭・諭兵部〉。

48《清聖祖實錄》卷二百八十六，康熙五十八年十二月丙辰條。

49《聖祖仁皇帝御製文集》第四集，卷十四，〈敕諭・諭領侍衛內大臣議政大臣軍前調回大臣八旗都統前鋒統領、護軍統領、副都統等〉。

50《清聖祖實錄》卷二百八十七，康熙五十九年二月癸丑條。

51《清聖祖實錄》卷二百八十九，康熙五十九年十月庚戌條。

52, 53《衛藏通志》卷十三，〈紀略上〉。

54《清聖祖實錄》卷二百九十一，康熙六十年正月癸未條。

55《頗羅鼐傳》，湯池安譯，西藏人民出版社一九八八年版，第一九九頁。

56《清聖祖實錄》卷二百九十四，康熙六十年九月丁巳條。

57《清聖祖實錄》卷二百八十七，康熙五十九年四月壬寅條。

第七章　重視經濟與民生

中止圈地和投充　鼓勵墾荒

康熙雖然是清代第二個皇帝，實際上他面對的許多是開國皇帝必須解決的問題。儘管順治皇帝在位十八年，但是清朝並沒有有效地實行對全國的統治，民族矛盾尖銳對立，乃至在康熙登基後的很長時間內，仍烽煙連綿，戰火不絕，經濟蕭條，財政匱乏。

早在順治元年（一六四四年），清政府命令將京畿田地「分給東來諸王勳臣、兵丁人等」[1]。滿洲貴族從此不斷大規模地圈地，二三十年後建立了許多皇莊、王莊，因之他們逐漸地轉化爲封建地主，地主對佃農的壓榨激起了許多地方的佃農起義。對於這樣的民族反抗，清政府進行了大規模的軍事鎮壓，殺虐人口，搶劫民財，焚燒民舍，使人口銳減，耕地荒蕪。特別是順治二年以後又推行「逃人法」，十三年實行海禁，「不許片帆入口」[2]。亦「嚴禁商民船隻私自出海」[3]。十七年起，強令百姓「片板不許下水，粒貨不許出疆。」這些暴政使人民四散流亡，有的「攜男挈女，千百成群」，「竟無所歸」[4]。有的「逃避於深山窮谷」，「如麋鹿」[5]。山東濱海地區不少農民「倚洪濤爲險，借山島爲磐，出沒不常」[6]。遼寧則有「寄居登州海島者甚眾」[7]。也有流亡關外，「結草爲廬，開荒度日，有的相從爲盜」[8]。不能逃亡爲盜者，「則已死亡半矣」[9]。如湖南的岳州「骼肢盈道，蓬蒿滿城……村不見一廬舍，路不見一行人。慘目駭心，無圖可繪」。江西的贛州等地則是「廬舍俱付灰燼，人踪杳絕，第見田園鞠爲茂草，郊原盡屬丘墟……查保甲不滿千人，稽糧倉並無錢穀，城內數宅茅房，小民難以安居，官雖設而無民可治，地已荒而無力可耕」[10]。生產破壞，人民死亡和逃散導致了財政崩潰，而軍事鎮壓和統一戰爭有增無減，軍餉短缺，弄得統治者焦頭爛額。如戶部所奏「國賦不足，民生困苦，皆由兵馬日增之故……今計天下正賦止八百七十五萬餘兩，而雲南一省需銀九百餘萬兩，竭天下之正賦不足供一省之用」[11]。順治十八年一月七日，福臨病死，康熙登基，四輔臣執政，步順治後塵，未能根本扭轉局面。康熙親政以後，未及清除積弊就發生了三藩之亂，其間不僅「軍需孔亟」，而且清軍到處掠奪，社會生產再度遭到摧殘，財政復瀕絕境。國家苛斂「夏稅秋糧，朝催暮督」；污吏中飽，「私派倍於官徵，雜項浮於正額」[12]。「民生困苦已極，大臣長吏之家日益富饒，民間……因家無衣食，將子女入京賤鬻者不可勝數」。像淮陽災區「被災人民日則就食於賑廠，夜則露宿於堤邊，面目蓬垢，身無完衣……無田可耕，無屋可住」[13]。

康熙逐漸意識到安民生乃爲政之首務，安民生就是要讓人民休養生息，安居樂業。在清初土地大量抛荒、流民成群的情況下，首先必須迅速地實現土地與勞動力的合理結合。對此，康熙採取了以下措施。

(1)將國家掌握的荒熟地分歸臣民所有

康熙八年（一六六九年）將近十七萬頃明朝藩王的「荒熟田地……交與該督撫給與原種之人，令其耕種，爲其永業，名爲『更名田』」[14]。康熙十二年（一六七三年）下令「嗣後各省開墾荒地，俱再寬限，通計十年方行起科」[15]。爲了獎勵開荒，他曾動用正項錢糧給「無業之民」，「置立房屋，每戶二間」，並給予「口糧、種籽、牛具，令其開墾，即給與本人，永遠爲業」。康熙毅然把這些圈占田地變爲更名田，分給無地少地的農民。儘管對更名田的租賦要求至高，但讓農民回到土地上，實現了自耕其地的願望，而且苛重的賦稅還在他們可以承擔的限度之內，因而他們表現出較高的生產熱情。

康熙十八年十二月將「奉天所屬，東自撫順起，西至寧遠州老君屯，南自蓋平縣攔石起，北至開原縣，除馬廠羊草等甸地外，實丈出五百四十八萬四千一百五十五坰。分定旗地四百六十萬五千三百八十坰，民地八十七萬八千七百七十五坰。新滿洲遷來，若撥種豆地，每坰給豆種一金斗，撥給穀米、粘米，高粱地，每坰給各種六升。旗人民人無力開墾荒甸又復霸占者，嚴查治罪」[16]。由此培植了一批小土地所有者。

⑵禁止侵犯民人所有的土地與釋奴為民

康熙八年六月，嚴令戶部：「比年以來，復將民間房地圈給旗下，以致民生失業，衣食無資，深爲可憫。嗣後圈占民間房地永行停止。其今年所已占者，悉令給還民間……旗人無地亦難資生……以古北口等邊外空地撥給耕種。」[17]康熙十八年（一六七九年）十月規定：奉天、錦州等處旗下荒地很多，若百姓想開墾，旗下指爲圈地，而檔冊未載，妄稱圈地，從重治罪。康熙二十三年（一六八四年）五月，康熙諭大學士說：「田地爲民恒產，已經給予者不便復取，其旗下大臣官員既有溢額之地，理宜註冊。俟需用時再行撥給，民地不可輕動。」磨蹭三天之後，康熙下諭戶部：「民間田地，久已有旨，永停圈占，其部存地畝，分撥時或不肖人員藉端擾害百姓，圈占民人良田，以不堪地畝抵換，或地方豪強隱占存部良田，妄指民人地畝撥給，殊爲可惡，直隸巡撫可嚴察此等情弊，指名糾參，從重治罪。」[18]

康熙二十四年（一六八五年）四月，復諭大學士等曰：「凡民間開墾田畝，若圈於旗下，恐致病民，嗣後永不許圈。如旗下有當撥給者，其以戶部見（現）存旗下餘田給之。」19對藉端圈占民地，或逼民「換地」者「從重治罪」20。

康熙四十二年（一七〇三年）十月禁止扎薩克大喇嘛綽朱兒、喇嘛穆扎木巴擴建兆州衛的卓柰克依特廟，他說：「取邊氓之地以廣修廟宇，關係民生，嗣後凡有廣廟宇與民間田廬有關者永行禁止。」21康熙認爲即使是軍國大事，也不能觸犯「小民貧困者」的土地，擴大軍馬牧場22。出征士兵死亡葬地均不得占奪「皆資地畝爲生」的小民的土地23。給民以田改變了清初許多地方「有可耕之田，而無可耕之民」24。和「死者相望於道路，生者逃竄於四方，積屍遍野，民不聊生」的局面。康熙認爲：「爲政者在足民，足民有道，在因民之力，而教以生財之方。」25「使百姓田野開闢，蓋藏有餘。」26這是立國的根本途徑。

爲了進一步調動農民的積極性，康熙在廢除圈地的同時，又竭力制止投充。投充是指漢族貧苦農民投靠滿洲貴族爲奴。清初允許各旗收投充以供役使，原爲貧民開生路，後卻漸悖原意，「有惑於土賊奸細分民屠民之言，輒爾輕信，妄行投充」，也有的土地被圈占，生活無出路，被迫投充，還有的恐怕土地被圈，帶地投充的，更有的「距京三百里外，耕種滿洲田地之處，莊頭及奴僕人等將各州縣莊村之人逼勒投充，不願者即以言語恐嚇，威勢迫脅，各色工匠盡行搜索，務令投充，以致民心以不靖」27。有的「本無土地，而暗以他人之地投充，恃強霸占，弊端百出，藉旗爲惡，橫行害人，於是御狀、鼓狀、通狀紛爭無已」28。施行圈地政策使投充的漢民大量增加，僅順治初三次圈占期間就有投充人五萬丁，連同家口當有近二十萬人。投充人沒有人身自由，可被出賣，子女的婚姻都不能自主，要聽主人安排。主人殺死奴僕也不需償命。圈占土地、強迫投充加劇了奴隸制與封建制生產關係的矛盾和漢滿民族矛盾。後來有的無賴往往投充旗下，仗勢奪人田產，以致橫行鄉里，抗拒官府。順治四年（一六四七年），清廷詔諭：「前令漢人投充滿洲者，誠恐貧苦小民，失其生理，困於饑寒，流爲盜賊。」「自今以後，投充一事，著永行停止。」[29]可是這個諭旨一直沒效，直到康熙二十四年（一六八五年）堅決停止了圈地政策，投充的弊政才隨之杜絕。康熙革除滿洲入關後圈地、投充的弊政，爲進一步緩和滿漢矛盾，解放生產力，發展封建經濟創造了條件。

康熙認爲：「國家致治，首在崇尚寬大」，「處分允當，不致煩苛」，而現行所定條例「款項太多，過於繁密」，「徒具成規，罔厚情理」，命「將見行處分條例，重加訂正，斟酌情法，刪繁從簡」，進行修正。在康熙除弊尚寬的思想下，兵部得旨又放寬了對逃人（指從旗地上逃出來的農奴）的處理，規定「逃人在外娶妻，所生之女，若已經聘嫁，不許拆散，亦不必向伊夫追銀四十兩給與逃人之主」。同年又作定例：「逃人年十五以下者，逃三次亦免死。」[30]康熙十五年（一六七六年），重申旗人契買民人，必須使用地方官印信。對有案在身的「匪類」賣身者，規定保人枷號三個月，旗人鞭一百，民人責四十板，若原犯重罪者從重歸結[31]。康熙幾次修訂逃人法，到康熙二十九年（一六九〇年）時，已經出現「終歲不劾一失察之官，不治一窩隱之罪」[32]的局面，逃人已不成爲社會問題，康熙也把專營逃人的兵部督捕衙門撤銷，並入刑部改稱督捕司，職務變爲專管旗人無故離京了。

康熙還禁止掠人爲奴。康熙十六年（一六七七年），江西的清軍「不恤人民，肆行侵掠」，被康熙下旨斥責。靖南王耿精忠屬下被掠子女中，有浙江人、江西人各五百多，外官接連上疏要求釋放或准予取贖。康熙十八年（一六七九年）七月，北京發生大地震，康熙爲「實修人事，挽回天心」，宣布「招災六事之諭」，告誡群臣，其中有一條是指責地方統帥「掠占小民子女」、「財物」，並「藉名通賊」，「將良民廬舍焚毀」，「名雖救民於水火，實是陷民於水火」[33]。規定凡如此害民的領兵將軍應予革職，諸王貝勒交宗人府治罪，「其擄掠人口，仍給本家」[34]。康熙從禁止掠民爲奴方面消除奴隸制殘餘，有利於社會經濟的發展。

(3)鼓勵軍墾

康熙時期，軍隊墾荒也取得成效。如投誠兵（指向清政府投降的原明遺軍士）的耕墾，雖在順治年間即有人提出，但真正實施卻在康熙年間。康熙六年（一六六七年）閏四月，湖廣道御史蕭震上疏說：「兵屯縱不可即行，而投誠開荒之策未有不可立行者。」原因是投誠兵丁無防禦守汛之職，且多攜帶家口，「若予以荒地，給以牛種」，不但可以「卑無失所」，「歲省餉銀」，「行之三年，照田起科」後，還能充裕軍儲，增加賦課，可一舉數得[35]。

就在康熙六年八月的詔諭之後，投誠兵丁的屯墾工作便在各地陸續推行開來了，比如浙江省於康熙七年（一六六八年）劃溫（州）、衢（州）、處（州）三府荒地令投誠官柯鴻等帶領所屬兵丁著手屯墾，另外像山東、山西等省也都同時組織屯墾。也有晚於康熙八年的，道光《贛州府志》：「康熙八年，廷議分布安插閩漳投誠海寇，遣海澄公標下都督總兵許貞屯田於興國。」[36]河南光山等縣也是康熙八年遷駐屯墾的，「縣城西北隅有所謂海營者，蓋康熙八年安插海澄公標下投誠兵卒，使之墾荒屯種」[37]。離光山不遠的息縣亦撥出荒地一七四・五頃，供投誠官兵屯墾之用[38]。

山西省於康熙九年（一六七〇年）還在安插投誠兵丁墾荒，比如臨晉縣「康熙九年發到南兵開墾民田共十三頃六十二畝」[39]。湖南寧鄉縣直到康熙十年（一六七一年）還安頓了一批「投誠墾荒官員」[40]。

投誠兵丁墾荒，一般都是按照原來的標營，在有關軍官統率下成批調發進行的，他們少則幾十名，多則幾百名，加上妻兒家口，往往就是成百上千人了，所以需要有整片的荒地。嘉慶《息縣志》中說：「豫省從明末以來，荒田較廣，海兵自投誠而後，安插爲艱，使之移居豫中。」其他各地亦大體如是。土地而外，還有像耕牛、籽種等，亦由政府先予貸給，因爲居住集中，又實行軍事管理，故在組織形式上頗類似於兵屯，不過從他們墾成熟地後的納賦量來看，則又大體與民田相等，其賦課亦歸入於州縣的庫藏。隨著時間的推移，清初投誠兵丁所進行的墾荒越來越與周圍的民田相混雜，以致到後來很難有什麼區別了。

輕賦

康熙注意推行輕徭薄賦的政策，以減輕農民負擔。在康熙初期連年不息的戰爭中，康熙輕徭薄賦的目標無法付諸實施，但他卻反對各地地方官員「藉端私徵，重收火耗」，「恣意橫索」。他提出：「休養民力乃治道第一義，何利當興，何弊當革，俱宜從實詳酌舉行。惟時當承平，而常若民生未遂，民困未蘇，則地方自然受福。若謂地方已經寧謐，不復時加體恤，則所失多矣。至一切事務，本可速結者自應速結，每見在外官員故意遲延，致滋民累，爾宜中飭所屬各官實心任事，又在外官員行事，京師無不悉知」41，「從來與民休息，道在不擾」。康熙二十八年（一六八九年），康熙又一再強調「民爲邦本，休養宜先」42。

康熙努力減輕農民的徭役，如康熙十年將浙江的故鈔銀攤入地畝，康熙十八年（一六七九年），推行「均役」、「均田」政策，將差役攤入地畝，康熙二十二年十一月，他諭示湖廣總督董安國「今天下承平，休養民力乃治道之第一要義」。康熙三十五年，他依次把山東、浙江等省的班匠銀攤入地畝。康熙四十一年（一七〇二年）規定：凡軍民人等七十歲以上者，免役一子，以後「官有興作，悉出雇募」43。康熙四十八年（一七〇九年）十月壬子，康熙得知張家口每年解送羊皮等物，「地方官將彼處居民及旗人派供解費」，恐多騷擾，下令說：「嗣後應於出差回京官員內派一員前往解送，事既易辦而民間苦累亦得免矣。」44康熙特別反對大興土木，他認爲「興作無益」45，所以即使修京城的街道、御河及宮殿，都以「少一事如去一病」的精神，講求實效，不求奢華，把省民力放在心上，故能使農民集中力量，投身於農業生產，爲農業的恢復和發展創造了條件。

康熙認爲：「蓋治安天下，惟期民生得所。而欲民生得所，必以敷恩寬賦爲急也。」46平定三藩之後的康熙二十年（一六八一年），他便著手將其寬租輕賦的思想付諸實施，以減輕人民負擔。他諭大學士說：「自用兵以來，百姓供應煩苦，朕前屢言，俟天下蕩平，將錢糧寬免。爾等可同戶部先將天下錢糧出納之數通算啟奏。」47由此揭開了寬減租賦的序幕。自康熙二十九年起，直隸各省，鄉紳名下田地，與民人一例同納賦役，擴大了徵收面，亦即減輕了小農的負擔。與此同時，又降低了賦額，如雲南吳三桂起兵時，畝徵賦七斗二升，後降至畝收八升一合八勺三撮。湖廣江夏廢藩田賦，原來每石折銀四錢六分有奇，較民田賦額高六、七倍，一律降至民田賦額。爾後又清丈不實地畝，因爲地主豪強爲隱匿自己的地畝，少納賦稅，往往把此賦額攤入小民田畝。康熙爲了減輕民地負擔，清丈地畝，量畝收賦。康熙三十九年（一七〇〇年），湖廣總督郭秀奏，湖南農民不能完課，有因此逃亡者，因之，清丈田畝，平均了賦稅，但卻使賦額下降了。康熙問他：「約減幾何？」郭秀曰：「大約減十分之二。」康熙接著說：「果於民有益，所減雖倍於此，亦所不惜，若不清丈……徵收錢糧，有累窮黎，斷不可也。」[48]康熙五十年（一七一一年），規定以後「滋生人丁永不加賦」。康熙五十四年（一七一五年），首先在廣東實行攤丁入畝，開廢數千年丁稅的先河。這在相當程度上減輕了人民的負擔，提高了農民的生產積極性。

為了進一步減輕人民負擔，康熙不斷嚴禁官吏擾民，反覆制止官吏濫徵私派，額外苛索。他一再告誡百官：「累民之事，雖纖毫亦不（可）行。」

康熙十九年五月，康熙諭吏部等衙門：「致治安民之道，首在懲戒貪蠹，嚴禁科派，而後積弊可清，閭閻不擾。近見街道衙門蠹役詐索害民，又聞提督步兵衙門、五城司坊、街道巡捕等衙門各官不能潔己奉公，格遵方紀，縱容衙役朘削小民，或沿習陋規，科斂行戶，或藉端挾詐，官役分肥，肆意橫行，無辜受害，種種弊端，深可痛恨。向來雖經嚴禁，定有處分之例，但恐小民未能悉知，仍被奸徒擾害，應再加嚴飭，務令家喻戶曉，以副朕安全生民至意。」[49]一些上京朝覲的官員，往往藉朝覲之期，「每因仍陋習，藉端科派，大小相循，私通交際，是察吏本以安民，而反以擾民」。對此，康熙嚴肅地訓飭說：「（這）甚非朕激揚清濁至意。」他又禁止滿洲貴族、京城官僚、顯要之家派家丁到外省搜括異物，擾害百姓。

康熙常以自己為表率，每逢外出巡行，他總是力避擾民，厲禁隨從人員和地方官吏藉機苛索百姓。康熙二十二年（一六八三年），康熙隨孝莊太皇太后詣五臺山，在菩薩頂半途中遇見不少村民都揹著糧米豆類，他讓隨從詢問。人們說是為孝莊太皇太后和皇帝駕臨準備的。康熙隨即傳諭內閣學士管兵部事阿蘭泰說：「太皇太后駕臨五臺，一切應用之物皆出內帑預備，原無絲毫取給於小民，這所備米豆等物何處應用，可察明具奏。」經過詢問五臺縣知縣及村民等，都說是因五臺山非常偏僻，恐怕太皇太后駕到後食用不夠，所以按價給百姓準備一些糧豆食用，不是向百姓科派的。康熙深知地方官往往藉機搜括小民，便嚴厲地指出：「因公事預備可免究處，但云知縣曾經給價，未可深信。今一切用物內廷既備，此後太皇太后駕到，俱不必再行齎送。」並且讓阿蘭泰「傳諭直隸山西沿途官知之」。

康熙二十三年（一六八四年）第一次南巡前，康熙在一次聽政時，把戶部、工部、光祿寺的堂官和司官召到近前，指示說：「朕凡巡幸一應動用之物皆從節儉，此番戶部採買草豆，工部木炭，光祿寺食物，勿令地方官派取民間，擾害百姓。」[50]這樣，他每次出巡之前就在京城把路上所需物品備辦齊全，不需在沿途補給，由此便堵住了下級進貢的路子。他又要求在巡行中有水路則走水路，無水路方走旱路，走水路時，禁止隨從上岸市物，以免擾亂當地市場。在第一次南巡時，他就對江寧巡撫湯斌說：「朕欲周知地方風俗，小民生計，有事巡行。凡需用之物，皆自內府儲備，秋毫不取之民間。恐地方有不肖官員，藉端妄派，以致擾害窮民，爾等加意嚴察，如有此等，即指名提參，從重治罪。」[51]他還讓科道官員尾隨隨行官員，「或有不肖之人，強行買賣，擾害百姓者，令其稽察。」康熙二十八年（一六八九年）第二次南巡時，又先諭稱：「所至沿途供億，皆令在京所司儲待，一切不取之民間。」「簡約儀衛，鹵簿不設，扈從者僅三百餘人。」康熙的船經過揚州，民間結彩歡迎，盈衢溢巷，康熙說：「雖出其恭敬愛戴之誠，恐致稍損物力，甚爲惜之。」令「前途經歷諸郡邑，悉爲停止」[52]。船到吳江縣龍王廟時，地方官派五百隻畫舫來迎接，康熙也沒有乘坐。康熙四十二年，在巡視中他又強調說：「偶有市易之物，亦敕所司依時價給值，不許錙銖抑勒。所過大小官吏宜體朕愛民德意，勿藉詞供億，私派閭閻。如有悖旨科斂者，察出即以軍法從事，地方官不許與扈從人員指稱交戚，私相饋遺，違者並以軍法從事。其扈從人員宜約束僕役，勿使妄行，如不遵法紀，生事擾民，一併從重治罪。朕視民如子，凡乘輿所至市廛隴畝，宜各安生理，米豆薪芻等物，民間照常貿易，不必禁止，惟懷私挾詐衝突告訐者所告事不准理，仍嚴加治罪。爾等即傳諭扈從官員人等並行各督撫令於經過府州縣城市村莊遍示曉諭，俾咸悉朕懷。」53

蠲賑

康熙在國力有所增強之後，就致力於愛養民力的工作，他對就任地方官員說：「為治之道，要以愛養百姓為本，不宜更張生事。爾到地方，當務安靜，與民休息。」他又說：「欲使民生樂業，比屋豐盈，惟當己責蠲租。」54我們可以在康熙實錄中找到許多這方面的例子：

康熙十年四月，戶部遵旨議覆：淮揚饑民，應發銀六萬速行賑濟。得旨：「饑民待食甚迫，與銀無益，著截留漕糧六萬石，並各倉米四萬石，遣侍郎田逢吉，並賢能司官二員會同該督撫賑濟散給，務使饑民得沾實惠，以副朕軫恤民生之意。」55

康熙十一年五月，以江南安慶等七府滁州等三州連歲被水淹蝗蝻等災，兼淮安、揚州饑民流離載道，命該督撫將現存捐納米石並寧國、太平等府存貯米穀，檄令各府州縣照民數多寡速行賑濟56。丁未，戶部議覆：安徽巡撫靳輔疏言：臨淮、寧璧二縣從前虛報開墾，並拋荒水沖沙壓田地共四千六百一十六頃有奇，實是小民賠糧，請將康熙十年以前額賦盡行豁免，應如所請，從之。戊申，以山東沂水縣康熙八年地震之後兼被水災，命將康熙八年起至十一年止逃亡四千四百餘丁，荒地八百七十六頃有奇，一應額賦悉行蠲免。辛亥，免山東曹、單二縣本年份挑河挖傷田畝額賦。同年六月乙亥日，江寧巡撫馬右疏言：「高郵、興化等州縣歷年水災，蒙皇上屢次蠲賑，保全災黎，今歲新涸田地勸民播種，二麥將成，不意又遭清水潭堤岸沖決，田廬仍被淹沒，前部復督臣麻勒吉所指捐賑之事令於本年四月終停止，今各州縣田地復遭沖淹，涸出無期，民生困苦，視昔愈甚，懇請照常賑濟，俟水涸可耕停止，下部議行。丁酉，免陝西寶雞縣本年份旱災額賦十之三。庚戌，免江南高郵州康熙十年份旱災湖地租銀。癸丑，免順天府霸州本年份水災額賦十之三。戊寅，免浙江太平、松陽、景寧三縣康熙六年份民欠地丁錢兩。庚辰，免湖南常寧縣康熙三、四、五年份民欠地丁銀兩[57]。七月又免順天府固安縣本年份水災賦額，直隸內黃、魏縣本年份旱災額賦有差。壬寅免江南儀真衛康熙元年、三年份軍欠地丁錢糧。八月癸卯，免山西潞城縣本年份雹災額賦十之三。甲辰，命發淮安庫銀賑濟邳州、宿遷、桃源、清河四州縣水災饑民。丙午，免山東濰縣本年份蝗災額賦。壬子，免江南高郵、寶應等五州縣本年份水災額賦有差[58]。九月乙亥，免江南沭陽縣本年份水災額賦有差。戊寅，免湖南各屬康熙七、八、九年份捏報墾荒錢糧。免山東博平等五州縣本年份蝗災額賦有差[59]。」

康熙十八年正月戊申，康熙諭示戶部：「山東、河南二省被災，民致饑饉，深軫朕懷，若不亟行賑救，則百姓恐致流離，侍郎察庫前往河南省，侍郎薩穆哈前往山東省，會同該巡撫等確查被災輕重之處，無論正項錢糧，或漕糧，或一應雜項錢糧酌動賑給饑民，務使得所，勿致流離，以副朕軫恤百姓至意。」[60]接著「安徽巡撫徐國相疏言：鳳陽旱災，請設法賑濟，並動鳳陽倉康熙十六年存穀二萬石，就近分給，得旨，據奏鳳陽地方被旱災黎，衣食無資，深軫朕懷，該撫即速親往，督率所在賢能官賑濟，以救饑民，副朕愛民至意」[61]。七月二十八日，京師地震，康熙馬上便瞭解到情況，並對大學士說：「地震傾倒民居，朕心憫念。至於窮苦兵丁，出征在外，房屋毀壞，妻子露處，無力修葺，更堪憫惻，可敕該部，行令八旗都統、副都統、參領親行詳察，毋致遺漏。」康熙認爲這是應該好好反省的事情，他對大學士等說：「地震示警，災及軍民。朕高居御物，勤恤民隱，遇茲變異，惻怛彌殷，其摧塌房屋，壓傷人口，惟恐五城御史不能逐戶細察，止憑司坊官員、總甲人等開報，未盡詳確，不得均沾實惠，應分請不在五城滿漢御史，詳加稽察……遵行。」[62] 七月三十日，康熙及時對當時的政局作了深刻的反省，他下諭吏部等衙門：

朕薄德寡識，愆尤實多，遘此地震大變，中夜撫膺自思，如臨冰淵，兢惕悚惶，益加修省，仍宣布朕心，使爾諸大臣、總督、巡撫、司道有司各官咸共聞知，務期洗心滌慮，實意為國為民，斯於國家有所裨益，即爾等亦並受其福，庶幾天和可致，若仍虛文掩飾，致負朕意，詢訪得實，決不為爾等姑容也。

一、民生困苦已極，而大臣長吏之家日益富饒，民間情形雖未昭著，近因家無衣食，將子女入京賤鬻者不可勝數，非其明驗耶？此皆地方官吏諂媚上官，苛派百姓，總督、巡撫、司道又轉而饋送在京大臣，以天生有限之物力，民間易盡之脂膏，盡歸貪吏私囊，小民愁怨之氣，上干天和，以致召水旱、日食、星變、地震、泉涸之異。

二、大臣朋比徇私者甚多，每遇會推選用時，皆舉其平素往來交好之人，但云辦事有能，並不問其操守清正，如此而不上干天和者，未之有也。

三、用兵地方諸王、將軍、大臣於攻城克敵之時，不思安民定難，以立功名，但志在肥己，多掠占小民子女，或藉名通賊，每將良民廬舍焚毀，子女俘獲，財物攘取，名雖救民於水火，實則陷民於水火之中也，如此有不上干天和者乎？

四、外官於民生疾苦，不使上聞，朝廷一切為民詔旨亦不使下達，雖遇水旱災荒，奏聞部復，或則蠲免錢糧分數，或則給散銀米賑濟，皆地方官吏苟且侵漁，捏報虛數，以致百姓不沾實惠，是使窮民而益窮也，如此有不上干天和者乎？

五、大小問刑官員將刑獄供招不行速給（結），使良民久羈囹圄，改造口供，草率定案，證據無憑，枉坐人罪。其間又有衙門蠹役，恐嚇索詐，致一事而破數家之產，如此有不上干天和者乎？

六、包衣下人及諸王、貝勒、大臣家人，侵占小民生理，所在指稱名色，以罔市利，干預詞訟，肆行非法，有司不敢犯其鋒，反行財賄，甚且身為奴僕，而鮮衣良馬，遠甚仕宦之人，如此貴賤倒置，為害不淺。

以上數條，事雖異而原則同。總之，大臣廉，則總督、巡撫有所畏憚，不敢枉法以行私；總督、巡撫清正，則屬下官吏操守自潔，雖有一二不肖有司亦必改心易慮，不致大為民害。此等事，非朕不素知，但以正在用兵之際，每示寬容。今上天屢垂警戒，敢不昭布朕心，嚴行誡飭，以勉思共回天意，作何立法嚴禁，務期盡除積弊，著九卿、詹事、科、道會同詳議具奏，特諭63。

在當時，康熙能利用天災發生之機整飭吏治，可謂托「災」改制。這是一種比較易於打動人心的辦法，也是頗為行之有效的辦法。

在康熙初期，國家財用不足的條件下，賑濟蠲免的地區僅局限在受災嚴重的州縣。隨著國家財政經濟情況的好轉，尤其是到了康熙晚期，因國庫大量積餘，康熙從「藏富於民」的思想出發，把蠲免錢糧或漕糧列爲清廷每年必須進行的工作，蠲免的地區範圍也隨之逐步擴大到整府、整省以至數省，而且有計劃地進行這項工作。

早在康熙二十四年（一六八五年）十一月，康熙對大學士等說：「今國用亦云充足，前曾令詳察各省錢糧，於來歲蠲免。夫欲使民被實惠，莫如蠲免錢糧。」[64]康熙二十五年（一六八六年），蠲免河南、湖北兩省地丁各項錢糧之半，康熙二十四年（一六八五年）未完地丁錢糧亦著盡與蠲除。康熙要求各級官員要認真貫徹蠲免政策，否則將給予嚴肅處理。同年，他又下諭戶部，對直隸畿輔之順、永、保、河，湖廣、湖南、福建、四川、貴州等地都加蠲免。康熙二十六年（一六八七年）蠲免江寧等七府、陝西全省錢糧，合計六百萬有餘，戶部認爲「如此之多，不可輕議」。康熙說：「六百餘萬，不足多也。」其後康熙又蠲免康熙二十七年江蘇所屬各郡縣應徵地丁各項錢糧及康熙二十六年未完錢糧，蠲免陝西康熙二十七年（一六八八年）應徵地丁各項錢糧。

康熙二十八年（一六八九年）十一月，康熙又針對受災地區的情況說：「饘粥尙且艱難，正賦安能輸辦。」「今歲直屬地方亢旱，穀未收穫，民生困極，被災九分、十分之民，錢糧俱經蠲免，又行賑濟，惟七分、八分被災者，錢糧俱經蠲免，恐有不能度日，至於窮困者，亦應賑恤。」[65]

康熙三十年（一六九一年）九月，康熙下諭戶部，蠲免河南一省康熙三十一年錢糧，「至山西、陝西被災州縣錢糧，除照分數蠲免外，其康熙三十一年春夏二季應徵錢糧俱著緩至秋季徵收，用稱朕眷愛黎元撫綏休養至意」[66]。同年十二月，康熙諭旨將江蘇漕糧於康熙三十四年蠲免，安徽漕糧於康熙三十五年蠲免。其後有對陝西的蠲免和賑濟。康熙三十三年，順天、河間、保定、永平四府應徵地丁銀米著通行蠲免，所有歷年舊欠，悉與豁除。康熙三十四年四月初六，平陽府地震，「屋宇盡皆傾毀，人口多被傷斃，受災甚重」。康熙深切軫念，他說：「比年以來，因國家經費尚充，遂將各省地丁銀糧節次蠲免，即從前未經停徵之漕糧，亦逐年免徵，總欲使海隅蒼生，培固元氣，庶臻於家給人足之風。」67

康熙四十一年（一七〇二年）康熙上諭大學士說：「蠲賦爲愛民要務，徵取錢糧原爲國用不足，國用若足，多取奚爲。比年以來，附近省份俱屢行寬免，惟雲南、貴州、四川、廣西等處未得常邀蠲恤。今戶部庫帑有四千五百萬兩，每年並無靡費，國帑大有嬴餘，朕欲將此四省四十三年錢糧悉行蠲免，倘有寬裕，並及廣東省亦令蠲免，其蠲免四省諭旨，明春即行曉示，庶經費易爲措置也。」68接下去的幾天，康熙又不斷諭示戶部，如：「今歲山東、河南地方俱報豐稔，惟被災州縣民多匱乏，頃朕巡幸至德州，見有一二災民流移載途者，詢問疾苦，深爲軫念。雖據山東巡撫稱被災州縣已行令地方官發粟散賑，但自冬徂夏，青黃不接之際，頒賑不繼，無以資生，應行文山東、河南兩省巡撫：凡屬被災地方，令有司加意賑濟，至明歲，麥收時，方止其災傷。田糧雖已照分數蠲免，猶恐被災之後民力艱難，宜更沛特恩用加休養，山東萊蕪、新泰、東平、沂州、蒙陰、沂水，河南永城、虞城、夏邑被災州縣康熙四十二年地丁錢糧除漕項外，著察明通行蠲免。江北田土瘠薄，生計尤艱，著將安徽巡撫所屬府州縣衛等處康熙四十二年地丁錢糧，除漕糧外，通行蠲免。河西一帶地方素稱貧瘠，雖免四十一年錢糧，民生未裕，再將康熙四十二年地丁錢糧通行蠲免。」康熙一再嚴申：地方有司務期實意奉行，使百姓均沾實惠，倘不肖官吏，陽奉陰違，私立名色，藉端科派，恣行侵克，「事發定從重治罪不宥」69。

康熙四十二年（一七〇三年）正月，康熙巡行至山東，恰遇上大風致火爲災，深爲憫惻，馬上下令：每被火房一間，賞銀三兩。其後，他看到山東許多地方民生情況不如前次巡視時那麼好，又下令：對德州、平原、禹城、齊河、歷城、長清、恩縣、夏津、武城、館陶、臨清、清平、博平、堂邑、聊城、東阿、陽谷、壽張、滕縣、嶧縣二十州縣康熙四十一年未完地丁錢糧著通行蠲免，濟南府屬之海豐、利津、沾化，兗州府屬之寧陽、滋陽、泗水、金鄉、單縣、曹縣、鄆城、曲阜、費縣十二縣去歲農收歉薄，康熙四十一年未完錢糧亦通行免征，其去歲曾被水之東平、新泰、蒙陰、沂州、沂水、萊蕪六州縣，康熙四十一年未完錢糧亦著全免，其泰安、郯城、魚台、汶上、嘉祥、巨野、濟寧七州縣雖未成災，康熙四十一年未完錢糧俱著蠲免，康熙四十二年地丁錢糧，著分三年帶徵……務令人沾實惠，戶有餘藏，以稱朕重期黎元殷阜之至意。有不肖官吏侵蝕私徵者，察出從重治罪[70]。同年八月，康熙對山東官員「平日不知重積蓄備荒災，所以一遇凶年，束手無策，致勞京師遣官賑濟」而停止了他們升轉的機會。他諭示地方官員一定要從民生著眼，真正做到實心爲民。

康熙四十五年（一七〇六年）十月己酉日，康熙又諭示戶部：「朕子育黎元，日求所以休養利濟之道，念惟賜租減賦，實由裨益於民生，直隸各省錢糧次第全蠲一年者業經數舉，獨是歷歲逋負積累加增，舊稅新徵，勢難兼辦，縱使少寬民力，分年帶輸，而督令續完，仍多拮据，朕睠懷及此，深切軫恤，用是大沛恩膏，俾閭閻獲免，追呼官吏亦不罹參罰，直隸、山東積欠錢糧今年俱已蠲免，其山西、陝西、甘肅、江蘇、安徽、浙江、江西、湖北、湖南、福建、廣東各省自康熙四十三年以前未完地丁銀二百一十二萬二千七百兩有奇，糧十萬五千七百石有奇，著按數通行豁免，或舊欠已完在官，而見年錢糧未完足者，亦准扣抵，諭旨到日，各該撫立行所屬張示遍諭，如有不肖有司以完作欠，矇混銷算及開除不清者，該督撫即時題參，嚴加治罪。」[71]

康熙四十六年（一七〇七年），江南浙江等省發生大旱，根據規定，清政府蠲免了受災各省應免的地丁田賦。次年，這一地區又發生水災，康熙下諭：「去年江南浙江俱被旱荒，多方軫恤，民力稍蘇，今年復被潦災，旋經照例蠲免，但歲不再登，生計益匱，欲令辦賦，力必難供。」下令將江南浙江兩省地丁銀「除行蠲免」[72]。僅此二年，就免江南、浙江、江蘇、安徽四省田賦丁銀及拖欠的漕項銀共一千二百七十二萬一千八百餘兩。

康熙四十八年（一七〇九年）諭旨又說：「見在戶部庫銀存貯五千餘萬兩，時當承平，無軍旅之費，又無土木工程，朕每年經費極其節省……去年蠲免錢糧至八百餘萬兩，而所存尚多。」[73]康熙四十九年（一七一〇年）清政府正式下令：「自明年始，於三年之內，將天下錢糧通免一周。」[74]

有人曾作過統計說：「自康熙元年至四十四年所免錢糧共九千萬有餘。」康熙五十二年（一七一三年），大臣張鵬翮對康熙說：「此數年因皇上所免錢糧甚多，今見動用至四十九年錢糧。上曰：即動至五十年錢糧，亦無妨。」[75]由於康熙在位六十一年屢頒詔諭，「有一年蠲及數省者，一省連蠲數年者，前後蠲除之數，殆逾萬萬」[76]。

當然，實行蠲免，其中存在著一個問題即康熙自己所講的「如蠲免地丁錢糧不過於田多富戶有益，其無地窮民未必均沾實惠」[77]。康熙四十九年（一七一〇年）十一月，兵部給事中高遐昌疏言：「凡遇蠲免錢糧之年，請將佃戶田租亦酌量蠲免。著爲例。」康熙爲此曾對大學士等說：「蠲免錢糧，但及業主，而佃戶不得沾恩，伊等田租亦應稍寬，但山東江南田畝多令佃戶耕種，牛種皆出自業主。若免租過多，又虧業主，必均平無偏，乃爲有益。此本著交部議，尋戶部議覆：嗣後凡遇蠲免錢糧，合計分數，業主蠲免七分，佃戶蠲免三分，永著爲例從之。」[78]總的看來，受惠更多的當然還是有地或多地的地主，因爲康熙依靠的首先是這些地主，他說：「賴有富戶居積，猶得散糶民間以濟荒歉，若使盡為災黎，其何以堪。」79

歷史上的施賑經常成為貪官污吏中飽私囊的契機，結果受災饑民毫無沾濟，反而還可能倍受敲榨。康熙十分注意調查研究，以求克服賑濟中可能出現的各種弊端。

康熙四年（一六六五年）二月，山西巡撫楊照疏報上一年太原、大同二府所屬二十個州縣及一部分衛所遭受旱災，「俱十分全荒」，求免四年份錢糧，並發倉賑濟。康熙立即以「察報延遲，有失撫恤之道，下旨切責」。派官調查之後，方知災區受災至烈，有近「三十城之民饑饉至極」，督撫不但隱瞞了災情，還照例追逼徵收當年錢糧。康熙一邊命令緊急動支山西省現存庫米零銀及見徵在庫的「不拘何項錢糧，發六千兩」賑濟災民，「如再不敷，著該督撫及地方官設法拯救」，一邊下旨明示：「總督、巡撫俱係養民大臣，民饑之先，即應據實奏請拯救，乃至民饑至極方奏請拯救，殊負倚任之意。」令吏部將山西督撫「議處具奏」80。康熙四十四年（一七〇五年）南巡中，康熙曾根據山東的情況說：「凡罹災荒，倘預行奏報，無不可賑救者，只因山東各官匿災不報，故大致饑饉。」他得出結論：「自古弊端，匿災為甚。」康熙四十八年十一月，康熙又諭告說：「凡地方水旱，督撫即行奏聞，預為料理，則被災百姓不至失所。今年安慶府、太平府屬俱被災荒，而巡撫劉光美竟不奏聞，其意以為災荒非盛世所宜言，不知天時水旱之災，乃所恒有，生民關係甚大，匿不以聞，殊為非理矣。」81歷史上的經驗告訴我們，匿災腐蝕了官吏們的心靈，又激化了政府與人民的矛盾。

康熙對某些地方官員實心救災的行動給予理解和支持。

康熙九年（一六七〇年），淮安、揚州二府水災，當地所存積穀已於去年用於賑濟，有人提出暫時挪用正項錢糧，等勸輸捐納補還正項。戶部按規定不同意動支正項，只同意將鳳陽倉存米及捐輸扣存各項銀米散賑，如果不夠用就勸諭全省各官設法捐輸來解決。康熙得知此事後，先派廉能大臣前往調查，指示「果係被災已甚，無以爲生，即會同督撫一面將正項錢糧動用賑濟；若係次災，即照部議」，強調「務使民地沾實惠」。到十月，水災更顯嚴重，「黃淮交漲，堤岸沖決，百姓室廬多被淹沒。夏麥未穫登場，秋禾播種，水潦難施，民生失所」。康熙立即下令「準動正項錢糧，存積銀米」[82]，賑濟災民，並蠲免當地應徵錢糧。到第二年，康熙得知淮揚水患仍很嚴重，又催令戶部：「民爲邦本，如斯困苦，豈可不速行拯救？」讓「就近截留漕米，或動支何項銀兩，糴米給散饑民」。他直接下令「著截留漕糧六萬石，並各倉米四萬石」賑災，並且「於各府州縣分設米廠，……使饑民無奔赴守候擁擠之患，然後計人給米，每日人各一升，每三日一放」。這樣做，一石米可供一個人百日之用，萬石米可養活一萬人一百天，十萬石米就可以救濟十萬人到秋天麥收之後。淮揚的水災頻繁地威脅著淮揚人民，而大量的淮揚人民卻能在康熙的賑濟政策下延續了生命，康熙被淮揚人民感戴若神明。

有一年甘肅鞏昌（今甘肅隴西）府鬧瘟疫，牲畜多病死，春耕即將開始，來不及請朝廷救災，巡撫自己做主「於康熙十一年（一六七二年）徵解銀內，發買耕牛，積貯屯糧內，散給籽種」。戶部按「民間倒斃牛驢，無動正項銀糧買補之例；至動支錢糧賑濟，必先行題請，今該撫任意違例，不合」的罪名，準備處罰甘肅撫、藩、道、府各級官吏，並令其賠補擅動的錢穀。康熙沒有同意，他表示：「銀穀既經發給小民，該撫司道府等官免其賠補議處。」[83]顯然，康熙認可了巡撫的做法。

爲了有效地組織賑災，康熙還主張從治標轉向治本，一方面興辦各項工程（如治黃淮，見第九章），另方面提高人們的抗災自救能力。康熙十八年（一六七九年）六月，他向戶部提出：「民生以食爲天，必蓋藏素裕，而後水旱無虞，藏富於民，經久不匱，洵國家之要務也。」他提出儘管「連年豐稔，粒米充盈」，可是「小民不知積蓄，恣其狼戾」，以致「去年山東河南一逢歲歉，即以饑饉流移見告，雖議蠲議賑，加意撫綏，而被災之民，生計難遂」。他認爲各地方官吏「平日不以民食爲重，未行申明勸諭」。責任不可推卸。康熙要求各級官吏要「曉諭小民。務令力田節用，多積米糧，俾俯仰有資，凶荒有備」[84]。因此地方各級紛紛設立社倉、義倉，全以本鄉之人管理其事，米穀出陳入新，春借秋還，每石取息一斗。儲穀多的，經營人給予頂帶。次年，康熙規定常平倉穀均留本州縣備賑，義倉和社倉積穀各留本村備賑。應該說這樣做是積極的。

康熙還力求在遇災時平價糶米。歷史的經驗表明：災荒之日往往是貪利商人囤積居奇之時。康熙三十二年（一六九三年）京畿地區歉收，市上米價昂貴，康熙諭令通倉每月發米一萬石，「比時價少減糶賣，只許貧民另糶數斗，富賈不得多糶轉販」。第二年，霸州、文安等州縣水災，康熙又下令將天津衛等地現存倉米十萬石以三萬石賑濟饑民，剩下七萬石「著減價發糶」。沿河一帶景州等各州縣衛所「著將山東漕米每處截留二千石，亦發糶以平米價」。爲保證平糶順利進行，康熙除命令戶部「行文該撫，責成州縣實心奉行」外，還不時地遣人稽察，若發現「小民一不沾實惠」，就從重處治該管官，斷不寬宥。這一年，直隸安州（今河北安新西南）等十一個縣仍推行了以平糶爲主、糶賑結合的方法。康熙指出：「朕思直隸米價騰貴，小民艱苦，若僅照數給發，誠恐無益。著將此米一半散給百姓，一半照目前米價折銀給與貧民。所餘之米著視時價酌減，令民賤買，如此則百姓既得銀兩，而糴米又易，庶小民均沾實惠。」[85]康熙不僅注意災後平抑物價，而且延及災後期年，可見其爲政之細緻與講究實效。康熙三十九年（一七〇〇年）三月，康熙又交代大學士說：「修築永定河，夫役雲集，人多則需米，穀價必致騰貴。」他下令：「遣戶部賢能司官員截山東、河南漕米二萬石，留於信安、柳岔（今河北霸州境內）二處，會同地方官照前稍減時價平糶，至附近信安、修河諸處屯莊米石，亦令糶賣，有益於民。」[86]

為了達到富民的目的，康熙一方面積極推廣農業先進技術和新品種，另方面要各地從實際出發，因地制宜，多方面發展經濟，不一定都以種糧為主。康熙五十五年（一七一六年）三月，他對大學士們說：現在天下太平，人口增多，耕地未增，士商僧道等不從事生產的人也日益增多，「或有言開墾者，不知內地實無閑地。今在口外種地度日者甚多，朕意養民之道，亦在相地區處而已」。他舉陝西臨洮、鞏昌等地為例說：「雖不可耕種，若於有水草之地，效蒙古牧養，則民盡可度日，而百姓但狃於種地，不能行此。」他舉了一個典型的例子說明不能把發展生產只理解為種糧的道理：「昔年去山東賑濟人員曾云，或有人在牛旁，不知取乳而食，坐以待斃，此皆不習之故耳。」[87]在張家口、保安、古北口巡行時看到人們開渠引水澆田，康熙就想到「蒙古地方多旱，宜教之引河水灌田」。從寧夏等地「取能引水者數人」，派到蒙古地方傳授技術；在敖漢、奈曼，見那裏土地肥沃，就想到「如種穀多穫，則興安等處不能耕之人就近貿易販糴，均有裨益，不須入邊買內地糧米，而米價不致騰貴也」[88]。

恤商

康熙認為：在中國傳統社會裏，商業自始就不可或缺，四民的分工是社會的需要，他說：「凡人處世，有政者政事為務，有家計者家計為務，有經營者經營為務，有農業者農業為務，而讀書者以讀書爲務。」[89]四民各安其業，社會才能正常運轉。

從發展社會生產力著眼，康熙對工商業採取了扶持的政策。清初戰事甚多，故統治者多向工商業者攤派稅項，商民不但「有輸納之苦，有關津之徵苦，有口岸之苦」[90]，而且，因有溢額加級的定例，所以，關津稅吏對過往商旅「恣行苛虐」，收了應徵，還要溢額。商民「不苦於關，而苦於關外之關；不苦於稅，而苦於稅外之稅」[91]。康熙親政不久，三藩亂起，關津之徵仍沿舊例。鎮壓三藩之後，康熙二十五年（一六八六年），他認爲這種作法是「重困商民」，有害於國家，必須堅決改變。他說：「重困商民，無裨國計，種種情弊，莫可究詰。朕思商民皆吾赤子，何忍使之苦累？今欲除害去弊，正須易轍改弦。所有現行例收稅溢額，即升加級記錄，應行停止。」[92]康熙認爲：只有農業和商業同時發展，才能達到至隆的局面。即「農務興而野無曠土，國計裕而泉貨流通，豫大豐亨，洵至隆之上理也」[93]。康熙三十八年（一六九九年），南巡時曾說：「朕比歲以來，躬臨河干，諮詢經畫者屢矣。每抵一處，未嘗不懷保編氓，施惠工商。故兩淮鹽課永減，額徵停輸贏羨。又聞往來迎送費用私派者甚巨，特頒嚴旨，盡爲禁止。從此，商民得以安席，漸皆獲所，則朕之巡幸者，少有益乎？」[94]他一方面永遠削減兩淮鹽課，取消關徵超額優敘的定例，剷除工商業發展的攔路虎，另方面頒發嚴旨，禁止關卡勒索過往商人，確可惠及工商業者。

康熙還時時處處爲商民著想，康熙二十五年（一六八六年），他看到在雲南採買銅斤的商人所得到利潤較少，便覺得這「恐累商人」[95]。又如康熙五十三年（一七一四年）六月，諭領侍衛內大臣說：「天氣甚熱，貿易人等多夜行者，伊等但知爲利，不顧其身，朕甚念之。嗣後有緊要事方許夜行。朕視商民，皆如赤子。無論事之巨細，俱當代爲熟籌也。」[96]他特別強調：「國家設關榷稅，原以阜財利用，恤商裕民，必徵輸無弊，出入有經，庶百物流通，民生饒裕。近來各關差官不恪遵定例，任意徵收，官役通同恣行苛虐，託言辦銅價值浮多，四季解冊需費，將商人親填部冊，改換塗飾。既已充肥私橐，更圖溢額議敘，重困商民，無裨國計，種種情弊，莫可究詰。朕思商民，皆我赤子，何忍使之苦累，今欲除害去弊，必須易轍改弦，所有見行例收稅溢額即升加級記錄，應行停止。其採辦銅斤，定價既已不敷，作何酌議增加，其四季達部冊籍，應俟差滿，一次彙報，嗣後務令各差潔己奉公，實心釐剔，以副朕體下恤商至意。如或仍前濫徵侵隱，藐玩不悛，作何加等治罪。至銅價既議加給，稅額應否量增，俱著九卿詹事科道詳議具奏。」[97]

康熙五十一年（一七一二年）正月丙辰日，吏部等衙門議覆福建浙江總督范時崇條奏沿海捕魚船隻只許用雙桅，不准超省行走。康熙看後認爲：「范時崇條奏之事，與地方民生無益，福建大洋內無賊盜，內地沿海一帶俱係小賊，文武各官果實心盡力，撫綏緝獲，自然無事。今若照所題，將捕魚船戶並入水師營分轄，則啟武弁兵丁克削之弊矣，且賊盜竊發，何地無之，若要將賊盜盡除，亦斷不能，凡事只應視有益於民者行之，不當迫之以法。此條奏不可行，原本發還。」[98]

康熙致力於爲商業創造良好的環境。首先公布關稅徵收則例，允許商人控告例外勒索者。這便杜絕了稅吏巧立名目的缺口。康熙規定在「直隸各省設立關稅之處，應多刊木榜」，明白書刻稅收則例，「昭示商民，照額徵收，如有不肖官吏，於定額之外，私行濫徵者，令該督撫不時查察，據實題參，依律治罪」[99]。同時「許該商人前來控告」例外勒索者，亦刊於木榜之內。公開商業稅收則例，雖不能完全禁絕稅蠹，卻也會有一定的作用，它爲商人納稅提供了規則。

康熙反對官而兼商，或壟斷市場等行爲。康熙六年閏四月，左都御史王熙遵旨條奏：「閩廣江西湖廣等省各官近或自置貨物售於屬下，或巨舸連檣，裝載他方市易，行同商賈，不顧官箴。甚者指稱藩下挾勢橫行，假借營兵放債取利。請敕部詳議嗣後閩廣等省王公將軍督撫提鎮，如有恃勢貿易與人爭利者，作何議處治罪，並嚴指稱假借之禁，庶小民得以安生，官方因之整肅。康熙對此表示支持[100]。

本來牙行是爲管理物價的官方機構，後來卻日益變成勒索商民的工具，康熙認爲應該正本清源，還牙行以本來面目，他說：「貿易貨物，設立牙行，例給官帖，使平準物價。乃地方棍徒，於瓜果菜蔬等物亦私立牙行名色，勒啃商民。……查稅課定例，除應立牙行者照舊設立外，其餘一切私設牙行盡數除革。」[101]

康熙堅決反對收稅溢額，對稅收缺額者亦能根據實際情況酌情處理，過去一般稅收有缺額者都會受到降級或革職的處分，而康熙不片面地追求這一點，這實際上亦可大大地減輕了商民的負擔。早在康熙四年（一六六五年），康熙即下諭戶部、工部：「各省鈔關之設，原以通商利民，以資國用，非欲其額外多徵，擾害地方。近聞各處收稅官員希圖肥己，任用積蠹地棍通同作弊，巧立名色，另設戥秤，於定額之外恣意多索，或指稱漏稅，妄拿過往商民挾詐，或將民間日用瑣細之物及衣服等類，原不抽稅者，亦違例收稅，或商賈已經報稅，不令過關，故意延遲勒啃，遂其貪心乃已。此等弊端甚多，難以枚舉，違背國法，擾害商民，殊爲可惡。嗣後凡地方收稅官員俱著洗心滌慮，恪遵法紀，務期商賈通便，地方相安。如有前項情弊，在內著科道官，在外著該督撫嚴察參奏，別經首發，即治該督撫以徇縱之罪，爾部即遵諭通行嚴飭，特諭。」[102]康熙二十五年（一六八六年）五月，御史敦拜條奏，請嚴定關差缺額處分。康熙批示說：「關差缺額處分，自有定例。若法令太嚴，必致苦累商賈。所奏無益，不准行。」康熙二十六年（一六八七年）七月，戶部報告，滸墅關監督桑額任內，除完成徵收正額外，溢銀二萬一千二百九十六兩有奇，康熙氣憤地說：「設立榷關，原欲稽查奸宄，照額徵收，以通商賈。桑額徵收額課，乃私封便民橋，以致擾害商民，著該衙門嚴加議處。關差官員理應潔己奉公，照律徵收。嗣後有不肖官員希圖肥己，種種強勒，額外横徵，致害商民，亦未可定，爾等通行嚴飭。」表明了其發展商業、富國強民的思想傾向。

康熙還統一了度量衡。康熙四十二年，廢除金石、關東斗，規定直隸各省一律改爲底面平直升、斗，並親自校準了鐵升、鐵斛。康熙五十七年又規定稱以十六兩爲一斤，並通行全國，這無疑消除了商品交換中由於度量衡不統一造成的障礙。

康熙竭力反對各種增加商稅的行爲。如康熙二十一年（一六八二年），兩淮巡鹽御史堪泰請求每斤鹽加課銀三錢，康熙批示：「若依其言，必致商民交困，不准行。」[103]潼關稅額原爲七千多兩，康熙十九年（一六八〇年）遣郎中敦多禮督徵，收稅銀四萬多兩。康熙二十一年（一六八二年）諭曰：「數年以來，秦省兵民苦於轉運，潼關稅收依照舊額」，撤回稅監[104]。康熙二十五年（一六八六年）六月，閩海稅務督理吳什巴因到閩省看到貿易之人皆非土著，要求康熙批准按廣東關榷一例「丈船抽稅」，康熙批示道：「凡收海稅官員，因係創行設課，希圖盈溢，將出入商民船隻任意加徵，以致病商累民，亦未可定。著嚴加申飭，務令恪遵定例，從公徵收，無濫無苛，以副朕軫恤商民至意，所請不准行。」[105]隨後兩淮鹽課減徵二十萬兩，並諭大學士等曰：「廣東海關收稅人員搜檢商船貨物，概行徵稅，以致商船稀少，關稅缺額。且海船亦有自外國來者，如此瑣屑，甚覺非體。著減稅額三萬二百八十五兩。」[106]

康熙還注意發揮商人的作用。康熙四十八年（一七〇九年）夏，戶部議覆：浙江巡撫黄秉中等疏言，浙省寧波、紹興二府人稠地窄，連年薄收，米價騰貴，台州、溫州二府上年豐熟，米價頗賤，請給殷實商民印照，將台州、溫州之米從內洋販運入寧波、紹興，令沿海防汛官兵驗照放行，以浙省之米接濟浙省之民，實有裨益，應如所請，從之[107]。

康熙亦竭力禁止兵痞搶勒商民。康熙二十二年（一六八三年）八月，諭荊州將軍葛爾漢曰：「自將領以至兵丁，宜嚴行禁飭，凡市肆要地，毋得侵占。」[108]康熙三十五年（一六九六年）十月，諭內大臣等曰：「明日到歸化城停止圍獵，歸化城商賈叢集，恐僕從或行騷擾，……著副都統阿迪嚴行禁止。」他既不斷禁止地方官兵掠奪商人財物，尤其加意禁止自己的親兵勒啃商人，一旦發現此類事情，應即予以嚴厲懲處，毫不寬容。

康熙還嚴厲禁止關津故意延誤商人過關時間。康熙二十八年（一六八九年）二月，康熙南巡時，沿途咨訪商人並諭隨從大臣說：各處榷關，原有則例，朕舟行所至，咨訪過關商民，每不難於輸納額稅，而以稽留關次，不能速過為苦。榷關官員，理宜遵奉屢頒諭旨，恤商惠民，豈可反貽之累！自今應力除積弊，只徵正額，不許旁收，否則延誤了商人過關時間，將予以「從重處分」。他要求：「凡商民抵關，交納正稅，即與放行，毋得稽留苛勒，以致苦累，違者定行從重處分。朕早夜孜孜，惟冀官吏軍民士農商賈無一人不獲其所，故於民生吏治，圖維區畫，務極周詳。」[109]

正因爲有上述的一系列政策，才使康熙前後期的社會經濟有了一個較大的發展。農業和商業彼此相互促進，共同發展。如蘇州在康熙初「六門緊閉，城中死者相枕藉」[110]，「機工星散，機戶凋零」[111]。松江「布號紛紛歇業」[112]。到康熙中葉，蘇州已經面貌一新：「郡城之戶，十萬煙火」[113]。「閶門內外居貨山堆，行人流水」。漢口「舟車輻輳，百貨所聚，商賈雲屯」[114]。即使在邊遠地區的東北寧古塔亦「商賈大集」，「街肆充溢」[115]，「貨物商賈絡繹不絕」[116]。

我們知道，康熙曾在晚年有海禁和礦禁政策，但是這些政策都是爲了他的王朝的穩定，在政權與經濟發展之間，作爲封建統治者的康熙必然選擇前者，這是毫無疑義的。即使如此，康熙恤民思想仍有所體現，在對待閩廣的海洋政策上，康熙亦較多地從商民的利益出發，他說：「沿海居住，原因海上可以貿易捕魚，爾等明知其故，前此爲何不准議行？」大臣席柱等人則說：「自明季以來，原未曾開，故議不准行。」康熙說：「原因海寇，故海禁不開爲是。今海氛廓清，更何所待？」席柱又說：「據彼處總督巡撫云，臺灣、金門、廈門等處雖設官兵防守，但是新得之地，應俟一二年後相其機宜，然後再開。」康熙說：「邊疆大臣當以國計民生爲念，向雖嚴海禁，其私自貿易，亦何嘗斷絕？」他得出結論：「凡議海上貿易不行者，皆總督巡撫自圖射利故也。」[117]如康熙五十二年五月辛巳日，大學士九卿等遵旨議覆開礦一事，除雲南督撫雇本地人開礦及商人王綱明等於湖廣、山西地方各雇本地人開礦不議外，他省所有之礦向未經開採者，仍嚴行禁止。其本地窮民，現在開採者姑免禁止，地方官查明姓名記冊，聽其自開，若別省之人往開及本處殷實之民有霸占者即行重處。康熙說：「有礦地方初開時即行禁止乃可，若久經開採，貧民勉辦貲本爭趨覓利，藉爲衣食之計，而忽然禁止，則已聚之民毫無所得，恐生事端，總之，大地間自然之利，當與民共之，不當以無用棄之，要在地方官處之得宜，不至生事耳。」[118]可見，康熙考慮得較多的主要還是他的政權的穩固，人民生活的穩定則是政權穩定的前提。

康熙在他的爲政生涯中，確是在安商恤民方面做了大量的工作，也正因爲如此，才開創了「康乾盛世」的新局面。

移風易俗

康熙認爲：「自古帝王治定功成，尤加意於人心風俗之所尚，以圖萬世治安之本。維時禮教明於上，仁讓興於下，俗重敦龐，人多謹愨，國計豐裕，而比屋盈寧，四方清晏，而川嶽效順。」[119]良好的社會風氣的樹立是保證民生安定的重要前提，他說：「夫淳厚以立德，節儉以足用，厲俗之良規也。而民心日偷，澆漓益甚，何以使孝友之行篤於門內，奢淫之習絕於里閈歟？」[120]

康熙曾致力於對明代沿襲下來的奢侈社會風氣進行根治。大臣熊賜履說：「臣觀今日風俗奢侈凌越，不可殫述。一裘而費中人之產，一宴而靡終歲之需，輿隸披貴介之衣，娼優擬命婦之飾，此饑之本，寒之源，而盜賊獄訟所由起也。」[121]康熙一方面從整頓吏治著手，做了大量積極有效的工作，另方面積極在民間倡導節儉的社會風氣。他對江南風俗之奢靡表示不滿。如康熙二十三年（一六八四年），康熙自江寧回鑾，御舟泊儀鳳門外，督撫、提鎮以下大小文武官員及地方縉紳士民數十萬，於兩岸跪送，康熙停舟諭曰：「朕向聞江南財賦之地。今觀市鎮通衢，似覺充盈。鄉村之饒，人情之樸不及北方，皆因粉飾奢華所致。爾等大小有司，當潔己愛民，奉公守法，激濁揚清，體恤民隱，以副朕老安少懷之至意。」[122]要求「務使敦本興讓，崇儉黜浮，兵民日益協和，風俗日益淳樸，詞訟日益減少，積儲日益豐盈，則教洽化行」。康熙認爲：「帝王致治，首在維持風化，辨別等威，崇尚節儉，禁止奢侈，故能使人心淳樸，治化休隆。近見內外官員軍民人等服用奢靡，僭越無度，富者趨尙華麗，貧者互相效尤，以致窘乏爲非，盜竊詐僞，由此而起，人心囂凌，風俗穨壞，其於治化所關非細。」[123]因而必須對奢縱之風嚴加禁止。他看到奢靡之風在漢官中頗爲流行，康熙二十六年（一六八七年），對大學士們說：「朕觀今時之人，不敦本務實，輕浮奢侈者甚多，漢人爲甚。今滿官田舍俱在畿輔之地，人皆知之。漢官內或有自稱道學，粉飾名節，而本鄉房舍幾至半城者有之，或多置田園者有之，且群眾宴集，流於邪僻嬉戲。若不禁止，則漸至於放縱。或身爲大臣，沉湎之色形於顏面者，實非人類矣。著嚴行禁止。」令康熙不解的還有漢軍居父母之喪，經常引朋聚會，呼盧飲酒，毫無居喪之禮。漢軍外官赴任時，亦竭盡風光之能事，「每借京債飾置行裝，且多帶家人，爲伊等謀及衣食，勢必苛取於民，以資用度，親朋債主往往在任所請託需索，是官雖一人，實數人爲之，以致逡削小民，民何以堪？」

康熙認爲：「致治安民之道，首在懲戒貪蠹，嚴禁科派，而後積弊可清，閭閻不擾。」[124]他把懲貪定例公之民間，使民家喻戶曉，「以副朕安民生之至意」。與此同時竭力懲治害民斂財者，漕運總督恭順侯吳維華密疏請徵各州縣鎮市房號銀及江南三十餘州，令民納價領種，「上惡其害民斂財，交刑部議罪」[125]。整飭官風是整飭民風的前提。像奢侈之風、相互請託之風、饋送之風、苛索民生之風、斷獄不公之風等等都與官場腐敗密切相關。到康熙四十二年四月，他總結自己的所爲時說：「朕臨御天下四十餘年，宵旰不惶，勤求化理，凡吏治之淑慝，民生之休戚，無晷刻之頃不切於懷。比年以來，利興弊革，隨事釐剔，蒸蒸然有治平之象，康樂之風矣。然而官方猶未盡飭，習俗猶未盡醇，訟獄猶未衰止。」[126]

康熙竭力倡導節儉的社會風氣，一方面是爲了保證官風的清廉，另外，亦可通過節儉擴大對災民的賑恤。親政伊始，康熙住在又名清寧宮的保和殿，到康熙八年（一六六九年）正月，祖母孝莊太皇太后認爲作爲皇帝，「以殿爲宮，於心不安」，應該住在乾清宮。當時乾清宮交泰殿因年久失修，棟梁朽壞十分嚴重，太皇太后令拆掉重建，以作爲康熙寢宮，年輕的康熙不能違背太皇太后旨意，但他要求工部官員修乾清宮「毋事華麗，只令樸質堅固」[127]。康熙十六年（一六七七年）七月，修造仁孝皇后的陵墓景陵的時候，按例陵殿所用木料必須是上好楠木。康熙看到「因採取楠木致拆毀包衣佐領下人等所居房屋，又令江浙解送，勞苦人民」。於心頗爲不安。指示工部、總管內務府：「修造地宮，但當敬慎堅固爲之。」不過「殿門雖用楠木，年久仍至毀壞」，「著將沙河殿樓楠木取用，如不足，應否添用松木修造及減損尺寸」[128]。在修造皇后陵墓的大事上，康熙都能既不忘減輕下人和百姓負擔，又貫徹節約實用的原則，可見他如何崇尚節儉了。康熙二十五年（一六八六年）二月，四川松威道王騭奏請從四川酌量停減運送楠木，大學士們不同意，康熙說：「川民鮮少，移運楠木最屬艱難，朕所深知。」再次徵求大臣的意見。明珠等大學士奏：「楠木生於深山窮谷之中，山路崎嶇，移運實難。」他們理解康熙體恤民眾的苦心，說：「若停其採取，豈獨川民被澤，即薄海內外無不感戴矣。但殿工關係重大，臣子義不敢言，只聽上裁。」他們哪裡敢提出降低修建皇宮專用材料的規格呢？於是康熙從既養民，又解決建築所需出發，明確表態：「蜀中屢遭兵燹，百姓窮苦已極，朕甚憫之，豈宜重困？且今塞外松木大而可用者甚多，若充取殿材，即數百年可支，何必楠木？」大臣們見康熙以松木代楠木，如此厲行節約，由衷表示：「皇上仁慈節儉，遠超前代，雖茅茨土階亦所安然。」[129]康熙對光祿寺、工部的財政支出管得很嚴，對承辦工程不作預算、浮支肥己造成巨大浪費的積弊只要發現就嚴肅查處。康熙二十一年（一六八二年）六月，工部奏報製造六宮寶座腳踏、屛風、線毯及皇太子宮寶座腳踏，實用銀一萬三千七百餘兩，其中飛金、顏料交與戶部採辦，其他材料及匠役工食銀兩由工部支出。康熙說：「前修蓋內中數處價值，朕明知之，屢行減估，所省頗多。」質問工部：「今觀工部所估價值，較朕所估浮銀六千餘兩，朕屢經駁減，竟無節裁，是何意見？」一針見血地指出：「無非上下通同欲侵蝕餘剩耳。」[130]後來因按康熙估價，另差官製造，比原估價節省過半，工部冒估情弊顯然可見。遂將工部尚書薩穆哈、朱之弼及侍郎等降級處分。與此同時，盛京（今遼寧瀋陽）修造八門城樓工程，康熙讓工部覆核盛京的預算，經過侍郎党古里帶領工匠確估，共需銀八千七百餘兩，比原估價值竟減三萬一千六百餘兩，當都察院要將盛京工部侍郎廖旦革職懲辦時，洞悉實情的康熙作了公平處理。他說：「廖旦所估盡行拆去重修，党古里等所估不拆毀，量行修理，故致工價懸絕。然廖旦等所估亦屬太浮。」令給予廖旦降級處分。後來嚴格檢查開支制度，命戶部、工部所用錢糧「十日一次奏聞」。康熙四十八年（一七〇九年），明確規定工部、光祿寺每十五天一次將所委官員姓名及支給銀兩具摺奏聞，工竣後一年內銷算，逾年者即罷斥。康熙嚴格管理政府各部門開支收到明顯效果。康熙四十五年（一七〇六年）十月，他說：「國家錢糧理當節省，否則一遇災荒蠲免，其軍餉、河工等項經費必致不敷。前光祿寺一年用銀一百萬兩，工部一年用銀二百萬兩，因朕力崇節儉，今光祿寺一年止用銀十萬兩，工部一年用銀二、三十萬兩矣。」131其他開支大的部門，如「理藩院向來每年賞賜、供應外藩賓客，用銀八十萬兩，今裁減浮費，一年只需八萬兩矣」132。

亡明奢侈腐化的教訓也時刻提醒著康熙倍加注意節約宮中開支。康熙二十九年（一六九〇年）初，康熙讓大學士們察明代宮中開支費用，與當時相比：明代光祿寺每年用木柴二千六百八十六萬斤，紅螺等炭一千二百零八萬斤，今分別只用六七百萬斤和百餘萬斤；明代各宮的床帳、輿轎、花毯等項，每年共用二萬八千二百兩，現俱不用；明代宮殿樓亭門數共七百八十六座，今不及十分之一。康熙四十九年（一七一〇年），御史屠沂專門條奏節儉之事，康熙給予肯定：「朕近查宮中人數，皇太后宮及朕所居正宮不過數百人，較之明代宮人則減省多矣。」133

聖祖《講筵緒論》曰：「國家財賦出於民，民力有限，當思撙節愛養，則國家常見其有餘，每見明季諸君，奢侈無度，宮中服食及創造寺觀，動至數十萬。我朝崇尚樸質，較之當時僅百之一二耳。」[134]

康熙希望倡導節儉、杜絕奢風能形成一種社會風氣。他勸導百姓平時要注意節約，尤其是在豐收之年，更不要忘記備荒。他說：「若歲豐用奢，則荒年必致匱乏。」[135]他還說：「國家要務，莫如貴粟重農。朕宵旰圖治，念切民生，惟期年穀順成，積貯饒裕，于以休養黎元咸登樂行。今聞直隸各省雨澤以時，秋成大熟，當比豐收之時，正當以饑饉爲念，誠恐歲稔穀賤，小民無知愛惜，粒米狼戾，以致家無儲蓄，一遇歲歉遂致仳離。」他要各省督撫「嚴飭地方有司，勸諭民間，撙節煩費，加意積貯，務使蓋藏有裕」，這才符合他「重農敦本」、「愛養元元」的「至意」。康熙又十分關注制止官僚中的奢風，因爲奢風是官僚政治的巨大腐蝕力量。他認爲「若夫爲官者儉，則可以養廉，爲官居鄉，只緣不儉，宅舍欲美，妻妾欲奉，僕隸欲多，交遊欲廣，不貪何以給之」。康熙把厲行節儉看成是培育官吏清廉的重要一環。

康熙自身也很注重節儉，處處愛惜人力物力。他每次出巡時，對隨從人員都提出嚴格要求，如不得踐踏莊稼禾苗，如道路狹窄，就要求「扈從衛士魚貫而行」[136]，如秋收之時出巡，還要求「禁擅放馬匹蹂踐禾苗」，不遵守者將「嚴緝以聞」。對經過的地方，還恐怕「隨扈經嚴諭，未必無礙田禾，著知州親行細察所傷地畝若干，應納錢糧若干，俟回鑾日轉奏」。以便蠲免予以補償。康熙四十四年（一七〇五年），第五次南巡，從江寧到蘇州途中，當地百姓「扶老攜幼，日計數萬，隨船擁道」，歡迎康熙。康熙深受感動，說：「此皆由衷而發，非假飾也。」他諄諄告誡督撫，此時「人多路隘，菜蔬麥苗彌漫田野，不無踐傷，朕甚惜焉」，「即出示曉諭，萬勿踏壞田禾」[137]。康熙三十六年（一六九七年）西巡時，不許山西爲此大修道路，讓嚮導官負責「修一車可行之道足矣」，「渡黃河後陝西路闊，無庸大修」，「若修路太過，勞及百姓」，就追究嚮導官責任。後來巡邊到陝甘地區，見「其經過城堡衢市輒多結彩」，康熙「殊覺擾累」，於是通令禁止，他說：「乘輿巡幸本爲安民，豈可反勞民力？」[138]作爲封建君主，康熙能夠事無鉅細地不忘節儉，原因在於他時刻不忘「安民」、「養民」、「恤民」，可以說，這是難能可貴的。

康熙三十六年（一六九七年），當時在宮中供職的法國傳教士白晉給法王路易十四寫了一份奏摺，詳細地介紹了他所見的康熙皇帝。從這部著名的《康熙皇帝》中可以看到康熙個人日常生活的簡樸和一個外國人的感受：

中國皇帝，或者因為他擁有的無窮財富，或者因為他疆土的廣闊富饒，說他是世界上一位最有勢力的君主也許是沒有人會反對的。儘管這樣，他真正用於自己身上的一切遠遠談不上奢侈。……就其個人有關的方面看，那種恬淡素樸簡直是沒有先例的。……除了循例供奉的東西外，他毫無奢求，他滿足於最普通的菜肴，從未有過絲毫的過度，他的淡泊超過了人們所能想像的程度……即使是皇帝所居住的，也只是幾幅書畫，幾件描金飾物和一些相當簡樸的綢緞，而綢緞在中國是十分普遍，不在奢侈品之列，簡單樸素就幾乎是那裏的全部裝飾了。……康熙皇帝在北京近郊三里遠的地方造了一座他很喜歡的苑囿（指暢春園），每年要在那裏度過相當一段時間。裏面除了他命人開鑿的兩個大水池和幾條河道外，再也沒有什麼使人感到與一個既富有又強盛的君主所應有的豪華氣派相稱的東西了。……他的衣著，除了幾件宮廷裏極為常見的過冬的黑貂、銀鼠皮襖外，還有一些在中國算是最普通、最常見，只有小百姓才穿不起的絲綢服裝。逢到雨天，人們有時看到他穿一件氈製外套，這在中國被視

> 為一種粗製的衣服。夏天，我們看見他穿一件普通的麻布短褂，這也是一般人家常穿的衣服。除了節日大典的日子，我們從他身上發現的華麗物品就是一顆大珠子，那珠子在夏天便照滿族人的風俗佩在他的帽沿上。……他在皇城內外不騎馬時用的那頂轎子，只是一件類似擔架的東西而已，木質平常，塗漆，有幾處包有銅片或者點綴一些鍍金的木雕。……總之，在他周圍的一切，人們絲毫感覺不到那種其他亞洲君主處處都要擺出來的窮奢極侈的排場。……他不為個人妄費分文完全是出於賢明的節約，以便把金錢用於帝國真正的需要。康熙深信君主的威信和真正偉大應當較少地借助於外在的豪華，而更多地是在於他道德的光輝[139]。

康熙尊崇古人所說：「以一人治天下，不以天下奉一人。」他一直「常思此言而不敢過也」，綜觀他的一生，大體實現了自己的諾言。

康熙認爲移風易俗的關鍵在於教化。他說：「朕惟至治之日，不以法令爲尚，而以教化爲先。其時人心醇良，風俗樸厚；刑措不用，比屋可封；長治久安，茂登上理。蓋法令禁於一時，而教化維於永久。若徒恃法令，而教化不興，是捨本而務末也。近見風俗日敝，人心不古，囂陵成習，僭濫多端。狙詐之術日上，訟獄之端靡已。或豪富凌轢孤寒，或劣紳武斷鄉曲，或惡衿出入衙署，或蠹棍詐害良民。萑苻之劫掠時聞，仇忿之殺傷累見，陷罹法網，刑所必加。誅之則無知可憫，宥之則憲典難寬。念茲刑辟之日繁，良由化導之未善。朕今欲法古帝王尚德緩刑，化民成俗。」[140]他曾發布《聖諭十六條》，即「敦孝悌以重人倫，篤宗族以昭雍睦，和鄉黨以息爭訟，重農桑以足衣食，尙節儉以惜財用，隆學校以端士民，黜異端以崇正學，講法律以警愚頑，明禮讓以厚風俗，務本業以定民志，訓子弟以禁非爲，息誣告以全良善，誡窩逃以免株連，完錢糧以省催科，聯保甲以弭盜賊，解仇忿以重生命」141。這十六條不只講了階級道德，也講了社會公德；既講了德治，又講了法治；講了倫理，也講了政治。康熙將其作爲社會道德用行政命令頒發到省、府、州、縣至窮鄉僻壤的集會之所，每逢月吉由官府宣講。這種道德宣傳也有不可忽視的導向作用。通過宣講，一方面使社會成員沿著他的道德規範所指引的軌道前進，使人們接受特定的道德價值觀，另方面這種官方宣傳可以轉化爲群眾的口頭傳播。道德的口頭傳播既能傳播道德意識，又能造成廣泛的道德評價，使眾多的社會個體在人們的道德評價中，在自己內心構築起和所宣傳的道德一致的行爲規範和道德價值尺度，從而動搖人們的非道德觀念及其內在構築，使社會個體因之發生自我更新，這便是統治階級道德對被統治階級的改造作用，也是一個時代占統治地位的社會道德的裁判作用的體現。

必須指出的是，康熙並非不要法治，反而非常注重立法和執法，並強調保持法律的嚴肅性、穩定性和長期性，康熙五十二年（一七一三年）四月甲寅日，大學士等以左都御史趙申喬奏農忙之時京城地方亦應遵例停訟疏請旨，康熙答覆說：「農忙停訟之言，聽之似乎有理，而細究之實無裨益，趙申喬總未知事之本原耳，天下之民非獨農人商賈涉訟即廢生理，百工涉訟即廢手藝，地方官不濫准詞狀，於應准者准之，即行結案，則不失農時，訟亦少矣。若但四月至七月停訟，而平時濫收民詞，案牘堆積，冬季詞訟，遲至次年五六月而後審理，雖停訟何益？」142康熙認爲制度應隨時勢的變化而有所損益，但不可以損益制度來誇矜自己的作爲，應儘量保持制度的穩定性。他說：「自古帝王治天下之道，因革損益，期於盡善。原無數百年不敝之法，果屬不可行者，自應參酌時宜，歸於可久。至於制度既定，事可遵行，不宜議論紛紜，朝更夕改。近閱奏章，亦有不思事之可否，但欲徒爲更張，或粗識數字，即爲大言，準之事理，殊屬茫昧，如逞空言，無補實用，其誰不能。且明末一切事例，游離不定，上無道揆，下無法守，以致淪亡，此皆爾等所親見，亦眾所共知。今後凡條奏本章，爾大學士等務加詳酌。」[143] 在用刑時，一定要使正義得到伸張，康熙十三年（一六七四年）十二月，康熙諭禮部說：「古帝王撫御天下，莫不以禮制爲先務，然釐定章程，必文質適中，方可昭垂永久。前見風俗近奢，恐漸流於僭濫，故令更定條例，一切服飾，力崇儉樸，冀返敦龐，詎意有司奉行過當，專事苛細，藉端紛擾，以致商賈壅滯，物力匱詘，小民深爲未便，以後著仍照康熙九年定例遵行，見今一應禁約俱行停止，爾部即遵諭行。」[144] 康熙二十年（一六八一年）正月戊寅日，康熙諭三法司：「帝王以德化民，以刑弼教，莫不敬慎庶獄，刑期無刑，故讞決之司，所關最重，必聽斷明允，擬議持平，乃能使民無冤抑，可幾刑措之風。近覽法司章奏，議決重犯甚多，愚民無知，身陷法網，或由教化未孚，或爲饑寒所迫，以致習俗日偷，潛不畏法。每念及此，深爲憫惻，在外督撫臬司及問刑各官審理重案，有律例未諳，定擬失當，草率完結者，有膠執成見，改竄供招，深文羅織者，有偏私索詐，受囑徇情，顛倒是非者。有一於此，民枉何由得伸。以後著嚴加申飭，內外大小問刑各衙門，洗心滌慮，持廉秉公，務期原情準法，協於至當，不得故縱市恩，亦不得苛刻失入，痛改積習，加意詳刑，以副朕尚德好生，欽恤民命至意。」[145] 執法的好壞對社會風氣的影響甚大，保證執法的公正才能從根本上保證社會風氣的好轉。

康熙盡力倡導一種務實的作風，他說：「朕孜孜圖治，亦皆崇尚實政，不貴空言，督撫係地方大吏，凡關係民生，興利除弊，有裨風化，鼓舞士子，果有真知灼見者，即應竭慮殫心，見諸躬行，以利地方。」[146] 此外，康熙亦反對在巡行中前呼後擁，反對大操大辦迎送儀式，反對官吏在辭任時搞眾多民人的送行儀式，亦反對搜刮民力以樹碑立傳。

康熙還積極倡導家族制度的發展，提倡其他各類社會組織的發展，包括鄉約、會社、會館等組織的發展，以便通過集體的力量和彼此的相互制約來實現社會的有效整合，減少社會動盪，維護社會安定。

康熙從儒家經典與浩瀚的歷史典籍中，通過實踐，認識到作爲最高的封建統治者必須樹立起「以民爲本」的思想，有效地處理和協調社會各群體之間的利害關係。他一貫堅持「有益於民者即行之」的標準，來處理一切事務。上述墾荒、輕賦、蠲賑、恤商和移風易俗等各項工作，都是與民生緊密相聯的。因此，凡是與民生相關的事情，他都要細加籌劃，凡是有害於民生的事情，他都要反對。康熙二十三年（一六八四年）工部要求他敕令直隸、河南巡撫塞衛濟運，漕船過後，才許分流灌田。他批評工部官員不顧民生，說：「朕聽理諸事，必於民生關係之處，詳加籌度，而後施行。該部所議，但期不誤漕運，初未嘗計及民生關係處也。」[147] 他把民生是否得遂作爲他政治得失的尺度。他時常出巡也包含著勤求民瘼的企求，「是以風俗民情靡不洞悉」。在南巡時，他發現浙江百姓因「府、州、縣官私派侵取，饋送上司」，「微小易結案件牽連多人，遲延索詐者甚多」[148]。人民生計大不如前，於是嚴敕督撫查參，否則事發，督撫與貪蠹一併從重治罪。正因爲康熙竭力把「保民」、「安民」、「恤民」、「重民」等思想付諸實施，使清初的政治局面、社會經濟狀況有了很大的改觀，從而爲康、雍、乾盛世奠定了堅實的物質基礎與社會基礎。

註釋

1《清世祖實錄》卷十二，順治元年十二月丁丑條。
2 光緒《大清會典事例》卷七百七十六，〈刑部〉。
3《清世祖實錄》卷一百零二，順治十三年六月癸巳條。
4 龔鼎孳：《龔端毅公奏疏》卷三，〈敬陳民困疏〉。
5 郝浴：《中山奏議》卷一，〈備述蜀省情形疏〉。
6《順治元年內外官署奏疏》，轉見郭松義《清初封建國家墾荒政策分析》，載《清史論叢》第二輯，第一一三頁。
7《清世祖實錄》卷九十二，順治十二年九月丁亥條。
8《皇清奏議》卷二，〈請陳治平三大要〉。
9《皇清經世文編》卷三十四，〈戶政〉九〈屯墾〉，盧閎：《屯田議》。
10《明清史料丙編》，第七本，第六〇八頁。
11《清世祖實錄》卷一百三十六，順治十七年六月乙未條。
12《清聖祖實錄》卷二十二，康熙六年六月甲戌條。
13《清聖祖實錄》卷一百零五，康熙二十一年十月丙子條。
14《清聖祖實錄》卷二十八，康熙八年正月辛丑條。
15《清聖祖實錄》卷四十四，康熙十二年十一月己巳條。
16《清聖祖實錄》卷八十七，康熙十八年十二月癸未條。
17《聖祖仁皇帝聖訓》卷六，〈聖治一〉。
18《清聖祖實錄》卷一百十五，康熙二十三年五月甲申條。
19《清聖祖實錄》卷一百二十，康熙二十四年四月戊戌條。
20《聖祖仁皇帝聖訓》卷二十五，〈嚴法紀一〉。
21《聖祖仁皇帝聖訓》卷二十二，〈恤民二〉。
22《清聖祖實錄》卷四十三，康熙十二年八月辛酉條。
23《清聖祖實錄》卷一百十六，康熙二十三年八月丁卯條。
24《清聖祖實錄》卷三十六，康熙十年五月乙未條。
25《清史吏治叢談》第一卷，第二八頁。
26《康熙政要》第十九卷，〈論兵農第三十三〉。
27《清世祖實錄》卷十五，順治二年四月辛巳條。

28 吳振域：《養吉齋餘錄》卷一。
29 《清世祖實錄》卷三十一，順治四年三月己巳條。
30 《清會典事例》卷八百八十五。
31 《清會典事例》卷八百五十七。
32 王士禛：《香山筆記》卷四。
33 《清聖祖實錄》卷八十二，康熙十八年七月壬戌條。
34 《清聖祖實錄》卷八十三，康熙十八年八月癸酉條。
35 《清聖祖實錄》卷二十二，康熙六年閏四月戊子條。
36 道光《贛州府志》卷之二，〈經政志〉。
37 乾隆《光山縣志》卷二十二，〈雜志〉。
38 嘉慶《息縣志》卷二，〈食貨志〉。
39 光緒《山西通志》卷五十九，〈田賦略〉二。
40 民國《寧鄉縣志》附〈故事編・財用錄〉。
41 《清聖祖實錄》卷一百十三，康熙二十二年十一月戊辰條。
42 《清聖祖實錄》卷一百三十九，康熙二十八年二月戊午條。
43 王慶雲：《石渠餘記》卷一，〈記蠲免〉。
44 《清聖祖實錄》卷二百三十九，康熙四十八年十月壬子條。
45 《清聖祖實錄》卷一百二十二，康熙二十四年九月戊寅條。
46 《清聖祖實錄》卷二百八十一，康熙五十七年閏八月戊辰條。
47 《聖祖仁皇帝聖訓》卷二十一，〈恤民一〉。
48 《清聖祖實錄》卷一百九十七，康熙三十九年二月乙酉條。
49 《清聖祖實錄》卷九十，康熙十九年五月庚寅條。
50 《康熙起居注》，康熙二十三年九月初十日癸酉條。
51 《清聖祖實錄》卷一百十七，康熙二十三年十月庚申條。
52 《康熙起居注》，康熙二十八年二月二十八日丙申條。
53 《清聖祖實錄》卷二百十三，康熙四十二年十月丁丑條。
54 《清聖祖實錄》卷一百二十，康熙二十四年三月辛丑條。
55 《清聖祖實錄》卷三十五，康熙十年四月癸未條。
56 《清聖祖實錄》卷三十九，康熙十一年五月丙午條。
57 《清聖祖實錄》卷三十九，康熙十一年六月各條。
58 《清聖祖實錄》卷三十九，康熙十一年七月、八月各條。

59 《清聖祖實錄》卷四十，康熙十一年九月各條。

60 《清聖祖實錄》卷七十九，康熙十八年正月戊申條。

61 《清聖祖實錄》卷七十九，康熙十八年正月己酉條。

62 《清聖祖實錄》卷八十二，康熙十八年七月各條。

63 《康熙起居注》，康熙十八年七月三十日條；《清聖祖實錄》卷八十二，康熙十八年七月壬戌條。

64 《清聖祖實錄》卷一百二十三，康熙二十四年十一月戊午條。

65 《清聖祖實錄》卷一百四十三，康熙二十八年十二月戊子條。

66 《清聖祖實錄》卷一百五十三，康熙三十年九月庚午條。

67 《皇朝通典》卷十六。

68 《清聖祖實錄》卷二百一十，康熙四十一年十月乙卯條。

69 《清聖祖實錄》卷二百一十，康熙四十一年十一月乙卯條。

70 《清聖祖實錄》卷二百十一，康熙四十二年正月壬申條。

71 《清聖祖實錄》卷二百二十七，康熙四十五年十月己酉條。

72 《皇朝通典》卷十七。

73 《清聖祖實錄》卷二百四十，康熙四十八年十一月丙子條。

74 王慶雲：《石渠餘記》卷一，〈記蠲免〉；《清聖祖實錄》卷二百四十四，康熙四十九年十月甲子條。

75 《清聖祖實錄》卷二百五十六，康熙五十二年九月庚寅條。

76 《清史稿》卷一百二十一，〈食貨二〉。

77 《清聖祖實錄》卷二百八十三，康熙五十八年正月壬寅條。

78 《清聖祖實錄》卷二百四十四，康熙四十九年十一月己丑條。

79 《聖祖仁皇帝聖訓》卷三十八，〈蠲賑一〉。

80 《清聖祖實錄》卷十四，康熙四年二月丙子、三月辛卯條。

81 《清聖祖實錄》卷二百四十，康熙四十八年十一月甲申條。

82 《清聖祖實錄》卷三十四，康熙九年十月甲午條。

83 《清聖祖實錄》卷四十二，康熙十二年四月壬戌條。

84 《清聖祖實錄》卷八十一，康熙十八年六月辛未條。

85 《聖祖仁皇帝聖訓》卷二十一，〈恤民一〉。

86、87《聖祖仁皇帝聖訓》卷二十二，〈恤民二〉。

88《康熙政要》卷二十二，〈論安邊第三十九〉。

89《庭訓格言》，引《康熙政要》卷二十二，〈論安邊第三十九〉。

90《文獻通考》卷二十八，〈征榷〉。

91《皇朝經世文編》卷二十八，〈戶政〉。

92《清聖祖實錄》卷一百二十四，康熙二十五年二月丙申條。

93《清聖祖實錄》卷八十，康熙十八年三月乙卯條。

94《聖祖仁皇帝御製文集》第三集，卷二十三，〈碑記・高旻寺碑記〉。

95《清聖祖實錄》卷一百二十四，康熙二十五年二月丙申條。

96《清聖祖實錄》卷二百五十九，康熙五十三年六月丙戌條。

97《清聖祖實錄》卷一百二十四，康熙二十五年二月丙申條。

98《清聖祖實錄》卷二百四十九，康熙五十一年正月丙辰條。

99《清聖祖實錄》卷一百一十八，康熙二十三年十二月癸巳條。

100《清聖祖實錄》卷二十二，康熙六年閏四月癸丑條。

101《清聖祖實錄》卷一百二十四，康熙二十五年二月丙申條。

102《清聖祖實錄》卷十六，康熙四年九月己酉條。

103、104《清聖祖實錄》卷一百零四，康熙二十一年九月己酉條。

105《清聖祖實錄》卷一百二十六，康熙二十五年六月丁巳條。

106《清聖祖實錄》卷一百八十八，康熙三十七年四月癸亥條。

107《清聖祖實錄》卷二百三十八，康熙四十八年七月戊寅條。

108《清聖祖實錄》卷一百十一，康熙二十二年八月戊午條。

109《清聖祖實錄》卷一百三十九，康熙二十八年二月己酉條。

110顧公燮：《消夏閑記摘抄・平定姑蘇始末・芙蓉塘》。

111、112《明清以來江蘇省碑刻資料選集》第二頁。

113《清經世文編》卷二十三，〈吏政守令下〉。

114孫嘉淦：《南遊記》卷一，《小方壺輿地叢鈔》第三帙。

115 謝國楨：《清初流人開發東北史》第九八頁。

116 吳振臣：《寧古塔紀略》第一頁。

117 《清聖祖實錄》卷一百十六，康熙二十三年七月乙亥條。

118 《清聖祖實錄》卷二百五十五，康熙五十二年五月辛巳條。

119、120 《清聖祖實錄》卷一百零四，康熙二十一年九月乙巳條。

121 《清聖祖實錄》卷二十二，康熙六年六月甲戌條。

122 《康熙政要》卷十五，〈論奢縱第十五〉。

123 《清聖祖實錄》卷三十九，康熙十一年七月癸丑條。

124 《聖祖仁皇帝御製文集》第一集，卷十，〈敕諭〉。

125 《清聖祖實錄》卷二十六，康熙七年七月戊午條。

126 《清聖祖實錄》卷二百十二，康熙四十二年四月己卯條。

127 《聖祖仁皇帝聖訓》卷二，〈聖德一〉。

128 《康熙起居注》，康熙十六年七月初三日戊寅。

129 《康熙起居注》，康熙二十五年二月二十七日辛亥。

130 《康熙起居注》，康熙二十一年六月初一日丁丑。

131、132、133 《聖祖聖訓》卷四，〈聖德三〉。

134 《聖祖仁皇帝御製文集》初集卷二十七，〈雜著・講筵緒論〉。

135 《清聖祖實錄》卷二百十三，康熙四十二年十月戊戌條。

136 《清聖祖實錄》卷二百，康熙三十九年七月丙辰條。

137、138 《聖祖仁皇帝聖訓》卷二十二，〈恤民二〉。

139 白晉：《康熙皇帝》，見《清史資料》第一輯，第二二一～二二二頁。

140、141 《康熙政要》卷二，〈論政體第二〉。

142 《清聖祖實錄》卷二百五十四，康熙五十二年四月甲寅條。

143 《清聖祖實錄》卷八十三，康熙十八年八月己丑條。

144 《清聖祖實錄》卷五十一，康熙十三年十二月壬寅條。

145 《清聖祖實錄》卷九十四，康熙二十年正月辛巳條。

146 《清聖祖實錄》卷二百六十六，康熙五十四年十一月庚子條。

147 《清聖祖實錄》卷一百十五，康熙二十三年四月丙辰條。

148 《清聖祖實錄》卷一百九十三，康熙三十八年五月丙戌條。

第八章　嚴吏治　辨賞罰　源清則流潔

清初吏治積弊

康熙曾懷著「察吏安民」的宏大計劃登上金鑾殿，他親政以後，消除了以鰲拜爲首的輔政大臣的影響，日漸重建起了以皇帝爲中心的從中央到地方的政治體系。

首先，他通過各種途徑逐漸認識了清初吏治的積弊。譬如：「部臣議事，不肯直辭決斷，或請下督撫，或請移他郡，一案之處分，經年未結，一事之行止，重複諮詢，民間利病所關，憚於釐正。輒以往例爲詞，是惟知推諉卸責，而無任事之實心也。督撫知百姓苦於私派浮徵，而不爲建長策以除積痼，見有司貪暴掊克，間有特糾者，又復摘微罪引輕條，是惟以蒙蔽養奸，而無澄清之實政也。」[1]許多官吏爲官不求有所作爲，卻得過且過，這實際上也是怠政的表現。官僚隊伍中充塞著這類怠政者，革新政治必成空話。康熙認爲：「天下善事俱是分所當爲，近見寸長片善，便自矜誇，是好名也。」[2]本來，設立言官是要執行彈劾貪酷之責，可事實上，「近見言官條奏，於事理之外，牽引比擬，多用浮飾之言，或有將已結之事，剿襲充數者，或有挾私紛更國家已定之良法者，且本章原令不得逾三百字，今逾額浮詞甚多」[3]。正因爲如此，「國家設法定例，原期章程盡善，垂之久遠，上裨軍國，下益民生，必藉內外臣工精白乃心，恪其詳慎，實心奉行，方克永遵而無弊。近見各處章奏，凡於見行之例，或藉端營私，巧爲掩飾，或推諉卸過，冀免處分，或徇庇情面，曲爲彌縫。凡行一事，每滋弊端，以致良法美意，澤未下究，而累已及民，揆諸立法初意，殊爲未符」[4]。譬如蠲免政策頒布下來，到了地方，「舊逋未與停止，故官吏追呼不輟，不肖者或緣舊逋，以罔新額」，使恤政反成苛政，這些都是貪吏爲患，「國家日言生聚，而凋敝愈甚；日言軫恤，而瘡痍不起，日言招集，言蠲免，而流離瑣尾之狀，不可勝言」。「一旦水旱頻仍，饑饉見告，蠲賦則吏收其實，而民受其名，賑濟則官增其肥，而民重其瘠，此不獨守令之過也」[5]。康熙說：「向因地方官員濫徵私派，苦累小民，屢經嚴飭而積習未改，每於正項錢糧外，加增火耗，或持易知由單不行曉示，設立名色，恣意科斂，或入私囊，或賄上官，致小民脂膏竭盡，困苦已極。」[6]有的官吏在地方「錢糧新舊並徵，參罰疊出」[7]；有的官吏爲了博得上司的歡心，求取升遷，常常置百姓安危於不顧，以致「鞭笞敲剝」，無所不爲。

康熙還發現「在外文武官員，尚有因循陋習，藉名令節生辰，剝削兵民，饋送督撫、提鎭、司道等官，督撫、提鎭、司道等官，復苛索屬員，饋送在京部院大臣、科道等官，在京官員亦交饋送」[8]。康熙深深意識到：「今人沿於明季陋習，積漸日深，清操潔己，難言之矣。職守移至曠怠，罕能恪勤，朝廷良法美意，往往施行未久，即爲叢弊之地，常欲化導轉移，每患積習之難去也。」[9]因而在康熙執政以後很長一段時間內，吏治問題仍很嚴重。康熙二十年（一六八一年）初，康熙與直隸巡撫格爾古德談話中坦言：「但爲總督、巡撫者，貪婪居多。」[10]後來，他又和禮部尚書湯斌談到：「天下官有才者不少，操守清廉者不多見。」[11]康熙所言並非無中生有，康熙十八年（一六七九年）七月，京師地震，康熙命部院三品以上官及科道、在外督撫等官，言政治得失，並親自修省，總結了六大問題，其中第一條即爲「民生困苦已極，大臣長吏之家日益富饒。民間情形雖未昭著，近因家無衣食，將子女入京賤鬻者不可勝數」，其原因在於「地方官吏諂媚上官，苛派百姓，總督、巡撫、司道又轉而饋送在京大臣，以天生有限之物力，民間易盡之脂膏，盡歸貪吏私囊」12。

在京大吏亦巧立名目中飽私囊。譬如各省地丁稅課各項錢糧，在本地支銷兵餉、驛站、俸工、漕項等件，每年共約用銀二千餘萬兩，由皇帝將督撫奏請報銷的題本交戶部審核，辦理報銷。但履行報銷手續時，戶部往往挑剔不已，往返多次，難以通過。督撫只好向戶部行賄，時謂「內外使費」，其後，哪怕報銷有弊，也能順利地「以咨文完結」。外省向中央解送錢糧時，若不足量，戶部有權令其補解，曰掛平，戶部大員利用職權，不分青紅皂白，硬以不足量爲藉口，強令補解，其數每年大約占解送錢糧總數的百分之三、四。如果解官事先與庫上講明，每十萬兩使費四千兩，便可免去掛平。僅此一項，戶部每年可非法收入三、四十萬兩，這是結夥貪贓的極端事例。漕運總督以每石多一兩一錢題銷漕船月糧錢，戶部審核認爲應六錢五分，冒銷近一倍。皇帝批覆漕督，令其「將給過銀兩嚴追交報」，但漕督賄賂戶部大員後，仍能以一兩一錢「暗銷」，漕督、戶部大吏互相勾結侵吞國家財富13。這些事例均係在辦理公事過程中，以公事「公辦」的形式出現，彼此勾結，行賄受賄，貪污錢糧，它比官員個人交往中行賄受賄要高明得多，危害也更大。

經濟上結夥貪污必然導致政治上的拉幫結派，曲應故事。九卿會推官員，亦不能至公至正，或草率苟且，或立議爭勝，極力推薦自己的親朋、同鄉以及門生。官員間多結爲黨援，互相包庇，徇私舞弊。康熙發現山西巡撫穆爾賽貪酷無比，穢跡昭著，但當康熙向大學士、九卿等問其居官善否時，滿大學士勒德洪等竟企圖包庇而不據實陳奏。康熙還瞭解到自工部尚書至侍郎以及各分司官員，充塞著一大批互相容隱的貪污分子，而這是治河工程連年興工卻不僅全無效果，反而殃害更烈的重要禍端。

因爲吏治不修，危害百姓，勢必危及封建政權的統治。在清初，已有不少官員針對當時的實際情況提出了尖銳的意見。有的說：「天下之治安在民，民之治安在吏，親民莫如守令，則守令者天下治亂之源也。」[14]魏象樞在〈申明憲綱恭請嚴飭以致治本源事疏〉中，把整飭各省督撫放在首要位置。他說：「竊念國家之根本在百姓，百姓之安危在督撫，故督撫廉則物阜民安，督撫貪則民窮財盡。」[15]康熙在與熊賜履的討論中更加明確了從來「民生不遂，由於吏治不清。長吏賢，則百姓自安」[16]的道理。康熙認爲：「夫國賦出於民，有一民斯有一民之賦，若不撫輯招徠，地方何由底定。」[17]康熙十七年（一六七八年），康熙與明珠交談時說：「明朝末世，君臣隔越，以致四方疾苦，生民利弊，無由上聞。」[18]後來他又說到明朝後期「一切事例游移不定，上無道揆，下無守法，以致淪亡」[19]。從明朝的敗亡中，康熙看到若不嚴吏治，必然要重蹈亡明之覆轍。

因爲官吏的貪殘，當時社會已亂事紛呈。在康熙三十六年（一六九七年）四、五月間，康熙因追殲噶爾丹巡視山西、陝西、甘肅等省，親睹各級官員「不能子愛小民，更恣横索」，官貪釀成民反。康熙三十六年正月，山西便「因科派草豆激變民心」，憤怒的百姓先後圍攻了安邑、翼城、曲沃、聞喜、襄陵、太平、稷山等縣。其他如蒲州、解州、絳州以及河津、榮河、萬泉、芮城等地，亦「紛起變亂」。次年「復有寧鄉、汾陽、孝義之變」。據有人向朝廷上書說，此次「晉省各邑民變，皆由前任巡撫溫保持乙亥、丙子兩年需用草豆車騾等項，官價未給，又行令州縣攤派」所致[20]。康熙三十八年（一六九九年），湖南茶陵州又發生了因知州趙國瑄「私派激變」事，起事的群眾在陳丹的領導下，圍攻城池，阻擊官兵，奪取信印、倉庫，朝廷派郎中剛五達等前往查議，剛五達不認真查辦趙國瑄，反而與地方官互爲勾結，「恣肆横行，擾害地方」，結果使矛盾更加激化[21]。就在湖南發生變亂的同時，山東安邱縣的千餘名農民，因不堪賦役重壓而發生暴動[22]。不久之後，江西永新縣百姓也因爲「官府横加賦銀米石」而「聚眾抗官」[23]。在盛京義州，佃甲們「迫於所司侵漁」，「亡命」於山中「自保」以「圖活命」[24]。如此等等，幾乎連年都有，其中還有相當一部分因爲動亂的規模較小，「有司畏考成懼參罰」，「競相諱盜，隱瞞不報，朝廷無由得知」[25]。又如在山西省，「地方巡撫以下及有司各官，平時不能撫養，督勸力田」，「猝遇凶年，小民失業」，使「地畝荒蕪，人丁逃亡」[26]。或像湖南，「有司徵收錢糧，加取火耗又視別省爲獨重，百姓窮蹙不支，致多流離遷徙」[27]。所有這一切，都驅使康熙必須對地方吏治有所改革。恰好歷史提供給了康熙這樣的機會，三藩之亂的平定使康熙可以從容地把主要精力集中到修明內政方面。

康熙嚴飭吏治舉措種種

康熙多次在公開場合表明了自己嚴飭吏治的意向，這可以說是定下了政策的基調。譬如康熙二十七年（一六八八年），他曾說：「每念民生之休戚，由於吏治之貪廉。」[28]康熙三十三年（一六九四年）又說：「朕以統御寰區，莫不以國計民生爲首務，其時人材蔚起，吏治澄清，府事修和。」康熙三十六年（一六九七年）又談到：「朕惟治天下之道，必期柔遠能邇，察吏安民。」[29]他對大學士等說：「當今凡事皆可緩圖，惟吏治民生最難刻緩。」[30]

整飭吏治的第一步便是有關制度的建立，首先是充實和嚴格官吏的考核制度。清初承明制，對文職官員實行「京察」、「大計」等法。京察考核在朝京官和督撫，大計則考核外任官員。但在順治、康熙之際，不但考核流於形式，而且時間也無保證，還常常藉故停罷。

康熙元年（一六六二年），頒諭：「內外官員歷俸三年考滿，即可分別去留。此外又有京察大計，實屬繁文，仍停京察大計，專用考滿，以五年分別勤懲。一二等稱職，加級記錄，平常者留任，不及者降調，不稱職革職，以後升轉，一等者先用。」康熙三年（一六六四年），御史張沖翼注意到考滿結果定一等者甚多，無法顯示差等，反而激發了官吏們的奔競鑽營之心，他請「申嚴卓薦名額，皆以詳核事跡，使名實相符」。對此，康熙馬上告諭吏部說：「都察院近日內外文武各官，考滿一等二等甚多，豈無一才力不及不稱職者？此後各部直隸各省文武官員考滿，將三年之內，某官所辦某事，察明保奏。若考過一等二等官員，不能稱職者，事發之日，將考核時具保之官，一併治罪。」[31]但是康熙四年（一六六五年），御史季振宜又發現「自行考滿以來，大臣上疏自陳，不過鋪張功績，博朝廷表裏羊酒之賜。至堂官考核司屬，朝夕同事，孰肯破情面秉至公？其中鑽營奔競，弊不勝言」。考滿制度亦成虛設。到康熙二十三年（一六八四年）以後，康熙認真整頓過去的制度，開始嚴格考核官吏，到康熙晚期的三十多年裏，大批不稱職的官吏及時受到處理，有一千五百多人因「才力不及」和「浮躁」被降職調用，還有一千五百多人因「不謹」和「罷軟無爲」而被革職。此外因廉潔能幹受到表彰的有七百多人，因貪酷被懲處的有五百多人，因老病而休致的達兩千六百多人。康熙按制度定期考察官吏，嚴格實行獎懲，對防止官吏腐敗，提高官吏素質起到了積極作用。

在其他制度方面，康熙也作了不少充實和調整。清代入仕有「正途」和「雜途」之分，正途是指由科舉或貢監而做官的，構成當時官員隊伍的主體。在此之外，諸凡捐納、蔭襲、吏胥遷秩而進入官場的，統稱雜途。比較而言雜途人員來源複雜，素質參差不齊。康熙認爲要澄清吏治，重視選拔，就必須對雜途人選作適當限制，便於康熙十九年（一六八〇年）議准：漢官非正途者，雖經保舉，亦不准參與吏部考選。次年又規定：捐納、貢生不得與正途出身等同考選。爲了避免在考選中徇私隱情，對京官三品以上及總督、巡撫子弟，規定不准考選。康熙還針對上級官員在推薦保舉屬官中的請託、結黨，指示吏部議定：凡督撫濫將屬官保題留任補用，或在京九卿等官保舉人員「有貪婪事發」者，均得將原保舉官糾察處分。又規定，凡大計定爲「卓異」者，必須確實符合「無加派、無濫刑、無盜案、無錢糧拖欠、無倉庫虧空銀米，境內民生得所，地方有起色」等條件[32]。此外，對任官迴避制度以及對招徠民戶、勸墾荒地、錢糧賦稅、民刑盜案等一套傳統考成辦法，也有所充實調整。

其次，康熙深受儒家思想影響，堅信「有至人，無至法」的規條。他說：「國家設法是例，原期章程盡善，垂之久遠，上裨軍國，下益民生。必藉內外臣工，精白乃心，恪共詳慎，實心奉行，方克永遵而無弊。」[33]他多次苦口婆心對臣下說：「朕惟致治雍熙，在於大小臣工，悉尚廉潔，使民生得遂。內外滿漢文武官員，各守職責，必律己潔清，屏絕饋遺，乃能恪共職業，副朕任使。」[34]「人臣服官，著重廉恥之節。」[35]「人臣服官，惟當靖共匪懈，一意奉公。」「從來有治人無治法，爲政全在得人……若諸臣肯洗心滌慮，公爾忘私，國爾忘家，和衷協恭，實盡職業，庶務何患不就理？國家何患不治平哉？」[36]康熙之言之諄諄，而多數官員卻聽之邈邈，就在他反覆告誡官員時，苛索肥己者有之，「或因不得升遷，或因不得差遣，輒稱冤抑，紛紛控告」者有之，「分立門戶，私植黨與」者有之。時天災頻仍，康熙曾力圖藉災修省，藉災興革，他曾說：「頃者，地震示警，實因一切政事，不協天心，故召此災變。」他說：「大臣朋比徇私者甚多，每遇會推選用時，皆舉其平素往來交好之人。但云辦事有能，並不問其操守清正，如此而謂不上干天和者，未之有也。」[37]他說官吏中「徇私利己者多，公忠爲國者少」[38]。又說：「朕數年來，屢下嚴旨，加意剔釐。今雖較前差善，而弊尚未除。且部院堂官，止圖己身安逸，辦事不勤。堂官推諉司官，司官推諉筆帖式，早歸私家，詭稱終日在署。」[39]顯然，靠勸諭不可能對吏治的澄清發揮太大的作用。

康熙考察鞭策官員的辦法還有引見、陛辭、出巡、密奏等。

康熙對於委任的一般州縣官員、題補武官、被參官員保舉人員等都予引見，親自提問，「親驗補授」，並給予指示，如果發現庸劣者，便予以罷斥，相反的，則予以肯定，態度明確。康熙十年（一六七一年）十二月的一天通政使司官員出班啟奏，康熙詢問左通政使任克傅：「你是什麼地方人？」任克傅跪答說是山東人。康熙又問：「你曾經做過御史嗎？條陳彈劾過幾次？」任克傅回答：「臣向承乏科員，條陳三十二事，彈劾一總督、一侍郎，又發科場大弊。」此人退出後，康熙對旁邊侍臣們稱讚說：「以前聽說他很強幹，果然是這樣。」康熙二十年（一六八一年）二月，一次在乾清門聽政時，都察院左都御史折爾肯為一批內升外轉御史引見，康熙問：「御史中最賢能的是誰？」折爾肯回奏是漢軍御史郭維藩、祝鍾靈，另外有二人也很好，只是歷任還不久，對他們還不太了解。大臣徐元文等又奏趙之鼎資俸最深，人也敦厚；謝兆昌才品都優。康熙接著問：「品行不端的有誰？」徐元文答：「御史中亦無甚不肖者，惟唐朝彝辦事平常。」康熙說：「唐朝彝才能雖然一般，但是個敦厚本份的人。」又指名問道：「蔣伊這人怎麼樣？」徐元文等肯定地說：「他辦事有才，而且工作勤勤懇懇。」康熙因早有瞭解，便說：「朕聞此人各處奔競，巡城時聲名亦不佳。」對於臣下的議論，康熙並不偏信，常能細加咀嚼，辨其賢否。康熙二十五年（一六八六年）十二月，掌管宗廟祭祀的太常寺空缺兩個寺丞職位，大臣明珠、學士葛思泰等不同意別人舉薦的人選，向康熙舉薦現任太常寺贊禮郎的法山、華善二人，說他們「為人頗優，禮儀嫺熟可用」，請康熙引見。贊禮郎是太常寺中最低官職，正九品，寺丞是佐貳主官寺卿的事務官，正六品，當時屬正官。這次題補是不小的升遷，康熙很慎重，他仔細地問葛思泰，法山和華善「歷俸幾年」，回答說法山四年、華善二年。康熙反問難道再沒有比他們「俸深」的人了嗎？表示這方面不太合乎要求。贊禮郎的職務是祭祀時指導皇帝行禮，所以康熙又問他們聲音如何，並說聲音好壞至關重要。葛思泰承認聲音平常，強調「寺丞職在引禮辦事，此二人老成，可以任事，所以選擇」。康熙問到法山的出身，在旁的大臣勒德洪答說：「由烏林人筆帖式升贊禮郎」，也強調「為人頗優，且年已老成」。康熙又問他們與降調的原寺丞西寶相比如何，葛思泰極力說：「此二人比西寶為優。西寶但因辦事熟練選擇，其為人甚屬狂妄。此二人比西寶果優。」康熙思慮再三，反覆權衡之後表態說：「此二人未必可用。」又問：「其他俸深者為誰？」答說俸深的是雅奇和張達。康熙說：「寺丞員缺，甚屬緊要，必須歷俸年久，聲音洪亮，禮儀嫺熟者，方可補用。」兩天後，奉旨引見任太常寺讀視官的張達和贊禮郎薩木哈。康熙問二人歷任幾年了，葛思泰奏曰：「張達歷任十一年，薩木哈歷任八年。」康熙又問：「張達為人若何？」葛思泰不加思索地說：「張達為人堪用。」康熙這才說：「這員缺著張達補授。」[40]這件事表明康熙考察任用官吏是很注重賢能標準的。

康熙還讓被任命的督、撫和各省其他文武大吏離京赴任前，向他告別，叫陛辭。這是康熙考察官員的另一有效措施。康熙十八年（一六七九年）八月二十六日，山東巡撫施維翰陛辭，康熙問道：「爾有所陳奏否？」維翰奏言：「臣一介庸愚，蒙皇上特恩簡拔，荷此重任，自奉命以來，日夜悚懼，敢不盡心力以圖報稱。」康熙說：「總督、巡撫赴任，朕皆有諭旨，勉其盡職，及到地方，鮮能遵行。」維翰奏言：「臣歷官日久，悉知民間利病，今到地方，誓不敢有敗檢之事。

倘居官不職，惟皇上置之重法。」康熙乘勢進言說：「近日山東兵丁鼓譟，極爲可惡，爾到地方，宜嚴行禁戢。」維翰奏答：「兵民皆朝廷赤子，止因巡撫、提督文武不和，遂致兵丁生變，臣當與提督臣同心協力，調劑兵民。」康熙欣然地說：「文武協和，自然地方安輯。」維翰又奏言：「山東盜賊未清，連年荒歉，兼以吏治貪污，臣當盡力料理，次第入告。」既而康熙又勸勉施維翰勤奮工作，體恤民生[41]。康熙二十四年（一六八五年）二月十三日，漕運總督徐旭齡於乾清門陛辭，康熙召徐至榻前，徐旭齡對康熙的信任和重用深表感激，並虔誠地向康熙討教治漕的方略，因爲康熙二十三年時，康熙剛南巡過。康熙叮囑說：「源潔則流清，爾爲大吏，務正己率屬，官吏自不爲奸。」「爾可益勵勤恪，安輯軍民，以副朕委任至意。」徐旭齡向康熙提出一套禁止陋規、節約不必要開支的方案，他說：「凡官吏營私莫如錢糧火耗，臣在山東曾行嚴禁，今者漕運陋規，巧立名色，積習相因，不可枚舉。即如漕船過淮，例應盤驗，乃經管官吏專事需索，以致旗丁窮困，盜賣漕糧，虧損國課。臣到任後，務徹底清釐，以蘇軍民之困。至額設標兵六千，臣衙門非有防守之責，似應量裁，以節冗費。前任漕督原係滿官，故一應本章皆用筆帖式翻譯，臣是漢人，奏疏止用漢字，所設筆帖式亦應裁撤。官省則弊亦省，似於地方有益。」康熙激勵說：「此等應行事宜，爾到任後即具本來奏，朕自允行。漕河事務原屬一體，凡河工有關漕務者，爾便宜行事，不必推諉。其屬官賢否，宜從容細訪，廉察得真，方可入告。舉一人，務使千萬人知勸；劾一人，務使千萬人知懲。至於待屬吏，勿致過刻，伊等各有難處，爾若平心待之，則下吏皆悅服矣。」旭齡奏說：「聖諭明見萬里，臣謹仰體遵行。臣今日即出都門，去天日遠，犬馬之情不勝依戀。」[42]同日，又召新任廣東提督許貞到御座前，頒諭說：「爾在江西著有戰功，朕嘉爾勞，故簡任提督，近聞廣東盜賊未靖，爾宜加意緝捕，以安民生。」許貞奏答說：「廣東地方多有溪水，盜賊出沒其中，最難捕治。臣今設法打造小船，或三里或五里安設水路塘兵，晝夜巡哨，庶盜賊可息。」[43] 康熙頗爲滿意。

由於康熙較多接觸實際，所以他經常能從官員的奏本中發現問題，及時處理，這是整飭吏治，提高行政效率的有效辦法。原任偏遠巡撫韓世琦，奉命採辦楠木，先是說四川酉陽土產楠木合乎要求，奏請讓四川官員辦理，等到他改任四川巡撫，又奏酉陽楠木因路遠察看不便，請令湖廣督撫就近察看。康熙見所奏前後「參差不合」，便令吏部將其革職。康熙二十六年（一六八七年）九月十五日，工部批准御史噶薩理題請議敘挑浚串場河官員的奏本，康熙看後說：「凡官員料理事務，必公事告成，後察其所任之事果有成效，方可酌量應否議敘。今串場河始行修理，噶薩理等即請議敘監修官員，顯係瞻徇。工部將此等情由並不議及，皆殊屬不合！著一併嚴飭行。」[44] 奏章是康熙瞭解官吏、瞭解下情的重要途徑，因而康熙對之十分重視，他說：「奏章關係國政最爲緊要。」他要求奏章切忌浮飾之言，「本章原令不得逾三百字」。對「輒用稱頌套語」繁文縟禮深表義憤，過火者要「嚴加治罪」。他甚至還能發現奏章中的差誤字句，並加以改正。康熙力圖以此倡導求實務實的工作作風。

康熙還利用出巡的機會考察官吏。不僅有南巡，亦有北巡、西巡。康熙二十三年（一六八四年）九月，康熙第一次南巡，其目的是「體察民情，周知吏治」。十一月十一日，在淮河沿岸的宿遷，發現漕運總督邵甘「蒞任以來，並無善狀，且多不謹處」。邵甘辯解說自己是滿人，「不免爲眾所忌」。康熙瞭解到邵甘怠政確實，給予撤職處分[45]。康熙二十八年（一六八九年）正月初四至三月十九日，康熙第二次南巡，回京之後，據所掌握情況，任免一批高級官吏。如杭州「副都統朱山庸劣且老，著解任」。總漕馬世濟「有疾，且才具庸常，不能勝任，可以原品休致，隨旗上朝，其總漕員缺，著將董訥補授」。靳輔「於河工似有成效，實心任事，克著勤勞，前革職屬過，可照原品致仕官例，復其從前銜級」。同時對奉天府牧馬頭目吳達禪率馬廠人驅馬入民田內之惡行，給予處罰[46]。康熙通過巡視瞭解到地方上的實際情況，對做得有偏頗的事，亦不憚改正。

康熙在親察過程中還經常把他發現的案例加以剖析，總結經驗教訓，從而有針對性地教育官吏，給眾官吏打預防針。就在第二次南巡返京不久，康熙申飭地方官員：「今見直隸各省文武各官，多有虛糜廩祿，怠玩因循，事務廢弛，行武虛冒。船隻仍其朽壞，器械全不整理，且有無多寡，茫然不知。總因分內職業視爲具文，漫不經心，殊屬不合。著各該督撫提鎮通行所屬官員嚴加申飭，令其痛改積習，力圖振刷，恪勤職守。如仍前玩忽，是行從重治罪。」[47]

康熙出巡視察既面見各級官吏，瞭解政務情況，尤其注重察訪實情乃至與民眾接觸。康熙曾說：「凡居官賢否，惟輿論不爽，果其賢也，問之於民，民自極口頌之；如其不賢，問之於民，民必含糊應之。官之賢否，於此立辨矣。」[48]當然有時他也注意到瞭解民情也並不一定就能得到準確的資訊，因爲所瞭解的對象有的是與被瞭解者有隙的等等。

爲了全面準確地把握世情，康熙曾對官職並不甚高的部院司官委以察治僚屬的重任，後來甚至規定「漢官每遇奏事，派六員引見」[49]。康熙希望有一批貼心之人幫助他執行察吏之責，這個辦法漸漸演變爲一種密奏制度。他說：「朕令大臣皆奏密摺，最有關係，此即明目達聰之意也。其所奏之事，或公或私，朕無不洞悉；凡一切奏摺，皆朕親批。」他認爲允許密奏本身即可對官吏產生約束之意，「諸王文武大臣等，知有密摺，莫測其所言何事，自然各加驚懼修省矣」[50]。由史料看，密摺的來源是多方面的，有差遣到各地辦事官員回朝覆命時，受皇帝之命，將所見所聞密報；有的欽差可專摺密奏；因派出欽差等人有在外地爲非作歹者，康熙四十一年（一七〇二年）十月，給督撫密奏並擒拿歹徒之權；大臣、總督、巡撫、提督、總兵官皆許密奏。密奏收到了一定效果，皇帝增加了一個掌握官員情況的渠道，有些通過公開途徑無法弄清的問題，經密奏便可迎刃而解。康熙五十年（一七一一年），江南科場（指圍繞江南鄉試發生的團夥作弊案）案被公開揭發後，發生督撫互訐事件。江蘇巡撫張伯行疏參兩江總督噶禮與考官通同作弊，攬賣舉人，脅索銀兩。噶禮則疏劾張伯行挾嫌誣陷，監斃人命等七十罪狀。康熙接到這個互參案後便知情況一定較爲複雜，他曾諭九卿說：「噶禮、張伯行互參一案：噶禮有辦事之才，又多不爲人所容。」[51]還有由誰來審理此案，又遇到是派滿大臣還是漢大臣的問題，這表明康熙竭力謀求滿漢之間的平衡與協調。後來，康熙從蘇州織造李煦和江寧織造曹寅的密摺中很快掌握了案件的內幕實情、江南群眾對此案的態度以及互參之後張、噶的動態。經張鵬翮審結，擬「將張伯行革職，擬徒准贖，噶禮降一級留用」[52]。康熙看了案宗時說：「張伯行參噶禮索銀五十萬兩，審屬情虛，江南一省舉人能有幾何，縱盡行賄買，亦不能至此數，噶禮若受贓即五萬，亦當置之重典。噶禮原非清廉之官，但在地方亦有效力之處。張鵬翮等審噶禮參張伯行，並未審出一款。張伯行原參噶禮內有干係國家之語，亦未訊明審出，似爲兩邊掩飾和解，瞻徇定議。大臣互相參劾，豈可不徹底審明，乃兩面調停，草率完結。況督撫等，凡遇事故初參之時，率張大其事，以極重之詞參奏，及至審時，務必開脫消釋者甚多，此亦陋習，斷不可行。」[53]又說，「噶禮有辦事之才，用心緝拿賊盜，然其操守則不可保；張伯行爲人老成，操守廉潔，然盜劫伊衙門附近人家，尙不能查拿。噶禮曾參原任知府陳鵬年，陳鵬年居官雖善，乃一膽大強悍之人，噶禮、張伯行互相不睦者，皆陳鵬年慫恿所致。據張伯行參疏云：噶禮得銀五十萬兩，未必全實，亦未必全虛，即噶禮所參張伯行之事，亦必有兩三款是實。至海賊一案，命江南浙江福建三省督撫前往，乃皆畏懼推諉。惟噶禮至盡山花島緝拿賊盜，因此各省督撫甚怨噶禮。此案察審實難。若命滿大臣審，則以爲徇庇滿洲，若命漢大臣審，則以爲徇庇漢人。至張伯行題參疏內連及張鵬翮者，意欲審理此事時，使張鵬翮迴避，故朕仍令張鵬翮前往，從公審理。」[54]從這段話中我們可看出：康熙認識到這一案件本身至爲複雜，從客觀實際看，張、噶矛盾由陳鵬年挑起，噶禮作爲滿官功勳頗著，又頗不見容於群臣，這很難保證審理的公正。最後，康熙批示：「此案發回，著大學士九卿等詳看會議具奏。」[55]該年十月乙卯日，吏部尙書穆和倫等經詳審後證明：「張伯行所參噶禮各款……皆虛，……至噶禮所參張伯行各款……得旨俱係從前舊案，……但所參張伯行不能出洋等處俱實……張伯行居官清正，天下之人無不盡知，允稱廉吏，但才不如守，果係無能，噶禮雖才具有餘，辦事敏練，而性喜生事，並未聞有清正之名。伊等互參之案，皆起於私隙，聽信人言所致，誠爲可恥。」[56]康熙從保全清官、平衡滿漢關係著眼，給噶禮革職，張伯行革職留任的處分。

康熙五十五年（一七一六年），康熙還曾命李煦密查「風聞李陳常大改操守」的內情。李煦密奏說：「李陳常居住之地，經秘密打聽，在李陳常家有好田四五千畝，市房數十處，又有三處當鋪，皆有其本。陳常買產開當，並非自己出名，多借他人名色，行跡奇詭，瞞人耳目，巧飾清官，而家道已富足，大改操守。」再經核查，李陳常還另立禮規，向鹽商額外索取銀三萬二千兩，李陳常表面喬裝清廉，以致官至兩淮巡鹽御史，暗中卻敲詐勒索，廣殖田產。康熙正是通過密奏查出了這個貪官。

康熙用密奏考察官吏，取得了許多積極的成果。康熙三十九年（一七〇〇年），他對大學士等說：「臣下之賢否，朕處深宮，何由得知？」[57]即使有經常的出巡，亦實在無法深入準確地瞭解下情，所以在許多場合，他還是力求健全制度，讓吏部、都察院負起選拔與考核官吏的責任來。

他曾說：「國家設立都御史及科道官員，以建白為專責，可以達下情而袪壅蔽，職任至重。使言官果能奉法秉公，實心盡職，則閭閻疾苦，咸得上聞，官吏貪邪，皆可釐剔。故廣開言路，為圖治第一要務。近時言官條奏參劾章疏寥寥，雖間有入告，而深切時政，從實直陳者甚少。此豈委任言路之初旨乎？」他號召言官「自今以後，凡事關國計民生，吏治臧否，但有確見，即應直陳，其所言可行與否，裁酌自在朝廷。雖言有不當，言官亦不坐罪。自皇子諸王及內外大臣官員，有所為貪虐不法，並交相比附，傾軋黨援，理應糾舉之事，務必大破情面，據實指參，勿得畏懼貴要，瞻徇容隱」。「其有懷挾偏私，藉端傾陷者，朕因言察情，隱微自能洞悉」[58]。康熙為了求得吏治的好轉，動員起各種可能的辦法，其用心之良苦是不難洞見的。

值得著重提到的辦法還有「重開風聞言事之例」。康熙認為科道官的設置並不能切實履行起他們應履行的責任，客觀地說，對於權大勢重的貪惡之官，科道官也很不易取得切實的證據，但這些貪惡之官卻對政治構成極壞的影響，為了加強對這些貪惡之官的打擊，康熙援引明時「風聞言事之例」，以推動對重大案例的查處。但是因為「風聞言事」可以不必有實據，因而也時常釀成冤案、錯案，對此康熙也知悉，其始，康熙曾限制科道官的「風聞言事」。康熙十年（一六七一年）五月，都察院左都御史艾元徵上疏：「世祖章皇帝時，於出位妄言及風聞失實者，皆立加嚴處。以風聞言事，伐異黨同，挾詐報復故也。嗣後果有確見，關係政治及大奸隱弊，仍無論有無言責，悉聽其指實陳奏外，餘並不許以風聞浮詞擅行入告。」康熙覽奏，極為欣賞，未經有關部門復議，即命下部議行[59]。其後多次發布諭旨，闡明禁止風聞言事之重要。康熙十八年（一六七九年）八月十二日，增開處罰條例，規定：「科道條奏有囑託挾制等弊者，革職提問」[60]，重者判刑。八月二十九日，康熙組織了一場同主張允許風聞言事的代表人物、吏科給事中姚締虞的辯論。

姚認爲，自禁止風聞言事以來，「言官氣靡，中外無顧忌」，主張「嗣後如有矢志忠誠指斥奸佞者，即少差謬，亦賜矜全；如或快己恩仇，受人指使者，縱彈劾得實，亦難免於徇私之罪。如此，則言官有所顧忌而不敢妄言，中外諸臣有所顧忌而不敢妄爲」61。其見解頗確，但康熙仍疑而不決，因爲他認爲風聞言事有損政權的形象，指責科道官「直言讜論者不過幾人，徇私好名者不可勝數」。禁止風聞言事之策仍未顯示出一些鬆動。

然而，無風聞言事客觀上助長了貪官的大貪大惡之風，最後對政權的危害更大。康熙在二十五年冬審議湖廣總督蔡毓榮利用大兵攻陷昆明之機侵吞吳氏逆產，並向部院大臣行賄之事後，形成清晰認識，他覺得，要察明底細，不允風聞言事便很難著手。

康熙二十六年（一六八七年）十一月二十日，康熙在乾清門處理政事完畢，向大學士等宣布：重新恢復「風聞糾彈之例」。他說：「凡參劾貪官，其受賄作弊之處，因未曾親睹，無所憑據，畏縮而不行參劾者甚多，今間有彈章，亦止據風聞參劾耳。苟非通同受賄，何以深知？天下豈有通同受賄，而尚肯題參者乎？自來原有風聞之例，世祖皇帝時及輔政大臣停止，今再行此例，貪官似有畏懼，若有挾仇參劾者，必須審明，果係挾仇，自有反坐之例。」62

此例一經實行，馬上顯示出效果，剛一個月，山西道御史陳紫芝就參奏上任剛滿一年的湖廣巡撫張汧「蒞任未久，黷貨多端，凡所屬地方鹽引、錢局、船埠等無不搜刮，甚至漢口市肆招牌亦按數派錢。當日保舉之人，必有賄囑情弊，請一併敕部議處」。康熙向周圍人詢問，有的說張汧「任事未久，名聲甚是貪劣」；有的說：「久聞張汧劣狀，因無實跡，不敢入告」；甚至說：「張汧五月到任，臣於七八月間即聞其穢聲昭著。」康熙斷然說：「似此貪惡，豈可一日姑容民上？貪劣之狀，天下人共知，若不嚴加處分，貪官何所懲戒？」諭大學士等說：「科道職在糾參，張汧貪婪，無人敢言，陳紫芝獨能彈劾，甚爲可嘉，著傳諭吏部，即令內陞，以示鼓勵。」63後張汧革職，陳紫芝超擢爲四品大理寺少卿。

後經瞭解，此案與大學士明珠有關，與此同時，科道官又提出河務問題也涉及明珠，明珠的劣跡逐漸敗露。康熙二十七年（一六八八年）二月初六日，御史郭琇上奏糾劾大學士明珠、余國柱背公結黨，納賄營私。其中要點爲：凡閣中票擬，俱由明珠指麾，輕重任意；凡奉諭旨，任意增添，以市恩立威，因而結黨群心，挾取貨賄；結連黨羽，滿洲有尚書佛倫、葛思泰及其族侄侍郎傅臘塔、席珠等，漢人之總攬者爲余國柱；凡督撫藩臬缺出，余國柱等無不輾轉販鬻，必索及滿欲而後止；應升學道之人，率往請價，由是學道皆多方取賄，士風文教，因之大壞；靳輔與明珠、與國柱交相固結，每年糜費河銀，大半分肥，所題用河官，多出指授，是以極力庇護；考選科道，即與之訂約，凡有本章，必須先行請問，由此言官多受其牽制；最忌言官，恐發其奸狀，借事橫加排陷，聞者駭懼64。二月初九日，康熙即宣布對涉及此案的部分人員的處分：革勒德洪、明珠大學士，交與領侍衛內大臣酌用；革大學士余國柱職；令大學士李之芳休致回籍。當時內閣共五名大學士，除王熙外，全部撤換。另外，滿吏部尚書科爾坤以原品解任，滿戶部尚書佛倫及漢工部尚書熊一瀟亦解任。

由明珠之案又順藤查清張汧因勒索屬員及派收鹽商銀共九萬餘兩，罪行嚴重，擬絞監候；保舉張升任巡撫的戶部侍郎王遵訓、內閣學士盧琦、大理寺寺丞任辰旦俱被革職；湖廣總督徐國相以不行參奏，亦予革職。至於上述所說的河銀案中，牽涉到大臣靳輔，說靳輔「治河多年，迄無成效。皇上愛民，開浚下河，欲拯淮、揚七州、縣百姓，而靳輔聽信幕客陳潢，百計阻撓，宜加懲處」。這是靳輔抗旨之罪，又一罪則是指靳輔的屯田之策有累民之害。實際上前者是治河不同方略之爭辯，後來證明靳輔的意見是正確的，後者也是靳輔爲增加國家收入，緩解國家財政困難而進的權宜之計，只因觸動了沿河地主的既得利益，故多被反對。好在康熙一向並不盲目輕信上言，對以上兩條罪狀都再次進行了認真分析，關於第一條罪狀，他認爲不宜早下輕下結論，對於第二條罪狀，康熙充分肯定其良苦用心，因而決定不置之重典，暫予革職處分，這表明了康熙的求實與豁達（關於靳輔治河事，本書第九章有詳述）。

爲鼓勵科道官糾參，廣開言路，康熙允許「如有條陳，令至暢春園面奏」。針對陳廷敬「言官建白不得摭拾小事」的看法，康熙表示所言不限事之大小，「設立科道原欲其建言也，若必大事始言，則言官難分事之大小，以致進言者少，非所以集眾思，廣忠益也」[65]。康熙三十六年（一六九七年）二月，鑒於「近時參劾章疏寥寥」的現狀，康熙要求言官積極進言，同時嚴禁被參之人報復。康熙四十年（一七〇一年）十二月，廣東巡撫彭鵬被雲南道御史王度昭參劾，心懷不滿，在遵旨回奏時對王度昭進行個人攻擊。對此，康熙嚴厲斥責說：「朕於科道官員許其風聞入告者，專爲廣開言路，使督撫以下各官，有一切事務任意妄爲及貪劣害民者，皆知所顧忌而警戒也。……至於被參之人具疏回奏，止應辨晰是非，不應支離牽引。因彼一身被參，而舉原參之父子兄弟親戚皆受指摘，以逞報復，則自此以後，孰敢更糾一人？」[66]「彭鵬身爲言官時亦曾參人，茲爲王度昭所劾，理應止以切己之事剖晰奏明，乃今訐奏王度昭，謂其曲庇親戚，而其間所有夙怨，又未舉出實據。彭鵬雖操守清廉，居官亦善，這回奏反覆瀆陳，辭氣不勝忿激，凡在君上之前不應陳奏之言輒形於章疏，粗戾已極，著嚴飭行。」[67]康熙三十九年（一七〇〇年），康熙頒布御製《台省箴》，「以儆言事諸臣」。同年十月，他再次表示對待科道官的風聞題參，「即行察核督撫，賢者留之，不賢者去之」。他認爲「如此則貪暴斂跡，循良競勸，於民大有裨益。嗣後各省督、撫、將軍、提鎮以下，教官、典史、千把總以上，官吏賢否，若有關係民生者，許科道以風聞入奏」68。自此，科道官糾劾官吏便逐漸經常化和制度化。實踐證明，允許風聞言事有利於集思廣議，開闊視聽，是考察高級官員的一種有效措施，對澄清吏治發揮了積極作用。

但是這一制度在實踐中也不免出現一些偏差。康熙緊握黜陟大權，對官員「應否准行補授，恩出自朕」，不允許都察院科道官參與人事，認爲這是「明末惡習，斷不可長」69。他雖曾許諾「言有不當，言官亦不坐罪」，並基本實行，但也有時言官因所奏「無憑據」而受處罰。康熙四十七年（一七〇八年）二月，御史袁橋因「以無憑據之事」疏參山西巡撫噶禮，被革職；御史蔡珍以「無憑據」參山西學臣鄒士聰受託題留噶禮，被降一級，罰俸一年70。本來，風聞言事中有些事就有待進一步查實，噶禮在康熙的眼中是好官，故輕易地否定了蔡珍等的疏參，其後因無人敢再疏參噶禮，噶禮變得更加肆無忌憚，作惡更烈，這當與康熙有時僅憑個人好惡主觀行事有關。

清官宜扶　貪官宜懲

在康熙整飭吏治中，費力最多且最具特色的，當數他表彰扶植清官的措施。他覺得「世風澆漓，人皆不能潔己自愛，故今日求操守廉介之人甚難，或僅能自守，而其才不克有爲，當理繁治劇之時，又苦於不能肆應，可見人才之難也」71。康熙認爲加強糾察、懲處貪官固然重要，但畢竟屬於消極的防堵措施，因爲即使懲辦了貪官，危害已經造成，消除影響，平息民憤，亦要花費很多的時間。積極的做法是培養扶植一批正直清廉的官吏，以穩固封建統治。陸隴其就說：「察吏考成之法，向惟重乎錢穀盜案，今則兼重乎興廉。夫使天下皆廉吏，則自能撫寧以原民生，而錢糧可以無缺，敷教以善民俗，而盜案可以永清，故興獎廉吏，即所以爲錢糧盜案計，法誠善也。」[72]陸隴其認爲扶植清官撫綏民生，不但可以穩定封建秩序，而且還可保證賦稅足額徵收，比單純追求「錢穀盜案」更加高明。

康熙二十年（一六八一年）二月，康熙召見直隸巡撫于成龍，「賜坐，賜茶，面諭曰：『爾爲今時清官第一，朕所深知』」。勉勵他要「始終一節」，並賜食御書房。過了幾天，康熙對學士庫勒納等人說：于成龍「自起家外吏，即有廉名著聞。歷升巡撫，益勵清操，自始終，迄無改轍。凡在親戚交遊相請託者，概行峻拒，絕不允從。頃來，沙河所屬人員並戚友間有饋遺，一介不取」。命他們送去賜給于成龍的內帑白金一千兩、康熙親乘鞍馬一匹，還有一章御製詩，正在裝幀，等以後再予頒賜，以示嘉獎。康熙二十三年（一六八四年）春四月，于成龍病故，康熙因他「清操始終一轍，非尋常廉吏可比，破格優恤，以爲廉吏勸」[73]，加贈太子太保，諡清端，蔭一子入監讀書，並御書「高行清粹」四字爲祠額，書楹聯賜之。康熙力求通過扶植清廉之吏以激勸衆吏，克服「貪墨之風」。

于成龍的事跡逐漸在社會上被廣泛流傳。于氏爲山西永寧人，順治十三年（一六五六年）以副貢任廣西羅城知縣，當時他已四十五歲，臨上任時給朋友寫信表達心跡：「某此行，絕不以溫飽爲念。所自信者，天理良心四字而已。」羅城處在萬山之中，縣衙設在樹叢中，于成龍「插棘爲門」，虎白晝行庭中，「成龍累土爲案，旁置爨釜一、盂一，召吏民從容問疾苦，皆感至誠，益樂就，爭輸田賦。初鄰瑤歲率三四至，殺掠人畜，成龍嚴保伍，勒鄉兵，將搗其巢。瑤懼自投，不敢復犯界，數遣子女問安。每春時，命兩瑤舁竹輿，行田野中，見力耕者，輒呼與語，相勞苦。

民率婦子羅拜，或坐樹下與飲食，笑語歡如家人。獎勤扶惰，民大勸」[74]。由於他「悉除諸禁」，「民益得盡力耕耘」。于成龍「誠意惻惻感人」，民眾也非常關心他。到羅城不久，僕人或死或散，百姓見于成龍生活太苦，就湊錢給他說：「知阿爺苦，聊供鹽米資。」他笑著謝絕說：「我一人何須此？可持歸，市甘旨，奉若父母，一如我受也。」一次人們聽說他家裏來了人，「羅人則大喜，又進金錢如初。」于成龍仍「笑謝曰：『此去吾家六千里，單人攜貨，適爲累耳』」。百姓感動得哭了起來，他也掉下眼淚，到底沒有收下。于成龍在羅城七年，「招流亡，建學宮，創設救濟院，縣大治」。被總督薦爲卓異，升遷四川合州知州，離羅城時，百姓「遮道呼號，追送數百里」。康熙初年，四川正值亂後，合州剩下的百姓才數百人，可是「供役繁重」。于成龍「請革宿弊」，「一僕一羸馬自隨，貸牛、種，招集流亡，旬月間得戶千計」。後任黃州知府時，吳三桂煽動湖北數處叛亂，叛軍號稱十萬，逼趨黃州，「時援軍皆赴湖南，黃州吏民才數百」，有人建議退守麻城。于成龍說：黃州是七郡的咽喉之地，「棄之則荊、岳瓦解」，表示誓死不去。他採取先破賊首何士榮的戰術，集中了五千鄉兵，分路禦敵，率兵拚殺，「賊鬥益急，火燎成龍鬚，或勸少避，公叱之曰：『今吾死日也！敢言退者斬！』」他曾「馳諭有能擒賊獻者重賞，投誠者待以不死，脅從歸者但閉門坐，家無軍器，即從賊概不追問，藏兵仗者即良民亦誅死」。於是擒住了賊首何士榮，焚毀賊眾名籍，瓦解了賊眾，僅用二十餘天，「以鄉民數千破賊數萬，不費公家絲粟」[75]。有力地支援了平叛戰爭。第二年秋天，黃州大饑，于成龍「發廩賑恤，全活數萬人」，受到人民的愛戴。後他又任江防道員，旋升福建按察使，在赴按察使任時，「民遮送至九江，凡數萬人，哭聲與江潮相亂」，表達了人民對清官的無限依戀。在按察使任上，他多爲民眾著想，協調任內的官民矛盾，被巡撫吳興祚薦爲「廉能第一」，任布政使。他力減民夫勞役，對「滿兵掠浙東子女，役爲奴者數萬，爲贖歸之」。他要求徵收賦稅一定要按時按量進行，不增銖黍。他自己則節儉爲懷，「署中薪米不給，至無衣可典，日或不再食。隨征滿漢大臣朝使者有時來過，經入臥內，或繞署周行幾案間，蛛絲鼠跡，文卷書冊外無長物。咸歎曰：『於公清苦，天下一人而已！』」遇有海外進貢使者送給禮品，「悉屏之，或呈樣香，一嗅即持去。貢使齧指作禮曰：『天朝有此清官，吾儕未聞見也』」。康熙十九年（一六八〇年），于成龍遷直隸巡撫，康熙二十年（一六八一年）升爲兩江總督。于成龍病逝後，將軍、都統暨寮吏入其寢室，「見周身布被，袍一襲，靴帶各一。堂後瓦甕米數斛，鹽豉數盎而已」。市民聞之「罷市聚哭，家爭繪像祀之」。江寧、蘇州和黃州紛紛建成于成龍的祠堂。康熙聞訊，亦感慨萬端，他說：「于成龍因在直隸居官甚善，朕特簡任江南總督。聞補授後，成龍居官不及前任，變更素行。至病故後，始知居官廉潔，甚爲百姓所稱。或成龍素行梗直，與之不合者挾仇讒害，造作屬下欺罔等語亦未可定。是不肖之徒有嫉之者耳，居官如于成龍者有幾？」[76]

由於康熙獎掖廉潔，爲社會樹立了良好的榜樣，清官逐漸形成一支較大的力量，接連出現了兩江總督傅臘塔、直隸巡撫格爾古德、繼傅臘塔之後的兩江總督范承勳及閩浙總督王騭等一批清官。傅臘塔是滿洲鑲黃旗人，姓伊爾根覺羅氏，歷任內閣中書、內閣侍讀、御史、陝西布政使、副都御史、工部侍郎、吏部侍郎，後升任兩江總督。臨行時，康熙叮囑他：「爾此去當潔己行事。前任江南總督數人無過于成龍者，爾如其所行可矣。」[77]傅遵旨上任後，清弊政，斥貪墨，處理刑獄尤爲明慎。康熙對他所採取的這些措施予以支持。贛縣知縣劉瀚芳私徵銀米十餘萬，並蠹役不法。其上司贛南道、布政使、按察使等曲爲庇護。傅臘塔奏請康熙批准，將他們一併罷免。大學士、昆山徐元文及其兄、原任尚書徐乾學，縱子弟爭利害民；沭陽降調侍郎胡簡敬居鄉不法，巡撫洪之傑徇私袒庇。傅臘塔先後疏劾，分別予以懲治。傅臘塔請蠲江寧房屋稅及淮、揚荒賦，請將歷年積欠逋賦量爲帶徵，開倉賑濟貧民，擴大科舉名額等，皆一一獲准。他於康熙三十三年（一六九四年）閏五月卒於任所。康熙說傅臘塔「和而不流，不畏權勢，仰體朝廷委用之意，愛恤軍民」，「兩江總督居官善者，于成龍以後，唯傅臘塔」[78]。破例派人赴江寧致祭，贈太子太保，諡清端，予騎都尉世職，令其子承襲。康熙四十四年（一七〇五年），康熙第五次南巡，經雨花臺，賜御書「兩江遺愛」匾額，令懸傅臘塔之祠堂[79]。

曾經于成龍舉薦的通州知州也叫于成龍，人稱「小于成龍」，在補爲江寧知府後，「居官廉潔」，康熙親賜他御書手卷一軸，並說：「所書字非爾等職官應得者，特因嘉爾清操，以示旌揚。」勉勵說：「但觀凡人靡不有初，鮮克有終。爾必自始至終，毋有改操，務效前總督于成龍正直潔清，無負朕優眷之意。」這位小于成龍表示：自己出身微賤，蒙于成龍舉薦與皇帝信用，「自後有生之日，惟有捐軀致身，圖效犬馬，仰報高深於萬一爾」。康熙二十五年（一六八六年），小于成龍被提升爲直隸總督，他針對長期存在的嚴重盜匪問題，制定了一套周密可行的方案，得到康熙的支持和讚賞。第二年加太子少保，賜鞍馬、銀兩等，特旨嘉獎。後來小于成龍犯有薦人偏私、治河中結夥攻訐靳輔等錯誤，康熙給予必要的處分，但考慮到他畢竟廉能，後仍予重用。康熙三十九年（一七〇〇年）小于成龍病卒，康熙賜祭葬，諡襄勤。

早在康熙二十三年（一六八四年）于成龍去世時，康熙就曾問九卿、詹事、科道：「今天下清廉官如于成龍者有幾？」廷臣奏以直隸巡撫格爾古德、部郎范承勳、蘇赫、江南學道趙侖、揚州知府崔華、兗州知府張鵬翮、靈壽知縣陸隴其。後來又發現和培養了彭鵬、郭琇、陳璸等。康熙在扶植清官方面已有意識地把親察與眾臣薦舉結合起來。康熙四十六年（一七〇七年），康熙第六次南巡時讓督撫舉賢，江寧按察使張伯行隨督撫入對，康熙一見面就說：「到江南，即知爾爲清官，今朕自保之，他日居官好，天下以朕爲明主，否則笑朕不知人。」馬上提升其爲福建巡撫，賜御書「廉惠宣猷」四字。康熙後調他到江南。在江南，張伯行「舉劾屬僚，無所阿徇，豪猾皆望風遠遁」。江南科場案發生後，總督噶禮「苛劾」張伯行。康熙出面「以公爲天下清官第一，責諸臣變亂是非」，爲張伯行解圍。康熙還說：「如此清官，不爲保全，則讀書數十年何益？而凡爲清官者，何所賴以自安？」張伯行曾一度被解職，可結果是「百姓罷市，哭聲殷揚城」，「蘇州等郡相繼報罷市，士民扶老攜幼，具果蔬來獻。伯行辭，皆泣曰：『公在任，止飲吳江一杯水。今將去，子民一片心不可卻也』」。等到康熙糾正了錯判時，「士民歡忭，拜龍亭、呼萬歲者至數十萬人」。與此同時，全閩士民亦「奔號呼籲，既而頌恩祝聖，亦與江蘇不約而同」80。康熙看到扶植清官如此得民心，非常高興。

康熙知道廉吏經常受到別人排斥、構陷，因此非常注重切實地瞭解下情。譬如康熙第五次南巡時，江寧知府陳鵬年因力阻總督阿山增加錢糧賦稅，被派主辦龍潭行宮差。康熙的近侍按慣例索賄，陳鵬年不理，有人暗中在康熙臥榻上放置蚯蚓糞，以此陷害負責接駕的陳鵬年。但是康熙早在織造府時就曾詢問織造的幼子：「知江寧有好官乎？」孩子毫不猶豫地回答出陳鵬年的名字。康熙再作調查確認了陳鵬年是好官，識破了對陳鵬年的陷害。有一次，陳鵬年又被陷害下獄，江寧人痛哭罷市，揭帛鳴鉦，包圍制府，質問他爲何彈劾陳鵬年，他們願「入獄與太守（陳鵬年）同命」。正在參加考試的句容八邑生童焚毀考卷離開考場以示抗議。還有一次，陳鵬年謁見噶禮沒有下跪，噶禮怒道：「知府生死我手，何敢爾！」陳鵬年凜然回答：「果有罪，雖幸賜寬假，寸心具有鐵鉞。如其不然，君主之，百姓安之，生死不在公也。」說完從容不迫地走出去。在署霸昌道時，「畿輔肅然」。曾往熱河獻瓜，康熙諭家僮：「汝主官清，不必以常例進奉，可將瓜帶歸，以賜汝主。」

康熙看到張鵬翮「居官甚善」，累遷其爲浙江巡撫、兵部侍郎、左都御史、兩江總督、河道總督、吏部尚書等職。康熙晚年，有一位清官陳瑸，廣東海康人，康熙四十八年（一七〇九年）任四川提學道，「蒞官之日，止以一力自隨，袱被肖然。衡校至夜分不輟，杜請託一意甄拔人才」。康熙發現後，便將陳瑸操守廉潔事績向四川全省官吏公開表彰。陳瑸後任臺廈道，曾將應得銀三萬兩，全用於公事；署總督印務，應得銀兩，也分毫未取。後又被超擢偏沅巡撫，單騎袱被赴任，僚屬竟沒有認出他就是新來上任的巡撫。陳瑸認爲：「貪取一錢即與千百萬金無異」，人之所以貪取，「皆因限於用度」，所以不義之財一錢不取，衣食住行以儉樸爲是。蒞事後，屏苞苴，革火耗，劾罷累民之橫役、貪官。康熙五十四年（一七一五年）十一月入覲，康熙在眾臣面前喟歎他是「苦行老僧」。十二月，調升福建巡撫。康熙對各臣說：「朕昨召見陳瑸，細察其言論，實係清官。以海濱務農之人，非世家大族，又無門生故舊，而天下莫不共贊其清，非有實行，豈能得此？而其才復能任事，國家得此等臣實爲祥瑞，宜從優表異，以勵清操。」陳瑸於康熙五十七年（一七一八年）十月病故。康熙給予很高的評價：「朕亦見有清官，然如陳瑸者實罕見」，「誠清廉中之卓絕者，不加表揚，何以亦勸？」令追授禮部尚書，照尚書例議恤，蔭一子入監讀書，「以亦優禮清廉大臣之意」[81]。

康熙不僅積極扶植清官，而且經常激勵官吏們爭當好官。他說：「人能做好官，不惟一身顯榮，且能光宗耀祖，否則喪身辱親，何益之有？」[82]把當好官、清官與個人和家族的榮辱連在一起。他在和山東省各級官員的一次談話中說得更有意思：「爾等爲官，以清廉爲第一，爲清官甚樂，不但一時百姓感仰，即離任之後，百姓追思，建祠尸祝，豈非盛事。從來百姓最愚而實難欺，官員是非，賢與不肖，人人有口不能強之使加毀譽，爾等各宜自勉。」[83]他在巡視陝西時，甚至還說：「爾等州縣官不可貪愛地方銀錢，要存良心。」[84]真可謂苦口婆心。

從上舉清官事例中，不難看出：生性儉樸，勤政廉政是清官的共同特點。康熙注重法律規章的建設，同時更重視官吏們本身的品質，顯然是有可取之處的。他長期致力於發現清官、扶植清官、獎掖清官，都是力圖以良吏來實現政治的清廉，以鞏固封建統治。

康熙在積極稱頌廉潔之吏的同時，也很重視懲治惡吏。他說：「舉賢退不肖，正百官也，二者不可偏廢，如但舉賢而不退不肖，則賢者知所勉，而不肖者不知所懲，終非勸眾之道，惟黜退不肖之員，則眾方知所戒，俱勉爲好官矣。」[85]

康熙在肅清鰲拜之黨的流毒之後，就把懲治貪官污吏作爲與扶植清官同樣重要的任務。在平定「三藩之亂」後，康熙便發動了審理以宜昌阿、金儁貪污逆產案爲突破口的嚴治侵蝕兵餉及入官財物等案件的運動。侍郎宜昌阿被派往廣東查看尙之信家產，夥同廣東巡撫金儁，侵蝕兵餉及入官財物；又收受尙之信商人沈上達賄賂共白銀八十九萬餘兩，並財帛等物，恐沈事後告發，將其謀害滅口。案破後，經半年多審理、討論，於康熙二十三年（一六八四年）五月十八日結案，宜昌阿、金儁及有關人員郎中宋俄托、員外郎卓爾圖，另尙之璋、寧天祚、王瑜等，依擬應斬，王永祚依擬應絞，俱監候秋後處決[86]。

又一個大案是蔡毓榮貪污逆產案。蔡毓榮是漢軍正白旗人，吳三桂叛亂時任湖廣總督，後被授綏遠將軍，統領綠旗兵，同定遠平寇將軍貝子章泰一同率軍進取雲南，一同攻克昆明，康熙二十一年（一六八二年）調任雲貴總督。康熙二十三年（一六八四年）康熙瞭解到蔡毓榮有經濟問題：「前用兵之時，蔡毓榮每於銷算估計營造等事，多行浮冒侵漁入己，雲南軍前官員孰有不得其財者。今尚不知足，於修造鐵索橋多估價值，此事不難知。今遣一官前往確估，其弊自顯然矣。著九卿、詹事、科道一併嚴加察議具奏。」[87]康熙二十五年（一六八六年）年底，蔡毓榮改任兵部侍郎不久，侍衛納爾泰向內大臣、康熙的舅舅佟國維揭發蔡毓榮及其子蔡琳在雲南時「侵沒逆藩吳三桂入官家財人口……恐致發露，送銀八百餘兩，蔡毓榮之子蔡琳在京時亦曾送銀一百兩」。正黃旗人文定國也告蔡毓榮攻下昆明後隱匿吳三桂孫女（吳將郭壯圖的兒媳），占據為妾，並受逆黨胡永賓重賄，將他釋放回籍等事。康熙諭旨：「蔡毓榮居官貪酷，品行污穢，伊恃財勢籠絡人心，內外無不周到。」[88]要求盡行察出情弊，加以懲創。最後決定：「蔡毓榮且著交三法司議」。康熙還懲處了其他有關人員及處理此案不力的大臣：「納爾泰非係情願首告者，迫於不得已，方行首告，著革職。」[89]「原任刑部尚書禧佛審蔡毓榮一案，不秉公研訊，律擬失當，顯係徇庇，禧佛已經別案革職，應枷號兩月，鞭一百；刑部尚書胡昇猷、侍郎張鵬、趙之鼎、敦多禮不嚴加審訊，俱係徇庇，應各降二級調用。敦多禮已經別案革職，應將佐領降二級調用。」[90]經過這一案例的審理，康熙清醒地認識到官僚隊伍中貪污賄賂之風的盛行，為此他才決定重開風聞言事之例。

康熙發現官吏貪污多以苛索民財與隱匿公產的形式出現，便較早就注意上述事項的清理與核查。康熙二十三年（一六八四年），他派人清查各省錢糧，解決和防止督撫侵欺挪移庫存銀兩，以完作欠，蒙混銷算諸弊[91]。這樣做雖然對在外高級官員「不無被罪，實於國家有益」。他在巡視京畿途中對大學士明珠說：「財賦出於閭閻，凡查核錢糧，必徹底澄清，不致以完作欠，額外科派，方於小民實有利益。」結果查出廣西巡撫施天裔把康熙二十年（一六八一年）、二十一年

（一六八二年）貯存的倉庫銀米「捏稱民欠具題」，加上「在山東居官二十餘年，居官殊無善狀，乃善爲營私之人」，按蒙隱例被革職[92]。

康熙二十四年（一六八五年）對穆爾賽貪污案的清查，揭露了貪贓枉法的犯罪網路。這年六月庚寅日，廣西道御史錢鈺奏言山西省加派火耗的陋習十分嚴重，太原地區「每經徵錢糧，有司既收入己之耗，司道府廳又復多方需索，有司不得不加派於民，以致各州縣收銀，每兩有加至三錢、四錢不等者」。所謂火耗，就是稅戶向官府交納稅銀，額外加成，交歸州縣官吏，多數入於私囊，或饋送上司。火耗是從明朝田賦制度沿襲下來的，一般衍爲一種公開加賦。名義上是藉收入的賦銀傾銷有耗折而加徵，實際上多被官吏作爲侵吞肥己的好辦法。錢鈺道：「近聞晉撫穆爾賽曾經刊示傳諭禁止，是知火耗之重而申飭也，然露章糾劾者寂然無聞，又何怪州縣之視爲具文，而貪饕成習耶？臣欲指名入告，則在在皆然。」[93]康熙早已聽說山西穆爾賽「居官不善」，「品行最貪」，便讓內閣九卿首先對穆爾賽的居官表現「從公會議」，九卿會議的結果是穆爾賽並無劣跡。康熙批評說：「凡居官不善者，應以所坐請罪，明白糾舉嚴加懲治。穆爾賽居官不善，猶言其不生事，豈其餘皆生事之人耶？」康熙命原參之人錢鈺把穆爾賽劣跡當著內閣、九卿逐一指實陳奏。康熙對大學士等說：「監察御史錢鈺題參巡撫穆爾賽加徵火耗甚重一案，令內閣九卿、詹事、科道官員持正詳議，備列公論具奏。內閣、九卿官員以穆爾賽爲人樸實，不生事端奏聞。穆爾賽居官不善，朕所聞甚明，故命原參錢鈺明白指實具奏。今錢鈺將加徵火耗甚重並受禮物款項已經指陳。凡事令九卿官員會議，原期公正得實。今所議穆爾賽事，朕意以爲不公。夫諸臣不從公詳議，如此徇庇具議，嗣後九卿諸臣何以倚任，事務何以得理，即如溫待、達爾布等，最爲大貪大惡之流，朕特加懲治，發往黑龍江。前問九卿官員，以穆爾賽爲人樸實、不生事端，係誰所議，尚書科爾坤奏，係陳廷敬、蔣弘道之言，及問陳廷敬等，皆奏稱臣等不曾如此說，原說平常，且朕又聞此事初議時原有穆爾賽無劣跡之語，後散訖。內閣復追回九卿，欲將無有劣跡之語刪去，尚書科爾坤說若將此語刪去，我不肯與議，遂未完竟而去。首先立議穆爾賽爲人樸實不生事端者，即係庇護穆爾賽之人，何官輒敢專擅殺人？何官輒敢專擅救人，此事斷不可仍前，但稱係臣等公議，務須各陳所見，著隨朕行在之尚書、都御史、侍郎、學士等往聽之。」[94]對於官吏間互相包庇現象，康熙知難而進，反覆重申嚴懲貪吏的決心，他說：「凡別項人犯，尚可寬恕，貪官之罪，斷不可寬。此等人藐視法紀，貪污而不悛者，只以緩決故耳。今若法不加嚴，不肖之徒何以知警？」[95]最後決定「將大學士勒德洪等降二級調用，九卿科爾坤等各降三級調用，加級紀錄俱不准抵銷」[96]。

康熙三十六年（一六九七年），康熙第三次親征噶爾丹西行時，又發現「山陝民生甚是艱難，交納錢糧，其火耗有每兩加至二三錢不等者。至於山西，特一小省，聞科派竟至百萬」。慨歎「民何以堪」。於是先以年老力衰、不能勝任爲由，解除了陝西巡撫和按察使的職務。康熙又將山西百姓極爲痛恨的巡撫溫保及布政使甘度革職，嚴拿至京，交與刑部。可繼任的新巡撫倭倫一上任就興土木，「請建龍亭」。康熙斥道：「何事建立龍亭？若果善，民自感頌。大同田薄民窮，其建立龍亭著停止。」[97]七月二十三日，康熙至寧夏，以「不赴行在朝覲」爲由，將甘肅巡撫郭洪革職問罪，交刑部「擬枷責，命發黑龍江當差」[98]。康熙認爲「州縣之私派，皆由督、撫、布、按科派所致。若止在州縣官，則所害者不過一州一縣。巡撫與布政使通同妄行，則合省俱受其害矣。此等人朕斷不姑容，爾等識之」[99]。康熙力圖通過發現一案處理一案的辦法，達到澄清吏治的目的。

康熙三十九年（一七〇〇年）九月，康熙告諭工部尚書薩穆哈說：「爾部之事，弊端甚多。修築河工堤岸錢糧及給發諸工錢兩，爾部官員筆帖式侵蝕一半入己。爾在部年久，諸弊得諉爲不知乎？爾當自爲身計。」[100]此時薩穆哈遞上乞休之呈，康熙當即指出：「薩穆哈在部辦事四十餘年，事務豈有不知，弊端豈有不悉，乃歷年碌碌，河工積弊，至於敝壞。各項工程錢糧皆致虛糜。今奉嚴旨，遂欲卸責離任，虛僞巧詐已極。薩穆哈著革職，仍令將工部事務弊端明白稽察，若仍前執謬，將弊端不行舉出，決不寬宥。」[101]對怠政、荒政者追究責任，也是康熙整飭吏治的重要方面。

有的官吏因爲責任心差而出現失誤，也被追究責任。如康熙二十六年（一六八七年）十月，商人楊國清等捐送給朝廷一批楠木，工部主管官員「日久未收」，事情敗露，工部堂、司官中阿蘭泰和傅臘塔在位未久，傅臘塔居外任時頗優，也未留情，二人俱免調用，降級留任。另外二人，「沙賴飲酒呼盧，陳一炳尸位無知」，俱被革職。

康熙二十六年（一六八七年）十二月，侍郎額星格等只因在餵養蒙古官馬的時候，把自己的馬私同餵養，影響較壞，被刑部查處，額星格等被革職。另一個司官色黑臣因私折草料銀兩肥私，被處以絞監候。對此，康熙是這樣說的：「伊等所行，朕愈思之愈覺可恥，鄙穢至此極矣！從來此等貪利之夫，只一時僥倖，子孫必不久享富貴。」[102]

康熙五十四年（一七一五年），山西巡撫蘇克濟參劾太原知府趙鳳詔「由知縣超陞知府，不思報答皇恩，肆行貪濫，甚屬可惡，應將趙鳳詔即行處斬」。康熙說：「趙鳳詔前者自謂清廉，一文不取，若要錢無異婦女失身。奏噶禮爲第一清官，甚爲欺君。伊父趙申喬居官尙廉，趙鳳詔如此貪濫不忠不孝之人，應當處斬，……但伊贓銀甚多不可不追，著該部派出滿漢司官各一員，將伊贓銀照數速行比追，交存彼此庫內，以備軍需。本暫著收貯。」[103]到康熙五十七年（一七一八年）二月，依法判處趙鳳詔死刑。

康熙一朝，吏治始終被放在重要地位上，從獎廉與懲貪兩個方面著手。在懲治貪吏的過程中，有時參者一方是清官，被參者一方是貪官，有時也可能參者與被參者都是貪官，貪大者還可能隱蔽甚深，更善於蒙蔽視聽，再加上在政體中還交滲著滿漢矛盾，康熙不能徹底摒棄固有的民族情緒，但是他能從王朝的長遠利益出發，並吸收歷史上的某些經驗，在扶植清官與懲治貪官方面做了很多積極有益的工作，其功績是值得肯定的。

熙朝吏治的成效與缺失

康熙整飭吏治，儘管在具體做法上並沒有超出傳統的封建統治者所倡導的範圍，但在付諸實踐方面還是花費了很大的心血。他堅持不懈地按照「源清流潔」的思想，在慎選人才、加強對高級官吏的監督與考核及提倡清官政治方面都做了許多具體而細微的工作，因而取得了明顯的成效。

由於康熙堅持長期不懈，並採取制度建設、親自巡察與扶植清官、打擊貪官等多管齊下的辦法，及時準確地掌握了下情，並能明辨是非功過，施以獎懲，以正抑邪，使官吏受到激勵與約束，遏制了吏治的腐化趨勢。他多方選才，培植清官，使整個吏治隊伍的素質也大爲提高，國家財政收入有了依賴，大量的賑濟、蠲免亦得以實施。康熙還把民生好壞作爲考察官吏優劣的標準，從而使一些地區的民生狀況有所好轉。乾隆盛讚乃祖時說：「如湯斌、陸隴其輩學術純正，言行相符，陳瑸、彭鵬輩操守清廉，治行卓越。」[104]《清史稿・循吏傳》前言中說：「聖祖平定三藩之後，與民休息，拔擢廉吏，如于成龍、彭鵬、陳瑸、郭琇、趙申喬、陳鵬年等，皆由縣令洊歷部院封疆，治理蒸蒸，於斯爲盛。」[105]由於吏治相對澄清，正氣得以抬頭，社會相對安定，經濟日見復蘇，可以說康熙朝吏治的成效爲清代康雍乾盛世的出現奠定了一個良好的基礎。

但是我們也應看到康熙朝吏治的好轉因傳統封建政治體制的許多積弊而大打了折扣。康熙曾想禁革私派、苛索之弊，但事實上因州縣與督撫、督撫與京官辦公事都必須使費疏通，故私派之禁令到了基層卻不見執行，總督、巡撫等地方高級官吏「每因部費繁多，以致不能潔己」[106]。他們講排場，重門面，對小民便苛索不止。康熙四十年（一七〇一年），福建道監察御史李發甲在〈請澄清吏治疏〉中說：當時各省督撫常常藉著各種名義向州縣官進行勒取，造成「督撫仗有司之勝，有司藉督撫之庇，公然私派，略無忌憚，即刀鋸在前，鼎鑊在後，舉相習爲牢不可破之虐政」，以致「每歲民間正項錢糧，一兩有派至三兩、四兩、五兩、六兩以至十四，是何名也！」[107]在朝各官則常常藉著向外差遣的機會，公開收受好處。「欽差大人歲或一至或再至、三至，來有供億，或去有饋餼，此公中之私也」[108]。一個侍衛外出，一次就可以從督撫手中得到六千多兩銀子的饋贈[109]。而此種情況越到後來則越加嚴重，文官加派火耗，武官侵冒兵餉成爲普遍現象，即使有些被稱爲清官的也「或分內不取而巧取別項，或本地不取而取償他省」[110]。「所謂廉吏者，亦非一文不取之謂。若纖毫無所資給，則居官日用及家人胥役何以爲生，如州縣官止取一分火耗，此外不取便稱好官。」[111]

康熙容忍清官亦可稍有私派、加徵，這當與清初官吏的低俸制有關。一個正七品知縣，年俸只四十五兩，四品知府一百零五兩，總督從一品，俸銀一百八十兩。如此低微的俸祿是與清初國力的微薄相適應的，康熙遲遲未對這種制度作出調整，想以放寬私派、加徵來緩解，這無疑爲貪官開了方便之門。矢志爲清官的人只好勉強維持素食粗衣的生活，有的還得從家裏挪銀子作幫襯。如陸隴其任嘉定縣令，「薪水取給於家，夫人率婢妾以下紡織給魚菜，……粗糲共食」[112]。又如張伯行，「日用之物，皆取諸其家」。顯然，這樣當清官，實難讓人效仿。

康熙爲了維護其政權的權威，對各級官吏的形象也提出要求，而這往往必須取給於私派或加徵。譬如他說：「巡撫管理事務，一應兵丁宜鼓舞作興，常加恩恤。今以己爲清官，獨市餅餌而食，賞賚不及兵丁，豈合於理？」因此他認爲：「可爲官之人，不取非義之財，一心爲國效力，即爲好官。」[113]「巡撫要節禮乃尋常之事，只須不遇事生風，恐嚇屬官，索詐鄉紳富民，以司道爲耳目，擇州縣之殷實者苛索財物，致虧空庫帑，便是好巡撫。」[114]他還針對那些被表彰爲清官的人說：「夫官之清廉，止可論其大者。」今張鵬翮自謂居官甚清廉，「一介不取，一介不與，若謂一介不與爾則有之，一介不取則未必然，取與不取，惟爾自知之」[115]。他又說：「彭鵬、李光地、趙申喬皆稱清吏，豈皆一物不受？」[116]「即如大學士蕭永藻之清廉，中外皆知，前任廣東、廣西巡撫時果一塵不染乎？假令蕭永藻自謂清官亦效人布衣蔬食，朕亦將薄其爲人矣。」[117]把維護政府門面形象奠定於私派、加徵之上，在制度上就存在著明顯的漏洞，而且勢必越來越大，以致無法抑制。

康熙竭力超擢社會上的有才之士，曾於康熙三十八年（一六九九年）始行保舉制，但徇私保舉之弊迅速掩蓋該制度的良好立意，數月之間，旗下大臣紛紛將子弟送進部院衙門，大臣之間「彼此相託」，「交相顧庇」，「一應升遷、出差，全不論俸之淺深，人之優劣，擅徇情面，選擇保奏，其間攬事恣行者亦有之」[118]。康熙曾當著眾人之面說張鵬翮「所保舉者十之七八皆徇情面」[119]。清官尚且如此，一般官吏更自不必說。

康熙注重考察高級官吏，但多以教誨與訓示爲主。如有的督撫索取節禮，康熙則以「係年老大臣，著從寬免」。廣西巡撫郝浴侵欺庫銀九萬餘兩，又以其向來「潔己奉公」，「清廉愛民」，「從寬悉免追取」[120]。戶部官員受買辦草豆人賄賂，得銀兩者一百七十六人，侵銀六十四萬餘兩，康熙聞奏，一怒之下，令將得銀者一律革職；但徹夜不寐，反覆思之，又改變主意，最後只處罰戶部尙書希福納一人，亦僅革職而已。其餘受賄者，限期退賠，不予議處[121]。

看康熙二十二年（一六八三年）至六十一年（一七二二年）的十四次大計，明顯地存在前緊後弛的趨勢。按照清朝政府的規定，凡考注卓異者例得升遷，老病者休致，浮躁、才力不及者降級調用，罷軟無能及素行不謹者俱革職，貪酷者革職提問。根據這個原則，我們看到，康熙二十二年和二十五年的兩次大計，進行得比較嚴格，這也正是康熙整飭吏治最雷厲風行的時候，因而對貪酷官員的打擊也較爲嚴厲。其後打擊力度趨弱，大計中罷斥的官員不僅數量漸少，而且多是小吏，僅是替死鬼而罷，這當與康熙在長期的吏治實踐中銳氣漸減，「多一事不如少一事」的求安心理密切相關。早年的康熙曾鼓勵清官安撫民生，抑強扶弱，以鞏固封建統治的根基，可越往後，他卻越站到地主階級的立場上，對清官的抑強扶弱也逐漸心生不快。他曾批評張伯行「爲巡撫時，每苛刻富民，如富民家堆積米粟，張伯行必勒行賤賣，否則治罪」，認爲「此事雖窮民一時感激，要非正道」[122]。康熙還說：「清官每多殘酷，清而能寬斯爲盡善」。又責備趙申喬「居官誠清，但性喜多事，所以小民反致受累」[123]。這些話都表現了較明顯的地主階級傾向性。

康熙曾竭力以清廉之士立朝，以整肅官紀，澄清吏治。但當這些清官真的糾章彈劾，並觸動到自身統治時，康熙又退卻下來。譬如彭鵬曾幾次上疏參劾大學士李光地，而李光地是康熙的寵臣，他的許多行事都出於康熙的授意，李光地被參劾，康熙是無法接受的，他一再下諭指責彭鵬「題參多沽名取譽，使人懼怕，你自作威勢」。還說：「彭鵬你久在給事中就有禍了，著你往外地去，所以保全你。」[124]彭鵬終於被趕出京師。又如陸隴其上疏反對捐納，認爲無益吏治，結果也被斥爲「其居官未久，懵憒不知事情，妄昧陳奏」，也落職外調[125]。康熙推行捐納制度，這固然與當時內憂外患、國家財政匱乏有關，但這與澄清吏治的目標是背道而馳的。

在外任官中，因觸及當地紳衿豪強遭到忌恨而丟官的，亦不在少數。邵嗣堯在栢鄉，「耿介廉白，不畏強御」，栢鄉是當朝大學士魏裔介的老家，而魏又是邵的「座主」，恰巧裔介的一個家人犯法，邵「即以法治之，無所假」，由此得罪了魏，魏「私使直隸巡撫藉他事劾去之」[126]。陸隴其說邵「清直有餘，而以酷敗」，即是指此。陳璸在〈古田縣諮訪利弊示〉中稱：「照得作宰偏隅，原有興除之責。……然欲事之周知，必須人人諮訪。……謀及庶人而孰利孰弊始得真，公論出學校，謀及紳士而議興議除始得當。」[127]有人勸告陸隴其，說處事「須參酌眾論，問之左右，問之疏遠，問之鄉紳，問之諸生，庶無蒙蔽之患」[128]。這與《紅樓夢》中所說的「護官符」幾乎是一碼事兒。康熙不可能從根本上整飭吏治，他把維持現狀當作至爲重要的事情，希望清官們不要刻薄生事。

康熙時，曾經常出現百姓爲挽留去任官員而發生民眾上書請願事。這種挽留行動本身可能表明人民對某官的擁戴與景仰，也可能是當地鄉紳地主意志的體現，還可能出自去任官員的授意，在許多地方乃至變爲俗例。對於百姓上書請願，康熙多表示反感，他曾說過：「凡有百姓糾黨保留地方官者，若准留任，則必爲民挾制，實非美事，且今民不畏官，官不畏其上司，關係匪輕，故宜留意。」他還說：「國家有上下貴賤之體，雖清官可不畏上司乎！」[129]若官員爲百姓「挾制」，造成上下貴賤之體的混亂，這就大大違反了他整飭吏治、倡導清官政治的本意。康熙四十年（一七〇一年），湖北黃梅縣知縣李錦，因巡撫彈劾他「虧空地丁銀三千餘兩」，受到革職。爲此，黃梅縣民「會集萬人，閉城留錦，不容去任」。後經總督郭琇查實，說李「並無虧空，百姓因錦平日清廉，聞其解任，一時圍聚」130。康熙即以「官員去留之權，豈可令百姓干預，聚眾肆行之風亦漸不可長」，「李錦居官雖優，不可仍留黃梅之任」，堅決把他調走。郭琇和巡撫年遐齡都因此受到降級的處罰。由此可見，康熙所提倡的清官政治存在著許多局限性，有的是封建傳統政治體制的痼疾，有的是康熙本身整飭吏治的不徹底性，其整個整飭過程中或前緊後弛，或多有搖擺，政策措施也不配套乃至相互矛盾。

註釋

1 《康熙政要》卷七，〈論勤學第八〉。
2 《康熙政要》卷九，〈論擇官第十〉。
3 《康熙政要》卷六，〈論求諫第六〉。
4 《康熙政要》卷九，〈論擇官第十〉。
5 《康熙政要》卷一，〈論君道第一〉。
6 《清聖祖實錄》卷二十六，康熙七年六月戊子條。
7 《清聖祖實錄》卷九，康熙二年二月辛丑條。
8 《康熙政要》卷八，〈論君臣鑒戒〉。
9 《康熙政要》卷一，〈論君道第一〉。
10 《康熙起居注》，康熙二十一年二月十四日壬辰。
11 《清史列傳》卷八，〈湯斌傳〉。
12 《清聖祖實錄》卷八十二，康熙十八年七月癸巳條。
13 王鴻緒密繕小摺：〈稽核各省冒銷錢糧辦法〉，《文獻叢編》第二輯。
14 孫廷銓：《沚亭文集》卷上，〈秦闈發策五問〉。
15 《寒松堂全集》卷四。
16 《康熙起居注》，康熙十二年三月初三日癸酉。
17 《清聖祖實錄》卷六十六，康熙十六年四月辛未條。

18《清聖祖實錄》卷七十三，康熙十七年五月甲寅條。

19《清聖祖實錄》卷八十五，康熙十八年八月己丑條。

20 劉繼祖：《輿地隨記》卷二。

21《清聖祖實錄》卷一百九十四，康熙三十八年閏七月癸丑條；卷一百九十六，康熙三十八年十二月戊辰條；卷一百九十七，康熙三十九年二月壬辰條。

22 咸豐《青州府志》卷三十七，〈名宦傳・張連登〉。

23 李紱：《穆堂初稿》卷二十六，〈故永新知縣張君墓志銘〉。

24 吳熊光：《伊江筆錄》下編。

25 范承謨：《范忠貞公文集》卷二〈上封事疏〉。

26《清聖祖實錄》卷一百零九，康熙二十二年四月庚子條。

27 乾隆：《長沙府志》卷首〈皇言〉。

28《清聖祖實錄》卷一百三十四，康熙二十七年三月乙亥條。

29《清聖祖實錄》卷一百八十四，康熙三十六年七月壬辰條。

30《康熙政要》卷十四，〈杜奸邪第二十四〉。

31《康熙政要》卷九，〈論擇官第十〉。

32 乾隆《大清會典事例》卷十一，〈吏部〉。

33《康熙政要》卷九，〈論擇官第十〉。

34,35,36,37,38,39《康熙政要》卷八，〈論君臣鑒戒第九〉。

40《康熙起居注》，康熙二十五年十二月初七日丁巳條。

41《康熙起居注》，康熙十八年八月二十五日條。

42,43《康熙起居注》，康熙二十四年二月十三日癸卯條。

44《康熙起居注》，康熙二十六年九月十五日庚午條。

45《康熙起居注》，康熙二十三年十一月十一日壬申條。

46《康熙起居注》，康熙二十八年三月二十日丁亥條。

47《康熙起居注》，康熙二十三年十一月初四日乙丑條。

48《清聖祖實錄》卷二百零一，康熙三十九年十月丙寅條。

49《清聖祖實錄》卷二百六十六，康熙五十四年十一月辛未條。

50《清聖祖實錄》卷二百七十，康熙五十五年十月甲午條。

51《清聖祖實錄》卷二百四十九，康熙五十一年正月丁巳條。

52, 53《清聖祖實錄》卷二百五十，康熙五十一年五月丁巳條。

54《清聖祖實錄》卷二百四十九，康熙五十一年正月丁巳條。

55《清聖祖實錄》卷二百五十，康熙五十一年五月丁巳條。

56《清聖祖實錄》卷二百五十一，康熙五十一年十月乙卯條。

57, 58《康熙政要》卷六，〈論求諫〉。

59《清聖祖實錄》卷三十六，康熙十年五月庚午條。

60《清聖祖實錄》卷八十三，康熙十八年八月癸丑條。

61《清聖祖實錄》卷八十三，康熙十八年八月丙戌條。

62《康熙起居注》，康熙二十六年十一月二十日乙未。

63《清聖祖實錄》卷一百三十二，康熙二十六年十二月乙丑條。

64蔣良騏：《東華錄》卷十四，中華標點本，康熙二十七年二月條。

65《康熙政要》卷六，〈論納諫第七〉。

66, 67《清聖祖實錄》卷二百零六，康熙四十年十二月甲子條。

68《清聖祖實錄》卷二百零一，康熙三十九年十月丙寅條。

69《清聖祖實錄》卷二百五十三，康熙五十二年二月癸酉條。

70《清聖祖實錄》卷二百三十二，康熙四十七年二月庚寅條。

71《聖祖仁皇帝御製文集》初集，卷二十六，〈雜著・講筵緒論〉。

72陸隴其：《三魚堂外集》卷二，〈察吏〉。

73《康熙起居注》，康熙二十三年十二月初一日壬辰條。

74, 75《康熙政要》卷四，〈任賢第三下〉。

76《康熙起居注》，康熙二十三年七月十一日乙亥。

77《清聖祖實錄》卷一百三十六，康熙二十七年四月甲申條。

78《清史稿》卷二百七十五，〈傳臘塔傳〉。

79《清聖祖實錄》卷二百二十，康熙四十四年四月乙丑條。

80《康熙政要》卷四，〈任賢第三下〉。

81《清朝先正事略》卷十二，〈陳清端公事略〉。

82張鵬翮：《張文端公全集》卷七，〈雜記〉。

83《清聖祖實錄》卷二百十一，康熙四十一年十月庚寅條。
84 光緒《綏德州志》卷六，〈秩官志・政績〉。
85《康熙政要》卷九，〈論擇官第十〉。
86《清聖祖實錄》卷一百十五，康熙二十三年五月癸未條。
87《康熙起居注》，康熙二十三年二月二十九日乙丑條。
88《康熙起居注》，康熙二十五年十二月初五日乙卯條。
89《康熙起居注》，康熙二十五年十二月十八日戊辰條。
90《清聖祖實錄》卷一百二十九，康熙二十六年正月庚申條。
91《清聖祖實錄》卷一百十四，康熙二十三年三月癸酉條。
92《康熙起居注》，康熙二十四年二月十四日甲辰條。
93《清聖祖實錄》卷一百二十一，康熙二十四年六月庚寅條。
94《清聖祖實錄》卷一百二十二，康熙二十四年九月戊寅條。
95《清聖祖實錄》卷一百二十二，康熙二十四年九月辛巳條。
96《清聖祖實錄》卷一百二十二，康熙二十四年十月丙申條。
97《清聖祖實錄》卷一百八十四，康熙三十六年六月戊寅條。
98《清聖祖實錄》卷一百八十四，康熙三十六年七月辛丑條。
99《清聖祖實錄》卷一百八十七，康熙三十七年正月壬寅條。
100, 101《清聖祖實錄》卷二百零一，康熙三十九年九月戊申條。
102《康熙起居注》，康熙二十六年十二月十八日壬戌條。
103《康熙起居注》，康熙五十五年四月初三日壬辰條。
104 王慶雲：《石渠餘記》卷二，〈紀行取舊制〉。
105《清史稿》卷四百七十六，〈循吏列傳〉。
106《清聖祖實錄》卷二百三十九，康熙四十八年九月乙未條。
107《李中丞遺集》卷三，〈請澄清吏治疏〉。
108 陳璸：《陳清端公文集》卷四，〈全川六要〉。

109, 110《清聖祖實錄》卷二百十五，康熙四十三年正月辛酉條。
111《清聖祖實錄》卷二百三十九，康熙四十八年九月乙未條。
112 劉獻廷：《廣陽雜記》卷二，第十頁。
113 張鵬翮：《張文端公文集》卷七，〈雜記〉。
114《康熙起居注》，康熙五十三年十二月二十四日壬辰條。
115《清聖祖實錄》卷二百十九，康熙四十四年三月壬子條。
116《清聖祖實錄》卷二百零八，康熙四十一年閏六月戊戌條。
117《清史列傳》卷八，〈宋宜德〉。
118《清聖祖實錄》卷二百零一，康熙三十九年九月丙午條。
119《清聖祖實錄》卷二百十四，康熙四十二年十一月辛亥條。
120《清聖祖實錄》卷二百五十二，康熙五十一年十二月丙寅條。
121《清聖祖實錄》卷二百四十三，康熙四十九年九月辛亥條。
122《清聖祖實錄》卷二百六十六，康熙五十四年十一月辛丑條。
123《清聖祖實錄》卷二百十一，康熙四十二年二月丁酉條。
124《中藏集》卷二，〈聖恩再紀〉。
125 陸隴其：《三魚堂文集》卷五，〈陸清獻公本傳〉。
126 陸隴其：《三魚堂日記》卷八。
127 陳璸：《陳清端公文集》卷五。
128 陸隴其：《三魚堂日記》卷二。
129《清聖祖實錄》卷二百五十六，康熙五十二年十月庚辰條。
130《清史列傳》卷十二，〈年遐齡〉。

第九章　選專才　親指揮　潛心治黃淮

治河必得股肱心膂之臣

治河是貫穿康熙執政始終的一件大事，而漕運與治河密切相連，為此他傾注了大量精力。他在繁忙的政務中，時刻關注著淮黃治理，又在實踐中不斷總結治理淮黃的經驗，終於在治河方面取得了顯著成績。

民間早有這樣的民謠：「天下事，三大虞，一河二路三官吏」。元明清三朝定都北京，這表明聯繫政治中心與經濟重心的大運河必然要在漕糧的運輸中發揮作用。縱貫南北的大運河與蜿蜒東西的黃河相交滙，洪澤湖以東的清口不僅是黃淮交匯合流之處，而且也是大運河出入的咽喉與南北交通的樞紐。黃河自青海流經我國西北的黃土高原，簡直像一匹桀驁不馴的野馬，挾著大量泥沙向下流奔瀉而來，顯然黃河勢強而淮水勢弱，淮不敵黃，必然導致黃河倒灌入淮河，黃淮二河再一起湧進大運河的結局。

清初，河患頻仍。史載：「自順治十六年（一六五九年）歸仁堤（在江蘇宿遷東南三十五里的白洋河口）沖潰之後，睢、湖諸水患由決口侵淮，不復入黃刷沙，以致黃水反從小河口、白洋河二處逆灌，停沙積漸，淤成陸地，至康熙六、七年間，各處大水，黃淮並漲。……淮河之水由高、寶諸湖直射運河，沖決清水潭，下淹高、江等七州縣（高郵、江都、山陽、鹽城、寶應、泰州、興化）

之田者多，而赴清口會黃入海者少。海口淤，而雲梯關亦淤，而清江浦、清口亦淤矣。」[1]根據彭雨新先生統計，清代從順治初年至康熙十五年，黃河水患日趨嚴重。順治朝十八年（一六四四～一六六一年）內決口十五次，康熙元年至十五年（一六六二～一六七六年）決口四十六次，僅元年即達六次之多。

嚴重的河患不僅使廣大人民的生命財產遭殃，農業生產受到破壞，國家的稅收無著，而且黃淮潰決，運堤崩潰，漕糧無法按期運往京師，這都直接關乎著清朝的統治。所以康熙於親政之初，便意識到治河乃立國之本。他把治理黃淮作爲整治熙朝朝政的綱領之一。

康熙把挑選治河專才放在至爲重要的地位上。他說：「河道關係重大，必得才能熟練之員，始能勝任厥職。」[2]

清軍入關以後，爲了確保糧運，設置了河道總督，簡稱「總河」，是爲治理黃河的最高行政長官。總河轄有軍隊，叫做「河標」，負責河工調遣、守汛和防險之事。除了河道總督外，又設有漕運總督（簡稱「總漕」），這是從明沿襲而來。總漕也有自己的軍隊，叫做「漕標」。這樣，清朝政府除了八名地方總督以外，還有兩名專業性質的總督，一管河，一管糧，都是正二品大員，在清代都是「肥缺」。

康熙十六年（一六七七年）二月，經吏部議定：「嗣後凡河工道員缺出，內而部屬，外而知府、同知，果有曾任河職，盡心河務者，令總河保題；其未任河職，才品優長，該督所深悉者，亦許題請。至現任河員，果能盡心河務，俸深升授他職者，許以升銜題留原任；升轉時，仍照所升之職升用。」[3]確立了唯才是用的基本政策。康熙十七年（一六七八年），經奉差勘驗河工工部尚書冀如錫等檢查核實，在任河道總督王光裕原報正在搶修的項目，實際並未興工；題報已經「堵塞完固」的項目，質量極差，「新堤高寬不及舊堤之半」，是個極不稱職的治河官員，於是，康熙便首先解除了王光裕之職。經慎重選擇，升任安徽巡撫靳輔為河道總督，並遣吏部侍郎折爾肯，副都御史金儁，前往會同新任總河察審河務[4]。

靳輔，字紫垣，漢軍鑲黃旗人，順治九年（一六五二年），以官學生考授為國史院編修，擔任過纂修順治皇帝實錄的副總裁，順治十五年（一六五八年）改內閣中書，康熙初年，遷至內閣學士。在旗人中間，這樣的「出身」（即學歷）是很難得的。康熙十年（一六七一年），授安徽巡撫，治績優著。當然，他也像清代許多官員那樣，歷讀經史而入仕途，水利之書並不是一開始就深通的，但作為一個積極進取的政治家，他辦事踏實穩健，又能博採眾長，知人善任。就在安徽巡撫任上，靳輔途經邯鄲縣郊的呂翁祠，看到牆壁上有一首七言絕句：「四十年中公與侯，雖然是夢也風流；我今落魄邯鄲道，欲與先生借枕頭。」詩中抒發了作者的懷才不遇，藉唐人傳奇裏盧生邯鄲道上遇呂翁，夢中發跡四十年的故事，表述了自己的憤懣與不平。靳輔欣賞作者的奇情豪志，同情他壯志未伸的苦悶，猜想詩人離此不至太遠，便派人尋找，終於見到作者。此人乃浙江錢塘人陳潢，人稱奇士，有膽有識，雖屢屢困於場屋，卻天生酷愛天文地理、水利河渠之書，對河道的整治頗多識見，靳輔即與陳潢結為知己。靳輔的勤政與陳潢的業精相互配合，必能有益於河務，正是在這樣的情況下，康熙授職靳輔為河道總督，陳潢為靳輔之幕賓，揭開了康熙選專才以治河的新篇章。康熙委任靳輔之後，曾對日講官說：「近簡命河臣董理（河務），辨其水勢，疏其故道，嚴察下吏，重其考成，果能實心行之，庶或一勞永逸。」[5]康熙對靳輔寄予了厚望。

靳輔感激皇帝知遇之恩，唯思力報。康熙十六年（一六七七年）四月即趕赴宿遷河工署就任，到清江浦時，正值黃河泛濫，河堤潰決，運河道路阻塞。靳輔、陳潢兩人在黃淮堤上察看了水情，訪問了田夫農人。陳潢還冒著險風惡浪，駕著輕舟，在黃河上獨來獨往，上下數百里，獲取河患的第一手材料。之後，他們又遍尋歷代治河之論述，從中總結先人治河的經驗教訓，主張繼承明代河臣潘季馴「築堤束水，以水攻沙」的治河策略，把治沙作爲治河的關鍵問題。靳輔還在〈河道敝壞已極疏〉中批駁了只知「保運」不求治黃的錯誤做法，提出了統籌全局、「將河道運道一體，徹首尾而合治之」的指導方針，並將治河應行事宜分擬〈經理河工八疏〉，同日呈交康熙。

靳輔〈八疏〉提出了周密的計劃，包括五項工程和三項保證措施。五項工程是：「挑清江浦以下，歷雲梯關，至海口一帶河身之土，以築兩岸之堤」，堤高束水、刷沙，引導黃、淮入海之功能；挑洪澤湖下流，高家堰以西，至清口引水河二道，「俾其分頭沖洗，庶可漸漸刷開」[6]；加高幫闊七里墩、武家墩、高家堰、高良澗、至周家橋閘，殘缺單薄堤工，構築坦坡，他認爲坦坡能緩和水的激怒，「水之來也，不過平漫而上，其退也，亦不過順縮而下」，他還用土代木草把「全土堵決」；築古溝、翟家壩一帶堤工，並堵塞黃淮各處決口；閉通濟閘壩，深挑運河，堵塞清水潭等處決口，以通漕艘。其三項保證措施是：錢糧浩繁，須預爲籌劃，以濟軍需；請裁併河工冗員，以調賢員，赴工襄事；請設巡河官兵，共六營五千八百六十名，配置浚船二百九十六隻，以經常維修、保護堤壩[7]。他提出首期工程需用時二百天，河工十二萬三千人。至於經費，靳輔核算一下，需費銀二百一十四萬八千兩[8]。他建議向直隸、河南、江南、浙江、山東、江西、湖北等省預徵康熙二十年田賦銀十分之一，待到工程完成以後，利用黃河兩岸涸出的田畝，讓民間屯田，屯田不納賦銀，充作過去的徵銀。

這顯然是一個牽筋動骨、影響很大的宏大計劃，其中也貫穿了康熙「務爲一勞永逸之計」的治河思想。但是，一者因爲清朝政府財政尚屬匱乏，再者，十餘萬民工聚集黃河兩岸，又不免令清統治者眼前浮現元朝末年「石人一隻眼，挑動黃河天下反」的景象。因而，當靳輔的奏疏於康熙十六年七月十九日被拿到有議政王、大臣、九卿、科道等官參加的會奏桌上時，議政王等都不同意大修，並提出「先將緊要之處酌量修築，俟事平之日再照該督所題，大為修治」的建議。

康熙不同意議政王等人暫緩實行的主張，勸令靳輔繼續論證，他說：「河道關係重大，應否緩修，並會議各本內事情，著總河靳輔再行確議具奏。」[9]靳輔於康熙十六年（一六七七年）九月奉旨，經「反覆籌維，再三勘閱，於同年十二月遵旨再上〈敬陳經理河工八疏〉。此疏對前一方案做了調整，如挑浚黃河人夫，因以「倚車（獨輪車）代挑」，並將工期從二百日寬限至四百日，河工也減至原定的四分之一。再如，洪澤湖下流、高家堰以西至清口之引水河，原擬二道，因年內已經挑浚一道，故再挑一道即可。原二、三、四疏所列各項工程仍堅持原案，靳輔稱：「急宜修築，斷難議緩。」個別工程還有所補充。如清江浦以下歷雲梯關至海口挑浚黃河工程，於原定遙堤之內，加築縷堤和格堤，以縷堤束水，以遙堤、格堤防沖決，並以同樣方法修築清江浦以上至徐州黃河兩岸之堤工[10]。

康熙十七年（一六七八年）正月，在康熙的敦促之下，議政王大臣議覆是奏，由此，靳輔、陳潢開始根據自己的理論，實施整治黃、淮的方略。在黃、淮、運三條河幹上，靳輔親自指揮施工，發現問題，隨時修正施工方案，採取補救措施。

在黃河幹線上，他一面將河工歲修工程，請命責成河南撫臣料理，一面動工疏築黃河下流。自清江浦歷雲梯關至海口，於河身兩旁各疏引河一道，以所挑之土築兩岸之堤，共長九萬五千四百丈。下流疏通後，就把主要力量放在堵塞決口上。先堵塞一些小口，後堵塞大口，最後築塞楊家莊決口。下流疏浚工程及塞清河、安東等縣決口各工，均於康熙十七年（一六七八年）

十一月告竣11。康熙十八年（一六七九年）初春，又開始動工增築宿遷、虹縣兩縣黃河南岸歸仁堤，長六千三百二十五丈。由於康熙十九年（一六八〇年）曾受洪水之阻，難於施工，故至康熙二十年（一六八一年）三月才告完工。至康熙二十二年（一六八三年），黃河兩岸大決口二十一處全部築堵，河歸故道。此外，還把黃河堤工自徐州再向上歷蕭縣、碭山而擴展至虞城縣境內，並於堤岸增建減水壩三十座，涵洞四十九座，以防異漲洩洪保運堤之計。

在淮河臨湖一帶，康熙十七年（一六七八年）九月以前，先後修築高家堰堤工並幫修坦坡，將高家堰三十四處決口盡行堵塞。隨後，堵塞翟家壩成河九道大工，於十一月全面動工，歷時半年，至康熙十八年（一六七九年）五月初先後竣工。與此同時，在淮河下流爛泥淺上，除已挑引河外，又挑引河二：一自新莊閘西南至太平壩，一自文華寺永濟河頭，南經七里閘轉而西南至太平壩。兩渠並行，互爲月河，具達爛泥淺。然後分水十之二佐運，十之八射黃刷沙，並把南運口移至七里閘。運艘北上由文華寺出七里閘，繞武家墩入新挑爛泥淺引河上游，下達清口轉入黃河。這樣，南運口與淮黃交會之處的距離就從原來的二百丈增至十有餘里，並且河身曲折，從而免除黃河內灌淤運之患，而「重運過淮，揚帆直下，如履坦途」12。

在運河幹線上，大挑山陽（今江蘇省淮安縣）、清河（今江蘇省清江市）、高郵、寶應、江都五州縣運河，修築兩岸河堤，塞運堤決口三十二處。以上各工均於康熙十七年（一六七八年）十一月告竣。此外，在南、北運河共建閘壩二十六座，涵洞五十四座。其中，修築清水潭決口工程最爲艱難。清水潭上受高、寶諸湖之水，由於黃淮並漲之水沖決高家堰，怒奔清水潭，於是衝開大決口南北寬三百餘丈，水深至七八丈，而東西則與湖水相連，汪洋無際。其勢洶湧，「旋瀾飛沫，如雷如電」，莫能抵禦。在此之前，曾歷楊茂勳、羅多、王光裕三河臣相繼經營堵塞十有餘年，前後費帑金五十餘萬，隨築隨圮，終無抵績，「大為漕艘患」。工部尚書冀如錫等勘閱河工，估帑金達五十七萬兩，仍不敢保證必能成功。靳輔「周行閱視」後，決定必先堵塞高家堰各處決口，令全淮盡出清口，殺其上流水勢，然後才能動工堵塞清水潭決口，高家堰諸決口堵塞後，靳輔便「身宿工次，調度董率」，專力以圖清水潭之工。他吸取以前在決口直接下埽填土失敗的教訓，採用「避深就淺，於決口上下退離五、六十丈為偃月形，抱決口兩端而築之」的方法[13]，築成西堤一道，長九百二十一丈五尺，東堤一道長六百零五丈，又挑繞西越河一道，長八百四十丈。自康熙十七年（一六七八年）九月初八日動工，凡一百八十五日而大工告成，僅用費九萬兩有奇，比部原估省帑四十八萬餘兩。「上（康熙）嘉之，名河曰永安，新河堤曰永安堤」[14]。於是，運艘及商民船隻往來無復漂溺之險，商民交口稱頌。

康熙初年，運艘入黃河，因董口淤塞須反覆逆行、繞道，特別是船隻行走湖上，既不便纖纜，又多遇泥濘，極不方便。靳輔查得宿遷西北四十里皂河集有舊淤河形一道，便挑新浚舊，創開皂河四十里，上接泇河，下達黃河。又自皂河迤東歷龍岡岔路口至張家莊二十里，挑新河三千餘丈，並移運口於張家莊。此項工程，自康熙十九年（一六八〇年）初開始動工，中經大水沖淤，歷時二載始告成功。自此，「飛挽迅利，而地方寧息，軍民實慶永賴云」[15]。

但是，因為康熙十九年（一六八〇年）、二十年（一六八一年）連年大水，以及許多臨時出現的險段，使靳輔三年大修計劃無法如期完成，他主動疏請下部議處，得旨：「靳輔著革職，令戴罪督修。」[16]靳輔更加兢兢業業，竭力塞築完楊家莊決口，可康熙二十一年（一六八二年）正月卻又被沖潰，經月餘才得以再度堵塞。但一處剛補好，另一處宿遷徐家灣險段又漫決百餘丈，他又即刻督夫搶救，於三月中旬築塞。此時，他一面自行勘查各工，督令各官善修堤防，一面疏請欽差閱工。可是其疏剛奏入，又有蕭家渡民堤坐陷，決口九十餘丈。

靳輔遇到如上的窘境表明了治河確有較大的難度，可在與靳輔治水政見不同的吏員那兒，這些都成爲否定靳輔方略的口實。候補布政使崔維雅奏呈「言輔所建減水壩無功當毀」[17]，「請盡變輔前法」[18]。其他諸臣亦莫衷一是。

康熙二十一年（一六八二年）五月，康熙遣戶部尚書伊桑阿、工部侍郎宋文運、給事中王曰溫、御史伊喇喀勘工，並以崔維雅隨往。伊桑阿等帶領崔維雅等將黃河兩岸堤工，並歸仁堤、高家堰、運河、皂河等處工程，一一詳細勘查後，回到徐州，連同崔維雅兩書及條陳二十四款與靳輔共同會議。在會議上，靳、崔二人展開激烈爭辯，靳輔「逐款登答」，把崔維雅駁斥得體無完膚，狼狽不堪。例如崔維雅說：「一個減水壩將來就是一個決口。」靳輔辯白：因爲設置減水壩，才保全了黃、運兩河，而這減水壩的設置實際上也是當時國家財政狀況尚不充裕情況下採用的權宜之計。崔維雅的質難不見收效。十月，伊桑阿等又奏說今限已逾，黃河未歸故道，應將靳輔及監修各官從重治罪，責令賠修。又說，如果照崔維雅所議另行修築，也難保必能成功。其二人所議懸絕，臣等難以定議，請皇帝裁決。正在此時，靳輔駁辯崔維雅的奏疏也呈上，大略疏言：臣治河於今五年，原估續估各工，均已次第告竣，不意蕭家渡民堤坐陷，以致黃河仍未歸故道，但是，海口已大闢，下流疏通，河道腹心之患已除，堵塞此口也很容易，崔維雅將所建築的各項工程紛紛議拆議毀，以墮成功而釀後患，斷然不可。伊桑阿等奏疏與靳輔奏疏並下廷議。康熙對大臣說：「崔維雅條奏二十四款，朕初覽時，似有可取，及覽靳輔回奏，崔維雅所奏誠無可行者。」[19]並召靳輔來京面奏，詳加詢問。十一月，靳輔至京，面奏蕭家渡決口明年正月（康熙二十二年正月）可塞，其餘堤工須銀一百二十萬兩，可以全完。康熙當即嚴厲指責他說：「爾從前所築決口，楊家莊報完，復有徐家溝（即徐家灣），徐家溝報完，復有蕭家渡。河道沖決，爾總不能預料。今蕭家渡既築之後，他處爾能保其不決乎？前此既不足憑，將來豈復可信！河工事理重大，乃民生運道所關，自當始終酌算，備收成效，不可恃一己之見。」[20]並問崔維雅條奏事。靳輔毅然回答說，崔維雅所議「斷不可行」。「上是之」。靳輔即退離京，趕回江南工所。康熙既以崔維雅所議毫無可取，又懷疑靳輔治河未必成功，便提出海運之議。伊桑阿等議奏海運難行，黃河運道在所必治。又議奏以靳輔已經革職及疏稱海口大關等因，暫停處分，限令六個月修浚蕭家渡決口。而將監修各官俱行革職，戴罪賠修。康熙從其請，並寬免賠修，仍給帑堵築，限期完工。而崔維雅條奏各款「無庸議」，結束了這場爭論。

康熙二十二年（一六八三年）四月，靳輔疏報蕭家渡工成，河歸故道，因大溜直下，七里溝等四十餘處險汛日加，請修七里溝等處險汛，並天妃壩、王公堤及運河等閘座，又疏請飭河南撫臣修築開封、歸德兩府境內河堤，以防上流壅滯。以上各工，均從其請。康熙還諭勉他說：「河道關係國計民生，最爲緊要。今聞河流得歸故道，深爲可喜。以後益宜嚴毖，勿致疏防。」[21]十二月，康熙詔復靳輔原職。

黃、淮兩河盡復故道，河務整頓一新，河淮湖運堤岸均已增設河兵，「凡采柳運料、下埽打樁、增卑修薄諸務，畫地分疆，日稽月考，著爲令甲，而諉卸中飽諸弊悉絕」[22]。靳輔治河的大修計劃，至此才真正告成。

康熙二十三年（一六八四年）七月，內閣學士席柱奉差福建、廣東展界事畢復命，在回答康熙詢問靳輔及其治河情形時說：「曾見靳輔，顏色憔悴，河道頗好，漕運無阻。臣來時，見宿遷地方將水分排築堤，共計五堤，其二堤已完，三堤正在修築。水盛時，開閘以殺其勢，令其循堤四散分流，無沖決之患。」於是康熙說：「河道關係漕運，甚爲緊要。前召靳輔來京時，眾議皆以爲宜更換。朕思若另用一人，則舊官離任，新官推諉，必致壞事，所以嚴飭靳輔，令其留任，限期修築。今河工已成，水歸故道，有裨漕運商民。使輕易他人，必至貽悔矣。」23靳輔爲治河盡了心力，故堪稱康熙帝在治水事業上的股肱之才。

然而，靳輔作爲治水專家，卻不精通於權謀與人情世故，正當他被康熙信用之時，另一位治水名臣（即前述清官）于成龍繼崔維雅之後又開始了與靳輔的「治河方略」之爭。

康熙二十三年（一六八四年），三藩之亂已被平定，臺灣鄭氏亦已歸附，中原安定。康熙懷著對治河雖「時加探討，雖知險工修築之難，（但）未曾身歷河工，（致）其河勢之洶湧潰漫，堤岸之遠近高下，不能了然」24的心情，開始了第一次南巡。他看到高郵、寶應諸州縣「雖水涸，民擇高阜棲息，但廬舍田疇，仍被水淹，未復生業」25。心中非常憂慮，因而他認爲應重視下河和海口工程。

康熙二十四年（一六八五年），因靳輔正在進行善後幫築高家堰及黃河兩岸堤工，無暇管理下河工程事宜，便命安徽按察使于成龍經理其事，「仍受輔節制，奏事由輔疏報」26。可是，一者由於康熙在南巡閱河經過江寧時，對于成龍多有讚詞，如「清廉愛民」，曾召入行宮面加獎勵，並親書手卷賜之，「超遷爲安徽按察使」。康熙回鑾京都後，又特召于成龍之父參預于得水，以其「教子有方」，賞賜貂裘披領。還諭之曰：「爾其最勉爾子，殫心竭慮，始終如一，朕不難頻加顯擢。」27又召諭八旗諸大臣「視得水之教成龍」，寄書勸勉在外爲官子弟。再者于成龍亦頗能心領神會康熙帝的心意。譬如康熙曾說過：「高、寶等處，湖水下流，原有海口，以年久沙淤，遂至壅塞。今將入海故道，浚治疏通，可免水患。」還表示只要能除患濟民，「縱有經費，在所不惜」[28]。因此，于成龍受命經理海口及下河事宜後，立即按照康熙帝的旨意，疏請開通海口，挑浚下河水道，以排泄下河地區積水。

靳輔則堅決反對于成龍開浚海口的意見。他說：「下河其形尙卑於沿海之地」，「開浚下河，臣恐有海水倒灌之患」。而于成龍則說：「今高家堰修築重堤，停開海口，縱上流之水不來而秋霖暴漲，天長（在今安徽）、六合（在今江蘇）等處奔赴之水泄歸何處？臣愚以爲海口仍應開浚。」靳輔則主張築長堤束水敵潮，並請將堤內涸出的民田丈量還民，其餘招民屯墾，取佃價以補償河工之費。爲此，康熙召靳、于二人至京師，廷議河工事務。這年十一月，靳、于皆至京師。在廷議上，靳輔仍主築長堤以敵海潮，于成龍則堅持開浚海口故道。大學士、九卿俱從靳輔之議，而通政使司參議成其範、給事中王又旦、御史錢珏從于成龍議，儼成對壘，事不能決。而起居注官寶應人喬萊等下河諸州縣京官也謂靳輔之議有累於民，力主從于成龍議。康熙「頗右成龍」。

爲了進一步驗證問題的是非，康熙以「鄉紳之議如此，但未知百姓如何」，遂命工部尙書薩穆哈、學士穆稱額到淮安、高郵等處，會同漕督徐旭齡、江寧巡撫湯斌，「詳問地方父老，期於兩旬內回奏」。康熙二十五年（一六八六年）正月，薩穆哈等還奏：下河百姓皆謂挑浚海口無益，應行停止，九卿從議。但康熙對此議疑慮重重，認爲海口不行開浚，則泛濫之水究無去路；若行開浚，使水有所泄，高郵等處城市一帶，淹浸田畝可以涸出，這樣才有裨益。不過，「眾議如是」，也就不得不暫停挑浚海口工程。

同年四月，由江蘇巡撫升任禮部尙書的湯斌至京陛見時，趁著康熙詢問下河開海口之事的機會，極言浚疏海口必有益於民。於是下河之議又起。康熙也極抱感情色彩，怒責薩穆哈、穆稱額奏報不實，奪其官職。又召大學士、九卿及喬萊等議挑海口，發帑二十萬，命工部侍郎孫在豐往董其役，並鑄監修下河工部印授之，以重威權。

康熙二十七年（一六八八年）春，給事中劉楷、御史郭琇等上疏參劾靳輔糜費錢糧，治河無效。孫在豐狀告靳輔阻撓開浚下河的罪狀。廷臣對靳輔之治河又多有非議。三月，康熙召靳輔與于成龍和郭琇等廷辯。靳輔提出了修滾水壩、重堤以防止河水外溢，通過截彎取直，使水急涮沙，順流入海的方針。而于成龍則堅持「下河當挑」、「海口當浚」的計劃。靳輔說于成龍的做法必致「海水倒灌」，而于成龍則說靳輔的做法「必傷民生」。于成龍更以道聽途說的言論爲據，肆意攻擊靳輔「河道盡爲其所壞」。靳輔則反駁說：「臣爲朝廷效力，將富豪隱占之地察出甚多，所以豪強懷恨，與百姓何干？」而退一步說：「向者河道大壞，處處沖決，民田已盡被水渰，自臣任總河，將決口堵閉，兩旁築堤，仰賴皇上福庇，比年以來，河流故道，無有沖決之患。是以數年水沒之民田，盡皆涸出。臣意將民間原納租稅之額田給與本主，而以餘出之田作爲屯田，抵補河工所用錢糧。因屬吏奉行不善，民怨是實，此處臣無可置辯。」[29]康熙認爲「輔爲總河，挑河築堤，不可謂無功。但屯田、下河兩事，亦難逃罪」[30]。康熙斷言：海口必無倒注之理，下河海口應行挑浚；屯田害民，斷無行理，無可復議；至於築重堤也無益處。於是給靳輔以罷官處分，任命王新命代總河。于成龍雖不熟悉河務，但康熙以其爲直隸巡撫頗優，所以對他道聽途說的論調未予責難和追究。

爲了進一步治好河，弄清靳輔治河的事實真相，康熙又遣尚書張玉書、圖納，左都御史馬齊，侍郎成其範、徐廷璽等前去檢閱河工。臨行前，康熙反覆交代，靳輔所修之處，幾處是，幾處不是；于成龍之言，幾款是真，幾款是虛。「是曰是，非曰非，從公而言」[31]。同年九月，五大臣回奏：黃河兩堤皆高，而河底亦刷深；巡撫于成龍陳奏失實。康熙二十八年（一六八九年）春，康熙又親自南巡閱視河工，瞭解到江南淮安諸地方，自民人船夫，都稱譽前任河道總督靳輔，思念不忘，且見靳輔浚治河道，上河堤岸修築堅固。返京後，康熙隨即「諭獎輔所繕治河深堤固，命還舊秩」[32]。

康熙三十一年（一六九二年）二月，康熙撤掉王新命總河之職，仍令靳輔爲河道總督。這年冬，靳輔在清河至蒙澤沿線輸糧以賑西北之災，竟死於任上，康熙爲之「臨軒歎息」，賜祭葬，謚文襄，予騎都尉世職。直到康熙四十六年（一七〇七年）第六次南巡時，康熙依然深念靳輔，他十分感慨地總結道：「靳輔自受事以後，斟酌事宜，相度形勢，興建堤壩，廣疏引河，排眾議而不撓，竭精勤以自救。於是淮、黃故道，次第修復，而漕運大通，其一切經理之法具在，雖嗣後河臣互相損益，而規模措置不能易也。至於創開中河，以避黃河一百八十里波濤之險，因而漕挽安流，商民利濟。其有功於運道民生，至遠且大。朕每蒞河干，偏加諮訪，沿淮一帶軍民感頌靳輔治績者，眾口如一，久而不衰。」[33]康熙以靳輔「有大建樹於國家」，特予褒榮，加贈太子太保，仍給騎都尉世職。於此可見，康熙處人處事還是公正的、實事求是的。

廟堂時注黃淮事　今日安瀾天下知

康熙說：「繼靳輔而治河者，須不用減水壩，不保題官員，不派民夫，而河又較勝於今日，如此則朕方心許矣。」[34]這就是說，繼靳輔治河的人，須不依藉減水壩，既能保護上河的漕運，又能溝通下河海口，使下河諸州縣不被水淹，以達到保運與安民的雙重目的。只有這樣，才是符合康熙心願的治河人才，也是康熙力求實現的治河目標。但人才難得啊！

靳輔之後，于成龍繼任總河，康熙對他信任有加，但他卻自恃清廉，對康熙的諭旨多不執行。康熙還曾用董安國，董安國卻不諳河務，極不稱職，以致「黃淮爲患，沖決時聞。下河地方，田廬漂沒」。「歷年已久，迄無成功。」

康熙三十八年（一六九九年）二月，康熙第三次南巡。他沿途詳細視察了河工敗壞情況，根據靳輔的治河經驗，結合自己實地調查和多年研究，提出了導河稍北、浚深河道、挑挖引河、彎處引直和拆除攔黃壩等一系列治河辦法。康熙說：「今歲南巡，見黃河逼近清口，黃水倒灌，以致淤塞，洪澤湖水不出，自高家堰減水壩流入高、寶諸湖，自高、寶諸湖流入運河，以致下河田地，盡被淹沒。」[35]認爲工程要點是排浚清口，「如不將清口排浚，（洪澤）湖水不出，高家堰並運河堤工雖加高厚，均屬無益」。他向于成龍作了具體部署：首先深浚黃河河底。他說：「治河上策惟以深浚河身爲要。……誠能深浚河底，則洪澤湖水直達黃河，七州縣無泛濫之患，民間田畝自然涸出。若不治其源，徒治下流，終無裨益。」[36]他又反覆囑咐于成龍：「黃河彎曲之處，俱應引河，乘勢取直，高郵等處運河越堤彎曲，亦著取直」，「河直則溜自急，溜急則沙自刷，而河自深」[37]。其次，改修清口，康熙回鑾時親自登上清口附近黃河南岸，釘下木樁，命從此問東，修排水壩。此壩後被稱爲御壩，起到「挑令黃溜北趨，俾黃、淮順利而交會」，防止黃河水倒灌入淮的作用。再次是拆毀雲梯關附近的攔黃壩，這道壩是河臣董安國於康熙三十五年（一六九六年）錯誤修築的，造成下流不暢，上流河道淤塞。康熙還諭示于成龍：「朕自淮南一路，詳閱河道，測算高郵以上，河水比湖水高四尺八寸，自高郵至邵伯，河水湖水始見平等，應將高郵以上當湖堤岸，高郵以下河之東堤，俱修築堅固。有月堤處，照舊存留，有應修堤岸，仍照舊堤堅築，至於邵伯地方，因無當湖堤岸、河湖合而爲一，不必修築堤岸，聽其流行。高郵東岸之滾水壩、涵洞俱不必用，將湖水河水俱由芒稻河、人字河引出歸江，入江之河口如有淺處，責令挑深，如此修治，則湖水河水俱歸大江。」[38]康熙通過實地的調查研究，對海道的概況已知之深多，因而康熙能在靳輔治河經驗的基礎上，提出「上流既理，則下流自治」和「導河稍北」的新觀點與新方法。康熙說：「靳輔、董安國、于成龍但知築堤禦水，至於改河身使北，俾清水通流並未言及，若不令清水通流，雖修築堤岸，黃水終致倒灌，焉能禦之。」[39]

康熙對于成龍言之諄諄，而于氏卻多有牴牾，很不得力。如康熙令于成龍拆除攔河壩，于成龍沒有照辦，康熙面諭于成龍，清口宜築挑水壩，挑黃河使趨北岸，方可免倒灌清水之患，要于成龍挑浚芒稻、人字兩河，並取直修減水壩等，于成龍多不付諸實施。南巡時，康熙曾遣侍衛海青召于成龍至江天寺，訓諭他留心河工爲務，但于成龍不言及如何治河，如何救民，惟以捐納執奏。康熙「以此知于成龍之不能有成於河工也」[40]。康熙十分感慨地說：「于成龍不遵朕旨，致無成功。」[41]

不久，于成龍病故，康熙遂立即把當時任江南江西的總督張鵬翮調補爲河道總督。

張鵬翮英俊瀟灑，爲人極通人情，頗能事奉上司，在康熙面前，他當然顯得極端謙恭，唯命是從。陛辭時，康熙面授機宜：「高家堰見差大臣督修，爾無與焉。海口至清口，相隔遼遠，今所急者清黃兩會之處，最爲緊要，黃水高，故清水不得通泄，以致泛濫。曩者高家堰去水尚遠，今與培築堤岸相平。但今清水何以得出，河身何以得深，此係爾當圖劃效力者；更樓口亦屬緊要，所宜速爲修竣，水老鸛等物，靳輔當時亦曾用之，毫無裨益，此數事，爾到任詳察。宜作何舉，再爲奏聞。朕以爾清廉，因特簡任，所發錢糧，仍於河工支用，分釐不致空費，堤岸自能堅固，事無不濟，爾善行努力。」[42]「古人治河之法，與今河勢不同，其最緊要者，黃河何以使之深，清水何以使之出，宜詳加籌劃。」[43]囑咐張鵬翮：「引湖水使入人字河、芒稻河入江，朕所見最真，爾必須力行不可忽也；黃河曲處挑挖使直，則水流通暢泥沙不淤，爾宜留心。」要求「必毀攔黃壩」。張鵬翮三月上任，四月就動工拆除攔黃壩，到五月初，「完工開放，水勢暢流，沖刷淤沙，旬日之間深至三丈，寬及百餘丈，滔滔入海」[44]。康熙賜名「大通口」。康熙見張鵬翮能大致依他的旨意行事，十分高興地說：「今毀去攔黃壩而清水遂出，浚通海口而河勢亦稍減，觀此則河工大有希望也。」[45]此後，張鵬翮按照康熙的治河方略，提出在黃河縷題出水處造石閘，在臨河處造草壩，防止黃水倒灌，在歸仁堤造磯心石閘。這些都得到康熙的支持。康熙批示：「所奏甚爲合理，此事所關至要，著九卿詹事科道會同速行詳議具奏」。九卿等議：「不拘動支何項錢糧，迅作興工。」[46]這樣，到康熙四十年（一七〇一年）底，張鵬翮完成了一批水利工程：加固了高家堰，堵閉了唐梗六壩，讓淮水赴清口；又開引河，引淮水歸故道，黃、淮合流而下，爲防中河離黃河太近出現倒灌，改北岸爲南岸，另築北堤，截舊中河水入流，稱作「新中河」。從此，康熙對張鵬翮益加信賴。

康熙認識到治河決非一勞永逸之事。他時時關注河務，常把河圖置於左右，苦心思慮，凡前代有關河務之書，無不披閱，悉心鑽研，深感「泛論則易，而實行則難。河性無定，豈可執一法以治之，惟委任得人，相其機宜而變通行之，方有益耳！」當時「河工雖漸有成緒」，但「尚未底績」，張鵬翮想把「上諭治河事宜」纂集成書，康熙卻持保留態度。康熙認爲有關治河的「所言所行，後果有效與否」，還沒有得到實際的最後檢驗，就想動手編纂成書，這「不但後人難以效行，揆之己心，亦難自信」。由是，康熙反問道：「今河工尚未告竣，遽纂成書，可乎？」[47]

這充分表明康熙注重實際的心跡和再接再厲完成治河的決心。張鵬翮還滿懷信心地向康熙彙報：「皇上指授疏通海口，水有歸路，黃河刷深，堅築高家堰，廣闢清口，乃得引淮暢流，築歸仁堤，導泗州上源之水入於河，疏人字、芒稻等河、引運河之水注之江，築挑水壩，疏陶莊引河，通黃水而暢清流，使永無倒灌之虞，挑蝦鬚等河，引下河積水入於海，其餘各處工程指授周悉，但河工甫就，保固爲要。恭請聖駕於來春二月桃汛未發之前，親臨河工指授。」[48]張鵬翮大有向康熙邀功之意。可康熙卻很務實，他說：「高家堰等處堤工雖竣，然未遇大水，俟來年經過水汛之後，方可驗其成功。若爛泥淺一帶水出不暢，則高家堰究屬可憂。向意欲從武家墩出水，此事尚須斟酌，前日問張玉書，奏稱淮水尚大，高堰舊堤俱爲湖水所浸。據此則泗州、盱眙安得不被水災，河身之淺深，以洪澤湖水之高下爲驗，湖水低得一尺，河身方深得一尺。今洪澤湖之水比甲子年高有數尺，可見河身未曾刷深，高家堰之堤，恐過此以往，尚未可知也。」[49]

康熙四十一年（一七〇二年）夏季，河工真的遇到巨大的考驗，從徐州以下多處河堤出現險情[50]。康熙爲高家堰「日夜焦思」，因爲「洪澤湖之水較運河高八尺，運河之水較淮安高一丈二尺，今閉唐埂六壩，目前雖有裨益，設高家堰一決，揚州、淮安、宿遷等處百姓俱不可問矣。惟俟入秋水過之時，堤岸依然堅固，方可無虞耳」[51]。張鵬翮在康熙的直接關照下繼續進行了一系列的浚深與加築堤壩的工作，到九月丁卯，張鵬翮向康熙奏報好消息，按康熙方案在清口附近所築的挑水壩（御壩）在這年防汛中發揮了巨大作用。康熙看奏後得知，「挑水壩築成，逼黃河大溜直趨陶莊引河，循北岸以行，黃水從大通口暢出，海口極其深通，淮水從清口暢流敵黃，絕無黃水倒灌之患，高家堰堤工完固，加謹防守，經伏秋大漲，俱獲無虞。運河水由涇河、澗河、人字、芒稻等河分泄，各處工程亦皆保無虞。觀此河工大有望矣」[52]。康熙以自己的成功與過去治河的屢敗進行比較，他發現：「今所開陶莊引河甚善，朕前巡視南河時，曾令員外郎赫碩滋將引河之樁加意深築，其疏浚人字、芒稻二河亦佳，得此二河，運河甚爲有益。朕觀明朝治河，俱自徐州以上，在河南地方修築。我朝自康熙元年以來俱在徐州以下修築，然治下流須預防上流，若上流潰決，下流必至壅滯，嗣後徐州以上地方河臣亦當留意。再黃河之水遷徙無定，朕前在寧夏時，見黃河大溜，每年更移，今年行在此，來年又移他處，其性如此，況九河故道，原在河間地方，後漸移向南。歷代以來，果能每年防禦，相機修理，則河道何至如此大壞，皆因時當多事，或十年，或五年不修築，不開浚，所以漸難治矣。明朝三百年間，嘗講求河工治法，彼時措置，亦得其宜，如山東微山湖將水蓄聚。山中澇則蓄之，旱則泄之，皆深有益於治河者也。」[53]康熙於治河有成之後，一方面積極總結成功的經驗，另方面又深刻地認識到治河事業不能一下成功，亦不能墨守成規，過去治河中並非一無是處，但常因沒有一以貫之地去進行，故成效不顯，或弊掩蓋了利。

康熙四十二年（一七〇三年）正月，康熙第四次南巡，是時他恰是知天命之年，一路巡行，細查周訪，巡至海道，更是與河臣深入交換繼續改進工作的方略。並對那些地方應挑浚引河，那些地方應加固、加長堤防，那些閘座應放、應閉、應修，康熙都一一向張鵬翮作了具體指示。回京後，康熙對大學士、九卿宣布說：「朕此番南巡，遍閱河工大約已成功矣！」其成功之因在治河已得水性，「向來黃河水高六尺，淮河水低六尺，不能敵黃，所以常患淤墊，今將六壩堵閉，洪澤湖水高，力能敵黃，則運河不致有倒灌之患。此河工之所以能告成也」[54]。據河臣奏報，此時「海口大通，河底日深，去路甚速，淮水暢出，黃水絕無倒灌之虞，下河等處窪下之區，俱得田禾豐收，居民安晏」[55]。

對於張鵬翮取得的成績，康熙給予充分肯定。康熙指出董安國、于成龍不遵其旨，致無成功，而張鵬翮能執行他的諭旨，河工有所告成。他說：「（張鵬翮）遵奉朕言，壩工（清口挑水壩）築成，黃溜遂直趨陶莊，清水因以直出，疊經伏秋大漲，並無倒灌之事，其浚張福口等引河，築歸仁堤，疏人字、芒稻、涇澗等河，開大通口，皆遵朕旨，一一告竣。今年春，朕閱河至桃源，見龍窩等處預沖危險，命增築挑水壩，此壩工刻日訖事，河勢遂平。中河仲莊閘口以與清口相對，特命改由楊家莊，漕挽安流，商民利濟，曩時黃水泛漲，或與岸平，或漫溢四出，今黃河深通，河岸距水面丈餘，縱遇大漲，亦可無虞矣。張鵬翮所修工程雖悉經朕裁斷，而在河數載，殫心宣力，不辭艱瘁，又清潔自持，一應錢糧俱實用於河工，無纖毫浮耗，朕心深爲喜悅，所屬大小河員並皆勉力赴工，共襄河務，亦屬可嘉。」56康熙四十三年（一七〇四年）十一月，「以河工告成」，加河道總督張鵬翮太子太保。

康熙四十四年（一七〇五年）第五次南巡，康熙發現張鵬翮有恃功自傲的苗頭，指示張鵬翮：「河工已經告成，善後方略更爲緊要。」他又警示張鵬翮說：「康熙四十二年，朕臨閱高家堰時，爾奏石堤可於八九月間告成。今已三年，尚未完工，萬一大水奄至，恃此草埽，詎能禦之？」張鵬翮奏曰：「必能保固，斷然無害。」語氣中充滿盲目樂觀情緒。康熙諭示說：「草埽俱經二三年矣，腐爛深塌者多，猝遇大水，事難預料，如不謹慎修築，被水沖決，枉費錢糧，姑置勿論，但去年已奏河工告成，今年又奏沖決，其謂之何？爾須日夜謹守保護。夫治河莫要於得人，觀爾所用之人，每多有失，豈可倚任此輩分守此堤耶？爾等惟見清口之水流出，即以爲功成，不思防禦。倘高家堰六壩之水泛濫，則清水力弱而黃水必復致倒灌矣。高家堰所關緊要，宜謹志之，毋忽！」57

之後，康熙又上惠濟祠，坐於河堤上，對諸臣說：「朕每至河上，必到惠濟祠以觀水勢，康熙三十八年以前黃水泛濫，凡爾等所立之地皆黃水也。彼時自舟中望之，水與岸平，岸之四圍皆可遙見，其後水漸歸槽，岸高於水。今則岸之去水又高有丈餘。清水暢流逼黃，竟抵北岸，黃流僅成一線，觀此形勢，朕之河工大成矣。朕心甚爲快然。」[58]康熙爲自己取得的成績感到無限的欣慰。他繼續鼓勵張鵬翮勤修河務，諭示張鵬翮在「惠濟祠前植標竿處可建挑水壩，祠後埽灣處亦宜建挑水壩，以保淤灘，但此二處挑水壩，俱不宜太長，恐逼水盡向北岸，有礙楊家莊口門。至卞家汪舊壩修建甚佳，再略加寬長更善」[59]。同時他授賜御製詩扇給張鵬翮以示淬勵。

康熙北行回京，即得到洪澤湖潰缺的消息，經調查知「今年伏汛水漲，沖決古溝等處堤工皆由河道總督張鵬翮平日徇庇延緩，自執己見之所致也」[60]。吏部題河道總督張鵬翮於河工事務並不盡心預爲籌畫，以致堤岸沖決，殊屬溺職，應將張鵬翮革職。康熙考慮到張鵬翮過去的業績，給其革職留任的處分。

康熙四十五年（一七〇六年）正月，江南江西總督阿山請奏「於泗州之西溜淮套開河，使淮水分流，兩旁築堤，至黃家堰，與張福口水合，使出清口，此工開成，則淮河之水勢既分，不但泗州、盱眙積水稍減，而洪澤湖之水不致泛濫，亦可有利於高家堰，而漕糧商民船隻可免洪澤湖風波之險矣」[61]。此河完工，約需銀一百八十餘萬兩，請求皇上親臨指示。康熙因五次南巡，對河道「應分應合，應挑應築之處，知之甚明」，故不願再親往閱視。但在張鵬翮、阿山、桑額及九卿等反覆疏請下，康熙考慮到溜淮套開河，事關創建，終於同意南巡。

康熙四十六年（一七〇七年）正月，康熙踏上了第六次南巡的征程。在清口，康熙登陸詳看地方形勢，召集扈從文武臣工及地方大小官員、河道總督及河工官員等，康熙問張鵬翮：「爾何所見奏開溜淮套？」張鵬翮奏曰：「我皇上愛民如子，不惜百萬帑金，拯救群生黎民皆頌聖恩。」

康熙當即打斷他的話說：「爾所言皆無用閑文。朕所問者，乃河工事務……爾可將此河當開與否，一一明奏。」張鵬翮奏曰：「先因降調通判徐光啟呈開溜淮套圖樣，臣與阿山、桑額會同具奏，奉旨命臣等閱看，臣等因事關重大，所以再四懇請皇上躬臨閱視，指授定奪。」康熙說：「今日沿途閱看，見所立標竿錯雜，問爾時全然不知，問河官，亦皆不知。河工係爾專責，此事不留心，何事方留心乎？」張鵬翮無法應答。康熙又問別人，亦多支支吾吾。其中看驗水平、估料之人皆爲名聲惡極之人。康熙很爲氣憤，他說；「昨日閱武家墩，朕尙謂果如阿山等所奏，溜淮套可以開成。今日乘騎從清口至曹家廟地方，詳看見地勢甚高，雖開鑿成河，亦不能直達清口，與伊等進呈圖樣迥乎不同，且所立標竿多有在墳上者。若依所立標竿開河，不獨壞民田廬，且致毀民墳冢。……今欲開溜淮套，必至鑿山穿嶺，不惟斷難成功，即或成功，將來汛水泛濫，不漫入洪澤湖，必致沖決運河矣。」康熙還問張鵬翮能否保證開此河就永保河道無事，張鵬翮卻一無所知。因此康熙便得出結論：「今奏溜淮套開河，非地方官希圖射利，即河工官員妄冀升遷。至河工效力人員無一方正者，何故留置河上。」62康熙權衡古今之利弊說：「明代淮黃與今時迥別，明代黃水勢強，淮水勢弱，故有倒灌之患。朕自甲子年南巡閱視兩河形勢，記憶甚明，漸次修治，今則淮強黃弱矣。然善後之策，尤宜亟講，與其開溜淮套無益之河，不若將洪澤湖出水之處再行挑浚，令其寬深，使清水愈加暢流，至蔣家壩、天然壩一帶，舊有河形宜更加挑浚，使通運料，小河俾商民船隻皆可通行，即漕船亦可挽運，爲利不淺矣。」63康熙的態度是實事求是的，謀求「治河」、「民生」、「利商」等的統一。最後康熙對張鵬翮怠於政事、任用非人提出了批評，並說：「加築高家堰堤岸，閉塞減水六壩，使淮水盡出清口，非爾之功；修治挑水壩，逼黃水流向北岸，非爾之功；堵塞仲莊閘，改建楊家閘，令黃水不致倒灌清口，非爾之功。此數大工程，皆與爾無涉，更有何勤勞？」[64]不過，康熙對張鵬翮前此有關河務的「一一指授，皆能遵行」，從而使「年來河工漸次底績」的功勞，還是肯定的[65]。但張鵬翮作爲治河的主要負責者，對開溜淮套這樣重大的工程沒有經過實地考察，「以不可開浚者，題請開浚，殊爲溺職」[66]。九卿等議定，將張鵬翮革職。康熙因開溜淮套之議以阿山爲主，非張鵬翮意，著革去其所加太子太保，奪官，仍留任。至康熙四十七年（一七〇八年）十月，以黃、運、湖、河修防平穩，命復官，仍任總河，並免應追幣銀。

康熙從六次南巡中認識到：「河形一年異於一年，治河之道當看何處關係緊要，便保守何處，不可執一自古治河皆順水性，爲今之計，但當商酌使淮水稍泄其流，乘水未長時預爲綢繆，將來水雖大長必不致於危險。天然壩一帶舊有河形，當挑浚此河，酌量可容糧艘，建立閘座，水小則閉閘蓄湖水以敵黃，水大則開閘使之暢流，一面由武家殿通至運河，一面通至高郵湖，則商民船隻皆得長行，似爲永久利益。」[67]九月，康熙又諭示張鵬翮應力保沿河百姓免受水災，生民田廬亦須謹加保護。

在張鵬翮之後，趙世顯繼任河道總督。趙世顯悉心防務黃河、淮河各段堤岸。從康熙四十九年（一七一〇年）到五十二年（一七一三年），他興工修築御壩西壩的加長工程，以利清水暢流，防止黃水倒流；高家堰臨湖柴工朽腐，補築子堤，以資捍禦；在黃林莊至貓兒窩一帶積沙淤淺處，築坎挑浚；清河縣南岸清口西壩的上流水險處，加築雁翅堤一道，以挑黃溜；拆造清邑中河鹽河老閘，以資啟閉；又高郵以下閘座的河身彎曲處，舟行維艱，給予取直。

之後，趙世顯又在淮安府城外南角樓一帶、寶應縣之運河東堤朱馬灣、以及張家直、盧家直、五里淺、龍王廟等處工程，用高粱稈、麥稈、蘆葦稈做梢料，用土填壓，一層料，一層土，一層一層地砌成埽工，並全都「釘埽加幫，以保運道」；拆砌高郵城北永安西堤石工，以固堤防；蕭縣之李家莊、張家莊，宿遷縣之老堤頭、卓家莊、劉家莊，桃源縣之談家莊、九里岡，山陽縣之童家營、范家莊，安東縣之佃湖、窯灣等「逼溜頂沖」的險段地處，各建挑水壩，並加幫縷堤，以資抵禦急流衝擊[68]。

以上一系列工程都是在康熙的指示與支持下完成的，多有成效，從而使河道處於正常運行狀態。康熙五十一年（一七一二年）十一月，康熙滿懷喜悅而自豪地說：「今年河道平穩，所報黃水、清水勢力相當。其先清水不能抵黃，每每倒灌。自朕指示作堤，引清水由北岸流去之後，黃水始不倒灌。又將楊家閘處修理，所以大得利益。朕以河道關係甚要，故將河圖置於座右，不時詳閱，即小處地名亦皆留意也。」[69]康熙傾注於河工的巨大心血於此可見。

康熙五十八年（一七一九年）夏天，洪水盛漲，蕭縣順河集，睢寧縣王家集，桃源縣半路劉下壩、顏家莊，宿遷縣談家道口、夏家橋等「頂沖大溜」處，都遭大水衝擊，趙世顯組織人力建壩幫堤，謹遵聖諭「加謹防護，開放洪澤湖蔣家壩等各閘壩，以資宣泄」[70]，終於使堤壩得以保持平衡。由此，趙世顯也認識到：河性時有變幻，「加謹防守防護，務使堤壩完固」，仍是一項長期的工作。

康熙在治理黃淮的實踐中，愈來愈深刻地認識到治河的長期性。他認爲黃河水勢之洶湧與內地相同，其性遷徙不定，東岸穩定了則西岸淤沙積成陸地；西岸穩定了則東岸淤沙積成陸地。他曾讓漕運總督施世綸由河南孟津反溯上探黃河，以求從根本上解決黃河泛濫致災問題。

康熙六十年（一七二一年）四月，康熙還說：「黃河關係最大，自元至明，歲有沖決，未有安瀾二十餘年如今日者，然圖治於已治，保安於已安。河工雖已告成，尤當時加巡視，不可疏忽。」[71]八月辛卯，康熙總結說：「黃河遷徙無常，每有沖決堤岸、淹沒田廬之患。……朕留心河務，屢行親閱，動數千萬帑金，指示河臣，將高家堰石堤及凡應修築之處，悉行修築，奏安瀾者幾四十年，於運道民生，均有裨益。前巡幸至湖灘河朔、保德州、橫城、潼關、孟津、徐州、宿遷、邳州、桃源、清口等處，俱曾渡河。自橫城舟行，順黃河下流，歷人所未經行之河套，直達數千里，所至之處，無不詳視。惟孟津渡河時，因淤沙不能直渡，紆道而行，彼時朕即慮沙淤則流滯，堤岸必致沖決，今據報黃河沖決，流入沁河，泛濫至直隸長垣縣等處。若今冬將決口堵築堅固，可保無虞。否則，自決處以下，勢分沙壅，河水陡長，堤岸之危，非一所矣。」[72]他讓總河趙世顯將熟練河務官員工役派出，並將修築物料多行備辦，以堵築河南境內的黃河決口，指示：「河南地方，河底不凍，今冬宜作速修築，其建挑水壩之時，應挑引河，黃河有曲折之處，即成洲渚，務詳勘酌量取直，挑成引河，俟黃河決口堵塞報竣後，再引沁濟運，分水龍王廟之中八閘、北八閘。春時水淺，船行有阻，應將沁河之水於此處引入運河，如不能容納，由鹽河瀉其水勢，自於運道有益；分水龍王廟南八閘水多，不需濟以他水，再徐州下流，黃河無虞，獨徐州上流黃河多有沙淤，不可不防沖決，將此旨宣諭該管各官，預先防備。」[73]表明康熙對河務既非常熟悉，又堅持不懈。經過署理河道總督陳鵬年的悉心經營，水災得以緩解，此時是康熙六十一年。

從「無定」走向「永定」

康熙治水，治黃、淮、運固然是重中之重，但泱泱中華，決不是僅僅治理黃、淮、運就能萬事大吉。康熙心思全國，除了竭力使無定的黃、淮趨於「永定」之外，還努力使渾河這樣的「無定河」變爲相對的「永定河」。

渾河，發源於山西太行山，上游叫桑乾河，北京一段叫盧溝河，河不大卻湍急而多帶泥沙，淤塞嚴重，類似黃河，所以人稱「小黃河」，下游經常改道遷徙，故又被稱作「無定河」，它既威脅著北京的對外交通，又給沿河各縣帶來嚴重災難。康熙三十七年（一六九八年）二月庚午日，康熙便諭大學士等：「霸州、新安等處，此數年來水發時，渾河之水與保定府南之河水常有泛漲，旗下及民人莊田皆被渰沒。詳詢其故，蓋因保定府南之河水與渾河之水滙流一處，勢不能容，以致泛濫。渾河，著原任河道總督于成龍往察，保定府南河，著原任河道總督王新命往察，作何修治，令其水自分流，詳勘繪圖議奏。今値農事方興，不可用百姓之力，遣旗下丁壯，備器械，給以銀米，令其修築。」[74]從此開始了整治渾河的工程建設。

康熙令于成龍在六月雨水之前完成挑浚與築堤任務，以保證「田畝得耕，百姓生計得遂」[75]。三十七年（一六九八年），于成龍修築河堤，開闢河道，引導渾河從天津西沽入海。這項工程共疏浚河道一百四十五里，築南北堤一百八十里，七月，「于成龍疏言霸州等處挑浚新河已竣，乞賜河名，並敕建河神廟。得旨照該撫所請，賜名永定河，建廟立碑」[76]。

三十八年（一六九九年）二月壬子日，康熙又諭直隸巡撫李光地等：「漳河與滹沱河故道，原各自入海，今兩水合流，所以其勢泛濫，爾等往視，如漳河故道可尋，即可開通，引入運河，如遽運河難容，即於運道之東別挑一河，使之赴海。」[77]八月，李光地疏言：「直隸滹沱河、漳河遷徙不常，臣遵旨飭治河州縣官，相視故漫淤淺處，速行疏浚，今大名、廣平、真定、河間四府屬州縣，凡滹沱河、漳河經流之處，開浚疏通，由館陶入運，老漳河與單家橋支流，合至鮑家嘴歸運，又分子牙河之勢。」[78]十月，康熙閱視盧溝橋以南河工，諭王新命等說：「此河性本無定，溜急易淤，沙既淤，則河身墊高，必致淺隘，因此泛濫橫決，沿河州縣居民常罹其災，今欲治之，務使河身深而且狹，束水使流，藉其奔注迅下之勢，則河身自然刷深，順道安流，不致泛濫，今朕遍觀兩岸緊要，應修處逐一詳審，爾等務期次第修築，遵諭而行。」[79]在閱視北蔡村、夏莊村、南蔡村三處時又諭王新命說：「於此三處，從上流作挑水壩，不必過長，長則大溜爲其所逼，對岸淤處略加挑浚，水即瀉入直流矣。著俟明春興工。」[80]又諭曰：「官不清則爲民害，水不清亦無利於民。天下之濁者皆如此也。不清之官，朕有法以正之，不清之水朕有策以治之。」[81]在閱視南格驛、曹家務、郭家務等處時，又諭王新命等說：「此舊河口，著修一長釘頭壩堵塞之，若留此口，水得灌入，則河即爲其所奪矣。舊河近堤汕塌者，著加幫增築。」在郭家務村南大堤時，康熙以豹尾槍立表於冰上，親用儀器測驗，發現「此處河內淤墊，較堤外略高，是以冰凍直至堤邊，以此觀之，下流出口之處，其淤高必甚於此，如此壅滯，安能暢流，此等堤工，卑矮可虞。若不預行修築，明春水發，難以堵禦，必自冬下埽，加幫增高，不可取近堤之土，若取土成溝，水流溝內，有傷堤根」。在冰窖地方，康熙還告諭直隸巡撫李光地等：「永定河自郭家務以下河身淤高，若挑淤作河，恐虛費錢糧，無益於事。且堤內之地，較河身最窪，若將南岸之堤作北岸之堤，前挑窪河，築高大之堤，逼河南移，方屬有益。」[82]他讓李光地等估算挑浚之費，以便迅速付諸實施。他又閱視張家莊北格驛、石佛寺及莊戶村、求賢莊等處，對修治工程都作了切實而詳密的指導，糾正了王新命等的偏誤之處。

康熙三十九年（一七〇〇年）正月，康熙閱視李光地等所修河務，他說，「修築方略，皆朕親行指授」，「及至閱看，工程甚易，並無難處，因朕指示周詳，河工諸臣方悟而大悅」[83]。他不斷激勵李光地、王新命等，讓他們克服畏縮情緒，只須盡心修理。康熙三十九年（一七〇〇年）三月，王新命以修理永定河繪圖呈覽，康熙一看便知是「意度爲之」[84]，使王新命的怠惰一下子就被揭穿。九月，康熙再問王新命治河事，王新命依然沒有全遵康熙旨令，這使康熙頗爲不快。十月癸酉，康熙親自巡視永定河堤岸，對堤岸的缺漏之處再次作了具體指示。譬如他說：「南岸須釘排樁，使水永不外溢，則爾等防守甚易矣。」「自郭家務以上，南岸舊堤甚薄，著交與原任河南巡撫李國亮務將排樁作速於堤外深釘，此堤卑狹處亦交與彼加寬增高，酌量補築。堤內田中浮土可鏟取用之，堤邊柳樹，不可輕伐。所塞之口，令先動工，其地勢高阜處，水既不能漫溢，可酌量節減，不必修築，所用排樁葦草，向原任總河王新命等取之。」[85]在葛家塢永定河南岸查看樁木時發現「俱短小不如式」。馬上召來王新命等訓諭說：「自委爾等河工以來，並未陳奏一事，即樁木丈尺，亦未如式深下。爾等果實心修築，自正月至今，親身監修，即每日里許，亦修築竣工矣。密邇京師，相去僅一日之程，其能欺朕耶？若再三年無成，朕豈肯輕恕，必將誅之。」又諭巡撫李光地曰：「永定河工程及物料，爾等不時稽查，其樁木合式者收貯，用於葛家塢之西，其短小不如式者，交李國亮用於葛家塢之東，蘆葦務收貯於乾燥之地，毋致朽爛，有看守不謹者，即令賠償，其河工未完處，仍交王新命等修築，令保三年，爾所查工程物料需用錢糧，奏請時毋致浮冒，河工效力人員內諸色混雜，爾亦務確查題參。」[86]對每一細節都有交代，以求把事兒落到實處。

康熙三十九年（一七〇〇年）十一月辛卯，康熙發現修理永定河河工員外郎赫碩滋「人甚輕浮」，爲推諉責任竟上疏題參王新命與工部侍郎白碩色，說王新命、白碩色貽誤河工，事實上當時已是嚴冬，土已凍結，須待春暖後方可興工。康熙當即識破了赫碩滋的陰謀，同時也重申要王新命、白碩色務必於春雨來前修竣的命令。康熙四十年（一七〇一年）正月，康熙閱視永定河至清涼寺決口，諭李光地「此河今歲務必完工」[87]。在柳岔口新築堤上，康熙對李光地說：「永定河每年當水涸之時，河道既枯，必至淤平，此甚難治，朕思得一善策，倘得引入清水以沖刷濁水之河底，則水自深矣。」[88]後康熙又諭大學士等說：「莽牛河之水著引入永定河。」[89]四月，康熙巡視永定河，並諭示李光地等說：「莽牛河出水之口亦宜下埽防之，隆冬冰結之時，莽牛河口著照常開泄，清水流於冰下，則水爲冰所逼，向下沖刷，河底自然愈深。」在閱新修石堤時，重申：「朕修此石堤，特欲其堅而更堅之意，如此則河水斷不復歸舊河，此地黎民亦可安枕矣。」在結束這次閱視時他總結說：「觀新挑河道，水流既直，出柳岔口亦順，河岸較前甚高，而河亦深，此皆被莽牛河水沖刷之故。閱其地勢，南岸最爲緊要，故將應行堅修諸處，詳行指示，爾等勿謂已成而遂忽之。」[90]對治河諸臣提出了殷殷的期望。

五月，李光地上疏說：「承修永定河自郭家務至柳岔口開河築堤釘樁下埽七十餘里，大城縣西堤樁埽工七十餘里，又子牙河廣福樓新河至賈口等處兩岸堤工五十餘里，雄縣水占民堤未完工程二十餘里今俱已完工，又接修永定河石堤之下樁工一百餘丈及大城南堤並河間獻縣之工，俱可告竣。」[91]

康熙曾力圖把一些治河措施先在治渾河上試行，然後再應用到黃、淮工程上去。譬如康熙四十一年（一七〇二年）五月，康熙說：「朕令永定河修理石堤，特欲於此處試之，如有成效，再於南河興工。若此工無成，則大工亦不能興。間者運送工料銀兩所費不過二十萬，即已底績。今戶部之帑，見存五千萬，朕意欲於黃河自徐州至清口兩岸悉築石堤，度其費不過千萬，若獲成功，則永遠無患，但運石稍難耳。」[92]康熙抱著實事求是的態度竭力想尋求切實可行又經濟的辦法。康熙四十一年（一七〇二年）九月，康熙又說：「朕觀永定河修築之法甚善，河身直，河底深，所以淤沙盡皆沖刷，今治黃河，亦用此法，方為有益。此工多費，不過十萬兩，試照永定河法修治之。」[93]康熙在永定河上的治理之法顯然是頗有成效的。到康熙五十五年（一七一六年）時，永定河仍「堤岸堅固，並無泛濫」，沿河「泥村水鄉，捕魚蝦而度生者，今起為高屋新宇，種穀黍而有食矣」。治河的成效延續多年，給廣大民眾帶來了很大的福利。

總觀康熙治河，功蓋前世。首先是他樹立了正確的、積極的戰略思想，不但要求制止水患，而且要變害為利，既安定漕運，又保證民生。康熙把治水當作立國之本，在戎馬倥傯之際，仍心繫河務，戰事稍閑即親自閱視，在國家統一之後，更親自指揮，具體指導，直至成效大顯。為了確保治河有方，康熙矢志鑽研治河古籍；南巡閱河過程中，曾親登堤岸，以水平儀測量水位，顯得十分內行。他總結的「治河上策，惟以深浚河身為要」是切合治理黃、淮的專家之言。他還形成了一整套的治河方略，如少設減水壩，多設滾水壩，以便達到「水長，聽其緩漫而保堤工；水小，資其涵蓄以濟運道」的目的。如康熙認為治水不僅在避害，同時亦可興利，明朝山東微山湖一帶將水蓄在山中，澇則蓄為水庫，旱則泄作灌溉的作法就頗為成功，值得借鑒。康熙認為治理水患必須根據實際情況，以定對策，因為「河道實難盡知」，只有「知者言之，不知者不輕言」，才是科學的態度。「若不深究地形水性，隨時權變，惟執紙上陳言，或徇一時成說，則河工必致潰壞」。立足於此，康熙並不固執己見，有些做法都先試點，可行則推廣，不可行則不憚改。因而，康熙在治河中嘗到了成功的甘甜，也對治河的成功越來越充滿信心。

可以說，康熙治河的成功是膽識、毅力與勤政等多種因素共同作用的結果。

註釋

1 靳輔：《靳文襄公奏疏》卷一，〈河道敗壞已極疏〉。

2、3 《清聖祖實錄》卷六十五，康熙十六年二月癸丑條。

4 《清史列傳》卷八，〈靳輔傳〉。

5 《聖祖仁皇帝御製文集》初集，卷二十六，〈雜著・講筵緒論〉。

6 靳輔：《靳文襄公奏疏》卷一，〈經理河工第二疏、第三疏〉。

7 靳輔：《治河方略》卷五，〈奏疏上・經理河工第六疏、第七疏、第八疏〉。

8 靳輔：《治河方略》卷五，〈奏疏上・經理河工第六疏〉。

9 《清聖祖實錄》卷六十八，康熙十六年七月甲午條。

10 《治河方略》卷七，〈敬陳經理第一疏至第五疏〉。

11 光緒：《清河縣志》卷五，〈川瀆中〉。

12 《清史稿》卷一百二十七，〈河渠志・運河〉。

13 靳輔：《治河方略》卷二，〈治紀中・永安河〉。

14 《清史稿》卷一百二十七，〈河渠志・運河〉。

15 傅澤洪：《行水金鑑》卷一百三十五，〈運河水〉。

16 《清聖祖實錄》卷九十六，康熙二十年五月癸丑條。

17 光緒《清河縣志》卷五，〈川瀆中〉。

18 《清史稿》卷一百二十六，〈河渠志・黃河〉。

19 《清史列傳》卷八，〈靳輔傳〉；《清聖祖實錄》卷一百零五，康熙二十一年十月庚寅條。

20 《清聖祖實錄》卷一百零六，康熙二十一年十一月丙辰條。

21《清史列傳》卷八，〈靳輔傳〉。
22《清史稿》卷二百七十九，〈靳輔傳〉。
23《清聖祖實錄》卷一百十六，康熙二十三年七月乙亥條。
24《清聖祖實錄》卷一百十七，康熙二十三年十月辛亥條。
25《清聖祖實錄》卷一百十七，康熙二十三年十月癸丑條。
26《清史稿》卷二百七十九，〈靳輔傳〉；《清聖祖實錄》卷一百十八，康熙二十三年十二月戊申條。
27《大清聖祖仁皇帝聖訓》卷三十六，〈澄敘一〉。
28《清聖祖實錄》卷一百十七，康熙二十三年十一月丁卯條。
29《康熙起居注》，康熙二十七年三月壬午條。
30《清史稿》卷二百七十九，〈靳輔傳〉。
31《康熙起居注》，康熙二十七年五月壬申條。
32《清史稿》卷二百七十九，〈靳輔傳〉。
33《清聖祖實錄》卷二百二十九，康熙四十六年五月戊寅條。
34《康熙起居注》，康熙二十七年三月壬午條。
35《清聖祖實錄》卷一百九十五，康熙三十八年九月戊申條。
36, 37《清聖祖實錄》卷一百九十二，康熙三十八年三月庚午條。
38《清聖祖實錄》卷一百九十二，康熙三十八年三月庚辰條。
39《清聖祖實錄》卷一百九十五，康熙三十八年九月戊申條。
40《清聖祖實錄》卷一百九十八，康熙三十九年三月己亥條。
41《清聖祖實錄》卷二百十三，康熙四十二年十月戊寅條。
42, 43《清聖祖實錄》卷一百九十八，康熙三十九年三月丁未條。
44《清聖祖實錄》卷一百九十九，康熙三十九年六月甲子條。
45《清聖祖實錄》卷一百九十九，康熙三十九年六月乙丑條。
46《清聖祖實錄》卷二百零一，康熙三十九年九月癸丑條。
47《清聖祖實錄》卷二百零三，康熙四十年三月丁酉條。

48《清聖祖實錄》卷二百零六，康熙四十年十二月庚午條。
49《清聖祖實錄》卷二百零六，康熙四十年十二月庚午條。
50《清聖祖實錄》卷二百零九，康熙四十一年七月庚申條。
51《清聖祖實錄》卷二百零九，康熙四十一年七月乙丑條。
52, 53《清聖祖實錄》卷二百零九，康熙四十一年九月丁卯條。
54《清聖祖實錄》卷二百十一，康熙四十二年三月辛酉條。
55《聖祖仁皇帝御製文集》第二集，卷五，〈敕諭・諭工部〉。
56《清聖祖實錄》卷二百十三，康熙四十二年十月戊寅條。
57, 58《清聖祖實錄》卷二百二十，康熙四十四年閏四月癸卯條。
59《清聖祖實錄》卷二百二十，康熙四十四年閏四月乙巳條。
60《清聖祖實錄》卷二百二十一，康熙四十四年七月辛卯條。
61《清聖祖實錄》卷二百二十四，康熙四十五年正月丁卯條。
62, 63《清聖祖實錄》卷二百二十八，康熙四十六年二月癸卯條。
64, 65《清聖祖實錄》卷二百二十八，康熙四十六年二月乙巳條。
66《清聖祖實錄》卷二百二十九，康熙四十六年五月丙子條。
67《清聖祖實錄》卷二百二十八，康熙四十六年二月乙巳條。
68《清聖祖實錄》卷二百五十六，康熙五十二年八月戊子條。
69《清聖祖實錄》卷二百五十二，康熙五十一年十一月癸巳條。
70《清聖祖實錄》卷二百八十四，康熙五十八年六月丁卯條。
71《清聖祖實錄》卷二百九十二，康熙六十年四月庚子條。
72《清聖祖實錄》卷二百九十四，康熙六十年九月甲午條。

73《清聖祖實錄》卷二百九十四，康熙六十年九月丙辰條。
74《清聖祖實錄》卷一百八十七，康熙三十七年二月庚午條。
75《清聖祖實錄》卷一百八十七，康熙三十七年三月辛卯條。
76《清聖祖實錄》卷一百八十九，康熙三十七年七月辛卯條。
77《清聖祖實錄》卷一百九十二，康熙三十八年二月壬子條。
78《清聖祖實錄》卷一百九十四，康熙三十八年八月甲午條。
79《清聖祖實錄》卷一百九十五，康熙三十八年十月甲戌條。
80，81《清聖祖實錄》卷一百九十五，康熙三十八年九月乙亥條。
82《清聖祖實錄》卷一百九十五，康熙三十八年十月丙子條。
83《清聖祖實錄》卷一百九十七，康熙三十九年二月乙亥條。
84《清聖祖實錄》卷一百九十八，康熙三十九年三月甲午條。
85，86《清聖祖實錄》卷二百零一，康熙三十九年十月丙子條。
87《清聖祖實錄》卷二百零三，康熙四十年二月辛酉條。
88《清聖祖實錄》卷二百零三，康熙四十年二月丙子條。
89《清聖祖實錄》卷二百零三，康熙四十年三月己酉條。
90《清聖祖實錄》卷二百零四，康熙四十年四月戊寅條。
91《清聖祖實錄》卷二百零四，康熙四十年五月壬子條。
92《清聖祖實錄》卷二百零八，康熙四十一年五月庚戌條。
93《清聖祖實錄》卷二百零九，康熙四十一年九月甲子條。

第十章　理學治國

尊孔重儒　推崇程朱

在康熙的執政生涯中，理學是康熙念念不忘的思想根基和決策指南，他努力鑽研儒家經典，並求得融會貫通。他深深地諳服朱熹對儒學的注釋和闡發，亦厭棄和揭露那些僞道學，還堅持不懈地把理學的理想原則一步步地化爲現實的存在。顯然這些努力並不能解決各種問題，但我們也看到了這對他的王朝的維持和社會的發展都曾起到過一些積極作用。

康熙接受漢文化是從幼年時候開始的，他從小養在宮外福佑寺，接觸到了大量漢族傳統文化知識，平時與康熙朝夕相處的乳母孫氏乃正白旗漢人包衣曹璽之妻；太監張某、林某爲明廷所遺，他們向康熙灌輸的多爲世世相傳的掌故，傳說這兩個粗通文墨的太監，對康熙接受傳統文化的影響很大。康熙自五歲開始讀書，十三歲即能下筆成文。他自幼苦讀，祖母孝莊文皇后恐有傷其身體，曾加勸止說：「貴爲天子，豈欲應主司試而勤苦乃爾！」[1]但他依然嗜讀不輟，親政後，「聽政之暇，即在宮中披閱典籍，殊覺義理無窮，樂此不疲。」[2]他說：「一刻不親書冊，此心未免旁鶩」，因此終日手不釋卷[3]。康熙學習的範圍十分廣泛，舉凡史乘、諸子百家、呂律、佛教經論、道書無不涉獵，他對經學史乘尤有興趣，他說：「（儒家經籍）記載帝王道法，關切治理。」而史乘則是「事關前代得失，甚有裨於治道」。康熙自己曾回憶說：「朕八歲登極，即知黽勉學問，彼時教我句讀者，有張、林二內侍，俱係明時多讀書人，其教書惟以經書爲要，至於詩文，則在所後，……有翰林沈荃，素學明時董其昌字體，曾教我書法。張、林二內侍俱見及明時善於書法之人，亦常指示。」[4]又說：「朕自八齡，雅好典籍，無論細旃廣廈，諷詠古訓，日與講臣共之。即至鑾車帳殿之間，罔廢圖史，尋味討論，弗敢畏其艱深而阻焉，弗敢騖於外物而遷焉，蓋初始爲一日也。」[5]這表明，康熙勤學不輟，遇艱深處有鑽研之精神，遇外物亦不爲所遷。康熙從小就以尊孔崇儒、讀史論經視爲帝王的本分，這爲他後來制定、實踐其文化政策打下了堅實的基礎。

在康熙周圍，有一群儒學知識分子如張英、高士奇、杜訥、李光地等，他們通過與康熙的講讀與研討，使康熙更加堅定了對儒學的篤信，開始執行了全面接受儒家治國學說的路線。康熙二十三年（一六八四年），他路過曲阜孔廟，親行拜詣之大禮，「由甬道旁行至大成殿，行三跪九叩首禮。四配十哲兩廡，從官分獻，樂舞間作。禮畢，聖祖幸詩禮堂，衍聖公孔毓圻等行禮畢。監生孔尚任進講《大學》聖經首節，舉人孔尚立進講《易經・繫辭》首節。講畢，聖祖命大學士王熙宣諭衍聖公孔毓圻等曰：『至聖之道，與日月並行，與天地同運。萬世帝王，咸所師法，下逮公卿士庶，罔不率由。爾等遠承聖澤，世守家傳，務期型仁講義，履中蹈和，存忠恕以立心，敦孝悌以修行，斯須弗去，以奉先訓，以稱朕懷，其祇遵弗替』」。又諭大學士等曰：「至聖之德，與天地日月同其高明廣大，無可指稱。朕向來研求經義，體思至道，欲加讚頌，莫能明言。特書『萬世師表』四字，懸額殿中。非云闡揚聖教，亦以垂示將來。」又諭曰：「歷代帝王致祭闕里，或留金銀器皿，朕今親詣行禮，務尊崇至聖，異於前代。所有曲柄黃蓋，留供廟停，四時饗祀陳之，以示朕尊聖之意。」他不僅御製〈過闕里詩〉，而且又製〈至聖先師孔子廟碑〉。碑中說：「朕惟道原於天，宏之者聖。自庖犧氏觀圖畫象，闡乾坤之秘。堯舜理析危微，闕中允執，禹親受其傳。湯與文武周公，遞承其統。靡不奉若天道，建極綏猷，迥乎尚矣！孔子生周之季，韋布以老，非若伏羲、堯舜之聖焉而帝，禹湯文武之聖焉而王，周公之聖怏而相也。歸然以師道作則，與及門賢哲，紹明絕業，教思所及，陶成萬世。伏羲堯舜禹湯文武周公之統，惟孔子繼續而光大之矣。閑嘗誦習《詩》、《書》之所刪述大《易》之所演繫，《春秋》之所筆削，《禮》、《樂》之所修明，本末一貫，根柢萬有，殆與覆載合其德，日月並其明，四時寒暑協其序焉。故曰：『仲尼之道，一天道也』。朕敬法至聖，景仰宮牆，嚮往之誠，弗釋寤寐。歲甲子十有一月，時邁東魯，躬詣曲阜，展修祀事，復謁聖墓。循撫松栝，儀型在望，援乎至德之親仁也。朕忝作君，啟沃下民。深惟夫子師道所建，百王治理備焉，捨是而圖郅隆，曷所依據哉？因勒文於石，彰朕尊崇聖教，以承天治民之意。……」是日，他還諭大學士明珠說：「周公，大聖人，制禮作樂。垂示萬世。今廟在曲阜，應行致祭。此係重大典禮，其遣恭親王常寧及禮部尚書介山偕往，以示朕尊崇元聖之意。」[6]

康熙二十六年（一六八七年），頒〈孟子廟碑〉把孟子放到了亞聖的地位。

康熙二十八年（一六八九年），康熙又頒御製〈孔子贊序〉及顏、曾、思、孟〈贊〉，命翰林官繕寫，國子監摹勒，分發直隸各省。康熙三十二年（一六九三年），康熙以闕里聖廟落成，命皇三子、皇四子前往致祭，御製重修闕里孔子廟碑文曰：「朕惟大道昭垂，堯舜啟中天之聖，禹湯、文武紹危微精一之傳，治功以成，道法斯著。至孔子雖不得位，而贊修刪定，闡精義於六經，祖述憲章，會眾理於一貫，爲往聖繼絕學，爲萬世正人心。使堯舜、禹湯、文武之道燦然丕著於宇宙，與天地無終極焉。」對孔子再次給予了無上的地位。

康熙五十一年（一七一二年），康熙對大學士等下諭說：「朕自沖齡，篤好讀書，諸書無不覽誦。每見歷代文士著述給一字一句於義理稍有未安者，輒爲後人指摘。惟宋儒朱子注釋群經，闡發道理，凡所著作及編纂之書，皆明白精確，歸於大中至正。經今五百餘年，知學之人，無敢疵議。朕以爲孔孟之後有裨斯文者，朱子之功最爲宏巨。」爲此把朱熹升配大成殿東序之第十一哲[7]。之後，各省府、孔廟都照此辦理。第二年，康熙便頒布命令把刻成的《朱子全書》、《四書注解》發行全國，同時下令九卿各官把「有真實留心性理正學之人」推薦上來。等《朱子全書》纂集完成之時，康熙欣然作序，再次給予朱熹以較高的評價，序中說：「至於朱夫子，集大成而繼千百年絕傳之學，開愚蒙而立億萬世一定之規。窮理以致其知，反躬以踐其實。釋《大學》則有次第，由致知而平天下，自明德而止於至善，無不開發後人而教來者也。五章補之於斷簡殘篇之中，而一旦豁然貫通之爲要，雖聖人復起，必不能逾此。問《中庸》名篇之義，則不偏不倚，無過不及之名，未發已發之中，本之於時中之中，皆先賢所不能及也。若《語》、《孟》則逐篇討論，皆內聖外王之心傳，於世道人心之所關匪細。如五經則因經取義，理正言順，和平寬宏，非後世淺見而輕義者同日而語也。至於忠君愛國之誠，動敬語默之敬，文章言談之中，全是天地之正氣，宇宙之大道。朕讀其書、察其理，非此不能知天人相與之奧，非此不能治萬邦於衽席，非此不能仁心仁政施於天下，非此不能內外爲一家。讀書五十載，只認得朱子一生居心行事，故不能粗鄙無文，而集各書中凡屬朱子之一句一字，命大學士熊賜履、李光地素日留心於理學者彙而成書，名之曰《朱子全書》，以備乙夜勤學。」[8]康熙對朱熹的言論力求全面加以收集，並深深地爲朱熹對儒學的解釋所折服。他說：「朕一生所學者爲治天下，非書生坐視立論之易。」對於孔子學說之後的各種注釋，康熙表示了許多鄙視，而對朱熹卻推崇備至。因此，清政府明令朱熹所注四書五經爲科舉考試的必備內容。

在把理學確立爲官方統治哲學之後，社會中出現了許多假道學，他們背離了朱熹學說的本義，而拘泥於片斷的話語並加以教條化，大大歪曲了朱子學說。有的人表面上大講理學，實際上卻又另行一套。這些都是康熙所深深痛恨的。他希望人們能以朱子學說作爲行動指南，經常對照自己，完善自己。康熙二十五年（一六八六年），康熙就對大學士等說：「世間全才未易得，但能於《性理》一書稍加觀覽，則愧怍之處甚多。雖不能全依此書以行，亦宜勉強研求，明晰義理。若只拘泥辭章字句，有何裨益？」[9]康熙認爲信奉理學關鍵在付諸行動，有的人「以理學自任，必致執滯己見，所累者多。宋、明季世人好講理學，有流入於刑名者，有流入於佛老者。昔熊賜履自謂得道統之傳，其歿未久，即有人從而議其後矣。今又有自謂得道統之傳者，彼此紛爭，與市井之人何異？」他得出結論：「凡人讀書，宜身體力行，空言無益也。」[10]

康熙對朱熹理學的理解進入了哲學的層次，他對明永樂時編纂的《性理大全》的評價是：「朕嘗加翻閱，見其窮天地陰陽之蘊，明性命仁義之旨，揭主敬存仁之要。微而理數之精意，顯而道統之源流，以致君德聖學，政教紀綱，靡不大小兼該而表裏咸貫，洵道學之淵藪，致治之準繩也。歲月既久，版籍殘缺，特命禮臣重加補訂，以備觀覽，爰製序於卷端。朕方精思格言，探討緒論，以遐稽乎古帝王心法道法之微，亦欲天下臣民究心茲編，思降衷之理，安物則之恒，庶幾咸盡其性，以復臻乎唐虞三代熙皋之治云爾。」[11]在他的《理學論》中說：「夫理，語大乾坤莫能載，語小乾坤莫能破。散之萬物，歸於一中，無過不及。日用平常見於事物者，謂之理。天命而有性，率性而有道，此性命之自然也。聖人修之明之，推之教之，不齊者齊之，太過者抑之，皆循乎天道而盡己之性。非格物致知窮其理之至當者，即理在前而不識也。自宋儒起而有理學之名，至於朱熹能擴而充之，方爲理明道備。後人雖雜出議論，總不能破萬古之正理。所以學者當於致知格物中循序漸進，不可躐等。有一事必有一事之理，有一物必有一物之理。從此推去，自有所得。求之而失於過，不得其理也；求之而失於不及，亦不得其理也。惟一中即是無私，無私而後得其理之正也乎。」12在《性理精義．序》中，他又說：「朕自沖齡至今，六十年來，未嘗少輟經書。唐虞三代以來，聖賢相傳授受，言性而已。宋儒始有性理之名，使人知盡性之學，不外循理也。故敦好典籍，於理道之言，尤所加意。臨蒞日久，玩味愈深　，體之身心，驗之政事，而確然知之不可易。前明纂修《性理大全》一書，頗謂廣備矣。但取者太繁，相類者居多。凡性理諸書之行世者，不下數百，朕實病其矛盾也。爰命大學士李光地詮釋進覽，授以意指，省其品目，撮其體要。既使諸儒之闡發不雜於支蕪，復使學者之披尋不苦於繁重。至於圖像、律曆、性命、理氣之源，前人所未暢發者，朕亦時以己聖祖意折中其間，名曰：《性理精義》。頒示天下，讀是書者，自有所知也已。」13在《性理奧》一書後，康熙又寫道：「聖人之道，始於明明德，極於位天地，育萬物。造端於有密，而彌綸於兩間。百姓昭明，協和萬邦。飛潛動植，咸若其天者，非從外求也，盡性而已。《中庸》曰：『惟天下至誠，爲能盡其性，則能盡人物之性。能盡人物之性，則能贊天地之化育。』蓋人物之性，乃性分之能事。故曰：『民，吾同胞；物，吾與也。』然則天地萬物，豈在性外哉！《性理》一書，闡於周、程、邵、張，集成於朱子，孔孟之旨，昭然若揭日月之中天。其遞相發明者，百有餘家，而後斯道大著，爲書可謂博矣。是編節錄精義，由博而約，誠能反覆研極，可以見性體之大，而識盡性參贊爲一理。古昔聖賢心傳之妙，由諸子說進求之，因流溯源，得其意而致力焉，修齊治平而無餘事矣。」14

康熙對人之志也有自己的闡釋，他說：「夫志者，心之用也。性無不善，故心無不正。而其用有正、不正之分，此不可不察也。」必須培養人之心走在正確的軌道上，以致達到聖賢之域。

不然，若人耽於酒色財氣之中，世道就是不可挽救的了。因而要特別注意人心的引導。使人能用心正，必須加強學習，他說「學問無他，惟在存天理去人欲而已。天理乃本然之善，有生之初，天之所賦畀也。人欲是有生之後，因氣稟之偏，動於物，縱於情，乃人之所爲，非人之固有也。是故閉邪存誠，所以持養天理，堤防人欲。省察克治，所以辨明天理，決去人欲。若能操存涵養，愈精愈密，則天理常存，而物欲盡去矣」。他還說：「人心一念之微，不在天理，便在人欲。是故心存私，便是放，不必逐物馳鶩，然後爲放也。心一放，便是私，不待縱情肆欲，然後爲私也。惟心不爲耳目口鼻所役，始得泰然。故《孟子》曰：『耳目之官不思而蔽於物』。物交物，則引之而已矣。心之官則思，思則得之，不思則不得也。此天之所以與我者。先立乎其大者，則其小者不能奪也。此爲大人而已矣。」[15]康熙對朱子學說確實有了一個切實的認識，並且多能見諸其爲政的實際行動中。

康熙竭力宣揚孔孟之道所提倡的三綱五常等封建倫理道德教條，千方百計替封建統治階級的統治提供理論依據，達到維護封建統治的目的。

朱熹強調君臣父子之矩，他說：「君臣父子，定位不易，事之常也。君令臣行，父傳子繼，道之經也。」「三綱五常，禮之大體，三代相繼皆因之而不能變。」[16]又說「三綱五常終變不得，君臣依舊是君臣，父子依舊是父子。」[17]君仁、臣忠、父慈、子孝，朋友有信，各有定矩。朱熹學說進一步爲統治階級提供了思想武器，「和之時君世主，欲復天道王道之治，必來此取法矣」[18]。康熙深愛讀書，自然爲朱熹之學所吸引。康熙二十五年，他爲二程、朱熹、張載、周敦頤等宋代大儒各設專祠，並親「賜御書匾額」[19]，對他們的後裔都先後一一授以五經博士世職[20]。他曾與當時一些理學大師朝夕相處，並與李光地、熊賜履等結爲深摯的夥伴，他延請張英、熊賜履教授性理諸書。在他當政的六十一年中，精心培植了一批心腹官僚，除了李光地、湯斌、熊賜履等外還有「力崇程、朱為己任」的張伯行，「篤守程朱」的陸隴其，還有魏象樞、張廷玉、蔡世遠等，都是顯赫一時的理學「名臣」，是理學化解了滿漢統治者之間的芥蒂，推崇理學成為滿漢統治者的共同語言。

經筵日講　資治輔政

康熙九年（一六七〇年），康熙接受熊賜履的建議，開始舉行歷代帝王例行的經筵和日講，即命講官為皇帝進講經史文學，講課時以經書為本，以前代為鑒，學習治國安邦之道。

康熙對待日講與經筵態度非常嚴肅認真，反對流於形式。自開經筵後，康熙一早就在乾清門御門聽政；辰時，至弘德殿聽講官進講，非有特殊情況，從不間斷。酷暑季節，有人奏請暫停日講，康熙卻說：「學問之道，必無間斷，方有裨益，以後寒暑，不必輟講。」21即使在出巡、狩獵甚至平定三藩之亂的緊張繁忙之際，他仍令講官「每日進講如常」。他讀書持之以恒，興趣也越來越濃，他說：「朕自八歲即篤好讀書，至今更覺旨趣無窮。甚矣，書之不可不讀也。」講官張英也為康熙孜孜求學的精神所感動，由衷地說：「前代帝王讀書經筵日講間時舉行，僅成故事。皇上聖學勤敏極意精研，經筵日講既已寒暑無間；深宮之中，手不釋卷，誦讀討論，每至夜分，求之史書，誠所罕睹。臣得侍左右，曷勝忻幸。」一次康熙又對講官張英說：「讀書以有恒為主，積累滋灌，則義蘊日新，每見人期效於旦夕，常致精神誤用，究歸無益也。」張英進一步回答：「固人之學，日計不足，月計有餘，蓋無旦夕猝見之效。因貞恒不息，其益自大易，所謂日進無疆也。」康熙在學習中培養了爲政持之以恒的作風。

康熙很重視實學。他要求經筵講官在教學內容上要以帝王之道及其治世之大法和修身養心的儒家經典爲主。他認爲「《尚書》記載帝統道法，關切治理」；「思帝王之政之要，必本經史」；「朕惟以《春秋》者，帝王治世之大法，史外傳心之要典也」；「天德王道之全，修己治人之要，具在《論語》一書」[22]。他又要講官進講時，「對稱頌之處，不得過爲濫詞，但取切要有裨實學」。他一再強調「文章以發揮義理，關係世道爲貴」[23]。在教學方法上，他一反過去只由講官敷陳，「拘泥章句，株守一隅」的講課方法，提倡討論式的啟發性教學。他說：「日講原期有益身心，增長學問。今止講官進講，朕不復講，但循例，日久將成故事，不惟學問之道無益，亦非所以爲法於後世也。」嗣後進講時，「講官講畢，朕乃復講，互相研討，庶有發明」[24]。後來，他又進一步闡發教學相長的道理。他說：「帝王之學，以明理爲先，格物致知，必資講論，向來日講，惟講官敷陳講章，於經史講義，未能研究印證，朕心終有未慊，……今思講學，必互相闡發，方能融會義理，有裨身心。以後日講，或應朕躬自講朱注，或解釋講章，仍令講官照常進講。」[25]這樣以便真正理解和闡發儒家經典內容的精神實質。

從儒家經典中體會古帝王孜孜求治之道，是康熙好學敏求的動力，他與講官在弘德殿講論儒家經典，常常就是討論帝王治國之道，並竭力吸收其中的可用成分，力求付諸實行。如講官熊賜履、孫在豐、喇沙里進講「子言其言之不詐一章，陳成子弑簡公一章」後，康熙即發表感受說：「人主勢位崇高，何求不得，但需有一段敬畏之意，自然不致差錯，便有差錯，也會省改。若任意奉行，略不加勤，鮮有不失之縱佚者。朕每念及此，未嘗敢一刻暇逸也。」[26]康熙十七年（一六七八年）二月初二日，康熙召張英至懋勤殿，他親複誦「帝曰：疇咨若時登庸」四節，他說：「《書經》曾於往年講讀，今非不可多誦，因欲細閱講章，期於通曉未可率略看過耳。」張英對答說：「誠如聖諭，《尚書》乃二帝三皇傳心之要典，皇上誦讀，必期精熟講論，必字字辨析，真足見聖學之大矣。」初八日，他親複誦「二十有八載」五節，又閱講章至「詢於四嶽」，有「好問好察，乃大知之本」語，康熙便說：「諮詢固宜廣攬，而眾好之必察焉，眾惡之必察焉，又不可不詳加審辨也。」張英說：「誠如聖諭。」康熙在研習儒家經典時，確乎從古聖先賢的教誨中學到了如何爲君之道。他總結自己的學習心得說：「朕自五齡，即知讀書，八歲踐阼，輒以學庸、訓詁，詢之左右，求得大意，而後愉快。日所讀書，必使字字成誦，從來不肯自欺。及四子之書，既已通貫，乃讀《尚書》，於典、謨、訓、誥之中，體會古帝王孜孜求治之意，期見之施行。及讀《大易》，觀象玩占，於數聖人扶陽抑陰，防微杜漸，垂世立教之精心，朕皆反覆探索，必心與理會，不使纖毫扞格，實覺義理悅心，故樂此不疲耳。」27儒家經典中揭櫫的諸般道理充實了康熙的頭腦，使他更加自信地端坐紫禁城而胸懷韜略。他在學習中深深地掌握了儒家學說的思想精華，亦保證了他執政能有一個一貫的指導方向，不致有大的起伏。

康熙還與講官討論了人與法的問題，他說：「古來任人而不任法，故常原情輕重，未嘗膠於一定，所以有過無大，後世人情巧僞，日滋輕重大小，不得不斷之一定之法，此亦勢之不得已也。」張英亦發表議論說：「後世法有一定，所以使人不得任情高下，以防法吏之私，但亦須人與法相輔而行，然後能施法中之仁，而得古帝王欽恤之意也。」這正是康熙在執法過程中的一貫思想。他讀至〈論慎刑〉篇時說：「國家刑法之制，原非得已，然懲警奸匿，又不可無。朕每於刑法，必反覆詳慎，期於至當，未嘗一事有所輕忽。」高士奇說：「皇上秉天地好生之心，民知慕化，年來秋決不過數人，幾致刑措，近復特命更定律例，斟酌損益，誠爲萬世成憲。」康熙說：「現行律例尚慮過研，全在臨時審察得宜也。」表現出較爲寬鬆的執法傾向。康熙還主張罪刑教相結合的治理思想。他說：「與其繩以刑罰，使人怵惕文網，苟幸無罪，不如感以德意，俾民蒸蒸相喜，不忍爲非。」他希望以德化民，以刑弼教。這完全出自以教爲先、不教而誅的儒家思想。

康熙讀到〈論守令〉篇時發表意見說：「廉吏之風，何近代之難也？」張英奏說：「廉生於儉，人於居處服飾，事事侈靡，用於無節，則取之安能有道，雖欲廉而勢有所不能。古人云：『其惟廉士寡欲易足。』由此觀之，則寡欲正廉之本也。然欲人崇儉，又以風俗爲本，俗尚既侈，則轉相效慕，中才之人罕年自立，雖欲儉而勢有所不能也。」康熙說：「儉以成廉，侈以致貪，此誠理勢之必然耳。」八月初五日，康熙正在複誦「惟戊午，王次於河朔」五節，親講「受有億兆夷人」四節時，「西洋貢師（獅）子至，臣陳廷敬、臣葉方藹奉旨在內編纂，因同臣（張）英、臣（高）士奇、臣（宋）訥各賦『西洋貢師（獅）子歌』」，進呈御覽。康熙召高士奇至懋勤殿說：「異獸珍禽，雖古人所不尚，但西洋遠貢來京，跋涉艱阻，多歷歲月，誠心慕化，良爲可嘉，卻之非柔遠之德，故留畜上林，非侈苑囿之觀也。」高士奇婉轉地說：「皇上盛德所被，化及遐荒，海外之人通盡闕下，誠爲希覯，恭聞天語，仰瞻皇上心在懷柔，不以異物爲寶，超越前代遠矣。」臣下的衷心輔佐和規勸爲康熙勤敏和儉樸的執政提供了保證[28]。

康熙讀經多求明其旨。康熙十七年五月初十日，他複誦「簡賢附勢」三節，親講「佑賢輔德」三節，講至「推亡固存」句，他說：「此正《中庸》所云『因材而篤，栽培傾覆』之意，王者，體天心以爲賞罰，正宜如是。」講至「能自得師者王」二句，他又說：「孔子所謂『三人行，必有我師』，但在於能自得耳。謂人之莫己若，正孟子所謂『訑訑之聲音顏色』」也。講至「好問則裕」二句，他說：「人君以天下之耳目爲耳目，以天下之心思爲心思，何患聞見之不廣。觀舜以好問好察而稱大智，則知自用則小者，正與之相反矣。」「書中義理，原自完備，惟在詮解明白，加以反覆玩味，自然旨趣無窮。若多爲援引，反致書理不能豁然也。」29他說：「講書以明理爲要，理既明，則與古人之說無往不合，此所謂一本散爲萬殊，萬殊歸於一本，博約兼資之道也。」張英說：「古人載籍繁多，而其理則一。六經者，四書之淵源；四書者，六經之門戶。無非反覆申明此理而已。故博以收之，尤貴約以貫之，聖言真可立爲學之準。」30

康熙在讀書中培養了自己的價值觀，也確立了自己執政的基本思想。他在讀到「盤庚既遷」七節，親講「邦伯師長」六節，因論「無總於貨寶」句時說：「世風澆漓，人皆不能潔己自愛，故今日求操守廉介之人甚難，或僅能自守，而其才不克有爲。當理繁治劇之時，又苦於不能肆應。」張英對答說：「古人嘗有言，惟廉生公，惟公生明。國家固欲得才守兼全之人，然後可以應事，二者難兼，二守爲最要。若操守不足而小有才，更足爲百姓累也。」這就確立了選人重德的基本思想。

康熙讀到「太康尸位」五節，親講「其二曰：訓有之」時說：「臨民以主敬爲本。昔人有言，一念不敬，或貽四海之憂；一日不敬，或以致千百年之患。《禮記》首言，毋不敬，《五子之歌》，始終皆言敬慎，大抵誠與敬，千古相傳之學，不越乎此。」31康熙正是以這種誠敬之心來面對他的治國之業的。一次他上石景山幸戒壇，道經村落，山民扶老挈幼，觀於道左，康熙下令不要禁止，當時有老百姓進鮮李一盤，康熙亦下馬接受下來。高士奇不勝感慨地說：「窮鄉愚氓，享皇上太平之福，鼓腹含脯，渾忘帝力。臣幸叨扈蹕，得睹唐虞三代之風，不甚歡忭。」康熙因對大學士明珠、侍衛等及高士奇說：「人君出入警蹕，固宜研肅。朕見明朝之君，高居深宮，過於安逸，凡郊祀偶出，所乘之輦，皆鐵絲作幃，以防不測。人君臨御天下，以四海為一家，當使遐邇上下，傾心歸慕，若刀矢可加以輦幃之中，則人心離二，雖鐵壁何益！故古來賢聖之君，尚德不尚威也。」大學士明珠等奏曰：「皇上推心置腹以待臣民，海澨山陬，盡仰王化，因時順動，無非省問民間疾苦，聖諭所云，真可為萬世人君法也。」[32]

康熙也深深地期盼著他的王朝能君臣融洽，臣諫君聽。他說：「朕觀古來帝王，如唐虞之都俞吁佛，唐太宗之聽言納諫，君臣上下如家人父子，情誼浹洽。故能陳善閉邪，各盡其懷，登於至治。」這是其能多聽各方意見，不固執己見的思想基礎。他讀至〈論納諫〉時說：「人臣進言，固當直切無隱；人君納諫，尤當虛懷悅從。若勉聽其言，後復厭棄其人，則人懷顧忌，不敢盡言矣。朕每閱唐太宗、魏徵之事，歎君臣遇合之際，千古為難。魏徵對唐太宗之言：『臣願為良臣，毋為忠臣。』朕嘗思忠良原無二理，惟在人君善處之，以成其始終耳。」[33]康熙積極參與治河實踐，亦多能聽取各方面的意見。康熙力求做到像盤庚那樣「其誥誡臣民，如父之於子，反覆不厭，必使其心開悟而後止」。以達到其統治的穩定。

康熙推崇理學，同時也挽救了理學。他發揚了「經世致用」的學說，給理學注入新的生機。

自朱熹之後，理學經歷了五個世紀的發展已經衰落下來，具體體現在：(1)理學成為護官符，實際行動經常與之相悖，這便是社會上頗為流行的「偽道學」，人們多深惡痛絕之。康熙認為：「凡所貴道學者，必在身體力行，見諸實事，非徒托之空言。」可他發現「漢官內有道學之名者甚多，考其究竟，言行皆背」[34]。有的人「終日講理學，而所行之事全與其言悖謬」[35]。有的道學先生實際上是「居鄉不善」的大惡霸[36]。有的則是自稱道學，粉飾名聲，而本鄉房舍幾至半城者有之；或多置田園者有之[37]。(2)阿諛逢迎、吹牛拍馬之風熾烈。即使在康熙面前，他們亦多極盡諂媚奉承之能事，把康熙時代吹捧爲封建統治階級最嚮往、最讚賞的堯舜文武時代，說什麼東漢之建武、大唐之貞觀都不能與之相提並論[38]。各官僚之間，「鑽營奔竄」，「諂上欺下」，「互相標榜」，「結納聲氣」[39]，康熙罵他們是「在人主之前說一等語，退後又別作一等語」，是不折不扣的兩面派[40]。(3)墨守成規，尋章摘句，不求甚解，亦不求更新。開口「格物致知」、「心性之學」，閉口「格物窮理」、「性即理也」，理學變成了空洞無物的清談之資。晚明實學思潮的興起即把矛頭直指這空疏之學，呼喚人們建立一種「經世之用」的學說。

康熙從「知行合一」的觀點出發，竭力主張學以致用，言行一致。他說：「學問無窮，不徒空言，惟當躬行實踐。」他提出「讀書鑑古」、「讀書窮理」、讀書要「探索原流，考竟得失」。目的是「要講求治道，見諸實行，不徒空言」。他結合自己的體會說：「明理最是緊要，朕平日讀書窮理，總是要講究治道，見諸措施。故明理之後，又須實行，不行，徒空談耳！」[41]又說：「理學之書，爲立身根本，不可不學，不可不行，若以理學自任，必致執滯己見，所累者多。凡人讀書，宜身體力行，空言無益也。」[42]可見康熙所追求的是知和行的統一。在知和行中間，康熙特別強調行的重要性。他說：「凡事言之非難，行之維艱」，「畢竟行重，若不能行，則知亦空知」[43]。他甚至把行作爲判斷真假理學的標準，他說：「朕見言行不相符者甚多，終日講理學，而所行之事全與其言悖謬，豈可謂之理學？若口雖不講，而行事皆與道理符合，此即是真理學也。」[44]他強調閱讀古書要與實際結合，反對讀書脫離實際的傾向。他指出：有些人「不能以其所學見之於事」；有些人一談起古人的事情口若懸河，滔滔不絕，可是要問他現實的一些情況，「一字不能相答」，這樣的人「平時讀書，至臨大事，竟歸無用」[45]，他指責這種人「所讀何書？所學何事耶？」[46]對於社會上存在的僞道學，甚爲反感，即使是理學名臣，只要被他發現有虛僞表現、名不符實的地方，便加以無情揭露。江蘇巡撫張伯行平時大談理學，享有清官之名，康熙指責他「其刻書甚多，刻一書，非千金不得成，此皆從何處來者？」他挖苦河道總督張鵬翮：「從來大儒持身接物，當如風光霽月，爾平時亦講理學，乃一味苛刻嚴厲，豈可謂風光霽月乎？」[47]他舉熊賜履以前「自謂得道統之傳，其沒未久，即有人從而議其後也」。對熊賜履不實的作風，康熙早就批評過，指出熊賜履所著《道統》一書，王鴻緒奏請刊刻，頒行學宮，高士奇亦爲作序，乞將此書刊布，「朕觀此書過當之處甚多。凡書果好，雖不刻孑然流布，否則，雖刻何益？道學之人，又如此務虛名，而事干瀆乎？」他自己則保持言行一致，他以儒學思想爲指導，以身作則，孜孜求治，爲有清一代的發展奠定了基礎。自從他親政以來，「夙興夜寐，有奏必答」，凡各處奏摺所批朱批諭旨，他都親自動手，從「無代書之人」，有時因「右手有病，不能寫字，用左手執筆批旨，斷不假手於人」。就是「中夜有機宜奏報，未嘗不披衣而起」，「秉燭裁辦」。康熙作爲有清一代的傑出帝王爲清初的「經世致用」之學的興起，開闢了道路，並爲理學重整旗鼓創造了條件。

博學鴻詞　羅致耿介

在康熙時期，考試依舊分童試、鄉試、會試三級，到康熙三十九年（一七〇〇年），又取消了過去對童試（又分爲縣、府、院考）名額的限制[48]。鄉試在順治時只有每逢子、午、卯、酉等年三年一次的正科。康熙五十二年（一七一三年），又增加了「萬壽恩科」，康熙三年（一六六四年）和五十一年（一七一二年）取消了會試的副榜制度，增加了鄉貢士的復試[49]。他甚至還頒布了捐納制度，為「名落孫山」者提供入仕的機會。

康熙很快發現：無論是科舉，還是捐納，對那些堅持反清的明末遺老並無效用，為此，他又特為這些人開設了帶有強制性（或半強制性）的「制科」。

康熙九年，以「孝康皇后升祔禮成」為名「頒詔天下」，命有司將才品優長而又自願出來為官的遺老舉為「山林隱逸」之士，「徵聘來京，以便擢用」[50]。同時，他又命令各地方官到處張貼告示：「凡山林隱匿有志進取者，一體收錄，如有抗節不到，終身不得予試。」企圖以「稻粱」之利誘引那些熱衷於利祿的「諸生」，確也收到了一定的成效。

另外，康熙十七年（一六七八年），他又再次設置博學鴻詞科，諭吏部說：「自古一代之興，必有博學鴻儒，振起文運，闡發經史，潤色詞章，以備顧問著作之選。朕萬機餘暇，游心文翰，思得博學之士，用資典學，……四海之廣，豈無碩彥奇才，學問淵通，文藻瑰麗，可以追蹤前哲者。凡有學行兼優，文詞卓越之士，不論已仕未仕，令在京三品以上及科道官員、在外督撫布按各舉所知，朕將親試錄用。其餘內外各官，果有真知灼見，在內開送吏部，在外開報督撫，代為題薦。務令虛公延訪，期得真才，以副朕求賢右文之至意。」[51]通過中央及地方各級官吏的交章舉奏，在短期內共推薦了一百九十餘人，其中有一百四十三人參加了康熙十八年（一六七九年）三月體仁閣的考試。

在考試之前，太宰掌院學士對這些被推薦之士說：「汝等俱係薦舉人員，有才學，原不必考試，但是考試愈顯才學，所以皇上十分敬重，特賜宣為會試、殿試、館試狀元、庶吉士所無，汝等須知皇上德意。」在生活上，對他們可以稱得上是關懷備至、體貼入微的。除了發給他們往返路費、衣食費、柴炭銀、俸稟等不一而足外，還設置了高貴而豐盛的茶點席筵招待。在閱卷時，也是多方遷就，寬大無邊。如嚴繩孫只作了一首小詩，彭孫𩕳故意把詩寫得文詞不通，潘耒、李來泰、施閏章等的詩不合韻律等，卻都一一加以錄用。這表明體仁閣考試僅徒具形式，而所謂博學鴻詞科實質上是拉攏漢族士大夫的一種手段。

以康熙十八年的博學鴻詞科考試爲例，共錄取了一等彭孫𩕳等二十名，二等李來泰等三十人，在這些人士當中，不少的人原來存有嚴重的反清情緒，一旦他們被清統治者授予翰林院侍講、侍讀、編修、檢討等官職，入史館纂修明史之後，有了高官厚祿，豐衣足食，享受到了各式各樣的特權，就動搖了原有的反清意志，放棄了原來的反清立場，到後來，他們雖對封建文化有一定的貢獻，但在政治上，就逐漸變成清統治者的忠實走卒了。

康熙在他漫長的執政生涯中，非常重視到各地巡訪，以便使政策的制定更加符合實際。他巡訪的目的並不是單一的，每次巡訪都可能有一主要目的，但他絕不放棄那怕是很微小的接觸實際的機會，儘量爭取解決有礙於政權統治的各種大疾微眚。康熙在每次巡訪中幾乎都不放棄崇儒重道的具體行動，皇帝的言行幾乎是在力圖倡導一種風俗。訪孝陵、訪孔廟、訪名士等都貫徹了這樣的思想。康熙曾在明孝陵親書「治隆唐宋」的石碑，在訪孔廟時，亦祗回留連，表現了心傾儒學的至誠態度。

博學鴻詞科並沒有收攏到所有的漢族碩學之士，許多漢儒堅定地打著「反清復明」誓與清朝不共戴天的旗幟，晚明實學大師顧炎武「以死自誓」來拒絕博學鴻詞之請，黃宗羲「……戊午詔徵博學鴻儒，掌院學士葉方藹寓以敦促就道，再辭以免」52。關中大儒李顒始則以有病拒之，當清統治者用床把他強行抬到西安，「先生遂絕粒，水漿不入口者六日」，最後才不得不放他回去[53]。太原傅山寧願過著清貧的生活，也不肯接受推薦，清朝統治者「乃令役夫舁其床以行，……既至京師三十里，以死拒入城，於是益都馮公（溥）首過之，公卿畢至，先生臥床不具迎送禮。蔚州魏公（象樞）乃以其老病上聞，詔免試」[54]。此外，堅決拒絕清統治者博學鴻詞科之請的還有錢塘應謙、寧都魏禧、昆山朱執一、如皋冒襄、鄞縣萬斯大、石門呂留良、華陽王宏撰等。《清史稿》記載：「順康間，海內大師宿儒，以名節相高，或廷臣交章論薦，疆吏備禮敦促，堅臥不起，如孫奇逢、李顒、黃宗羲輩，天子知不可致，爲歎息不止。」[55]

康熙四十二年（一七〇三年）他到西安，首先問及李顒，希望能見到他，顒裝病不出，使命將其著作取來，李顒派他的兒子送來所著書，康熙親自對他說：「爾父讀書守志，可謂完節，朕有親題『志操高潔』匾額並手書詩帖，以旌爾父之志。」[56]康熙四十四年（一七〇五年），康熙南巡迴鑾途中，在德州接見著名曆算學家梅文鼎，「命坐賜食，三接，皆彌日，御書『績學參微』以賜之」[57]。在南巡中多次接見當地知識分子，廣泛地進行聯繫，企圖在文化活動和接觸中消除漢滿民族之間的隔閡。

康熙把吸收漢族知識分子編定群書作爲使其歸附、鉗制異端的重要手段。他除了充分利用已有的翰林院外，還在宮內外設立了武英殿修書處、蒙養齋、佩文齋、淵鑑齋、明史館、一統志局等修史館所，並盡力設法網羅當時著名的文人學士參與修書。可以說，康熙年間，除顧炎武、黃宗羲、李顒等少數學者堅持拒絕與清政府合作外，絕大部分著名的學士都不同程度地參與了康熙組織的大規模修書工作。突出的有地理學家胡渭、顧祖禹，經學家閻若璩、惠周惕父子、毛奇齡，數學家梅珏成，史學家萬斯同，詩人王士禎，畫家王原祁等等。面對拒絕合作的黃宗羲等人，康熙仍堅持寬容態度，表示「可召至京，朕不授以事，即欲歸，當遣官送之」。當他得知黃至死不從時，也不繩之以法，反「歎息不止，以爲人才之難」58。後來，黃宗羲在康熙厚待儒士的政策感召下，還是讓兒子黃百家入宮參與纂修《明史》。

由於康熙的倡導和授意，當時所修書籍多達六十餘種，其中有價值的如《康熙字典》、《佩文韻府》、《駢字類編》、《分類字錦》、《音韻闡微》、《全唐詩》、《書畫譜》、《廣群芳譜》、《律曆淵源》、《古今圖書集成》等，已成爲我國文化寶庫中的重要財富。

文網廣織　消弭反側

在前述那些宿儒的影響之下，清統治者一手培植起來的年輕士大夫分子如戴名世、汪景祺、查斯庭等亦把他們的反清情緒發洩到他們的著述之中。對此，康熙皇帝採取了鎮壓政策。雖然康熙一向以寬仁著稱，可在對待文字上的異端方面卻至爲果斷。

（一）莊廷鑨《明史》案（康熙元年～康熙二年）

朱國楨，浙江歸安（吳興）人，明末熹宗朝大學士，著有《明史》，除列朝諸臣部分外，已刊行於世。順治年間，國楨去世，家道中落，後人以千金將稿本出售於富商莊廷鑨，廷鑨補崇禎時史實，並改用己名出版。朱國楨、莊廷鑨都是反清名士，他們的反清思想充滿了該書字裏行間，如談到清入關之前、明清戰爭的時候，把孔有德、耿精忠的降清稱爲「反叛」；在談到天命元年（丙辰）到崇德八年（癸未）的歷史時，避而不用後金年號；相反對南明唐王隆武、桂王等年號卻大書特書。他們稱後金太祖努爾哈赤爲「建州都督」，又說：「長山屻而銳士，飲恨於沙燐；大將還而勁，卒銷亡於左衽。」等等，類似於這樣的反清的思想意識散見於李如柏、李化龍、熊明遇等各傳中59。該書出版後於康熙元年被已卸任的歸安縣知縣吳之榮告發，時莊廷鑨已死，遭剖棺戮屍罪，莊氏的家庭、作序的、刻書的、買賣書的、地方官、江楚名士等死者七十餘人，判處發邊遠充軍、流放等罪者一百餘人，吳之榮因告密有功，擢升右僉都御史官職。

（二）戴名世《南山集》獄（康熙五十年～康熙五十二年）

戴名世，號南山，安徽桐城人。康熙四十八年（一七〇九年）進士，授翰林院編修，時康熙設明史館纂修《明史》多年，「而館官採錄遺書率多忌諱，致屢裁稿而未告成」60。名世對清統治者隨意竄改歷史頗爲憤慨，他訪問明末遺老，把明清之際耳聞目睹的歷史實地記載下來，編成《南山集》以傳後世。

他在編寫《南山集》的時候，曾參考過同鄉方孝標（曾任吳三桂承旨學士）所著《滇黔紀聞》、《鈍齋文集》等書，書中「極多悖逆語」，名世在〈與弟子倪生書〉一文中，主張「本朝當以康熙壬寅年（元年）爲定鼎之始」，而不是順治元年，他的理由是：「世祖雖入關十八年，時三藩未平，明祀未絕。若循蜀漢之例，則順治不得爲正統」。他在〈與余生書〉一文中，進一步發揮了這種思想，並對清統治者歪曲和不重視晚明歷史進行了指責61。《南山集》出版後，康熙五十年被左都御史趙申喬告發，趙說戴「恃才放蕩，私刻文集」，「倒置是非，語多狂悖」。康熙在奏本上批示：「這所參事情（命）該部（刑部）嚴察審明具奏。」刑部審查了《南山集》，回奏皇帝說：「方孝標喪心病狂，倡作《滇黔紀聞》，戴名世摭飾其間，刊書流布，多屬悖亂之語，罔識君親大義，爲國法之所不宥，文理之所不容。」次年五月，清統治者下令：戴名世凌遲處死，戴氏、方氏家族男子十六歲以上者立斬，女子及十五歲以下者給功臣家爲奴。同族中有職銜者，一律革退。作序人汪灝、方苞、王源等立斬，捐款刊書之方正玉、尤雲鶚等及其妻子發寧古塔流放[62]。康熙五十二年結案時，康熙又收回成命，「從寬處理」，因爲他得知爲《南山集》作序的方苞擅長古文，可與韓愈、歐陽修相比，是個難得的人才，遂下令將方苞從寧古塔召回，赦免其罪，經面試後又命方苞參與南書房蒙養齋的纂修工作，方後來備受康熙賞識，被任命爲武英殿總裁，參與纂修《律曆淵源》、《分類字錦》等多種圖書。戴名世處斬，免遭凌遲，受株連者三百餘人，俱寬免治罪[63]。

此外，康熙朝的文字獄還有康熙四年的鄒流騎刊刻《鹿樵紀聞》（吳梅村著）案、康熙五年「黃培逆詩案」、康熙五年「沈天甫案」、康熙二十一年「朱方旦案」等[64]。

從康熙朝的文字獄案中看，康熙的主導思想是爲了統一思想。在這一過程中，一方面也竭力拉攏漢族名儒，以入其幕下，另方面又深惡痛絕那些誓死不與清朝合作的漢儒，甚至不惜施以血腥的鎮壓，但其中也表現了較多的靈活性，其赦免反清名臣導致了反清名臣們的回心轉意，更多地爭取了人心。

註釋

1《康熙起居注》，康熙二十三年十一月十七日戊寅。
2《清聖祖實錄》卷四十一，康熙十二年二月丁未條。
3《康熙起居注》，康熙十二年十月初二日戊戌。
4，5《康熙政要》卷七，〈論勤學第八〉。
6，7，8，9《康熙政要》卷十六，〈崇儒學第二十七〉。
10《清聖祖實錄》卷二百六十六，康熙五十四年十一月乙酉條。
11，12，13，14，15《康熙政要》卷十六，〈崇儒學第二十七〉。
16《晦庵先生文集》卷十四，〈甲寅行宮便殿奏札〉一。
17《朱子語類》卷二十四。
18《宋史》卷四百二十七，〈道學列傳〉。
19《東華錄》康熙朝卷十、卷三十五、卷三十七、卷三十九、卷四十五。
20《康熙政要》卷十六，〈崇儒學第二十七〉。
21《清聖祖實錄》卷四十二，康熙十二年五月壬申條。
22《康熙起居注》，康熙十二年九月初六壬申條。
23《清聖祖實錄》卷四十三，康熙十二年八月辛酉條。
24《清聖祖實錄》卷五十四，康熙十四年四月辛亥條。
25《清聖祖實錄》卷六十七，康熙十六年五月己卯條。
26《康熙政要》卷七，〈論勤學第八〉。
27《聖祖仁皇帝聖訓》卷五，〈聖學〉。
28，29，30，31，32〈康熙十七年南書房記注〉，《歷史檔案》一九九五年第三期。
33《康熙政要》卷十六，〈崇理學第二十八〉。
34《東華錄》康熙朝卷三十三、康熙二十三年六月。
35《清聖祖實錄》卷一百十二，康熙二十二年十月辛酉條。
36《康熙政要》卷十五，〈論奢縱〉。
37《康熙政要》卷四，〈任賢下〉。
38《東華錄》康熙朝卷九十六，康熙五十四年十一月。
39《康熙政要》卷十五，〈論奢縱〉。
40《康熙起居注》，康熙十二年三月初四日甲戌條。
41《康熙起居注》，康熙十二年八月二十六日癸亥。
42《康熙政要》卷十二，〈論公平第十七〉。
43《康熙起居注》，康熙十二年八月二十六日癸亥。
44《康熙起居注》，康熙十二年十月二十四日辛酉條。

45、46《清聖祖實錄》卷二百三十六，康熙四十八年正月乙未條。

47《清聖祖實錄》卷二百二十，康熙四十四年四月壬辰條。

48 商衍鎏：《清代科舉考試述錄》第四九頁。

49 商衍鎏：《清代科舉考試述錄》第一〇二～一〇七頁。

50《清史稿》卷一百十五，〈選舉志・薦擢〉。

51《東華錄》康熙朝卷二十一，康熙十七年正月乙未條。

52《清史稿》卷四百八十六，〈黃宗羲傳〉。

53 彭紹升：《二升居集》卷十九，〈李二曲傳〉。

54 全祖望：《鮚埼亭集》卷二十六，〈陽曲傳先生事略〉。

55《清史稿》卷一百十五，〈選舉志〉。

56 劉泗宗作墓表，見《耆獻類徵・儒行》。

57 方苞作墓表，見《耆獻類徵・儒行》。

58《清史稿》卷四百八十六，〈黃宗羲傳〉。

59《莊氏史案》痛史本第四種；徐珂：《清稗類鈔》第三冊，〈獄訟類・莊廷鑨史案〉。

60 黃鴻壽：《清史紀事本末》卷二十，〈文字之獄〉。

61 徐珂：《清稗類鈔》第三冊，〈獄訟類・戴名世南山集案〉。

62《東華錄》康熙朝卷八十九，康熙五十一年正月。

63《東華錄》康熙朝卷九十一，康熙五十二年二月。

64 參考陳懷《清史要略》、李岳瑞《春冰室野乘》、陳登元《古今典籍聚散考》、《東華錄》康熙朝卷二十九康熙二十一年二月。

第十一章　尊教徒　學西方　重國格

唯是是從

衆所周知，中西文化交流是在康熙執政之前早就開始了的歷史現象。晚明時期，就是中西文化交流的高峰期之一，西方傳教士在其中扮演了重要的角色。因爲他們來中國的直接任務是傳播天主教，力圖把中國變成一個受天主教濡化的國家。爲了在中國這樣一個有著悠久歷史和豐富人文資源的國家打開缺口，讓天主教取得一席之地乃至紮下根來，義大利傳教士利瑪竇表現出對中國文化的充分尊重和包容，對於願意入教的中國人，允許參加「敬孔」和「祭祖」活動，他甚至還把天主教的信仰對象——天主說成就是儒家經典中的「上帝」，利瑪竇這些適應中國當時國情的做法，後被康熙稱許爲「利瑪竇的規矩」。由此利瑪竇成爲了身著儒服的天主教徒，他也由此擁有了大量的追隨者。從中國方面來看，明末清初，一批儒家知識分子亦漸漸熱衷於在科技方面有所建樹，傳教士具有的近代科技知識，恰好成了他們渴望學到的東西，徐光啟、李之藻等人在與傳教士的科技交流中日益形成了「會通」的見識，他們把這種文化交流看成是縮短中西科技差距的好途徑，並積極地把學來的科技知識運用於制定曆法，用於軍事，用於災異治理，用於安定國家。當然對於這種漸演成勢的文化交流，中國政界並沒有也不可能形成一致的看法，在朝廷內部就已形成了容教派與反教派之間的分野，體現在政策上便極具不穩定性。有時是相處和諧的，有時則形成激烈的交鋒。在康熙時期這種交鋒至爲尖銳。

當容教派占據上風的時候，傳教士多得到重用。如明朝崇禎帝時，就重視德國傳教士湯若望的修曆與鑄炮工作。到清代順治元年（一六四四年）八月朔出現日食，順治帝便命大學士馮銓同內大臣等督率湯若望暨欽天監監正戈承科等各帶自推之日食圖表，登臺憑驗，驗得西洋新法密合天行，而舊法大統曆差二刻，回回曆差四刻。新皇朝乃決定「行用新法」[1]，攝政王多爾袞便命令湯若望掌管欽天監。順治二年（一六四五年）冬，湯若望「以修補新曆全書告成，恭敬御覽」[2]。他作出了貢獻，在朝廷的地位步步升高，任欽天監監正一年多後，加太常寺少卿銜。順治八年（一六五一年）多爾袞去世後，順治親政，誥奉湯若望爲通政大夫，順治十年（一六五三年），「上賜湯若望號通微教師」[3]。並尊稱湯若望爲「瑪法」（滿語意即「爺爺」）。因爲正處在興起和發展階段的滿族封建地主統治集團懷著積極開拓進取的精神，他們既大量地吸收漢文化的精華，同樣也對西洋文化抱有濃厚的興趣，他們較少「夷夏之防」的陳腐觀念，多有極強的求實精神。

到順治、康熙交替之際，反教勢力卻極爲猖獗。在康熙親政之前，他便親歷了楊光先抗拒湯若望的極端行動。在順治時，湯若望因備受恩寵，以楊光先爲首的一群士大夫就心懷不滿，待順治帝一死，康熙的輔政大臣鰲拜便代表了這一群士大夫的意願，群起向湯若望發難。鰲拜專權欲望特強，對當時傳入的西方文化採取了敵對的態度。首先便把順治時期的各項政策廢棄，並拉攏守舊派楊光先，開始了對中國行西洋曆法的全面攻擊。康熙三年（一六六四年）七月，楊光先上書參劾湯若望，控告西教士三條罪狀：一、潛謀造反；二、邪說惑眾；三、曆法荒謬[4]。要求將湯若望「依律正法」。接著，禮部提審湯若望，可湯當時已過七十三歲，「猝患痿痹，口舌結塞」5。因此由其後繼者南懷仁（比利時傳教士）代爲答辯。十一月十二日禮部將湯若望、南懷仁、安文思（葡萄牙傳教士）、利類思（義大利傳教士）四神甫逮捕下獄，禮部於十二月二十七日宣布剝奪湯若望的一切公職和頭銜，交刑部議處，其他三位神甫也一並交刑部議處。這次判決於次年一月四日經輔政大臣們批准後，四人便被戴上鎖鏈，引渡到刑部的大獄，一月十五日刑部宣布湯若望爲圖謀不軌的首犯判處死刑；南懷仁、利類思、安文思三人各應杖一百，然後驅逐出境。

康熙四年（一六六五年）四月中旬，當輔政大臣們最後審核刑部的判決時，竟認爲湯若望大逆不道，處以絞刑還太輕，應代之以最殘酷的凌遲處分，至於其他三位神甫以及應該押送京師的傳教士均應處以杖百、拘禁與流徙。可是四月十三日，天空出現一顆彗星，四月十六日上午十一時，正當判處湯若望死刑的公文送到皇帝與太皇太后手中時，北京突然發生地震，皇宮與全城都爲之震動，許多房屋倒塌，「南堂」屋頂上的十字架也被震倒在地，同時，地面上又捲起了一陣風暴，灰土滿天，北京成了黑暗世界，這次地震持續了三天，不同的人們懷著不同的猜度，順治的母親孝莊后認爲：「湯若望向爲先帝所信任，禮待極隆，爾等欲置之死地，毋乃太過。」著令開釋6。四月十九日，湯若望等四位神甫全部被赦免，無罪釋放。但鰲拜卻改派楊光先代湯若望就任欽天監的職務。

反教派並不因此有所收斂，當五月二十三日湯若望蒙赦回到南堂後，輔政大臣們又唆使一些暴徒竄入教堂，將順治帝親賜刻有「通微教師」字樣的石板擊碎，又將湯若望逐出南堂，湯若望只好遷至東堂，與其他三位神甫合住在一起，一年後，湯若望死於老病。

對於這樣的結局，兩宮皇太后曾多次向康熙帝辯白，認爲湯若望的西洋曆法二十年來並無錯誤，湯之受迫害純係受人誣陷等等。

康熙親政之年，他便決定從此事入手，開展正本清源工作，並確立了「唯是是從」的文化政策。他自己便如此總結說：「朕幼時，欽天監漢官與西洋人不睦，互相參劾，幾致大辟。楊光先、湯若望於午門外九卿前當面睹測日影，奈九卿中無一知其法者。朕思己不知焉能斷人之是非，因自奮而學焉。」7

在這一點上，漢族士大夫的境界就受到大大的抑制。楊光先作爲中國一代知識分子的代表在曆法上固然顯示出自己的無知，但因爲他頭腦中存在著嚴重的「懼洋」以至「仇洋」的思想，從而使他把湯若望的曆法看作是「竊取正朔之權，……毀我國聖教」的邪惡之說，認爲傳教士們「借曆法以藏身金門，窺伺朝廷機密」。「內勾外連，謀爲不軌」8。正是出於這種懼怕，他發表了「寧可使中國無好曆法，不可使中國有西洋人」的極端觀點。

固然，楊光先的盲目排外的思想和偏激的言論是片面的、錯誤的。但他的擔心確實也是在朝一批士大夫的共同想法。楊光先的《不得已集》堅持認爲洋人來中國就是「不至破壞人之天下不已」。故大聲疾呼「大清國臥榻之旁，豈容他人鼾睡？」並預言：「寧使今日詈予爲妒婦，不可他日神予爲前知也。」9由於明中葉以來，西方殖民者對我國東南沿海地區的不斷侵犯，以及一些傳教士暗中搜集情報，偷竊機密，欺凌善良的中國人民，已開始引起中國人民的反感甚至憤慨。不可否認，楊光先的上述言論後來竟至於言中，這並不是全無根據的、偶然的。

不過，把康熙與楊光先爲代表的一批士大夫的想法比較，倒是康熙的態度更可取，更顯出智謀與策略。康熙在保持民族氣節的同時，對待傳教士並不採取全盤否定和一概排斥的態度，他尊重西方科學，肯定傳教士曾經爲中國做出過貢獻，並允許有意服務於中國的傳教士們繼續活動，甚至給予永久居住權。

在教廷與清政權尚能在「利瑪竇規矩」的前提下，康熙帝充分表現了他對自然科學的濃厚興趣，並且在他的爲政生涯中發揮了重要作用。

後人每每指責康熙沒有接受當時世界上最先進的科技知識，這有失公允。我們說，首先，傳教士們畢竟不是當時的一流科學家，他們本身就不具備當時最先進的科技知識，他們被派往中國來的首要宗旨是發展教徒，擴大影響，爲西方資本主義的殖民活動開闢道路。因而他們的主要心力用於對教義的闡釋上，科技知識的傳播只是其手段。其次，從康熙帝本人看，雖然他還沒有完全擺脫「閉關自守」思想的束縛，尚看不到西方科技對發展經濟的巨大作用，但他實際上已經夙興夜寐，竭其所能，儘量從傳教士那兒學習所能學到的知識，能夠做到這樣，對一個封建皇帝來說，已是不可多得的了。

可是繼任欽天監監正的楊光先並非曆法方面的專家，以外行來任這一專業職務，顯然是無法勝任的。他先是說自己「但知曆理，不知曆數」，繼而又要延訪「博學有心計之人，與之制器測候」，要求禮部派人去宜陽的金門山採竹管，到上黨的羊頭山採柜黍，到河內（河南境內黃河以北地區）採葭莩，說是要用這些東西製作測候儀器，東西採來了，他又說不出什麼具體用法，後來又稱病休息，把製曆事推給了監副吳明烜。康熙七年（一六六八年）秋末，他們獻上了第二年（康熙八年）的曆書《七政民曆》，並頒行天下[10]。

出於求真的心理要求，康熙帝把《曆書》拿去徵求傳教士南懷仁的意見，南懷仁當即指出了其中的許多錯誤，如在一年中有兩個春分，兩個秋分，康熙八年（一六六九年）置閏的十二月應爲九年（一六七〇年）正月等等。康熙帝立即詔諭天下不置閏月。

由此，康熙帝已漸漸看出楊光先的不勝其任，他請來了南懷仁、利類思、安文思和欽天監官員馬祜、楊光先、吳明烜等，讓李蔚傳他的口諭：「授時乃國家要政，爾等勾挾宿仇，以己爲是，以彼爲非，是者當尊用，非者當更改，務期歸於至善。」11經過辯論，彼此互不相讓。康熙又令大學士圖海、李蔚等人在康熙八年（一六六九年）正月和二月到觀象臺做了立春、雨水、月亮、火星、木星五項觀測，命令南懷仁與楊光先、吳明烜等人同到觀象臺「預推正年日影所止之處」，經過三天實地測驗，南懷仁的推測無誤，而楊光先、吳明烜則有誤差，後又命他們對星象和氣象進行推測，南懷仁仍是「逐款皆符」，而楊光先、吳明烜則「逐款不合」，誰是誰非，頓時水落石出。康熙帝以實驗方法來判斷是非，體現了自己實事求是的科學精神。擇善而從是康熙處理政務的一貫方針，他的這一舉動首先就建立在科學的基礎上，排除了夷夏之防的痼念。於是康熙八年（一六六九年）四月康熙下令發還宣武門內天主教堂房屋，恢復湯若望「通微教師」的封號，爲湯若望平反昭雪。同年十二月八日，一批王公大臣來到湯若望的墓前，一位大員宣讀了皇帝所撰寫的祭文：

皇帝諭祭原任通政使司通政使加二級又加一級掌欽天監印務事、故湯若望之靈曰：鞠躬盡瘁，臣子之芳蹤；恤死報勤，國家之盛典。爾湯若望來自西域，曉習天文，特畀象曆之司，爰賜通微教師之號，遽爾長逝，朕用憚焉。特加恩恤，遣官致祭。嗚呼！聿垂不朽之榮，庶享非躬之報。爾有所知，尚克歆享12。

從這件事中，康熙確立了「唯是是從」的思想。康熙十五年（一六七六年）八月，康熙下令叫欽天監官員學習新法，其上諭曰：「欽天監專事天文曆法，任是職者必當學習精熟。向者，新法、舊法是非爭論。今既知新法爲是，滿漢官員務令加意精勤。此後習熟之人，方准升用；未習熟者，不准升用。」13康熙時期天主教徒的境遇亦因此而有所改善，康熙曾親書「奉旨加堂」四個大字表明王朝對傳教士的容納。康熙二十六年（一六八七年），他又曾兩次親臨天主教堂，回朝後御題「萬有真原」之匾，命懸掛於天主教堂內，此外又御題「敬天」二字之匾，標明敬天即敬天主。

同時，議政王會議認爲「楊光先職司監正，曆日差錯，不能修理，左袒吳明烜，妄以九十六刻推算乃西洋之曆法必不可用，應革職交刑部從重議罪。」康熙鑒於他年老功高，僅將其革職而不議罪，放歸故鄉安徽歙縣。楊光先卻在歸鄉途中，因背疽突發，死於山東。可是這對於基督教徒來講，他們都認爲這時是實施其傳教戰略的最好時候，要是讓康熙皇帝皈依基督教，然後以專制君王之威頒令全國，何愁中國不徹底基督教化，但是他們又何嘗不知道康熙並非一個庸碌之主，而且頗具中國傳統文化的修養。但是康熙對自然科學的興趣調動起了傳教士們不斷濡化這位皇帝的信心，同時在與康熙的交往中，他們也意識到這決非一個短時期就能畢其功的，有的傳教士甚至爲康熙的勤奮好學所感動，反而成了康熙治國、定國、強國的參謀和智囊，以至羅馬教皇竟認爲南懷仁在康熙周圍在傳教事業上毫無建樹，責令要調回羅馬。

心傾科技

康熙產生了對當時科技的濃厚興趣後，一方面積極向傳教士學習各門科技知識，另方面積極鑽研，開掘祖國科技遺產，培養科技人才，鼓勵科技人才脫穎而出。

法人傳教士白晉說：「因爲他本來就對新奇東西感興趣，所以，自從他有了某些歐洲的科學知識之後，就表現出了學習這些科學的強烈欲望。」康熙在親歷了楊光先與南懷仁的爭鬥後，便宣布他贊成歐洲的天文學及其他一切科學的學說，從此，他就熱衷於學習西方科技。他「連續兩年如此專心致志，以致把處理其他事務以外剩下的幾乎全部時間都花在學數學上了，同時他把這種學習當作他最大的樂趣」。南懷仁也記述道：「每日破曉，我就進宮，立即被引入康熙的內殿，並經常到午後三四點鐘才告退。我單獨與皇帝一起，為他讀書和講解各種問題。」14在那兩年時間裏，南懷仁神父給他講解了一些主要數學儀器的應用，並講解幾何學、靜力學、天文學中最有趣的、最容易理解的東西，還專門編寫了一些最通俗易懂的書籍。為了遵照康熙要把《幾何原本》譯成滿文的囑託，南懷仁還特地花時間學了滿文。其他葡萄牙人閔明我、徐日昇也都進過宮為康熙講學。在平定三藩之後，康熙更勤奮地學習歐洲科學，他讓傳教士住在京師，後來讓他們住到順治皇帝曾經住過的地方，他要比利時的安多神父用漢語講解數學儀器的應用、幾何和算術的應用，他刻苦學習歐幾里德幾何學，還不恥下問，「以令人欽佩的耐心和注意來聽講」。他表白這種耐心是從童年時代便逐漸養成的。學完幾何學，又要學習哲學，後又學習生理學（人體解剖學），甚至讓傳教士在宮廷裏建立了實驗室，製造了許多種丸、散、膏、丹，他用金銀器盛放這些藥物，並「樂於把某些藥物恩賜給皇子、宮廷大臣，甚至侍從」。

康熙致力於科技事業，若干年來，無論在北京皇宮，京外御苑，鞑韃地區，或者在其他地方，都經常可以看到皇帝讓侍從帶著儀器隨侍左右，當著朝臣的面專心致志於天體觀測與幾何學的研究。有時用四分象限儀觀測太陽子午線的高度；有時用天文環測定時刻，而後從這些觀察中推測出當地極點的高度；有時計算一座寶塔、一個山峰的高度；有時測量兩個地點間的距離。另外，他經常讓人攜帶著日晷，並通過親自計算，在日晷處找到某日正午日晷針影子的長度，皇帝計算的結果和經常跟隨他旅行的張誠神父所觀察的結果往往非常一致，使滿族大臣驚歎不已。此事激起王公貴族競相讓他們的子弟學習這種他們極爲欣賞、但自己又學不會的學問。康熙還向法國傳教士洪約翰、劉應兩神父學習爲觀察天體用的秒鐘、水平儀和其他一些儀器的使用方法。一次他得瘧疾，御醫束手無策，滿城張貼皇榜求醫問藥，有患此病的人也被召到宮中作試驗用，恰巧洪約翰和劉應兩位神父也於此時來到北京，他們攜帶有一英磅金雞納，經介紹後先在一般病人身上試過，很快見到了效果，最後給皇帝服用，把他從「打擺子」的折磨中解脫出來，這更堅定了康熙對西洋科技的迷戀。

康熙曾命人翻譯《人體解剖學》，他明確表示：「身體上雖任何微小部分，必須詳加多譯，不可有缺。朕所以不憚麻煩，命卿等詳譯此書者，緣此書一出，必大有造於社會，人之生命，或可挽救不少。」[15]他甚至還曾說過：「世上無論何物，當利用之。蓋上帝既以萬物賜我，則善爲利用，理亦宜也。」[16]

康熙迷戀西洋科學很大程度上更在於它可服務於自己的統治。在中國歷代封建王朝中，律曆是體現皇家權威的重要標誌。運用當時已經掌握的西方科學知識修正古代典籍上的有關差錯，彌補其不足，是有爲君主的重要文治內容，康熙認爲「取一代大典，以淑天下而範萬世」[17]。從康熙五十二年（一七一三年）開始，歷時八年，終於修成《律曆淵源》一書，把律、曆、數包含其中，即以《律呂正義》、《曆象考成》、《數理精蘊》三個部分匯合成書。

《律曆淵源》的第一部分是《曆象考成》，分上編、下編和表，共四十二卷。上編《揆天察紀》十六卷，講述西方天文學基礎，包括天文計算的基本知識及其應用、天文常數觀測結果的處理方法、觀測應用實例。下編《明時正度》十卷，依中國正史《曆志》的體例，按天體分別記述具體的推算方法，後有附表十六卷。全書的基本內容來自湯若望所撰的《西洋曆法新書》，並根據南懷仁的《靈台儀象志》和《康熙永年曆法》以及康熙年間的許多實測資料做了修正和補充。

第二部分是《律呂正義》分爲三編。上編《正律審言》和下編《和聲定樂》各兩卷，詳記康熙所定十二律及管弦、樂器製造等，續編《協韻度曲》一卷，記述西洋樂理，解釋五線譜（「五線界聲」）的編造和用法，「取波爾都哈兒國（葡萄牙）人徐日昇及意大里亞國（義大利）人德里格所講聲律節度」[18]。徐日昇和德里格都是康熙九年（一六七〇年）於廣州開釋後到北京的傳教士，爲康熙進講歐洲音樂，德里格曾培養中國樂工習西樂，徐日昇可能撰寫過《律呂纂要》[19]後由德里格刪節，編入《律呂正義》，即爲《協韻度曲》，徐日昇是耶穌會士，編《律呂正義》之前已經去世，德里格不是耶穌會士，屬遣使會教派。

第三部分是《數理精蘊》，分上、下編和表，共五十三卷。上編五卷爲《立綱明體》部分，卷一是《數理本源》、《周髀算經》，卷二～四是《幾何原本》，卷五是《演算法原本》。下編四十卷爲《分條致用》，卷一～三十爲《實用算術》，卷三十一～三十六是《借根方比例》，介紹西方代數學知識，卷三十七～三十八是《對數比例》，卷三十九～四十爲《比例規解》，講比例尺，附表八卷，有素因數表，對數表，三角函數對數表。

從篇幅上看，《律曆淵源》的內容是以西學爲主的，對後世影響最大的是《數理精蘊》，在康熙四十四年（一七〇五年）康熙第五次南巡時，曾在御舟中召見民間數學家梅文鼎，賜之以「績學參微」的四字匾額，當時感歎「此學今鮮知者」[20]。然而到乾嘉時期，竟出現了學者多治算的局面。阮元在《疇人傳》一書中開頭即說：「我聖祖仁皇帝，聖學先知，聰明天縱，御製《數理精蘊》契合道原，範圍乾象，以故天下勤學之士蒸然向化。」[21]話中恭維有加，但就康熙及《數理精蘊》對帶動清代數學發展的作用而言，並無太過。

康熙時期另一項重要科學工作是測繪《皇輿全圖》，此項工作自康熙四十六年（一七〇七年）正式開始，至康熙五十六年（一七一七年）結束，歷時十一年。康熙五十七年（一七一八年），全圖完成，由馬國賢製成銅板刊印。這集地圖前有總圖一幅，後為各省分圖，共內十五省及關外滿蒙之地，皆經準確測定。東抵大海，西至藏、回，「關門塞口、海汛江防、村堡戍台、驛亭津鎮，其間扼衝據險、環衛交通，荒遠不遺，纖細畢載」22。這部地圖集以當時的世界水平而言，也堪稱地理學方面的最高成就，李約瑟說，該圖「不但是亞洲當時所有的地圖中最好的一幅，而且比當時所有的歐洲地圖都更好、更精確」23。康熙自稱他為此花費了三十多年的艱辛努力。他自小留心地理，博覽圖籍。邊疆官員回京復命，他都要對照輿圖，詳詢形勢。他對全國的山川道路，尤其西南、東北的地形、氣候、物產和民族狀況瞭如指掌。部署戰爭，常常親定行軍路線；邊防駐軍築城，他根據戰略需要具體指定位置。一次，他對臣下講述自己詳察天下山川地理的情況時說：「凡古今山川名號，無論邊徼遐荒，必詳考圖籍，廣詢方言，務得其正」，故「遣使至昆侖、西番諸處，凡大江、黃河、黑水、金沙、瀾滄之水發源之地，皆目擊詳求，載入輿圖」24。他派圖理琛遠使土爾扈特部時，同時也賦以地理考察的使命。中國自古論列山川，只據禹貢四脈之說，北不逾塞垣，南不逾嶺徼，連五嶽之首的泰山的脈絡也不清楚。經過勘察，康熙第一次揭示了泰山與長白山的地脈關係。康熙在繪製《皇輿全圖》過程中，大膽使用外國科技人員和外國設備，準確地確定地理位置，科學地進行測量。康熙於每次巡幸之時，都讓西士攜帶儀器陪從，隨時測量緯度。康熙二十年（一六八一年），他巡視遼東時，就指定南懷仁隨行，還專門委派一個官員負責儀器的安全運輸。因而得以完成這次地理大測量和全圖繪製。另外南懷仁於康熙十三年

（一六七四年）繪製了《坤輿全圖》，此圖是對利瑪竇世界地圖的改進和補充，是在中國第一次把世界地圖繪成兩個半球圖。爲了解說這幅圖，他還撰寫了《坤輿圖說》，書分上、下卷，上卷相當於地球概述，包括十五部分，涉及地球形狀、南北極、地震、山嶽、海水運動、潮汐、江河、風雨雲轉化及人類等等，下卷分別介紹五大洲和各國地理、物產、風情，書後附錄記載各種奇異動物和世界七大奇觀，書中談到「熱爾瑪尼亞」（日爾曼）時，說這個國家的人善於發明，「工作精巧，製器匪夷所思，能於戒指內納一自鳴鐘」，「有一大銃，製作極巧，一刻間連發四十次」[25]。這些都反映了西方技術的發展，同時亦糾正了過去較長時間內存在的「中國爲天下之中，其他地方皆小夷，它們的面積之總和尚不及中國之零頭」的錯誤認識。

康熙積極地注意培養和發現國內的科技人才，融合中西學說。像宣城的梅氏祖孫、泰州的陳厚耀、大興的何國宗和蒙族的明安圖等就是康熙竭力羅致的傑出人物。

梅文鼎是清代最有名的數學家之一。他學識淵博，研究深邃，一生著述八十餘種，是一個不可多得的人才。康熙四十一年（一七〇二年），康熙南巡駐蹕德州。大學士李光地給康熙看了梅文鼎的《曆學疑問》一書。兩天之後，康熙對李光地說：「昨所呈書甚細心，……此人用心深矣。朕帶回宮中仔細看閱。」康熙四十二年（一七〇三年）康熙再度南巡，於行在將《曆學疑問》發還李光地，告訴他「朕已細細看過」，並在書中作了若干圈點塗改及籤貼批語。李光地問康熙「此書疵謬所在」，康熙說：「無疵謬，但演算法未備」。事實確是如此，此書是梅文鼎的一部未完成的作品，因而康熙才說「演算法未備」。康熙四十四年（一七〇五年），他在南巡中特意召見了梅文鼎，「從容垂問，至於移時，如是者三日。……連日賜御書、扇幅，頒賜珍饌」，談得十分投機。臨別之際，康熙還特意寫了「積學參微」四字相贈[26]，此已見上述。康熙對李光地說：「曆象演算法，朕最關心，此學今鮮知者。如文鼎，真僅見也。」只因梅文鼎已七十多之高齡，故康熙深深地感慨說「惜乎老矣！」他馬上想到應注意培養一批中青年人才。康熙五十一年（一七一二年），他爲編纂大型的數學、天文、樂律百科全書《律曆淵源》，特下詔江西巡撫，叫梅文鼎的孫子梅瑴成到北京入侍。這年陰曆六月初，大學士李光地向江西巡撫郎廷極的兒子郎文傑轉達了康熙的意旨：「朕近日聞得梅文鼎之孫演算法頗好，雖不知學問深淺，命他來京看看。欽此。」[27]就這樣，梅瑴成於當年被送到北京。康熙五十二年（一七一三年）是康熙六十大壽之年，這一年，他下令成立算學館，地點就設在暢春園的蒙養齋[28]。這裏除了精選部分八旗世家子弟，由欽天監洋人教授之外，實際上是康熙與學者研究科學和編纂書籍的場所。梅瑴成在這樣的環境中實現了中西方數學知識的融合，他自己後來回憶說：「供奉內殿，蒙聖祖仁皇帝授以借根之法，且諭曰：『西人名此書爲阿爾日八達，譯言東來法也。』敬受而讀之，其法神妙，誠演算法之指南，而竊疑天元一之術頗與相似。」[29]所謂「借根法」，就是當時傳入中國的西方代數學。康熙認爲，西人稱此爲「東來法」，應是中國固有的東西。中國古代的天元術也是建立高次方程的方法，宋元以後近於失傳。梅瑴成從康熙學習「借根法」後，認爲「借根法」很可能就是天元術。從此，中國數學史上失傳了的天元術，又因康熙的「借根法」而被梅瑴成所復活。英國李約瑟對梅瑴成做了較高的評價，他說：「明代數學家沒有一個通曉宋元的代數學。宋元的代數學完全被廢棄不用了，直到耶穌會傳教士及其他人引入歐洲代數學以後很久，梅瑴成等人才認識到隱藏在不習見語言下的中世紀中國代數學，並重新對它進行研究。」[30]李氏還說：梅瑴成「把這個發現記在他的《棄水遺珍》中」[31]。應該說，這個重要的發現實際上是由康熙開始，而由梅瑴成來完成的。

康熙四十五年（一七〇六年），李光地又向康熙帝推薦了泰州的陳厚耀，被康熙授爲「內閣中書」。康熙四十八年（一七〇九年）五月，康熙駕幸熱河，陳氏被命扈行。行至密雲，康熙給他出了一道算題，自己則用簡便方法同時計算，然後把計算稿給陳厚耀看，問他：「知此法否？」陳氏說：「皇上此法精妙，極爲簡便。臣法臆撰，不可用。」康熙說：「朕將教汝，汝其細心貫想，以待朕問。」一路上，康熙還同他討論了儀器用法、地理學的數學方法等等。此外陳厚耀還從康熙那兒學會了「西洋定位法、虛擬法」。君臣之間對於數學、天文、地理各方面的討論，時而在蒙養齋，時而在淵鑑齋，時而在西暖閣進行，「問難反覆，並及天象、樂律、山川形勢」[32]。由此，陳氏得以有機會遍覽宮中所儲的天文、數學儀器。當時就年歲言，陳氏比康熙還長六歲，但康熙與他在政治上是君臣，在學術上是師友。陳氏早年曾從宣城梅文鼎學習，對梅氏家族的學業頗爲瞭解，所以他也曾向康熙推薦過梅瑴成。康熙又對瑴成說：「汝知陳厚耀否？他演算法近日精進，向曾受教於汝祖，今汝祖若在，尚將就正於彼矣。」[33]從此，陳、梅兩人就在蒙養齋參與《律曆淵源》等書的編纂工作。

康熙召到蒙養齋編書的數學家還有大興人何國宗。何氏字翰如，世代業天文。他入仕後曾「以算學受知」於康熙，不但參加了《律曆淵源》的編纂，由於在康熙時學習了歐洲的數學和測繪方法，乾隆二十年（一七五五年）以後還「奉命出塞測定東西南北里差」，然後載入時憲書。著有《割圓密率捷法》的蒙族數學家明安圖年輕時也「受數學於聖祖（康熙）」[34]。

在康熙的親自主持下，以梅瑴成、陳厚耀、何國宗等人爲主要成員，經過近十年的努力，編纂的上述集當時的樂律、天文、數學之大成的巨著《律曆淵源》，爲傳播科技做出了積極的貢獻。

康熙本人在科技方面也取得了傑出的成就。《康熙几暇格物編》就是他科技成果的結晶之一。在這部書中，記述了許多康熙自己或其他人瞭解到的自然現象，主要涉及地理和生物方面：

1.地理方面：在「冰厚數尺」條裏記載了北極附近長年結冰的現象，這是符合事實的。地磁偏角現象在中國古籍上雖屢有記載，但提到同一地點不同年代磁偏角有變化的記載則不多見，而在「定南針」條記錄了這一事實：「定南針所指，必微有偏向，不能確指正南，且其偏向，各處不同，而其偏之多少，亦不一定。如京師二十年前測得偏三度，至今偏二度半。各省或偏西，或偏東，皆不一。惟盛京地方得正南，今不知改易否。」[35]對於地形地貌也多有記述，例如康熙根據古書的記載和自己的親身觀察，對內蒙古地區某些沙丘滾動形成的「白龍堆」，作了生動的描述，他說：「朕時北巡，親履其地，見所謂龍堆者，長者十數丈，短者亦三四丈，形蜿蜒如龍，非可以高卑論也。土人云：龍形皆頭向東南，尾朝西北，驗之信然。又，其形無定處，今日隆然而起者，明日已爲平沙，而或左或右之間，又隱隱聚成龍形矣。」[36]所謂「龍頭」、「龍尾」的朝向是由當地的風向決定的，中國北方常年多爲西北風，「頭」向東南符合實際。這種「白龍堆」因風的大小經常滾動，滾走之後，在原處還留有「龍」的痕跡。

2.古生物方面：書中有四條講述古生物化石問題，動物的和植物的各兩條。在「石魚」條中說：「喀爾沁地方有青白色石，開發一片，輒有魚形，如塗雌黃，或三或四，鱗鰭首尾形體具備，各長數寸，與今所謂馬口魚者無異。揚腮振鬣，猶作鼓浪游泳狀。」[37]劉昭民先生認爲這很可能是中生代狼鰭魚化石。這見解是可取的，因爲狼鰭主要分布於我國北部，是已滅絕的原始真骨魚類，與馬口魚的大小和特徵基本一致。「鼢鼠」條所記載的獸無疑是已滅絕的猛瑪象遺骸，這種動物「形似鼠，而體大如象」，有的死後變成了化石，有的死後立即被冰雪所覆蓋，成爲凍肉保存下來。康熙將它與南北朝時的《神異經》所記作比較，認爲是同一種動物。關於植物化石，他提到一種未記名稱的「木化石」以及「落葉松」化石。值得一提的是，他在前一條中記有「或有化石未全，猶存木之半者」，這是指還在石化過程中的事實。

3.生物方面：關於生物方面的記述較多，例如在「達發哈魚」條中講到達發哈魚（即大瑪哈魚）洄游現象，在黑龍江下游一帶，這種魚「每秋間從海而來，銜尾前進，不知旋退，充積河渠，莫可勝計，土人竟有履魚背而過者」[38]。在「沙蓬米」條中記述了一種內蒙古鄂爾多斯地區野生的植物，「枝葉叢生如蓬，米似胡麻而小」[39]，可食用。以前很少有人記載。在「堪達罕」條中記述的是現在所稱的四不像。在「果單」條中則詳細記述了一種用水果製作的食品——果丹皮，亦名果煅皮。這也是有價值的史料。在「食氣」條中記述了熊的冬眠現象：「冬時入蟄」。

康熙還比較注重科學實驗，在「蒙氣」條中敘述了他證實蒙氣差的原理的工程，即「日在地平之下，光映蒙氣而浮上也，正如置錢碗底，遠視如無，及盛滿水時，則錢隨水光而顯現矣」[40]。蒙氣差的產生是由於大氣對日光的折射而產生的，康熙對這一點說得不清楚，但通過上述觀察證實蒙氣差的形成，做法還是正確的。

在「雷聲不過百里」條中，康熙講述了他利用聲速對距離的測定。他先用單擺測定聲速，並校準單位時間內（他規定一秒）聲音傳播之距離，然後再測電聲的距離。這種方法最初爲比利時傳教士南懷仁所作，康熙雖非首創，但從記載來看，「朕以演算法較之」，「朕每測量，過百里，雖有雷而聲不至」，「朕爲河工至天津駐蹕」等可以證明他確實做過實驗。在「潮汐」條中記述了康熙對沿海各地發生潮汐時刻不同的調查、驗證：「朕到海邊，如山海（關）、天津、大江（長江）、錢塘（江）等處，每察（潮汐）來去之時，與本土人詢問，大約皆不同。所以將各處令人記時刻，而亦不同。後知泉、井皆有微潮，亦不準時候。問及西洋人與海中行船者，皆不同。」[41]

在「御稻米」條中記載了單穗選擇而獲得優良稻種的實驗經過，康熙在中南海豐澤園中「一日循行阡陌，時方六月下旬，穀穗方穎，忽見一科高出眾稻之上，實已堅好，因收藏其種，待來年驗其成熟之早否。明歲六月時，此種果先熟。從此生生不已，歲取千百，四十餘年以來，內膳所進，皆此米也」[42]。實驗獲得了成功。康熙在「風隨地殊」和「風無正方」中都講到了驗證風向的問題，特別是在前條中驗證的是不連續風向，甚爲重要。

康熙對其他實用科技的興趣也很濃厚，涉獵甚廣。他在宮中設有天象觀測臺，還有化學實驗室。我們從盛昱輯錄的《康熙几暇格物編》中可以看到，康熙對多種樹木、藥材，對全國各地的物產資源、居民風俗，對風雲雷電、潮汐、地震等，都留心探究。他注意到黑龍江西部察哈延山噴焰吐火、氣息如煤的奇特現象；根據瀚海的螺蚌甲，推知遠古的蒙古戈壁是澤國。爲瞭解大紅顏料的製作，他不僅查考了段成式的《酉陽雜俎》、蘇恭的《唐本草》、周達觀的《真臘風土記》和張彥遠的《名畫記》，還參考了有關的西洋著述。

在《康熙几暇格物編》中還有不少其他有價值的見解，如在「瀚海螺蚌甲」條中，康熙根據古書記載推斷原來那種地方都是水地，後來水退成爲沙漠。這說的是瀚海型地貌的成因。在「泰山山脈自長白山來」條中，康熙認爲山東的泰山是長白山脈通過遼東半島和渤海進入山東而形成的，他說：「接而爲山東登州之福山、丹崖山。海中伏龍於是乎陸起，西南行八百餘里，結而爲泰山，穹崇盤屈爲五嶽首。」他指出：「此論雖古人所未及，而形理有確然可據者。」[43]在「溫泉」條中他講述了溫泉療法要注意年齡的差別，「溫泉可以療疾蠲痾，人盡知之，而不知尤宜於年長之人」。所謂年長，他指的是四十歲以上者。他在「熬水」條中認識到根據泉水的氣味和沉澱物辨別泉下所藏之礦物，而且他「每遇溫泉，即以銀碗盛（泉）水，隔湯用文火收煉，俟碗水乾，觀水腳所積或爲礬石，或爲鹼鹵，或爲硫黃等，皆判然分曉」44。還指出：要根據水質輕重、清濁等來看是否對浴人有好處。

在「地震」條中，有康熙對地震的一些看法。在「鳥舌」中對鳥舌的長短和鳥叫聲的關係等等都是可取的說法。

正因爲如此，康熙較少迷信觀念，多能以求實精神解決施政中的具體問題，亦以較爲開明的態度處理外交問題。當然，康熙過於追求個人興趣，亦有較大的局限性，傳教士在宮廷進講的內容完全是以皇帝的興趣爲轉移，因此他始終對西學缺乏系統的瞭解，經常在朝臣面前賣弄自己的博學，藉以加強他的君主權威，一時還要故意出幾道天文、測算方面的題目考難臣下，甚至在接見外交使節時也很不得體地這樣做。不過，康熙亦較注重科技的實際作用，並且力求在實踐中開拓科研之路，所取得的科研成果也不同程度地得到應用。

用其所長

由於康熙在與西洋傳教士的接觸已漸漸形成了吸收其西洋文化卻不包括宗教的思想。他對臣民說：天主教與中國教化「原不相容」，「唯西教士能通曉科學，故國家起用彼等」45。既然南懷仁「於修曆諸事，異常費心」，「製造觀象臺各種儀器，精工合用」，「又作永年曆書，共三十二卷，預推至兩千年」46，那麼用其所長，爲王朝的維持和發展服務，就構成了康熙尊教徒政策的一個重要方面。

「曆法之爭」後，康熙讓南懷仁再度入欽天監任右監副，受命編訂康熙九年（一六七〇年）「時憲曆書」，又負責製造新的天文儀器，事成後授官「治理曆法」（相當於監正），歷太常寺卿，康熙十七年（一六七八年）負責預測「康熙永年曆法」，加封通政使銜。

南懷仁在康熙朝中不斷顯示出他在科學技術方面的學識優勢，因而很爲康熙皇帝所賞識，官也越當越大，其活動領域也越來越廣。在康熙發兵平定三藩和反擊沙俄侵略的過程中，南懷仁又再顯身手，爲清政府製造各種類型的新炮。康熙十九年（一六八〇年）十一月初四日，南懷仁奉旨鑄造戰炮三百二十三位，到「二十八年八月十八日，炮位告成」，「十月十九日，上率領王公及內大臣等，幸臨試放炮場，諭八旗官員各位炮手放驗，俱適中本鵠，天顏喜悅」，「上釋御服貂裘賜南懷仁」[47]。南懷仁爲此又寫了一部《神威圖說》，介紹用法。這些新炮在征討三藩、抗擊沙俄侵略以及平定噶爾丹的叛亂中發揮了很大的作用。

康熙十二年（一六七三年），南懷仁完成了對北京觀象臺的基建和經營，爲了解說新儀器的結構、原理以及安裝、使用方法，南懷仁還寫出了《靈台儀象志》一書。儀：指測量天體在天球面上坐標的儀器，象：是表演天體在天球面上作視運動的儀器。《靈台儀象志》亦稱《新製靈台儀象志》或《儀象志》，全書十六卷，基本內容有：卷首有南懷仁的自序和奏表，講述制器、編書的緣起和困難，介紹基於地心位的七政運行結構。卷一講元明舊儀器的落後和損壞情況，新製六儀的坐標體系構思、結構和使用方法。卷二結合六儀的用途講解力學知識，涉及槓桿、滑輪、螺旋、比重、重心等。卷三結合儀器安裝介紹地學知識，涉及確定安裝地南北線的方法，測地球半徑法，不同方向上距離與經緯度差的換算表，度、分、秒的換算表。卷四涉及四元素說，氣溫計和濕度計的原理和結構，顏色合成、光折射、單擺、自由落體定律等等。卷五至卷十四包括天體儀恒星出入表、赤道變時表、地平儀表等各種換算表。卷十五、卷十六是全書的附圖，共一一七幅。

在南懷仁領導下新製的六件大型天文儀器是黃道經緯儀、赤道經緯儀、地平經儀、地平緯儀、紀限儀和天體儀48。這些儀器全憑肉眼觀察，設計思想與第谷的儀器體系相同，與當時歐洲飛速發展的儀器水平相比，它們是落後的，但又比傳統中國的儀器進步許多，南懷仁能在較短時間內完成制器、編書的任務，也實在不易，新製六儀爲新曆法的實施打下了堅實的基礎，爲觀象臺的工作建立了成套的規範。

《儀象志》結合儀器的安裝和使用，介紹了不少物理學、地學方面的知識，其中包括伽利略的力學研究成果和當時西方的光學研究成果，尤其應指出在建設觀象臺的過程中，南懷仁還最早向中國介紹了作爲定量儀器的早期溫度計和濕度計，並已製成使用，他爲此專門寫了一篇《驗氣圖說》，附有《驗氣圖》，刊印於康熙十年（一六七一年），後經修改，編入《儀象志》49中。

南懷仁致力於通過科學知識的傳播確立他在中國立足之基，康熙十七年（一六七八年）八月十五日他寫給歐洲耶穌會士的信中說：

中國人所重視的科學中有天文學、光學、力學，最感興趣的是數學……當我把這種數學帶進宮廷內室時，我常常是居於御座之旁，而最高貴的大臣們則遠遠就須下跪。看來，在這個國家，用天文學裝飾起了的基督教易於接近高官們50。

南懷仁於康熙二十七年（一六八八年）一月二十八日在北京因病去世，終年六十六歲，他在中國活動了十九年，其歷史地位可以和利瑪竇與湯若望相提並論。在他病重期間，康熙多次派人探問並派御醫診治。南懷仁死後，康熙賜予謚號「勤敏」。他是來華所有傳教士中唯一獲得謚號的一位比利時籍傳教士。康熙重視西教士帶來的科技知識，前面已介紹不少，茲不贅述。

總之，康熙排除封建守舊勢力的阻撓和封建傳統觀念的干擾，吸收西方先進的科學文化，促進了中西文化交流和中國科學文化的發展。他既不盲目排外，也不盲目崇外，在學習西方先進的科學文化的同時，對西方荒誕不經的哲學和宗教理論棄而不取，一方面與西方人進行文化友好往來，一方面保持自己國家的政治獨立不受干擾。日本後藤末雄對康熙這一政策作了很有說服力的概括：「（法國）路易十四所遣至中國之耶教士，因康熙帝之殊遇，乃一變而為中國文化之宣揚者，中國皇帝之謳歌者，而路易十四所抱侵略中國政治之野心卒歸泡影。天主教之價值蓋為康熙帝所否認，而在中國之傳教事業大受挫折，幾有功敗垂成之慨。更因法教士將中國之政治思想陸續介紹於祖國，於是國內一般德治主義之哲學者竟利用之以為攻擊基督教及專制政治之材料，卒為法國波旁王朝衰替沒落之一因，故康熙帝之籠絡耶教士，不僅能吸取西方文化，排斥路易十四之野心，反予法國專制政治被打倒之一大助力，此實路易十四遣派教士之初所不及料者也。」51

重國格

康熙帝是有清一代皇帝中少有的英才，他沒有乃父的宗教狂熱，在對教方的態度上表現得相當理智。他對傳教士帶來的科技由衷地感興趣，虛心學習和利用。即使對西教，在文化意義上的瞭解也稍顯多一些，當然也談不上對基督教特質的真正瞭解，他也只能立足於利瑪竇建立的「中西相通」說的基礎上來認識問題。當他體察到西教有悖「真儒」甚至公開對抗「真儒」、以至蔑視中國的法律和風俗習慣時，爲了維護國家和民族的尊嚴，他便會毫不客氣地運用他的權力進行防衛和回擊，這在「禮儀之爭」的事情上表現得十分明顯。

起初，由於「利瑪竇的規矩」尚被傳教士遵奉，天主教與中國傳統文化習俗沒有發生衝突，康熙承認傳教士信仰宗教的自由，出巡時曾親臨教堂賞賜。康熙八年（一六六九年），公布天主教禁令，禁止其在各省建立天主教堂和傳教。處理曆法之爭時，他曾下諭旨：「其天主教，除南懷仁等照常自行外，恐直隸各省復立堂入教，仍著嚴行曉諭嚴止」[52]。但因爲康熙與傳教士的頻繁交往，對天主教的戒心逐漸消除，到康熙三十一年（一六九二年），諭令允許中國人信天主教，天主教發展的大好時光便到來了，到康熙四十四年（一七〇五年）羅馬教皇十一世派遣使節多羅到達中國，竟干涉天主教中國教民尊孔祭祖的傳統習俗。對此，康熙意識到開放天主教信仰可能產生的危害，採取了有理有利的穩妥策略，先曉之以理，「將定例先明白曉諭，命後來之人謹守法度，不能少違方好。以後自西洋來者再不回去的人許他內地居住，若今年來明年去的人，不可叫他許住，此等人譬如立於大門之內，論人屋內之事，眾人何以服之，況且多事」[53]。警告傳教士不要干涉中國內政。多羅碰了一鼻子灰，於次年灰溜溜地回法國。康熙再次下令規定：凡來華傳教士需領票（執照），並表示永住中國，才許留住，不遵守利瑪竇規矩者驅逐出境，領過票長住中國的，和中國人一樣受到保護[54]。康熙下諭說：「自今以後，若不遵利瑪竇的規矩，斷不准在中國居住，必逐回去。若教化王因此不准爾等傳教，爾等既是出家人，就在中國住著修道，教化王若再怪你們遵利瑪竇，不遵教化王的話，叫你們回西洋去，朕不叫你們回去。倘教化王聽了多羅的話，說你們不遵教化王的話，得罪天主，必定叫你們回去，那時候自然有話說，說你們在中國年久，服朕水土就如中國人一樣，必不肯打發回去。教化王若說你們有罪，必定叫你們回去，朕帶信與他說，徐日昇等在中國服朕水土，出力年久，你必定叫他們回去，朕斷不肯將他們活打發回去，將西洋人等頭割回去。朕著人帶此信去，爾教化王萬一再說，爾等得罪天主，殺了罷，朕就將中國所有西洋人等都查出來盡行殺了，將頭帶與西洋去。設若如此，你們的教化王也就成個教化王了。你們領過票的就如中國人一樣，爾等放心，不要害怕領票，俟朕回鑾時，在寶塔灣同江寧府方西滿等十一人一同賜票，欽此。」[55]信票是發給西方耶穌會士在中國長期居住和傳教的憑證，票上填寫係西洋何國籍、姓名、年齡、會別、來中國多少年，永不返回西洋及發票年月日等內容，係用滿漢兩種文字繕寫，滿文在左，漢文在右。信票順序用千字文編號，從「天」字開始，按千字文每個字的順序編記，在滿漢文中，蓋有一方「總管內務府」印記。自康熙四十五年（一七〇六年）十二月起發票，西洋人爭先恐後來京領票，康熙四十六年（一七〇七年）明確實行禁教政策，康熙四十七年（一七〇八年）進行核查，凡不領票的解送澳門，驅逐出境。高振田先生據中國第一歷史檔案館所藏「總管內務府」滿文檔案材料中有關西洋耶穌會士領票者和被驅逐出國的人員的國籍、姓名、年齡、會別及居住中國何地等情況，按國籍分述如下[56]：

一、葡萄牙人

高尚德，年四十二歲，係耶穌會人，住直隸正定府。

聶若望，年三十五歲，係耶穌會人，住湖廣長沙府。

林安年，年五十三歲，係耶穌會人，住江蘇江寧府。

孟敖義，年五十二歲，係耶穌會人，住江蘇上海縣。

畢　安，年四十六歲，係耶穌會人，住江蘇上海縣。

馬安農，年三十七歲，係耶穌會人，住江蘇嘉定縣。
楊若望，年三十六歲，係耶穌會人，住江蘇蘇州府。
張安多，年二十九歲，係耶穌會人，住江蘇上海縣。
金　辰，年四十三歲，係耶穌會人，住廣東廉州府。
德啟善，年三十三歲，係耶穌會人，住廣東雷州府。
穆達賚，年三十二歲，係耶穌會人，住江西南昌府。
畢　勇，年三十三歲，係耶穌會人，（未寫明住處）。

二、義大利人

康和子，年三十八歲，係耶穌會人，住山東臨青州。
伊大任，年六十三歲，係方濟格會人，住山東臨青州。
蘆保羅，年四十七歲，係耶穌會人，住河南開封府。
方全濟，年三十九歲，係耶穌會人，住山東濟南府。
艾若瑟，年四十八歲，係耶穌會人，住山西絳州府，此人於康熙四十六年十月被派住羅馬，五十八年復航來東，因患病死在路上。
艾斯汀，年五十二歲，係耶穌會人，住浙江杭州府。
利國安，年四十一歲，係耶穌會人，住江蘇松江府（耶穌會會長）。
梅樹生，年三十九歲，係方濟格會人，住陝西西安府。
雅宗賢，年三十七歲，係方濟格會人，住陝西西安府。
楊若漢，年四十歲，係方濟格會人，住江西吉安府。

三、法國人

郭忠川，年四十三歲，係耶穌會人，住浙江寧波府。
龔當信，年三十七歲，係耶穌會人，住浙江紹興府。
方西滿，年四十六歲，係耶穌會人，住湖廣武昌府。
殷弘緒，年四十歲，係耶穌會人，住江西饒州府。
馬若瑟，年四十四歲，係耶穌會人，住湖廣漢陽府。
龐克修，年四十四歲，係耶穌會人，住江西建昌府。
戈維禮，年三十九歲，係耶穌會人，住江西撫州府。
聶若漢，年三十八歲，係耶穌會人，住湖廣黃州府。
沙守信，年三十七歲，係耶穌會人，住江西撫州府。
賀蒼弼，年三十六歲，係耶穌會人，住湖廣黃州府。
馮秉正，年三十六歲，係耶穌會人，住江蘇無錫縣。
顧多哲，年四十歲，係耶穌會人，住貴州貴陽府。
彭覺璽，年三十八歲，係耶穌會人，住江蘇崇明縣。
布嘉年，年四十三歲，係耶穌會人，住陝西漢中府。
孟正奇，年四十一歲，係耶穌會人，住陝西西安府。
富升哲，年四十二歲，係耶穌會人，住江西臨江府。
德馬諾，年三十九歲，係耶穌會人，（未寫明住地）。

四、西班牙人

郭納弼，年七十七歲，係方濟格會人，住山東泰安府。
卞蘇機，年四十五歲，係方濟格會人，住山東濟寧州。
景明亮，年四十一歲，係方濟格會人，住山東青州府。
南懷德，年三十九歲，係方濟格會人，住山東濟南府。
巴廉仁，年三十九歲，係方濟格會人，住山東臨邑縣。

五、德國人

王義仁，年五十，係耶穌會人，原住湖廣武昌府，後住京城。

六、羅達聆日亞國人

湯尙賢，年三十八歲，係耶穌會人，住山西太原府。

七、波羅尼亞國人

薄維漢，年三十五歲，係耶穌會人，（未寫明地址）。

除以上四十七人領票者外，尙有葡萄牙人穆德我、安懷德、利若瑟、鞠亮實、蘇諾等五人，同住廣東一個天主教堂，當時未發票，也不准傳教，須俟龍國安、薄賢士回來時一同去北京，到時再定是否發給信票。

此外，還有一些西洋人不發信票，將其驅逐出境，僅康熙四十六年（一七〇七年）三月至五月間，被驅逐出境的有法國人孟尼、董莫教、賀宣；西班牙人巴魯茂、萬多謀、方濟國、利明遠、羅森多、單若來、安玉漢、單若古；義大利人施達仁、勞宏納等人，限期起程遣送澳門，均不發給信票。

僅據上述康熙四十七年（一七〇八年）「總管內務府」檔案所載當時在中國居住的西洋傳教士共有六十四人，分別居住在我國陝西、山西、直隸、山東、湖廣、江西、貴州、浙江、江蘇、廣東等省的府州縣，他們搜集中國社會的政治、經濟、軍事、文化、外交及官場的各種材料，爲西方國家瞭解中國的虛實提供了大量材料。同時從上述還可知道，在康熙四十六年（一七〇七年）明確實行禁教政策之後，仍有許多西洋傳教士居留在中國，不再返回西洋，爲以後東西方文化交流起著一定作用。的確，康熙在禁教與驅逐「亂法」傳教士時，仍留用「會技藝」的西洋人，對在中國從事科技工作或安分居住的傳教士們仍保持友好關係。

針對教廷關於禁止中國教徒祀孔祭祖等內容的公文，康熙怒斥教方「不通文理」、「知識偏淺」，無資格批評中國禮儀，而竭力闡揚「中國之神主，乃是人子思念父母養育」；「聖人以五常百行之大道，君臣父子之大倫，垂教萬世」，「此至聖先師之所應尊應敬」的道理。針對西洋人對此表現出的隔膜，他說：「中國道理無窮，文義深奧，非爾西洋所可妄論。」「爾欲議中國道理，必須深通中國文理，讀盡中國書，方可辯論。朕不識西洋之字，所以西洋之事，朕皆不論。」既然教方不容中國的聖人之道，就不要在中國傳教了，這樣「諸事平穩，亦無競爭，良法莫過於此」。

此時清廷與教廷的衝突，已並非單純文化觀念上的衝突，而明顯具有政治衝突的性質，教廷對中國教徒「禮儀」的限制已經包含了對中國內政的干涉，康熙對教廷的抵制也就不僅僅是文化觀念上的防衛，而且也是對國家主權的維護，這無疑是正當的。

康熙對問題的實際處理也顯得比較明智和富有謀略，在堅持原則抵制教廷的同時，對利瑪竇規矩仍然表示肯定和讚賞，明確諭示利瑪竇輩「並無貪邪淫亂，無非修道，平安無事，未犯中國法度」。對這樣的教士，中國朝廷是軫念矜恤的，表示對願意謹守中國法度而又身懷技藝的傳教士可以繼續容留和利用，使其各獻其長，還可以給予永久居留權，以免回去遭受教廷迫害[57]。

當然，放眼世界，我們得知，康熙與俄國的沙皇彼得大帝是同時代人，康熙的事業是在滿族文化的一張白紙上臨摹傳統的儒家文化，當他神怡志滿地俯視文治武功的一統江山時，似乎是已把中國歷史推進了一大步，實際上卻是沿著圓形的軌道陷進了不可自拔的歷史舊轍。

在那個時代，世界近代史上的第一次科學革命已經完成，彼得大帝於一七一七年出訪法國時瞭解了皇家科學院的情況，回國後就積極仿效，一七二四年，他宣布成立彼得堡科學院，該院初時多聘西歐科學家來任院士，後由本國成長起來的科學家逐漸取代。康熙死於一七二二年，彼得大帝死於一七二五年，他們在歷史上平行走過，彼得大帝留下的科學院成爲後來俄國科學事業發展的大本營，康熙留下的是如意館，還又迅速地拆掉了與世界科學僅有一線可通的橋板。

從更廣泛的意義上講，粗鄙而勇於開放、創新的彼得抓住了有利的歷史機遇，爲俄國找到了走向近代社會的起跑線；聰慧、勤學而太受傳統束縛的康熙則失去了良機，他自己開啟了一個盛世，登上了中國歷史上的一個巔峰，他的後代卻在那康雍乾的盛世過後跌入了世界歷史的低谷。

註釋

1 黃伯祿：《正教奉褒》第一冊，第二三頁。
2 《清世祖實錄》卷七，順治元年八月丙辰條。
3 黃伯祿：《正教奉褒》第一冊，第二五頁。
4 劉准：《天主教傳行中國考》第二九三頁，中國河北獻縣，一九三七年。
5 林建：〈西方近代科學傳入中國後的一場鬥爭〉，《歷史研究》一九八〇年第二期。
6 楊森富：《中國基督教史》，臺灣商務印書館一九七八年版，第一二二頁。
7 肖敬孚：《楊公神道表》。
8 楊光先：〈請誅邪教狀〉，《不得已》上卷第五頁，一九二九年中社影本。
9 楊光先：〈請誅邪教狀〉，《不得已》上卷第三二頁。
10 《清史稿》卷二百七十二，〈楊光先傳〉。
11 《清史稿》卷四十七，〈時憲志〉三。
12 魏特著、楊丙辰譯：《湯若望傳》，第一期，第二二〇頁。
13 《清文獻通考》卷二百五十六，〈象緯〉。
14 《俄國·蒙古·中國》第一六一四～一六一六頁。
15、16 後藤末雄：《康熙大帝與路易十四》。
17 《清史稿》卷二百二十，〈誠隱郡王允祉傳〉。
18 《清史稿》卷九十四，〈樂志一〉。
19 《中西交通史》第九〇三～九〇四頁。
20 錢寶琮：〈梅勿庵先生年譜〉，《錢寶琮科學史論文選集》第六三三頁。
21 阮元：《疇人傳·凡例》。
22 《清聖祖實錄》卷二百八十三，康熙五十八年二月己巳條。
23 李約瑟：《中國科學技術史》第五卷，第二三四頁。
24 《清聖祖實錄》卷二百九十，康熙五十九年十一月辛巳條。
25 《坤輿圖說》，商務印書館一九三七年版，第一〇一、一〇二頁。
26 《清史稿》卷五百零六，〈梅文鼎傳〉。
27 《宮中檔康熙朝奏摺》第三輯，第八二二頁。
28 吳振棫：《養吉齋叢錄》卷三。
29 《清史稿》卷五百零六，〈梅瑴成傳〉。
30 李約瑟：《中國科學技術史》第三卷，第一一三頁。
31 李約瑟：《中國科學技術史》第三卷，第一一八頁。
32、33 阮元：《疇人傳》卷四十一。

34《清史稿》卷五百零六，〈明安圖傳〉。

35《康熙几暇格物編》卷下之上，〈定南針〉。

36《康熙几暇格物編》卷上之下，〈白龍堆〉。

37《康熙几暇格物編》卷上之上，〈石魚〉。

38《康熙几暇格物編》卷上之上，〈達發哈魚〉。

39《康熙几暇格物編》卷上之中，〈沙蓬米〉。

40《康熙几暇格物編》卷上之上，〈蒙氣〉。

41《康熙几暇格物編》卷上之中，〈潮汐〉。

42《康熙几暇格物編》卷下之下，〈御稻米〉。

43《康熙几暇格物編》卷上之中，〈泰山山脈自長白山來〉。

44《康熙几暇格物編》卷上之下，〈熬水〉。

45 後藤末雄：《康熙大帝與路易十四》，中譯本載《人文明刊》第七卷第五期。

46 肖若瑟：《聖教史略》第二冊，第一五六頁。

47 黃伯祿：《正教奉褒》第二冊，第七七～七八頁。

48《清史稿》卷二百七十二，〈南懷仁傳〉。

49 王冰：〈南懷仁介紹的溫度計和濕度計試析〉，《自然科學史研究》第五卷第一期。

50 數內清：《明清時代的科學技術史》第一六頁。

51 後藤末雄：《康熙大帝與路易十四》。

52《清聖祖實錄》卷三十一，康熙八年二月辛酉條。

53《康熙與羅馬使節關係文書影印本》二。

54、55《康熙與羅馬使節關係文書影印本》四。

56〈康熙皇帝與西洋傳教士〉，見《明清檔案與歷史研究》，中華書局一九八八年版。

57《康熙與羅馬使節關係文書影印本》四。

第十二章　多嗣的家庭和康熙離世

康熙的成長環境與嗜好

作為一個遊牧民族的後代，康熙決不願意放棄世代流傳下來的騎射本領，順治帝也有過這樣的諭旨：「我朝原以武功開國，歷年征討不臣，所至克捷，皆資騎射。今仰荷天休，得成大業。雖天下一統，勿以太平而忘武備。尚其益習弓馬，務造精良，嗣後滿洲官民不得沉湎嬉戲，耽誤絲竹，違者即拿送法司治罪。」[1]康熙四年（一六六五年）、五年（一六六六年），年剛十二、三歲的康熙即兩度前往南苑校射行圍[2]，但是，貪圖安逸的八旗子弟卻日漸怠於騎射，以致對三藩之亂全無招架之力。為扭轉八旗官兵臨戰而懼、好逸惡勞之習，更為建設一支能征善戰、勇於騎射之驃悍軍旅，康熙便「用都統趙景處，以安不忘危，每歲秋冬校獵於塞上」[3]。

康熙二十年（一六八一年），開闢木蘭圍場，校獵行圍，頻歲舉行。在木蘭圍獵之準備、行獵、宴賞過程中，訓練八旗官兵長途跋涉、吃苦耐勞、嫻習弓馬、嚴守紀律的素質，培養八旗官兵行軍野戰、摧鋒挫銳、協同配合、攻擊取勝的能力。經過嚴格訓練的八旗軍，在雅克薩、烏蘭布通與昭莫多等役中長途遠擊，克敵制勝。康熙在訓練過程中，練就了一手好武藝，亦培養了堅韌不拔的毅力。

在康熙辦事和休息的宮殿裏，經常陳列著鳥槍、弓矢和各種健身器具，他能夠左右開弓。無論騎馬還是徒步，立定射擊，或是快跑射擊，射飛禽逐走獸，箭無虛發。他用的強弓，宮中很少有人能拉開，他的騎術高超，姿勢優美，無論緩行還是奔馳，都能上下自如。他對皇室子弟要求亦很嚴格，要他們勿忘滿語和滿族人的風尙。要他們都能彎弓善射，馳騁自如，並經常親自參加和觀看他們的練武活動。對於衛戍京城的八旗禁旅，特別是在他近前的各級侍衛，他規定春秋兩季進行武術操練。屆時，康熙親自出席檢閱，並給武術和射擊優勝者以物質獎勵。在出巡的時候，康熙經常帶領著文武官員和近前侍衛策馬前進，往往他一人奔馳如飛在前，而臣下隨後卻汗流浹背，氣喘吁吁地尾隨其後。有一回，內閣學士范承謨、陳鼓永隨從他在京城郊外南海子狩獵，兩位學士跟不上隊伍，康熙讓他們換上坐騎，親自教他們駕馭馬匹的方法，在灼熱的陽光下整整活動了一天。到了晚間，康熙讓隊伍在雜草深及馬腹的亂石叢中安營，大家都疲憊不堪，康熙卻命令侍從舉火夜讀奏章，讓兩位學士批答，直到夜深。

滿族歷來有一種圍獵制度，即集體行獵。康熙中葉，蒙古翁牛特部落藩王將承德府東北一處廣延千里的土地進獻康熙，作爲皇家行圍處所，這就是清代著名的木蘭圍場。木蘭是滿文的音譯，翻成漢文就是「哨鹿的場所」，這裏林木蔥鬱，水草豐盛，虎、豹、麋鹿、黃羊等各種各樣的飛禽走獸出沒其間。當然，有些禽獸是宮廷人員一意豢養在這裏的。例如康熙喜歡獵虎，木蘭圍場和京師苑囿中便飼養了不少乳虎，每年秋天，康熙都要戎服盛裝地來到這裏，舉行盛大的「秋獮大典」（秋天農地收穫以後的狩獵），並把它定爲制度，讓後世永遠遵行。圍獵分行圍、合圍兩種，行圍時，蒙古翁牛特、科爾沁諸部落派出一支一千二百五十人的騎卒隊伍，謂之「圍牆」，由王公大臣和蒙古台吉（貴族）統領。統圍大臣建黃旗，任中軍指揮，其餘兩翼建紅、白二旗，兩翼之下又有藍旗騎卒，分股進入山林，邊行邊獵，捕射野獸。合圍的規模更壯觀，統圍大臣從八旗禁旅、虎槍營士卒和蒙古諸部落生射手（優秀射手）中選出精銳參加，常常要從三五十里以至七八十里以外將圍場的山川團團圍住，齊頭並進，逐漸收縮，到達中心地點（稱做「著城」）時，馬並耳，人並肩，圍中的野獸狂奔亂呼，但是沒有命令誰也不准射擊，待到日出之後，康熙在左右扈從大臣以及虎槍手、生射手的簇擁下進入圍中，周覽圍內形勢，然後指揮射擊。圍內的野獸只能由康熙和他攜帶的皇子或侍衛射擊，四圍官兵只能捕射逃逸出圍外的野獸。如果圍內的野獸過多，康熙就會命令圍開一面，讓禽獸逃逸，圍外官兵始可追捕。這是一種既緊張又有意義的活動。此外，哨鹿也是康熙喜愛的活動，木蘭麋鹿最多。康熙命令侍衛將鹿群趕到深山之中，並讓他們身披鹿皮，手舉假鹿頭，發出嗷嗷聲以吸引牡鹿靠近，然後帶弓發射，鹿隨箭殪，隨即取鹿血飲用。據說這樣可以延年益壽。康熙是一名成績優異的獵手，晚年他曾統計過，他一生中用鳥槍弓矢捕獲的動物，計有虎一百三十五頭，熊二十頭，豹二十五頭，野豬一百三十二頭，猞猁猻十隻，鹿十四隻和狼九十六隻，哨獲之鹿也有數百。他曾經一天內射兔三百一十八隻，這在歷代皇帝中實屬罕見。不過，這許多動物有不少是事先準備好讓他射殺的。

上有好者，下必甚焉。康熙這種近乎狂熱的狩獵嗜好，使得他的近臣投其所好，諂媚邀寵，內閣中書高士奇經常隨皇帝巡狩。有一次康熙的坐騎頑劣，幾次險些使他摔下馬來，康熙很不高興。高士奇暗中故意扯壞自己的衣冠，用污泥沾濕衣服，裝著狼狽不堪的樣子走近康熙跟前。康熙問他，高士奇便說自己剛才讓坐騎摔倒在地上，康熙見他這模樣，笑著說：「你們這些南方漢人，生性懦弱，一遇險惡，便不能自制，今天我的坐騎也很頑劣，屢蹶屢踣，我卻能不讓牠將我摔下。」雖然康熙的自尊心得到了滿足，但實際上是受騙了。

康熙多次下江南，這其中既有爲穩定清朝統治、訪求南方風俗的目的，又有乘機遊覽江南各地名勝的目的。康熙自己就坦言：「朕每至南方，覽景物雅趣，川澤秀麗者，靡不玩賞移時也。雖身居九五，而樂佳山水之情與眾何異？」[4]在第二次南巡時，他親祭明孝陵，又遊覽了秦淮河。他看到了江南生活的靡費，囑咐官員們說：「朕向聞江南財賦之地，今觀市鎮通衢，似覺充盈。其鄉村之饒，人情之樸，不如北方，皆因粉飾奢華所至。爾等大小有司，當潔己愛民，奉公守法，激濁揚清，體恤民隱，以副朕老安少懷之至意。」但是，康熙有時也不免為物所牽，雅好搜集一些民間珍玩，這無疑對他所倡導的節儉政策產生消極的作用。

康熙教子

在清代京師西郊海淀西邊的丹陵片，康熙帝曾經建過一座「避喧聽政」的暢春園。園裏的無逸齋，雕梁畫棟，典雅恬靜，這是皇太子胤礽讀書的地方。

康熙有三十五個兒子和二十個女兒。皇長子胤禔，為惠妃納喇氏所生，康熙不大喜歡他。康熙異常鍾愛的是孝誠皇后赫舍里氏生的次子胤礽。胤礽生於康熙十五年（一六七六年），出生時母親就去世，一歲時被太皇太后和皇太后命立為皇太子。四歲時，康熙便親自教他讀書、寫字。六歲時，康熙請了大學士張英和李光地為皇太子的師傅，延館在宮，孜孜教誨。在皇位世襲的封建時代，皇太子的臧否直接關係到清朝的宗廟社稷。康熙認為：「自古帝王莫不豫教儲貳為國家根本。」他惟恐皇太子不精通學問，所以對胤礽孳孳在念，面命耳提，督以禮節，勤加訓誨。

胤礽長到十四歲時，應該出閣讀書了。一天，康熙在暢春園對皇太子老師尚書達哈塔、湯斌和耿介等說：「古昔聖賢訓儲不得其道，以致顛覆，往往有之。」又援引李世民的教訓說：「唐太宗亦稱英明之祖，而不能保全儲副，朕深意其故。」於是康熙特委任諸臣，教導他的儲貳胤礽。康熙戒諭胤礽讀書寫字要勤奮，不許有一日暇逸，所以賜名胤礽讀書的學堂爲「無逸齋」。

胤礽在無逸齋的讀書生活按當時干支記時爲序，以某一天爲例，是這樣安排的：

卯時（上午五～七時）滿文師傅達哈塔、漢文師傅湯斌和少詹事耿介進入無逸齋，向皇太子恭行臣子禮之後，侍立在東側；管記載皇太子言行的起居注官庫勒納、田喜覯侍立在西側。皇太子胤礽伏案誦讀《禮記》中的章節，諷詠不停。胤礽遵照皇父「書必背足一百二十遍」的規定，背足數後，令湯斌靠近案前，聽他背書，年近六十歲的湯斌跪著按皇太子的書，聽完胤礽的背誦，就用朱筆點上記號，重畫一段，捧還經書，退回原來地方站立。

辰時（上午七～九時）康熙上完早朝，向皇太后請安之後，來到無逸齋，皇太子率領諸臣到階下恭迎康熙升座後，康熙問湯斌：「皇太子背熟否？」湯斌奏道：「很熟。」康熙接過書後，胤礽朗朗背誦，一字不錯，康熙又問起居注官：「你等看皇太子讀書如何？」奏道：「皇太子睿質岐嶷，學問淵通，實在是宗廟萬年之慶。」康熙囑咐他們對皇太子不要過分誇獎，而應嚴格要求。檢查完胤礽的功課，康熙才回到宮殿。

巳時（上午九～十一時）時值秋伏，驕陽似火。皇太子不揮羽扇，不解衣冠，凝神端坐，伏案寫字。這時他的師傅湯斌和耿介因爲年邁暑熱，晨起過早，佇立時久，體力不支，餘粒昏眊，幾乎顛仆。胤礽寫好漢字數百，滿文一章，讓師傅傳觀。師傅們看後，湯斌奏道：「端嚴秀勁，真佳書也！」庫勒納也奏道：「筆法精妙，結構純熟。」

午時（上午十一～下午一時）侍衛給皇太子進午膳。皇太子命賜諸師傅飯食。諸臣叩頭謝恩後，就坐吃飯。膳後，皇太子沒有休息，接著正襟危坐，又讀《禮記》，讀過一百二十遍，再由湯斌等跪著按書，胤礽背誦。

未時（下午一～三時）侍衛端進點心，胤礽吃完點心後，侍衛在庭苑中張候——按上箭靶。皇太子步出門外，站在階下，運力挽弓，扣弦射箭。這既是一節體育課，又是一節軍事課，是教育皇太子「崇文善武」。「胤礽射完箭，回屋入座，開始疏講。湯斌和耿介跪在書案前面，翻書出題，胤礽依書講解」。

申時（下午三～五時）康熙又來到無逸齋，皇長子胤禔、三子胤祉、四子胤禛、五子胤祺、（六子早殤）、七子胤祐、八子胤禩同來侍讀。湯斌依旨從書案上信手取下經書，隨意翻開經書命題，諸皇子依次魚貫進前背誦、疏講。皇五子胤祺因學滿文，因此唯讀寫滿文一篇，圈點清楚。

酉時（下午五～七時）侍衛在院中張候——按置箭靶之後，康熙令諸皇子依序彎射，各皇子成績不等，隨後康熙親射，連發皆中。

天色已暮，諸臣退出。胤礽在無逸齋一天的功課完畢。

康熙對諸皇子亦傾注了較大的熱情，但是一者由於康熙本人政務繁忙，再者由於康熙皇子眾多，所以，「朕之諸子，多令人視養，大阿哥養於內務府總管噶祿處，三阿哥養於內大臣綽爾濟處，惟四阿哥，朕親撫育，幼年時微覺喜怒不定，至其能體朕意，愛朕之心，殷勤懇切，可謂誠孝。五阿哥養於皇太后宮中，心性甚善，爲人純厚，七阿哥心好舉世，藹然可觀」[5]。康熙積極地讓他們學習各種技藝和知識，學習的課程包括滿文、漢文、蒙文和經史等文化課，還有騎射、游泳等軍事、體育課目。法國傳教士白晉在康熙三十六年（一六九七年）的見聞中寫道：

這些皇子的教師都是翰林院中最博學的人，他們的師傅都是青年時期起就在宮廷裏培養的第一流人物。然而，這並不妨礙皇帝還要親自去檢查皇子們的一切活動，瞭解他們的學習情況，直到審閱他們的文章，並要他們當面解釋功課。

皇帝特別重視皇子們道德的培養以及適合他們身分的鍛鍊。從他們懂事時起，就訓練他們騎馬、射箭與使用各種火器，以此作為他們的娛樂和消遣。他不希望皇子們過分嬌生慣養；恰恰相反，他希望他們能吃苦耐勞，儘早地堅強起來，並習慣於簡樸的生活。這些就是我從神父張誠那裏聽說的，是他在六年前隨同皇帝在鞑靼山區旅行回來後講的。起初，君王只把他的長子、第三個和第四個兒子帶在身邊；到打獵時，他還叫另外四個兒子隨同前往，其中年齡最大的只十二歲，最小的才九歲。整整一個月，這些年幼的皇子同皇帝一起終日在馬上，任憑風吹日曬。他們身背箭筒，手挽弓弩，時而奔馳，時而勒馬，顯得格外矯健。他們之中的每個人，幾乎沒有一天不捕獲幾件野味回來。首次出獵，最年幼的皇子就用短箭獵獲了兩頭鹿。

皇子們都能流利地講滿語和漢語。在繁難的漢文字學習中，他們進步很快。那時連最小的皇子也已學習四書的前三部，並開始學習最後一部了。皇帝不願讓他們受到任何細微的不良影響。他讓皇子們處在歐洲人無法辦到的最謹慎的環境中成長起來。皇子們身邊的人，誰都不敢掩飾他們的那怕是一個微小的錯誤。因為這些人明白，如果這樣做，就要受到嚴厲的懲罰6。

康熙特別注重以四書五經教育兒子們，他常對他們說：「凡人養生之道，無過於聖人所留之經書，故朕惟訓汝等熟習五經四書性理，誠以其中凡存心養性立命之道無所不具故也。」7康熙保持的這一傳統一直延續到乾隆時期，當時的著名史家趙翼就說：「本朝家法之嚴，即皇子讀書一事，已迥絕千古。余內直時，屬早班之期，率以五鼓入，時部院百官未有至者，惟內府蘇拉數人（謂閒散白身人在內府供役者）往來。黑暗中殘睡未醒，時復倚柱假寐，然已隱隱望見有白紗燈一點入隆宗門，則皇子進書房也。吾輩窮措大專恃讀書為衣食者，尚不能早起，而天家金玉之體乃日日如是。既入書房，作詩文，每日皆有程課，未刻畢，則又有滿洲師傅教國書，習國語及騎射等事，薄暮始休。然則文學安得不深？武事安得不嫻熟？宜乎皇子孫不惟詩文書畫無一不擅其妙。而上下千古成敗理亂已了然於胸中。以之臨敵，復何事不辦？因憶昔人所謂生於深宮之中，長於阿保之手，如前朝宮廷間逸情尤甚，皇子十餘歲始請出閣，不過官僚訓講片刻，其餘皆婦侍與居，復安望其明道理、燭事機哉，然則我朝諭教之法，豈惟歷代所無，即三代以上，亦所不及矣！」8康熙曾讓江南名士何焯為胤禩當侍讀，胤禩與之建立了較好的關係，在何回家丁憂期間，胤禩還致書於他，請他幫助在南方購買圖書，表現出較強的學習興趣。胤祉是康熙諸子中的文化人，康熙五十二年（一七一三年），康熙發揮他的特長，讓他負責修輯律呂、算法諸書，在暢春園蒙養齋開館。他大量吸收著名學者入園參加工作。進館的有陳夢雷，康熙曾親書「松高枝葉茂，鶴老羽毛新」聯句賜給他。胤祉除了編書外，還奉命重修壇廟、宮殿、樂器。胤祉還提出制曆法。對胤祉的文化建設，康熙曾給予積極支持。《律曆淵源》和《古今圖書集成》都因此名聞遐邇。

康熙教子，可謂煞費苦心，思之長遠，但終於事與願違。這不是康熙帝無能，而是千年封建專制世襲制度結下的惡果。

皇太子廢立風波

晚年，康熙一直被皇太子的廢立問題困擾著，諸子爭奪嗣位的激烈鬥爭，使他心情抑鬱，精力耗盡。

康熙四十七年（一七〇八年）八月，康熙帶皇太子胤礽、皇長子多羅直郡王胤禔、皇十三子胤祥、皇十四子胤禵、皇十五子胤禑、皇十六子胤祿、皇十七子胤禮、皇十八子胤祄往西巡行圍。九月，康熙貴妃王氏所生的皇十八子因病而亡，康熙非常悲痛，眾皇子亦很悲哀，可皇太子胤礽卻顯出對其親兄弟「毫無友愛之意」，康熙對此深加指責，胤礽「忿然發怒」。鑒於皇太子以往的惡行，尤其是胤礽派人窺視康熙在行宮中的動靜，使康熙深為憤怒。於是康熙召諸王大臣侍衛文武官員等齊集在行宮前，令皇太子胤礽下跪，然後發布諭旨，宣布拘禁皇太子。諭旨指責皇太子的罪行有以下三點：

一、窮奢極欲，生活放縱。康熙本著「所敬惟天，所重惟民」的宗旨，從「君道在於愛民」這一「帝王之常經，祖宗之家法」出發，自身養成了節儉律己的習性，力求做到可以垂範於世的楷模。他自即位以後，處處節儉，愛惜民物，「身御敝褥，足用布袜」。而胤礽卻極盡奢侈，所用一切，遠遠超過乃父，仍「猶以為不足」。他特命其乳母之夫凌普為內務府總管，以便讓自己能任意取用內外庫帑，揮霍浪費。康熙屢次南巡江浙，西巡秦晉，常常帶胤礽隨行，希望胤礽能從中「諳習地方風俗，民間疾苦」。每次出巡，康熙或「駐廬舍，或御舟行，未嘗跬步妄出，未嘗一事擾民」。胤礽則往往強勒督撫大吏及所在官司，索取財賄，還縱容下屬恣意誅求，肆行攘奪，甚至「遣使邀截外藩入貢之人，將進御馬匹任意攘取，以致蒙古俱不心服」[9]。

二、專擅威權，肆惡暴戾。康熙認爲「得眾心者未有不興，失眾心者未有不亡」[10]。他十分注重君臣關係的和諧。而胤礽卻不顧國家法令，「將諸王貝勒大臣官員任意凌虐，恣意捶撻」。如平郡王納爾素、貝勒海善、公普奇俱被毆打，大臣官員以至兵丁鮮有不遭其荼毒的[11]。凡是遭受其凌辱的大臣官員還得忍氣吞聲，倘有人敢於言及他的暴戾行爲，被他獲悉，「即仇視其人，橫加鞭笞」[12]。以致康熙也「未將伊之行事一詢及於諸臣」[13]。

三、鳩聚黨羽，覬覦皇位。康熙說：「國家唯有一主」，「大權所在，何得分毫假人」[14]。他作爲封建專制主義清王朝的代表人物，獨掌國柄，是絕不允許任何人侵犯皇權，覬覦皇位的。先前，胤礽立爲皇太子時，領侍衛內大臣索額圖曾懷私倡議，凡皇太子服飾諸物一概用黃色，所定一切儀注，幾與皇帝相同。康熙認爲「驕縱之漸，實由於此，索額圖誠本朝第一罪人也」[15]。皇太子胤礽已四十餘歲，很自然地會產生獨立從事政治活動的心意，他周圍早已聚集起以索額圖爲首的一批依附和擁戴他的勢力，篡位之心，確實已蓄很久。康熙四十年（一七〇一年），索額圖退休後，他深感胤礽和自己的黨羽已逐漸失去了康熙的信任，「背後議論國事」，甚至「結黨妄行」，有所圖謀。康熙四十二年（一七〇三年）五月，康熙上諭叱責他：「爾背後怨尤之言，不可宣說，爾心內自明」，「朕將爾行事指出一端，就可在此正法」。又說：「朕若不先發，爾必先發之。」[16]康熙即將索額圖拘禁，不久，就將他處死。至此，康熙講到胤礽的罪行說：以前「索額圖助伊潛謀大事，朕悉知其情，將索額圖處死。今胤礽欲爲索額圖復仇」，與索額圖之子格爾芬、阿爾吉善等結成黨羽，圖謀不軌。在此次西巡途中，胤礽「每夜逼近布城裂縫，向內竊視」，凡是康熙的「起居動作，無不探聽」[17]。胤礽這種非法活動，使康熙深爲擔心，生怕「今日被鴆，明日遇害，晝夜戒慎不寧」[18]。

諭旨最後說：凡此種種，「必致敗壞我國家，戕賊我萬民而後已，若以此不孝不仁之人爲君，其如祖業何？」宣諭完畢，康熙痛哭仆地，諸大臣急忙扶起。康熙又諭曰：太祖、太宗、世祖所締造之天下，「斷不可以付此人，俟回京昭告於天地宗廟時，將胤礽廢斥」[19]。

康熙回京後，於康熙四十七年（一七〇八年）九月十八日秉奉皇太后的懿旨，祭告天地宗廟、社稷，並詔告天下，正式宣布特廢皇太子，加以拘禁。其黨羽凡係畏附合的，從寬不究外，將索額圖之子格爾芬、阿爾吉善等俱立行正法，「餘眾不更推求，嗣後雖有人首告，亦不問，毋復疑懼」[20]。

胤礽受此突如其來的打擊，精神失常。「忽起忽坐，言行失常，時見鬼魅，不安寢處，屢遷其居，啖飯七八碗尚不知飽，飲酒二三十觥亦不見醉」[21]。「晝多沉睡，夜半方醒」，「每對越神明則驚懼不能成禮，遇陰雨雷電則畏沮不知所措」，「竟類狂易之疾」[22]。這使康熙心傷不已。

康熙更沒有料到，在廢除皇太子後，卻出現了皇長子胤禔和皇八子胤禩同舅舅佟國維等相勾結，加緊謀奪皇太子之位的激烈鬥爭。

在康熙剛剛決定廢斥皇太子時，皇長子胤禔就向康熙進奏說：「胤礽所行，卑污失人心，相面人張明德曾相胤禩，後必大貴，今欲誅胤礽，不必自出皇父之手。」康熙聽了「爲之驚異」。他暗自思忖，「胤禔爲人凶頑愚昧，不知義理，倘果同胤禩聚集黨羽，殺害胤礽，其時但知逞其凶惡，豈暇計及於朕躬有礙否耶？」但康熙不動聲色，他一面仍令胤禔衛護自己看管胤礽，私下卻派侍衛暗地裏保護著胤礽，防止胤禔暗害，一面向諸子大臣宣布：「朕命直郡王胤禔善護朕躬，並無欲立胤禔爲皇太子之意。胤禔秉性躁急愚頑，豈可立爲皇太子。」隨後，康熙令胤禔擒獲相面人張明德，叫刑部尚書巢可托、都察院左都御史穆和倫等審訊。經查訊，胤禔、胤禩串通一氣，利用相面人張明德圖謀刺殺皇太子胤礽。又據胤祉揭發，胤禔還請蒙古喇嘛咒詛、鎮魘胤礽，當場被搜出鎮魘物十餘處，他們妄圖用巫術害死皇太子。至於胤禔所播揚皇太子胤礽殺人害人諸事，「其中多屬虛誣」23。由此，胤禔勾結胤禩陰謀奪取皇太子之位的險惡用心，「盡皆顯露」。

胤禔生性暴戾。康熙所屬不少侍衛執事人等都被他擅自責打過。在他看守胤礽時，把胤礽所屬的所有匠人盡行收去，加以苦刑，匠人受不了苦，有的逃逋，有的被逼上吊自殺。特別是胤禔唆使太監三、四人，護衛一、二人，暗探康熙的舉動，使得康熙十分疑懼。康熙說：「萬一趁朕在外，其（胤禔）挾一不堪太監指稱皇太后旨意，或朕密旨，肆行殺人，猖狂妄動，諸阿哥皆兄弟也，誰敢攔阻，關係甚大。」24於是，康熙下令將胤禔嚴格看守，略有舉動，即行奏聞。康熙四十七年（一七〇八年）十一月，康熙又將胤禔王爵革去，幽禁於府內。次年四月，又派遣護軍參領八員，護軍校八員、護軍八十名，仍於胤禔家中輪班看守。

對於胤禩，康熙深知他「柔奸成性，妄蓄大志」。他與胤礽早有結怨。胤禩因聽信其乳母之夫雅齊布的挑唆，擅自斥責御史雍泰，受到康熙的嚴厲批評。其時皇太子胤礽上奏說：「八阿哥責雍泰，皆其乳母之夫譖毀所致。」自此，胤禩與皇太子遂成仇隙25。後來康熙又將雅齊布充發，胤禩愈加怨恨。平時，康熙還覺察到胤禩「到處妄博虛名，凡朕所寬宥及施恩澤處，俱歸功於己，人皆稱之」。對此，康熙十分惱怒，他呵斥胤禩說：「朕何爲者？是又出一皇太子矣，如有一人稱道汝好，朕即斬之，此權豈肯假諸人乎？」26至於胤禩同胤禔相勾結，謀害胤礽，並通過胤禔和相面人爲自己謀取皇太子製造輿論這件事，已有定論。於是康熙召諸皇子入乾清宮，對他們面諭說：「當廢胤礽之時，朕已有旨，諸阿哥中如有鑽營謀爲皇太子者，即國之賊，法斷不容。廢皇太子後，胤禔曾奏稱胤禩好……大寶豈可妄行窺視者耶！」而「胤禩黨羽早相要結，謀害胤礽，今其事皆敗露，著將胤禩鎖拿，交與議政處審理」[27]。這時，皇十四子胤禵在皇九子胤禟的示意下，急忙出來上奏說：「八阿哥無此心，臣等願保之。」康熙聽了，異常震怒，拔出身上佩刀，要誅殺胤禵。皇五子胤祺迅急跪下，抱住乃父，諸皇子也跟著叩首求饒，康熙才稍解怒氣，喝令諸子鞭打胤禵後，將胤祺、胤禵逐出。

由廢黜皇太子引來父子之間、兄弟之間更加激烈的鬥爭，以及胤礽的瘋瘋癲癲，使得康熙在心理上受到很大創傷，以致病魔纏身，體質虛弱。康熙自思人身難料，付託無人，倘有不虞，那是直接關聯著大清的基業安危。康熙召來滿漢大臣，面諭他們除皇長子胤禔「所行甚謬，虐戾不堪」外，可從諸阿哥中推舉一人爲皇太子，康熙還特別提醒大臣：「若議時，互相瞻顧，別有探聽，俱屬不可。」[28]這時，領侍衛內大臣阿靈阿（遏必隆子，康熙貴妃之兄），鄂倫岱（內大臣、舅父佟國綱子）、揆敘（武英殿大學士明珠子），及尚書王鴻緒私相機議，暗通消息，最後「書寫八阿哥三字於紙」，交給內侍梁九功等轉奏。康熙得知諸王和滿漢大臣一致請立當時「身攖縲紲之人」的胤禩爲皇太子，完全出於他的意料，十分忿恚，暗自思慮，果如往時「諸臣奏稱其賢」的胤禩爲皇太子，勢必會出現一個自己所不能控制的權力中心，由此「日後必成亂階」[29]。他感到事有蹊蹺，深疑其中有鬼，立即令內侍梁九功等向諸王和滿漢大臣傳諭說：「立皇太子之事，關係甚大，爾等各宜盡心詳議。八阿哥未嘗更事，近又罹罪，且其母家亦甚微賤，爾等再思之。」諸大臣奏說：「此事甚大，本非臣等所能定，諸皇子天姿俱聰明過人，臣等在外廷不能悉知，……皇上如何指授，臣等無不一意遵行。」[30]同時康熙隨即暗自作出「亟釋皇太子」的決定，並爲此做了大量準備工作。

十月，康熙召諸皇子及大臣們說：「立皇太子之事，朕心已有成算，但不告知諸大臣，亦不令眾人知，彼時爾等只遵朕旨而行。」[31]

對於胤礽，康熙以廢黜懾服他，繼以父子之情感知他。自胤礽因廢黜致瘋以來，尤其是其受害之情大白以後，康熙十分愧悔，「日日不能釋然於懷」。他吃不下飯，睡不著覺，甚至「無日不流涕」。一天，他去南苑漫步，孤孤單單，冷冷清清，不禁憶起昔日皇太子和諸阿哥隨行時那種熱烈和融的情景，十分傷懷。他回宮後，馬上召見胤禩和胤礽。他每見一次胤礽，「胸中疏快一次」。他對胤礽表示：「以後不復再提往事」。他又讓胤礽安居咸安宮，加意調治。胤礽已知除了自己有過錯外，還受人謀害、誣陷，但事情已大白，而皇父對他又親善起來，長久鬱結在心中的石塊，自然漸漸消除，心境開始平靜舒暢，病也就逐漸好了。隨後，他跟四阿哥胤禛、三阿哥胤祉等侍候在康熙御榻前，極盡孝道，親捧湯藥，服侍皇父，並對以前所有惡行，表示悔悟，康熙亦因此逐漸恢復了健康。

經過細加體察，康熙已弄清楚皇太子胤礽的過錯「有相符合者，有全無風影者」。為了維護自己的尊嚴和權威，康熙向諸皇子和眾大臣解釋拘執胤礽及其所犯過錯的原因。一是胤礽的諸多錯誤，是「為鬼魅所憑蔽」。康熙說：「朕從前將其諸惡皆信為實，以今觀之，實被魘魅而然。」由於胤礽「為狂疾所致」，難以承祀，當時自己雖未嘗謀之於人，亦並非聽信人言，更絕無纖毫私意，經籌度周詳，「應理所應行，遂執而拘繫之，舉國皆以朕所行為是」[32]。況今胤礽所感心疾已除，從此胤礽果能遵旨而行，這不但是「朕之福也，亦諸臣之福也」[33]。二是胤礽的罪行，有些是胤禔誣陷的。康熙說：「從前諸事凡鎮魘皇太子使之不善、播揚惡名者，俱係大阿哥，皇太子雖有惡名，並未殺人，亦無黨羽。」[34]三是胤礽悖亂行事，罪在索額圖父子。康熙說：「一切暗中拘煽悖亂行事，俱係索額圖父子，頃廢皇太子奏亦言，其向時悖亂，皆自伊等為之。」[35]

康熙還指出胤礽已向他表示：「不違朕令，不報舊仇，盡去其奢費虐眾種種悖謬之事，改而爲善。」由此，康熙向諸皇子和大臣們很有把握地說：「胤礽斷不復仇怨，朕可以立保之也。」[36]這樣，康熙抹殺了父子之間以爭皇權爲中心的這一實質性矛盾，並掩蓋了自己聽信胤禔等誣告皇太子的過錯，又爲皇太子胤礽的復出製造了輿論。

康熙四十七年十一月戊子日，康熙召廢皇太子及科爾沁達爾漢親王，領侍衛內大臣、都統護軍統領等入論，宣布釋放廢皇太子胤礽。康熙又令胤礽「於眾前剖白之」。廢皇太子胤礽奏言：「皇父諭旨，至聖至明，凡事俱我不善，人始從而陷之殺之。若念人之仇，不改諸惡，天亦不容。今予亦不復有希冀，爾等眾人若仍望予爲皇太子，斷斷不可。」[37]最後，康熙警告胤礽：「洗心易行，觀性理之書以崇進德業，若仍不悛改，復蹈前愆，是終甘暴棄而自趨於死路矣！」[38]康熙還特諭胤礽：「善則爲皇太子，否則復行禁錮。」[39]

康熙釋放皇太子的同時，復封胤禩爲多羅貝勒，以此來緩衝因廢立皇太子所引起的激烈矛盾，穩定人心。

然而，康熙對諸臣保舉胤禩爲皇太子這件事，仍耿耿於懷。他自謂聽政四十九年以來，「惟於茲事，忿恚殊甚」，「務必追其根源」。康熙四十八年（一七〇九年）正月，康熙召來侍衛內大臣、滿漢大學士、尙書等人，當場追查「首倡之人」。經康熙一再追問，有人供出由領侍衛內大臣巴渾德先發言保奏胤禩，康熙立即指出：「朕知之矣！此事必舅舅佟國維、大學士馬齊以當舉胤禩喻於眾，眾乃畏懼伊等，依阿立議耳。」[40]又經追蹤查問，才證實是由大學士馬齊暗中喻人，互相傳遞所致。於是，馬齊交胤禩拘禁，其兄李榮保照例枷責，聽胤禩差使，其弟馬武被革職，此外，族中職官及在部院人員都被革退。舅舅佟國維與胤禔、胤禩等結黨，謀立胤禩爲皇太子，康熙給予嚴厲斥責，不予追究。

康熙四十八年（一七〇九年）三月初九日，康熙遣官告祭天地、宗廟、社稷，復立胤礽爲皇太子。次日，授予冊寶。並封皇三子胤祉、皇四子胤禛、皇五子胤祺爲親王；皇七子胤祐、皇十子胤䄉爲郡王；皇九子胤禟、皇十二子胤祹、皇十四子胤禵爲貝子。

然而胤礽長期養成驕縱暴虐的性格以及迫不及待地搶班的野心，是積重難返，極難改變的。復立皇太子的數年間，對其所屬內外人等的種種捶楚，不可勝計；他的侍衛也受盡折磨，溽暑期間，流汗執役，哭泣怨望。胤礽日常的飲食、服飾、陳設等物，都超過康熙。康熙還處處遷就，凡「伊所奏欲責之人，朕無不責；欲處之人，朕無不處；欲逐之人，朕無不逐；惟所奏欲殺之人，朕不曾誅」[41]。凡此種種，康熙都隱忍下來，不即發露，「因向有望其悛改之言耳！」然而，康熙疑慮皇太子搶班奪權之心絕不輕易放掉的。康熙認爲即使胤礽對自己雖沒有異心，其屬下卻不乏奸詐之人，此類奸詐小人，生怕日後被誅，就會幹出傷害自己「一世身名」的不測之事來，這是康熙深深擔心的。康熙更理解自己與胤礽之間的矛盾是不可調和的，彼此的對立，已給群臣造成莫大的精神壓力。他說：「今眾人有兩處總是一死之言，何則？或有深受朕恩，傾心向主，不肯從彼，寧甘日後誅戮者；亦有微賤小人，但以目前爲計，逢迎結黨，被朕知覺，朕即誅之者，此豈非兩處俱死之勢乎！」[42]父子之間圍繞著以皇權爲中心的你死我活的鬥爭，嚴重地影響著朝廷內部的安定與團結，使廷臣思想混亂，無所適從。於是康熙五十一年（一七一二年）十月，康熙御筆硃諭諸王、貝勒、貝子、大臣等說：「胤礽行事乖戾，曾經禁錮……乃自釋放之日，乖戾之心，即行顯露。數年以來，狂易之疾仍然未除，大失人心，……胤礽秉性凶殘，與惡劣小人結黨，胤礽因朕爲父，雖無異心，但小人輩懼日後被誅，倘於朕躬有不測之事，則關係朕一世聲名」，「如此狂易成疾，不得眾心之人，豈可付託乎！故將胤礽仍行廢黜禁錮」43。「後若有奏請皇太子已經改過從善，當釋放者，即誅之」44。

樹欲靜，而風不止。在再廢皇太子後，胤禩力圖再成氣候。他與鄂倫岱、阿靈阿等結成黨羽，加緊謀奪皇太子之位。康熙對胤禩的活動十分警惕。康熙說：「胤禩因不得立為皇太子，恨朕切骨，伊之黨羽亦皆如此，二阿哥悖逆屢失人心，胤禩則屢結人心，此人之險，實百倍於二阿哥也。」45以前，康熙曾令胤禩的乳母之夫雅齊布充發，胤禩竟違旨將他藏匿在家。康熙怒甚，特命將雅齊布正法，胤禩對皇父更加懷恨在心。胤礽再被廢黜後，胤禩益加狂妄驕恣，自以為皇太子非己莫屬。他自估「（皇父）年已老邁，歲月無多，及至不諱，伊曾為人所保，誰敢爭執，遂自謂可保無虞」46。為謀得皇太子之位，他竟採用更為露骨的手段，與康熙對抗。當胤礽剛被廢黜時，他就跑到康熙面前密奏說：「我今如何行走？情願臥病不起。」康熙十分氣惱地斥責說：「爾不過一貝勒，何得奏此越分之語。」47其後的康熙五十三年（一七一四年）十一月，胤禩又將兩隻死鷹送致其父，令康熙一時「心悸幾危」，出於氣憤已極，康熙一時想不到合適的語言，竟惡罵胤禩「係辛者庫賤婦所生，自幼心高陰險」。胤禩更時時密切關注著康熙的動向，他常常派遣太監馮進朝等在康熙所御帷幄前探聽情況。康熙深深擔心，「日後必有行若狗彘之阿哥仰賴其恩，為之興兵構難，逼朕遜位，而立胤禩者。若果如此，朕惟有含笑而歿已耳！」48凡此種種，康熙深為憤怒，以致表示「自此朕與胤禩父子之恩絕矣！」49後來，康熙命宗人府將貝勒胤禩的俸銀、俸米，及他屬下護衛官員俸銀俸米，執事人等銀米，俱著停止。

經過廢立皇太子一番激烈的、複雜的鬥爭，康熙已決意生前不再預立皇太子。康熙五十二年（一七一三年）二月，當大臣們向他陳奏立皇太子時，康熙深有感觸地說：「朕自幼讀書，凡事留意，纖悉無遺，況建儲大事，朕豈忘懷，但關係甚重，有未可輕立者。」[50]他追述了皇太子胤礽結黨謀權及其驕縱的經歷後，就向大臣們表白不復預立皇太子的心意。他說：「宋仁宗三十年未立太子，我太祖皇帝並未預立皇太子，太宗皇帝亦未預立皇太子。漢唐以來，太子幼沖，尙保無事，若太子年長，其左右群小結黨營私，鮮有能無事者……眾皇子學問見識不後於人，但年俱長成，已經分封，其所屬人員，未有不各庇護其主者，即使立之，能保將來無事乎？」[51]這是康熙在與諸皇子交鋒中逐步認識到的。

康熙不預立皇太子，卻仍然在選擇著合乎自己心願的繼位人。他說：「太子爲國本，朕豈不知，立非其人，關係非輕。」又說：「今欲立皇太子，必以朕心爲心者，方可立之，豈宜輕舉。」這就是說，作爲皇位繼承者的太子，直接關係著清朝的前途和命運，因此，康熙一直把他放在重要地位。他心目中的繼位人，必須是「以朕心爲心」的人，即是要按照他的意旨行事，並要像他那樣，具有爲清王朝的綿延不絕，竭盡心力，孜孜求治的人。所以從康熙四十七年（一七〇八年）廢黜胤礽後，他就立意從德才兩方面對諸皇子進行長期考察，從中選擇合適的繼位人。該年十月，他對諸皇子及眾大臣說：「朕寧敢不愼重祖宗弘業置諸磐石之安乎？迨至彼時，眾自知有所倚賴也，此意極深，即朕亦不自諭，豈可遍諭眾人乎！」[52]晚年，康熙還曾降過旨：「朕萬年後，必擇一堅固可託之人與爾等作主，必令爾等傾心悅服，斷不至貽累於諸臣也。」[53]自康熙四十七年（一七〇八年）開始，康熙就將自己經歷的事和他的想法，都一一記載下來，封固保存，尤其是繼位大事，康熙絕不會掉以輕心。康熙五十六年（一七一七年）十一月，就在向諸子與大臣們剖白自己爲鞏固清王朝拚搏一生的血誠與苦衷時，康熙曾說：「十年以來，朕將所行之事，所存之心，俱書寫封固，仍未告竣，立儲大事，朕豈忘耶。」[54]就這樣，康熙「以朕心爲心者」爲模式，長期默默地遴選著最符合自己心意的繼位人。

康熙之死與雍正嗣位

康熙晚年，在諸子中，胤禛、胤禵能得到康熙的賞識。胤禵原名胤禎，與胤禛一母所生，年齡最小。在早期儲位鬥爭中，捲入不深。他和胤禩感情較好。康熙四十七年（一七〇八年），胤禩因覬覦皇太子之位，被康熙命令拘禁時，胤禵冒死爲胤禩辨白，險些送掉性命。康熙五十七年（一七一八年），準噶爾部策妄阿拉布坦進兵入藏，並侵犯哈密，嚴重危及青海、西藏及西北地區的安全和清朝的穩定。當時，胤禵還只是貝子的爵位，康熙破例地特任命他爲撫遠大將軍，率軍出征，主持西部軍務。大將軍的權力很大，禮儀規格很高，用正黃旗纛，親王體制。胤禵得到康熙如此器重，很自然地會使人們把他看成日後皇位的繼承人。在胤禵出兵時，胤禟說：「十四爺現今出兵，皇上看的也很重，將來這皇太子一定是他。」[55]胤禵駐兵青海、甘肅四年，最後打敗了策妄阿拉布坦，功勳卓著，表現了傑出才能。康熙確是很有賞識能力的。

胤禛很得康熙的歡心。當康熙因廢皇太子勞神抑鬱、身患重病之時，是胤禛率先向康熙陳請，自願冒死擇醫，並與稍知藥性的胤祉、胤祺、胤禩一起，檢視方藥，日加調治，悉心護理，康熙因而漸好，十分愉悅。在釋放皇太子胤礽之際，康熙曾在上諭中對諸子一一評述過，其中對胤禛表現出格外親切，且讚譽他孝誠。康熙說：「朕之諸子，多令人視養……惟四阿哥朕親撫育，幼年時，微覺其喜怒不定，至其能體朕意，愛朕之心，殷勤懇切，可謂誠孝。」[56]胤禛得旨，當即上奏說：「……今臣年逾三十，居心行事，大概已定。喜怒不定四字，關係臣之生平，仰懇聖慈，特諭旨內此四字恩免記載。」康熙即刻同意，傳諭曰：「十餘年來，實未見四阿哥有喜怒不定之處，……此語不必記載。」[57]在康熙第一次廢胤礽爲皇太子時，胤禛也敢於爲胤礽申辯，且爲「諸阿哥陳奏之處甚多」。康熙稱讚他「性量過人，深知大義」[58]。可見，康熙對胤禛是很有好感的。

在皇太子之位的鬥爭中，胤禛一向隱於幕後，他對這場鬥爭知之甚悉，曾竭力站在康熙的立場上，而在背地裏，卻處心積慮時刻進行著有綱領有計劃的經營。他結納人才，籠絡人心，準備實力，獲取信息。然而又竭力不讓別人把自己與結黨營私聯繫起來。他的屬人戴鐸在康熙五十二年（一七一三年）寫給他的信中道出了他的心聲。戴鐸寫道：

當此君臣利害之關，終身榮辱之際，奴才雖一言而死，亦可以報知遇於萬一也。謹據奴才之見，為我主子陳之：

皇上有天縱之資，誠為不世出之主，諸王當未定之日，各有不並立之心。……我主子天性仁孝，皇上前毫無所疵，其諸王阿哥之中，俱當以大度包容，使有才者不為忌，無才者以為靠。昔者東宮未事之秋，側目者有云：「此人為君，皇族無噍類矣！」此雖草野之諺，未必不受此二語之大害也……。

至於左右近御之人，俱求主子破格優禮也。……素為皇上親信者不必論，即漢宮宦侍之流，主子似應於見面之際俱加溫語數句，獎語數句……賢聲日久日盛，日盛日彰，臣民之公論誰得而逾之。

至於各部各處之閒事，似不必多於與聞也。

…………

至於本門之人，豈無一二才智之士……懇求主子加意作養……使本門人由微而顯，由小而大，俾在外者為督撫、提鎮，在內者為閣部九卿，仰籍天顏，愈當奮勉，雖未必人人得效，而或得一二人才，未嘗非東南之半臂也。

以上數條，萬祈主子採納……當此緊要之時，誠不容一刻放鬆也！否則稍為懈怠，使高才捷足者先起，毒念即生，至勢難中立之秋，悔無及矣。

胤禛閱後，寫下了如下批語：

語言雖則金石，與我分中無用。我若有此心，斷不如此行履也。況亦大苦之事，避之不能，尚有希圖之舉乎？至於君臣利害之關，終身榮辱之際，全不在此，無禍無福，至終保任。汝但為我放心，凡此等居心語言，切不可動，慎之，慎之[59]。

戴鐸的建言，無疑表達了胤禛的心理動向，但胤禛卻矢口否認，表明了他在政治鬥爭中城府之深。

胤禛亦相信道士有未卜先知的本領，實際上這也是一種政治鬥爭策略。戴鐸於康熙五十五年（一七一六年）秋天到福建赴知府之任，沿途及到任所後均寫信報告見聞以及與主子交代事務的情況，在一封信中寫道：在武夷山，見一道士「行踪甚怪，與之談論，語言甚奇，俟奴才另行細細啟知」。胤禛見信非常感興趣，隨即在批語中追問：「所遇道人所說之話，你可細細寫來。」[60]就此，戴鐸回啟稟道：「至所遇道人，奴才暗暗默祝將主子問他，以卜主子，他說乃是一個萬字。奴才聞之，不勝欣悅，其餘一切，另容回京見主子時再爲細啟知也。」戴鐸很怕事有洩露，語言隱晦，他小心地把信放在裝有土產的雙層夾底內，顯出他們從事秘密活動的諳練。對此胤禛非常欣賞，但他急切地要知道士算命的全部內容，表現出對道士的無限崇奉。就像胤禩命張明德相命，胤禵讓張愷算命，胤礽欲向哲卜尊巴丹問命運，胤祉羅至楊道升一樣，他們都相信自己有登九五之天命，實際上亦是爲了樹立自己的正當權威。

胤禛秘密地進行著結黨營私的活動，千方百計地招攬官員，他命武英殿大學士馬爾齊哈聯繫禮部侍郎蔡廷，召他來見，蔡以身居學士不便往來王府辭謝。康熙六十年（一七二一年）撫遠大將軍年羹堯入覲時又向胤禛推薦蔡廷，胤禛令年羹堯親自往請，蔡仍不就召。次年蔡有川撫之命，到熱河行宮陛辭，時胤禛亦住行在，蔡就由年羹堯之子年熙引領晉謁胤禛，並把左副都御史李紱介紹給他[61]。由此可見，胤禛不惜周折地收羅人才，籠絡人心，就在於建立起自己的勢力圈子。我們可以看到，在胤禛周圍已經形成了一個人員精幹的集團勢力。這個集團的主要人員有：年羹堯，漢軍旗人，爲胤禛「多年效力」的「藩邸舊人」[62]，其妹爲胤禛側福晉。年羹堯於康熙四十八年（一七〇九年）出任川撫，康熙五十七年（一七一八年）升四川總督，康熙六十年（一七二一年）晉川陝總督，爲康熙所信任。魏經國，康熙末爲湖廣提督[63]。常賚，爲朱都吶之婿，官副都統。戴鐸，在福建由知府升爲道員。他初上任，因生活不習慣，想告病回京，就此請示胤禛，胤禛回信說：「爲何說這告病沒志氣的話，將來位至督撫，方可揚眉吐氣，若在人宇下，豈能如意乎？」[64]以謀圖升官激勵他。康熙末，戴鐸官至四川布政使，其兄戴錦由吏部保舉出任河南開封道。沈廷正，商州知州、蘭州府同知。金昆，武會元出身，在雍邸繪畫行走[65]。馬爾齊哈，會醫術，曾任清江理事同知[66]。博爾多，「藩底旗下人」，舉人出身，官內閣中書[67]。傅鼐，「待世宗（胤禛）於雍邸，驂乘持蓋，不頃刻離」[68]。隆科多，康熙生母孝康章皇后的侄子，康熙孝懿仁皇后的弟弟，他先與胤禔親近，康熙於四十八年指責他「與大阿哥相善，人皆知之」[69]，不久取得康熙的信任，五十年（一七一一年）用為步軍統領，取代胤礽黨人托合齊的職位，康熙五十九年（一七二〇年）出任理藩院尚書，仍管步軍統領事。胤禛說他「深邀皇考知遇」[70]，確無事實。他大約在康熙末年同胤禛搭上手。胤祥，與胤禛關係最密切，即如胤禛時或扈從秋獮，胤祥以詩詞、書札寄懷，胤禛為之收藏，僅詩即達三十二首[71]。胤禛這個集團，人數不算多，所居要職也有限，但是擁有步軍統領、擁兵前線的川陝總督等職務的人，對日後胤禛順利上臺起了相當重要的作用。

在這個集團中，胤禛非常強調門下對他的忠誠和服從，即使像年羹堯只因有在具本時稱官職不稱奴才，就惹怒了他，大罵年是「擐佻惡少」，並抓住年給自己書啟中的話——「今日之不負皇上（按指康熙），即異日之不負我者（按指胤禛）」，說年「以無法無天之談而誘余以不安分之舉也，豈封疆大臣之所當言者，異日兩字足可以誅年羹堯全家」。還責令年羹堯將從前准許他帶赴任所的弟侄送回京師，十歲以上的兒子不許留在任所，以示懲罰[72]。胤禛對戴鐸也動輒申斥，戴鐸於康熙五十七年（一七一八年），向胤禛呈送物品，啟本中說他「自到福建以來，甚是窮苦」。胤禛批道：「天下無情無理，除令兄戴錦，只怕就算你了。一年差一兩次人來訴窮告苦，要兩鐔荔枝酒草率搪塞，可謂不敬之至。」[73]再次對臣下提出了竭忠盡力的要求。

胤禛頗善於用兩面派的手段使自己永遠處於不敗地位，對於胤禩、胤禟等，他既把他們看成是自己的對手，又表面與他們保持比較密切的聯繫。如胤禩於康熙五十三年（一七一四年）獲譴時，胤禛「獨繕摺具奏」，爲他說好話，向胤禩買好[74]。康熙五十五年（一七一六年）胤禩得病時，胤禛正在侍從康熙秋獮回京的路上，一天，康熙問他，胤禩的病你差人看望了嗎？回說沒有，康熙說應該派人去。數日後探視人回說病情嚴重，胤禛便匆匆地請示先期回京看視，以贏得康熙的誇讚，但轉念一想，他發現這實際上已被康熙懷疑有結黨之嫌，於是又匆忙地向康熙袒示自己絕無與胤禩結黨的預謀。顯然，胤禛的目的是很明顯的，在當時，只要合康熙心意的事，他都願意去幹，他深深地明白，始終讓康熙覺得自己總是從康熙的角度想問題，是接近康熙和早登大統的前提條件。

爲了能讓康熙對他放心，他又故意以富貴閒人的面目出現，他留給世人這樣一些閒適之詩，如：

懶問沉浮事，間娛花柳朝。吳兒調鳳曲，越女按鶯簫。
道許山僧訪，棊將野叟招。漆園非所慕，適志即逍遙。

山居且喜遠紛華，俯仰乾坤野興賒。
千載勳名身外影，百歲榮辱鏡中華。
金樽潦倒春將暮，蕙徑威蕤日又斜。
聞道五湖煙景好，何緣蓑笠釣汀沙。

儼然一副與世無爭的逍遙派。他抄錄許多書中的精彩名段與名句而成《悅心集》，其中亦充滿了佛道的遁世思想。他這樣做頗切合了康熙的期望，也瞞過了康熙，康熙讓他留在自己身邊，派他代行了許多有關國家大政事務，他亦一絲不苟地去加以完成，因而贏得了康熙的信任，實際上他已悄悄地加快著榮登大位的計劃的實施。

從康熙五十一年（一七一二年）起，胤禛曾奉命參加對胤礽黨人步軍統領托合齊的審判。康熙五十四年（一七一五年）西北準噶爾部策妄阿拉布坦又起逆心，康熙向胤禛、胤祉徵求意見，胤禛說：當初征伐噶爾丹時，就應該把策妄阿拉布坦一併剿滅，今其擾犯哈密，自應用兵，以彰天討[75]。康熙五十六年（一七一七年），康熙又讓胤禛和胤祉一起查處偷盜明陵案件，還讓他們到各陵祭奠。同年，皇太后喪，康熙讓胤禛和胤祉負責辦理具體事務。第二年，康熙讓胤禛代表自己去陵前讀文告祭。康熙六十年（一七二一年），康熙登極六十年大慶，又把自己認爲最重要的往盛京三陵祭祀的使命交給胤禛及其所率的十二阿哥胤祹、世子弘晟等人。回京後，遇三月十八日萬壽節，康熙又命胤禛祭祀太廟後殿。同月，會試下第士子以取士不公哄鬧於副主考李紱門前，康熙命胤禛、胤祉率領大學士王頊齡、原戶部尚書王鴻緒等複查會試中試原卷。同年冬至節，康熙讓胤禛祀天於圜丘。康熙六十一年（一七二二年）十月，康熙以通倉、京倉倉米發放中弊病甚爲嚴重，命胤禛帶領世子弘昇、延信、尚書孫渣齊、隆科多、查弼納、鎮國公吳爾台等勘察。胤禛等盤查倉糧存儲出納情況，建議嚴格出納制度，增建倉廒，厲行倉上監督人員獎懲制度[76]。他曾作〈冬日潞河視倉〉五言律詩：「曉發啟明東，金鞭促玉驄。寒郊初噴沫，霜坂乍嘶風。百雉重城壯，三河萬舶通。倉儲關國計，欣驗歲時豐。」[77]記述了這次查處的過程。同年十一月初九日，因冬至將屆，康熙命他南郊祭天，先去齋所齋戒。在康熙的晚年生活中，胤禛確實是康熙諸子中顯得特別溫順的一個，康熙樂於把他留在身邊，並委以一些重要事務，確確實實爲胤禛取得皇位鋪平了道路。

康熙四十七年廢皇太子之後，康熙「過傷心神，漸不及往時」[78]。康熙五十四年（一七一五年）

他因病右手都無法寫字，那年秋天，他也沒有像往常那樣率皇太子們射箭習武，而只是參觀了一下諸子的射擊。到了冬天，身體每況愈下，心神恍惚，經常頭昏目眩，行動亦須有人扶持。康熙五十七年（一七一八年）二月，他稍微早起，就「手顫肉搖，觀瞻不雅；或遇心跳之時，容顏頓改」[79]。其後雖有些好轉，但已大不如前，且時好時壞。

康熙六十一年（一七二二年）十月二十一日，康熙又往南苑打獵，十一月初七日，身體且安，回到暢春園。初九日，康熙因身體有病，只好讓胤禛代行南郊冬至祭天大禮。初十日至十二日，胤禛每日派遣護衛、太監到暢春園問安，都傳諭：「朕體稍愈」。十三日病情沉重，急召胤禛至齋所，南郊祀典著派公英爾占恭代。寅刻（三時至五時），召皇三子誠親王胤祉，皇七子淳郡王胤祐、皇八子貝勒胤禩、皇九子貝子胤禟、皇十子敦郡王胤䄉、皇十二子貝子胤祹、皇十三子胤祥，以及步軍統領理藩院尚書隆科多至御榻前，諭曰：「皇四子胤禛人品貴重，深肖朕躬，必能克承大統，著繼朕登基，即皇帝位。」[80]下達這道諭旨時，胤禛並不在場，他趕到暢春園已在巳刻（九時至十一時）。他三次進見問安，這時，康熙還能說話，「告以病勢日臻之故」。直到夜間戌刻（十九時至二十一時），康熙死於寢宮。

在康熙死的當天夜裏，胤禛命淳郡王胤祐守衛暢春園，固山貝子胤祹至乾清宮，敷設几筵，十六阿哥胤祿、世子弘昇肅護宮禁，十三阿哥胤祥、尚書隆科多備儀衛、清御道，讓人用鑾輿運康熙遺體，像往日黃帝日常出行一樣，扶回乾清宮。胤禛前導而行，至隆宗門跪接，親撫鑾輿而入，安奉康熙遺體於乾清宮內。次日戌刻大殮。胤禛以乾清宮東廡爲倚廬。命貝勒胤禩、十三阿哥胤祥、大學士馬齊、尚書隆科多總理事務。所有啟奏，除胤禛藩邸事件外，俱交送四大臣，凡有諭旨，必經由四大臣傳出，並令記檔。召胤禵馳驛來京，其大將軍印敕暫交平郡王納爾素署理，另命公延信馳驛速赴甘州，管理大將印務，並同年羹堯一起，管理西路軍務、糧餉及地方諸事。關閉京城九門。十六日頒布遺詔，十九日，胤禛便以登極告祭天地、太廟、社稷、奉先殿。京城開禁。二十日，胤禛御太和殿登極，受百官朝賀。頒布即位詔書。宣稱「皇考升遐之日，詔朕贊承大統」。宣布繼承乃父法規，不作政治變更，並說：「朕之昆弟子侄甚多，惟思一體相關，敦睦罔替，共用升平之福，永圖磐石之安。」詔書還公布了恩賜款項三十條，改年號爲雍正，依照習慣，自明年開始爲雍正元年。二十八日，諸王文武大臣擬上大行皇帝謚號，曰「合天弘運文武睿哲恭儉寬裕孝敬誠信功德大成仁皇帝」，廟號「聖祖」。胤禛表示滿意，說諸臣如此舉動，使「朕之哀思，庶可稍釋」[81]。刺破中指，用血圈出「聖祖」二字。十二月初三日，將康熙遺體移送景山壽皇殿停放。初九日，康熙逝世已過二十七天，胤禛釋服，從倚廬乾清宮東廡移居養心殿。雍正元年（一七二三年）二月，正式確定康熙謚號、廟號。四月初二日，胤禛親送乃父遺體至遵化山陵，安放享殿，一切按禮儀進行，胤禛很高興，寫了朱諭告訴年羹堯：「山陵入廟大典，諸凡如意，順遂得十成盡力進（盡）禮。」[82]十一日，諸臣以康熙梓宮奉安山陵大典已成，請求皇帝御門聽政，胤禛遂御乾清門處理政務。九月，胤禛再往遵化，將康熙遺體安放地宮，墓名「景陵」，完成了康熙的葬禮，胤禛既盡了嗣子的義務，又行施了嗣皇帝的權力。康熙死後，胤禛採取了一些非常措施，「諸王非傳令旨不得進」大內，關閉京城九門六天，無論如何，胤禛在康熙死後能如此有條不紊地做了一系列的重要工作，穩定了局勢，是功不可沒的。

然而，關於康熙之死和雍正繼位卻是歷史上一樁疑案。

關於康熙之死的原因，社會上流傳著各種各樣的說法，據《永憲錄》記載，十一月初七日，康熙由南苑回到暢春園，次日有病，傳旨：「偶患風寒，本日即透汗。自初十至十五日靜養齋戒，一應奏章，不必啟奏。」十三日戌刻死於暢春園[83]。《皇清通志綱要》則云：十一月初十日「上幸南苑，不豫，回暢春園，十三日甲午戌刻，上升遐」[84]。《大義覺迷錄》中則說：「聖祖皇帝在暢春園病重，皇上（按指新皇帝胤禛）進一碗人參湯，不知何故，聖祖皇帝就崩了駕，皇上就登了位。」最後一種說法把康熙之死歸到雍正的毒害上，這種說法因沒法找到切實的證據，也無法根本否定它。但根據當時實際情況來看，胤禛不大可能下此毒手。因爲康熙之死，不存在暴亡的現象。康熙早已多疾在身，隨時都可以病逝。十三日，胤禛聞召急馳至暢春園，康熙已臨近死亡；而胤禛在康熙身邊，已在行使著國家大權，而倒向他一邊的舅舅隆科多，是康熙病時的唯一顧命大臣，時任步軍統領，掌握著拱衛北京和暢春園的兵權，胤禛完全有把握左右朝廷大局，他沒有必要去冒天下之大不韙，做出影響一世聲名的大逆不道的事來。他可以等待康熙安然地死去，保持自己昔日孝子的形象，而後從容地登上帝位。

關於康熙的遺詔有人懷疑是胤禛僞造的、篡改的。

《大義覺迷錄》記載，當時有人傳言：「聖祖皇帝原傳十四阿哥胤禵天下，皇上將十字改爲于字」[85]，篡了位。後人就此說得更生動：康熙十四子胤禵原名「胤禎」，康熙的遺詔是「皇位傳十四子胤禎」，雍親王原來的名字也不叫「胤禛」，他把遺詔的「十」字，改爲「于」字，「禎」字改爲「禛」字，使遺詔變爲「皇位傳于四子胤禛」。這是以漢文書寫遺詔作前提的說法。事實上，自明代以來，書寫太子時，文前必加「皇」字，其他諸子可以不加，而清代無論哪一個皇子都須加上「皇」字，如「皇三子」、「皇八子」等等。說「傳位十四子」，十四子前沒有「皇」字，不符合清代的通例，故按制度不可作「十」爲「于」的篡改。再者傳位的「于」應是「於」，而不是「于」，按理也不適合那樣的篡改。說到胤禛的名字，過去康熙文書裏有過多次記載，各種官書也是如是記載，這方面不可能有什麼文章可做。

康熙遺詔的內容與康熙五十六年（一七一七年）康熙在乾清宮東暖閣向諸子、大臣發表的二千餘言的諭旨相同。那時，康熙曾說：「此諭已備十年，若有遺詔，無非此言。」[86]所不同的，也是關鍵的，即是當時沒有講到自己的繼位人。遺詔中說：「雍親王四子胤禛人品貴重，深肖朕躬，必能克承大統，著繼朕登基，即皇帝位，即遵典制，持服二十七日釋服，布告天下，咸使聞之。」[87]這同康熙去世前向七個皇子和隆科多等八人宣諭傳位給胤禛的旨意相同。對此，雍正元年（一七二三年）八月，雍正帝面諭諸大臣時曾說：「聖祖仁皇帝……慎選於諸子之中，命朕纘承統緒，於去年十一月十三日倉卒之間，一言而定大計。」[88]雍正五年（一七二七年），雍正帝又講到：「皇考升遐之日，召朕之諸兄弟及隆科多入見，面諭諭旨，以大統付朕，是大臣之內，承旨者唯隆科多一人。」[89]從康熙、雍正兩朝的實錄記載來看，雍正繼位是合法的。

還有人說康熙已作了傳位給胤禵的決定，康熙病中「降旨召胤禵來京，其旨爲隆科多所隱，先帝賓天之日，胤禵不到，隆科多傳旨遂立當今。」康熙降旨召胤禵應由內閣承辦，篡寫詔書，由兵部所管的驛站發送，隆科多非內閣大學士，又不是兵部主管，他無法一手遮天，阻止康熙召回胤禵。不過，康熙認爲胤禵是很有才幹的，提拔他率軍西征，這裏也寓有保護善類的用意。

總之，胤禛自幼貼近康熙，對康熙的性格、心理及其旨意，都有較深的瞭解，他善於施展各種手法，順著康熙的心意辦事，使康熙對他有個「孝誠」和「性量過人」的印象。他又能在處理國家事務的實際工作中，顯示出較強的政治魄力和膽識，獲得康熙的信任。因此康熙把他留在身邊，讓他執行一些本該由康熙自己執行的事務。所以，胤禛在儲位鬥爭中實際上已占據有利的地位，爲他取得皇位鋪平了道路。由此看來，胤禛被康熙定爲自己的繼位人，是比較符合實際的。

後來，康熙開創的事業在雍正時有的得到繼續發揚，有的在康熙時期出現的弊端在雍正時代亦得到匡正。因而雍正時代是清代歷史上又一個輝煌時代。

然而，如果說，康熙以皇父的權威和用嚴厲制裁與訓諭的辦法，曾一度刹住了皇家子弟因嗣位所引起的矛盾和鬥爭的爆發，那麼，康熙死後的雍正初期，昔日延續下來的皇家兄弟之間環繞著皇權的矛盾和鬥爭卻明顯地突現出來，而且變得更爲激烈、更爲殘酷，這不是康熙的歷史責任，這是封建專制制度的產物，是不以人們意志爲轉移的。

註釋

1《清世宗實錄》卷四十八，順治七年三月戊寅條。

2《清史稿》卷六，〈聖祖本紀〉。

3 金德純：《旗軍志》，遼海叢書本一九三三年版，第三頁。

4《聖駕五幸江南恭錄》。

5《清聖祖實錄》卷二百三十五，康熙四十七年十二月戊子條。

6《康熙傳》，馬緒祥譯，《清史資料》第一輯，第二四一頁。

7《庭訓格言》卷下。

8《檐曝雜記》卷一，〈皇子讀書〉。

9《清聖祖實錄》卷二百三十四，康熙四十七年九月丁丑條。

10《清聖祖實錄》卷二百三十四，康熙四十七年九月辛卯條。

11、12、13《清聖祖實錄》卷二百三十四，康熙四十七年九月丁丑條。

14《清聖祖實錄》卷二百三十三，康熙四十七年八月甲申條。
15《清聖祖實錄》卷二百五十三，康熙五十二年二月乙酉條。
16《清聖祖實錄》卷二百十二，康熙四十二年五月壬戌條。
17，18，19《清聖祖實錄》卷二百三十四，康熙四十七年九月丁丑條。
20《清聖祖實錄》卷二百三十四，康熙四十七年九月庚辰條。
21，22《清聖祖實錄》卷二百三十四，康熙四十七年九月丁亥條。
23《清聖祖實錄》卷二百三十五，康熙四十七年十一月戊子條。
24《清聖祖實錄》卷二百三十七，康熙四十七年四月丙辰條。
25《清聖祖實錄》卷二百三十五，康熙四十七年十月癸卯條。
26，27《清聖祖實錄》卷二百三十四，康熙四十七年九月壬寅條。
28《清聖祖實錄》卷二百三十五，康熙四十七年十一月丙戌條。
29《清聖祖實錄》卷二百三十五，康熙四十七年十一月戊子條。
30《清聖祖實錄》卷二百三十五，康熙四十七年十一月丙戌條。
31《清聖祖實錄》卷二百三十五，康熙四十七年十月癸卯條。
32，33《清聖祖實錄》卷二百三十五，康熙四十七年十一月丙戌條。
34《清聖祖實錄》卷二百三十七，康熙四十八年四月戊午條。
35《清聖祖實錄》卷二百三十五，康熙四十七年十一月庚辰條。
36《清聖祖實錄》卷二百三十五，康熙四十七年十一月丙戌條。
37，38《清聖祖實錄》卷二百三十五，康熙四十七年十一月戊子條。
39《清聖祖實錄》卷二百五十一，康熙五十一年十月辛亥條。
40《清聖祖實錄》卷二百三十六，康熙四十八年正月癸巳條。
41，42，43，44《清聖祖實錄》卷二百五十一，康熙五十一年十月辛亥條。

45、46《清聖祖實錄》卷二百六十一，康熙五十三年十一月甲子條。

47《清聖祖實錄》卷二百六十一，康熙五十三年十一月丙寅條。

48、49《清聖祖實錄》卷二百六十一，康熙五十三年十一月甲子條。

50、51《清聖祖實錄》卷二百五十三，康熙五十二年二月庚戌條。

52《清聖祖實錄》卷二百三十五，康熙四十七年十月甲辰條。

53《清世宗實錄》卷十，雍正元年八月甲子條。

54《清聖祖實錄》卷二百七十五，康熙五十六年十一月辛未條。

55《文獻叢編》，〈允禩允禟案〉秦道善口供。

56、57《清聖祖實錄》卷二百三十五，康熙四十七年十一月戊子條。

58《清聖祖實錄》卷二百三十五，康熙四十七年十一月辛卯條。

59《文獻叢編》第三輯，〈戴鐸奏摺〉。

60《文獻叢編》第三輯，〈戴鐸奏摺一〉。

61《上諭內閣》，七年十月初六日諭。

62《雍正朝起居注》，雍正五年三月十一日條。

63《上諭內閣》，五年十二月十五日諭。

64《文獻叢編》第三輯，〈戴鐸奏摺批語〉。

65《雍正朝起居注》，雍正二年五月二十四日條。

66《雍正朝起居注》，雍正二年五月二十八日條。

67《雍正朝起居注》，雍正五年二月初七日條。

68袁枚：《小倉山房文集》卷二，〈刑部尚書富蔡公神道碑〉。

69《清聖祖實錄》卷二百三十六，康熙四十八年八月己巳條。

70《雍正朝起居注》，雍正元年四月十八日條。

71《清世宗詩文集》卷十一，〈和碩怡親王遺稿題辭〉。

72《文獻叢編》第一輯，〈雍親王致年羹堯書〉。

73《文獻叢編》第三輯，〈戴鐸奏摺〉。

74《雍正朝起居注》，雍正三年四月初七日條。

75《清聖祖實錄》卷二百六十三，康熙五十四年四月乙未條。

76《清聖祖實錄》卷二百九十九，康熙六十一年十月辛酉、庚午條；卷三百，十一月丁亥條。

77《清世宗詩文集》卷二十六，〈雍邸集〉。

78《清聖祖實錄》卷二百七十五，康熙五十六年十一月辛未條。
79《康熙起居注》，康熙五十七年二月二十六日乙巳條。
80《康熙起居注》，康熙五十七年二月二十六日條。
81《清聖祖實錄》卷三百，康熙六十一年十一月壬辰條。
82 清世宗《朱諭》。
83《永憲錄》卷一，第四八、四九頁。
84 弘旺：《皇清通志綱要》。
85《嘯亭雜錄》卷四〈王太倉上書事〉記載同。
86《清聖祖實錄》卷二百七十五，康熙五十六年十一月辛未條。
87《清聖祖實錄》卷三百，康熙六十一年十一月甲午條。
88《清世宗實錄》卷十，雍正元年八月甲子條。
89《清世宗實錄》卷六十二，雍正五年十月丙戌。

附錄　康熙帝大事紀

中國紀年	西元	大事紀
順治一一	一六五四	生於紫禁城景仁宮，姓愛新覺羅，名玄燁。
一五	一六五八	入書房讀書，極勤奮。
一八	一六六一	父順治帝死，玄燁即位，改年號為康熙，鼇拜等四大臣輔政。
康熙　一	一六六二	吳之榮告發莊廷鑨私修《明史》。
二	一六六三	皇太后佟佳氏死。 文字獄莊廷鑨《明史》案發生。
四	一六六五	輔政大臣議欽天監官德國傳教士湯若望罪。 大婚，冊立內大臣葛布喇之女赫舍裡氏為皇后。 文字獄鄒流刊刻《鹿樵紀聞》案。

五　一六六六　輔臣鼇拜與蘇克薩哈因換地相爭，自此鼇拜專權。
輔臣鼇拜以改撥圈地，誣告大學士戶部尚書蘇納海、直隸總督朱昌祚、巡撫王登連等罪，逮捕下獄。而輔臣中的索尼年老，遏必隆軟弱，蘇克薩哈望淺，俱不能抗拒鼇拜。鼇拜矯旨殺蘇納海、朱昌祚、王登連。
文字獄黃培逆詩案、沈天甫案。

六　一六六七　親政。
命修《世祖實錄》。

八　一六六九　行南懷仁推算曆法，授南懷仁為欽天監監副。
實行「更名田」，智擒鼇拜。

九　一六七〇　頒布《聖諭十六條》，宣布以儒學治國。

一二　一六七三　平南王尚可喜請老，許之，以其子之信嗣封鎮粵，不許，令其撤藩還駐遼東。
吳三桂殺巡撫朱國治，舉兵反叛。
京師民楊起隆偽稱朱三太子以圖起事，此為「朱三太子案」。

一三　一六七四　胤礽生於坤寧宮，皇后赫舍裡氏崩，年二十二，追謚「仁孝皇后」
廣西將軍孫延齡叛。
欽天監新造儀象成。
耿精忠叛，並邀臺灣鄭經助攻。
王輔臣在陝西策應三藩叛亂。

一四	一六七五	立嫡子胤礽為皇太子。
一五	一六七六	耿精忠降，浙、閩、陝漸次平定。 令欽天監官員學習新法。
一六	一六七七	皇后鈕祜祿氏病逝，追謚「孝昭皇后」。 始設南書房。
一七	一六七八	開博學鴻儒科，命大臣推薦賢能。 吳三桂稱帝，年號昭武。同年，吳三桂死。 頒行《康熙永年曆》。 皇子（四阿哥）胤禛出生于永和宮。
一八	一六七九	清軍攻克岳州，平叛戰爭取得決定性勝利。 命修《明史》，以學士徐元文、葉方藹、庶子張玉書為總裁。
二〇	一六八一	清軍進軍雲南，「三藩之亂」最後平定。
二二	一六八三	收復臺灣。
二三	一六八四	第一次南巡。
二四	一六八五	第一次雅可薩之戰。

二五	一六八六	命修《一統志》。 清軍圍攻雅克薩，俄沙皇來書請和，下令撤圍。
二六	一六八七	孝莊太皇太后病逝，享年七十五歲。
二八	一六八九	康熙帝第二次南巡，至南京謁明孝陵。 頒行《孝經衍義》。 簽訂《中俄尼布楚條約》，確定中俄東段邊界。
二九	一六九〇	噶爾丹叛亂，康熙帝親征，因疾回鑾。 清軍打敗噶爾丹於烏蘭布通，噶爾丹遣喇嘛濟隆來請和。
三〇	一六九一	多論會盟，在蒙古實行盟旗制。
三五	一六九六	親征噶爾丹，昭莫多之戰。
三八	一六九九	第三次南巡。
三九	一七〇〇	皇太后六旬萬壽節，康熙帝制《萬壽無疆賦》。
四一	一七〇二	第四次南巡。
四二	一七〇三	閱視黃河工程。 索額圖被宣布為「天下第一罪人」，拘禁于宗人府。

四三	一七〇四	武英殿開局修《佩文韻府》。
四四	一七〇五	第五次南巡。 《全唐詩》編成，《古今圖書集成》初稿編成。 教皇派遣使節到達中國，干涉中國教民尊孔祭祖的傳統習俗，與羅馬教廷發生衝突，傾向禁教。
四五	一七〇六	建避暑山莊於熱河，為每年秋獮駐蹕行宮。 詔修《功臣傳》。
四六	一七〇七	第六次南巡。
四七	一七〇八	廢太子。
四八	一七〇九	復立胤礽為太子。
四九	一七一〇	命編纂《康熙字典》。
五〇	一七一一	胤禛的第四子弘曆（即乾隆帝）出生。 文字獄戴名世《南山集》案。
五一	一七一二	皇太子胤礽復以罪廢。 宣布以後滋生人丁，永不加賦。

五三　一七一四　御制《律呂正義》，以律呂、曆法、演算法三書共一部，名為《律曆淵源》。

五五　一七一六　《康熙字典》修成。

五六　一七一七　準噶爾部策旺阿拉布坦遣將侵擾西藏。議定禁海政策及具體辦法。

五七　一七一八　《康熙皇輿全覽圖》繪成。

五九　一七二〇　冊封新胡畢勒罕為六世達賴喇嘛，並護送入藏。

六一　一七二二　病逝於暢春園寢宮，享年六十九歲。

後記

本書共十二章，蔣兆成撰寫第一、二、三、四、五、十二章，王日根撰寫六、七、八、九、十、十一章，最後由蔣兆成總纂修改定稿。

在本書撰寫過程中，人民出版社喬還田、張維訓先生認真地審閱、修改了全稿，並對每章每節從文字到內容都提出了重新修改的許多切實寶貴的意見，我們根據他們的意見進行了修改，使本書增色不少。我們對喬還田、張維訓先生的熱情幫助，極端負責的工作態度以及一絲不苟的踏實作風，十分欽佩，並致以衷心地感謝。

作者

一九九七、七、二〇

歷史，

中國史

康熙傳

作者　蔣兆成 王日根
發行人　王春申
總編輯　張曉蕊
編輯部經理　葉幗英
責任編輯　徐　平
封面設計　吳郁婷
封面題字　侯吉諒
校對　馮　湲 趙蓓芬
出版發行　臺灣商務印書館股份有限公司
地址　23141 新北市新店區民權路108-3號5樓
電話　(02) 8667-3712 傳真：(02) 8667-3709
讀者服務專線　0800056196
郵撥　0000165-1
E-mail　ecptw@cptw.com.tw
網路書店網址　www.cptw.com.tw
臉書　facebook.com.tw/ecptw
部落格　blog.yam.com/ecptw

局版北市業字第 993 號
臺灣一版一刷：1992 年 10 月
臺灣二版一刷：2015 年 1 月
臺灣二版三刷：2021 年 2 月
定價：新台幣 600 元

本書由人民出版社授權臺灣商務印書館出版發行，僅限中國大陸以外地區銷售

ISBN 978-957-05-2978-4

康熙傳 ／ 蔣兆成, 王日根 著. --臺二版. --臺北
市：臺灣商務, 2015. 01
面 ； 公分. -- （中國史 人物傳記）

ISBN 978-957-05-2978-4（精裝）

1.清聖祖 2.傳記

627.2 103022705

紫禁城平面示意圖

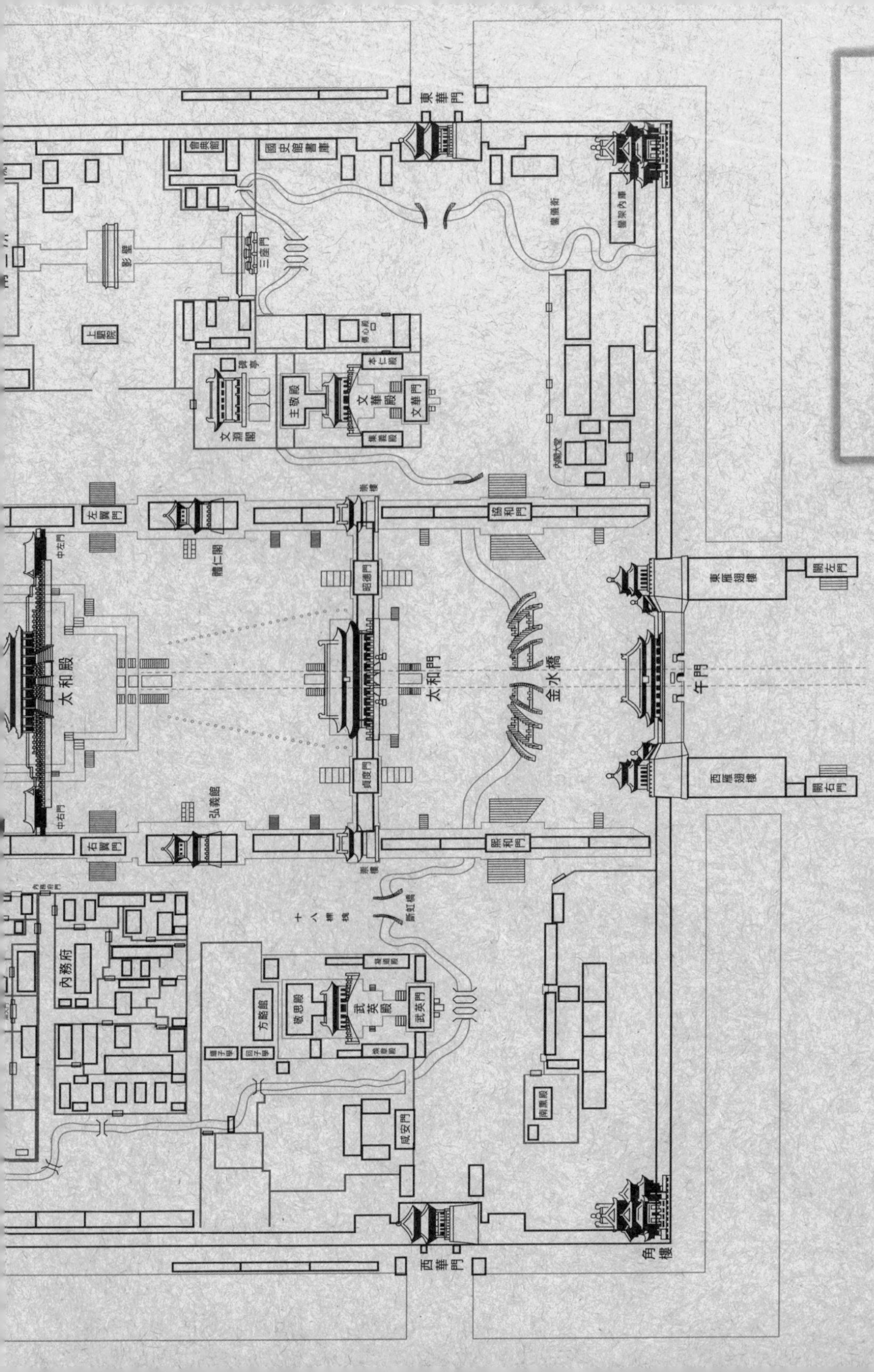
太和殿
太和門
金水橋
午門
東華門
西華門
角樓
協和門
熙和門
左翼門
右翼門
昭德門
貞度門
體仁閣
弘義閣
中左門
中右門
崇樓
東雁翅樓
西雁翅樓
闕左門
闕右門
文華殿
文華門
主敬殿
文淵閣
武英殿
武英門
敬思殿
方略館
內務府
咸安門
南薰殿
斷虹橋
十八槐
國史館書庫
三座門
影壁
上駟院
內閣大堂
鑾儀衛
鑾駕內庫

讀者回函卡

感謝您對本館的支持，為加強對您的服務，請填妥此卡，免付郵資寄回，可隨時收到本館最新出版訊息，及享受各種優惠。

■ 姓名：________________　性別：□ 男　□ 女

■ 出生日期：________年________月________日

■ 職業：□學生　□公務(含軍警)□家管　□服務　□金融　□製造
　　　　□資訊　□大眾傳播　□自由業　□農漁牧　□退休　□其他

■ 學歷：□高中以下（含高中）□大專　□研究所（含以上）

■ 地址：________________________________
　　　　________________________________

■ 電話：(H) ________________ (O) ________________

■ E-mail：________________________________

■ 購買書名：________________________________

■ 您從何處得知本書？
　□網路　□DM廣告　□報紙廣告　□報紙專欄　□傳單
　□書店　□親友介紹　□電視廣播　□雜誌廣告　□其他

■ 您喜歡閱讀哪一類別的書籍？
　□哲學・宗教　□藝術・心靈　□人文・科普　□商業・投資
　□社會・文化　□親子・學習　□生活・休閒　□醫學・養生
　□文學・小說　□歷史・傳記

■ 您對本書的意見？（A/滿意　B/尚可　C/須改進）
　內容 ________編輯________校對________翻譯________
　封面設計________價格________其他________________

■ 您的建議：________________________________

____

※ 歡迎您隨時至本館網路書店發表書評及留下任何意見

臺灣商務印書館　The Commercial Press, Ltd.

23150新北市新店區復興路43號8樓　電話：(02)8667-3712
讀者服務專線：0800-056196　傳真：(02)8667-3709
郵撥：0000165-1號　E-mail：ecptw@cptw.com.tw
網路書店網址：www.cptw.com.tw　網路書店臉書：facebook.com.tw/ecptwdoing
臉書：facebook.com.tw/ecptw　部落格：blog.yam.com/ecptw